THONET

Thonet Bentwood & Other Furniture

THE 1904 ILLUSTRATED CATALOGUE

With the 1905-6 and 1907 Supplements and
Price Lists in German and English

And with a new Introduction by
Christopher Wilk

Dover Publications, Inc.
New York

Published in Canada by General Publishing Company, Ltd., 30 Lesmill Road, Don Mills, Toronto, Ontario.
Published in the United Kingdom by Constable and Company, Ltd., 10 Orange Street, London WC2H 7EG.

This Dover edition, first published in 1980, is an unabridged republication of the illustrated catalogue and price lists published by the firm of Gebrüder Thonet, Vienna, in 1904, together with the supplements issued by the same firm in 1905/6 and in 1907. This edition also contains a new Introduction prepared especially for this reprint by Christopher Wilk.
The publisher would like to express his gratitude to the American firm Thonet, 491 East Princess Street, York, Pennsylvania 17405, which supplied a copy of the catalogue for photographic reproduction.

International Standard Book Number: 0-486-24024-X
Library of Congress Catalog Card Number: 80-65847

Manufactured in the United States of America
Dover Publications, Inc.
180 Varick Street
New York, N.Y. 10014

Foreword

The furniture represented in this reprint of Thonet's 1904 catalogue was produced in Central Europe by the Thonet family in Thonet plants with materials from Thonet woodlands. In 1904 Thonet's major competitor was J. & J. Kohn, who in 1923 merged with Thonet and sixteen other European bentwood manufacturers to form the Thonet-Kohn-Mundus Company under the direction of a non-Thonet family member, Leopold Pilzer. With the advent of World War II in 1938, Pilzer moved the company to the United States where it became known as Thonet Industries, Inc., or simply Thonet.

Thonet still manufactures selected classic bentwood chairs because of their timeless beauty and legendary utility. Today these designs are produced in Thonet plants in the United States by American craftsmen using American wood species. The company also continues to produce selected classic Bauhaus seating designs which Thonet first introduced and produced in 1928. Today, the company works with the finest contemporary furniture designers to produce the classics of the future.

Through our 150 year history our mission has remained the same and is succintly expressed in these words:

> We wish to create an inner relationship linking public, designer and worker and we want to produce good and simple articles of everyday use. Our guiding principle is function, utility our first condition, and our strength must lie in good proportions and the proper treatment of material. We shall seek to decorate when it seems required but we do not feel obligated to adorn at any price.—Josef Hoffmann and Koloman Moser, The Work Programme of the Wiener Werkstätte, 1905.

Michael Thonet's genius inspires us today and we are honored to carry his message into the future.

James A. Riddering
President
Thonet Industries, Inc.
York, PA

Introduction to the Dover Edition

In the fall of 1904, Gebrüder Thonet, or Thonet Brothers, of Vienna, issued its largest catalogue to date. With 113 pages of furniture, some 1270 items, the size and scope of the catalogue reflected the importance of the firm as the largest and most successful mass-producer of furniture in history. This catalogue is particularly interesting because of the variety of furniture types offered, the illustration of every item, and the inclusion of a complete price list. Of added value are the supplements for the years 1905/6 (pp. 115–132) and 1907 (pp. 132a–154). These supplements increase the total number of items and illustrations to almost 1700. Because all but a few of the Thonet company's designs from the period before 1904 were still available at the printing of this catalogue, it is a virtual history of the firm's furniture from 1853–1907. It is therefore appropriate that this catalogue is being reprinted in the year of the 150th anniversary of Michael Thonet's first experiments with bentwood furniture.

Michael Thonet was born in Boppard-am-Rhein, Germany, in 1796. He spent his youth learning the craft of the cabinetmaker, and at the age of twenty-three opened his own workshop. As cabinetmakers had done for centuries, the young Thonet painstakingly carved his furniture. In 1830, he began experimenting with a technique for making furniture out of wood that had been bent rather than carved. He first used the technique to make pieces of applied decoration but soon after made individual chair parts such as back rails, arms, and legs. Finally, in 1836, he began to make chairs almost entirely of bentwood (Figs. 1–2, p.a).

The first chairs were not bent from solid lengths of beechwood, as they would later be; instead, they were made of long, narrow stacks of thin veneers, which were easier to bend than solid wood. The stacks of veneer were soaked in hot glue until pliable, bent into forms, or molds, and allowed to dry and stiffen. The pieces were then assembled into chairs.

It is said that Michael Thonet's ingenuity was first recognized by none other than Prince Metternich, Chancellor of Austria and Emperor Franz Joseph's Minister of Foreign Affairs. After seeing Thonet's work at an exhibition in Koblenz in 1841, Metternich invited the designer to his own castle to inspect Thonet's new "discovery," and then urged him to come to Vienna.

In the spring of 1842, Thonet went to Vienna. Metternich arranged for Thonet's furniture to be seen by the Emperor, who enthusiastically ordered several pieces. Shortly thereafter, in July, Michael Thonet was awarded a patent for his "chemico-mechanical" process for bending wood. (Despite the expenditure of all his savings, the obtaining of this patent had previously eluded Thonet.) Upon returning to Boppard, his triumph in Vienna was completely overshadowed by the news that creditors had descended upon his wife and children while he was away. With the family business lost, Michael Thonet and his family moved to Vienna in the fall of 1842.

Although he had hoped to start his own workshop, Thonet had to content himself with employment with the parquet manufacturer Karl Leistler. Leistler had just received a commission to execute all of the woodwork for the renovation of the Liechtenstein Palace. From 1843 until 1846, Michael Thonet worked on producing small bentwood pieces for large parquet floors designed by Leistler. At the same time he manufactured a large quantity of bentwood chairs for that palace.

Eventually, in 1849, he began his own firm devoted exclusively to the production of bentwood furniture. In the same year he received his first large commission: chairs for the Cafe Daum in Vienna. The chair which was designed and manufactured on this occasion (fig. 3, p. a) was still in production in 1904 as chair number 4 (p. 1). No other piece of furniture would come to be more identified with the cafes of Europe, especially those of Vienna, than the Thonet bentwood chair.

Thonet received international recognition in 1851, when he exhibited several chairs and tables (figs. 4–6, p. a) at the first world's fair, the Great Exhibition at the Crystal Palace in London. The elaborately bent chairs that Thonet made for the exhibition were awarded a Prize Medal, and remained in the catalogue in a simplified version as chairs number 5 (p. 2). In the years which followed, the firm entered virtually all of the international expositions and consistently received the highest honors.

Two years later, in 1853, the Gebrüder Thonet firm was founded, named for Michael Thonet's five sons. The work force was expanded to forty-two, with labor divided among cabinetmakers, a lathe-turner, veneer-cutters, gluers, sanders, stainers, finishers, and assemblers.

An Imperial monopoly patent, lasting thirteen years, was awarded to Gebrüder Thonet in 1856, granting the firm the exclusive right to manufacture "chairs and table legs made of bentwoods." Its success became so great that in 1868, one year before the expiration of the patent, rival companies began construction of their own bentwood factories. Sites were chosen as close as possible to the Thonet factories, to take advantage of the experienced local work force as well as the choice forests of beech.

During the 1850's, the Thonet's made tremendous strides both in terms of bentwood technology and design. This was the period in which the process for bending solid wood was perfected. The technique was as follows: straight-grained beechwood logs were cut and planed into long, thin rods; the rods were steamed or soaked in hot water, bent into iron molds, and then allowed to dry. The bent pieces were sanded and finished, then assembled and caned. Finally, the chairs were wrapped for shipment. The lightweight, inexpensive product could also be shipped "knocked down" (a term used in some bentwood catalogues) and assembled upon delivery to store or distributor. The Thonets invented the methods and technologies necessary for production. They designed and built their own machinery and even manufactured the screws that held their chairs together.

The classic bentwood models, numbers 1–14 (pp. 1–3) were also developed during this period. Remarkable in their simplicity and in their expression of the production method, they remain the most modern chairs of our time. All of these chairs, and several tables (forerunners of the salon tables on the top of pp. 61–62) were produced by 1859. These chairs were manufactured at the firm's first large factory, located in the middle of beech forests in Koritschan, Moravia (present-day Czechoslovakia, then part of the Austro-Hungarian Empire). From the time of the opening of the first factory until the opening of the last one of the pre-1904 period, expansion continued at a staggering rate: new factories (listed on the original title page, at the top) were opened and new sources of beechwood found in 1861, 1865, 1867, 1880, and 1890.

In 1860, while the second factory (in Bystritz, Moravia) was under construction, the Thonet bentwood rocking chair, perhaps the most famous of all Thonet chairs, was introduced. The next six years saw the addition of chairs number 16–17 (p. 3), as well as the first folding chair (number 1 or 6311*, p. 46), and a "woman's armchair" that was the ancestor of the famous armchair number 9 or 6009 (p. 45). Other tables (numbers 7–9, p. 66), swivel furniture (stool and armchairs number 1, p. 43), and a line of children's furniture were also first sold at this time.

Michael Thonet had become increasingly ill in the late 1860's and in 1871 he died. The firm continued under the direction of his five sons, one of whom, August, became well known for his experimental chair designs. (He may have designed chair number 51, p. 10.) After Michael Thonet's death, the firm introduced the famous number 18 sidechair (p. 4), considered by many to be *the* classic bentwood cafe chair, and among the largest-selling chairs ever manufactured by Thonet.

Between 1876 and 1888, several important designs were created: the "rocking sofa" (number 7500, p. 56), the "reclining couch" (number 1 or 9701, p. 74), the first "tip-up theatre seating" (p. 111) and the number 56 chair series (p. 12) intended mainly for export.

During the 90's and the first years of the twentieth century, the Thonet line greatly expanded. The number of items offered had grown by almost 1,000 percent between 1875 and 1904.

The 1904 catalogue illustrates the astounding diversity of furniture types sold by Thonet. The classic bentwood items seem relatively few in comparison with the great variety of newer items such as furniture designed in the historicizing styles of the late nineteenth century (e.g., pp. 7–9, 19, 28–29). Also represented was the current Art Nouveau style which was strongly influenced in its formative stages by the shapes and curves of Thonet bentwood furniture (p. 60). Many examples of invalid or hospital furniture were offered (p. 51). And many standard furniture items were available in small sizes for children (pp. 88–89). There was even a simple child's hoop (p. 94) and acrobat's rings (p. 94) – both ideally suited to bentwood.

More surprising were the non-bentwood items, such as the series of entire room ensembles ("Garnitur," pp. 103–107), some of which were designed with decoration to complement certain chair styles (Garnitur 221 for the 221 chair series). Windsor chairs (p. 47) and traditional German peasant furniture (pp. 30–31) were also sold. Ironically, Thonet even offered imitation bamboo furniture (pp. 95–99).

The supplements of 1905/6 (pp. 115–132) and 1907 (pp. 132a–154), are fascinating additions to the main

*As explained on p. III of the English-language price list to the 1904 catalogue, Thonet was then implementing a new system of numbering their products.

catalogue. The next fully revised catalogue was not issued until 1911. Both supplements show the continued enlargement of the line with new models largely based on old designs. More interesting, however, was the furniture designed by the leading architect/designers of contemporary Vienna. With their powerful and unique version of the turn-of-the-century Jugendstil or Art Nouveau style, the work of these men represented the first instance of well-known outside designers working for Thonet. Examples of their work include Otto Wagner's armchair number 6516 (p. 140), Koloman Moser's plant stand number 21 (p. 126), Marcel Kammerer's table and plant stand number 40 (pp. 143 and 145), and Josef Urban's sidechair number 405 (p. 117).

Certain models in the catalogue and supplements remained particularly popular during the 1920's and 30's: writing desk armchairs numbers 8 or 6008 (p. 140), number 9 or 6009 (p. 45, later known as the Corbusier armchair), the "Morris chair" number 6393 (p. 143), and the store/office chair number 4501/11/21 (p. 41). Other bentwood pieces such as chair number 18 (p. 4), rocker number 10 (p. 53), and clothes tree number 4 (p. 81) are still sold by Thonet companies in America and Germany, as well as by State-owned companies in Eastern Europe manufacturing in former Thonet factories.

The work of Michael Thonet and his family created a new industry throughout Europe. By 1904 (see p. b), 52 companies with more than 60 factories, employing more than 25,000 workers, manufactured bentwood furniture. 617,750 acres of beech forest were used for raw material, and in the year 1903 alone approximately 17,272,700 kilos (19,043 tons) of bentwood furniture was exported from Austria. During the same period Thonet produced over one million pieces of furniture per year.

Michael Thonet's approach to design and manufacturing was a thoroughly modern one. The methods of production, both in terms of the bending process and the division of labor, have changed very little over the last 125 years. While old examples of bentwood furniture are collected by museums and sold in galleries, Thonet designs that have been continuously in production for over a century are still used in the most modern interiors.

CHRISTOPHER WILK

New York
January, 1980

Note

The English-language price list that follows will be of real interest to many people who do not know German because it incorporates much useful information about the furniture as well as translations of the section headings. Unfortunately, the page references in this price list are largely (and inexplicably) inaccurate; however, one can easily locate catalogue items in the price list (and vice versa) by relying on the four-digit "new" catalogue numbers which run in numerical sequence in both places. These "new" numbers, printed in italics, appeared in red in the original catalogue, but are shown in black in this reprint.

This Price-List cancels all previously issued.

FACTORIES OF BENT WOOD FURNITURE

THONET BROTHERS

IN KORITSCHAN, BISTRITZ ON HOSTEIN, HALLENKAU, WSETIN IN MORAVIA, GR.-UGRÓCZ IN HUNGARY, NOWO RADOMSK IN RUSSIA, FRANKENBERG IN HESSEN-CASSEL (GERMANY).

PRICE-LIST

for the illustrated export catalogue in six languages

valid from the 1st September 1904

TRADE MARK THONET WIEN. TRADE MARK

Mit gesetzlichem Schutze gegen Nachahmung.

In ordering please state:

either:
- *a)* the **exact** discription of the **article** required as given in the catalogue (black print);
- *b)* the **number** of the article (black print);

or: the red number affixed to each article contained in the catalogue; in this case the marks in heavy type (*a* and *b*) can be dispensed with.

- *c)* the **colour** required (see preface) stating whether varnished, polished, engraved, bronzed or incised;
- *d)* with **chairs, armchairs** and **alike:** whether caned, perforated, or thermoplastic seat or both seat and back required; or intarsia either plain intarsia, **varnished** or **polished,** or raised intarsia (see preface);
- *e)* in ordering **chairs,** please state if they are to have ordinary rings or half rings etc.; and if wooden braces, iron brackets or iron corner pieces are to be fitted (see preface);

(c–e: unless there be a new signification in red print.)

- *f)* the respective **price.**

The prices noted in this List are understood in Austrian Kronen *(K)*

Contents of the Price-List.

Errata in the Export-Catalogue.

Page 23, set No. 328: seat marks wrongly affixed, the seats being not caned, but **wooden.**

» 28, chair No. 33, with caned back, omitted: **»with braces«.**

» 46, sofa No. 233 to be described in red print: No. 2233 A (not 2133 A) | No. 2233 (not 2133)
» 3232 A (» 3133) | » 3233 (» 3133)

Page 60 } 61 } stools: in ordering it is sufficient to state the red number without seat marks and dimensions, as well as without the sort of seat.

» 62, revolving office stool to be properly described in red: 5011 R (not 5111 R).

» 62, stool with foot-rest: its right number in red: 5011 F (not 5111 F).

Explanation of the New numbering in the Catalogue.

The Purpose of the New numbering:

a) To avoid mistakes in ordering articles.

Each sort of article has its index-number, for instance:

chairs	as a rule, retain their former numeration, for example	chair	No. 56,	to be simply described now No. 56;
armchairs	have the index-number 1000,	» » armchair	» 56,	» » » » » » 1056;
sofas with **2** seats (42 in.)	» » » 2000,	» » sofa with 2 seats	» 56,	» » » » » » 2056;
» » **3** » (52 »)	» » » 3000,	» » » » 3 »	» 56,	» » » » » » 3056.

Bamboo-furniture (Imitation) . . . . . . No. 13.000
Barbers' armchairs . . . . » 6.9..
Bedsteads . . . . » 9.711
Bidets . . . . » 6.901
Bookcases (Revolving) . . . . » 11.651
Bust-stands . . . . » 9.601
Butlers' trays . . . . » 9.191

Camp-chairs . . . . » 6.854
» -stools . . . . » 6.851
Card-tables . . . . » 9.301
Causeuses . . . . » 6.6..
Children's furniture . . . . » 12....
Church-furniture . . . . » 6.751
Clothes-pegs and -racks . . . . » 11.001
» -stands . . . . » 10.201
» » (Console) . . . . » 10.501
Commode-armchairs . . . . » 6.956
Console-tables . . . . » 8.601—8.700
» -umbrella-stands . . . . » 11.421
Couches (Sleeping or Reclining) . . . » 9.701
Curtain-holders . . . . » 10.151

Desk-chairs . . . . » 6....
Desks (Music) . . . . » 11.851
Dining-tables (Expanding) . . . . » 9.001
Dolls' furniture . . . . » 12.901
Drawing-room-tables . . . . » 8.001—8.200
Dressing-mirrors . . . . » 9.851
» -tables . . . . » 9.8..

Easels . . . . » 10.171
Easy-armchairs . . . . » 6.5..
Etagères . . . . » 11.511
» (Music) . . . . » 11.6.., 11.8..
» (Newspaper) . . . . » 11.611

Fancy-tables . . . . » 9.101
Flower-stands . . . . » 9.501
Flower-tables . . . . No. 9.401
Folding-chairs and armchairs . . . . . » 6.311—6.4..
» carrying-armchairs . . . . » 6.991
» -screens . . . . » 11.201
» -tables . . . . » 9.361
Footstools . . . . » 5.95.
Frames for mirrors and pictures . . . » 9.961
» (Needlework) . . . . » 9.611

Hamlet-chairs . . . . » 6.6..

Luther-armchairs . . . . » 7.651

Mirrors . . . . » 9.901
Music-tables . . . . » 11.611

Needlework-frames . . . . » 9.611
Newspaper-Etagères . . . . » 11.611
» -racks . . . . » 11.501
Night-tables . . . . » 9.801
Nurses-furniture . . . . » 12.801

Office-armchairs . . . . » 4.3.., 4.4..
» -chairs . . . . » 4.1.., 4.2..
» -stools (Revolving) . . . . » 5....

Praying-chairs . . . . » 6.751

Reading-tables . . . . » 9.201
Reclining or sleeping-couches . . . . . » 9.701
Revolving-armchairs . . . . » 5.5..
» -book-cases . . . . » 11.651
» -office-stools . . . . » 5....
» -rocking-chairs . . . . » 5.5..
» -stools . . . . » 5....
Rocking-chairs . . . . » 7.000—7.500
Rout-seats . . . . » 6.7..

Saloon-furniture . . . . » 7.501
Screens . . . . » 11.201
Screens-folding . . . . No. 11.301
Sewing-tables . . . . » 9.221
Shooting folding-chairs and stools . . » 6.8..
Shop-chairs . . . . » 4....
Small-tables . . . . » 9.101
Smoking-tables . . . . » 9.211
Spittoons . . . . » 11.171
Steamer-chairs and stools . . . . » 6.85., 6.87
Stools . . . . » 4....

Tables
» Card . . . . » 9.301
» Console . . . . » 8.601—8.700
» Drawing-room . . . . » 8.001—8.200
» Dressing . . . . » 9.8..
» Fancy and Occasional . . . . . » 9.101
» Flower . . . . » 9.401
» Folding . . . . » 9.361
» Music . . . . » 11.611
» Night . . . . » 9.801
» Reading . . . . » 9.201
» Sewing . . . . » 9.221
» Small . . . . » 9.101
» Smoking . . . . » 9.211
Table-stands . . . . » 8.201—8.600
» » for marble-tops . . . . . » 8.901
Theatre-furniture . . . . » 15.001
Towel-rails . . . . » 10.101
Trunk-stands . . . . » 11.181

Umbrella-stands . . . . » 11.401
» » (Console) . . . . » 11.421

Walking-canes . . . . } » 6.8..
» -stick-chair . . . . }
Wash-stands . . . . } » 10.001
Washing-table-stands . . . . }
Wood-baskets . . . . » 11.191

b) To save the textual descriptions of articles, for instance:

Up to now one had to state:	Using the new numeration it is sufficient to order:
1 sofa No. 56, 52 in. long	1 piece No. 3.056
1 stool, 18 in., small perforated wood seat	1 » » 4.602
1 stand for saloon-table with frame No. 221	1 » » 8.321
1 children's armchair No. 1 with caned back and tablet	1 » » 12.061 T
1 desk » » 3	1 » » 6.003

Prices of the articles mentioned in the **preface:**

Wooden-braces . . . . per pair *K* —.60
Iron-brackets . . . . » » » —.40
Iron-corner pieces . . . . » » » —.50
Metal brackets . . . . » » » —.20
Half-rings per chair seat . . . . » —.60
» » » » . . . . » —.70
» » armchair . . . . » 1.—
» » sofa . . . . » 1.50
Bow supports (more than rings) . . . . » —.25
Rings with screws and bolts . . . . + » —.30
Ornamental tops per chair . . . . » 2.—
» » » armchair . . . . » 3.—
» » » sofa 42 in. . . . . » 5.—
» » » » 52 » . . . . » 7.—
Armpads . . . . per pair » 1.—
Shaped front-legs
more than plain frontlegs without capitals + » » » 1.—
» » » » with » + » » » —.80

French-legs
more than shaped ones . . . . + per pair *K* —.25
Bootjacks (instead of rings) . . . . » 2.20
» (single) . . . . » 2.80
Hat rails single . . . . » —.30
» » double (iron) . . . . » —.70
» » » (brass) . . . . » 1.40
Numbers for Concert chairs
for chairs No. 19, 31 etc. . . . . » —.50
» all others . . . . » —.80
Removable number tablets . . . . » —.80
Sliding number plates
Back adapted for plate . . . . » —.30
Numbers engraved on the front . . per single figure » —.15
Inscriptions (Monograms)
perforated . . . . » —.20
Thermoplastic . . . . » —.20
Intarsia . . . . » —.20

Reserve cane seats 13 in. diam. . . . . per piece *K* 1.50
» » » 15 » . . . . » » » 1.70
» » » 15×14 in. . . . . » 1.90
Miniature collection of colours used . . . per card » —.50
Raised-Intarsia: Extracharge, more than Raised or Plain-Intarsia for seat **or** back to
chairs, stools . . . . » —.30
armchairs . . . . » —.50
sofas 42 in. . . . . » 1.50
» 52 » . . . . » 2.—
Intarsia-Inscriptions . . . . Die from *K* **10.**— to » **20.**—
Extracharge per inscription . . . . per piece » —.20

For plainer, less painstacking finish of unmounted parts, mediocre polish and simpler packing, special quotations on application.

Prices for packing in cases.

Chairs and stools . . . . per piece net *K* . . . . . . —.40
Armchairs . . . . » » » . . . . . . —.80
Sofas for 2 persons . . . . . . » » » 1.20
» » 3 » . . . . . . » » » 1.60
Foot-stools . . . . » » » . . . . . . —.20
Revolving-stools . . . . » » » . . . . . . —.50
» -armchairs . . . . . » » » from *K* 0.80 to 1.—
Folding-chairs . . . . » » » » 0.60 » 1.—
» -armchairs . . . . » » » » 1.20 » 1.50

Reclining-couches and
Rocking-sofa . . . . per piece net *K* 1.80
Rocking-chairs and armchairs » » » from *K* 0.80 to 1.20
Drawing-room furniture
according to arrangement
Bedsteads . . . . » » » » 2.40 » 6.40
Sofa-tables . . . . » » » » 3.60 » 4.40
Console-tables . . . . » » » » 3.— » 3.30
Extending-dining-tables . . . » » » *K* . . . . . . 9.—

Stands for marble-tables . . per piece net from *K* 1.— to 2.40
Circular- and reading-tables » » » » 0.80 » 1.20
Card-tables . . . . » » » » 1.20 » 3.—
Flower-tables . . . . » » » *K* 1.50
Children's chairs . . . . . » » » . . . . . . —.20
» armchairs . . . . » » » from *K* 0.30 to —.80
» sofas . . . . » » » *K* . . . . . . —.50
» bedsteads . . . . » » » 2.40
» cradles . . . . . . » » » from *K* 1.— to 5.60

Other articles in proportion.

For **packing in bales,** 6/10 of the above stated prices will be charged.

In order to get the cases as small as possible we recommend to have the chairs packed with **legs taken off.**

When mounting the furniture, the legs are to be put into the corresponding holes in the seat-frame and are fixed by iron bolts.

CHAIRS

New numbers	Price K	Page	Former numbers
1	9.—	1	Chair No. 1
2	11.—	1	dto. 2
3	12.50	24	dto. 3
4	12.—	1	dto. 4
4/14 V	9.—	1	dto. 4/14 with wood braces
5	14.—	24	Chair No. 5
6	20.—	24	dto. 6
6/2	17.—	24	dto. 6/2
7	13.—	25	dto. 7
8	7.50	2	dto. 8
10	8.—	4	Chair No. 10
10/14	6.50	4	dto. 10/14
11	10.—	27	dto. 11
12	15.—	25	dto. 12
14	6.—	2	Chair No. 14
14½	5.60	2	dto. 14½
14 P	7.—	31	dto. 14 with perforated woodback
14½ P	6.40	31	dto. 14½ dto. dto.
14 a	5.70	4	dto. 14/14½
15	8.—	28	Chair No. 15
15½	7.—	28	dto. 15½
16	18.—	25	dto. 16
17	13.—	26	dto. 17
17/14 V	11.40	26	dto. 17/14 with wood braces
18	6.20	2	Chair No. 18
18½	5.80	2	dto. 18½
18 P	7.20	31	dto. 18 with perforated woodback
18½ P	6.80	31	dto. 18½ dto. dto.
18 b	7.20	39	dto. 18 b
18½ b	6.80		dto. 18½ b
18 c	7.80	26	dto. 18 with caned back
18½ c	7.20	28	dto. 18½ dto.
19	8.—	5	Chair No. 19
19/I	9.50	5	dto. 19/I
20	6.50	3	dto. 20
22	20.—	26	dto. 22
24	13.—	5	dto. 24
25	11.—	5	Chair No. 25
26	11.—	6	dto. 26
27	20.—	27	dto. 27
28	6.50	3	dto. 28
28 c	8.—	27	dto. 28 with woodback
29	10.—	6	Chair No. 29
29/14	8.50	6	dto. 29/14
30	12.—	28	dto. 30
30/14	10.50	28	dto. 30/14
31	7.20	6	dto. 31
31½	6.50	6	dto. 31½
31/I	8.70	6	dto. 31/I
32	18.— / 26.— / 16.—	54	Chair No. 32
33	8.—	6	dto. 33
33 c	9.50	28	dto. 33 with caned back

New numbers	Price K	Page	Former numbers
34	17.— / 12.—	52	Chair No. 34
35	21.— / 16.—	52	dto. 35
35 a	24.— / 18.—	52	dto. 35 a
36	16.— / 22.50 / 14.—	54	Chair No. 36
36 a (R) (J)	13.50 / 11.50	39	dto. 36 with wood seat and back
(R)	14.10 / 12.10		
36 P	13.— / 11.—	34	dto. 36 with perforated wood seat and back
36 V	20.— / 18.—	58	dto. 36 not caned, for leather
36 Va	21.— / 19.—	58	dto. 36 coarsely caned, for leather
37	19.— / 27.— / 17.—	54	Chair No. 37
37 a (R) (J)	16.— / 14.—	37	dto. 37 with wood seat and back
(R)	16.60 / 14.60		
37 P	15.50 / 13.50	34	dto. 37 with perforated wood seat and back
37 V	22.— / 20.—	58	dto. 37 not caned, for leather
37 Va	24.— / 22.—	58	dto. 37 coarsely caned, for leather
39	22.— / 15.50	52	Chair No. 39
40	10.—	28	dto. 40
41	13.50 / 17.— / 11.50	52	dto. 41
42	17.— / 15.—	57	dto. 42
42 b	15.20 / 13.20	57	dto. 42 Seat for upholstering
42/36	15.— / 13.—	57	dto. 42/36
42/36 b	13.20 / 11.20	57	dto. 42/36 Seat for upholstering

New numbers	Price K	Page	Former numbers
43	14.—	55	Chair No. 43
43 a (P) / (R) (J) / (R)	13.— / 13.50 / 14.10	39	dto. 43 with wood seat and back
44	16.50	55	dto. 44
44 a (P) / (R) (J) / (R)	15.— / 15.50 / 16.10	37	dto. 44 with wood seat and back
45	7.50	6	dto. 45
45/14	6.50	6	dto. 45/14
45½	6.10	7	dto. 45½
47	7.—	33	Chair No. 47
47 c	9.—	28	dto. 47 caned
48	17.— / 15.50	57	dto. 48 Seat not caned, for leather
48 a	—.— / 23.—	57	dto. 48 coarsely caned, for leather
48 V	17.— / 15.50	58	dto. 48 V not caned, for leather
48 Va	—.— / 23.—	58	dto. 48 V coarsely caned, for leather
49	10.—	58	Chair No. 49
49/56	8.—	58	dto. 49/56
50	8.—	29	dto. 50
50/14	7.40	29	dto. 50/14
51	14.50	7	dto. 51
52	6.—	11	dto. 52
52½	5.60	11	dto. 52½
53	6.20	11	Chair No. 53
53 a (R) (J) / (R)	6.80 / 7.40	39	dto. 53a
53 a P	6.50	33	dto. 53a perforated
53 b	7.20	39	dto. 53b
54	6.30	8	Chair No. 54
54 a (R) (J) / (R)	6.90 / 7.50	35	dto. 54a
54 a P	6.60	31	dto. 54a perforated
54 b	7.30	35	dto. 54b
54 c		29	dto. 54 with caned back
56	7.20	8	Chair No. 56
56/14	6.60	8	dto. 56/14
56½	6.80	8	dto. 56½
56 a P	7.50	32	dto. 56a perforated
56½ a P	7.10	32	dto. 56½a dto.
56 a (R) (J) / (R)	7.80 / 8.40	36	dto. 56a
56½ a (R) (J) / (R)	7.40 / 8.—	36	dto 56½a
56 b	8.20	35	dto. 56b
56½ b	7.80	35	dto. 56½b
56 c	8.60	29	dto. 56 with caned back
56½ c	8.—	30	dto. 56½ dto.

New numbers	Price K	Page	Former numbers
57/14 P	5.80	32	Chair No. 57/14 perforated
57 P	6.40	32	dto. 57 dto.
57½ P	6.—	32	dto. 57½ dto.
57/14 (R) (J)	6.20	39	dto. 57/14
(R)	6.80		
57 (R) (J)	6.80	36	dto. 57
(R)	7.40		
57½ (R) (J)	6.40	36	dto. 57½
(R)	7.—		
59	10.—	30	Chair No. 59
59½	9.—	30	dto. 59½
60	12.—	30	dto. 60
61 P	8.—	33	dto. 61 perforated
61 (R) (J)	8.40	39	dto. 61
(R)	9.—		
62	8.–	8	Chair No. 62
64	9.—	42	dto. 64
64/14	8.—	42	dto. 64/14
65	10.—	49	dto. 65
66/14	7.20	11	Chair No. 66/14
66	8.—	9	dto. 66
66½	7.60	11	dto. 66½
66½ a	6.90	11	dto. 66½/14½
67	12.—	13	dto. 67
67 a	9.50	13	dto. 67 plain
68	9.50	42	Chair No. 68
68 c	11.—	42	dto. 68 with caned back
69 (R) (J)	7.50	40	dto. 69
(R)	8.10		
69½ (R) (J)	7.10	40	dto. 69½
70 (R) (J)	8.—	36	dto. 70
(R)	8.60		
70½ (R) (J)	7.60	36	dto. 70½
(R)	8.20		
76 (R) (J)	8.—	37	Chair No. 76
(R)	8.60		
76½ (R) (J)	7.60	37	dto. 76½
(R)	8.20		
79	7.50	11	dto. 79
80	8.80	42	dto. 80
80/14		42	dto. 80/14
81	10.—	43	Chair No. 81
81 A	12.—	43	dto. 81 with top
82	24.—	43	dto. 82
83	29.—	49	dto. 83
84 (R) (J)	9.—	38	dto. 84
(R)	9.60		
85	6.70	3	Chair No. 85
85½	6.30	3, 7	dto. 85½
85/56	7.40	3	dto. 85/56
85½ a	6.90	7	dto. 85½/56½
89	10.—	30	dto. 89

New numbers	Price K	Page	Former numbers
90	12.—	11	Chair No. 90
91	9.50	11	dto. 91
92	6.10	11	dto. 92
92 c	6.20	11	dto. 92c
93	6.60	12	Chair No. 93
94	6.70	12	dto. 94
94/56	7.40	12	dto. 94/56
94½	6.30	12	dto. 94½
94½ a	6.90	12	dto. 94½/56½
95	6.60	12	Chair No. 95
95½	6.20	12	dto. 95½
96	6.50	38	dto. 96
96/14	5.90	40	dto. 96/14
97	6.50	40	dto. 97
97/14	5.90	40	dto. 97/14
98	6.20	12	Chair No. 98
98 c	6.30	12	dto. 98c
100½	5.60	40	dto. 100½
102	7.70	20	dto. 102
103	8.—	20	dto. 103
103½	7.60	20	dto. 103½
104	11.—	20	Chair No. 104
105	7.40	20	dto. 105
105 ∩	8.—	20	dto. 105 with half ring
106	8.40	20	dto. 106
106 ∩	9.—	20	dto. 106 with half ring
107	7.60	20	Chair No. 107
108	8.—	20	dto. 108
109	32.—	58	dto. 109 not caned
109 a	33.—	58	dto. 109 caned
109 b	35.—	58	dto. 109 fine caned
110	5.50	32	Chair No. 110
110 J	6.50	41	dto. 110 Intarsia
111	5.—	41	dto. 111
114 × varnished	5.—	9	dto. 114 with cross-bares
polished	5.50		
114 c × caned	+–.20	9	dto. caned
114 a varnished	5.30	9	dto. 114 with ring
polished	5.80		
114 c a caned	+–.20	9	dto. caned
118 × varnished	5.20	10	Chair No. 118 with cross-pieces
polished	5.70		
118 c × caned	+–.20	10	dto. caned
118 a varnished	5.50	10	dto. 118 with ring
polished	6.—		
118 c a caned	+–.20	10	dto. caned
119 × varnished	5.40	12	Chair No. 119 with cross-pieces
polished	5.90		
119 c × caned	+–.20	12	dto. caned
119 a varnished	5.70	12	dto. 119 with ring
polished	6.20		
119 c a caned	+–.20	12	dto. 119 dto. caned
120 normal varnished	5.50	33	dto. 120 normal
polished	6.—		
120 varnished (R) (J)	5.50	38	dto. 120
varnished (R)	6.—		
polished (R) (J)	6.—		
polished (R)	6.60		

New numbers	Price K	Page	Former numbers
123	7.—	33	Chair No. 123
125 c	7.25	34	dto. 125 Seat caned
125 c a	7.75	34	dto. 125 dto. wood back engraved
125 varnished	5.50	34	dto. 125 normal
polished	6.25		
125 a varnished	6.—	34	dto. 125 wood back engraved
polished	6.75		
125 b varnished	7.—	34	dto. 125 wood seat and back engraved
polished	7.75		
126 × varnished	6.40	34	Chair No. 126 with cross-pieces
polished	7.20		
126 a varnished	6.70	34	dto. 126 with ring
polished	7.50		
128½	11.50	33	dto. 128½
129½	10.—	33	dto. 129½
131	22.—	53	Chair No. 131
134	20.—	53	dto. 134
135	21.—	53	dto. 135
136	23.—	53	dto. 136
137	26.—	53	dto. 137
138		53	dto. 138
139	26.—	53	dto. 139
142½	5.30	11	Chair No. 142½
143	10.—	30	dto. 143
143 a	10.—	41	dto. 143 Raised design
145 V	6.90	6	dto. 145 with wood braces
146	6.70	6	dto. 146
148	10.—	14	Chair No. 148
149 a	7.20	7	dto. 149/56½
149½	6.60	7	dto. 149½
157	7.—	41	dto. 157
169	16.—	10	dto. 169
169 a	15.60	10	dto. 169 coarsely caned, for upholstering
170	8.50	41	dto. 170
171	17.—	55	Chair No. 171 caned
(R) (J)	16.50		dto. 171 with wood seat and back
(R)	17.10		
171 P	16.—	34	dto. 171 dto. perforated
172	19.50	55	dto. 172 caned
172 a (R) (J)	19.—	55	dto. 172 with wood seat and back
(R)	19.60		
172 P	18.50	34	dto. 172 dto. perforated
173	17.—	55	Chair No. 173 caned
(R) (J)	16.50		dto. 173 with wood seat and back
(R)	17.10		
173 P	16.—	34	dto. 173 dto. perforated
174	19.50	55	dto. 174 caned
(R) (J)	19.—		dto. 174 with wood seat and back
(R)	19.60		
174 P	18.50	34	dto. 174 dto. perforated
178 caned	18.—	56	dto. 178
for upholstering	14.50		
178 A caned	23.—	56	dto. 178 with top
for upholstering	19.50		

New numbers	Price K	Page	Former numbers
179 caned	15.50	57	Chair No. 179
179 for upholstering	12.50	57	Chair No. 179
179 A caned	20.—	57	dto. 179 with top
179 A for upholstering	17.—	57	dto. 179 with top
179 R	17.40	41	dto. 179 Raised
179 R J	18.30	41	dto. 179 Raised, Intarsia
179 A J	22.50	41	dto. 179 Raised, Intarsia with top
180	10.—	44	Chair No. 180
182	10.—	44	dto. 182
183	11.—	49	dto. 183
183 A	13.—	49	dto. 183 with top
184	9.50	44	dto. 184
185	9.—	45	dto. 185
186	8.20	45	Chair No. 186
186 A	10.20	45	dto. 186 with top
187	10.—	45	dto. 187
188	9.50	46	dto. 188
191	22.—	48	dto. 191
192	12.50	50	Chair No. 192
192 A	14.50	50	dto. 192 with top
193	15.—	50	dto. 193
193 A	17.—	50	dto. 193 with top
194	12.50	48	dto. 194
194 engraved	13.75	48	dto. 194
194 gilt	14.40	48	dto. 194
195	12.50	48	dto. 195
195 engraved	13.75	48	dto. 195
195 gilt	14.40	48	dto. 195
199	22.—	14	Chair No. 199 normal
199 a	21.50	14	dto. 199 coarsely caned, for upholstering
199 b	20.—	14	dto. 199 not caned
199½	21.—	14	dto. 199½ normal
199½ a	20.25	14	dto. 199½ coarsely caned for upholstering
199½ b	19.25	14	dto. 199½ not caned
203	12.—	15	Chair No. 203
204	13.—	15	dto. 204
205	13.—	15	dto. 205
211	9.50	15	dto. 211
221	10.—	16	Chair No. 221
221½	9.60	16	dto. 221½
221 F	10.50	16	dto. 221 with fan-seat
221½ F	10.10	16	dto. 221½ dto.
221 a engraved	11.—	16	Chair No. 221 engraved
221 a gilt	11.50	16	Chair No. 221 gilt
221½ a engraved	10.50	20	dto. 221½ engraved
221½ a gilt	11.—	20	dto. 221½ gilt
221 a F engraved	11.55		dto. 221 engraved with fan-seat
221 a F gilt	12.—		dto. 221 gilt with fan-seat
221½ a F engraved	11.10		dto. 221½ engraved with fan-seat
221½ a F gilt	11.60		dto. 221½ gilt with fan-seat
221 b with new style engraving	13.50	17	dto. 221 with new style engraving
221 b with new style gilding	14.50	17	dto. 221 with new style gilding
221½ b with new style engraving	13.—	20	dto. 221½ with new style engraving
221½ b with new style gilding	14.—	20	dto. 221½ with new style gilding
221 c entirely engraved	15.—	17	dto. 221 entirely engraved
221 c » gilt	16.25	17	dto. 221 entirely gilt
221½ c entirely engraved	14.50	17	dto. 221½ entirely engraved
221½ c » gilt	15.75	17	dto. 221½ entirely gilt

New numbers	Price K	Page	Former numbers
222	13.50	17	Chair No. 222
223	10.50	18	dto. 223
225	16.—	20	dto. 225
226	10.50	21	dto. 226
228	11.—	21	Chair No. 228
230	8.50	21	dto. 230
231	7.70	46	dto. 231
231 ∩	8.30	46	dto. 231 with half-rings
232	7.—	48	dto. 232
233 not engraved	8.50	46	Chair No. 233
233 engraved	9.35	46	Chair No. 233
233 A not engraved	10.50	46	dto. 233 with top
233 A engraved	11.40	46	dto. 233 with top
234 not engraved	7.50	47	dto. 234
234 engraved	8.30	47	dto. 234
234 A not engraved	9.50	47	dto. 234 with top
234 A engraved	10.30	47	dto. 234 with top
235	9.—	47	Chair No. 235
236	8.—	47	dto. 236
237	9.—	48	dto. 237
237 A	11.—	48	dto. 237 with top
238	8.—	48	dto. 238
238 A	10.—	48	dto. 238 with top
239	10.—	50	Chair No. 239
240	9.—	51	dto. 240
241	10.—	51	dto. 241
241 A	12.—	51	dto. 241 with top
242	9.—	51	dto. 242
242 A	11.—	51	dto. 242 with top
243	13.20	56	Chair No. 243
243 fine caned	+ 1.30	56	
243 A	16.—	56	dto. 243 with top
243 A fine caned	+ 1.30	56	
244	17.50	56	Chair No. 244
244 fine caned	+ 2.50	56	
244 A	20.30	56	dto. 244 with top
244 A fine caned	+ 2.50	56	
246	20.—	21	Chair No. 246
246 a	17.25	21	Chair No. 246
246 b	16.—	21	Chair No. 246
257	7.—	41	dto. 257
257 a	7.20	41	dto. 257 with handle cut out in back
265	8.50	7	Chair No. 265
269	9.75	7	dto. 269
271	12.50	21	dto. 271
271 a	13.50	21	dto. 271 fine caned
271 g	13.75	58	dto. 271 engraved
271 gb	14.40	58	dto. 271 » and gilt
272	12.—	21	Chair No. 272
272 a	13.—	21	dto. 272 fine caned
272 b	11.50	21	dto. 272/56
272 c	12.50	21	dto. 272/56 fine caned
272 g	13.20	58	dto. 272 engraved
272 gb	13.80	58	dto. 272 » and gilt

New numbers	Price K	Page	Former numbers
273	20.—	53	Chair No. 273
273 g	21.—	53	dto. 273 engraved
274	21.—	53	dto. 274
276	16.50	21	dto. 276
277	10.50	21	dto. 277
278	12.50	21	dto. 278
281	11.—	21	Chair No. 281
282	15.—	21	dto. 282
283	11.—	21	dto. 283
284	15.—	21	dto. 284
285	11.—	22	dto. 285
286	15.—	22	Chair No. 286
287	11.—	22	dto. 287
288	15.—	22	dto. 288
289	11.—	22	dto. 289
290	15.—	22	dto. 290
291	11.—	22	Chair No. 291
292	15.—	22	dto. 292
293	11.—	22	dto. 293
295	10.50	22	dto. 295
297	11.75	40	Chair No. 297
298	10.50	22	dto. 298
299	11.—	22	dto. 299
300 (299 section ▢)	15.—	22	dto. 300
301	15.—	18	Chair No. 301
301 a	16.—	18	dto. 301 fine caned
301 b	14.50	18	dto. 301 coarsely caned, for upholstering
301 c	13.75	18	dto. 301 not caned, dto.
302	16.—	18	Chair No. 302
302 a	17.—	18	dto. 302 fine caned
302 b	15.50	18	dto. 302 coarsely caned, for upholstering
302 c	14.75	18	dto. 302 not caned, for upholstering
303	12.50	19	dto. 303
309	15.—	22	dto. 309
311	25.—	53	Chair No. 311, for Export
311 a	22.—	53	Chair No. 311, for Export
311 b	21.—	53	Chair No. 311, for Export
316	28.—	23	dto. 316
321	9.—	7	Chair No. 321
321/56	9.75	7	dto. 321/56
322	8.75	7	dto. 322
322/56	9.50	7	dto. 322/56
324	16.—	52	Chair No. 324
324	14.—	52	Chair No. 324
325	16.25	52	dto. 325
325	14.25	52	dto. 325
326	11.—	23	dto. 326
328	16.50	23	dto. 328
336	15.—	30	dto. 336

New numbers	Price K	Page	Former numbers
341	15.—	23	Chair No. 341 caned
341 a	14.—	23	dto. 341 coarsely caned, for upholstering
341 b	13.—	23	dto. 341 not caned, for upholstering
342	16.—	23	Chair No. 342 caned
342 a	15.—	23	dto. 342 coarsely caned, for upholstering
342 b	14.—	23	dto. 342 not caned, for upholstering

New numbers	Price K	Page	Former numbers
361	16.—	19	Chair No. 361 caned
361 a	15.60	19	dto. 361 coarsely caned, for upholstering
362	19.—	19	dto. 362 fine caned
362 a	17.60	19	dto. 362 not caned
b net	+ 3.50		Extra-charge for brass-shoes
372	12.—	23	Chair Nr. 372
375	11.—	23	dto. 375
391	7.40	7	dto. 391

New numbers	Price K	Page	Former numbers
401	23.50	53	Chair No. 401 for Export
436	17.— / 15.—	54	dto. 436
437	20.— / 18.—	54	dto. 437
440	16.50	53	dto. 440
521	9.50	23	dto. 521
901	34.—	57	dto. 901

ARMCHAIRS

New numbers	Price K	Page	Former numbers
1001	15.50	1	Armchair No. 1
1001½	12.—	1	Small armchair » 1½
1002	18.—	1	Armchair » 2
1002½	14.—	1	Small armchair » 2½
1003	20.—	24	Armchair » 3
1003½	15.50	24	Small armchair » 3½
1004	19.—	1	Armchair No. 4
1004½	15.—	1	Small armchair » 4½
1004½ a	12.40	4	» » No. 4½/18½
1005	22.—	24	Armchair No. 5
1006	30.—	24	dto. » 6
1006/2	26.—	24	dto. » 6/2
1007	20.50	25	dto. » 7
1007½	16.—	25	Small armchair » 7½
1008	14.—	2	Armchair No. 8
1008½	10.50	2	Small armchair » 8½
1010	14.50	4	Armchair » 10
1010½	11.—	4	Small armchair » 10½
1011	16.50	27	Armchair » 11
1011½	13.—	27	Small armchair » 11½
1012	24.—	25	Armchair » 12
1012½	18.—	25	Small armchair » 12½
1014	11.—	2	Armchair No. 14
1014½	10.—	2	Small armchair » 14½
1014 P	14.20	31	Armchair No. 14 with perforated, wood back
1014½ P	11.—	31	Small armchair No. 14½ with perforated, wood back
1015	13.50	28	Armchair No. 15
1015½	12.—	28	Small armchair » 15½
1016	27.—	25	Armchair » 16
1017	20.50	26	dto. » 17
1017/12	17.—	26	dto. » 17/12
1018	11.50	2	Armchair No. 18
1018½	10.—	2	Small armchair » 18½
1018 P	13.—	31	Armchair No. 18 with perforated, wood back
1018½ P	11.—	33	Small armchair No. 18½ with perforated, wood back
1018 b	13.—		Armchair No. 18 b
1018½ b	11.—		Small armchair No. 18½ b
1018 c	13.50	26	Armchair No. 18 with caned back
1018½ c	12.—	28	Small armchair No. 18½ with caned back
1019½	13.—	5	Small armchair No. 19½
1019/I	14.—	5	dto. » 19/I
1020	12.—	3	Armchair » 20
1020½	10.50	3	Small armchair » 20½
1022	30.—	26	Armchair » 22

New numbers	Price K	Page	Former numbers
1024½	16.—	5	Small armchair No. 24½
1025½	14.—	5	dto. » 25½
1026½	14.—	6	dto. » 26½
1027	30.—	27	Armchair » 27
1028	11.—	3	dto. » 28
1028 c	13.—	27	dto. » 28 with caned back
1031½	12.—	6	Small armchair No. 31½
1031/I	13.—	6	dto. » 31/I
1032	30.— / 42.— / 27.50	54	Armchair » 32
1033	12.50	6	dto. » 33
1033 c	14.50	28	dto. » 33 with caned back
1035½	35.— / 28.—	52	Small armchair No. 35½
1035	44.— / 34.—	52	Armchair » 35
1037	30.— / 42.— / 27.50	54	Armchair No. 37
1037 a (R) (J)	26.50 / 24.—	37	dto. 37 with wood seat and back
1037 a (Ɽ)	27.50 / 25.—	37	dto. 37 with wood seat and back
1037 P	26.— / 23.50	34	dto. 37 dto. perforated
1037 V	35.75 / 33.25	58	dto. 37 not caned, for leather
1037 V a	37.50 / 35.—	58	dto. 37 coarsely caned, for leather
1040½	15.—	28	Small armchair No. 40½
1041	24.50 / 30.— / 22.—	52	Armchair No. 41
1042 b	29.— / 27.—	57	dto. 42 not caned, for leather
1042½ b	23.— / 21.—	57	Small armchair No. 42½ not caned, for leather

New numbers	Price K	Page	Former numbers
1044	26.—	55	Armchair No. 44
1044 a (P) / (R) (J) / (Ɽ)	24.50 / 25.— / 26.—	37	dto. 44 with wood seat and back
1045½	10.50	7	Small armchair No. 45½
1048	29.— / 27.—	57	Armchair No. 48 not caned, for leather
1048½	23.— / 21.—	57	Small armchair No. 48½ not caned, for leather
1048 a	—.— / 36.—	57	Armchair No. 48 coarsely caned, for leather
1048½ a	—.— / 29.—	57	Small armchair No. 48½ coarsely caned, for leather
1048 V	29.— / 27.—	58	Armchair Nr. 48 V not caned, for leather
1048½ V	23.— / 21.—	58	Small armchair No. 48½ V not caned, for leather
1048 V a	—.— / 36.—	58	Armchair No. 48 V coarsely caned, for leather
1048½ V a	—.— / 29.—	58	Small armchair No. 48½ V coarsely caned, for leather
1050	12.75	29	Armchair No. 50
1051	20.—	7	dto. 51
1052½	11.—	11	Small armchair No. 52½
1054	11.50	8	Armchair No. 54
1054 a (R) (J) / (Ɽ)	12.30 / 13.30	35	dto. 54 a
1054 a P	12.—	31	dto. 54 a perforated
1054 b	12.50	35	dto. 54 b
1054 c	13.10	29	dto. 54 with caned back
1056	12.—	8	Armchair No. 56
1056 a P	12.50	32	dto. 56 a perforated
1056 a (R) (J) / (Ɽ)	12.80 / 13.80	36	dto. 56 a
1056 b	13.—	35	dto. 56 b
1056 c	13.60	29	dto. 56 with caned back
1057 P	11.—	32	dto. 57 perforated
1057 (R) (J) / (Ɽ)	11.50 / 12.50	36	dto. 57

New numbers	Price K	Page	Former numbers
1059	16.—	30	Armchair No. 59
1060	18.—	30	dto. 60
1062	14.—	8	dto. 62
1064	14.—	42	dto. 64
1064/14	13.—	42	dto. 64/14
1065	16.—	49	dto. 65
1066/14	12.20	9	dto. 66/14
1066	13.—	9	dto. 66
1067	22.—	13	Armchair No. 67
1067 a	18.—	13	dto. 67 plain
1068	14.50	42	dto. 68
1068 c	16.50	42	dto. 68 with caned back
1069 (R)(J) / (ℛ)	13.— / 14.—	40	dto. 69
1070 (R)(J) / (ℛ)	13.— / 14.—	36	dto. 70
1076 (R)(J) / (ℛ)	13.— / 14.—	37	Armchair No. 76
1080	14.—	42	dto. 80
1081	15.—	43	dto. 81
1081 A	18.—	43	dto. 81 with top
1082	37.—	43	dto. 82
1083	45.—	49	dto. 83
1084 (R)(J) / (ℛ)	14.— / 15.—	38	dto. 84
1085	11.50	3	Armchair No. 85
1085 a	13.20	3, 7	dto. 85/56
1096	12.—	38	dto. 96
1096/14	11.—	40	dto. 96/14
1102	13.—	20	Armchair No. 102
1103	13.—	20	dto. 103
1104	21.—	20	dto. 104
1110	9.—	32	dto. 110
1111	8.50	41	dto. 111
1114 × varnished / polished	9.— / 9.50	9	Armchair No. 114 with cross-pieces
1114 a varnished / polished	9.50 / 10.—	9	dto. 114 with ring
1118 × varnished / polished	9.50 / 10.—	10	dto. 118 with cross-pieces
1118 a varnished / polished	10.— / 10.50	10	dto. 118 with ring
1119 × varnished / polished	10.— / 10.50	12	Armchair No. 119 with cross-pieces
1119 a varnished / polished	10.50 / 11.—	19	dto. 119 with ring
1120 normal varnished / polished	10.— / 10.50	33	dto. 120 normal
1120 varnished (R)(J) / (ℛ); polished (R)(J) / (ℛ)	10.— / 11.— / 10.50 / 11.50	38	dto. 120
1126 × varnished / polished	11.50 / 12.50	34	dto. 126 with cross-pieces
1126 a varnished / polished	12.— / 13.—	34	dto. 126 with ring
1137	40.—	53	Armchair No. 137
1148	16.—	14	dto. 148
1169	24.—	10	dto. 169
1169 a	23.40	10	dto. 169 coarsely caned, for upholstering

New numbers	Price K	Page	Former numbers
1170	14.—	41	Armchair No. 170
1172	30.—	55	dto. 172
1172 a (R)(J) / (ℛ)	29.— / 30.—	55	dto. 172 with wood seat and back
1172 P	28.50	34	dto. 172 dto. perforated
1174	30.—	55	Armchair No. 174
1174 (R)(J) / (ℛ)	29.— / 30.—	55	dto. 174 with wood seat and back
1174 P	28.50	34	dto. 174 dto. perforated
1178 caned / for upholstering	29.— / 24.50	56	dto. 178
1178 A caned / for upholstering	34.50 / 30.—	56	dto. 178 with top
1180	16.—	44	Armchair No. 180
1182	16.—	44	dto. 182
1183	17.—	49	dto. 183
1183 A	20.—	49	dto. 183 with top
1184	14.50	44	dto. 184
1185	—.—	45	Armchair No. 185
1186	13.—	45	dto. 186
1186 A	16.—	45	dto. 186 with top
1187	16.—	45	dto. 187
1188	14.50	46	dto. 188
1192	19.—	50	Armchair No. 192
1192 A	22.—	50	dto. 192 with top
1193	23.—	50	dto. 193
1193 A	26.—	50	dto. 193 with top
1194 … / engraved / gilt	19.50 / 21.45 / 22.40	48	dto. 194
1195 … / engraved / gilt	19.50 / 21.45 / 22.40	48	dto. 195
1199	36.—	14	Armchair No. 199
1199 a	35.—	14	dto. 199 coarsely caned, for upholstering
1199 b	33.—	14	dto. 199 not caned, for upholstering
1199½	29.—	14	Small armchair No. 199½
1199½ a	28.50	14	dto. 199½ coarsely caned, for upholstering
1199½ b	27.—	14	dto. 199½ not caned, for upholstering
1203	21.—	15	Armchair No. 203
1204	22.—	15	dto. 204
1205	22.—	15	dto. 205
1221	16.—	16	Armchair No. 221
1221 F	16.50	16	dto. 221 with fan-seat
1221 a engraved / gilt	17.60 / 18.40	16	Armchair No. 221 engraved / gilt
1221 a F engraved / gilt	18.15 / 19.—	16	dto. 221 dto. with fan-seat
1221 b with new style engraving / » » » gilding	20.50 / 21.75	17	dto. 221 with new style engraving / » » » gilding
1221 c entirely engraved / » gilt	22.— / 23.50	17	dto. 221 entirely engraved / » gilt
1222	22.50	17	Armchair No. 222
1223	17.—	18	dto. 223
1226	17.—	21	dto. 226
1228	18.—	21	dto. 228
1231	13.—	46	dto. 231

New numbers	Price K	Page	Former numbers
1232	12.—	48	Armchair No. 232
1233	14.—	46	dto. 233
1233 A … engraved	18.40	46	dto. 233 engraved, with top
1234	12.50	47	dto. 234
1234 A	15.50	47	dto. 234 with top
1235	15.—	47	Armchair No. 235
1236	13.50	47	dto. 236
1237	15.—	48	dto. 237
1237 A	18.—	48	dto. 237 with top
1238	13.50	48	dto. 238
1238 A	16.50	48	dto. 238 with top
1239	16.—	50	Armchair No. 239
1240	14.50	51	dto. 240
1241	16.—	51	dto. 241
1241 A	19.—	51	dto. 241 with top
1242	14.50	51	dto. 242
1242 A	17.50	51	dto. 242 with top
1243 / **1243** … fine caned	17.— / + 1.80	56	Armchair No. 243
1243 A / **1243 A** … fine caned	21.— / + 1.80	56	dto. 243 with top
1244 / **1244** … fine caned	27.50 / + 3.—	56	dto. 244
1244 A / **1244 A** … fine caned	31.50 / + 3.—	56	dto. 244 with top
1281	18.—	21	Armchair No. 281
1282	24.—	21	dto. 282
1283	18.—	21	dto. 283
1284	24.—	21	dto. 284
1285	18.—	22	dto. 285
1286	24.—	22	Armchair No. 286
1287	18.—	22	dto. 287
1288	24.—	22	dto. 288
1289	18.—	22	dto. 289
1290	24.—	22	dto. 290
1291	18.—	22	Armchair No. 291
1292	24.—	22	dto. 292
1293	18.—	22	dto. 293
1293 F	18.50	22	dto. 293 with fan-seat
1295	17.50	22	dto. 295
1298	17.—	22	Armchair No. 298
1301	24.—	18	dto. 301
1301 a	25.50	18	dto. 301 fine caned
1301 b	23.25	18	dto. 301 coarsely caned, for upholstering
1301 c	22.25	18	dto. 301 not caned, for upholstering
1302	25.—	18	Armchair No. 302
1302 a	26.50	18	dto. 302 fine caned
1302 b	24.25	18	dto. 302 coarsely caned, for upholstering
1302 c	23.25	18	dto. 302 not caned, for upholstering
1303	21.—	19	dto. 303
1328	28.—	23	Armchair No. 328
1361	25.—	19	dto. 361
1361 a	24.40	19	dto. 361 coarsely caned, for upholstering
1362	28.50	19	Armchair No. 362
1362 a	26.40	19	dto. 362 coarsely caned, for upholstering
b … net	+ 3.50	19	Brass-shoes net
1372	20.—	23	dto. 372
1437	31.— / 28.50	54	dto. 437

Sofas seating 2 persons (42 in.).

New numbers	Price K	Page	Former numbers
2001	32.—	1	Sofa No. 1
2002	32.—	1	dto. 2
2003	32.—	24	dto. 3
2006	62.—	24	dto. 6
2014	24.—	2	dto. 14
2014 P	29.—	31	dto. 14 with wood back, perforated
2018	25.—	2	Sofa No. 18
2018 P	28.—	31	dto. 18 with wood back
2018 b	26.—		dto. 18 b
2018 c	31.—	26	dto. 18 with caned back
2027	60.—	27	Sofa No. 27
2028	24.—	3	dto. 28
2028 c	26.—	27	dto. 28 with caned back
2033	28.—	6	dto. 33
2033 c	34.—	28	dto. 33 with caned back
2050	26.—	29	Sofa No. 50
2054	25.—	8	dto. 54
2054 a R / J / JR	26.— / 29.—	35	dto. 54 a
2054 a P	25.—	31	dto. 54 a perforated
2054 b	28.—	35	dto. 54 b
2054 c	—.—	29	dto. 54 with caned back
2056	27.—	8	Sofa No. 56
2056 a P	27.—	32	dto. 56 a perforated
2056 a R / J / JR	28.— / 31.—	36	dto. 56 a
2056 b	30.—	35	dto. 56 b
2056 c	33.—	29	dto. 56 with caned back
2057 P	26.—	32	Sofa No. 57 perforated
2057 R / J / JR	27.— / 30.—	36	dto. 57
2059	34.—	30	dto. 59
2062	30.—	8	dto. 62
2064	30.—	42	dto. 64
2065	35.—	49	Sofa No. 65
2066	29.—	9	dto. 66
2067	46.—	13	dto. 67
2067 a	38.—	13	dto. 67 plain
2068	31.—	42	dto. 68
2068 c	35.—	42	dto. 68 with caned back
2070 R / J / JR	34.— / 37.—	36	Sofa No. 70
2076 R / J / JR	34.— / 37.—	37	dto. 76
2080	30.—	42	dto. 80
2081	32.—	43	dto. 81
2081 A	37.—	43	dto. 81 with top
2082	74.—	43	dto. 82
2084 R / J / JR	35.— / 38.—	38	Sofa No. 84
2085	28.—	3	Sofa No. 85
2096	32.—	38	dto. 96
2103	29.—	20	dto. 103
2104	44.—	20	dto. 104
2110	18.—	32	Sofa No. 110
2114 × varnished / polished	21.— / 22.—	9	dto. 114 with cross-pieces
2114 a varnished / polished	22.— / 23.—	9	dto. 114 with ring
2118 × varnished / polished	22.— / 23.—	10	dto. 118 with cross-pieces
2118 a varnished / polished	23.— / 24.—	10	dto. 118 with ring
2120 normal varnished / polished	23.— / 27.—	33	Sofa No. 120 normal
2120 varnished R / J / JR	23.— / 26.—	38	dto. 120 varnished
2120 polished R / J / JR	24.— / 27.—	38	dto. 120 polished
2126 × varnished / polished	28.— / 30.—	34	dto. 126 with cross-pieces
2126 a varnished / polished	29.— / 31.—	34	dto. 126 with ring
2148	35.—	14	Sofa No. 148
2169	52.—	10	dto. 169
2169 a	50.60	10	dto. 169 coarsely caned, for upholstering
2180	33.—	44	Sofa No. 180
2182	33.—	44	dto. 182
2183	36.—	49	dto. 183
2183 A	41.—	49	dto. 183 with top
2184	32.—	44	Sofa No. 184
2185	30.—	45	dto. 185 (No. 64)
2186	28.—	45	dto. 186
2186 A	33.—	45	dto. 186 with top
2187	33.—	45	Sofa No. 187
2188	32.—	46	dto. 188
2192	40.—	50	dto. 192
2192 A	45.—	50	dto. 192 with top
2193	48.—	50	Sofa No. 193
2193 A	53.—	50	dto. 193 with top
2194 ...... / engraved / gilt	42.— / 46.25 / 48.25	48	dto. 194
2195 ...... / engraved / gilt	42.— / 46.25 / 48.25	48	dto. 195
2199	74.—	14	Sofa No. 199
2199 a	72.50	14	dto. 199 coarsely caned, for upholstering
2199 b	70.—	14	dto. 199 not caned
2203	48.—	15	dto. 203
2204	50.—	15	dto. 204
2211	28.—	15	Bench No. 211
2221	35.—	16	Sofa No. 221
2221 F	36.—	16	dto. 221 with fan-seat
2221 a engraved / gilt	38.50 / 40.25	16	dto. 221 engraved / gilt
2221 a F engraved / gilt	39.60 / 41.40	16	dto. 221 dto. with fan-seat
2221 b with new style engraving / » » » gilding	41.— / 43.—	17	dto. 221 with new style engraving / » » » gilding
2221 c entirely engraved / » gilt	44.— / 47.—	17	dto. 221 entirely engraved / » gilt
2222	48.—	17	Sofa No. 222
2223	38.—	18	dto. 223
2226	37.—		dto. 226
2231	29.—	46	dto. 231
2232	27.—	48	dto. 232
2233	30.—	46	Sofa No. 233
2233 A engraved	38.—	46	dto. 233 engraved, with top
2234	28.—	47	dto. 234
2234 A	35.80	47	dto. 234 with top
2235	16.—	47	dto. 235
2236	30.—	47	dto. 236
2237	32.—	48	Sofa No. 237
2237 A	37.—	48	dto. 237 with top
2238	30.—	48	dto. 238
2238 A	35.—	48	dto. 238 with top
2239	35.—	50	dto. 239
2240	33.—	51	Sofa No. 240
2241	35.—	51	dto. 241
2241 A	40.—	51	dto. 241 with top
2242	33.—	51	dto. 242
2242 A	38.—	51	dto. 242 with top
2293	38.—	22	Sofa No. 293
2295	37.—	22	dto. 295
2301	52.—	18	dto. 301
2301 a	57.—	18	dto. 301 fine caned
2301 b	50.50	18	dto. 301 coarsely caned, for upholstering
2301 c	48.—	18	dto. 301 not caned, for upholstering
2302	56.—	18	Sofa No. 302
2302 a	61.—	18	dto. 302 fine caned
2302 b	54.50	18	dto. 302 coarsely caned, for upholstering
2302 c	52.—	18	dto. 302 not caned, for upholstering
2303	48.—	19	dto. 303
2328	57.—	23	Sofa No. 328
2361	56.—	19	dto. 361
2361 a	54.60	19	dto. 361 coarsely caned, for upholstering
2362	65.—	19	dto. 362
2362 a	58.60	19	dto. 362 coarsely caned, for upholstering
b net	+ 3.50	19	Extra-charge for brass-shoes

Sofas seating 3 persons (52 in.).

New numbers	Price K	Page	Former numbers
3004	44.—	1	Sofa No. 4
3005	40.—	24	dto. 5
3007	42.—	25	dto. 7
3008	36.—	2	dto. 8
3012	64.—	25	dto. 12
3016	76.—	25	Sofa No. 16
3017	58.—	26	dto. 17
3018	29.—	2	dto. 18
3018 b	31.—		dto. 18 b
3020	35.—	3	dto. 20
3022	80.—	26	Sofa No. 22
3022/27	82.—	26	dto. 22/27
3032	60.—	54	dto. 32
	84.—		
	56.—		
3033	38.—	6	dto. 33
3033 c	46.—	28	dto. 33 with caned back
3037	66.—	54	Sofa No. 37
	90.—		
	62.—		
3037 a R	66.—	37	dto. 37 with wood seat and back
J	62.—		
JR	70.—		
	66.—		
3037 P	64.—	34	dto. 37 with wood seat and back, perforated
	60.—		
3037 V	70.—	58	dto. 37 not caned, for leather
	66.—		
3037Va	74.—	58	dto. 37 coarsely caned, for leather
	70.—		
3041	50.—	52	Sofa No. 41
	64.—		
	46.—		
3042 b	60.—	57	dto. 42 not caned, for leather
	56.—		
3044	62.—	55	dto. 44
3044 a P	62.—	37	dto. 44 with wood seat and back
R	62.—		
J			
JR	66.—		
3048	60.—	57	Sofa No. 48 not caned, for leather
	56.—		
3048 a	64.—	57	dto. 48 coarsely caned, for leather
	60.—		
3048 V	60.—	58	dto. 48 V not caned, for leather
	56.—		
3048Va	64.—	58	dto. 48 V coarsely caned, for leather
	60.—		
3050	30.—	29	Sofa No. 50
3054	29.—	8	dto. 54
3054 a R	30.—	35	dto. 54 a
J			
JR	34.—		
3054 a P	29.—	31	dto. 54 a perforated
3054 b	33.—	35	dto. 54 b
3054 c	29.—	29	dto. 54 caned

New numbers	Price K	Page	Former numbers
3056	31.—	8	Sofa No. 56
3056 a P	31.—	32	dto. 56 a perforated
3056 a R	32.—	36	dto. 56 a
J			
JR	36.—		
3056 b	35.—	35	dto. 56 b
3056 c	39.—	29	dto. 56 with caned back
3057 P	30.—	32	Sofa No. 57 perforated
3057 R	32.—	36	dto. 57
J			
JR	36.—		
3059	40.—	30	dto. 59
3062	36.—	8	dto. 62
3064	35.—	42	dto. 64
3065	40.—	49	Sofa No. 65
3066	34.—	9	dto. 66
3067	52.—	13	dto. 67
3067 a	44.—	13	dto. 67 plain
3068	36.—	42	Sofa No. 68
3068 c	40 —	42	dto. 68 with caned back
3070 R	40.—	36	dto. 70
J			
JR	44.—		
3076 R	40.—	37	dto. 76
J			
JR	44.—		
3080	35.—	42	dto. 80
3081	38.—	43	Sofa No. 81
3081 A	45.—	43	dto. 81 with top
3082	88.—	43	dto. 82
3083	88.—	49	dto. 83
3084 R	41.—	38	dto. 84
J			
JR	45.—		
3103	35.—	20	Sofa No. 103
3104	50.—	20	dto. 104
3114× varnished	25.—	9	dto. 114 with cross-pieces
polished	26.—		
3114 a varnished	26.—	9	dto. 114 with ring
polished	27.—		
3118× varnished	26.—	10	dto. 118 with cross-pieces
polished	27.—		
3118 a varnished	27.—	10	dto. 118 with ring
polished	28.—		
3120 normal varnished	24.—	33	Sofa No. 120 normal
polished	28.—		
3120 varnished R	27.—	38	dto. 120 varnished
varnished J			
varnished JR	31.—		
polished R	28.—		dto. 120 polished
polished J			
polished JR	32.—		

New numbers	Price K	Page	Former numbers
3126× varnished	32.—	34	Sofa No. 126 with cross-pieces
polished	34.—		
3126 a varnished	33.—	34	dto. 126 with ring
polished	35.—		
3178 caned	70.—	56	Sofa No. 178 caned, for upholstering
for upholstering	58.—		
3178A caned	82.—	34	dto. 178 with top
for upholstering	70.—		
3180	40.—	44	dto. 180
3182	40.—	44	dto. 182
3183	44.—	49	Sofa No. 183
3183 A	51.—	49	dto. 183 with top
3184	38.—	44	dto. 184
3185	35.—	45	dto. 185
3186	32.—	45	dto. 186
3186 A	39.—	45	dto. 186 with top
3187	41.—	45	Sofa No. 187
3188	39.—	46	dto. 188
3203	56.—	15	dto. 203
3204	58.—	15	dto. 204
3221	41.—	16	Sofa No. 221
3221 F	42.50	16	dto. 221 with fan seat
3221 a engraved	45.—	16	dto. 221 engraved
gilt	47.—		gilt
3221 a F engraved	46.75		dto. 221 dto. with fan seat
gilt	49.—		
3221 b with new style engraving	47.—	17	dto. 221 with new style engraving
» » » gilding	49.—		» » » gilding
3221 c entirely engraved	51.—	17	dto. 221 entirely engraved
» gilt	54.—		» gilt
3222	54.—	17	Sofa No. 222
3223	45.—	18	dto. 223
3233	35.—	46	dto. 233
3233 A engraved	45.50	46	dto. 233 engraved, with top
3234	33.—	47	dto. 234
3234 A engraved	43.30	47	dto. 234 engraved, with top
3235	40.—	47	Sofa No. 235
3236	38.—	47	dto. 236
3237	40.—	48	dto. 237
3237 A	47.—	48	dto. 237 with top
3238	38.—	48	dto. 238
3238 A	45.—	48	dto. 238 with top
3239	43.—	50	Sofa No. 239
3240	41.—	51	dto. 240
3241	43.—	51	dto. 241
3241 A	50.—	51	dto. 241 with top
3242	41.—	51	dto. 242
3242 A	48.—	51	dto. 242 with top
3243	47.—	56	Sofa No. 243
fine caned	+ 8.—	56	dto. 243 fine caned
3243 A	57.—	56	dto. 243 with top
fine caned	+ 8.—	56	dto. 243 dto. fine caned
3244	60.—	56	dto. 244
fine caned	+ 9.—	56	dto. 244 fine caned
3244 A	70.—	56	dto. 244 with top
fine caned	+ 9.—	56	dto. 244 dto. fine caned
3303	56.—	19	dto. 303

Shop-chairs.

New numbers	Price K	Page	Former numbers
4001 a	6.20	59	Shop-chair No. 1 large seat
4001	5.60	59	dto. 1
4001 c	6.60	59	dto. 1 with caned back
4002	5.80	59	dto. 2
4003	6.20	59	dto. 3
4004	6.30	59	dto. 4 Raised
4004 P	6.—	59	dto. 4 perforated

Office-chairs.

New numbers	Price K	Page	Former numbers
4110	7.50	59	Office-chair No. 10, 24 in.
4118 V	7.80	59	dto. 18 with wooden braces, 24 in.
4210	9.—	59	dto. 10, 32 in.
4220 V	9.60	59	dto. 20 with wooden braces, 32 in.

Billard-Room-chairs (office-armchairs).

New numbers	Price K	Page	Former numbers
4315½	13.80	59	Billard-Room-armchair No. 15½ 24 in.
4318½	11.80	59	dto. 18½, 24 in.

Stools.

New numbers		Price K	Page	Former numbers
4501		5.70	61	Stool with back, 18 in.
4511		6.20	61	dto. 22 in.
4521		7.20	61	dto. 29 in.
4531		8.—	61	Stool with fan-back, 18 in.
4541		8.50	61	dto. 22 in.
4551		9.50	61	dto. 29 in.
4561		9.—	61	Stool No. 221, 18 in.
4571		9.50	61	dto. 22 in.
4581		10.50	61	dto. 29 in.
4601	⊜	4.—	60	Stool, 18 in., with **small** seat, caned
4602	(P)	4.—	60	dto. perforated
4603	(R)	4.—	60	dto. Raised
4604	(J)	4.—	60	dto. Intarsia
4605	(JR)	4.30	60	dto. Raised, Intarsia
4606	●	4.—	60	dto. wood seat, plain
4611	⊜	4.50	60	Stool, **22** in., **small** seat, caned
4612	(P)	4.50	60	dto. perforated
4613	(R)	4.50	60	dto. Raised
4614	(J)	4.50	60	dto. Intarsia
4615	(JR)	4.80	60	dto. Raised, Intarsia
4616	●	4.50	60	dto. wood seat, plain
4621	⊜	5.50	60	Stool, **29** in., **small** seat, caned
4622	(P)	5.50	60	dto. perforated
4623	(R)	5.50	60	dto. Raised
4624	(J)	5.50	60	dto. Intarsia
4625	(JR)	5.80	60	dto. Raised, Intarsia
4626	●	5.80	60	dto. wood seat, plain
4701	⊜	5.—	60	Stool, **18** in., **large** seat, caned
4702	(P)	4.50	60	dto. perforated
4703	(R)	4.70	60	dto. Raised
4704	(J)	4.70	60	dto. Intarsia
4705	(JR)	5.—	60	dto. Raised, Intarsia
4706	●	4.50	60	dto. wood seat, plain
4711	⊜	5.50	60	Stool, **22** in., **large** seat, caned
4712	(P)	5.—	60	dto. perforated
4713	(R)	5.20	60	dto. Raised
4714	(J)	5.20	60	dto. Intarsia
4715	(JR)	5.50	60	dto. Raised, Intarsia
4716	●	5.—	60	dto. wood seat, plain
4721	⊜	6.50	60	Stool, **29** in., **large** seat, caned
4722	(P)	6.—	60	dto. perforated
4723	(R)	6.20	60	dto. Raised
4724	(J)	6.20	60	dto. Intarsia
4725	(JR)	6.50	60	dto. Raised, Intarsia
4726	●	6.—	60	dto. wood seat, plain
4734	⊗ / ⊜	10.— / 8.—	61	Stool No. 34, 18 in.
4735	✕ / ✤ / □	10.— / 12.— / 9.—	61	dto. 36, 18 in.
4744	⊗ / ⊜	10.50 / 8.50	61	dto. 34, 22 in.
4751		11.—	61	dto. 51, square
4752		11.—	61	dto. 51/14, round
4756		5.20	61	dto. 56, 18 in.
4801	⊜	6.—	61	Harmonium-Stool, caned
4802	(P)	5.50	61	dto. perforated
4803	(R)	5.70	61	dto. Raised
4804	(J)	5.70	61	dto. Intarsia
4805	(JR)	6.—	61	dto. Raised, Intarsia
4806	●	5.50	61	dto. wood seat, plain
4810		3.50	61	Stool No. 110

Revolving-furniture.

New numbers	Price K	Page	Former numbers
5001	14.—	62	Revolving-stool No. 1, 16 in. high
5001 a	12.80	62	dto. 1, for upholstering, 16 in. high
5002	18.—	62	dto. 2, 16 in. high
5003	19.—	62	dto. 3, 16 in. high
5011	16.—	62	Revolving-stool No. 1, 25 in. high
5021	20.—	62	dto. 1, 34 in. high
5036	16.50	62	dto. 36, 16 in. high
5051	18.—	62	Revolving-stool No. 1, 16 in. high, with automatically stopping screw
5051 a	16.80	62	dto. 1, for upholstering, 16 in. high, with automatically stopping screw
5052	22.—	62	dto. 2, 16 in. high, with automatically stopping screw
5053	23.—	62	dto. 3, 16 in. high, with automatically stopping screw
5061	20.—	62	dto. 1, 25 in. high, with automatically stopping screw
5071	24.—	62	dto. 1, 34 in. high, with automatically stopping screw
5086	20.50	62	dto. 36, 16 in., high, with automatically stopping screw
5011 R	16.—	62	Revolving-office-stool No. 1, 25 in.
5011 F	18.—	62	Revolving-stool No. 1, 25 in., with footrest
5061 R	20.—	62	Revolving-office-stool, No. 1, 25 in., with automatically stopping screw
5061 F	22.—	62	Revolving-stool No. 1, 25 in., with footrest and automatically stopping screw
5101	18.—	62	Revolving-stool No. 1, 16 in., with caned back
5151	22.—	62	dto. No. 1, 16 in., with caned back and automatically stopping screw
5501	24.—	63	Revolving-armchair No. 1
5503	26.—	63	dto. 3
5601	26.—	63	dto. 1, 25 in.
5603 F	30.—	63	dto. 3, 25 in., with footrest
5701	30.—	63	dto. 1, 34 in.
5801	28.—	62	Revolving-rocking-chair No. 1
5831	45.—	63	Revolving-rocking-armchair No. 1
5851	32.—	62	Revolving-rocking-chair No. 1, with automatically stopping screw
5901	35.—	63	Large revolving-armchair

New numbers	Price K	Page	Former numbers
5903	19.50	63	Revolving Desk Chair No. 3
5945	21.50	70	Armchair No. 15 with double Revolving Seat
5945 c	19.75	70	dto. coarsely caned, for upholstering

Foot-stools.

New numbers	Price K	Page	Former numbers
5951	3.50	61	Foot-stool No. 1
5952	7.—	61	dto. 2
5953	5.50	61	dto. 3
5954	3.50	61	dto. 4
5957	4.50	61	dto. 37
5960	2.—	61	dto. 110

Desk-chairs.

New numbers	Price K	Page	Former numbers
6000	16.—	64	Desk-chair No. 1 perforated
6001	19.—	64	dto. 1 caned
6002	21.—	64	dto. 2
6003	13.—	64	dto. 3
6004	19.—	64	dto. 4
6005	18.—	65	Desk-chair No. 5
6009	8.50	64	dto. 9
6013	14.—	64	dto. 13
6014	20.—	64	dto. 14
6015	19.—	65	dto. 15
6023	16.—	64	Desk-chair No. 23
6024	22.—	64	dto. 24
6025	21.—	65	dto. 25
6053	15.50	64	dto. 53
6065	21.50	65	dto. 65
6103	15.—	64	dto. 103

Folding-chairs, arm-chairs and easy-chairs.

New numbers	Price K	Page	Former numbers
6311	14.—	65	Folding-chair No. 1
6313	12.—	65	dto. 3
6321	21.—	65	dto. 1 with arms No. 1
6331	26.—	65	dto. 1 dto. and legrest » 1
6351	30.—	65	Easy arm-chair No. 1
6352	33.—	65	dto. 2
6361	38.—	65	Folding armchair No. 1 without legrest
6362	36.—	65	Easy arm-chair No. 2 with adjustable head
6371	44.—	65	Folding Armchair No. 1 with legrest

New style armchairs.

New numbers	Price K	Page	Former numbers
6501 c	50.—	66	Armchair No. 1001 coarsely caned, for upholstering
6501	48.—	66	dto. 1001 not caned, for upholstering
6502 Saddle Seat	70.—	66	dto. 1002
6503 c	60.—	66	dto. 1003 coarsely caned, for upholstering
6503	58.—	66	dto. 1003 not caned, for upholstering
6504 c	50.—	66	Armchair No. 1004 coarsely caned, for upholstering
6504	48.—	66	dto. 1004 not caned, for upholstering
6505 c	55.—	66	dto. 1005 coarsely caned, for upholstering
6505	53.—	66	dto. 1005 not caned, for upholstering
6506 c	55.—	66	dto. 1006 coarsely caned, for upholstering
6506	53.—	66	dto. 1006 not caned, for upholstering
6507 Saddle Seat	45.—	66	Armchair No. 1007
6508 c	40.—	66	dto. 1008 coarsely caned, for upholstering
6508	38.—	66	dto. 1008 not caned, for upholstering
6509 c	25.—	66	dto. 1009 coarsely caned, for upholstering
6509	23.—	66	dto. 1009 not caned, for upholstering
6510 c	29.—	66	Armchair No. 1010 coarsely caned, for upholstering
6510 a	30.—	66	dto. 1010 with wood seat
6510	27.—	66	dto. 1010 not caned, for upholstering
6511 c	30.—	67	dto. 1011 coarsely caned, for upholstering
6511	28.—	67	dto. 1011 not caned, for upholstering
6513 c	24.—	67	Armchair No. 1013 coarsely caned, for upholstering
6513	22.—	67	dto. 1013 not caned, for upholstering
6551 Saddle Seat	50.—	67	Revolving armchair No. 351
6552 » »	70.—	67	Revolving Rocking-chair No. 352

Hamlet-chairs (causeuses).

New numbers	Price K	Page	Former numbers
6601	42.—	81	Hamlet-chair No. 1 for upholstering
6602	24.50	67	dto. 2 for upholstering
6602 c	25.—	67	dto. 2 caned
6603	24.50	67	dto. 3 for upholstering
6603 c	25.—	67	dto. 3 caned
6612	26.50	67	Hamlet-chair No. 12 for upholstering
6612 c	27.—	67	dto. 12 caned
6613	26.50	67	dto. 13 for upholstering
6613 c	27.—	67	dto. 13 caned
6623	27.50	67	dto. 23 for upholstering
6623 c	28.—	67	dto. 23 caned

Rout-seats.

New numbers	Price K	Page	Former numbers
6701 per Meter = 38 in.	14.—	96	Rout-seat No. 1
6702 » » = 38 in.	24.—	96	dto. 1 with back
6703 » » = 38 in.	28.—	96	dto. 1 dto. and arms
6711 per Meter = 38 in.	23.—	96	Rout-seat No. 11 for upholstering
6711 a » »	28.—	96	dto. 11
b net	6.—	96	Extra charge net, for brass-shoes

Church-furniture.

New numbers	Price K	Page	Former numbers
6751	16.—	68	Pew (praying-chair) No. 1
6752	14.—	68	dto. 2
6753	9.50	68	dto. 3
6760	36.—	68	Pew No. 4 frame, for upholstering
6761	7.—	68	Folding praying-chair No. 1
6762	7.50	68	dto. 2
6767	4.30	68 113	Folding praying-stool Childs camp Stool with caned seat No. 6

Shooting Folding-chairs and stools.

New numbers	Price K	Page	Former numbers
6801	10.—	69	Shooting stool No. 1
6802	7.—	69	dto. 2
6803	8.—	69	dto. 3
6804	11.50	69	dto. 4

Walking-canes.

New numbers	Price K	Page	Former numbers
6811 polished unpolished	1.10 1.—	69	Walking cane No. 1
6812 polished unpolished	1.10 1.—	69	dto. 2

Walking-stick-chairs.

New numbers	Price K	Page	Former numbers
6821	8.—	69	Walking-stick-chair No. 1
6822	10.—	69	dto. 2
6823	8.—	69	dto. 3
6824	4.50	69	dto. 4

Steamer-chairs not polished

(see page 10).

New numbers	Price K	Page	Former numbers
6850	7.50	68	Folding steamer-chairs not polished without canvas
6850 a	10.—	68	dto. with canvas

Camp-stools and-chairs, not polished

(see page 10).

New numbers	Price K	Page	Former numbers
6851	4.30	69	Camp-stool No. 1 not polished without canvas
6851 a	6.30	69	dto. 1 dto. with canvas
6852	2.60	69	dto. 2 dto. without canvas
6852 a	4.60	69	dto. 2 dto. with canvas
6853	5.80	69	dto. 3 dto. without canvas
6853 a	7.80	69	dto. 3 dto. with canvas
6854	7.50	68	Campchair No. 4 not polished without canvas
6854 a	13.50	68	dto. 4 dto. with canvas

Steamer-stools, not polished.

New numbers	Price K	Page	Former numbers
6855	3.—	68	Steamer-stool No. 2 without canvas
6855 a	5.—	68	dto. 2 with canvas

Camp-stools and-chairs, varnished.

New numbers	Price K	Page	Former numbers
6856	5.—	68	Camp-stool No. 6, varnished
6861	—.—	68	dto. 1 without canvas, varnished
6861 a	—.—	68	dto. 1 with canvas, varnished
6862	3.30	68	dto. 2 without canvas, varnished
6862 a	5.30	68	dto. 2 with canvas, varnished
6863	—.—	68	dto. 3 without canvas, varnished
6863 a	—.—	68	dto. 3 with canvas, varnished

Steamer-stools, varnished.

New numbers	Price K	Page	Former numbers
6865	3.50	68	Steamer-stool No. 2 without canv., varnish.
6865 a	5.50	68	dto. 2 with canv., varnish.

Folding cabin-chair, polished.

New numbers	Price K	Page	Former numbers
6870	8.50	68	Folding steamer-chair, polish., without canv.
6870 a	11.—	68	dto. dto., with canvas

Camp-stools and-chairs, polished.

New numbers	Price K	Page	Former numbers
6871	5.—	69	Camp-stool No. 1 without canvas, polished
6871 a	7.—	69	dto. 1 with canv., polish.
6872	3.80	69	dto. 2 without » »
6872 a	5.80	69	dto. 2 with » »
6873	6.50	69	dto. 3 without » »
6873 a	8.50	69	dto. 3 with » »
6874	8.50	68	Camp-chair No. 4 without canvas, polished
6874 a	14.50	68	dto. 4 with canv., polish.

Steamer-stools, polished.

New numbers	Price K	Page	Former numbers
6875	4.—	68	Steamer-stool No. 2 without, canv., polish.
6875 a	6.—	68	dto. 2 with canv., polish.

Bidets.

New numbers	Price K	Page	Former numbers
6901	5.50	71	Bidet No. 1 without basin, with lid
6902	6.50	71	dto. 2, dto. » »
6903	12.—	71	dto. 3, dto. » »
6904	8.50	71	dto. 4, dto. » »
Basin net	6.50		

Barbers' armchairs.

New numbers	Price K	Page	Former numbers
6911 without headrest	16.50	70	Easy-armchair No. 11
6944	30.—	70	dto. 44 caned
6944 P (P)	28.50	70	dto. 44 perforated
6944 a (R)	29.—	70	Easy-armchair No. 44 Raised
6945	52.—	70	American Barbers Easy-armchair

(Commode) Closet-armchairs.

New numbers	Price K	Page	Former numbers
6956 a	16.—	71	Closet-armchair No. 56 without lid, without pail
6956 b	18.50	71	dto. 56 with lid, without pail
6956 c	26.—	71	dto. 56, dto. with pail
6956 a I	41.—	71	Closet-armchair No. 56 without lid, without pail, with rollers
6956 b I	43.50	71	dto. 56 with lid, without pail, fitted on wheels
6956 c I	51.—	71	dto. 56 with lid, with pail, fitted on wheels

Carrying-armchair for Invalids.

New numbers	Price K	Page	Former numbers
6991	27.—	71	Carrying-armchair

Rocking-chairs.

New numbers	Price K	Page	Former numbers
7001	44.—	72	Rocking-chair No. 1
7001 c	50.—	72	dto. 1 with footrest „C“
7002	9.50	72	Legrest
7004	36.—	72	Rocking-chair No. 4
7004 B	42.—	72	dto. 4 with footrest „B“
7004 D	45.—	72	dto. 4 with caned footrest
7004 R	36.—	73	dto. 4 Raised
7005	26.—	73	Rocking-chair No. 5
7006	32.—	73	dto. 6
7006 a	28.—	74	dto. 6 a
7007	18.—	73	dto. 7
7008	12.—	73	dto. 8
7009	14.—	73	dto. 9
7010	20.—	74	Rocking-chair No. 10
7011	68.—	75	dto. 11
7011 b	76.—	75	dto. 11 gilt
7012	80.—	75	dto. 12
7012 b	89.—	75	dto. 12 gilt
7014	30.—	75	dto. 14
7015	28.—	75	Rocking-chair No. 15
7016 (R) (J) / (R)	12.50 / 13.50	75	dto. 16
7016 P	12.—	75	dto. 16 perforated
7017	22.—	75	dto. 17
7018	32.—	76	dto. 18
7019	54.—	76	dto. 19
7019 C	60.—	76	dto. 19 with footrest „C“
7021	38.—	76	Rocking-chair No. 21
7021 B	44.—	76	dto. 21 with footrest „B“
7022	26.—	76	dto. 22
7024	35.—	76	dto. 24
7025	25.—	74	Rocking-chair No. 10/26
7026	28.—	74	dto. 26
7027	31.—	73	dto. 4/14
7028	23.—	74	dto. 10/6
7029	21.—	74	dto. 10/6 a
7035	18.—	77	dto. 35
7036	20.—	77	dto. 36
7037	22.—	77	dto. 37
7044	48.—	77	Rocking-chair No. 44
7056	22.—	77	dto. 56
7057 (R) (J) / (R)	20.— / 21.—	75	dto. 17/57
7062	25.—	77	dto. 62
7064	38.—	77	dto. 64
7067	27.—	77	dto. 67
7083	54.—	78	dto. 83
7121	33.—	76	Rocking-chair No. 221/18
7157 (R) (J) / (R)	30.— / 31.—	76	dto. 57/18
7170	16.—	77	dto. 170
7187	26.—	78	dto. 187
7221	27.—	78	dto. 221
7243	38.—	78	dto. 243
7243 a	40.80	78	dto. 243 with top
ff	+ 8.—	78	Extra charge for fine caning
7244	48.—	78	Rocking-chair No. 244
7244 a	50.80	78	dto. 244 with top
ff	+ 8.—	78	Extra charge for fine caning
7401	40.—	78	Rocking-chair No. 401
7500	54.—	78	Rocking-sofa

Saloon-furniture.

New numbers	Price K	Page	Former numbers
7501	17.—	79	Saloon-chair No. 1
7501 c	22.—	79	dto. 1 caned
7502	31.—	80	dto. 2
7502 b	34.50	80	dto. 2 gilt
7505	24.—	80	dto. 5
7505 b	28.50	80	dto. 5 gilt
7506	26.—	81	Saloon-chair No. 6
7506 b	29.—	81	dto. 6 gilt
7509	14.—	82	dto. 9
7509 b	16.25	82	dto. 9 gilt
7513	23.—	82	dto. 13
7601	24.—	79	Saloon-armchair No. 1
7601 c	32.—	79	dto. 1 caned
7602	40.—	80	dto. 2
7602 b	44.50	80	dto. 2 gilt
7605	42.—	80	dto. 5
7605 b	50.50	80	dto. 5 gilt
7606	40.—	81	Saloon-armchair No. 6
7606 b	44.50	81	dto. 6 gilt
7609	28.—	82	dto. 9
7609 b	32.25	82	dto. 9 gilt
7613	55.—	82	dto. 13
7651	64.—	81	Luther-armchair
7651 b	71.—	81	dto. gilt

New numbers	Price K	Page	Former numbers
7701	36.—	79	Saloon-sofa No. 1
7701 c	50.—	79	dto. 1 caned
7702	50.—	80	dto. 2
7702 b	54.50	80	dto. 2 gilt
7705	60.—	80	Saloon-sofa No. 5
7705 b	68.50	80	dto. 5 gilt
7706	54.—	81	dto. 6, 42 in.
7706 b	60.50	81	dto. 6, 42 in. gilt
7709	50.—	82	dto. 9
7709 b	57.50	82	dto. 9 gilt
7806	68.—	81	Saloon-sofa No. 6 53 in.
7806 b	75.—	81	dto. 6, 53 in., gilt
7813	80.—	82	dto. 13
7905	14.—	80	Saloon-stool No. 5
7905 b	16.50	80	dto. 5 gilt
7906	13.—	81	dto. 6
7906 b	15.—	81	dto. 6 gilt

Sofa (Drawing-room)-tables.

New numbers	Price K	Page	Former numbers
8001 ...... / rosewood	56.— / 59.—	83	Sofa-table No. 1
8003 ...... / rosewood	60.— / 65.—	83	dto. 3
8004 ...... / rosewood	80.— / 84.—	83	dto. 4
8005 ...... / rosewood	88.— / 93.—	83	dto. 5
8006 ...... / rosewood	94.— / 99.—	83	dto. 6
8008 ...... / rosewood	46.— / 50.—	83	Sofa-table No. 8
8011	29.—	83	dto. 11
8011 c	38.—	83	dto. 11 incised
8011 a	25.50	83	dto. 11 a
8012 ...... / rosewood	52.— / 56.—	83	dto. 12
8012 c	34.—	83	Sofa-table No. 12a incised
8012 a	31.—	83	dto. 12a plain
8015	94.—	80	dto. 15
8015 b	100.50	80	dto. 15 gilt
8016	74.—	81	dto. 16
8016 b	77.50	81	dto. 16 gilt
8021 ...... / rosewood	56.— / 59.—	84	Sofa-table No. 21
8022 ...... / rosewood	82.— / 85.—	84	dto. 22
8027 ...... / rosewood	88.— / 93.—	84	dto. 27
8032 ...... / rosewood	74.— / 78.—	84	dto. 32
8036 ...... / rosewood	50.— / 53.—	84	dto. 36
8056 ...... / rosewood	50.— / 54.—	84	Sofa-table No. 56
8064 ...... / rosewood	72.— / 76.—	84	dto. 64
8065 ...... / rosewood	46.— / 49.—	84	dto. 65
8080	52.—	84	dto. 80
8105	90.–	82	dto. 905
8110	20.—	85	dto. 110
8111	32.—	85	Sofa-table No. 211
8112	45.—	85	dto. 212
8119 top only varnished	7.50	85	dto. top 119
8119 top only not polished	6.50	85	dto. top 119
8121	52.—	85	dto. 221
8122	56.—	85	dto. 222
8146 a	92.—	85	Sofa-table No. 346 with brass-shoes
8146	74.—	85	dto. 346 without brass-shoes
8169	50.—	85	dto. 169
8180	60.—	85	dto. 180

Tablestands with frame (bearing rim).

New numbers	Price K	Page	Former numbers	
8201	32.—	83	Sofa-tablestand No. 1	with frame
8203	32.—	83	dto. 3	
8204	46.—	83	dto. 4	
8205	50.—	83	dto. 5	
8206	56.—	83	dto. 6	
8208	20.—	83	dto. 8	
8211	18.—	83, 88	Sofa-tablestand No. 11	with frame
8211 c	21.50	83, 88	dto. 11 incised	
8211 a	15.—	83, 88	dto. 11 a	
8212	24.—	83, 88	dto. 12	
8212 a	21.—	83, 88	dto. 12 a	
8221	32.—	84	dto. 21	
8222	58.—	84	Sofa-tablestand No. 22	with frame
8227	50.—	84	dto. 27	
8232	46.—	84	dto. 32	
8236	30.—	84	dto. 36	
8256	24.—	84	dto. 56	
8264	42.—	84	dto. 64	
8265	26.—	84	Sofa-tablestand No. 65	with frame
8280	24.—	84	dto. 80	
8305	62.—	84	dto. 905	
8319	16.—	85	dto. 119 polished	
8319 a	14.—	85	dto. 119 varnished	
8319 b	12.—	85	dto. 119 not polished	
8321	24.—	85	Sofa-tablestand No. 221	with frame
8322	28.—	85	dto. 222	
8369	22.—	85	dto. 169	
8380	32.—	85	dto. 180	

(Parlor)-Tablestands without frame (bearing rim).

New numbers	Price K	Page	Former numbers	
8401	28.—	83	Sofa-tablestand No. 1	without frame
8403	28.—	83	dto. 3	
8404	40.—	83	dto. 4	
8405	44.—	83	dto. 5	
8406	50.—	83	dto. 6	
8408	16.—	83	Sofa-tablestand No. 8	without frame
8411	15.—	83, 88	dto. 11	
8411 c	18.—	83, 88	dto. 11 incised	
8411 a	12.—	83, 88	dto. 11 a	
8412	—.—	83, 88	dto. 12	
8412 a	—.—	83, 88	dto. 12 a	
8421	28.—	84	Sofa-tablestand No. 21	without frame
8422	54.—	84	dto. 22	
8427	44.—	84	dto. 27	
8432	38.—	84	dto. 32	
8436	26.—	84	Sofa-tablestand No. 36	without frame
8456	20.—	84	dto. 56	
8464	34.—	84	dto. 64	
8465	22.—	84	dto. 65	
8480	18.—	84	dto. 80	
8521	—.—	85	Sofa-tablestand No. 221	without frame
8522	—.—	85	dto. 222	
8569	—.—	85	dto. 169	
8580	—.—	85	dto. 180	

Console-tables.

New numbers	Price K	Page	Former numbers
8601 ...... / rosewood	38.— / 40.—	86	Console-table No. 1
8603 ...... / rosewood	43.— / 46.—	86	dto. 3
8604 ...... / rosewood	54.— / 57.—	86	dto. 4
8604 E ...... / rosewood	54.— / 57.—	87	Corner-table No. 4
8605 ...... / rosewood	57.— / 60.—	87	Console-table No. 5
8606 ...... / rosewood	62.— / 65.—	87	dto. 6
8608 ...... / rosewood	30.— / 32.—	87	dto. 8
8621 ...... / rosewood	38.— / 40.—	87	Console-table No. 21
8622 ...... / rosewood	60.— / 62.—	87	dto. 22
8627 ...... / rosewood	57.— / 60.—	87	dto. 27
8632 ...... / rosewood	73.— / 75.—	87	Console-table No. 32
8636 ...... / rosewood	43.— / 45.—	87	dto. 36
8656 ...... / rosewood	34.— / 36.—	87	dto. 56
8664 ...... / rosewood	58.— / 60.—	87	dto. 64
8665 ...... / rosewood	38.— / 40.—	87	dto. 65

Toilette-tablestands with frame (bearing rim).

New numbers	Price K	Page	Former numbers	
8701	24.—	86	Console-table-stand No. 1	without frame
8703	24.—	86	dto. 3	
8704	34.—	86	dto. 4	
8705	37.—	86	dto. 5	
8706	42.—	86	dto. 6	
8708	14.—	86	Console-table-stand Nr. 8	without frame
8721	24.—	86	dto. 21	
8722	46.—	86	dto. 22	

New numbers	Price K	Page	Former numbers	
8727	37.—	86	Console-table-stand No. 27	with frame
8732	45.—	86	dto. 32	
8736	27.—	86	dto. 36	
8756	18.—	86	dto. 56	
8764	41.—	86	dto. 64	
8765	21.—	86	dto. 65	

Console-tablestands without frame (bearing rim).

New numbers	Price K	Page	Former numbers	
8801	21.—	86	Console-table-stand No. 1	without frame
8803	21.—	86	dto. 3	
8804	30.—	86	dto. 4	
8805	33.—	86	dto. 5	
8806	38.—	86	dto. 6	
8808	12.—	86	Console-table-stand No. 8	without frame
8821	21.—	86	dto. 21	
8822	43.—	86	dto. 22	
8827	33.—	86	dto. 27	
8832	38.—	86	dto. 32	
8836	20.—	86	Console-table-stand No. 36	without frame
8856	15.—	86	dto. 56	
8864	34.—	86	dto. 64	
8865	18.—	86	dto. 65	

Stands for marble-tops.

New numbers	Price K	Page	Former numbers	
8901	48.—	87	Dunkerque No. 1	
8902	46.—	87	dto. 2	
8907	28.—	88	Stand No. 7	for marble-top
8907½	24.—	88	dto. 7½	
8908	20.—	88	dto. 8	
8909	18.—	88	dto. 9	
8913	11.—	88	dto. 13	
8914	16.—	88	Stand No. 14	for marble-top
8918	16.—	88	dto. 18	
8920	22.—	88	dto. 20	
8920 a	29.—	88	dto. 20 with brass-bars	
8920 b	43.—	88	dto. 20 dto. and tips	
8976	30.—	88	Stand No. 276, () 30 in. for marble-top	
8976 a	31.—	88	dto. 276 □ 26×19 in., for marble-top	
8976 b	33.—	88	dto. 276 □ 30×23 in., for marble-top	
8976 c	35.—	88	dto. 276 □ 38×26 in., for marble-top	

Extending dining-tables.

New numbers	Price K	Page	Former numbers
9001	160.—	89	Extending dining-table No. 1
9007	188.—	89	dto. 7/8, 12 persons
9008	198.—	89	dto. 7/8, 18 »
9009	280.—	89	dto. 7/8, 24 »
9014	100.—	89	Extending dining-table No. 14
9019	60.—	89	dto. 119 top pinewood, varnished
9019 a	74.—	89	dto. 119 top plain board polished
9019 b	78.—	89	dto. 119 top incised, board polished

Occassional-(Fancy-)tables.

New numbers	Price K	Page	Former numbers
9101	10.—	90	Circular-table No. 1
9102	12.—	90	dto. 2
9103	14.—	90	dto. 3
9103 a	17.—	90	dto. 3 with drawer
9104	15.—	90	Triangular-table No. 4
9105	24.—	90	dto. 5
9106	10.—	90	Circular-table No. 6
9107	12.—	90	Triangular-table No. 7
9108	14.—	90	dto. 8 for covering
9108 a	16.50	90	dto. 8 with leather-cloth
9108 b	18.—	90	dto. 8 with cloth top
9109	9.—	90	Circular-table No. 9
9110	32.—	90	Nest of 4 tea-tables No. 10
9110 a	34.—	90	dto. 10 for covering
9110 b	36.50	90	dto. 10 tops for majolica
9116	13.20	90	dto. 16 with handles
9121	62.—	90	dto. 21 tops of one piece
9121 a	64.—	90	dto. 21 tops for cove-ring
9121 b	66.—	90	dto. 21 tops for majolica
9122	68.—	90	Nest of 4 tea-tables No. 22
9122 a	70.—	90	dto. 22 for covering
9122 b	72.—	90	dto. 22 tops for majolica
9123	68.—	90	dto. 23 tops of one piece
9123 a	70.—	90	dto. 23 tops for cove-ring
9123 b	72.—	90	dto. 23 tops for majolica
9124	69.—	90	Nest of 4 tea-tables No. 24
9124 a	71.—	90	dto. 24 tops for cove-ring
9124 b	73.—	90	dto. 24 tops for majolica
9125	73.—	90	dto. 25 tops of one piece
9125 a	75.—	90	dto. 25 tops for cove-ring
9125 b	77.—	90	dto. 25 tops for majolica
9126	73.—	90	Nest of 4 tea-tables No. 26
9126 a	75.—	90	dto. 26 tops for cove-ring
9126 b	77.—	90	dto. 26 tops for majolica
9131	30.—	90	dto. 31
9171	18.—	90	dto. 221

Butlers' trays.

New numbers	Price K	Page	Former numbers
9191	8.50	91	Tray No. 1
9192	12.—	91	dto. 2

Reading-tables (see 9251).

New numbers	Price K	Page	Former numbers
9201	20.—	92	Reading-table No. 1
9201 a	22.—	92	dto. 1 with fancy top

Small tables.

New numbers	Price K	Page	Former numbers
9202	22.—	92	Table No. 902
9202 c	27.50	92	dto. with glass
9203	40.—	92	dto. Saloon fancy-glass-table without glass
9203 c	52.—	92	dto. with glass and covered
9204	35.—	92	dto. 904

Smoking-tables.

New numbers	Price K	Page	Former numbers
9211	20.—	92	Smoking-table No. 1
9212	14.—	92	dto. 2

Sewing-tables.

New numbers	Price K	Page	Former numbers
9221	24.—	92	Sewing-table No. 1
9222 a	38.—	92	dto. 2 without inside partitions
9222 b	46.—	92	dto. 2 with inside partitions, without looking glass
9222 c	52.—	92	dto. 2 with inside partitions, with looking glass

Reading-tables (see 9201).

New numbers	Price K	Page	Former numbers
9251	17.—	92	Reading-table No. 51
9251 a	19.—	92	dto. 51 fancy top

Card-tables.

New numbers	Price K	Page	Former numbers
9303	60.—	93	Card-table No. 3
9304	24.—	93	dto. 4 () 23 in.
9304 a	28.—	93	dto. 4 () 32 in.
9304 b	30.—	93	dto. 4 □ 29×32 in.
9305	44.—	93	dto. 5
9307	38.—	93	Card-table No. 7
9308	26.—	93	dto. 8 with drawers, or cups, top with cloth or polished
9308 a	20.—	93	dto. 8 with drawers, or cups, top for upholstering
9310 a	62.—	93	dto. 10 top one side polished, reverse chess-board
9310 b	65.—	93	dto. 10 top one side polished, reverse green cloth
9310 c	67.—	93	dto. 10 top one side chess-board. reverse covered cloth

New numbers	Price K	Page	Former numbers
9311 a	46.—	93	Card-table No. 11 top one side polished, reverse chess-board
9311 b	48.—	93	dto. 11 top one side polished, reverse green cloth
9311 c	50.—	93	dto. 11 top one side chess-board, reverse green cloth
9313	16.—	93	dto. 13 top firwood
9313 a	20.—	93	dto. 13 top polished
9314	22.—	93	Card-table No. 14 top firwood
9314 a	28.—	93	dto. 14 polished top
9318	22.—	93	dto. 8 without drawers or cups, top with cloth or polished
9318 a	16.—	93	dto. 8 without drawers or cups, tops for covering
9321 a	52.—	94	Card-table No. 221 top one side polished, reverse chess-board
9321 b	54.—	94	dto. 221 top one side polished, reverse green cloth
9321 c	56.—	94	dto. 221 top one side chess-board, reverse green cloth
9322 a	56.—	94	dto. 222 top one side polished, reverse chess-board
9322 b	58.—	94	dto. 222 top one side polished, reverse green cloth
9322 c	60.—	94	dto. 222 top one side chess-board, reverse green cloth

Folding-tables.

New numbers	Price K	Page	Former numbers
9361	18.—	90	Folding-table No. 161

Flower-tables.

New numbers	Price K	Page	Former numbers
9401	30.—	94	Flower-table No. 1
9402	24.—	94	dto. 2, ○ 23 in.
9403	34.—	94	dto. 3, ○ 23 in.
9404	28.—	94	dto. 4, ○ 23 in.
9412	25.—	94	dto. 2, oval
9413	40.—	94	Flower-table No. 3 oval
9414	29.—	94	dto. 4, oval
9431	35.—	94	dto. 31
9432	38.—	94	dto. 32
9451	24.—	94	dto. 51

Flower-stands.

New numbers	Price K	Page	Former numbers
9501	6.50	95	Flower-stand No. 1
9502	5.50	95	dto. 2
9503	6.50	95	dto. 3
9505	30.—	95	dto. 5 Section ○
9505 a	36.—	95	dto. 5 »
9505 b	40.—	95	dto. 5 » gilt
9506	30.—	95	Flower-stand No. 6
9531	15.—	95	dto. 31
9532	30.—	95	dto. 32
9532 a Extra charge on No. 9532 net	7.—	95	dto. 32 with brass-shoes
9533	18.—	95	dto. 33

Bust-stands.

New numbers	Price K	Page	Former numbers
9601	25.—	95	Bust-stand No. 1 Section □
9602	31.—	95	dto. 1 »
9603	35.—	95	dto. 1 » gilt

Needle work-frame.

New numbers	Price K	Page	Former numbers
9611	9.50	95	Needle work-frame No. 1

Reclining-couches or Sleeping.

New numbers	Price K	Page	Former numbers
9701	50.—	96	Sleeping-couch No. 1
9702	58.—	96	dto. 2
9703	60.—	96	dto. 3
9704	34.—	96	dto. 4
9704 c	44.—	96	dto. 4 caned

Bedsteads.

New numbers	Price K	Page	Former numbers	
9711	64.—	97	Bedstead No. 1	with lath-bottom
9712	66.—	97	dto. 2	
9713	150.—	97	dto. 3	
9714	132.—	97	dto. 4	
9715	64.—	97	dto. 5	
9716	80.—	98	dto. 6	
9717	52.—	98	dto. 7	
9721	80.—	97	Bedstead No. 1	with caned-bottom
9722	72.—	97	dto. 2	
9723	176.—	97	dto. 3	
9724	150.—	97	dto. 4	
9725	80.—	97	dto. 5	
9726	96.—	98	dto. 6	
9727	68.—	98	dto. 7	
9761	56.—	98	Bedstead No. 161 with lath-bottom	
9770	48.—	98	dto. 170 with lath-bottom	
9771	72.—	98	dto. 161 with caned-bottom	
9780	64.—	98	dto. 170 with caned-bottom	
9798	15.—	98	Camp-foldingbed No. 1 not polished	
9799	16.—	98	dto. 1 varnished	

Night-tables.

New numbers	Price K	Page	Former numbers
9801	32.—	98	Night-table No. 1
9802	32.—	98	dto. 2

Various bedstead belongings.

New numbers	Price K	Page	Former numbers
9831	9.—	102	Bed-canopy without top
9831 A	15.—	102	dto. with top
9832	5.50	102	Bed-curtainholder
9832 a	5.90	102	dto. incised
9832 b	6.50	102	dto. and gilt

Ladies' toilette-stands and tables (Dressing mirror).

New numbers	Price K	Page	Former numbers
9851	48.—	99	Ladies' toilette-stand No. 1 without glass
9851 a	56.—	99	dto. 1 with glass
9852	38.—	99	dto. 2 without glass
9852 a	46.—	99	dto. 2 with glass
9853	18.—	99	dto. 3 without glass
9853 a	23.—	99	dto. 3 with glass
9860	26.—	99	dto. 10 without glass
9860 a	31.—	99	dto. 10 with glass
9864	36.—	99	Toilette-table No. 64 without glass
9864 a	44.—	99	dto. 64 with glass

Cheval-glass (Dressing mirror No. 2).

New numbers	Price K	Page	Former numbers
9901	180.—	99	No. 2 without glass

Cheval-glass (Dressing mirror No. 1).

New numbers	Price K	Page	Former numbers
9951	110.—	100	No. 1 without glass
9952	48.—	100	Nr. 1 the frame only, without glass

Frames for looking-glasses and pictures.

New numbers	Price K	Page	Former numbers
9961	20.—	100	frame 23 × 29 in.
9961 A	68.—	100	dto. 23 × 29 in., with top
9962	24.—	100	dto. 30 × 36 in.

Lavabo-toilette (Washing table-stands).

New numbers	Price K	Page	Former numbers
10.001	30.—	101	Washing Table-stands No. 1
10.002	32.—	101	dto. 2
10.011	50.—	101	dto. 1 with drawers
10.012	52.—	101	dto. 2 dto.
10.021	63.—	101	dto. 1 dto. and frame for looking glass
10.022	65.—	101	dto. 2 dto. and frame for looking glass

Small Wash-stands.

New numbers	Price K	Page	Former numbers
10.051	6.—	101	Small Wash-stand No. 1 without tin plate
10.051 a	14.—	101	dto. 1 with tin plate
10.052	9.—	101	dto. 2
10.053	16.—	101	dto. 3 without glass
10.053 c	24.—	101	dto. 3 with glass
10.054	8.—	101	dto. 4

Towel-rails.

New numbers	Price K	Page	Former numbers
10.101	5.50	102	Towel-rail No. 1
10.102	6.—	102	dto. 2
10.103	9.—	102	dto. 3
10.104	5.50	102	dto. 4
10.105	3.—	102	dto. 5
10.106	4.—	102	dto. 6
10.107	3.—	102	dto. 7
10.124	8.—	102	dto. 24

Curtain-holders.

New numbers	Price K	Page	Former numbers
10.151	8.—	102	Curtain-holder No. 1
10.152	14.—	102	dto. 2
10.153	14.—	102	dto. 3
10.155	9.—	102	dto. 5
10.156	13.50	102	dto. 6
10.157	15.—	102	dto. 7

Painters' Easels.

New numbers	Price K	Page	Former numbers
10.171	36.—	111	Painters' Easels No. 1
10.172	32.—	111	dto. 2
10.174	40.—	111	dto. 4

Clothes-stands.

New numbers	Price K	Page	Former numbers
10.201	22.—	103	Clothes-stand No. 1
10.202	12.—	103	dto. 2
10.203	25.—	103	dto. 3
10.204	14.—	103	dto. 4
10.206	12.50	103	dto. 6
10.301	25.—	103	Clothes-stand No. 1 (with umbrella stand without plate)
10.302	13.—	103	dto. 2
10.303	28.—	103	dto. 3
10.304	15.—	103	dto. 4
10.306	13.50	103	dto. 6
10.401	29.—	103	Clothes-stand No. 1 (with umbrella stand with plate)
10.402	16.—	103	dto. 2
10.403	32.—	103	dto. 3
10.404	18.—	103	dto. 4
10.406	16.50	103	dto. 6

Console-clothes-stands.

New numbers	Price K	Page	Former numbers
10.501	16.—	103	Console-clothes-stand No. 1
10.502	10.—	103	dto. 2
10.601	18.—	103	Console-clothes-stand No. 1 with umbrella-stand, without plate
10.701	22.—	103	Console-clothes-stand No. 1 with umbrella-stand, with plate
10.702	15.—	103	dto. 2 dto.

Large clothes-stands.

New numbers	Price K	Page	Former numbers
10.801	48.—	105	Large clothes-stand No. 1 (without glass, without plate)
10.802	45.—	105	dto. 2
10.803	51.—	105	dto. 3
10.804	30.—	105	dto. 4
10.805	28.—	105	dto. 5
10.806	55.—	105	dto. 6
10.901	64.—	105	Large clothes-stand No. 1 complete
10.901 a	56.—	105	dto. 1 without glass
10.902	52.—	105	dto. 2 complete
10.903	66.—	105	dto. 3 complete
10.903 a	58.—	105	dto. 3 without glass
10.904	44.—	105	Large clothes-stand No. 4 complete
10.904 a	36.—	105	dto. 4 without glass
10.905	42.—	105	dto. 5 complete
10.905 a	34.—	105	dto. 5 without glass
10.906	67.—	105	dto. 6 complete
10.906 a	58.—	105	dto. 6 without glass

Hanging clothes-pegs and -racks.

New numbers	Price K	Page	Former numbers
11.001	2.30	104	Hat-peg No. 1
11.002	1.50	104	dto. 2
11.011	3.50	104	Double hat-peg No. 1
11.012	2.60	104	» » » 2
11.021	4.70	104	Triple » » 1
11.022	3.70	104	» » » 2
11.031	5.50	104	Hanging clothes-rack No. 1 with 3 pegs
11.032	4.—	104	dto. 2 with 3 pegs
11.041	6.50	104	dto. 1 » 4 »
11.042	5.—	104	dto. 2 » 4 »
11.051	7.50	104	dto. 1 » 5 »
11.052	6.—	104	dto. 2 » 5 »
11.131	6.70	104	Hanging clothes-rack No. 1 with 3 bow-pegs
11.132	4.90	104	dto. 2 w. 3 bow-pegs
11.141	8.10	104	dto. 1 » 4 »
11.142	6.20	104	dto. 2 » 4 »
11.151	9.50	104	dto. 1 » 5 »
11.152	7.50	104	dto. 2 » 5 »

Spittoons.

New numbers	Price K	Page	Former numbers
11.171	7.—	100	Spittoon No. 1
11.172	6.—	100	dto. 2

Trunk-stands.

New numbers	Price K	Page	Former numbers
11.181	14.—	100	Trunk-stand No. 1
11.182 a	5.60	100	dto. 2 not polished
11.182 b	6.30	100	dto. 2 varnished
11.182 c	6.80	100	Trunkstand No. 2 polished
11.184	10.—	100	dto. 4

Wood-baskets.

New numbers	Price K	Page	Former numbers
11.191	24.—	100	Wood-basket No. 1
11.192	28.—	100	dto. 2

Screens.

New numbers	Price K	Page	Former numbers
11.201	44.—	107	Screen No. 1
11.202	24.—	107	dto. 2
11.206	20.—	107	dto. 6
11.207	25.—	107	dto. 7
11.231	25.—	107	dto. 31
11.232	35.—	107	dto. 32
11.242 Extra-charge on No. 11.232 net	5.—	107	dto. 32 with brass-bars, knobs and rings

Folding-screens.

New numbers	Price K	Page	Former numbers
11.301 Price per part	13.—	106	Folding-screen No. 1
11.302 » » »	10.—	106	dto. 2
11.303 » » »	7.—	106	dto. 3
11.306	30.—	106	dto. 6
11.307	35.—	106	dto. 7
11.316	32.—	106	dto. 6 with brass-bars
11.317	37.—	106	dto. 7 dto., dto.

Umbrella-stands.

New numbers	Price K	Page	Former numbers
11.401	13.—	108	Umbrella-stand No. 1
11.402	7.50	108	dto. 2
11.407	10.50	108	dto. 7
11.408	16.—	108	dto. 8
11.411	24.—	108	dto., snake-design

Console-umbrella-stands.

New numbers	Price K	Page	Former numbers
11.421	11.—	108	Console-umbrella-stand No. 1
11.453	7.40	108	dto. 3
11.454	11.40	108	dto. 4
11.455	9.20	108	dto. 5
11.456	8.60	108	dto. 6
11.464	11.60	108	dto. 4 grooved for fitting back panel
11.465	9.40	108	dto. 5 grooved for fitting back panel
11.474	12.80	108	dto. 4 with plated back panel
11.475	10.80	108	dto. 5 with plated back panel
a ...... net	2.—	108	Plate painted
b ...... »	3.—	108	Plate varnished
c ...... »	1.50	108	Plate Iron inside painted blue outside black
d ...... »	8.30	108	Mechanic, fine nickel

Newspaper racks and Etagères.

New numbers	Price K	Page	Former numbers
11.501	24.—	111	Newspaper rack
11.511	16.—	110	Corner-Etagère No. 11
11.512	23.—	110	Etagère No. 12
11.513	26.—	110	dto. 13
11.514	32.—	110	dto. 14
11.551	26.—	110	dto. 51
11.552	44.—	110	dto. 52
11.601	44.—	109	Etagère No. 1
11.602	56.—	109	dto. 2
11.602 a	61.50	109	dto. 2 incised
11.602 b	69.—	109	dto. 2 and gilt
11.604	40.—	109	Music-Etagère No. 4
11.605	32.—	109	dto. 5

Music-tables and -Etagères.

New numbers	Price K	Page	Former numbers
11.611	22.—	90	Music-table No. 1
11.612	36.—	110	Music-Etagère No. 2

Etagères.

New numbers	Price K	Page	Former numbers
11.631	46.—	109	Etagère No. 31
11.631 a	50.—	109	dto. 31 with gallery
11.632	50.—	109	dto. 32
11.632 a net	+ 6.—	109	dto. 32 with brass-shoes
11.632 b »	+ 5.—	109	dto. 32 with brass-bars
11.634	30.—	109	dto. 34
11.634 a net	+ 6.—	109	dto. 34 with brass-shoes
11.634 b »	+ 5.—	109	dto. 34 with brass-bars
11.641	45.—	109	Etagère Nr. 41
11.642	45.—	110	dto. 42
11.643	35.—	110	dto. 43
11.644	50.—	110	dto. 44

Revolving book-case.

New numbers	Price K	Page	Former numbers
11.651	45.—	110	Revolving book-case

Music-desks and -stands.

New numbers	Price K	Page	Former numbers
11.801	19.—	111	Music-stand No. 1
11.802	28.—	111	dto. 2
11.851	20.—	111	Music-desk, perforated
11.852	28.—	111	dto. double, perforated
11.861	20.—	111	dto. Intarsia
11.862	28.—	111	dto. double, Intarsia

Children's furniture.

Children's chairs, -armchairs and -sofas.

New numbers	Price K	Page	Former numbers
12.001	4.—	112	Children's chair No. 1
12.002	5.20	112	dto. 2
12.004	4.50	113	dto. 4
12.005	4.20	113	dto. 5
12.007	4.20	113	dto. 7
12.011	6.—	112	Children's armchair No. 1
12.011 T	8.50	112	dto. 1 with tablet
12.012	7.50	112	dto. 2
12.014	6.50	113	dto. 4
12.014 a	6.50	114	dto. 4 without pail, without lid
12.014 b	8.25	114	dto. 4 without pail, with lid
12.014 c	13.50	114	dto. 4 with pail, with lid
12.015	6.20	114	Children's armchair No. 5
12.017	6.20	114	dto. 7
12.017 a	11.—	115	Desk-chair for children No. 17/14½
12.017 b	11.—	115	dto. 17/34½
12.021	12.—	112	Children's sofa No. 1
12.022	14.—	112	dto. 2
12.024	12.50	113	dto. 4
12.031	8.—	115	Children's armchair No. 1 high
12.031 S	9.20	115	dto. 1 high, with crossbar
12.032	9.—	112	dto. 2 high
12.033	9.—	115	dto. 3 high
12.051	5.50	112	Children's chair No. 1 with caned back
12.052	6.—	112	dto. 2 with caned back
12.061	7.50	112	Children's armchair No. 1 with caned back
12.061 T	10.—	112	dto. 1 with caned back and tablet
12.062	8.50	112	dto. 2 with caned back
12.071	15.—	112	Children's sofa No. 1 with caned back
12.072	17.—	112	dto. 2 dto.
12.081	9.—	115	Children's armchair No. 1 high, with caned back
12.082	10.—	112	dto. 2 dto.
12.201	7.50	112	Children's chair No. 221
12.211	10.—	112	Children's armchair No. 221
12.221	18.—	112	Children's sofa Nr. 221

Children's high table chairs.

New numbers	Price K	Page	Former numbers
12.301	12.—	114	Children's high table chair No. 1
12.302	22.—	114	dto. 2
12.303	14.—	114	dto. 3
12.303 H	16.50	114	dto. 3 adjustable footrest
12.303 C	21.—	114	dto. 3 with pail and lid
12.305	13.—	114	dto. 5

Children's carriage-chairs.

New numbers	Price K	Page	Former numbers
12.351	34.—	116	Children's carriage-chair No. 1
12.351 c	36.—	116	dto. 1 with rubber wheels
12.353	28.—	116	dto. 3 dto.
12.354	30.—	116	dto. 4 dto.
12.355	30.—	116	dto. 5
12.355 c	35.—	116	dto. 5 with caoutchouc

Children's tables.

New numbers	Price K	Page	Former numbers
12.401	12.—	117	Children's table No. 1
12.402	13.—	117	dto. 2
12.403	6.—	117	dto. 3
12.404	9.50	117	dto. 4
12.405	16.—	117	dto. 5
12.421	17.—	117	dto. 221

Children's rockers.

New numbers	Price K	Page	Former numbers
12.500	20.—	115	Children's double rocker
12.502	9.50	113	Children's rocker No. 2
12.506	11.50	113	dto. 56
12.521	12.—	112	dto. 221
12.551	12.—	113	Children's rocker No. 1
12.552	10.50	113	dto. 2 with caned back
12.556	12.70	113	dto. 56 dto.
12.559	14.—	113	dto. 59

Children's seat and table.

New numbers	Price K	Page	Former numbers
12.601	18.—	117	Children's seat and table No. 1
12.602	15.—	117	dto. 2
12.611	28.—	117	dto. 1 double
12.612	24.—	117	dto. 2 »

Children's small washing stands.

New numbers	Price K	Page	Former numbers
12.651	8.—	116	Children's small washing stand
12.652	17.—	116	dto. with frame for mirror and glass
12.652 a	13.—	116	dto. with frame for glass

Children's bedsteads.

New numbers	Price K	Page	Former numbers
12.701	58.—	118	Children's bed No. 1 (with lath bottom)
12.702	70.—	118	dto. 2 (with lath bottom)
12.703	54.—	118	dto. 3 (with lath bottom)
12.705	48.—	118	dto. 5 (with lath bottom)
12.705 N	58.—	118	dto. 5 with net on one side (with lath bottom)
12.705 NN	68.—	118	dto. 5 with nets on both sides (with lath bottom)
12.705 AB	80.—	119	dto. 5 with 2 side-pieces one movable (with lath bottom)

New numbers	Price K	Page	Former numbers
12.708	40.—	118	Children's bed No. 8 with lath bottom
12.708 N	48.—	118	dto. 8 dto. with net
12.711	68.—	118	dto. 1 with caned bottom
12.712	78.—	118	dto. 2 dto.
12.713	62.—	118	Children's bed No. 3 with caned bottom
12.715	56.—	118	dto. 5 dto.
12.725	84.—	118	dto. 5 with lath bottom, net and drawer
A	20.—	118	Side-pieces, one moveable
B	2.—	118	Bow for curtain

Children's swing-cotts (cradles).

New numbers	Price K	Page	Former numbers
12.801	70.—	119	Swing-cott No. 1
12.802	48.—	119	dto. 2
12.803	24.—	119	dto. 3
12.804	36.—	119	dto. 4

Nurses-furniture.

New numbers	Price K	Page	Former numbers
12.811	7.20	113	Nurses-chair
12.812	9.20	113	dto. with caned back
12.821	9.50	113	Nurses-armchair
12.822	11.50	113	dto. with caned back

Various children's furniture.

New numbers	Price K	Page	Former numbers
12.835	5.—	113	Children's stool No. 5
12.852	14.50	116	Gocart
12.861	6.50	115	Children's swing
12.861 c	14.—	115	dto. complete
12.890 {14 in., 18 », 22 », 26 »}	1.—	115	Children's hoops with stick
12.890 {30 », 34 »}	1.20	115	Children's hoops with stick
12.891 p. piece	1.—	115	Gymnasiumrings 7 in.
12.892	1.—	115	dto. 8 in.

Doll's furniture.

New numbers	Price K	Page	Former numbers
12.903	4.—	120	Doll's chair No. 3
12.903 c	4.50	120	dto. 3 upholstered
12.904	2.—	120	dto. 4
12.904 c	2.50	120	dto. 4 upholstered
12.911	2.50	120	Doll's armchair No. 1
12.912	4.—	120	dto. 2
12.913	4.50	120	dto. 3
12.913 c	5.—	120	dto. 3 upholstered
12.914	2.50	120	dto. 4
12.914 c	3.—	120	dto. 4 upholstered
12.921	4.—	120	Doll's sofa No. 1
12.922	6.—	120	dto. 2
12.923	6.—	120	dto. 3
12.923 c	7.—	120	dto. 3 upholstered

New numbers	Price K	Page	Former numbers
12.924	3.50	120	Doll's sofa No. 1
12.924 c	4.50	120	dto. 4 upholstered
12.931	3.50	120	Doll's rocking chair No. 1
12.932	5.50	120	dto. 2
12.933	5.50	120	dto. 3
12.933 c	6.—	120	dto. 3 upholstered
12.934	3.50	120	dto. 4
12.934 c	4.—	120	dto. 4 upholstered
12.941	3.—	120	Doll's table No. 1
12.942	5.—	120	dto. 2
12.943	4.—	120	dto. 3
12.943 c	5.—	120	dto. 3 covered
12.944	2.50	120	dto. 4
12.944 c	3.50	120	dto. 4 covered
12.951	14.50	120	Doll's cradle No. 1
12.952	10.—	120	dto. 2
12.961	4.—	120	Doll's washing-stand, without basin
12.972	6.50	120	Doll's high table chair No. 2

Imitation of light or brown bamboo furniture.

New numbers	Price K	Page	Former numbers
13.000	190.—	122	Wheel chair No. 150
13.001	21.50	123	Clothes stand No. 151 with plate
13.002	56.—	123	Large clothes stand No. 151 without plate
13.004	6.—	123	Hanging clothes rack No. 151
13.006	6.—	122	Folding tray-stand
13.011 38 in. circumference	4.—	124	Frame No. 150 a
+ 4 corners	2.40	124	Frame No. 150 a
13.012 38 in. circumference	4.80	124	dto. 150 b
+ 4 corners	1.60	124	dto. 150 b
13.021	30.—	125	Etagère No. 150
13.031	7.—	125	Towel rail No. 151
13.051	66.—	124	Bed No. 151 with lath bottom
13.061	82.—	124	Bed No. 151 with caned bottom
13.070	10.50	124	Small-table No. 151 for covering
13.071	38.—	124	dto. 151 top polished
13.071 a	40.—	124	dto. 151 top for covering
13.101	26.50	123	Clothes-stand No. 151 with plate
13.102	62.—	123	Large clothes-stand No. 151 with plate
13.141	40.—	124	Night-stand No. 151
13.141 A	45.—	124	dto. 151 with top
13.150	7.50	121	Chair No. 150 for upholstering
13.150 c	10.50	121	dto. 150 caned
13.151	9.50	121	dto. 151 for upholstering
13.151 c	12.50	121	dto. 151 caned
13.152	10.—	121	dto. 152 for upholstering
13.250	12.—	121	Armchair No. 150 for upholstering
13.250 c	15.50	121	dto. 150 caned
13.251	15.50	121	dto. 151 for upholstering
13.251 c	19.—	121	dto. 151 caned
13.252	16.—	121	dto. 152 for upholstering

New numbers	Price K	Page	Former numbers
13.350	16.—	121	Sofa No. 150 for upholstering
13.350 c	23.—	121	dto. 150 caned
13.351	22.—	121	dto. 151 for upholstering
13.351 c	29.—	121	dto. 151 caned
13.352	23.—	121	dto. 152 for upholstering
13.450	5.50	122	Stool No. 150 for upholstering
13.450 c	9.—	122	dto. 150 caned
13.451	6.50	122	dto. 151 for upholstering
13.451 c	10.—	122	dto. 151 caned
13.550	4.—	122	Foot-stool No. 150 for upholstering
13.550 c	6.—	122	dto. 150 caned
13.650	14.—	122	Table No. 150 for upholstering
13.650 a	27.—	122	dto. 150 top polished
13.651	16.50	122	dto. 151 for upholstering
13.651 a	29.50	122	dto. 151 top polished
13.750	15.—	122	Rocking chair No. 150 for upholstering
13.750 c	18.50	122	dto. 150 caned
13.801	20.—	125	Washing-stand No. 151
13.805	5.—	122	Butlers-tray with plate, 19×12 in.
13.806	6.—	122	dto. 21×14 in.
13.807	5.50	122	Butlers-tray with plate 19×12 in.
13.808	6.50	122	dto. 21×14 in.
13.811	32.—	125	Washing-stand No. 151 with drawers without frame for looking glass
13.821	40.—	125	dto. with drawers with frame for looking-glass, without glass
	17.—	125	Glass 23×13 in.
13.831 a	20.—	122	Tea-table No. 150 top not polished, 19×12 in., fixed
13.831 b	21.—	122	dto. 150 top polished, 19×12 in., fixed
13.832 a	21.50	122	Tea-table No. 150 top not polished, 21×14 in., fixed
13.832 b	22.50	122	dto. 150 top polished, 21×14 in., fixed
13.833 a	22.—	122	dto. 150 top not polished, 19×12 in., to be taken off
13.833 b	23.—	122	dto. 150 top polished, 19×12 in., to be taken off
13.834 a	23.50	122	dto. 150 top not polished, 21×14 in., to be taken off
13.834 b	24.50	122	dto. 150 top polished, 21×14 in., to be taken off
13.851	22.50	123	Flower-table No. 150 a
13.852	27.—	123	dto. 150 b
13.853	33.—	123	dto. 150 c
13.854	7.—	123	dto. 150
13.861 each part	13.50	125	Folding screen No. 151 a
13.862 » »	15.50	125	dto. 151 b

THEATRE-FURNITURE.

Prices per armchair (in benches of 4—5 armchairs) in Kronen.

New numbers		Price	Page
	Former description **Theatre-armchair** No. 1.		127
15.001	Seat and back for upholstering	16.—	
15.101	» » » » » seat coarsely caned	17.80	
15.201	» » » » » » » » with springs and weights	19.—	
15.301	Seat for upholstering, coarsely caned, with springs and weights, back raised design	22.50	
15.401	Seat for upholstering, coarsely caned, with springs and weights, wood-back »plaited«, for covering in front	22.—	
15.501	Caned seat (with springs) and caned back	21.—	
15.601	» » » » » wood back »plaited« for covering in front	20.—	
15.701	Wood seat »raised design« (with springs) wood back »plaited« for covering in front	18.50	
15.801	Wood seat »raised design« (with springs) and wood back »raised design«	19.—	
	Single armchairs, caned more	3.—	
	» » **for upholstering** »	3.50	
	Former description **Theatre-armchair** No. 2.		127
15.002	Seat and back for upholstering	20.—	
15.102	» » » » » seat coarsely caned, with springs and weights	23.—	
15.202	Seat coarsely caned, for upholstering, with springs and weights, wood-back »plaited« for covering in front	24.—	
15.302	Caned seat (with springs) and caned back	24.—	
15.402	» » » » woodback »plaited« for covering in front	24.—	
15.502	Wood seat »raised design«, with springs, wood back »raised design«	23.—	
	Single armchairs, caned more	3.—	
	» » **for upholstering** »	3.50	
	Former description **Theatre-armchair** No. 2a.		127
15.002 a	Seat and back for upholstering	19.—	
15.102 a	» » » » » seat coarsely caned, with springs and weights	22.—	
15.202 a	Seat coarsely caned, for upholstering, with springs and weights, wood-back »plaited« for covering in front	23.—	
15.302 a	Caned seat (with springs) and caned back	23.—	
15.402 a	» » » » woodback »plaited« for covering in front	23.—	
15.502 a	Wood seat »raised design«, with springs, wood back »plaited« for covering in front	21.50	
15.602 a	Wood seat »raised design«, with springs, wood back »raised design«	22.—	
	Single armchairs, caned more	3.—	
	» » **for upholstering** »	3.50	
	Former description **Theatre-armchair** No. 3.		128
15.003	Seat and back for upholstering, without arms	14.—	
15.503	» » » » » with	15.50	
15.103	Seat raised design (with springs), back for upholstering, without arms	15.50	
15.603	» » » (» »), » » » with »	17.—	
	Single armchairs without arms **more**	2.30	
	» » with » »	3.20	
	Wood bar as footrest (can be screwed to the backlegs at any hight from the floor), extra per armchair	—.30	
	Polished back per armchair extra	—.50	

New numbers		Price	Page
	Former description **Theatre-armchair** No. 3a **(gallery-type).**		128
	Seat: Raised design, without springs, without weights.		
	Back: 120 cm = 46 in. high, solid wood, for upholstering on the frontside and with barrier-pole above.		
15.203	**Prices** in benches of 4—5 chairs: per armchair without arms	11.50	
15.703	» » » » 4—5 » » » with »	13.—	
	Single armchairs without arms **more**	2.20	
	» » with » »	3.20	
	Alteration in prices:		
	Without base-feet (for direct screwing to the floor or step) per chair **less**	—.50	
	Wood back **»plaited«** (8 in.), per chair **more**	1.50	
	Weights automaticly raising the seat per chair **more**	1.20	
	Bar as footrest per chair »	—.30	
	Former description **Theatre-armchair** No. 4.		128
15.004	Perforated wood seat (with springs) and perforated wood back (without arms)	16.—	
15.504	Perforated wood seat (with springs) and perforated wood back (with arms)	17.50	
	Single armchairs without arms **more**	2.—	
	» » with » »	2.90	
	Bar as footrest (can be screwed to the backlegs at any hight from the floor), per armchair **more**	—.30	
	Former description **Theatre-armchair** No. 5.		128
15.005	Seat raised, with springs, back for upholstering, frame polished, without arms	13.—	
15.505	Seat raised, with springs, back for upholstering, frame polished, with arms	14.50	
15.105	Seat raised, with springs, back for upholstering, frame dull-walnut, without arms	12.—	
15.605	Seat raised with springs, back for upholstering, frame dull-walnut, with arms	13.50	
	Single armchairs without arms **more**	2.—	
	» » with » »	2.90	
	Extra-charge for bar (as footrest), per armchair	—.30	
	» » woodback, polished, per armchair	—.50	
	Former description **Theatre-armchair** No. 5a.		128
	Seat and back raised design, backlegs bent, 36 in. high, without springs, without weights.		
15.205	**Prices** in benches of 4—5 chairs, per armchair without arms	11.—	
15.705	» » » » 4—5 » » » with »	12.50	
	Single armchairs without arms **more**	2.—	
	» » with » »	2.90	
	Alteration in prices:		
	Without base-feet (for direct screwing to the floor or step) per chair **less**	—.50	
	Wood back **»plaited«** (8 in.), per chair **more**	1.50	
	Weights automaticly raising the seat, per chair »	1.20	
	Bar as footrest, per chair »	—.30	

New numbers		Price	Page
	Former description **Theatre-armchair** No. 6. Type: »Musikvereinssaal« Vienna.		128
15.006	Seat caned (with springs), back Intarsia plain	21.50	
	Single armchairs . . . **more**	3.—	
	Former description **Theatre-armchair** No. 7.		129
15.007	Seat (with springs and weights) and back for upholstering	20.—	
	Single armchairs . . . **more**	3.—	
	Former description **Theatre-armchair** No. 8.		129
15.008	Seat and back for upholstering, seat with rabbit with springs, pinewood back	28.—	
15.108	Seat coarsely caned, for upholstering, pinewood back	29.80	
15.208	» caned, pinewood back	31.—	
	Iron-weights . . . **more**	1.20	
	Single armchairs . . . »	4.—	
	Former description **Theatre-armchair** No. 9. Plated wood seat for upholstering, on pivot-bolt without weight, working noiselessly on rubber, back and armpads for upholstering.		129
15.009	**Price** per armchair in benches of at least 4—5 armchairs	15.—	
	» » » single	18.—	
	Extra-charges:		
	For a plated veneer-back, for covering in front, whereby the expenses for upholstering are considerably diminished, per armchair . . . **more**	1.—	
	For weights automatically raising the seat, per one seat	+ 1.50	
	» polished armpads (instead of those for upholstering), per armchair in benches	+ —.25	
	For polished armpads (instead of those for upholstering), per single armchair	+ —.40	
	Former description **Theatre-armchair** No. 10. Seat and back raised design, with arms (without pads), seat without weights on pivot-bolts, working noiselessly on rubber.		129
15.010	**Price** per armchair in benches of at least 4—5 seats	15.—	
	» » » single	18.—	
	Extra-charges:		
	For weights automatically raising the seat, per one seat	+ 1.20	
	» polished armpads (instead of those for upholstering), per armchair in benches	+ —.60	
	For polished armpads (instead of those for upholstering), per armchair single	+ 1.—	
	Former description **Theatre-armchair** No. 11. Seat raised design and plain fan-back.		129
15.011	**Price** per seat	18.—	
15.111	With saddle-seat, **extra-charge**	1.—	
	Extra-charge for weights	1.20	
	» » polished armpads	—.50	
	» » single chairs	3.—	

New numbers		Price	Page
	Former description **Theatre-armchair** No. 12.		129
15.012	Seat and back for upholstering, seat with springs, without weights, per seat	22.—	
15.112	**Extra-charge** for seat, coarsely caned	1.80	
	» » weights	1.20	
	» » plated wood back, for upholstering in front, varnished in the back	1.—	
	» » for single chairs	4.—	
	Former description **Theatre-armchair** No. 14.		129
15.014	**Normal** (with saddle-seat, without pannel, back for upholstering	20.—	
15.114	With seat and back for upholstering	18.50	
15.214	» » for upholstering, coarsely caned	20.30	
	Extra-charges on normal: for back pannel for upholstering	1.—	129
	» seat caned (instead of saddle-seat)	1.50	
	» raised design (instead of saddle-seat) without extra-charge.		
	» seat and back, caned	3.—	
	» armpads for upholstering, unpolished	—.30	
	» » polished	—.50	
	» iron-weights for normal seats	1.20	
	» » » seats for upholstering	1.50	
	» with automatic spring attachment	3.25	
	Single armchairs . . . **more**	3.—	
16.001	**Theatre-folding-chair**, former description No. **1**, caned	13.—	130
16.002	» » » » **2**, wit raised seat and back	10.—	130
16.003	**Theatre-stool**, seat △ for upholstering	4.50	130
16.103	**Music-chair**, former signation No. **103**, normal *K* 8.—; with engraved numbers » —.60; » iron-braces » —.40	9.—	130
	Theatre-box-chair, former description No. 66½, price for upholstering	6.70	130
16.066	» » » » 59½, » » »	7.—	130
16.059	» » » » **50**, » » »	6.30	130
16.050	» » » » **85½/56½**, price for upholstering	6.10	130
16.085			
	Brass, hat rails, at *K* —.20 each, net (hanging on short straps), are fastened by screws, to the backs of armchairs (samples free).		
	Brackets for Opera-glasses, etc. *K* —.80; each can be screwed intermediately to the backs of armchairs.		
	Shape 6½" △ 6½" from 6½" diameter.		
	Numbers for **rows** each *K* —.60 to *K* 1.60.		
	» » **seats** » » —.40 » » 1.20.		

Printery W. Hamburger, Vienna, VI. Mollardgasse 41.

Diese Preisliste annulliert alle vorangegangenen.

FABRIKEN
MASSIV GEBOGENER
HOLZARBEITEN

GEBRÜDER THONET

IN
KORITSCHAN, BISTRITZ AM HOSTEIN,
HALLENKAU, WSETIN IN MÄHREN,
GR. UGRÓCZ UNGARN NOWO RADOMSK RUSS. POLEN
U. FRANKENBERG IN
HESSEN-CASSEL

PREIS-LISTE

zum sechssprachigen illustrierten Export-Kataloge

gültig ab 1. September 1904

SCHUTZMARKE **THONET** WIEN. SCHUTZMARKE

Mit gesetzlichem Schutze gegen Nachahmung.

Bei Bestellungen bittet man anzugeben:

entweder:
a) den **Namen** des Artikels **genau** nach der im Kataloge angewandten Bezeichnung (Schwarzdruck);
b) die **Nummer** des Artikels (Schwarzdruck);

oder: die im Kataloge für jeden Artikel in Rotdruck eingestellte Erkennungsziffer (neue Nummer), deren Angabe die oben unter *a)* und *b)* festgesetzten Bezeichnungen entbehrlich macht;

c) die **Farbe** (s. Vorwort), sowie ob lackiert, poliert, graviert, bronziert oder gekehlt;
d) bei **Sitzmöbeln:** ob geflochten, oder mit perforierten oder Reliefsitzen resp. -Lehnen; ferner bei Intarsiamöbeln: ob Flachintarsia, **lackiert** oder **poliert,** oder ob Reliefintarsia (s. Vorwort);
e) bei **Sesseln:** ob selbe gewöhnliche Fuß**reifen** oder Reifenbögen usw., ferner ob Verbindungen, oder Eisen**stützen** oder Eisen**winkel** usw. tragen sollen (s. Vorwort);

(c–e: sofern hiefür keine Bezeichnung in der rot gedruckten Neu-Numerierung vorgesehen ist.)

f) den **Preis** des Artikels.

Die in dieser Preisliste angewandten Preise verstehen sich in **Kronenwährung**

Inhalts-Verzeichnis der Preis-Liste

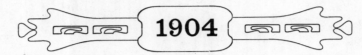

1904

Richtigstellung von Druckfehlern.

***a)* In der vorliegenden Preisliste:**

Seite III, von unten 3. Zeile, soll es heißen: 1 Salontischfuß samt Zarge Nr. 221 = 1 Stück Nr. 8321 (nicht 8221).

» 13, Ankleidespiegel, Neue Nummer 9951, soll sein K **110**.— (nicht K 90.—).

» 13, Ankleidespiegel-Rahmen, Neue Nummer 9952, soll sein K **48**.— (nicht K 44.—).

» 14, Wandkleiderstock Nr. 6, Neue Nummer 10.806, soll sein K **55**.— (nicht K 36.—).

***b)* Im Export-Kataloge:**

Seite 6, Ecke rechts unten, Sessel Nr. 145, fehlt: **»mit Verbindungen«.**

» 23, Garnitur Nr. 328, Sitzzeichen sind falsch, da die Sitze nicht geflochten, sondern **»Holz«** sind.

» 28, Sessel Nr. 33, mit Rohrlehne, fehlt: **»mit Verbindungen«.**

» 46, Sessel Nr. 231, fehlt im Rotdruck: ⌒

Seite 46, Kanapee Nr. 233 heißt im Rotdruck:
Nr. 2233 A (nicht 2133 A) | Nr. 2233 (nicht 2133)
» 3233 A (» 3133 A) | » 3233 (» 3133)

» 60, » 61: Stockerln: zwecks Bestellung genügt die Angabe der roten Nummer ohne Sitzzeichen, ohne Sitzmaße, ohne Sitzbeschaffenheit.

» 62, Reitdrehstockerl: rote Ziffer heißt richtig: **5011** R (nicht 5111 R).

» 62, Stockerl mit Fußtritt: rote Ziffer heißt richtig **5011** F (nicht 5111 F).

Gebrauchs-Anweisung für die neue Numerierung im Kataloge.

Zweck der neuen Numerierung:

a) die Verhütung von Verwechslungen von Artikeln.

Jede Waren-Type hat ihre Kennziffer, so z. B.

Sessel behielten in der Regel ihre bisherige Nummer bei,	z. B.	Sessel	Nr. 56	heißt neu kurzweg:			Nr. 56
Fauteuils besitzen die Kennziffer 1000;	» »	Fauteuil	» 56	»	»	»	» 1056
Kanapee 2sitzig (111 cm) » » » 2000;	» »	Kanapee	» 56, 111 cm,	»	»	»	» 2056
» **3** » (135 cm) » » » 3000;	» »	»	» 56, 135 cm,	»	»	»	» 3056

Auszugtische . . . . . Nr. 9.001
Aufwarttische . . . . . » 9.101
Ammensessel und -Fauteuils . . . . . » 12.801

Bambus-Möbel . . . . . » 13.000
Barbier-Fauteuils . . . . . » 6.9..
Betsessel . . . . . » 6.751
Betten . . . . . » 9.711
Bidets . . . . . » 6.901
Blumentische . . . . . » 9.401
Blumenständer . . . . . » 9.501
Bureau-Sessel, 60 cm . . . . . » 4.1..
» » 80 » . . . . . » 4.2..
» -Fauteuils, 60 cm . . . . . » 4.3..
» » 80 » . . . . . » 4.4..
Büstenständer . . . . . » 9.601

Causeuses . . . . . » 6.6..
Claviersessel . . . . . » 11.7..
Carnissen siehe Karnissen.

Drehstockerl . . . . . » 5....
Drehfauteuils . . . . . » 5.5..
Drehbarer Doppelsitz . . . . . » 5.9..
Drehbares Büchergestell . . . . . » 11.651
Drehstockerl, dessiniert . . . . . » 11.7..
Dunkerques . . . . . » 8.901

Etagères . . . . . » 11.511

Handarbeitsständer . . . . . » 9.611
Handtuchgestelle . . . . . » 10.101
Holzkörbe . . . . . » 11.191

Jagdsessel und -Stockerl . . . . . » 6.8..

Kaminsessel und -Fauteuils . . . . . » 6.311—6.4..
Kaffeehausbänke . . . . . » 6.7..
Karnissen . . . . . » 10.151
Kirchenmöbel . . . . . » 6.751
Klosetfauteuil Nr. 56 . . . . . » 6.956
Kleiderstöcke . . . . . » 10.201
Kleiderrechen . . . . . » 11.001
Klaviersessel . . . . . » 11.7..
Kofferständer . . . . . » 11.181
Krankentragstuhl . . . . . » 6.991

Kinder-Sessel . . . . . Nr. 12.001
» » mit Rohrlehne . . . . . » 12.051
» Fauteuils . . . . . » 12.011
» » mit Rohrlehne . . . . . » 12.061
» Kanapees . . . . . » 12.021
» » mit Rohrlehne . . . . . » 12.071
» Fauteuils, hoch . . . . . » 12.031
» » » mit Rohrlehne . . . . . » 12.081
» Speisesessel . . . . . » 12.301–12.350
» Rollsessel . . . . . » 12.351
» Tische . . . . . » 12.401
» Schaukelfauteuils . . . . . » 12.501
» Doppelschaukel . . . . . » 12.500
» Tischbänke . . . . . » 12.601
» Waschständer . . . . . » 12.651
» Betten . . . . . » 12.701
» Gehschulen . . . . . » 12.851
» Klosetfauteuils . . . . . » 12.835
» Wiegen . . . . . » 12.801
» Hängeschaukel . . . . . » 12.861
» Spielreife . . . . . » 12.890

Ladensessel . . . . . » 4....
Lesetische . . . . . » 9.201

Malerstaffeleien . . . . . » 10.171

Nachtkästchen . . . . . » 9.801
Nähtische . . . . . » 9.221
Noten-Etagères . . . . . Nr. 11.604, 11.605, 11.612
» Tisch . . . . . Nr. 11.611
» Ständer . . . . . » 11.801
» Pulte . . . . . » 11.851

Ofenschirme . . . . . » 11.201

Pfeilerspiegel . . . . . » 9.901
Puppen-Möbel . . . . . » 12.901

Rahmen für Spiegel und Bilder . . . . . » 9.961
Rauchfauteuils . . . . . » 6.301
Rauchtische . . . . . » 9.211

Salon-Garnituren . . . . . » 7.501
» Tische . . . . . » 8.001—8.200

Salon-Tischfüße mit Zarge . . . . . Nr. 8.201—8.400
» Tischfüße ohne Zarge . . . . . » 8.401—8.600
Serviertassen . . . . . » 9.191
Spanische Wände . . . . . » 11.301
Spieltische . . . . . » 9.301
Spucknäpfe . . . . . » 11.171

Schaukelmöbel . . . . . » 7.000—7.500
Schirmständer . . . . . » 11.401
Schlafsofas . . . . . » 9.701
Schreibtischfauteuils . . . . . » 6....

Staffeleien . . . . . » 10.171
Ständer . . . . . » 9.641
Stockerl, diverse . . . . . » 4.5..
» kleiner Sitz . . . . . » 4.6..
» großer Sitz . . . . . » 4.7..
» Harmonium . . . . . » 4.8..
» Nr. 34 . . . . . » 4.734
» » 51 . . . . . » 4.751
» » 309 . . . . . » 4.809
» » 110 . . . . . » 4.810
» Probier . . . . . » 4.850
Stöcke, Stocksessel . . . . . » 6.8..

Theatermöbel . . . . . » 15.001
Tisch Nr. 902 . . . . . » 7.202
» » 904 . . . . . » 7.204
Tischgestelle für Marmorplatten . . . . . » 8.901
Toilettespiegel . . . . . » 9.851
Toilettetischchen . . . . . » 9.8..
Trumeau-Kleiderstöcke . . . . . » 10.501
» Schirmständer . . . . . » 11.421
» Tische . . . . . » 8.601—8.700
» Tischfüße mit Zarge . . . . . » 8.701—8.800
» Tischfüße ohne Zarge . . . . . » 8.801—8.900
Turnringe . . . . . » 12.891

Wandkleiderstöcke . . . . . » 10.801—10.9..
Wandschirmständer . . . . . » 11.451
Waschtische und -ständer . . . . . » 10.001

Zeitungshalter . . . . . » 11.501

b) die Ersparnis textlicher Beschreibung der Artikel, z. B.

Bisher bestellte man:	Bei Gebrauch der Neu-Numerierung bestellt man:
1 Kanapee Nr. 56, 135 cm lang	1 Stück Nr. 3.056
1 Stockerl, 47 cm, kleiner Holzsitz, perforiert	1 » » 4.602
1 Salontischfuß samt Zarge Nr. 221	1 » » 8.221
1 Kinderfauteuil Nr. 1 mit Rohrlehne und Tablette	1 » » 12.061 T
1 Schreibtischfauteuil Nr. 3	1 » » 6.003

usw.

Preise der im **Vorworte** erwähnten Artikel:

Verbindungen aus Holz	per Paar	K —.60
Eisenstützen	» »	» —.40
Eisenwinkel	» »	» —.50
Metallstützen	» »	» —.20
Reifenbogen per Sessel, ⬯ Sitz		» —.60
» » » ○ »		» —.70
» » Fauteuil		» 1.—
» » Kanapee		» 1.50
Fußstege (gegenüber Fußreifen)		» —.25
Fußreifen mit Mutterschrauben	+	» —.30
Lehnaufsätze per Sessel		» 2.—
» » Fauteuil		» 3.—
» » Kanapee, 111 cm		» 5.—
» » » 135 »		» 7.—
Armbacken	per Paar	» 1.—
Profilierte Vorderfüße gegenüber glatten ohne Kapitäler	+ » »	» 1.—
» » mit »	+ » »	» —.80

Geschweifte Vorderfüße gegenüber profilierten +	per Paar	K —.25
Stiefelzieher (anstatt Reifen)		» 2.20
» allein		» 2.80
Hutdrähte einfach		» —.30
» doppelt, Eisen		» —.70
» » Messing		» 1.40
Lehnring mit Folgenummer bei Sesseln Nr. 19, 31 usw.		» —.50
bei allen anderen		» —.80
Abnehmbare Nummernschilder		» —.80
Einschiebbare Nummerntafeln (Lehnvorrichtung ohne Tafel)		» —.30
Eingravierte Folgenummern	per Ziffer	» —.15
Lehn-Inschriften (Monogramme, Wappen usw.) perforiert		» —.20
Relief		» —.20
Intarsia		» —.20

Ersatzgeflechte ○ 35 cm Diam.	per Stück	K 1.50
» ○ 39 » »	» »	» 1.70
» ⬯ 39½×37⅓ cm		» 1.90
Miniatur-Farbenkarten	per Stück	» —.50
Relief-Intarsia: Aufschlag gegenüber Relief- oder Flach-Intarsia für Sitz **oder** Lehne zu Sesseln, Stockerln		» —.30
Fauteuils		» —.50
Kanapees, 111 cm		» 1.50
» 135 »		» 2.—
Intarsia-Sitzinschriften: Brandplatte	K 10.— bis	» 20.—
Preisaufschlag per Inschrift	per Stück	» —.20

Für einfachere, mindere Ausführung in unmontierten Teilen, geringerer Politur, reduzierter Emballage usw. usw. behalten wir uns separate Vereinbarungen vor.

Tarif für **Kistenpackung**	Preis per Stück netto K
Sessel und Stockerl	—.40
Fauteuils	—.80
Kanapee, zweisitzig	1.20
Kanapee, dreisitzig	1.60
Fußschemel	—.20
Drehstockerl	—.50
Drehfauteuils . . 0.80 bis	1.—
Kaminsessel . . 0.60 bis	1.—
Kaminfauteuils . . 1.20 bis	1.50
Schlaf- und Schaukelsofas	1.80
Schaukelfauteuils 0.80 bis	1.20
Salongarnituren fallweise	—
Betten . . 2.40 bis	6.40
Sofatische . . 3.60 bis	4.40
Trumeautische . . 3.— bis	3.30
Auszugtische	9.—
Tischgestelle . . 1.— bis	2.40
Aufwart- und Lesetische 0.80 bis	1.20
Spieltische . . 1.20 bis	3.—
Blumentische	1.50
Kindersessel	—.20
» Fauteuils . 0.30 bis	—.80
» Kanapee	—.50
» betten	2.40
» wiegen . . 1.— bis	5.60

Die übrigen Artikel im Verhältnis.

Für **Verpackung in Matten** (Ballots) werden 6/10 obiger Kistenpreise berechnet.

Behufs Verringerung des Volumens der Kisten empfiehlt es sich, die Sitzmöbel mit **losen** (Vorder-) **Füßen** zu verpacken; letztere werden bei Montierung der Möbel mit dem Zapfen in die korrespondierenden Löcher des Sitzrahmens eingeführt und durch Eintreiben eiserner Bolzen, durch welche gleichzeitig auch die richtige Stellung der Füße bedingt wird, fixiert.

Tarif pour **emballage en caisses**	par pièce net K
Chaises et tabourets	—.40
Fauteuils	—.80
Canapés à 2 places	1.20
Canapés à 3 places	1.60
Tabourets de pieds	—.20
Tabourets à vis	—.50
Fauteuils à vis . . 0.80 à	1.—
Chaises-pliantes . . 0.60 à	1.—
Fauteuils-pliants . 1.20 à	1.50
Canapés-lit et canapés-lit-berceuse	1.80
Berceuses . . 0.80 à	1.20
Meubles de salon selon convention	—
Lits . . 2.40 à	6.40
Tables de salon . . 3.60 à	4.40
Consoles de salon . 3.— à	3.30
Tables à allonges	9.—
Pieds pour tables en marbre . . 1.— à	2.40
Servantes, tables de lecture . . 0.80 à	1.20
Tables à jeux . . 1.20 à	3.—
Jardinières	1.50
Chaises **d'enfants**	—.20
Fauteuils » 0.30 à	—.80
Canapés »	—.50
Lits »	2.40
Berceaux » 1.— à	5.60

Le autres articles en proportion.

Pour **l'Emballage en balles** nous comptons le 6/10 des prix de l'emballage en caisses ci-dessus.

Pour diminuer le volume des caisses il est à conseiller de faire emballer le meubles avec **les pieds de devant détachés.** En faisant le remontage des meubles on introduit les pieds dans leurs trous correspondants des sièges et on les fixe dans la bonne position au moyen des coins en fer que nous livrons pour chaque meuble à cet usage.

Prices for **packing in cases**	per piece net K
Chairs and stools	—.40
Armchairs	—.80
Sofas for 2 persons	1.20
Sofas for 3 persons	1.60
Foot-stools	—.20
Revolving-stool	—.50
Revolving-armchairs from 0.80 to	1.—
Folding-chairs . . from 0.60 to	1.—
Folding-armchairs . from 1.20 to	1.50
Reclining-couches and Rocking-sofa	1.80
Rocking-chairs and armchairs from 0.80 to	1.20
Drawing-room furnit. according to agrmt.	—
Bedsteads . . from 2.40 to	6.40
Sofa tables . . from 3.60 to	4.40
Console-tables . . from 3.— to	3.30
Expanding-dining-tables	9.—
Stands for marble-tables from 1.— to	2.40
Circular- and reading-tables from 0.80 to	1.20
Card-tables . . from 1.20 to	3.—
Flower-tables	1.50
Child's chairs	—.20
» armchairs . from 0.30 to	—.80
» sofas	—.50
» bedsteads	2.40
» swing-cotts from 1.— to	5.60

The other articles in proportion.

For **packing in balles** 6/10 of the above stated prices will be charged.

In order to get the cases as small as possible it is to be recommended to have the chairs packed with **legs taken off.**

When putting the furniture together the legs are to be put into the corresponding wholes in the sest-frame and are fixed by iron bolts.

Tarifa para **embalaje en cajas**	cada pieza neto K
Sillas y taburetes	—.40
Sillones	—.80
Sofás para 2 personas	1.20
Sofás para 3 personas	1.60
Alzapiés	—.20
Taburetes para pianos	—.50
Sillones giratorias . 0.80 á	1.—
Sillas tijera . . 0.60 á	1.—
Sillones tijera . . 1.20 á	1.50
Sofá- y balancin-camas	1.80
Mecedoras . . 0.80 á	1.20
Muebles de salon segun convention	—
Camas . . 2.40 á	6.40
Mesas de Salon . . 3.60 á	4.40
Mesas consolas . . 3.— á	3.30
Mesas de extension	9.—
Pies de mesas para marmol 1.— á	2.40
Veladores . . 0.80 á	1.20
Mesas de juego . . 1.20 á	3.—
Jardinieras	1.50
Siilas **de ninos**	—.20
Sillones » » . . 0.30 á	—.80
Sofás » »	—.50
Camas » »	2.40
Cunas » » . . 1.— á	5.60

Los otras articulos en proporcion.

El embalage en balas cuesta 6/10 de los precios del embalage en cajas.

Con objeto de disminuir el volumen des las cajas conviene embalar las sillerías con los piés delanteros seperados del asiento; para armar dichas sillerías se introduce la espiga del pié en el agujero correspondiente que se encuentra en el cuadro del asiento y se fija por medio de unas clavijas de hierro que determinan al mismo tiempo la posicion de los piés.

Tarifa por **embalagem en caixas**	cada peço liquido K
Cadeiras e tamboretes	—.40
Poltronas	—.80
Canapés para 2 personas	1.20
Canapés para 3 personas	1.60
Tamboretes para os pés	—.20
Banquinhos giratorios	—.50
Poltronas giratorios 0.80 á	1.—
Cadeiras de tesoura 0.60 á	1.—
Poltronas de tesoura 1.20 á	1.50
Canapé- e balancim camas	1.80
Mechedors . . 0.80 á	1.20
Moveis para sala segundo convençao	—
Leitos . . 2.40 á	6.40
Mesas para sala . . 3.60 á	4.40
Mesas consolas . . 3.— á	3.30
Mesas para jantar	9.—
Pés de mesa para marmor 1.— á	2.40
Mesinhas . . 0.80 á	1.20
Mesas para jogo . 1.20 á	3.—
Jardinieiras	1.50
Cadeiras **para meninos**	—.20
Poltronas » » 0.30 á	—.80
Canapés » »	—.50
Leitos » »	2.40
Berços » » 1.— á	5.60

Os outros articulos en proporçao.

Enfardamento.

Para o enfardamento am balotes calculamos 6/10 dos preços indicados em caixas.

Para que parcimonia-se gastos no transporte aconselhamos de disminuir o volume das caixas o que alcança-se enfardando as cadeiras com os pés dianteiros seperados de aquillas; as que depois para armar-as e muito facil poisque sómente introduze-se o pé do movel ao furo correspondente ao quadro do assento, da-se le a postura natural e fixa-se collocando as cavilhas de ferro que van juntas ao enfardamento.

Tarief vor **Kistenverpakking**	Prijs per stuk netto K
Stoelen en tabouretten	—.40
Fauteuils	—.80
Canapés 111 Cm	1.20
Canapés 135—150 Cm	1.60
Voetbankjes	—.20
Draaitabouretten	—.50
Draaifauteuils . . 0.80 bis	1.—
Vouwstoelen . . 0.60 bis	1.—
Vouwleuningstoelen 1.20 bis	1.50
Rustbed an Schommel-canapé	1.80
Schommelstoelen 0.80 bis	1.20
Salongarnituren naar verhouding	—
Ledikanten . . 2.40 bis	6.40
Salon tafels . . 3.60 bis	4.40
Trumeau tafels . 3.— bis	3.30
Uittrektafels	9.—
Tafelvoeten voor marm. blad . . 1.— bis	2.40
Byzet- en Lees-tafeltjes 0.80 bis	1.20
Speeltafels . . 1.20 bis	3.—
Bloementafels	1.50
Kinder-stoelen	—.20
» fauteuils 0.30 bis	—.80
» canapés	—.50
» ledikanten	2.40
» wiegen . 1.— bis	5.60

Alle overige meubelen naar verhouding der grootte.

Voor **verpakking in Matten** (Balen) wordt 6/10 van bovenvermelden kistenprijzen berekend.

Ter vermindering van het volume der kisten is het aan te bevelen, de zitmeubelen met **lossen** (voor) **pooten** te verpakken; deze laatste worden bij het, inelkaar zetten der meubelen met de tappen in de corresponderende gaten van het zittingraam geplaatst en door het inslaan van ijzeren pennen, door welken tegelijk de juiste plaats der pooten bepaald wordt, vostgezet.

SESSEL

Neue Nummer	Preis K	Seite	Alte Bezeichnung
1	9.—	1	Sessel Nr. 1
2	11.—	1	dto. 2
3	12.50	24	dto. 3
4	12.—	1	dto. 4
4/14 V	9.—	1	dto. 4/14 mit Verbindung
5	14.—	24	Sessel Nr. 5
6	20.—	24	dto. 6
6/2	17.—	24	dto. 6/2
7	13.—	25	dto. 7
8	7.50	2	dto. 8
10	8.—	4	Sessel Nr. 10
10/14	6.50	4	dto. 10/14
11	10.—	27	dto. 11
12	15.—	25	dto. 12
14	6.—	2	Sessel Nr. 14
14½	5.60	2	dto. 14½
14 P	7.—	31	dto. 14 mit Holzlehne, perforiert
14½ P	6.40	31	dto. 14½ dto.
14 a	5.70	4	dto. 14/14½
15	8.—	28	Sessel Nr. 15
15½	7.—	28	dto. 15½
16	18.—	25	dto. 16
17	13.—	26	dto. 17
17/14 V	11.40	26	dto. 17/14 mit Verbindung
18	6.20	2	Sessel Nr. 18
18½	5.80	2	dto. 18½
18 P	7.20	31	dto. 18 mit Holzlehne, perforiert
18½ P	6.80	31	dto. 18½ dto.
18 b	7.20	39	dto. 18 b
18½ b	6.80		dto. 18½ b
18 c	7.80	26	dto. 18 mit Rohrlehne
18½ c	7.20	28	dto. 18½ dto.
19	8.—	5	Sessel Nr. 19
19/I	9.50	5	dto. 19/I
20	6.50	3	dto. 20
22	20.—	26	dto. 22
24	13.—	5	dto. 24
25	11.—	5	Sessel Nr. 25
26	11.—	6	dto. 26
27	20.—	27	dto. 27
28	6.50	3	dto. 28
28 c	8.—	27	dto. 28 mit Rohrlehne
29	10.—	6	Sessel Nr. 29
29/14	8.50	6	dto. 29/14
30	12.—	28	dto. 30
30/14	10.50	28	dto. 30/14
31	7.20	6	dto. 31
31½	6.50	6	dto. 31½
31/I	8.70	6	dto. 31/I
32	18.— 26.— 16.—	54	Sessel Nr. 32
33	8.—	6	dto. 33
33 c	9.50	28	dto. 33 mit Rohrlehne

Neue Nummer	Preis K	Seite	Alte Bezeichnung
34	17.— 12.—	52	Sessel Nr. 34
35	21.— 16.—	52	dto. 35
35 a	24.— 18.—	52	dto. 35 a
36	16.— 22.50 14.—	54	Sessel Nr. 36
36 a	13.50 11.50 14.10 12.10	39	dto. 36 mit Holzsitz und Holzlehne
36 P	13.— 11.—	34	dto. 36 mit Holzsitz und Holzlehne, perforiert
36 V	20.— 18.—	58	dto. 36 ungeflochten, für Leder
36 Va	21.— 19.—	58	dto. 36 grob vorgeflochten, für Leder
37	19.— 27.— 17.—	54	Sessel Nr. 37
37 a	16.— 14.— 16.60 14.60	37	dto. 37 mit Holzsitz und Holzlehne
37 P	15.50 13.50	34	dto. 37 mit Holzsitz und Holzlehne, perfor.
37 V	22.— 20.—	58	dto. 37 ungeflochten, für Leder
37 Va	24.— 22.—	58	dto. 37 grob vorgeflochten, für Leder
39	22.— 15.50	52	Sessel Nr. 39
40	10.—	28	dto. 40
41	13.50 17.— 11.50	52	dto. 41
42	17.— 15.—	57	dto. 42
42 b	15.20 13.20	57	dto. 42 Sitz z. Polstern
42/36	15.— 13.—	57	dto. 42/36
42/36 b	13.20 11.20	57	dto. 42/36 Sitz z. Polstern

Neue Nummer	Preis K	Seite	Alte Bezeichnung
43	14.—	55	Sessel Nr. 43
43 a	13.— 13.50 14.10	39	dto. 43 mit Holzsitz und Holzlehne
44	16.50	55	dto. 44
44 a	15.— 15.50 16.10	37	dto. 44 mit Holzsitz und Holzlehne
45	7.50	6	dto. 45
45/14	6.50	6	dto. 45/14
45½	6.10	7	dto. 45½
47	7.—	33	Sessel Nr. 47
47 c	9.—	28	dto. 47 geflochten
48	17.— 15.50	57	dto. 48 Sitz ungeflochten für Leder
48 a	—.— 23.—	57	dto. 48 grob vorgeflochten, für Leder
48 V	17.— 15.50	58	dto. 48 V ungeflochten, für Leder
48 Va	—.— 23.—	58	dto. 48 V grob vorgeflochten, für Leder
49	10.—	58	Sessel Nr. 49
49/56	8.—	58	dto. 49/56
50	8.—	29	dto. 50
50/14	7.40	29	dto. 50/14
51	14.50	7	dto. 51
52	6.—	11	dto. 52
52½	5.60	11	dto. 52½
53	6.20	11	Sessel Nr. 53
53 a	6.80 7.40	39	dto. 53 a
53 a P	6.50	33	dto. 53 a perforiert
53 b	7.20	39	dto. 53 b
54	6.30	8	Sessel Nr. 54
54 a	6.90 7.50	35	dto. 54 a
54 a P	6.60	31	dto. 54 a perforiert
54 b	7.30	35	dto. 54 b
54 c		29	dto. 54 mit Rohrlehne
56	7.20	8	Sessel Nr. 56
56/14	6.60	8	dto. 56/14
56½	6.80	8	dto. 56½
56 a P	7.50	32	dto. 56 a perforiert
56½ a P	7.10	32	dto. 56½ a perforiert
56 a	7.80 8.40	36	dto. 56 a
56½ a	7.40 8.—	36	dto 56½ a
56 b	8.20	35	dto. 56 b
56½ b	7.80	35	dto. 56½ b
56 c	8.60	29	dto. 56 mit Rohrlehne
56½ c	8.—	30	dto. 56½ dto.

THONET FRÈRES

Neue Nummer	Preis K	Seite	Alte Bezeichnung
57/14 P	5.80	32	Sessel Nr. 57/14 perfor.
57 P	6.40	32	dto. 57 dto.
57½ P	6.—	32	dto. 57½ dto.
57/14 (R) (J)	6.20	39	dto. 57/14
(JR)	6.80		
57 (R) (J)	6.80	36	dto. 57
(JR)	7.40		
57½ (R) (J)	6.40	36	dto. 57½
(JR)	7.—		
59	10.—	30	Sessel Nr. 59
59½	9.—	30	dto. 59½
60	12.—	30	dto. 60
61 P	8.—	33	dto. 61 perforiert
61 (R) (J)	8.40	39	dto. 61
(JR)	9.—		
62	8.—	8	Sessel Nr. 62
64	9.—	42	dto. 64
64/14	8.—	42	dt. 64/14
65	10.—	49	dto. 65
66/14	7.20	11	Sessel Nr. 66/14
66	8.—	9	dto. 66
66½	7.60	11	dto. 66½
66½ a	6.90	11	dto. 66½/14½
67	12.—	13	dto. 67
67 a	9.50	13	dto. 67 glatt
68	9.50	42	Sessel Nr. 68
68 c	11.—	42	dto. 68 mit Rohrlehne
69 (R) (J)	7.50	40	dto. 69
(JR)	8.10		
69½ (R) (J)	7.10	40	dto. 69½
70 (R) (J)	8.—	36	dto. 70
(JR)	8.60		
70½ (R) (J)	7.60	36	dto. 70½
(JR)	8.20		
76 (R) (J)	8.—	37	Sessel Nr. 76
(JR)	8.60		
76½ (R) (J)	7.60	37	dto. 76½
(JR)	8.20		
79	7.50	11	dto. 79
80	8.80	42	dto. 80
80/14		42	dto. 80/14
81	10.—	43	Sessel Nr. 81
81 A	12.—	43	dto. 81 mit Aufsatz
82	24.—	43	dto. 82
83	29.—	49	dto. 83
84 (R) (J)	9.—	38	dto. 84
(JR)	9.60		
85	6.70	3	Sessel Nr. 85
85½	6.30	3, 7	dto. 85½
85/56	7.40	3	dto. 85/56
85½ a	6.90	7	dto. 85½/56½
89	10.—	30	dto. 89

Neue Nummer	Preis K	Seite	Alte Bezeichnung
90	12.—	11	Sessel Nr. 90
91	9.50	11	dto. 91
92	6.10	11	dto. 92
92 c	6.20	11	dto. 92c
93	6.60	12	Sessel Nr. 93
94	6.70	12	dto. 94
94/56	7.40	12	dto. 94/56
94½	6.30	12	dto. 94½
94½ a	6.90	12	dto. 94½/56½
95	6.90	12	Sessel Nr. 95
95½	6.20	12	dto. 95½
96	6.50	38	dto. 96
96/14	5.90	40	dto. 96/14
97	6.50	40	dto. 97
97/14	5.90	40	dto. 97/14
98	6.20	12	Sessel Nr. 98
98 c	6.30	12	dto. 98c
100½	5.60	40	dto. 100½
102	7.70	20	dto. 102
103	8.—	20	dto. 103
103½	7.60	20	dto. 103½
104	11.—	20	Sessel Nr. 104
105	7.40	20	dto. 105
105 ⌒	8.—	20	dto. 105 mit Reifbogen
106	8.40	20	dto. 106
106 ⌒	9.—	20	dto. 106 mit Reifbogen
107	7.60	20	dto. 107
108	8.—	20	dto. 108
109	32.—	58	dto. 109 ungeflochten
109 a	33.—	58	dto. 109 geflochten
109 b	35.—	58	dto. 109 fein geflochten
110	5.50	32	Sessel Nr. 110
110 J	6.50	41	dto. 110 Intarsia
111	5.—	41	dto. 111
114× lackiert	5.—	9	dto. 114 mit Sprossen
poliert	5.50		
114 c× geflochten	+—.20	9	dto. geflochten
114 a lackiert	5.30	9	dto. 114 mit Fußreif
poliert	5.80		
114 ca geflochten	+—.20	9	dto. geflochten
118× lackiert	5.20	10	Sessel Nr. 118 mit Sprossen
poliert	5.70		
118 c× geflochten	+—.20	10	dto. geflochten
118 a lackiert	5.50	10	dto. 118 mit Fußreif
poliert	6.—		
118 ca geflochten	+—.20	10	dto. geflochten
119× lackiert	5.40	12	Sessel Nr. 119 mit Sprossen
poliert	5.90		
119 c× geflochten	+—.20	12	dto. geflochten
119 a lackiert	5.70	12	dto. 119 mit Fußreif
poliert	6.20		
119 c a geflochten	+—.20	12	dto. 119 dto. geflochten
120 normal lackiert	5.50	33	dto. 120 normal
poliert	6.—		
120 lackiert (R) (J)	5.50	38	dto. 120
(JR)	6.—		
poliert (R) (J)	6.—		
(JR)	6.60		

Neue Nummer	Preis K	Seite	Alte Bezeichnung
123	7.—	33	Sessel Nr. 123
125 c	7.25	34	dto. 125 Sitz geflochten
125 c a	7.75	34	dto. 125 Sitz geflochten Lehnbrettl graviert
125 lackiert	5.50	34	dto. 125 normal
poliert	6.25		
125 a lackiert	6.—	34	dto. 125 Lehnbrettl graviert
poliert	6.75		
125 b lackiert	7.—	34	dto. 125 Sitz und Lehnbrettl graviert
poliert	7.75		
126× lackiert	6.40	34	Sessel Nr. 126 mit Sprossen
poliert	7.20		
126 a lackiert	6.70	34	dto. 126 mit Fußreif
poliert	7.50		
128½	11.50	33	dto. 128½
129½	10.—	33	dto. 129½
131	22.—	53	Sessel Nr. 131
134	20.—	53	dto. 134
135	21.—	53	dto. 135
136	23.—	53	dto. 136
137	26.—	53	dto. 137
138		53	dto. 138
139	26.—	53	dto. 139
142½	5.30	11	Sessel 142½
143	10.—	30	dto. 143
143 a	10.—	41	dto. 143 Relief
145 V	6.90	6	dto. 145 mit Verbindungen
146	6.70	6	dto. 146
148	10.—	14	Sessel Nr. 148
149 a	7.20	7	dto. 149/56½
149½	6.60	7	dto. 149½
157	7.—	41	dto. 157
169	16.—	10	dto. 169
169 a	15.60	10	dto. 169 grob vorgeflochten, z. Polstern
170	8.50	41	dto. 170
171	17.—	55	Sessel Nr. 171 geflochten
(R) (J)	16.50		dto. 171 mit Holzsitz und Holzlehne
(JR)	17.10		
171 P	16.—	34	dto. 171 dto. perforiert
172	19.50	55	dto. 172 geflochten
172 a (R) (J)	19.—	55	dto. 172 mit Holzsitz und Holzlehne
(JR)	19.60		
172 P	18.50	34	dto. 172 dto. perforiert
173	17.—	55	Sessel Nr. 173 geflochten
(R) (J)	16.50		dto. 173 mit Holzsitz und Holzlehne
(JR)	17.10		
173 P	16.—	34	dto. 173 dto. perforiert
174	19.50	55	dto. 174 geflochten
(R) (J)	19.—		dto. 174 mit Holzsitz und Holzlehne
(JR)	19.60		
174 P	18.50	34	dto. 174 dto. perforiert
178 geflochten	18.—	56	dto. 178
z. Polstern	14.50		
178 A geflochten	23.—	56	dto. 178 mit Aufsatz
z. Polstern	19.50		

Neue Nummer	Preis K	Seite	Alte Bezeichnung
179 geflochten	15.50	57	Sessel Nr. 179
z. Polstern	12.50		
179 A geflochten	20.—	57	dto. 179 mit Aufsatz
z. Polstern	17.—		
179 R	17.40	41	dto. 179 Relief
179 RJ	18.30	41	dto. 179 Relief, Intarsia
179 AJ	22.50	41	dto. 179 Relief, Intarsia mit Aufsatz
180	10.—	44	Sessel Nr. 180
182	10.—	44	dto. 182
183	11.—	49	dto. 183
183 A	13.—	49	dto. 183 mit Aufsatz
184	9.50	44	dto. 184
185	9.—	45	dto. 185
186	8.20	45	Sessel Nr. 186
186 A	10.20	45	dto. 186 mit Aufsatz
187	10.—	45	dto. 187
188	9.50	46	dto. 188
191	22.—	48	dto. 191
192	12.50	50	Sessel Nr. 192
192 A	14.50	50	dto. 192 mit Aufsatz
193	15.—	50	dto. 193
193 A	17.—	50	dto. 193 mit Aufsatz
194	12.50	48	dto. 194
graviert	13.75		
bronziert	14.40		
195	12.50	48	dto. 195
graviert	13.75		
bronziert	14.40		
199	22.—	14	Sessel Nr. 199 normal
199 a	21.50	14	dto. 199 grob vorgeflochten, z. Polstern
199 b	20.—	14	dto. 199 nicht geflochten
199½	21.—	14	dto. 199½ normal
199½ a	20.25	14	dto. 199½ grob vorgeflochten, z. Polstern
199½ b	19.25	14	dto. 199½ nicht geflochten
203	12.—	15	Sessel Nr. 203
204	13.—	15	dto. 204
205	13.—	15	dto. 205
211	9.50	15	dto. 211
221	10.—	16	Sessel Nr. 221
221½	9.60	16	dto. 221½
221 F	10.50	16	dto. 221 mit Fächersitz
221½ F	10.10	16	dto. 221½ dto.
221 a graviert	11.—	16	Sessel Nr. 221 graviert
bronziert	11.50		bronziert
221½ a graviert	10.50	20	dto. 221½ graviert
bronziert	11.—		bronziert
221 aF graviert	11.55		dto. 221 graviert mit Fächersitz,
bronziert	12.—		bronziert mit Fächersitz
221½ aF graviert	11.10		dto. 221½ graviert mit Fächersitz,
bronziert	11.60		bronziert mit Fächersitz
221 b modern graviert	13.50	17	dto. 221 modern graviert,
» bronziert	14.50		modern bronziert
221½ b modern graviert	13.—	20	dto. 221½ modern graviert,
» bronziert	14.—		modern bronziert
221 c komplett graviert	15.—	17	dto. 221 komplett graviert,
» bronziert	16.25		komplett bronziert
221½ c komplett graviert	14.50	17	dto. 221½ komplett graviert,
» bronziert	15.75		komplett bronziert

Neue Nummer	Preis K	Seite	Alte Bezeichnung
222	13.50	17	Sessel Nr. 222
223	10.50	18	dto. 223
225	16.—	20	dto. 225
226	10.50	21	dto. 226
228	11.—	21	Sessel Nr. 228
230	8.50	21	dto. 230
231	7.70	46	dto. 231
231 ⌒	8.30	46	dto. 231 mit Reifbogen
232	7.—	48	dto. 232
233 nicht graviert	8.50	46	Sessel Nr. 233
graviert	9.35		
233 A nicht graviert	10.50	46	dto. 233 mit Aufsatz
graviert	11.40		
234 nicht graviert	7.50	47	dto. 234
graviert	8.30		
234 A nicht graviert	9.50	47	dto. 234 mit Aufsatz
graviert	10.30		
235	9.—	47	Sessel Nr. 235
236	8.—	47	dto. 236
237	9.—	48	dto. 237
237 A	11.—	48	dto. 237 mit Aufsatz
238	8.—	48	dto. 238
238 A	10.—	48	dto. 238 mit Aufsatz
239	10.—	50	Sessel Nr. 239
240	9.—	51	dto. 240
241	10.—	51	dto. 241
241 A	12.—	51	dto. 241 mit Aufsatz
242	9.—	51	dto. 242
242 A	11.—	51	dto. 242 mit Aufsatz
243	13.20	56	Sessel Nr. 243
243 fein geflochten	+ 1.30	56	
243 A	16.—	56	dto. 243 mit Aufsatz
243 A fein geflochten	+ 1.30	56	
244	17.50	56	Sessel Nr. 244
244 fein geflochten	+ 2.50	56	
244 A	20.30	56	dto. 244 mit Aufsatz
244 A fein geflochten	+ 2.50	56	
246	20.—	21	Sessel Nr. 246
246 a	17.25		
246 b	16.—		
257	7.—	41	dto. 257
257 a	7.20	41	dto. 257 mit Handhabe
265	8.50	7	Sessel Nr. 265
269	9.75	7	dto. 269
271	12.50	21	dto. 271
271 a	13.50	21	dto. 271 fein geflochten
271 g	13.75	58	dto. 271 graviert
271 gb	14.40	58	dto. 271 » bronz.
272	12.—	21	Sessel Nr. 272
272 a	13.—	21	dto. 272 fein geflochten
272 b	11.50	21	dto. 272/56
272 c	12.50	21	dto. 272/56 fein geflocht.
272 g	13.20	58	dto. 272 graviert
272 gb	13.80	58	dto. 272 » bronz.

Neue Nummer	Preis K	Seite	Alte Bezeichnung
273	20.—	53	Sessel Nr. 273
273 g	21.—	53	dto. 273 graviert
274	21.—	53	dto. 274
276	16.50	21	dto. 276
277	10.50	21	dto. 277
278	12.50	21	dto. 278
281	11.—	21	Sessel Nr. 281
282	15.—	21	dto. 282
283	11.—	21	dto. 283
284	15.—	21	dto. 284
285	11.—	22	dto. 285
286	15.—	22	Sessel Nr. 286
287	11.—	22	dto. 287
288	15.—	22	dto. 288
289	11.—	22	dto. 289
290	15.—	22	dto. 290
291	11.—	22	Sessel Nr. 291
292	15.—	22	dto. 292
293	11.—	22	dto. 293
295	10.50	22	dto. 295
297	11.75	40	Sessel Nr. 297
298	10.50	22	dto. 298
299	11.—	22	dto. 299
300 (299 Profil ▢)	15.—	22	dto. 300
301	15.—	18	Sessel Nr. 301
301 a	16.—	18	dto. 301 fein geflochten
301 b	14.50	18	dto. 301 grob vorgeflochten, z. Polstern
301 c	13.75	18	dto. 301 ungeflocht. dto.
302	16.—	18	Sessel Nr. 302
302 a	17.—	18	dto. 302 fein geflochten
302 b	15.50	18	dto. 302 grob vorgeflochten, z. Polstern
302 c	14.75	18	dto. 302 ungeflochten, zum Polstern
303	12.50	19	dto. 303
309	15.—	22	dto. 309
311	25.—	53	Sessel Nr. 311 Export — für Inland wegen feinerer Ausführung Preisaufschlag K 2.- für jede Variante
311 a	22.—	53	
311 b	21.—	53	
316	28.—	23	dto. 316
321	9.—	7	Sessel Nr. 321
321/56	9.75	7	dto. 321/56
322	8.75	7	dto. 322
322/56	9.50	7	dto. 322/56
324	16.—	52	Sessel Nr. 324
	14.—		
325	16.25	52	dto. 325
	14.25		
326	11.—	23	dto. 326
328	16.50	23	dto. 328
336	15.—	30	dto. 336

Neue Nummer	Preis K	Seite	Alte Bezeichnung
341	15.—	23	Sessel Nr. 341 geflochten
341 a	14.—	23	dto. 341 grob vorgeflochten, z. Polstern
341 b	13.—	23	dto. 341 ungeflochten, zum Polstern
342	16.—	23	Sessel Nr. 342 geflochten
342 a	15.—	23	dto. 342 grob vorgeflochten, z. Polstern
342 b	14.—	23	dto. 342 ungeflochten, zum Polstern

Neue Nummer	Preis K	Seite	Alte Bezeichnung
361	16.—	19	Sessel Nr. 361 geflochten
361 a	15.60	19	dto. 361 grob vorgeflochten, z. Polstern
362	19.—	19	dto. 362 fein geflochten
362 a	17.60	19	dto. 362 ungeflochten
b netto	+ 3.50		Aufschlag für Messingsockel
372	12.—	23	Sessel Nr. 372
375	11.—	23	dto. 375
391	7.40	7	dto. 391

Neue Nummer	Preis K	Seite	Alte Bezeichnung
401	23.50	53	Sessel Nr. 401 Export Inlandausführung K 25.-
436	17.— 15.—	54	dto. 436
437	20.— 18.—	54	dto. 437
440	16.50	53	dto. 440
521	9.50	23	dto. 521
901	34.—	57	dto. 901

FAUTEUILS

Neue Nummer	Preis K	Seite	Alte Bezeichnung
1001	15.50	1	Fauteuil Nr. 1
1001½	12.—	1	Halbfauteuil » 1½
1002	18.—	1	Fauteuil » 2
1002½	14.—	1	Halbfauteuil » 2½
1003	20.—	24	Fauteuil » 3
1003½	15.50	24	Halbfauteuil » 3½
1004	19.—	1	Fauteuil Nr. 4
1004½	15.—	1	Halbfauteuil » 4½
1004½ a	6.20	4	» 4½/18½
1005	22.—	24	Fauteuil » 5
1006	30.—	24	dto. » 6
1006/2	26.—	24	dto. » 6/2
1007	20.50	25	dto. » 7
1007½	16.—	25	Halbfauteuil » 7½
1008	14.—	2	Fauteuil Nr. 8
1008½	10.50	2	Halbfauteuil » 8½
1010	14.50	4	Fauteuil » 10
1010½	11.—	4	Halbfauteuil » 10½
1011	16.50	27	Fauteuil » 11
1011½	13.—	27	Halbfauteuil » 11½
1012	24.—	25	Fauteuil » 12
1012½	18.—	25	Halbfauteuil » 12½
1014	11.—	2	Fauteuil Nr. 14
1014½	10.—	2	Halbfauteuil » 14½
1014 P	14.20	31	Fauteuil » 14 mit Holzlehne, perforiert
1014½ P	11.—	31	Halbfauteuil Nr. 14½ mit Holzlehne, perfor.
1015	13.50	28	Fauteuil Nr. 15
1015½	12.—	28	Halbfauteuil » 15½
1016	27.—	25	dto. » 16
1017	20.50	26	dto. » 17
1017/12	17.—	26	dto. » 17/12
1018	11.50	2	Fauteuil Nr. 18
1018½	10.—	2	Halbfauteuil » 18½
1018 P	13.—	31	Fauteuil » 18 mit Holzlehne, perforiert
1018½ P	11.—	33	Halbfauteuil Nr. 18½ mit Holzlehne, perfor.
1018 b	13.—		Fauteuil Nr. 18 b
1018½ b	11.—		Halbfauteuil » 18½ b
1018 c	13.50	26	Fauteuil » 18 mit Rohrlehne
1018½ c	12.—	28	Halbfauteuil » 18½ dto.
1019½	13.—	5	Halbfauteuil Nr. 19½
1019/I	14.—	5	dto. » 19/I
1020	12.—	3	Fauteuil » 20
1020½	10.50	3	Halbfauteuil » 20½
1022	30.—	26	Fauteuil » 22
1024½	16.—	5	Halbfauteuil Nr. 24½
1025½	14.—	5	dto. » 25½
1026½	14.—	6	dto. » 26½
1027	30.—	27	Fauteuil » 27
1028	11.—	3	dto. » 28
1028 c	13.—	27	dto. » 28 mit Rohrlehne
1031½	12.—	6	Halbfauteuil Nr. 31½
1031/I	13.—	6	dto. » 31/I
1032	30.— 42.— 27.50	54	Fauteuil » 32
1033	12.50	6	dto. » 33
1033 c	14.50	28	dto. » 33 mit Rohrlehne
1035½	35.— 28.—	52	Halbfauteuil » 35½
1035	44.— 34.—	52	Fauteuil » 35
1037	30.— 42.— 27.50	54	Fauteuil Nr. 37
1037 a	26.50 24.— 27.50 25.—	37	dto. 37 mit Holzsitz und Lehne
1037 P	26.— 23.50	34	dto. 37 dto. perforiert
1037 V	35.75 33.25	58	dto. 37 ungeflochten, für Leder
1037 V a	37.50 35.—	58	dto. 37 grob vorgeflochten, für Leder
1040½	15.—	28	Halbfauteuil Nr. 40½
1041	24.50 30.— 22.—	52	Fauteuil Nr. 41
1042 b	29.— 27.—	57	dto. 42 ungeflochten, für Leder
1042½ b	23.— 21.—	57	Halbfauteuil Nr. 42½ ungeflochten, für Leder
1044	26.—	55	Fauteuil Nr. 44
1044 a	24.50 25.— 26.—	37	dto. 44 mit Holzsitz und Holzlehne
1045½	10.50	7	Halbfauteuil Nr. 45½
1048	29.— 27.—	57	Fauteuil Nr. 48 ungeflochten, für Leder
1048½	23.— 21.—	57	Halbfauteuil Nr. 48½ ungeflochten, für Leder
1048 a	—.— 36.—	57	Fauteuil Nr. 48 grob vorgeflochten, für Leder
1048½ a	—.— 29.—	57	Halbfauteuil Nr. 48½ grob vorgeflochten, für Leder
1048 V	29.— 27.—	58	Fauteuil Nr. 48 V ungeflochten, für Leder
1048½ V	23.— 21.—	58	Halbfauteuil Nr. 48½ V ungeflochten, für Leder
1048 V a	—.— 36.—	58	Fauteuil Nr. 48 V grob vorgeflochten, für Leder
1048½ V a	—.— 29.—	58	Halbfauteuil Nr. 48½ V grob vorgeflochten, für Leder
1050	12.75	29	Fauteuil Nr. 50
1051	20.—	7	dto. 51
1052½	11.—	11	Halbfauteuil Nr. 52½
1054	11.50	8	Fauteuil Nr. 54
1054 a	12.30 13.30	35	dto. 54 a
1054 a P	12.—	31	dto. 54 a perforiert
1054 b	12.50	35	dto. 54 b
1054 c	13.10	29	dto. 54 mit Rohrlehne
1056	12.—	8	Fauteuil Nr. 56
1056 a P	12.50	32	dto. 56 a perforiert
1056 a	12.80 13.80	36	dto. 56 a
1056 b	13.—	35	dto. 56 b
1056 c	13.60	29	dto. 56 mit Rohrlehne
1057 P	11.—	32	dto. 57 perforiert
1057	11.50 12.50	36	dto. 57

Neue Nummer	Preis K	Seite	Alte Bezeichnung
1059	16.—	30	Fauteuil Nr. 59
1060	18.—	30	dto. 60
1062	14.—	8	dto. 62
1064	14.—	42	dto. 64
1064/14	13.—	42	dto. 64/14
1065	16.—	49	dto. 65
1066/14	12.20	9	dto. 66/14
1066	13.—	9	dto. 66
1067	22.—	13	Fauteuil Nr. 67
1067 a	18.—	13	dto. 67 glatt
1068	14.50	42	dto. 68
1068 c	16.50	42	dto. 68 mit Rohrlehne
1069 (R) (J) (ℜ)	13.— 14.—	40	dto. 69
1070 (R) (J) (ℜ)	13.— 14.—	36	dto. 70
1076 (R) (J) (ℜ)	13.— 14.—	37	Fauteuil Nr. 76
1080	14.—	42	dto. 80
1081	15.—	43	dto. 81
1081 A	18.—	43	dto. 81 mit Aufsatz
1082	37.—	43	dto. 82
1083	45.—	49	dto. 83
1084 (R) (J) (ℜ)	14.— 15.—	38	dto. 84
1085	11.50	3	Fauteuil Nr. 85
1085 a	13.20	3, 7	dto. 85/56
1096	12.—	38	dto. 96
1096/14	11.—	40	dto. 96/14
1102	13.—	20	Fauteuil Nr. 102
1103	13.—	20	dto. 103
1104	21.—	20	dto. 104
1110	9.—	32	dto. 110
1111	8.50	41	dto. 111
1114 × lackiert poliert	9.— 9.50	9	Fauteuil Nr. 114 mit Sprossen
1114 a lackiert poliert	9.50 10.—	9	dto. 114 mit Fußreif
1118 × lackiert poliert	9.50 10.—	10	dto. 118 mit Sprossen
1118 a lackiert poliert	10.— 10.50	10	dto. 118 mit Fußreif
1119 × lackiert poliert	10.— 10.50	12	Fauteuil Nr. 119 mit Sprossen
1119 a lackiert poliert	10.50 11.—	19	dto. 119 mit Fußreif
1120 normal lackiert poliert	10.— 10.50	33	dto. 120 normal
1120 lackiert (R) (J) (ℜ) poliert (R) (J) (ℜ)	10.— 11.— 10.50 11.50	38	dto. 120
1126 × lackiert poliert	11.50 12.50	34	dto. 126 mit Sprossen
1126 a lackiert poliert	12.— 13.—	34	dto. 126 mit Fußreif
1137	40.—	53	Fauteuil Nr. 137
1148	16.—	14	dto. 148
1169	24.—	10	dto. 169
1169 a	23.40	10	dto. 169 grob vorgeflochten, z. Polstern

Neue Nummer	Preis K	Seite	Alte Bezeichnung
1170	14.—	41	Fauteuil Nr. 170
1172	30.—	55	dto. 172
1172 a (R) (J) (ℜ)	29.— 30.—	55	dto. 172 mit Holzsitz und Holzlehne
1172 P	28.50	34	dto. 172 dto. perforiert
1174 (R) (J) (ℜ)	30.— 29.— 30.—	55	Fauteuil Nr. 174 dto. 174 mit Holzsitz und Holzlehne
1174 P	28.50	34	dto. 174 dto. perforiert
1178 geflochten z. Polstern	29.— 24.50	56	dto. 178
1178 A geflochten z. Polstern	34.50 30.—	56	dto. 178 mit Aufsatz
1180	16.—	44	Fauteuil Nr. 180
1182	16.—	44	dto. 182
1183	17.—	49	dto. 183
1183 A	20.—	49	dto. 183 mit Aufsatz
1184	14.50	44	dto. 184
1185	—.—	45	Fauteuil Nr. 185
1186	13.—	45	dto. 186
1186 A	16.—	45	dto. 186 mit Aufsatz
1187	16.—	45	dto. 187
1188	14.50	46	dto. 188
1192	19.—	50	Fauteuil Nr. 192
1192 A	22.—	50	dto. 192 mit Aufsatz
1193	23.—	50	dto. 193
1193 A	26.—	50	dto. 193 mit Aufsatz
1194 ..... graviert bronziert	19.50 21.45 22.40	48	dto. 194
1195 ..... graviert bronziert	19.50 21.45 22.40	48	dto. 195
1199	36.—	14	Fauteuil Nr. 199
1199 a	35.—	14	dto. 199 grob vorgeflochten, zum Polstern
1199 b	33.—	14	dto. 199 nicht geflochten, zum Polstern
1199½	29.—	14	Halbfauteuil Nr. 199½
1199½ a	28.50	14	dto. 199½ grob vorgeflochten, z. Polstern
1199½ b	27.—	14	dto. 199½ nicht geflochten, z. Polstern
1203	21.—	15	Fauteuil Nr. 203
1204	22.—	15	dto. 204
1205	22.—	15	dto. 205
1221	16.—	16	Fauteuil Nr. 221
1221 F	16.50	16	dto. 221 mit Fächersitz
1221 a graviert bronziert	17.60 18.40	16	Fauteuil Nr. 221 graviert bronziert
1221 a F graviert bronziert	18.15 19.—	16	dto. 221 dto. mit Fächersitz
1221 b modern graviert » bronziert	20.50 21.75	17	dto. 221 modern graviert » bronziert
1221 c komplett graviert » bronziert	22.— 23.50	17	dto. 221 komplett graviert » bronziert
1222	22.50	17	Fauteuil Nr. 222
1223	17.—	18	dto. 223
1226	17.—	21	dto. 226
1228	18.—	21	dto. 228
1231	13.—	46	dto. 231

Neue Nummer	Preis K	Seite	Alte Bezeichnung
1232	12.—	48	Fauteuil Nr. 232
1233	14.—	46	dto. 233
1233 A graviert	18.40	46	dto. 233 graviert, mit Aufsatz
1234	12.50	47	dto. 234
1234 A	15.50	47	dto. 234 mit Aufsatz
1235	15.—	47	Fauteuil Nr. 235
1236	13.50	47	dto. 236
1237	15.—	48	dto. 237
1237 A	18.—	48	dto. 237 mit Aufsatz
1238	13.50	48	dto. 238
1238 A	16.50	48	dto. 238 mit Aufsatz
1239	16.—	50	Fauteuil Nr. 239
1240	14.50	51	dto. 240
1241	16.—	51	dto. 241
1241 A	19.—	51	dto. 241 mit Aufsatz
1242	14.50	51	dto. 242
1242 A	17.50	51	dto. 242 mit Aufsatz
1243 **1243** fein geflochten	17.— + 1.80	56	Fauteuil Nr. 243
1243 A **1243 A** fein geflochten	21.— + 1.80	56	dto. 243 mit Aufsatz
1244 **1244** fein geflochten	27.50 + 3.—	56	dto. 244
1244 A **1244 A** fein geflochten	31.50 + 3.—	56	dto. 244 mit Aufsatz
1281	18.—	21	Fauteuil Nr. 281
1282	24.—	21	dto. 282
1283	18.—	21	dto. 283
1284	24.—	21	dto. 284
1285	18.—	22	dto. 285
1286	24.—	22	Fauteuil Nr. 286
1287	18.—	22	dto. 287
1288	24.—	22	dto. 288
1289	18.—	22	dto. 289
1290	24.—	22	dto. 290
1291	18.—	22	Fauteuil dto. 291
1292	24.—	22	dto. 292
1293	18.—	22	dto. 293
1293 F	18.50	22	dto. 293 mit Fächersitz
1295	17.50	22	dto. 295
1298	17.—	22	Fauteuil Nr. 298
1301	24.—	18	dto. 301
1301 a	25.50	18	dto. 301 fein geflochten
1301 b	23.25	18	dto. 301 grob vorgeflochten, z. Polstern
1301 c	22.25	18	dto. 301 ungeflochten, zum Polstern
1302	25.—	18	Fauteuil Nr. 302
1302 a	26.50	18	dto. 302 fein geflochten
1302 b	24.25	18	dto. 302 grob vorgeflochten, z. Polstern
1302 c	23.25	18	dto. 302 ungeflochten, zum Polstern
1303	21.—	19	dto. 303
1328	28.—	23	Fauteuil Nr. 328
1361	25.—	19	dto. 361
1361 a	24.40	19	dto. 361 grob vorgeflochten, z. Polstern
1362	28.50	19	Fauteuil Nr. 362
1362 a	26.40	19	dto. 362 grob vorgeflochten, z. Polstern
b netto	+ 3.50	19	Bronzesockel netto
1372	20.—	23	dto. 372
1437	31.— 28.50	54	dto. 437

Zweisitzige Kanapee (111 cm).

Neue Nummer	Preis K	Seite	Alte Bezeichnung
2001	32.—	1	Kanapee Nr. 1
2002	32.—	1	dto. 2
2003	32.—	24	dto. 3
2006	62.—	24	dto. 6
2014	24.—	2	dto. 14
2014 P	29.—	31	dto. 14 mit Holzlehne, perforiert
2018	25.—	2	Kanapee Nr. 18
2018 P	28.—	31	dto. 18 mit Holzlehne
2018 b	26.—		dto. 18 b
2018 c	31.—	26	dto. 18 mit Rohrlehne
2027	60.—	27	Kanapee Nr. 27
2028	24.—	3	dto. 28
2028 c	26.—	27	dto. 28 mit Rohrlehne
2033	28.—	6	dto. 33
2033 c	34.—	28	dto. 33 mit Rohrlehne
2050	26.—	29	Kanapee Nr. 50
2054	25.—	8	dto. 54
2054 a (R / J / Ř)	26.— – 29.—	35	dto. 54 a
2054 a P	25.—	31	dto. 54 a perforiert
2054 b	28.—	35	dto. 54 b
2054 c	—.—	29	dto. 54 mit Rohrlehne
2056	27.—	8	Kanapee Nr. 56
2056 a P	27.—	32	dto. 56 a perforiert
2056 a (R / J / Ř)	28.— – 31.—	36	dto. 56 a
2056 b	30.—	35	dto. 56 b
2056 c	33.—	29	dto. 56 mit Rohrlehne
2057 P	26.—	32	Kanapee Nr. 57 perfor.
2057 (R / J / Ř)	27.— – 30.—	36	dto. 57
2059	34.—	30	dto. 59
2062	30.—	8	dto. 62
2064	30.—	42	dto. 64
2065	35.—	49	Kanapee Nr. 65
2066	29.—	9	dto. 66
2067	46.—	13	dto. 67
2067 a	38.—	13	dto. 67 glatt
2068	31.—	42	dto. 68
2068 c	35.—	42	dto. 68 mit Rohrlehne
2070 (R / J / Ř)	34.— – 37.—	36	Kanapee Nr. 70
2076 (R / J / Ř)	34.— – 37.—	37	dto. 76
2080	30.—	42	dto. 80
2081	32.—	43	dto. 81
2081 A	37.—	43	dto. 81 mit Aufsatz
2082	74.—	43	dto. 82

Neue Nummer	Preis K	Seite	Alte Bezeichnung
2084 (R / J / Ř)	35.— – 38.—	38	Kanapee Nr. 84
2085	28.—	3	Kanapee Nr. 85
2096	32.—	38	dto. 96
2103	29.—	20	dto. 103
2104	44.—	20	dto. 104
2110	18.—	32	Kanapee Nr. 110
2114× lackiert / poliert	21.— / 22.—	9	dto. 114 mit Sprossen
2114 a lackiert / poliert	22.— / 23.—	9	dto. 114 mit Fußreif
2118× lackiert / poliert	22.— / 23.—	10	dto. 118 mit Sprossen
2118 a lackiert / poliert	23.— / 24.—	10	dto. 118 mit Fußreif
2120 normal lackiert / poliert	23.— / 27.—	33	Kanapee Nr. 120 normal
2120 lackiert (R / J / Ř)	23.— – 26.—	38	dto. 120 lackiert
2120 poliert (R / J / Ř)	24.— – 27.—	38	dto. 120 poliert
2126× lackiert / poliert	28.— / 30.—	34	dto. 126 mit Sprossen
2126 a lackiert / poliert	29.— / 31.—	34	dto. 126 mit Fußreif
2148	35.—	14	Kanapee Nr. 148
2169	52.—	10	dto. 169
2169 a	50.60	10	dto. 169 grob vorgeflochten, z. Polstern
2180	33.—	44	Kanapee Nr. 180
2182	33.—	44	dto. 182
2183	36.—	49	dto. 183
2183 A	41.—	49	dto. 183 mit Aufsatz
2184	32.—	44	Kanapee Nr. 184
2185	30.—	45	dto. 185 (Nr. 64)
2186	28.—	45	dto. 186
2186 A	33.—	45	dto. 186 mit Aufsatz
2187	33.—	45	Kanapee Nr. 187
2188	32.—	46	dto. 188
2192	40.—	50	dto. 192
2192 A	45.—	50	dto. 192 mit Aufsatz
2193	48.—	50	Kanapee Nr. 193
2193 A	53.—	50	dto. 193 mit Aufsatz
2194 ...... / graviert / bronziert	42.— / 46.25 / 48.25	48	dto. 194
2195 ...... / graviert / bronziert	42.— / 46.25 / 48.25	48	dto. 195
2199	74.—	14	Kanapee Nr. 199
2199 a	72.50	14	dto. 199 grob vorgeflochten, z. Polstern
2199 b	70.—	14	dto. 199 nicht geflochten
2203	48.—	15	dto. 203
2204	50.—	15	dto. 204
2211	28.—	15	Bank Nr. 211

Neue Nummer	Preis K	Seite	Alte Bezeichnung
2221	35.—	16	Kanapee Nr. 221
2221 F	36.—	16	dto. 221 mit Fächersitz
2221 a graviert / bronziert	38.50 / 40.25	16	dto. 221 graviert / bronziert
2221 a F graviert / bronziert	39.60 / 41.40	16	dto. 221 dto. mit Fächersitz
2221 b modern graviert / » bronziert	41.— / 43.—	17	dto. 221 modern graviert / » bronziert
2221 c komplett graviert / » bronziert	44.— / 47.—	17	dto. 221 komplett graviert / » bronziert
2222	48.—	17	Kanapee Nr. 222
2223	38.—	18	dto. 223
2226	37.—		dto. 226
2231	29.—	46	dto. 231
2232	27.—	48	dto. 232
2233	30.—	46	Kanapee Nr. 233
2233 A graviert	38.—	46	dto. 233 graviert, mit Aufsatz
2234	28.—	47	dto. 234
2234 A	35.80	47	dto. 234 mit Aufsatz
2235	16.—	47	dto. 235
2236	30.—	47	dto. 236
2237	32.—	48	Kanapee Nr. 237
2237 A	37.—	48	dto. 237 mit Aufsatz
2238	30.—	48	dto. 238
2238 A	35.—	48	dto. 238 mit Aufsatz
2239	35.—	50	dto. 239
2240	33.—	51	Kanapee Nr. 240
2241	35.—	51	dto. 241
2241 A	40.—	51	dto. 241 mit Aufsatz
2242	33.—	51	dto. 242
2242 A	38.—	51	dto. 242 mit Aufsatz
2293	38.—	22	Kanapee Nr. 293
2295	37.—	22	dto. 295
2301	52.—	18	dto. 301
2301 a	57.—	18	dto. 301 fein geflochten
2301 b	50.50	18	dto. 301 grob vorgeflochten, z. Polstern
2301 c	48.—	18	dto. 301 nicht geflochten, zum Polstern
2302	56.—	18	Kanapee Nr. 302
2302 a	61.—	18	dto. 302 fein geflochten
2302 b	54.50	18	dto. 302 grob vorgeflochten, z. Polstern
2302 c	52.—	18	dto. 302 nicht geflochten, zum Polstern
2303	48.—	19	dto. 303
2328	57.—	23	Kanapee Nr. 328
2361	56.—	19	dto. 361
2361 a	54.60	19	dto. 361 grob vorgeflochten, zum Polstern
2362	65.—	19	dto. 362
2362 a	58.60	19	dto. 362 grob vorgeflochten, zum Polstern
b ...... netto	+ 3.50	19	Aufschlag für Messingsockel

Dreisitzige Kanapee (135 cm).

Neue Nummer	Preis K	Seite	Alte Bezeichnung
3004	44.—	1	Kanapee Nr. 4
3005	40.—	24	dto. 5
3007	42.—	25	dto. 7
3008	36.—	2	dto. 8
3012	64.—	25	dto. 12
3016	76.—	25	Kanapee Nr. 16
3017	58.—	26	dto. 17
3018	29.—	2	dto. 18
3018 b	31.—		dto. 18 b
3020	35.—	3	dto. 20
3022	80.—	26	Kanapee Nr. 22
3022/27	82.—	26	dto. 22/27
3032	60.— 84.— 56.—	54	dto. 32
3033	38.—	6	dto. 33
3033 c	46.—	28	dto. 33 mit Rohrlehne
3037	66.— 90.— 62.—	54	Kanapee Nr. 37
3037 a (R, J, JR)	66.— 62.— 70.— 66.—	37	dto. 37 mit Holzsitz und -Lehne
3037 P	64.— 60.—	34	dto. 37 mit Holzsitz und -Lehne, perfor.
3037 V	70.— 66.—	58	dto. 37 ungeflochten, für Leder
3037Va	74.— 70.—	58	dto. 37 grob vorgeflochten, für Leder
3041	50.— 64.— 46.—	52	Kanapee Nr. 41
3042 b	60.— 56.—	57	dto. 42 ungeflochten, für Leder
3044	62.—	55	dto. 44
3044 a (P, R, J, JR)	62.— 62.— 66.—	37	dto. 44 mit Holzsitz und -Lehne
3048	60.— 56.—	57	Kanapee Nr. 48 ungeflochten, für Leder
3048 a	64.— 60.—	57	dto. 48 grob vorgeflochten, für Leder
3048 V	60.— 56.—	58	dto. 48 V ungeflochten, für Leder
3048Va	64.— 60.—	58	dto. 48 V grob vorgeflochten, für Leder
3050	30.—	29	Kanapee Nr. 50
3054	29.—	8	dto. 54
3054 a (R, J, JR)	30.— 34.—	35	dto. 54 a
3054 a P	29.—	31	dto. 54 a perforiert
3054 b	33.—	35	dto. 54 b
3054 c	29.—	29	dto. 54 geflochten

Neue Nummer	Preis K	Seite	Alte Bezeichnung
3056	31.—	8	Kanapee Nr. 56
3056 a P	31.—	32	dto. 56 a perforiert
3056 a (R, J, JR)	32.— 36.—	36	dto. 56 a
3056 b	35.—	35	dto. 56 b
3056 c	39.—	29	dto. 56 mit Rohrlehne
3057 P	30.—	32	Kanapee Nr. 57 perfor.
3057 (R, J, JR)	32.— 36.—	36	dto. 57
3059	40.—	30	dto. 59
3062	36.—	8	dto. 62
3064	35.—	42	dto. 64
3065	40.—	49	Kanapee Nr. 65
3066	34.—	9	dto. 66
3067	52.—	13	dto. 67
3067 a	44.—	13	dto. 67 glatt
3068	36.—	42	Kanapee Nr. 68
3068 c	40.—	42	dto. 68 mit Rohrlehne
3070 (R, J, JR)	40.— 44.—	36	dto. 70
3076 (R, J, JR)	40.— 44.—	37	dto. 76
3080	35.—	42	dto. 80
3081	38.—	43	Kanapee Nr. 81
3081 A	45.—	43	dto. 81 mit Aufsatz
3082	88.—	43	dto. 82
3083	88.—	49	dto. 83
3084 (R, J, JR)	41.— 45.—	38	dto. 84
3103	35.—	20	Kanapee Nr. 103
3104	50.—	20	dto. 104
3114× lackiert poliert	25.— 26.—	9	dto. 114 mit Sprossen
3114 a lackiert poliert	26.— 27.—	9	dto. 114 mit Fußreif
3118× lackiert poliert	26.— 27.—	10	dto. 118 mit Sprossen
3118 a lackiert poliert	27.— 28.—	10	dto. 118 mit Fußreif
3120 normal lackiert poliert	24.— 28.—	33	Kanapee Nr. 120 normal
3120 lackiert (R, J; JR)	27.— 31.—	38	dto. 120 lackiert
3120 poliert (R, J; JR)	28.— 32.—	38	dto. 120 poliert

Neue Nummer	Preis K	Seite	Alte Bezeichnung
3126× lackiert poliert	32.— 34.—	34	Kanapee Nr. 126 mit Sprossen
3126 a lackiert poliert	33.— 35.—	34	dto. 126 mit Fußreif
3178 geflochten z. Polstern	70.— 58.—	56	Kanapee Nr. 178 geflochten, z. Polstern
3178 A geflochten z. Polstern	82.— 70.—	34	dto. 178 mit Aufsatz
3180	40.—	44	dto. 180
3182	40.—	44	dto. 182
3183	44.—	49	Kanapee Nr. 183
3183 A	51.—	49	dto. 183 mit Aufsatz
3184	38.—	44	dto. 184
3185	35.—	45	dto. 185
3186	32.—	45	dto. 186
3186 A	39.–	45	dto. 186 mit Aufsatz
3187	41.—	45	Kanapee Nr. 187
3188	39.—	46	dto. 188
3203	56.—	15	dto. 203
3204	58.—	15	dto. 204
3221	41.—	16	Kanapee Nr. 221
3221 F	42.50	16	dto. 221 mit Fächersitz
3221 a graviert bronziert	45.— 47.—	16	dto. 221 graviert bronziert
3221 a F graviert bronziert	46.75 49.—		dto. 221 dto. mit Fächersitz
3221 b modern graviert » bronziert	47.— 49.—	17	dto. 221 modern graviert » bronziert
3221 c komplett graviert » bronziert	51.— 54.—	17	dto. 221 komplett graviert » bronziert
3222	54.—	17	Kanapee Nr. 222
3223	45.—	18	dto. 223
3233	35.—	46	dto. 233
3233 A graviert	45.50	46	dto. 233 graviert, mit Aufsatz
3234	33.—	47	dto. 234
3234 A graviert	43.30	47	dto. 234 graviert, mit Aufsatz
3235	40.—	47	Kanapee Nr. 235
3236	38.—	47	dto. 236
3237	40.—	48	dto. 237
3237 A	47.—	48	dto. 237 mit Aufsatz
3238	38.—	48	dto. 238
3238 A	45.—	48	dto. 238 mit Aufsatz
3239	43.—	50	Kanapee Nr. 239
3240	41.—	51	dto. 240
3241	43.—	51	dto. 241
3241 A	50.—	51	dto. 241 mit Aufsatz
3242	41.—	51	dto. 242
3242 A	48.—	51	dto. 242 mit Aufsatz
3243	47.—	56	Kanapee Nr. 243
fein geflochten	+ 8.—	56	dto. 243 fein geflochten
3243 A	57.—	56	dto. 243 mit Aufsatz
fein geflochten	+ 8.—	56	dto. 243 fein geflochten
3244	60.—	56	dto. 244
fein geflochten	+ 9.—	56	dto. 244 fein geflochten
3244 A	70.—	56	dto. 244 mit Aufsatz
fein geflochten	+ 9.—	56	dto. 244 fein geflochten
3303	56.—	19	dto. 303

Ladensessel.

Neue Nummer	Preis K	Seite	Alte Bezeichnung
4001 a	6.20	59	Ladensessel Nr. 1, großer Sitz
4001	5.60	59	dto. 1
4001 c	6.60	59	dto. 1 mit Rohrlehne
4002	5.80	59	dto. 2
4003	6.20	59	dto. 3
4004	6.30	59	dto. 4 Relief
4004 P	6.—	59	dto. 4 perforiert

Bureau-Sessel.

Neue Nummer	Preis K	Seite	Alte Bezeichnung
4110	7.50	59	Bureau-Sessel Nr. 10, 60 cm
4118 V	7.80	59	dto. 18, mit Verbindung 60 cm
4210	9.—	59	dto. 10, 80 cm
4220 V	9.60	59	dto. 20, mit Verbindung 80 cm

Bureau-Fauteuils.

Neue Nummer	Preis K	Seite	Alte Bezeichnung
4315½	13.80	59	Bureau-Fauteuil Nr. 15½, 60 cm
4318½	11.80	59	dto. 18½, 60 cm

Stockerl.

Neue Nummer	Preis K	Seite	Alte Bezeichnung
4501	5.70	61	Stockerl mit Lehne, 47 cm
4511	6.20	61	dto. 55 cm
4521	7.20	61	dto. 75 cm
4531	8.—	61	Stockerl mit Fächerlehne, 47 cm
4541	8.50	61	dto. 55 cm
4551	9.50	61	dto. 75 cm
4561	9.—	61	Stockerl Nr. 221, 47 cm
4571	9.50	61	dto. 55 cm
4581	10.50	61	dto. 75 cm
4601 ⊜	4.—	60	Stockerl, 47 cm, **kleiner** Sitz, geflochten
4602 Ⓟ	4.—	60	dto. perforiert
4603 Ⓡ	4.—	60	dto. Relief
4604 Ⓙ	4.—	60	dto. Intarsia
4605 (JR)	4.30	60	dto. Relief Intarsia
4606 ●	4.—	60	dto. Holzsitz, glatt
4611 ⊜	4.50	60	Stockerl, 55 cm, **kleiner** Sitz, geflochten
4612 Ⓟ	4.50	60	dto. perforiert
4613 Ⓡ	4.50	60	dto. Relief
4614 Ⓙ	4.50	60	dto. Intarsia
4615 (JR)	4.80	60	dto. Relief Intarsia
4616 ●	4.50	60	dto. Holzsitz, glatt
4621 ⊜	5.50	60	Stockerl, 75 cm, **kleiner** Sitz, geflochten
4622 Ⓟ	5.50	60	dto. perforiert
4623 Ⓡ	5.50	60	dto. Relief
4624 Ⓙ	5.50	60	dto. Intarsia
4625 (JR)	5.80	60	dto. Relief Intarsia
4626 ●	5.80	60	dto. Holzsitz glatt
4701 ⊜	5.—	60	Stockerl, 47 cm, **großer** Sitz, geflochten
4702 Ⓟ	4.50	60	dto. perforiert
4703 Ⓡ	4.70	60	dto. Relief
4704 Ⓙ	4.70	60	dto. Intarsia
4705 (JR)	5.—	60	dto. Intarsia Relief
4706 ●	4.50	60	dto. Holzsitz, glatt
4711 ⊜	5.50	60	Stockerl, 55 cm, **großer** Sitz, geflochten
4712 Ⓟ	5.—	60	dto. perforiert
4713 Ⓡ	5.20	60	dto. Relief
4714 Ⓙ	5.20	60	dto. Intarsia
4715 (JR)	5.50	60	dto. Relief Intarsia
4716 ●	5.—	60	dto. Holzsitz, glatt
4721 ⊜	6.50	60	Stockerl, 75 cm, **großer** Sitz, geflochten
4722 Ⓟ	6.—	60	dto. perforiert
4723 Ⓡ	6.20	60	dto. Relief
4724 Ⓙ	6.20	60	dto. Intarsia
4725 (JR)	6.50	60	dto. Relief Intarsia
4726 ●	6.—	60	dto. Holzsitz, glatt
4734 ▦ / ⊜	10.— / 8.—	61	Stockerl Nr. 34, 47 cm
4735 ✕ / ✣ / □	10.— / 12.— / 9.—	61	dto. 36, 47 cm
4744 ▦ / ⊜	10.50 / 8.50	61	dto. 34, 55 cm
4751	11.—	61	dto. 51, eckig
4752	11.—	61	dto. 51/14, rund
4756	5.20	61	dto. 56, 47 cm
4801 ⊜	6.—	61	Harmoniumstockerl, geflochten
4802 Ⓟ	5.50	61	dto. perforiert
4803 Ⓡ	5.70	61	dto. Relief
4804 Ⓙ	5.70	61	dto. Intarsia
4805 (JR)	6.—	61	dto. Relief Intarsia
4806 ●	5.50	61	dto. Holzsitz, glatt
4810	3.50	61	Stockerl Nr. 110

Drehmöbel.

Neue Nummer	Preis K	Seite	Alte Bezeichnung
5001	14.—	62	Drehstockerl Nr. 1, 42 cm hoch
5001 a	12.80	62	dto. 1, zum Polstern, 42 cm hoch
5002	18.—	62	dto. 2, 42 cm hoch
5003	19.—	62	dto. 3, 42 cm hoch
5011	16.—	62	Drehstockerl Nr. 1, 65 cm hoch
5021	20.—	62	dto. 1, 90 cm hoch
5036	16.50	62	dto. 36, 42 cm hoch
5051	18.—	62	Drehstockerl Nr. 1, 42 cm hoch, mit selbstarretier. Schraube
5051 a	16.80	62	dto. 1, z. Polstern, 42 cm hoch, mit selbstarretier. Schraube
5052	22.—	62	dto. 2, 42 cm hoch, mit selbstarretierender Schraube
5053	23.—	62	dto. 3, 42 cm hoch, mit selbstarretierender Schraube
5061	20.—	62	dto. 1, 65 cm hoch, mit selbstarretierender Schraube
5071	24.—	62	dto. 1, 90 cm hoch, mit selbstarretierender Schraube
5086	20.50	62	dto. 36, 42 cm hoch, mit selbstarretierender Schraube
5011 R	16.—	62	Reitdrehstockerl Nr. 1, 65 cm
5011 F	18.—	62	Drehstockerl Nr. 1, 65 cm, mit Fußtritt
5061 R	20.—	62	Reitdrehstockerl Nr. 1, 65 cm, mit selbstarretier. Schraube
5061 F	22.—	62	Drehstockerl Nr. 1, 65 cm, mit Fußtritt u.selbstarretierender Schraube
5101	18.—	62	Drehstockerl Nr. 1, 42 cm, mit Rohrlehne
5151	22.—	62	Drehstockerl Nr. 1, 42 cm, mit Rohrlehne und selbstarretierender Schraube
5501	24.—	63	Drehfauteuil Nr. 1
5503	26.—	63	dto. 3
5601	26. -	63	dto. 1, 65 cm hoch
5603 F	30.—	63	dto. 3, 65 cm hoch, mit Fußtritt
5701	30.—	63	dto. 1, 90 cm hoch
5801	28.—	62	Drehschaukelsessel Nr. 1
5831	45.—	63	Drehschaukelfauteuil Nr. 1
5851	32.—	62	Drehschaukelsessel Nr. 1, mit selbstarretierender Schraube
5901	35.—	63	Großer Drehfauteuil

Neue Nummer	Preis K	Seite	Alte Bezeichnung
5903	19.50	63	Drehschreibtischfauteuil Nr. 3
5945	21.50	70	Fauteuil Nr. 15 mit drehbarem Doppelsitz
5945 c	19.75	70	dto. grob vorgeflochten, zum Polstern

Fußschemel.

Neue Nummer	Preis K	Seite	Alte Bezeichnung
5951	3.50	61	Fußschemel Nr. 1
5952	7.—	61	dto. 2
5953	5.50	61	dto. 3
5954	3.50	61	dto. 4
5957	4.50	61	dto. 37
5960	2.—	61	dto. 110

Schreibfauteuils.

Neue Nummer	Preis K	Seite	Alte Bezeichnung
6000	16.—	64	Schreibfauteuil Nr. 1 perforiert
6001	19.—	64	dto. 1 geflochten
6002	21.—	64	dto. 2
6003	13.—	64	dto. 3
6004	19.—	64	dto. 4
6005	18.—	65	Schreibfauteuil Nr. 5
6009	8.50	64	dto. 9
6013	14.—	64	dto. 13
6014	20.—	64	dto. 14
6015	19.—	65	dto. 15
6023	16.—	64	Schreibfauteuil Nr. 23
6024	22.—	64	dto. 24
6025	21.—	65	dto. 25
6053	15.50	64	dto. 53
6065	21.50	65	dto. 65
6103	15.—	64	dto. 103
6311	14.—	65	Kaminsessel Nr. 1
6313	12.—	65	dto. 3
6321	21.—	65	dto. 1 mit Armlehne Nr. 1
6331	26.—	65	dto. 1 dto. u. Fußlage » 1
6351	30.—	65	Kaminfauteuil Nr. 1 fest
6352	33.—	65	dto. 2
6361	38.—	65	dto. 1 zum Zusammenlegen, ohne Fußlage
6362	36.—	65	dto. 2 mit verstellbarer Lehne
6371	44.—	65	dto. 1 zum Zusammenlegen, mit Fußlage

Moderne Fauteuils.

Neue Nummer	Preis K	Seite	Alte Bezeichnung
6501 c	50.—	66	Fauteuil Nr. 1001 grob vorgeflochten, zum Polstern
6501	48.—	66	dto. 1001 nicht geflochten, z. Polstern
6502 Sattelsitz	70.—	66	dto. 1002
6503 c	60.—	66	dto. 1003 grob vorgeflochten, z. Polstern
6503	58.—	66	dto. 1003 nicht geflochten, z. Polstern
6504 c	50.—	66	Fauteuil Nr. 1004 grob vorgeflochten, zum Polstern
6504	48.—	66	dto. 1004 nicht geflochten, z. Polstern
6505 c	55.—	66	dto. 1005 grob vorgeflochten, z. Polstern
6505	53.—	66	dto. 1005 nicht geflochten, z. Polstern
6506 c	55.—	66	dto. 1006 grob vorgeflochten, z. Polstern
6506	53.—	66	dto. 1006 nicht geflochten, z. Polstern
6507 Sattelsitz	45.—	66	Fauteuil Nr. 1007
6508 c	40.—	66	dto. 1008 grob vorgeflochten, z. Polstern
6508	38.—	66	dto. 1008 nicht geflochten, z. Polstern
6509 c	25.—	66	dto. 1009 grob vorgeflochten, z. Polstern
6509	23.—	66	dto. 1009 nicht geflochten, z. Polstern
6510 c	29.—	66	Fauteuil Nr. 1010 grob vorgeflochten, zum Polstern
6510 a	30.—	66	dto. 1010 mit Holzsitz
6510	27.—	66	dto. 1010 nicht geflochten, z. Polstern
6511 c	30.—	67	dto. 1011 grob vorgeflochten, z. Polstern
6511	28.—	67	dto. 1011 nicht geflochten, z. Polstern
6513 c	24.—	67	Fauteuil Nr. 1013 grob vorgeflochten, zum Polstern
6513	22.—	67	dto. 1013 nicht geflochten, z. Polstern
6551 Sattelsitz	50.—	67	Drehfauteuil Nr. 351
6552 »	70.—	67	Drehschaukelfauteuil Nr. 352

Causeuses.

Neue Nummer	Preis K	Seite	Alte Bezeichnung
6601	42.—	81	Causeuse Nr. 1 zum Polstern
6602	24.50	67	dto. 2 zum Polstern
6602 c	25.—	67	dto. 2 geflochten
6603	24.50	67	dto. 3 zum Polstern
6603 c	25.—	67	dto. 3 geflochten
6612	26.50	67	Causeuse Nr. 12 zum Polstern
6612 c	27.—	67	dto. 12 geflochten
6613	26.50	67	dto. 13 zum Polstern
6613 c	27.—	67	dto. 13 geflochten
6623	27.50	67	dto. 23 zum Polstern
6623 c	28.—	67	dto. 23 geflochten

Kaffeehausbänke.

Neue Nummer	Preis K	Seite	Alte Bezeichnung
6701 per Meter	14.—	96	Kaffeehausbank Nr. 1
6702 » »	24.—	96	dto. 1 mit Rücklehne
6703 » »	28.—	96	dto. 1 mit Rücklehne und Armlehne
6711 per Meter	23.—	96	Kaffeehausbank Nr. 11 zum Polstern
6711 a » »	28.—	96	dto. 11
b netto	6.—	96	Netto-Aufschlag für Messingsockel

Kirchenmöbel.

Neue Nummer	Preis K	Seite	Alte Bezeichnung
6751	16.—	68	Betsessel Nr. 1
6752	14.—	68	dto. 2
6753	9.50	68	dto. 3
6760	36.—	68	Betschemel Nr. 1 zum Polstern
6761	7.—	68	Kirchensessel Nr. 1
6762	7.50	68	dto. 2
6767	4.30	68 113	Kirchenstockerl Kinderfeldstockerl Nr. 6

Jagdsessel und -Stockerl.

Neue Nummer	Preis K	Seite	Alte Bezeichnung
6801	10.—	69	Jagdsessel Nr. 1
6802	7.—	69	Jagdstockerl Nr. 2
6803	8.—	69	Jagdsessel Nr. 3
6804	11.50	69	Jagdstockerl Nr. 4

Spazierstöcke.

Neue Nummer	Preis K	Seite	Alte Bezeichnung
6811 poliert roh	1.10 1.—	69	Spazierstock Nr. 1
6812 poliert roh	1.10 1.—	69	dto. 2

Stocksessel.

Neue Nummer	Preis K	Seite	Alte Bezeichnung
6821	8.—	69	Stocksessel Nr. 1
6822	10.—	69	dto. 2
6823	8.—	69	dto. 3
6824	4.50	69	dto. 4

Kabinenstuhl, roh.

Neue Nummer	Preis K	Seite	Alte Bezeichnung
6850	7.50	68	Kabinenstuhl, roh, ohne Stoff
6850 a	10.—	68	dto. roh, mit Stoff

Feldstockerl und -Sessel, roh.

Neue Nummer	Preis K	Seite	Alte Bezeichnung
6851	4.30	69	Feldstockerl Nr. 1 **roh**, ohne Stoff
6851 a	6.30	69	dto. 1 roh, mit Stoff
6852	2.60	69	dto. 2 roh, ohne Stoff
6852 a	4.60	69	dto. 2 roh, mit Stoff
6853	5.80	69	dto. 3 roh, ohne Stoff
6853 a	7.80	69	dto. 3 roh, mit Stoff
6854	7.50	68	Feldsessel Nr. 4 roh, ohne Stoff
6854 a	13.50	68	dto. 4 roh, mit Stoff

Schiffstockerl, roh.

Neue Nummer	Preis K	Seite	Alte Bezeichnung
6855	3.—	68	Schiffstockerl Nr. 2 ohne Stoff
6855 a	5.—	68	dto. 2 mit Stoff

Feld- und Schiffsstockerl, lackiert.

Neue Nummer	Preis K	Seite	Alte Bezeichnung
6856	5.—	68	Feldstockerl Nr. 6, lack.
6861	—.—	68	dto. 1 ohne Stoff, lackiert
6861 a	—.—	68	dto. 1 mit Stoff, lackiert
6862	3.30	68	dto. 2 ohne Stoff, lackiert
6862 a	5.30	68	dto. 2 mit Stoff, lackiert
6863	—.—	68	dto. 3 ohne Stoff, lackiert
6863 a	—.—	68	dto. 3 mit Stoff, lackiert
6865	3.50	68	Schiffstockerl Nr. 2 ohne Stoff, lackiert
6865 a	5.50	68	dto. 2 mit Stoff, lackiert

Kabinenstuhl, poliert.

Neue Nummer	Preis K	Seite	Alte Bezeichnung
6870	8.50	68	Kabinenstuhl, **poliert**, ohne Stoff
6870 a	11.—	68	dto. poliert, mit Stoff

Feld- u. Schiffsstockerl u. -Sessel, poliert.

Neue Nummer	Preis K	Seite	Alte Bezeichnung
6871	5.—	69	Feldstockerl Nr. 1 ohne Stoff, poliert
6871 a	7.—	69	dto. 1 mit Stoff, poliert
6872	3.80	69	dto. 2 ohne Stoff, poliert
6872 a	5.80	69	dto. 2 mit Stoff, poliert
6873	6.50	69	dto. 3 ohne Stoff, poliert
6873 a	8.50	69	dto. 3 mit Stoff, poliert
6874	8.50	68	Feldsessel Nr. 4, ohne Stoff, poliert
6874 a	14.50	68	dto, 4 mit Stoff, poliert
6875	4.—	68	Schiffstockerl Nr. 2 ohne Stoff, poliert
6875 a	6.—	68	dto. 2 mit Stoff, poliert

Bidets.

Neue Nummer	Preis K	Seite	Alte Bezeichnung
6901	5.50	71	Bidet Nr. 1 ohne Schale, mit Deckel
6902	6.50	71	dto. 2, dto. mit Deckel
6903	12.—	71	dto. 3, dto. mit Deckel
6904	8.50	71	dto. 4, dto. mit Deckel
Schale netto	6.50		

Barbierfauteuils.

Neue Nummer	Preis K	Seite	Alte Bezeichnung
6911 ohne Kopfstütze	16.50	70	Barbierfauteuil Nr. 11
6944	30.—	70	dto. 44 geflochten
6944 P	28.50	70	dto. 44 perforiert
6944 a	29.—	70	Barbierfauteuil Nr. 44, Relief
6945	52.—	70	Amerikanisches Barbierfauteuil

Klosettfauteuils.

Neue Nummer	Preis K	Seite	Alte Bezeichnung
6956 a	16.—	71	Klosettfauteuil Nr. 56, ohne Deckel, ohne Kübel
6956 b	18.50	71	dto. 56 mit Deckel, ohne Kübel
6956 c	26.—	71	dto. 56, dto. mit Kübel
6956 a I	41.—	71	Klosettfauteuil Nr. 56, ohne Deckel, ohne Kübel, **fahrbar**
6956 b I	43.50	71	dto. 56 mit Deckel, ohne Kübel, **fahrbar**
6956 c I	51.—	71	dto. 56 mit Deckel, mit Kübel, **fahrbar**

Krankentragstuhl.

Neue Nummer	Preis K	Seite	Alte Bezeichnung
6991	27.—	71	Krankentragstuhl

Schaukelfauteuils.

Neue Nummer	Preis K	Seite	Alte Bezeichnung
7001	44.—	72	Schaukelfauteuil Nr. 1
7001 c	50.—	72	dto. 1 mit Gurtenfußtritt
7002	9.50	72	Faulenzer
7004	36.—	72	Schaukelfauteuil Nr. 4
7004 B	42.—	72	dto. 4 mit Fußlage B
7004 D	45.—	72	dto. 4 mit Rohrfußlage
7004 R	36.—	73	dto. 4 Relief
7005	26.—	73	Schaukelfauteuil Nr. 5
7006	32.—	73	dto. 6
7006 a	28.—	74	dto. 6a
7007	18.—	73	dto. 7
7008	12.—	73	dto. 8
7009	14.—	73	dto. 9
7010	20.—	74	Schaukelfauteuil Nr. 10
7011	68.—	75	dto. 11
7011 b	76.—	75	dto. 11 bronziert
7012	80.—	75	dto. 12
7012 b	89.—	75	dto. 12 bronziert
7014	30.—	75	dto. 14
7015	28.—	75	Schaukelfauteuil Nr. 15
7016 (R) (J) / (R)	12.50 / 13.50	75	dto. 16
7016 P	12.—	75	dto. 16 perforiert
7017	22.—	75	dto. 17
7018	32.—	76	dto. 18
7019	54.—	76	dto. 19
7019 C	60.—	76	dto. 19 mit Fußtritt
7021	38.—	76	Schaukelfauteuil Nr. 21
7021 B	44.—	76	dto. 21 mit Fußlage B
7022	26.—	76	dto. 22
7024	35.—	76	dto. 24
7025	25.—	74	Schaukelfauteuil Nr. 10/26
7026	28.—	74	dto. 26
7027	31.—	73	dto. 4/14
7028	23.—	74	dto. 10/6
7029	21.—	74	dto. 10/6 a
7035	18.—	77	dto. 35
7036	20.—	77	dto. 36
7037	22.—	77	dto. 37
7044	48.—	77	Schaukelfauteuil Nr. 44
7056	22.—	77	dto. 56
7057 (R) (J) / (R)	20.— / 21.—	75	dto. 17/57
7062	25.—	77	dto. 62
7064	38.—	77	dto. 64
7067	27.—	77	dto. 67
7083	54.—	78	dto. 83
7121	33.—	76	Schaukelfauteuil Nr. 221/18
7157 (R) (J) / (R)	30.— / 31.—	76	dto. 57/18
7170	16.—	77	dto. 170
7187	26.—	78	dto. 187
7221	27.—	78	dto. 221
7243	38.—	78	dto. 243
7243 a	40.80	78	dto. 243 mit Aufsatz
ff	+ 8.—	78	Aufschlag, für fein geflochten
7244	48.—	78	Schaukelfauteuil Nr. 244
7244 a	50.80	78	dto. 244 mit Aufsatz
ff	+ 8.—	78	Aufschlag, für fein geflochten
7401	40.—	78	Schaukelfauteuil Nr. 401
7500	54.—	78	Schaukel-Sofa

Salongarnituren.

Neue Nummer	Preis K	Seite	Alte Bezeichnung
7501	17.—	79	Salonsessel Nr. 1
7501 c	22.—	79	dto. 1 geflochten
7502	31.—	80	dto. 2
7502 b	34.50	80	dto. 2 bronziert
7505	24.—	80	dto. 5
7505 b	28.50	80	dto. 5 bronziert
7506	26.—	81	Salonsessel Nr. 6
7506 b	29.—	81	dto. 6 bronziert
7509	14.—	82	dto. 9
7509 b	16.25	82	dto. 9 bronziert
7513	23.—	82	dto. 13
7601	24.—	79	Salonfauteuil Nr. 1
7601 c	32.—	79	dto. 1 geflochten
7602	40.—	80	dto. 2
7602 b	44.50	80	dto. 2 bronziert
7605	42.—	80	dto. 5
7605 b	50.50	80	dto. 5 bronziert
7606	40.—	81	Salonfauteuil Nr. 6
7606 b	44.50	81	dto. 6 bronziert
7609	28.—	82	dto. 9
7609 b	32.25	82	dto. 9 bronziert
7613	55.—	82	dto. 13
7651	64.—	81	Lutherfauteuil
7651 b	71.—	81	dto. bronziert

Neue Nummer	Preis K	Seite	Alte Bezeichnung
7701	36.—	79	Salonkanapee Nr. 1
7701 c	50.—	79	dto. 1 geflochten
7702	50.—	80	dto. 2
7702 b	54.50	80	dto. 2 bronziert
7705	60.—	80	Salonkanapee Nr. 5
7705 b	68.50	80	dto. 5 bronziert
7706	54.—	81	dto. 6, 111 cm
7706 b	60.50	81	dto. 6, 111 cm, bronziert
7709	50.—	82	dto. 9
7709 b	57.50	82	dto. 9 bronziert
7806	68.—	81	Salonkanapee Nr. 6, 140 cm
7806 b	75.—	81	dto. 6, 140 cm, bronziert
7813	80.—	82	dto. 13
7905	14.—	80	Salonstockerl Nr. 5
7905 b	16.50	80	dto. 5 bronziert
7906	13.—	81	dto. 6
7906 b	15.—	81	dto. 6 bronziert

Salontische.

Neue Nummer	Preis K	Seite	Alte Bezeichnung
8001 ….	56.—	83	Salontisch Nr. 1
Palis.	59.—		
8003 ….	60.—	83	dto. 3
Palis.	65.—		
8004 ….	80.—	83	dto. 4
Palis.	84.—		
8005 ….	88.—	83	dto. 5
Palis.	93.—		
8006 ….	94.—	83	dto. 6
Palis.	99.—		
8008 ….	46.—	83	Salontisch Nr. 8
Palis.	50.—		
8011	29.—	83	dto. 11
8011 c	38.—	83	dto. 11 gekehlt
8011 a	25.50	83	dto. 11 a
8012 ….	52.—	83	dto. 12
Palis.	56.—		
8012 c	34.—	83	Salontisch 12a gekehlt
8012 a	31.—	83	dto. 12a flach
8015	94.—	80	dto. 15
8015 b	100.50	80	dto. 15 bronziert
8016	74.—	81	dto. 16
8016 b	77.50	81	dto. 16 bronziert
8021 ….	56.—	84	Salontisch Nr. 21
Palis.	59.—		
8022 ….	82.—	84	dto. 22
Palis.	85.—		
8027 ….	88.—	84	dto. 27
Palis.	93.—		
8032 ….	74.—	84	dto. 32
Palis.	78.—		
8036 ….	50.—	84	dto. 36
Palis.	53.—		
8056 ….	50.—	84	Salontisch Nr. 56
Palis.	54.—		
8064 ….	72.—	84	dto. 64
Palis.	76.—		
8065 ….	46.—	84	dto. 65
Palis.	49.—		
8080	52.—	84	dto. 80
8105	90.—	82	dto. 905

Neue Nummer	Preis K	Seite	Alte Bezeichnung
8110	20.—	85	Salontisch Nr. 110
8111	32.—	85	dto. 211
8112	45.—	85	dto. 212
8119 Platte allein lackiert	7.50	85	dto. Platte 119
8119 Platte allein roh	6.50	85	
8121	52.—	85	dto. 221
8122	56.—	85	dto. 222
8146 a	92.—	85	Salontisch Nr. 346, mit Messingsockel
8146	74.—	85	dto. 346, ohne Messingsockel
8169	50.—	85	dto. 169
8180	60.—	85	dto. 180

Salontischfüße mit Zarge.

Neue Nummer	Preis K	Seite	Alte Bezeichnung	
8201	32.—	83	Sofatischfuß Nr. 1	mit Zarge
8203	32.—	83	dto. 3	
8204	46.—	83	dto. 4	
8205	50.—	83	dto. 5	
8206	56.—	83	dto. 6	
8208	20.—	83	dto. 8	
8211	18.—	83, 88	Sofatischfuß Nr. 11	mit Zarge
8211 c	21.50	83, 88	dto. 11 gekehlt	
8211 a	15.—	83, 88	dto. 11 a	
8212	24.—	83, 88	dto. 12	
8212 a	21.—	83, 88	dto. 12a	
8221	32.—	84	dto. 21	
8222	58.—	84	Sofatischfuß Nr. 22	mit Zarge
8227	50.—	84	dto. 27	
8232	46.—	84	dto. 32	
8236	30.—	84	dto. 36	
8256	24.—	84	dto. 56	
8264	42.—	84	dto. 64	
8265	26.—	84	Sofatischfuß Nr. 65	mit Zarge
8280	24.—	84	dto. 80	
8305	62.—	84	dto. 905	
8319	16.—	85	dto. 119 poliert	
8319 a	14.—	85	dto. 119 lackiert	
8319 b	12.—	85	dto. 119 roh	
8321	24.—	85	Sofatischfuß Nr. 221	mit Zarge
8322	28.—	85	dto. 222	
8369	22.—	85	dto. 169	
8380	32.—	85	dto. 180	

Salontischfüße ohne Zarge.

Neue Nummer	Preis K	Seite	Alte Bezeichnung	
8401	28.—	83	Sofatischfuß Nr. 1	ohne Zarge
8403	28.—	83	dto. 3	
8404	40.—	83	dto. 4	
8405	44.—	83	dto. 5	
8406	50.—	83	dto. 6	
8408	16.—	83	Sofatischfuß Nr. 8	ohne Zarge
8411	15.—	83, 88	dto. 11	
8411 c	18.—	83, 88	dto. 11 gekehlt	
8411 a	12.—	83, 88	dto. 11 a	
8412	—.—	83, 88	dto. 12	
8412 a	—.—	83, 88	dto. 12 a	

Neue Nummer	Preis K	Seite	Alte Bezeichnung	
8421	28.—	84	Sofatischfuß Nr. 21	ohne Zarge
8422	54.—	84	dto. 22	
8427	44.—	84	dto. 27	
8432	38.—	84	dto. 32	
8436	26.—	84	Sofatischfuß Nr. 36	ohne Zarge
8456	20.—	84	dto. 56	
8464	34.—	84	dto. 64	
8465	22.—	84	dto. 65	
8480	18.—	84	dto. 80	
8521	—.—	85	Sofatischfuß Nr. 221	ohne Zarge
8522	—.—	85	dto. 222	
8569	—.—	85	dto. 169	
8580	—.—	85	dto. 180	

Trumeau-Tische.

Neue Nummer	Preis K	Seite	Alte Bezeichnung
8601 ….	38.—	86	Trumeau-Tisch Nr. 1
Palis.	40.—		
8603 ….	43.—	86	dto. 3
Palis.	46.—		
8604 ….	54.—	86	dto. 4
Palis.	57.—		
8604 E ….	54.—	87	Ecktisch Nr. 4
Palis.	57.—		
8605 ….	57.—	87	Trumeautisch Nr. 5
Palis.	60.—		
8606 ….	62.—	87	dto. 6
Palis.	65.—		
8608 ….	30.—	87	dto. 8
Palis.	32.—		
8621 ….	38.—	87	Trumeautisch Nr. 21
Palis.	40.—		
8622 ….	60.—	87	dto. 22
Palis.	62.—		
8627 ….	57.—	87	dto. 27
Palis.	60.—		
8632 ….	73.—	87	Trumeautisch Nr. 32
Palis.	75.—		
8636 ….	43.—	87	dto. 36
Palis.	45.—		
8656 ….	34.—	87	dto. 56
Palis.	36.—		
8664 ….	58.—	87	dto. 64
Palis.	60.—		
8665 ….	38.—	87	dto. 65
Palis.	40.—		

Trumeau-Tischfüße mit Zarge.

Neue Nummer	Preis K	Seite	Alte Bezeichnung	
8701	24.—	86	Trumeau-Tischfuß Nr. 1	mit Zarge
8703	24.—	86	dto. 3	
8704	34.—	86	dto. 4	
8705	37.—	86	dto. 5	
8706	42.—	86	dto. 6	
8708	14.—	86	Trumeau-Tischfuß Nr. 8	mit Zarge
8721	24.—	86	dto. 21	
8722	46.—	86	dto. 22	

Neue Nummer	Preis K	Seite	Alte Bezeichnung	
8727	37.—	86	Trumeau-Tischfuß Nr. 27	mit Zarge
8732	45.—	86	dto. 32	
8736	27.—	86	dto. 36	
8756	18.—	86	dto. 56	
8764	41.—	86	dto. 64	
8765	21.—	86	dto. 65	

Trumeau-Tischfüße ohne Zarge.

Neue Nummer	Preis K	Seite	Alte Bezeichnung	
8801	21.—	86	Trumeau-Tischfuß Nr. 1	ohne Zarge
8803	21.—	86	dto. 3	
8804	30.—	86	dto. 4	
8805	33.—	86	dto. 5	
8806	38.—	86	dto. 6	
8808	12.—	86	Trumeau-Tischfuß Nr. 8	ohne Zarge
8821	21.—	86	dto. 21	
8822	43.—	86	dto. 22	
8827	33.—	86	dto. 27	
8832	38.—	86	dto. 32	
8836	20.—	86	Trumeau-Tischfuß Nr. 36	ohne Zarge
8856	15.—	86	dto. 56	
8864	34.—	86	dto. 64	
8865	18.—	86	dto. 65	

Tischgestelle für Marmorplatten.

Neue Nummer	Preis K	Seite	Alte Bezeichnung	
8901	48.—	87	Dunkerque Nr. 1	
8902	46.—	87	dto. 2	
8907	28.—	88	Tischgestelle Nr. 7	für Marmorplatte
8907½	24.—	88	dto. 7½	
8908	20.—	88	dto. 8	
8909	18.—	88	dto. 9	
8913	11.—	88	dto. 13	
8914	16.—	88	Tischgestelle Nr. 14	für Marmorplatte
8918	16.—	88	dto. 18	
8920	22.—	88	dto. 20	
8920 a	29.—	88	dto. 20 mit Messingsteg	
8920 b	43.—	88	dto. 20, dto. und Fußkappen	
8976	30.—	88	Tischgestelle Nr. 276, () 80 cm, f. Marmorplatte	
8976 a	31.—	88	dto. 276 □ 70×50, für Marmorplatte	
8976 b	33.—	88	dto. 276 □ 80×60, für Marmorplatte	
8976 c	35.—	88	dto. 276 □ 100×70, für Marmorplatte	

Auszugtische.

Neue Nummer	Preis K	Seite	Alte Bezeichnung
9001	160.—	89	Auszugtisch Nr. 1
9007	188.—	89	dto. 7/8, 12 Personen
9008	198.—	89	dto. 7/8, 18 Personen
9009	280.—	89	dto. 7/8, 24 Personen
9014	100.—	89	Auszugtisch Nr. 14
9019	60.—	89	dto. 119, Platte weich, lackiert
9019 a	74.—	89	dto. 119, Platte flachkantig furniert
9019 b	78.—	89	dto. 119, Platte gekehlt, flachkantig furn.

Aufwartetische.

Neue Nummer	Preis K	Seite	Alte Bezeichnung
9101	10.—	90	Aufwarttisch Nr. 1
9102	12.—	90	dto. 2
9103	14.—	90	dto. 3
9103 a	17.—	90	dto. 3 mit Schublade
9104	15.—	90	dto. 4
9105	24.—	90	dto. 5
9106	10.—	90	Aufwarttisch Nr. 6
9107	12.—	90	dto. 7
9108	14.—	90	dto. 8, zum Überziehen
9108 a	16.50	90	dto. 8, mit Ledertuch
9108 b	18.—	90	dto. 8, mit Tuch
9109	9.—	90	dto. 9
9110	32.—	90	Aufwarttisch Nr. 10, Platten massiv
9110 a	34.—	90	dto. 10, z. Überziehen
9110 b	36.50	90	dto. 10, für Majolikaplatten
9116	13.20	90	dto. 16
9121	62.—	90	dto. 21, Platten massiv
9121 a	64.—	90	dto. 21, Platten zum Überziehen
9121 b	66.—	90	dto. 21 für Majolika
9122	68.—	90	Aufwarttisch Nr. 22, Platten massiv
9122 a	70.—	90	dto. 22, Platten zum Überziehen
9122 b	72.—	90	dto. 22, Platten für Majolika
9123	68.—	90	dto. 23, Platten massiv
9123 a	70.—	90	dto. 23, Platten zum Überziehen
9123 b	72.—	90	dto. 23, Platten für Majolika
9124	69.—	90	Aufwarttisch Nr. 24, Platten massiv
9124 a	71.—	90	dto. 24, Platten zum Überziehen
9124 b	73.—	90	dto. 24, Platten für Majolika
9125	73.—	90	dto. 25, Platten massiv
9125 a	75.—	90	dto. 25, Platten zum Überziehen
9125 b	77.—	90	dto. 25, Platten für Majolika
9126	73.—	90	Aufwarttisch Nr. 26, Platten massiv
9126 a	75.—	90	dto. 26, Platten zum Überziehen
9126 b	77.—	90	dto. 26, Platten für Majolika
9131	30.—	90	dto. 31
9171	18.—	90	dto. 221

Serviertassen.

Neue Nummer	Preis K	Seite	Alte Bezeichnung
9191	8.50	91	Serviertasse Nr. 1
9192	12.—	91	dto. 2

Lesetische (siehe 9251).

Neue Nummer	Preis K	Seite	Alte Bezeichnung
9201	20.—	92	Lesetisch Nr. 1
9201 a	22.—	92	dto. 1, dessinierte Platte

Kleine Tische.

Neue Nummer	Preis K	Seite	Alte Bezeichnung
9202	22.—	92	Tisch Nr. 902
9202 c	27.50	92	dto. mit Spiegel
9203	40.—	92	Photographietischchen ohne Glas
9203 c	52.—	92	dto. garniert
9204	35.—	92	Tisch Nr. 904

Rauchtische.

Neue Nummer	Preis K	Seite	Alte Bezeichnung
9211	20.—	92	Rauchtisch Nr. 1
9212	14.—	92	dto. 2

Nähtische.

Neue Nummer	Preis K	Seite	Alte Bezeichnung
9221	24.—	92	Nähtisch Nr. 1
9222 a	38.—	92	dto. 2 ohne Einrichtung
9222 b	46.—	92	dto. 2 mit Einrichtung, ohne Spiegel
9222 c	52.—	92	dto. 2 mit Einrichtung, mit Spiegel

Lesetische (siehe 9201).

Neue Nummer	Preis K	Seite	Alte Bezeichnung
9251	17.—	92	Lesetisch Nr. 51
9251 a	19.—	92	dto. 51, dessinierte Platte

Spieltische.

Neue Nummer	Preis K	Seite	Alte Bezeichnung
9303	60.—	93	Spieltisch Nr. 3
9304	24.—	93	dto. 4 () 60 cm
9304 a	28.—	93	dto. 4 () 85 cm
9304 b	30.—	93	dto. 4 □ 75×85 cm
9305	44.—	93	dto. 5
9307	38.—	93	Spieltisch Nr. 7
9308	26.—	93	dto. Nr. 8, mit Laden, (Tassen), Platten Tuch oder poliert
9308 a	20.—	93	dto. 8 mit Laden, (Tassen), Platten zu Überziehen
9310 a	62.—	93	dto. 10, Platte einerseits poliert, anderseits Schach
9310 b	65.—	93	dto. 10, Platte einerseits poliert, anderseits grünes Tuch
9310 c	67.—	93	dto. 10, Platte einerseits Schach, anderseits grünes Tuch

Neue Nummer	Preis K	Seite	Alte Bezeichnung
9311 a	46.—	93	Spieltisch Nr. 11, Platte einerseits poliert, anderseits Schach
9311 b	48.—	93	dto. 11, Platte einerseits poliert, anderseits grünes Tuch
9311 c	50.—	93	dto. 11, Platte einerseits Schach, anderseits grünes Tuch
9313	16.—	93	dto. 13, Platte weich
9313 a	20.—	93	dto. 13, Platte furniert
9314	22.—	93	Spieltisch Nr. 14, Platte weich
9314 a	28.—	93	dto. 14, Platte furniert
9318	22.—	93	dto. Nr. 8, ohne Laden (Tassen), Platte mit Tuch oder poliert
9318 a	16.—	93	dto. 8, ohne Laden (Tassen), Platten zum Überziehen
9321 a	52.—	94	Spieltisch Nr. 221, Platte einerseits poliert, anderseits Schach
9321 b	54.—	94	dto. 221, Platte einerseits poliert, anderseits grünes Tuch
9321 c	56.—	94	dto. 221, Platte einerseits Schach, anderseits grünes Tuch
9322 a	56.—	94	dto. 222, Platte einerseits poliert, anderseits Schach
9322 b	58.—	94	dto. 222, Platte einerseits poliert, anderseits grünes Tuch
9322 c	60.—	94	dto. 222, Platte einerseits Schach, anderseits grünes Tuch

Klapptische.

9361	18.—	90	Klapptisch Nr. 161

Blumentische.

9401	30.—	94	Blumentisch Nr. 1
9402	24.—	94	dto. 2, ⌀ 60 cm
9403	34.—	94	dto. 3, ⌀ 60 cm
9404	28.—	94	dto. 4, ⌀ 60 cm
9412	25.—	94	dto. 2, oval
9413	40.—	94	Blumentisch Nr. 3, oval
9414	29.—	94	dto. 4, oval
9431	35.—	94	dto. 31
9432	38.—	94	dto. 32
9451	24.—	94	dto. 51

Blumenständer.

9501	6.50	95	Blumenständer Nr. 1
9502	5.50	95	dto. 2
9503	6.50	95	dto. 3
9505	30.—	95	dto. 5, Profil ○
9505 a	36.—	95	dto. 5, Profil ⌘
9505 b	40.—	95	dto. 5, Profil ⌘ bronz.
9506	30.—	95	Blumenständer Nr. 6
9531	15.—	95	dto. 31
9532	30.—	95	dto. 32
9532 a Preisaufschlag auf Nr. 9532 netto	7.—	95	dto. 32, mit Messingsockel
9533	18.—	95	dto. 33

Büstenständer.

Neue Nummer	Preis K	Seite	Alte Bezeichnung
9601	25.—	95	Büstenständer Nr. 1, Profil □
9602	31.—	95	dto. 1, Profil ⌘
9603	35.—	95	dto. 1, Profil ⌘ bronz.

Handarbeitsständer.

9611	9.50	95	Handarbeitsständer Nr. 1

Schlafsofas.

9701	50.—	96	Schlafsofa Nr. 1
9702	58.—	96	dto. 2
9703	60.—	96	dto. 3
9704	34.—	96	dto. 4
9704 c	44.—	96	dto. 4, geflochten

Betten.

9711	64.—	97	Bett Nr. 1	mit Holzboden
9712	66.—	97	dto. 2	mit Holzboden
9713	150.—	97	dto. 3	mit Holzboden
9714	132.—	97	dto. 4	mit Holzboden
9715	64.—	97	dto. 5	mit Holzboden
9716	80.—	98	dto. 6	mit Holzboden
9717	52.—	98	dto. 7	mit Holzboden
9721	80.—	97	Bett Nr. 1	mit Rohrboden
9722	72.—	97	dto. 2	mit Rohrboden
9723	176.—	97	dto. 3	mit Rohrboden
9724	150.—	97	dto. 4	mit Rohrboden
9725	80.—	97	dto. 5	mit Rohrboden
9726	96.—	98	dto. 6	mit Rohrboden
9727	68.—	98	dto. 7	mit Rohrboden
9761	56.—	98	dto. Nr. 161, mit Holzboden	
9770	48.—	98	dto. 170, mit Holzboden	
9771	72.—	98	dto. 161, mit Rohrboden	
9780	64.—	98	dto. 170, mit Rohrboden	
9798	15.—	98	Feldbett Nr. 1, roh	
9799	16.—	98	dto. 1, lackiert	

Nachtkästen.

9801	16.—	98	Nachtkastel Nr. 1
9802	16.—	98	dto. 2

Diverses Bettzugehör.

9831	9.—	102	Betthimmel ohne Aufsatz
9831 A	15.—	102	dto. mit Aufsatz
9832	5.50	102	Bettgardinenhalter
9832 a	5.90	102	dto. gestreift
9832 b	6.50	102	dto. bronziert

Toilette-Spiegel und -Tische.

Neue Nummer	Preis K	Seite	Alte Bezeichnung
9851	48.—	99	Toilettespiegel Nr. 1 ohne Glas
9851 a	56.—	99	dto. 1 mit Glas
9852	38.—	99	dto. 2 ohne Glas
9852 a	46.—	99	dto. 2 mit Glas
9853	18.—	99	dto. 3 ohne Glas
9853 a	23.—	99	dto. 3 mit Glas
9860	26.—	99	Toilettespiegel Nr. 10 ohne Glas
9860 a	31.—	99	dto. 10 mit Glas
9864	36.—	99	Toilettetisch Nr. 64 ohne Glas
9864 a	44.—	99	dto. 64 mit Glas

Pfeilerspiegel.

9901	180.—	99	Pfeilerspiegel ohne Glas

Ankleidespiegel.

9951	90.—	100	Ankleidespiegel ohne Glas
9952	44.—	100	dto. Rahmen ohne Glas

Rahmen für Spiegel und Bilder.

9961	20.—	100	Rahmen 60 × 76 cm,
9961 A	68.—	100	dto. 60 × 76 cm, mit Aufsatz
9962	24.—	100	dto. 80 × 96 cm

Waschtischgestelle.

10.001	30.—	101	Waschtischgestelle Nr. 1
10.002	32.—	101	dto. 2
10.011	50.—	101	dto. 1 mit Schubladen
10.012	52.—	101	dto. 2 mit Schubladen
10.021	63.—	101	dto. 1 mit Schubladen und Spiegelaufsatz
10.022	65.—	101	dto. 2 mit Schubladen und Spiegelaufsatz

Waschständer.

10.051	6.—	101	Waschständer Nr. 1 ohne Blech
10.051 a	14.—	101	dto. 1 mit Blech
10.052	9.—	101	dto. 2
10.053	16.—	101	dto. 3 ohne Glas
10.053 c	24.—	101	dto. 3 mit Glas
10.054	8.—	101	dto. 4

Handtuchgestelle.

Neue Nummer	Preis K	Seite	Alte Bezeichnung
10.101	5.50	102	Handtuchgestelle Nr. 1
10.102	6.—	102	dto. 2
10.103	9.—	102	dto. 3
10.104	5.50	102	dto. 4
10.105	3.—	102	dto. 5
10.106	4.—	102	dto. 6
10.107	3.—	102	dto. 7
10.124	8.—	102	dto. 24

Karnissen.

Neue Nummer	Preis K	Seite	Alte Bezeichnung
10.151	8.—	102	Karnisse Nr. 1
10.152	14.—	102	dto. 2
10.153	14.—	102	dto. 3
10.155	9.—	102	dto. 5
10.156	13.50	102	dto. 6
10.157	15.—	102	dto. 7

Malerstaffeleien.

Neue Nummer	Preis K	Seite	Alte Bezeichnung
10.171	36.—	111	Malerstaffelei Nr. 1
10.172	32.—	111	dto. 2
10.174	40.—	111	dto. 4

Kleiderstöcke.

Neue Nummer	Preis K	Seite	Alte Bezeichnung
10.201	22.—	103	Kleiderstock Nr. 1
10.202	12.—	103	dto. 2
10.203	25.—	103	dto. 3
10.204	14.—	103	dto. 4
10.206	12.50	103	dto. 6
10.301	25.—	103	Kleiderstock Nr. 1 (mit Schirmständer, ohne Blechtasse)
10.302	13.—	103	dto. 2
10.303	28.—	103	dto. 3
10.304	15.—	103	dto. 4
10.306	13.50	103	dto. 6
10.401	29.—	103	Kleiderstock Nr. 1 (mit Schirmständer, mit Blechtasse)
10.402	16.—	103	dto. 2
10.403	32.—	103	dto. 3
10.404	18.—	103	dto. 4
10.406	16.50	103	dto. 6

Trumeau-Kleiderstöcke.

Neue Nummer	Preis K	Seite	Alte Bezeichnung
10.501	16.—	103	**Trumeau**-Kleiderstock Nr. 1
10.502	10.—	103	dto. 2
10.601	18.—	103	**Trumeau**-Kleiderstock Nr. 1 mit Schirmständer, ohne Blechtasse
10.701	22.—	103	Trumeau-Kleiderstock Nr. 1 mit Schirmständer, mit Blechtasse
10.702	15.—	105	dto. 2 dto.

Wandkleiderstöcke.

Neue Nummer	Preis K	Seite	Alte Bezeichnung
10.801	48.—	105	Wandkleiderstock Nr. 1 (ohne Glas, ohne Blechtasse)
10.802	45.—	105	dto. 2
10.803	51.—	105	dto. 3
10.804	30.—	105	dto. 4
10.805	28.—	105	dto. 5
10.806	36.—	105	dto. 6
10.901	64.—	105	Wandkleiderstock Nr. 1 komplett
10.901 a	56.—	105	dto. 1 ohne Glas
10.902	52.—	105	dto. 2 komplett
10.903	66.—	105	dto. 3 komplett
10.903 a	58.—	105	dto. 3 ohne Glas
10.904	44.—	105	Wandkleiderstock Nr. 4 komplett
10.904 a	36.—	105	dto. 4 ohne Glas
10.905	42.—	105	dto. 5 komplett
10.905 a	34.—	105	dto. 5 ohne Glas
10.906	48.—	105	dto. 6 komplett
10.906 a	39.—	105	dto. 6 ohne Glas

Kleiderhaken und -Rechen.

Neue Nummer	Preis K	Seite	Alte Bezeichnung
11.001	2.30	104	Kleiderhaken Nr. 1 montiert
11.002	1.50	104	dto. 2 dto.
11.011	3.50	104	dto. 1 doppelt montiert
11.012	2.60	104	dto. 2 » »
11.021	4.70	104	dto. 1 dreifach montiert
11.022	3.70	104	dto. 2 » »
11.031	5.50	104	Kleiderrechen Nr. 1 mit 3 Haken
11.032	4.—	104	dto. 2 mit 3 Haken
11.041	6.50	104	dto. 1 » 4 »
11.042	5.—	104	dto. 2 » 4 »
11.051	7.50	104	dto. 1 » 5 »
11.052	6.—	104	dto. 2 » 5 »
11.131	6.70	104	Kleiderrechen Nr. 1, mit 3 Bügelhaken
11.132	4.90	104	dto. 2 mit 3 Bügelhaken
11.141	8.10	104	dto. 1 » 4 »
11.142	6.20	104	dto. 2 » 4 »
11.151	9.50	104	dto. 1 » 5 »
11.152	7.50	104	dto. 2 » 5 »

Spucknäpfe.

Neue Nummer	Preis K	Seite	Alte Bezeichnung
11.171	7.—	100	Spucknapf Nr. 1
11.172	6.—	100	dto. 2

Kofferständer.

Neue Nummer	Preis K	Seite	Alte Bezeichnung
11.181	14.—	100	Kofferständer Nr. 1
11.182 a	5.60	100	dto. 2 roh
11.182 b	6.30	100	dto. 2 lackiert
11.182 c	6.80	100	dto. 2 poliert
11.184	10.—	100	dto. 4

Holzkörbe.

Neue Nummer	Preis K	Seite	Alte Bezeichnung
11.191	24.—	100	Holzkorb Nr. 1
11.192	28.—	100	dto. 2

Ofenschirme.

Neue Nummer	Preis K	Seite	Alte Bezeichnung
11.201	44.—	107	Ofenschirm Nr. 1
11.202	24.—	107	dto. 2
11.206	20.—	107	dto. 6
11.207	25.—	107	dto. 7
11.231	25.—	107	dto. 31
11.232	35.—	107	dto. 32
11.242 Preisaufschlag auf Nr. 11.232 netto	5.—	107	dto. 32 mit Messingstangen-Knöpfen und -Ringen

Spanische Wände.

Neue Nummer	Preis K	Seite	Alte Bezeichnung
11.301 per Teil	13.—	106	Spanische Wand Nr. 1
11.302 » »	10.—	106	dto. 2
11.303 » »	7.—	106	dto. 3
11.306	30.—	106	dto. 6
11.307	35.—	106	dto. 7
11.316	32.—	106	dto. 6 mit Messingstäben
11.317	37.—	106	dto. 7 dto., dto.

Regenschirmständer.

Neue Nummer	Preis K	Seite	Alte Bezeichnung
11.401	13.—	108	Regenschirmständer Nr. 1
11.402	7.50	108	dto. 2
11.407	10.50	108	dto. 7
11.408	16.—	108	dto. 8
11.411	24.—	108	Schlangenschirmständer

Trumeau-Schirmständer.

Neue Nummer	Preis K	Seite	Alte Bezeichnung
11.421	11.—	108	Trumeau-Schirmständer Nr. 1

Wandschirmständer.

Neue Nummer	Preis K	Seite	Alte Bezeichnung
11.453	7.40	108	Wandschirmständer Nr. 3
11.454	11.40	108	dto. 4
11.455	9.20	108	dto. 5
11.456	8.60	108	dto. 6
11.464	11.60	108	dto. 4 mit Falz und Stab
11.465	9.40	108	dto. 5 mit Falz und Stab
11.474	12.80	108	dto. 4 mit Füllung
11.475	10.80	108	dto. 5 mit Füllung
a ..... netto	2.—	108	Blechtasse gestrichen
b ..... »	3.—	108	dto. lackiert
c ..... »	1.50	108	Tasse aus Gußeisen (außen schwarz, inn. blau emailliert)
d ..... »	8.30	108	Schirmhalter-Mechanik

Zeitungshalter und Etagèren.

Neue Nummer	Preis K	Seite	Alte Bezeichnung
11.501	24.—	111	Zeitungshalter
11.511	16.—	110	Eck-Etagère Nr. 11
11.512	23.—	110	Wand-Etagère Nr. 12
11.513	26.—	110	dto. 13
11.514	32.—	110	dto. 14
11.551	26.—	110	Wand-Etagère 51
11.552	44.—	110	dto. 52
11.601	44.—	109	Etagère Nr. 1
11.602	56.—	109	dto. 2
11.602 a	61.50	109	dto. 2 gekehlt
11.602 b	69.—	109	dto. 2 bronziert
11.604	40.—	109	Noten-Etagère Nr. 4
11.605	32.—	109	dto. 5

Notentische und -Etagère.

Neue Nummer	Preis K	Seite	Alte Bezeichnung
11.611	22.—	93	Notentisch Nr. 1
11.612	36.—	110	Noten-Etagère Nr. 2

Etagèren.

Neue Nummer	Preis K	Seite	Alte Bezeichnung
11 631	46.—	109	Etagère Nr. 31
11.631 a	50.—	109	dto. 31 mit Galerie
11.632	50.—	109	dto. 32
11.632 a ..... netto	+ 6.—	109	dto. 32 mit Messingsockeln
11 632 b ..... »	+ 5.—	109	dto. 32 mit Messingstäben
11.634	30.—	109	Etagère Nr. 34
11.634 a ..... netto	+ 6.—	109	dto. 34 mit Messingsockeln
11 634 b ..... »	+ 5.—	109	dto. 34 mit Messingstäben
11.641	45.—	109	Etagère Nr. 41
11.642	45.—	110	dto. 42
11.643	35.—	110	dto. 43
11.644	50.—	110	dto. 44

Drehbares Büchergestelle.

Neue Nummer	Preis K	Seite	Alte Bezeichnung
11.651	45.—	110	Drehbare Büchergestelle

Notenständer und -Pulte.

Neue Nummer	Preis K	Seite	Alte Bezeichnung
11.801	19.—	111	Notenständer Nr. 1
11.802	28.—	111	dto. 2
11.851	20.—	111	Notenpult einfach, perforiert
11.852	28.—	111	dto. doppelt, perforiert
11.861	20.—	111	Notenpult einfach, Intarsia
11.862	28.—	111	dto. doppelt, Intarsia

Kindermöbel.

Kindersessel, -Fauteuils u. -Kanapees.

Neue Nummer	Preis K	Seite	Alte Bezeichnung
12.001	4.—	112	Kindersessel Nr. 1
12.002	5.20	112	dto. 2
12.004	4.50	113	dto. 4
12.005	4.20	113	dto. 5
12.007	4.20	113	dto. 7
12.011	6.—	112	Kinderfauteuil Nr. 1
12.011 T	8.50	112	dto. 1 mit Tablette
12.012	7.50	112	dto. 2
12.014	6.50	113	dto. 4
12.014 a	6.50	114	dto. 4 für Klosett, ohne Kübel, ohne Deckel
12.014 b	8.25	114	dto. 4 für Klosett, ohne Kübel, mit Deckel
12.014 c	13.50	114	dto. 4 für Klosett, mit Kübel, mit Deckel
12.015	6.20	114	Kinderfauteuil Nr. 5
12.017	6.20	114	dto. 7
12.017 a	11.—	115	Kinderschreibtischsessel Nr. 17/14½
12.017 b	11.—	115	dto. 17/34½
12.021	12.—	112	Kinderkanapee Nr. 1
12.022	14.—	112	dto. 2
12.024	12.50	113	dto. 4
12.031	8.—	115	Kinderfauteuil Nr. 1 hoch
12.031 S	9.20	115	dto. 1 hoch, mit Leiste
12.032	9.—	112	dto. 2 hoch
12.033	9.—	115	dto. 3 hoch
12.051	5.50	112	Kindersessel Nr. 1 mit Rohrlehne
12.052	5.—	112	dto. 2 mit Rohrlehne
12.061	7.50	112	Kinderfauteuil Nr. 1 mit Rohrlehne
12.061 T	10.—	112	dto. 1 Rohrlehne und Tablette
12.062	8.50	112	dto. 2 Rohrlehne
12.071	15.—	112	Kinderkanapee Nr. 1 mit Rohrlehne
12.072	17.—	112	dto. 2 dto.
12.081	9.—	115	Kinderfauteuil Nr. 1 hoch, mit Rohrlehne
12.082	10.—	112	dto. 2 dto.
12.201	7.50	112	Kindersessel Nr. 221
12.211	10.—	112	Kinderfauteuil Nr. 221
12.221	18.—	112	Kinderkanapee Nr. 221

Kinderspeisesessel.

Neue Nummer	Preis K	Seite	Alte Bezeichnung
12.301	12.—	114	Kinderspeisesessel Nr. 1
12.302	22.—	114	dto. 2
12.303	14.—	114	dto. 3
12.303 H	16.50	114	dto. 3 Fußreif verstellbar
12.303 C	21.—	114	dto. 3 mit Klosett
12.305	13.—	114	dto. 5

Kinderrollsessel.

Neue Nummer	Preis K	Seite	Alte Bezeichnung
12.351	34.—	116	Kinderrollsessel Nr. 1
12.351 c	36.—	116	dto. 1 mit Kautschukräd.
12.353	28.—	116	dto. 3 dto.
12.354	30.—	116	dto. 4 dto.
12.355	30.—	116	dto. 5
12.355 c	35.—	116	dto. 5 mit Kautschukräd.

Kindertische.

Neue Nummer	Preis K	Seite	Alte Bezeichnung
12.401	12.—	117	Kindertisch Nr. 1
12.402	13.—	117	dto. 2
12.403	6.—	117	dto. 3
12.404	9.50	117	dto. 4
12.405	16.—	117	dto. 5
12.421	17.—	117	dto. 221

Kinderschaukelfauteuils.

Neue Nummer	Preis K	Seite	Alte Bezeichnung
12.500	20.—	115	Kinderdoppelschaukel
12.502	9.50	113	Kinderschaukel Nr. 2
12.506	11.50	113	dto. 56
12.521	12.—	112	Kinderschaukel Nr. 221
12.551	12.—	113	Kinderschaukel Nr. 1
12.552	10.50	113	dto. 2 mit Rohrlehne
12.556	12.70	113	dto. 56 dto.
12.559	14.—	113	dto. 59

Kindertischbänke.

Neue Nummer	Preis K	Seite	Alte Bezeichnung
12.601	18.—	117	Kindertischbank Nr. 1
12.602	15.—	117	dto. 2
12.611	28.—	117	dto. 1 doppelt
12.612	24.—	117	dto. 2 doppelt

Kinderwaschständer.

Neue Nummer	Preis K	Seite	Alte Bezeichnung
12.651	8.—	116	Kinderwaschständer
12.652	17.—	116	dto. mit Spiegelaufsatz und Glas
12.652 a	13.—	116	dto. mit Spiegelaufsatz, ohne Glas

Kinderbetten.

Neue Nummer	Preis K	Seite	Alte Bezeichnung
12.701	58.—	118	Kinderbett Nr. 1
12.702	70.—	118	dto. 2
12.703	54.—	118	dto. 3
12.705	48.—	118	dto. 5
12.705 N	58.—	118	dto. 5 mit Netz auf einer Seite
12.705 NN	68.—	118	dto. 5 mit Netz auf beiden Seiten
12.705 AB	80.—	119	dto. 5 mit Seitenaufsätzen, wovon einer beweglich, und mit Bogen für Vorhang

mit Holzboden

Neue Nummer	Preis K	Seite	Alte Bezeichnung
12.708	40.—	119	Kinderbett Nr. 8 mit Holzboden
12.708 N	48.—	119	dto. 8 dto. mit Netz
12.711	68.—	119	dto. 1 mit **Rohrboden**
12.712	78.—	119	dto. 2 dto.
12.713	62.—	119	Kinderbett Nr. 3 mit Rohrboden
12.715	56.—	119	dto. 5 dto.
12.725	84.—	119	dto. 5 mit Holzboden, Netz und Schublade
A	20.—	119	Seitenaufsätze, wovon einer beweglich
B	2.—	119	Bogen für Vorhang

Kinderwiegen.

Neue Nummer	Preis K	Seite	Alte Bezeichnung
12.801	70.—	119	Kinderwiege Nr. 1
12.802	48.—	119	dto. 2
12.803	24.—	119	dto. 3
12.804	36.—	119	dto. 4

Ammenmöbel.

Neue Nummer	Preis K	Seite	Alte Bezeichnung
12.811	7.20	113	Ammensessel
12.812	9.20	113	dto. mit Rohrlehne
12.821	9.50	113	Ammenfauteuil
12.822	11.50	113	dto. mit Rohrlehne

Diverse Kindermöbel.

Neue Nummer	Preis K	Seite	Alte Bezeichnung
12.835	5.—	113	Fußschemel 5
12.852	14.50	116	Kindergehschule
12.861	6.50	115	Kinderhängeschaukel
12.861 c	14.—	115	dto. komplett
12.890 { 35 cm, 45 », 55 », 65 »	1.—	115	Spielreifen
12.890 { 75 », 85 »	1.20	115	Spielreifen
12.891 . . . per Stück	1.—	115	Turnringe, 19 cm
12.892 . . . » »	1.—	115	dto. 21 cm

Puppenmöbel.

Neue Nummer	Preis K	Seite	Alte Bezeichnung
12.903	4.—	120	Puppensessel Nr. 3
12.903 c	4.50	120	dto. 3 überzogen
12.904	2.—	120	dto. 4
12.904 c	2.50	120	dto. 4 überzogen
12.911	2.50	120	Puppenfauteuil Nr. 1
12.912	4.—	120	dto. 2
12.913	4.50	120	dto. 3
12.913 c	5.—	120	dto. 3 überzogen
12.914	2.50	120	dto. 4
12.914 c	3.—	120	dto. 4 überzogen
12.921	4.—	120	Puppenkanapee Nr. 1
12.922	6.—	120	dto. 2
12.923	6.—	120	dto. 3
12.923 c	7.—	120	dto. 3 überzogen
12.924	3.50	120	Puppenkanapee Nr. 4
12.924 c	4.50	120	dto. 4 überzogen
12.931	3.50	120	Puppenschaukelfauteuil Nr. 1
12.932	5.50	120	dto. 2
12.933	5.50	120	dto. 3
12.933 c	6.—	120	dto. 3 überzogen
12.934	3.50	120	dto. 4
12.934 c	4.—	120	dto. 4 überzogen
12.941	3.—	120	Puppentisch Nr. 1
12.942	5.—	120	dto. 2
12.943	4.—	120	dto. 3
12.943 c	5.—	120	dto. 3 überzogen
12.944	2.50	120	dto. 4
12.944 c	3.50	120	dto. 4 überzogen
12.951	14.50	120	Puppenwiege Nr. 1
12.952	10.—	120	dto. 2
12.961	4.—	120	Puppenwaschständer, ohne Garnitur
12.972	6.50	120	Puppenspeisesessel Nr. 2

Bambusmöbel.

Neue Nummer	Preis K	Seite	Alte Bezeichnung
13.000	190.—	122	Rollwagen Nr. 150
13.001	21.50	123	Kleiderstock Nr. 151 ohne Blechtasse
13.002	56.—	123	Wandkleiderstock Nr. 151 ohne Blechtasse
13.004	6.—	123	Kleiderrechen Nr. 151
13.006	6.—	122	Stummer Diener
13.011 { pr. M. Umfang	4.—	124	Rahmen Nr. 150 a
13.011 { + 4 Ecken	2.40	124	Rahmen Nr. 150 a
13.012 { pr. M. Umfang	4.80	124	dto. 150 b
13.012 { + 4 Ecken	1.60	124	dto. 150 b
13.021	30.—	125	Etagère Nr. 150
13.031	7.—	125	Handtuchgestell Nr. 151
13.051	66.—	124	Bett Nr. 151 mit Holzboden
13.061	82.—	124	Bett Nr. 151 mit Rohrboden
13.070	10.50	124	Aufwarttisch Nr. 150 zum Überziehen
13.071	38.—	124	dto. 151 Platte poliert
13.071 a	40.—	124	dto. 151 Platte zum Überziehen
13.101	26.50	123	Kleiderstock Nr. 151 mit Blechtasse
13.102	62.—	123	Wandkleiderstock Nr. 151 Blechtasse
13.141	40.—	124	Nachtkastel Nr. 151
13.141 A	45.—	124	dto. 151 mit Aufsatz
13.150	7.50	121	Sessel Nr. 150 zum Überziehen
13.150 c	10.50	121	dto. 150 geflochten
13.151	9.50	121	dto. 151 zum Überziehen
13.151 c	12.50	121	dto. 151 geflochten
13.152	10.—	121	dto. 152 zum Überziehen
13.250	12.—	121	Fauteuil Nr. 150 zum Überziehen
13.250 c	15.50	121	dto. 150 geflochten
13.251	15.50	121	dto. 151 zum Überziehen
13.251 c	19.—	121	dto. 151 geflochten
13.252	16.—	121	dto. 152 zum Überziehen
13.350	16.—	121	Kanapee Nr. 150 zum Überziehen
13.350 c	23.—	121	dto. 150 geflochten
13.351	22.—	121	dto. 151 zum Überziehen
13.351 c	29.—	121	dto. 151 geflochten
13.352	23.—	121	dto. 152 zum Überziehen
13.450	5.50	122	Stockerl Nr. 150 zum Überziehen
13.450 c	9.—	122	dto. 150 geflochten
13.451	6.50	122	dto. 151 zum Überziehen
13.451 c	10.—	122	dto. 151 geflochten
13.550	4.—	122	Fußschemel Nr. 150 zum Überziehen
13.550 c	6.—	122	dto. 150 geflochten
13.650	14.—	122	Tisch Nr. 150 zum Überziehen
13.650 a	27.—	122	dto. 150 Platte poliert
13.651	16.50	122	dto. 151 zum Überziehen
13.651 a	29.50	122	dto. 151 Platte poliert
13.750	15.—	122	Schaukelfauteuil Nr. 150 zum Überziehen
13.750 c	18.50	122	dto. 150 geflochten
13.801	20.—	125	Waschtischgestelle Nr. 151
13.805	5.—	122	Serviertasse **für** Platte, 50×32 cm
13.806	6.—	122	dto. 56×36 cm
13.807	5.50	122	Serviertasse **mit** Platte 50×32 cm
13.808	6.50	122	dto. 56×36 cm
13.811	32.—	125	Waschtischgestell Nr. 151 mit Schubladen, ohne Spiegelaufsatz
13.821	40.—	125	dto. mit Schubladen und Spiegelaufsatz ohne Glas
	17.—	125	Glas 60×35 cm
13.831 a	20.—	122	Teetisch Nr. 150 Platte roh, 50×32, **fest**
13.831 b	21.—	122	dto. 150 Platte poliert, 50×32, **fest**
13.832 a	21.50	122	Teetisch Nr. 150 Platte **roh,** 56×36, fest
13.832 b	22.50	122	dto. 150 Platte poliert, 56×36, fest
13.833 a	22.—	122	dto. 150 Platte roh, 50×32, **abnehmbar**
13.833 b	23.—	122	dto. 150 Platte poliert, 50×32, abnehmbar
13.834 a	23.50	122	dto. 150 Platte roh, 56×36, abnehmbar
13.834 b	24.50	122	dto. 150 Platte poliert, 56×36, abnehmbar
13.851	22.50	123	Blumentisch Nr. 150 a
13.852	27.—	123	dto. 150 b
13.853	33.—	123	dto. 150 c
13.854	7.—	123	dto. 150
13.861 . . . . per Teil	13.50	125	Spanische Wand Nr. 151 a
13.862 . . . . » »	15.50	125	dto. 151 b

THEATERMÖBEL.

Preise per Fauteuil (in Bänken à 4—5 Fauteuils) in Kronen.

Neue Bezeichnung		Preis	Seite
	Alte Bezeichnung **Theater-Fauteuil** Nr. 1.		127
15.001	Sitz und Lehne zum Polstern	16.—	
15.101	» » » » » Sitz grob geflochten	17.80	
15.201	» » » » » » » » mit Federn und Gewichten	19.—	
15.301	Sitz zum Polstern, grob vorgeflochten, mit Federn und Gewichten, Lehne Relief	22.50	
15.401	Sitz zum Polstern, grob vorgeflochten, mit Federn und Gewichten, Holzlehne (Flechtmuster), **vorne** zum Überziehen	22.—	
15.501	Mit Rohrsitz (mit Federn) und Rohrlehne	21.—	
15.601	» » (» ») » Holzlehne (Flechtmuster), **vorne** zum Überziehen	20.—	
15.701	Mit Reliefsitz (mit Federn) und Holzlehne (Flechtmuster), **vorne** zum Überziehen	18.50	
15.801	Mit Reliefsitz (mit Federn) und Relieflehne	19.—	
	Einzelne Fauteuils { **geflochten** **mehr**	3.—	
	{ **zum Polstern** »	3.50	
	Alte Bezeichnung **Theater-Fauteuil** Nr. 2.		127
15.002	Sitz und Lehne zum Polstern	20.—	
15.102	» » » » » Sitz grob vorgeflochten, mit Federn und Gewichten	23.—	
15.202	Sitz zum Polstern, grob vorgeflochten, mit Federn und Gewichten, Holzlehne (Flechtmuster), **vorne** mit Stoff zum Überziehen	24.—	
15.302	Mit Rohrsitz und Rohrlehne, mit Federn	24.—	
15.402	» » mit Federn und Holzlehne (Flechtmuster), **vorne** mit Stoff zum Überziehen	24.—	
15.502	Mit Reliefsitz, mit Federn und Relieflehne	23.—	
	Einzelne Fauteuils { **geflochten** **mehr**	3.—	
	{ **zum Polstern** »	3.50	
	Alte Bezeichnung **Theater-Fauteuil** Nr. 2a.		127
15.002 a	Sitz und Lehne zum Polstern	19.—	
15.102 a	» » » » » Sitz grob vorgeflochten, mit Federn und Gewichten	22.—	
15.202 a	Sitz zum Polstern grob vorgeflochten, mit Federn und Gewichten, Holzlehne (Flechtmuster), **vorne** mit Stoff zum Überziehen	23.—	
15.302 a	Mit Rohrsitz und Rohrlehne, mit Federn	23.—	
15.402 a	» » mit Federn und Holzlehne (Flechtmuster), **vorne** mit Stoff zum Überziehen	23.—	
15.502 a	Mit Reliefsitz mit Federn und Holzlehne (Flechtmuster), **vorne** mit Stoff zum Überziehen	21.50	
15.602 a	Mit Reliefsitz mit Federn und Relieflehne	22.—	
	Einzelne Fauteuils { **geflochten** **mehr**	3.—	
	{ **zum Polstern** »	3.50	
	Alte Bezeichnung **Theater-Fauteuil** Nr. 3.		128
15.003	Sitz und Lehne zum Polstern, ohne Armlehnen	14.—	
15.503	» » » » » mit »	15.50	
15.103	Sitz Relief (mit Federn), Lehne zum Polstern, ohne Armlehnen	15.50	
15.603	» » (» »), » » » mit »	17.—	
	Einzelne Fauteuils { ohne Armlehnen **mehr**	2.30	
	{ mit » »	3.20	
	Holzleiste als Fußtritt (an die Lehnfüße in beliebiger Höhe vom Boden angeschraubt), Preisaufschlag per Fauteuil	—.30	
	Für poliertes Lehnbrett Aufschlag per Fauteuil	—.50	

Neue Bezeichnung		Preis	Seite
	Alte Bezeichnung **Theater-Fauteuil** Nr. 3a (**Galerie-Type**).		128
	Sitz: Relief ohne Federn, ohne Gewichte.		
	Lehne: 120 cm hoch, mit massivem Lehnbrett, vorne zum Polstern und mit darüber befindlicher Barrièrestange.		
15.203	**Preise** in Reihen à mindest 4 Sitzen: per Fauteuil ohne Armlehnen	11.50	
15.703	» » » » » 4 » » » mit »	13.—	
	Einzelne Fauteuils ohne Armlehnen **mehr**	2.20	
	» » mit » »	3.20	
	Preisänderungen:		
	Ohne Fußbacken (zum direkten Aufschrauben an Boden und Stufe), per Fauteuil **weniger**	—.50	
	Für ein Flechtmusterbrett in die Lehne als (20 cm) Rückenschutz, per Fauteuil **mehr**	1.50	
	Gewichte zu selbsttätigem Aufklappen des Sitzes, per Fauteuil »	1.20	
	Leiste als Fußstütze, per Fauteuil »	—.30	
	Alte Bezeichnung **Theater-Fauteuil** Nr. 4.		128
15.004	Perforierter Holzsitz (mit Federn) und perforierte Holzlehne, ohne Armlehne	16.—	
15.504	Perforierter Holzsitz (mit Federn) und perforierte Holzlehne, mit Armlehne	17.50	
	Einzelne Fauteuils ohne Armlehnen **mehr**	2.—	
	» » mit » »	2.90	
	Holzleiste als Fußtritt (an die Lehnfüße in beliebiger Höhe vom Boden angeschraubt), Preisaufschlag per Fauteuil K —.30		
	Alte Bezeichnung **Theater-Fauteuil** Nr. 5.		128
15.005	Sitz Relief, mit Federn, Lehne zum Polstern, Gestelle poliert, ohne Armlehnen	13.—	
15.505	Sitz Relief, mit Federn, Lehne zum Polstern, Gestelle poliert, mit Armlehnen	14.50	
15.105	Sitz Relief, mit Federn, Lehne zum Polstern, Gestelle nußmatt, ohne Armlehnen	12.—	
15.605	Sitz Relief, mit Federn, Lehne zum Polstern, Gestelle nußmatt, mit Armlehnen	13.50	
	Einzelne Fauteuils ohne Armlehnen **mehr**	2.—	
	» » mit » »	2.90	
	Aufschlag für Leiste (als Fußtritt), per Fauteuil	—.30	
	» » Lehnbrett, poliert, » »	—.50	
	Alte Bezeichnung **Theater-Fauteuil** Nr. 5a.		128
	Sitz und Lehne Relief, Lehnfüße gebogen, ohne Federn, ohne Gewichte.		
15.205	**Preise** in Reihen à mindestens 4 Sitzen: per Fauteuil, ohne Armlehnen	11.—	
15.705	» » » » » 4 » » » mit »	12.50	
	Einzelne Fauteuils ohne Armlehnen **mehr**	2.—	
	» » mit » »	2.90	
	Preisänderungen: Ebenso wie bei Nr. 3*a*, doch kommt der Entfall der Fußbacken hiebei **nicht** in Betracht.		
	Alte Bezeichnung **Theater-Fauteuil** Nr. 6.		128
	Type: Musikvereinssaal in Wien.		
15.006	Sitz geflochten (mit Federn), Lehne Flach-Intarsia	21.50	
	Einzelne Fauteuils **mehr**	3.—	
	Alte Bezeichnung **Theater-Fauteuil** Nr. 7.		129
15.007	Sitz (mit Federn und Gewichten) und Lehne zum Polstern	20.—	
	Einzelne Fauteuils **mehr**	3.—	

Neue Bezeichnung		Preis	Seite
	Alte Bezeichnung **Theater-Fauteuil** Nr. **8.**		129
15.008	Sitz und Lehne zum Polstern, Sitz mit Falz und Federn, Lehne mit weichem Brett gefüllt	28.—	
15.108	Sitz grob geflochten zum Polstern, Lehne mit weichem Brett gefüllt	29.80	
15.208	Sitz geflochten, Lehne mit weichem Brett gefüllt	31.—	
	Eisengewichte . . . mehr	1.20	
	Einzelne Fauteuils . . . mehr	4.—	
	Alte Bezeichnung **Theater-Fauteuil** Nr. **9.** Sitz mit Flechtmuster-Furnierbrett belegt, zum Überpolstern, auf Drehbolzen ohne Gewicht, geräuschlos auf Gummi klappend, Lehne und Armplatten zum Polstern.		129
15.009	Preis per Fauteuil in Bänken à mindestens 4 Sitzen	15.—	
	» » » einzeln	18.—	
	Zuschläge:		
	Für in den Lehneinsatz eingeschobenes Flechtmuster-Furnierbrett, für vorne zu überpolstern, wodurch sich die Polsterungskosten erheblich vermindern, **per Fauteuil** . . . mehr	1.—	
	Für Gewicht zum selbsttätigen Aufklappen des Sitzes **per Sitz**	+ 1.50	
	Für polierte Armplatten (statt jener zum Polstern), per Fauteuil in Bänken	+ —.25	
	» » » » » » » » einzeln	+ —.40	
	Alte Bezeichnung **Theater-Fauteuil** Nr. **10.** Sitz und Lehne Relief, mit Armlehnen ohne Armplatten, Sitz ohne Gewicht auf Drehbolzen, geräuschlos auf Gummi klappend.		129
15.010	Preis per Fauteuil in Bänken à mindestens 4 Sitzen	15.—	
	» » » einzeln	18.—	
	Zuschläge:		
	Für Gewicht zum selbsttätigen Aufklappen des Sitzes, **per Sitz**	+ 1.20	
	Für polierte Armplatten auf den Armlehnen, per Fauteuil in Bänken	+ —.60	
	» » » » » » » » einzeln	+ 1.—	
	Alte Bezeichnung **Theater-Fauteuil** Nr. **11.** Reliefsitz und einfache Fächerlehne.		129
15.011	Preis per Sitz	18.—	
15.111	mit Sattelsitz, Preisaufschlag	1.—	
	Aufschlag für Gewichte	1.20	
	» » polierte Armbacken	—.50	
	» » einzelne Fauteuils	3.—	
	Alte Bezeichnung **Theater-Fauteuil** Nr. **12.**		129
15.012	Sitz und Lehne zum Polstern, Sitz mit Federn ohne Gewicht, per Sitz	22.—	
15.112	**Aufschlag** für Sitz grob vorgeflochten	1.80	
	» » Gewichte	1.20	
	» » Flechtmuster-Lehnbrettel, vorne zum Polstern, rückwärts lackiert	1.—	
	Aufschlag für einzelne Fauteuils	4.—	

Neue Bezeichnung		Preis	Seite
	Alte Bezeichnung **Theaterfauteuil** Nr. **14.**		129
15.014	**Normal** (mit Sattelsitz, ohne Polstereinsatzbrett)	20.—	
15.114	Mit Sitz und Lehne zum Polstern	18.50	
15.214	» » zum Polstern, grob vorgeflochten	20.30	
	Aufschläge auf normal: für Polstereinsatzbrett in der Lehne	1.—	129
	» Sitz geflochten (statt Sattelsitz)	1.50	
	» » Relief (» ») ohne Preisaufschlag.		
	» Sitz und Lehne, geflochten	3.—	
	» Armbacken zum Polstern, roh	—.30	
	» » poliert	—.50	
	» Eisengewicht bei normal	1.20	
	» » » Sitz zum Polstern	1.50	
	» Federnscharniere	3.25	
	Einzelne Fauteuils . . . mehr	3.—	
16.001	**Theater-Klappsessel,** alte Bezeichnung Nr. **1,** geflochten	13.—	130
16.002	**Theater-Klappsessel,** alte Bezeichnung Nr. **2,** mit Relief-Sitz und Lehne	10.—	130
16.003	**Logenstockerl,** Sitz △ zum Polstern	4.50	130
16.103	**Konzertsessel,** alte Bezeichnung Nr. **103,** normale Ausführung K 8.— mit eingravierter Folgenummer » —.60 mit Eisenstützen » —.40	9.—	130
16.066	**Logensessel,** alte Bezeichnung Nr. **66½,** Preis (zum Polstern)	6.70	130
16.059	» » » » **59½,** » » »	7.—	130
16.050	» » » » **50** » » »	6.30	130
16.085	» » » » **85½/56½,** Preis (zum Polstern)	6.10	130

Huthaken aus Messing zum Preise von K —.20 per Stück werden (an kurzen Riemen hängend) mittels Schrauben an der Rückseite der Fauteuils befestigt. (Muster gratis.)

Tischchen für Biergläser, Operngläser usw. K —.80 können an der Rückseite zwischen je zwei Fauteuils angeschraubt werden. Form: Kreisausschnitt 15△15 von 15 cm Halbmesserlänge.

Reihen-Nummern per Stück K —.60 bis K 1.60.

Sitz-Nummern per Stück K —.40 bis K 1.20.

Druck von W. Hamburger, Wien, VI. Mollardgasse 41.

MICHAEL THONET SENR.

GEBOREN AM 2. JULI 1796. GESTORB. AM 3. MÄRZ 1871.

BESTAND SEIT 1853.

BESTAND SEIT 1853.

Michael Thonet

DEVISE:
Biegen oder Brechen.

ERFINDER
DER MÖBEL AUS
GEBOGENEM HOLZE

THONETMÖBEL

WEIL. SENIOR DER FIRMA

GEBRÜDER THONET,

BEGRÜNDER DER BUGHOLZMÖBEL-
INDUSTRIE.

K. u. k. a. priv. u. landesbef. Fabriken massiv gebogener Holzarbeiten

GEBRÜDER THONET

Bistritz a/Hostein Mähren. · Koritschan Mähren. · Wsetin Mähren. · Hallenkau Mähren. · Nagy-Ugrócz Ungarn. · Nowo-Radomsk Russ.-Polen. · Frankenberg Hessen-Kassel.

ZENTRAL-VERKAUFSHAUS

WIEN

ZENTRAL-VERKAUFSHAUS

STEFANSPLATZ.

EIGENE VERKAUFSHÄUSER:

Budapest Waitznergasse 11.

Prag Obstgasse.

Brünn Thonethof.

Graz Thonethof.

Frankfurt a/M. Kaiserstrasse 53.

Hamburg Alter Wall 30.

Berlin S. W. Leipzigerstrasse 89.

München Prannerstrasse 5.

Köln a/Rh. Hohe Pforte 10.

Amsterdam Kalverstraat E 66 68.

Brüssel Place de Brouckère 1.

Antwerpen Place de la Comédie 2.

London W. 43 Oxfordstreet.

Paris 15 Boulevard Poissonnière.

New-York Broadway 860.

Marseille 53 Rue St. Ferréol.

Mailand Piazza del Duomo.

Neapel Strada Chiaja 191 192.

St. Petersburg Newski Prospekt.

Moskau Schmiedebrücke.

Madrid Plaza del Angel 10.

Barcelona Calle Pelago 40.

Odessa 53, Rue de Ribas

Warschau Marschallstrasse 141.

P. T.

Wohl selten gibt es eine Industrie, die aus den bescheidensten Anfängen sich in so kurzer Zeit zu solchem Umfange und Ansehen entwickelt hat, wie die Bugholzmöbel-Industrie.

Es sei uns daher die Anführung folgender statistischen Daten gestattet:

Anfangs des Jahres **1830** machte Michael Thonet sen., der seit 1819 in Boppard am Rhein seinen selbständigen Geschäftsbetrieb als Bau- und Möbeltischler begann, die ersten Versuche, Möbelbestandteile aus Fournieren zu biegen. Aus der Periode 1836—40 stammen Stühle laut Figur 1 und 2.

Die erreichten Erfolge zu neuem Schaffen benutzend, entstand **1850** als erster Konsumsessel jene Type (Figur 3), welche noch heute als Sessel Nr. 4 erzeugt wird. Bekanntlich war es das Wiener Café Daum, das am allerersten mit gebogenen Möbeln (Sessel Nr. 4) eingerichtet wurde.

Fig. 1.

Fig. 3.

Fig. 2.

1851 wurden in der Londoner Weltausstellung Möbel ausgestellt laut Figuren 4, 5 und 6.

Fig. 4.

Fig. 5.

Fig. 6.

GEBRÜDER THONET.

1853 (am 1. November) **gründete Michael Thonet sen. mit seinen Söhnen die Firma Gebrüder Thonet und ließ sie handelsgerichtlich protokollieren.**

1856 (am 10. Juli) wurde der Firma Gebrüder Thonet ein Privilegium erteilt: „Auf die Anfertigung von Sesseln und Tischfüßen aus gebogenem Holze, dessen Biegung durch Einwirkung von Wasserdämpfen oder siedenden Flüssigkeiten geschieht." — Dieses blieb bis zum 10. Dezember 1869 in Kraft.

1859 wurde in unserer Fabrik Koritschan jene Type geschaffen, welche als:

Sessel  Nr. 14 (Seite 3)

der Hauptkonsumartikel dieser Industrie geworden ist. Die bisherige Gesamtproduktion von Sesseln Nr. 14 in sämtlichen bestehenden in- und ausländischen Fabriken von Möbeln aus gebogenem Holze dürfte bis Ende 1903 mit etwa 45 Millionen nicht zu hoch gegriffen sein.

1860 entstand in unserer Fabrik Koritschan der erste Schaukelfauteuil aus gebogenem Holze, eine Type, welche noch heute als Nr. 1 erzeugt wird (Seite 52).

1869, d. i. nach Ablauf unseres Patentes, **entstand die erste Konkurrenzfabrik.** Es ist naturgemäß, daß diese und die seither entstandenen zahlreichen Konkurrenzfabriken fast alle von uns geschaffenen Typen in ihre Fabrikation aufnahmen; aber auch nach erfolgter Gründung und Inbetriebsetzung der Konkurrenzfabriken blieben **wir** die Schöpfer jener Hauptkonsumtypen dieser Industrie, welche noch heute den Weltmarkt beherrschen. So entstand beispielsweise

1876 die Sesseltype laut Katalog Nr. 18 (Seite 4);

1885 die Sesseltype laut Katalog Nr. 56 (Seite 12), von welcher seither sowohl von uns, als auch von allen Konkurrenzfirmen unzählige Sesselnummern abgeleitet wurden;

1888 die erste Type von Theaterklappfauteuils aus gebogenem Holze für das Deutsche Volkstheater in Wien (Seite 111), welche seither für die moderne Theatermöblierung bahnbrechend und mustergiltig wurde;

1891 unser Gartensessel Nr. 4 (Seite 101) mit seiner originellen Knotenkonstruktion, der zufolge seiner anerkannten technischen Vollkommenheit seither einen Absatz von vielen Hunderttausenden erreichte;

1898 die beliebte Sesseltype laut Katalog Nr. 221 (Seite 31), welche seither unzählige Varianten gefunden hat.

Es ist der Erfindung Michael Thonet sen'. zu danken und dem exakten Wege, den er zu deren Ausnützung vorzeichnete, daß heute, soweit sich übersehen läßt, 52 Firmen in mehr als 60 Fabriken die Erzeugung von Möbeln aus gebogenem Holze betreiben; daß diese Industrie in Österreich-Ungarn allein die regelmäßige forstwirtschaftliche Ausnutzung eines Gebietes von 250.000 Hektaren Buchenwaldungen für Materiallieferung erheischt, daß aus Österreich-Ungarn im Jahre 1903 172.727 Meterzentner von Möbeln aus gebogenem Holze in alle Weltteile exportiert wurden; daß mehr als 25.000 Menschen neue und lohnende Beschäftigung fanden. Der Name Michael Thonet sen. gehört somit mit Recht der Geschichte der Arbeit an, und es ist keine Selbstüberhebung, wenn wir dies an dieser Stelle konstatieren.

Wien, 1. Oktober 1904.

Gebrüder Thonet.

C

GEBRÜDER THONET.

Inhaltsverzeichnis.

Sessel, Fauteuils, Halbfauteuils, Kanapees.

GEBRÜDER THONET.

	Seite	Neue Nummer
Kinderfauteuils, hoch	88	12031—
„ fauteuils, hoch mit Rohrlehne	88	12081—
„ speisesessel	90	12301—12350
„ rollsessel	90	12351—
„ tische	89, 91	12401—
„ schaukelfauteuils	89, 91	12501—
„ -Doppelschaukelfauteuils	91	12500
„ tischbänke	91	12601—
„ waschständer	91	12651—
„ betten	92	12701—
„ gehschulen	93	12851—
„ klosettfauteuils	93	12835—12836
„ wiegen	93	12801—
„ hängeschaukel	94	12861
„ gartensessel	94	12874
„ gartentisch	94	12884
„ spielreif	94	12890
Ladensessel	41	4●●●
Lesetische	70	9201—
Malerstaffeleien	80	10171—
Nähtische	70	9221—9222
Nachtkästchen	76	9801—9802
Notenetagère	86	11604, 11605, 11612
Notentisch	86	11611

	Seite	Neue Nummer
Notenständer	87	11801—
Notenpulte	87	11851—
Ofenschirme	83	11201—
Pfeilerspiegel	77	9901—
Photographietisch	70	9203
Puppenmöbel	94	12901—
Rauchfauteuil ○	45	6301
„ □	45	6302
Rauchtische	70	9211—9212
Rahmen	77	9961
Salongarnituren	57—60	7501—
Salontische	61—63	8001—8200
Salontischfüße mit Zarge	61—63	8201—8400
„ ohne „	61—63	8401—8600
Serviertassen	69	9191—
Spieltische	70	9301—
Spucknäpfe	83	11171—11172
Spanische Wände	84	11301—
Schreibtischfauteuils	44—45	6●●●
Schaukelmöbel	52—56	7000—7500
Schlafsofas	74	9701—9704
Schirmständer	84	11401—
Stockerl, diverse	41	45●●
Stockerl, kleiner Sitz	42	46●●
„ großer Sitz	42	47●●

	Seite	Neue Nummer
Stockerl Harmon.	42	48●●
„ Nr. 34 und 51	42	47●●
„ Nr. 309	42	4809
„ Nr. 110	42	4810
„ Probier-	42	4850
Stöcke	50	68●●
Stocksessel	50	68●●
Ständer	73	96●●
Staffeleien	80	10171—
Trumeautische	64—65	8601—8700
Trumeautischfüße mit Zarge	64—65	8701—8800
„ ohne „	64—65	8801—8900
Tischgestelle für Marmor	65—66	8901—9000
Tisch Nr. 902	70	9202
„ Nr. 904	70	9204
Toilettespiegel	77	9851—
Toilettetischchen	76	98●●
Trumeaukleiderstöcke	81	10501—
Trumeauschirmständer	84	11421—
Turnringe	94	12891—12892
Theatermöbel	111	15001—
Waschtische und -ständer	78	10001—10100
Wandkleiderstöcke	82	10801—109●●
Wandschirmständer	85	11451—
Zeitungshalter	85	11501

Zur gefälligen Beachtung:

Sämtliche in unseren Fabriken erzeugten Möbel werden mit der nachstehend ersichtlich gemachten **Schutzmarke** und außerdem mit einem Stempel **„THONET"**

THONET WIEN.

Mit gesetzlichem Schutze gegen Nachahmung.

im Innern des Sitzes versehen; **nur so bezeichnete Möbel** können als **unser Fabrikat** angesehen werden.

Bei Bestellungen bittet man anzugeben:

entweder: *a)* den Namen des Artikels **genau** nach der in diesem Musterbuche angewandten Bezeichnung;
b) die Nummer des Artikels;

oder: die im Katalog für jeden Artikel in Rotdruck eingestellte Erkennungsziffer (neue Nummer), deren Angabe die oben sub *a)* und *b)* festgesetzten Bezeichnungen entbehrlich macht;

c) die Farbe, sowie ob lackiert, oder poliert, oder matt;
d) bei **Sitzmöbeln:** ob geflochten, oder mit perforierten, oder Reliefsitzen, resp. -lehnen; ferner bei Intarsiamöbeln: ob Flachintarsia oder ob Reliefintarsia;
e) bei **Sesseln:** ob selbe Fuß**reifen,** oder Fuß**sproßen,** oder Reifenbögen etc., ob Verbindungen, oder Eisen**stützen,** oder Eisen**winkel** etc. tragen sollen;

} sofern hiefür keine Bezeichnung in der rotgedruckten Numerierung vorgesehen ist;

f) den Preis des Artikels.

Die in diesem Musterbuche angewandten Preise verstehen sich in

Kronenwährung.

Zweck der neuen Numerierung

ist: *a)* **Die Verhütung von Verwechslungen** der Artikel. Jede Warentype trägt ihre Kennziffer.

So z. B.: **Sessel** behielten in der Regel ihre bisherigen Nummern bei:	z. B. Sessel	Nr. 56	heißt neu kurzweg:	Nr.	56;
Fauteuils und **Halbfauteuils** tragen die Kennziffer 1000;	„ „ Fauteuil	„ 56	„	„	1056;
Kanapees, 2-sitzig (111 Cm.) „ „ 2000;	„ „ Kanapee	„ 56, 111 Cm.	„	„	2056;
3- „ (135 „) „ „ 3000;	„ „	„ 56, 135	„	„	3056.

Die neuen Nummern sind in rot den Zeichnungen und Preisen beigesetzt und wird durch deren Verwendung die Bestellung sehr vereinfacht; es resultiert hieraus

b) **die Ersparnis textlicher Beschreibung** der Artikel; z. B.

Bisher bestellte man		Bei Gebrauch der Neunumerierung bestellt man:
	1 Kanapee Nr. 56, 135 Cm. lang	1 Stück Nr. 3056
	1 Stockerl, 47 Cm., kleiner Holzsitz, perforiert	1 „ „ 4602
	1 Salontischfuß samt Zarge Nr. 221	1 „ „ 8231
	1 Kinderfauteuil Nr. 1 mit Rohrlehne und Tablette	1 „ „ 12061 T
	1 Schreibtischfauteuil Nr. 3	1 „ „ 6003
	etc., etc.	etc., etc.

GEBRÜDER THONET.

Vorwort.

Material: Alle gebogenen Möbel werden aus Buchenholz erzeugt.

Verfahren: Durch **minuten**langes Einwirken heißer Wasserdämpfe wird das zu Latten geschnittene Materiale biegsam gemacht — (gedämpft) — die gedämpften Latten werden auf Eisenformen aufgespannt (gebogen), in diesem Zustande getrocknet und schließlich durch mechanische Bearbeitung in die endgiltige Façon gebracht. Leichtigkeit, Stärke, Elastizität und große Haltbarkeit sind die Haupteigenschaften gut gearbeiteter Möbel aus gebogenem Holze. Die Hauptteile derselben sind nur durch Schrauben — ganz ohne Leim — miteinander verbunden.

Querschnitt (Profil). Der Querschnitt der Möbelteile ist im allgemeinen rund ....

Die Möbelgruppe Nr. 32, 36, 37 hat **Normalprofil** ....

Auf Grund spezieller Vorschrift können Möbel, sofern dies die Fabrikation zuläßt, auch mit dem Profil **„kantig und gekehlt"** ....

oder **„glatt"** ....

oder **rund gekehlt** (siehe Seite 40) erzeugt werden

Möbel Nr. 136 und 137 haben den Querschnitt...

„ „ 138 „ „ „ ...

Farbe (Politur): Sämtliche Möbel werden zu **einheitlichen** Preisen geliefert in

naturfarbig poliert (naturbuchen)
nußholz-
palisander- } artig imitiert, poliert
mahagoni-
schwarz (ebenholz)-artig imittiert, poliert
nußmatt
schwarzmatt

Einem Aufschlage unterliegen:

Alle Möbel in
eichen } matt und geritzt
alteichen
nußmatt geritzt } von 5%
grün
rot

Möbel in allen anderen von unserer Farbenkarte abweichenden und nach besonderen Mustern bestellten Farben unterliegen einem separaten Aufschlage von 5%.

Eine Miniaturfarbenkarte, enthaltend die ganze Sammlung aller von uns erzeugten Farben (auf Holzplättchen in natura) ist zum Preise von *K* —.50 jederzeit erhältlich.

Lackierte Sitzmöbel.
Billige Formen (wie Nr. 114, 118 u. dgl.) werden auch nur lackiert, anstatt poliert.

Unterschied zwischen Lackieren und Polieren der Sessel.
Obwohl bei Sesseln Nr. 114 bis 120 der Preisunterschied zwischen Lackieren und Polieren ***K* —.50** beträgt, so ist derselbe nicht allgemein in Anwendung zu bringen, sondern gilt **nur** für diese Nummern. Werden Sessel Nr. 14, 18, 54 und andere billige Konsumsessel lackiert (statt poliert) verlangt, so reduziert sich der Preis um bloß ***K* —.30** und nicht ***K* —.50**.

Halbsessel, wie Sessel $14\frac{1}{2}$, $56\frac{1}{2}$ etc., nennen wir eine kleinere Ausführung von Sesseln, deren Sitz 37 Cm. Durchm. oder 39 × 36 Cm. ist und bei denen die Lehnen 2—3 Cm. niedriger gehalten sind; solche Sessel werden hauptsächlich für Konditoreien u. dgl. öffentliche Lokale benützt.

Halbfauteuil nennen wir einen kleinen Fauteuil, dessen **Sitz** oval 45 × 45 Cm. ist, dessen **Lehne** genau in der Form und in der Regel auch in der Größe jener der korrespondierenden Sesselnummer gleicht, und der mit einfachen Armlehnen (ohne Schneckenbiegung) versehen ist.

Gravieren. Durch geschmackvolle Kannelierung der dem Beschauer zugewandten Seite der Möbel werden diese letzteren verziert; weist die Kannelierung unabhängig von der Farbe des Gestelles die Naturfarbe des Rohholzes auf, so nennen wir solche Möbel „graviert".

Bronzieren. Werden die Kannelierungen mit Bronzefarbe nachgezogen, bezeichnen wir derlei Möbel mit „bronziert".

Preise: Für beide Ausführungsarten haben wir zwecks rascher Preiskalkulation prozentuelle Preisaufschläge etabliert, u. zw. rechnen wir von den bestehenden Preisen der normal ausgeführten Möbel in der Regel

10% brutto für Gravieren,
15% „ „ Bronzieren (inkl. Gravieren).

Reichere Gravierungen und Schnitzereien werden gegen entsprechende Preiserhöhung angebracht.

Kehlen: Möbel mit parallel zu den Hauptkonturen geführten Kannelierungen, letztere in gleicher Farbe, wie das Gestell, heißen „gekehlt"; in der Regel werden derlei Möbel auf der dem Beschauer zugewandten Seite gekehlt und sind wie gravierte, um

10% des Normalpreises (brutto)

teurer, als normal ausgeführte Möbel; reichere Kehlungen schließen entsprechende Preiserhöhung in sich.

Schnitzereien werden gegen entsprechenden Preisaufschlag angebracht.

Sitzformen. Behufs Bezeichnung der Sitzformen sind im vorstehenden Kataloge folgende Zeichen angewandt:

runder Sitz
ovaler Sitz
trapez-
herz- } förmiger Sitz
steigbügel-
lang-ovaler Sitz
lang-trapezförmiger Sitz.

Die neben diesen Zeichen ersichtlichen Ziffern bedeuten die größte Sitzbreite, resp. -tiefe in Cm.

Geflecht. Wir verwenden zum Flechten ausschließlich nur **Glanz**rohr, welches eine enorme Widerstandsfähigkeit besitzt, während das durch die Konkurrenz benützte glanzlose Flechtrohr, bei welchem die Kieselschichte, als der beste Schutz gegen äußere Einwirkung, entfernt ist, wohl für den ersten Moment etwas heller aussieht, aber beim Gebrauche sofort schmutzt und sackartig sich ausdehnt.

Die Beschaffenheit des Geflechtes wird in Verbindung mit der Sitzform ausgedrückt, wie folgt:

etc. = starkes Geflecht.
etc. = feines Geflecht.
etc. = grob vorgeflochten zum Polstern.
etc. = nicht geflochten zum Polstern.

Polsterung. Zum Zwecke der Polsterung liefern wir die Sitzmöbel entweder ungeflochten oder grob vorgeflochten (das grobe Geflecht vertritt die Stelle der Polstergurten).

Holzsitze, siehe Seite *h—i*. In Verbindung mit der Sitzform bezeichnen wir mit

(P) (P) (P) etc. = perforierte Sitze
(T) (T) (T) etc. = Tiefpressung
(N) etc. = Netzdessin
(F) (F) (F) etc. = Flechtmuster
(R) (R) (R) etc. = Reliefsitze
(J) (J) (J) etc. = Flachintarsiasitze
(JR) (JR) (JR) etc. = Reliefintarsiasitze
etc. = Holzsitze, glatt, ohne Dessin
etc. = Sattelsitze.

Sitzkonstruktion. Der Sitzrahmen ist in der Regel aus einem Stück Holz gebogen; dessen Enden sind verbunden

α) entweder durch Übereinanderlegen derselben,
β) oder Fixieren derselben mittelst einer Kappe.

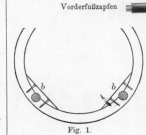

Vorderfußzapfen

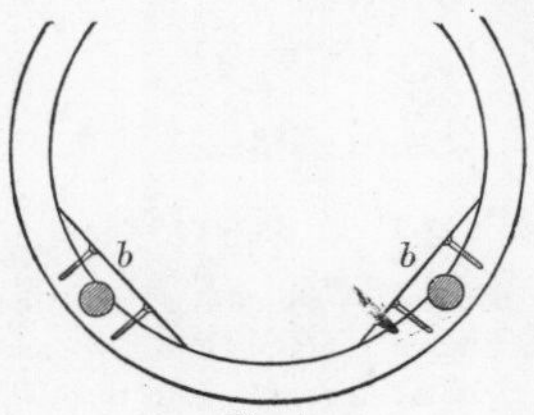

Fig. 1.

Hauptbedingung eines guten Sitzmöbels aber ist, daß dessen Vorderfüße, welche in den Sitzrahmen eingezapft sind, gut befestigt seien; je **stärker der in den Sitzrahmen zu versenkende Zapfen des Vorderfußes ist, desto geringer ist die Gefahr, daß letzterer abbricht.** Der schmale Sitzrahmen allein läßt eine Vergrößerung des Querschnittes der Vorderfußzapfen nicht zu; es ist dies nur tunlich, **wenn der Sitzrahmen innen durch die Backen *b* verstärkt wird.**

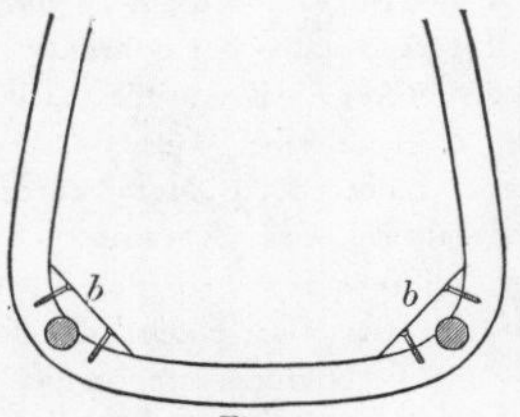

Fig. 2.

Diese Backen ermöglichen also die Vergrößerung des Bohrloches zur Aufnahme der Vorderfüße, den größeren Querschnitt der Vorderfußzapfen und tragen somit

GEBRÜDER THONET.

ungemein zur Widerstandsfähigkeit der Vorderfüße gegen Bruch bei. **Sitze mit Backen sind daher jenen ohne Backen unbedingt vorzuziehen.**

Schrauben. Sitz und Lehne der Sitzmöbel werden entweder durch Patentschrauben (Gestellschrauben) oder durch Mutterschrauben, deren galvanisierte Köpfe außen sichtbar sind, verbunden. Soll auch der unter dem Sitze sich befindliche Reifen an die Vorderfüße und Lehnfüße mittelst Mutterschrauben befestigt werden, so kostet dies *K* **—.30.**

Durch das zeitweise **Anziehen der Schrauben an den Sitz** wird wesentlich zur **Dauerhaftigkeit der Sitzmöbel** beigetragen, worauf das P. T. Publikum aufmerksam gemacht wird.

Teppichschoner (Parkettschoner).
Auf Verlangen können alle Sitzmöbel mit Gleitnägeln an den Füßen versehen werden. Preisaufschlag *K* **—.30** per Möbelstück.

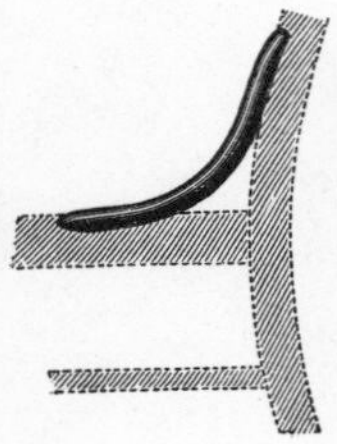

Verbindungen aus gebogenem Holze können an alle Sessel mit ◯ oder gedrechseltem Profile, die in diesem Kataloge nicht schon mit solchen gezeichnet sind, gegen eine Aufzahlung von *K* **—.60** per Paar angebracht werden.

Eisenstützen
K **—.40**
per Paar

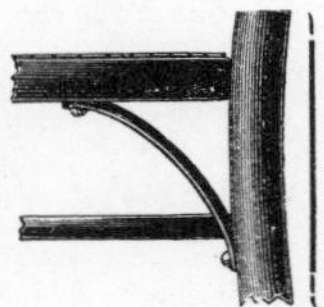

Eisenwinkel
K **—.50**
per Paar

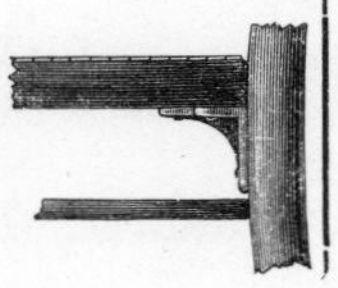

werden **unterhalb** des Sitzrahmens angebracht und eignen sich für alle Sessel.

Metallstützen

(Patent angemeldet).

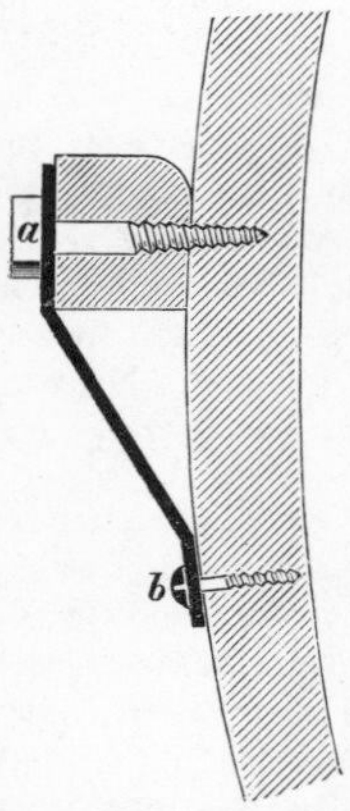

Die neueste Verbindung zwischen Sitzrahmen und Lehnfüßen sind die „Metallstützen". Ein ungefähr 1 Cm. breites Eisenband liegt mit dem oberen Ende an dem Innenrande des Sitzes und dient zugleich als Unterlagsplatte der Schraube *a*, mittelst derer die Lehnfüße an den Sitz angeschraubt werden. Das untere Ende der „Metallstütze" wird mittelst der Schraube *b* an dem Lehnfuße unterhalb des Sitzes befestigt. Vorteile: Macht die gebogenen Verbindungsarme entbehrlich und ist billiger als diese, kommt somit besonders bei billigen Konsumsesseln in Betracht. Bruttoaufschlag per Sessel pro 1 Paar Metallstützen) . . . . . *K* **—.20.**

Fußverbindungen. Die Befestigung der Füße der Sitzmöbel untereinander erfolgt durch:

a) **Fußreifen** (von gleicher Form und parallellaufend mit dem Sitzrahmen)

b) **Fußsprossen** (siehe Sessel Nr. 114 und 118)

c) **Reifenbogen** verbinden den Sitz mit den Füßen und bilden einen vorteilhaften Ersatz für Verbindungen.

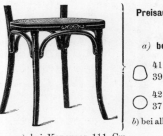

Preisaufschlag für Reifenbogen:

a) **bei Sesseln mit Sitz**

◯ 41 × 40 Cm. / 39 × 37 „ } *K* **—.60**

◯ 42 Cm. Durchm. / 37 „ „ } *K* **—.70**

b) bei allen Fauteuils à *K* **1.—**

c) bei Kanapees 111 Cm. . . . . } *K* **1.50**
d) „ „ 135 „ . . . .

Fußstege.

siehe Sessel Nr. 125, Seite 25 und unter „Geschweifte Vorderfüße", Vorwort, 3. Spalte, Seite e.

Lehnaufsätze: Die Lehnen der Sitzmöbel können mit gravierten oder geschnitzten Lehnaufsätzen versehen werden und zwar:

geschnitzt

oder

graviert

bronziert 5% mehr	zum Preise von *K* **2.—** per	Sessel
	„ „ „ „ **3.—** „	Fauteuil
	„ „ „ „ **5.—** „	Kanapee, 111 Cm. lang
	„ „ „ „ **7.—** „	„ 135 „ „

Eine Ausnahme bilden Sessel Nr. 178 und 179, Seite 27.

Armbacken, *K* **1.— per Paar**, können auf die Armlehnen aller Fauteuils und Kanapees angebracht werden, die in diesem Kataloge nicht schon mit solchen gezeichnet sind.

Profilierte Lehnfüße sind aus einem Stück Holz gebogen und gedrechselt.

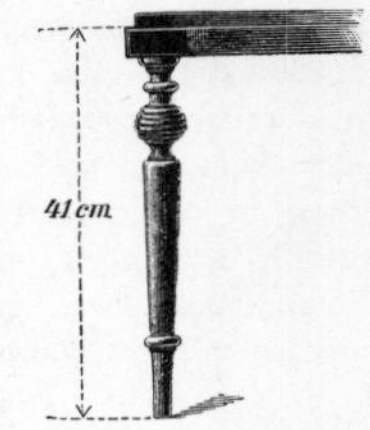

Profilierte Vorderfüße können an alle Sitzmöbel, die in diesem Kataloge nicht schon mit solchen gezeichnet sind, angebracht werden (siehe Seite 9, Sessel Nr. 43).

Preisaufschläge:
Bei Garnituren mit glatten Vorderfüßen *K* **1.—** per Möbelstück.
Bei Garnituren, deren Vorderfüße Kapitäler haben, *K* **—.80** per Möbelstück.

Die Möbel der Gruppen Nr. 32, 36 und 37 können (anstatt mit den gedrehten Vorderfüßen) mit den kantig profilierten Vorderfüßen — siehe Seite 40, Sessel Nr. 432 — versehen werden (in diesem Falle entfällt der Fußreif) und zwar ohne Preisaufschlag.

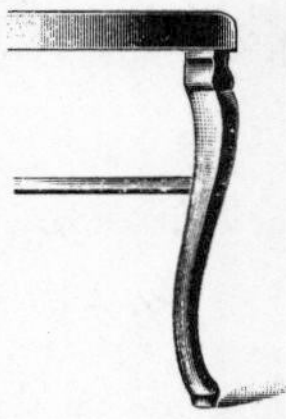

Geschweifte Vorderfüße können an alle Sitzmöbel angebracht werden und kosten gegenüber profilierten Vorderfüßen *K* **—.25** mehr per Möbelstück.

In diesem Falle bekommen die Sitzmöbel keine Fußreifen, sondern „Fußstege")((wie Sessel Nr. 125), weil diese zu den geschweiften Vorderfüßen besser passen.

Preisaufschlag: *K* **—.25** per Möbelstück gegenüber Fußreifen.

Stiefelzieher

können an alle Sessel angebracht werden gegen Preisaufschlag von *K* **2.20** (*K* **2.80** weniger *K* **—.60** für den wegen des Stiefelziehers zu entfernenden Fußreifen).
Stiefelzieher, separat geliefert, kosten *K* **2.80.**

Einfache Hutdrähte

können an alle Sessel angebracht werden.

Preisaufschlag: *K* **—.30.**

Doppelte Hutdrähte,

und zwar:

aus Eisen . . . . à *K* **—.70**
„ **Messing** . . . . . „ „ **1.40**

können an alle Sessel angebracht werden.

GEBRÜDER THONET.

Lehnring mit Folgenummer (auf der Vorderseite)

bei Sesseln, welche einen Lehnring schon haben (wie Nr. 19, 31 etc.)
Preisaufschlag *K* —.50

wird, wo dies die Lehnform des Sessels zuläßt, auf Bestellung angebracht.
Preisaufschlag *K* —.80

Abnehmbare Nummernschilder (Folgenummer auf der Vorderseite)

(Preisaufschlag *K* —.80) können an **alle** Sitzmöbel mit Lehne angebracht werden; sie erleichtern ungemein das Aufstellen von Sitzreihen, indem man die Sessel beliebig postieren und nachträglich durch Anhängen der Schilder benummern kann.

Einschiebbare Nummerntafeln

können an alle Sitzmöbel mit Lehnschwingen angebracht werden. Die auf Karton oder Blech gemachte Folgenummer wird in das ausgeschnittene Oval durch einen Schlitz von oben eingeschoben.

Preisaufschlag für den Ausschnitt und Schlitz zum Einschieben der Nummer — jedoch ohne die Nummertafel -- *K* **—.30.**

Eingravierte Folgenummern (auf der Vorderseite der Lehne) können, wo dies die Lehne zuläßt, gegen Preisaufschlag von *K* **—.15** per Ziffer angebracht werden.

Nr. **103**

Nr. **57**

Es kostet demnach z. B. eine 2-ziffrige Zahl $2 \times 15 =$ *K* **—.30** und, wenn die Ziffern auch auf der Rückseite der Lehne sein sollen, das doppelte hievon d. i. *K* **—.60.**

Lehninschriften, Monogramme, Wappen.
Perforiert.
Preisaufschlag *K* **—.20** per Stück.

Es empfiehlt sich, für diese Art nur einfache Dessins zu wählen, weil reiche Dessins die Deutlichkeit zu stark beeinträchtigen.

Relief.
Preisaufschlag
K **—.20**
per Stück.

Die Inschrift kann nur an der in obigen Zeichnungen ersichtlichen Stelle angebracht werden.

Intarsia.

Preisaufschlag *K* —.20 per Stück auf die Intarsiapreise für schon bestehende Inschriften, respektive Dessins; diese werden an derselben Stelle, wie oben ersichtlich, angebracht. Die Anfertigung neuer Schriften und Dessins geht zu Lasten des Bestellers unter Beibehaltung des Preisaufschlages von *K* **—.20** per Stück auf die Intarsiapreise.

Ersatzgeflechte

sollen dazu dienen, um beschädigte Sitzgeflechte auch dort erneuern zu können, wo das Einflechten in den eigentlichen Sitzrahmen entweder sehr teuer, oder gar nicht zu erreichen wäre.

Ein aus dünnen Fournieren **wasserfest** hergestellter Rahmen in der äußeren Größe unserer Fourniersitze trägt in seiner ganzen inneren Fläche das Geflecht, und an seinem Umfange 16 Löcher zur Aufnahme der Schraubennägel.

Die **Befestigung** des Ersatzgeflechtes geschieht durch Einschlagen der Schraubennägel durch die Löcher des Fournierrahmens in den Sitzrahmen des Sessels genau in derselben Weise, wie das Aufnageln der Holzsitze. (Damit der auf der Unterseite des Ersatzgeflechtes ersichtliche Geflechtschluß das vollständig flache Aufliegen des Fournier-

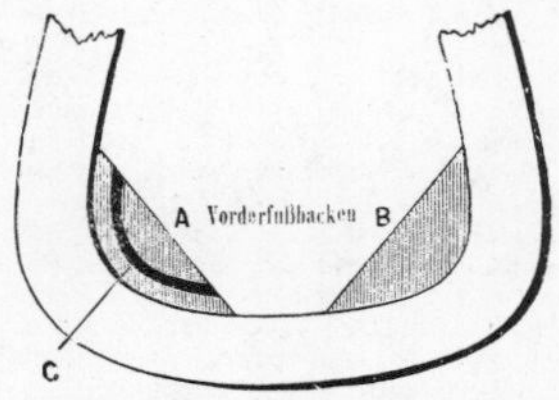

rahmens auf dem Sitzrahmen nicht behindere, empfiehlt es sich, in die Vorderfußbacken **A B** des Sitzrahmens — siehe Skizze — mittelst eines Hohleisens eine Rinne **C** auszustechen, die den Geflechtschluß aufnimmt.)

Die Rahmen der Ersatzgeflechte werden bis nun in den Farben **nußbraun** und **licht** (natur) hergestellt.

Preis eines Ersatzgeflechtes samt Nägeln:

◯	rund, 35 Cm. Durchm.	*K* **1.50**
◯	rund, $39\frac{1}{2}$ Cm. Durchm.	„ **1.70**
⬭	trapezförmig, $39\frac{1}{2} \times 37\frac{1}{2}$ Cm.	„ **1.90**

Allgemeine Ausführung: Für einfachere, mindere Ausführung in unmontierten Teilen, geringere Politur, reduzierter Emballage etc. behalten wir uns separate Vereinbarungen vor.

Verpackung: Seit jeher wird der Verpackung unser besonderes Augenmerk zugewendet; es gelangen daher die Waren nur in tadellosester Weise verpackt zur Versendung. Wir können somit nicht zur Verantwortung gezogen werden für Beschädigung der Waren während des Transportes.

Auf besonderen Wunsch verpacken wir Möbel in Lattenkisten — sofern diese Art Verpackung nicht von Haus aus eingeführt ist — gegen Entschädigung der Selbstkosten.

Tarif für Strohpackung	Preis per Stück, netto *K*	*h*
Sessel und Stockerl	—	20
Fauteuils	—	40
Kanapee, zweisitzig	—	60
Kanapee, dreisitzig	—	80
Fußschemel	—	10
Drehstockerl	—	25
Drehfauteuils ... *K* —.40 bis	—	50
Kaminsessel ... „ —.30 bis	—	50
Kaminfauteuils ... „ —.60 bis	—	75
Schlaf- und Schaukelsofas	—	90
Schaukelfauteuils ... *K* —.40 bis	—	60
Salongarnituren ... fallweise	—	—
Betten ... *K* —.20 bis	3	20
Sofatische ... „ —.80 bis	2	20
Trumeautische ... „ —.50 bis	1	65
Auszugtische	4	50
Tischgestelle ... *K* —.50 bis	1	20
Aufwart- und Lesetische ... „ —.40 bis	—	60
Spieltische ... „ —.60 bis	1	50
Blumentische	—	75
Kindersessel	—	10
„ fauteuils ... *K* —.15 bis	—	40
„ kanapees	—	25
„ betten	1	20
„ wiegen ... *K* —.50 bis	2	80

GEBRÜDER THONET.

Wasserfeste Holzsitze.

Unsere wasserfesten perforierten und thermoplastischen Holzsitze und -lehnen widerstehen der Feuchtigkeit, eignen sich für alle Klimate, blättern nie auf und deformieren sich überhaupt in keiner Weise.

Die Farbe der Holzsitze wird durch Beizung hergestellt, nicht durch Brand, wie dies seitens eines Teiles der Konkurrenz geschieht. Durch die chemische Einwirkung der beizenden Farbstoffe, welche tief in das Holz eindringen, wird die Farbe der Holzsitze absolut lichtbeständig, also dauerhaft, während gebrannte Holzsitze infolge des Sonnenlichtes ausblassen. Unsere **gebeizten** Holzsitze werden nicht fleckig, während die gebrannten und mit Wachs eingelassenen mattierten Brettel gegen Wasser äußerst empfindlich sind und jeder Tropfen einen Flecken erzeugt.

Alle Sessel, Fauteuils und Kanapees können zum gleichen Preise wie geflochten mit perforierten oder thermoplastischen **Holzfourniersitzen** versehen werden. Inwieweit durch die Adjustierung der Sitzmöbel mit **Holzlehnen** deren Preise eine Änderung erleiden, ist im vorstehenden Album bei den einzelnen Objekten genau verzeichnet.

Unsere wasserfesten perforierten und thermoplastischen Holzsitze werden auch **lose** abgegeben.

Bei Bestellung **loser** Brettel muß stets bemerkt werden, ob selbe zum Einleimen oder zum Aufnageln, ferner mit oder ohne Nägel gewünscht werden.

Verwendung perforierter Brettel.

Als normale Ausführung gilt:

Alle Möbel mit **polierten** Gestellen erhalten **polierte** Brettel, alle Möbel mit **lackierten** oder **mattierten** Gestellen erhalten **lackierte**, resp. **eichenartig geritzte** Brettel. Als einzige Ausnahme bleiben die Möbel, welche **bisher** ohne Rücksicht, ob das Gestelle poliert oder lackiert ist, immer mit eichenartig geritzten Bretteln erzeugt wurden, wie z. B. Nr. **57** etc. Bretteln mit **eingepreßtem** Dessin, wie z. B. Nr. **120, 121** werden wie die Reliefbretteln lackiert.

Werden Möbel Nr. **57** mit polierten Bretteln bestellt, so unterliegen sie immer einem Aufschlage, u. zw.:

per Sessel	*K* —.20
„ Fauteuil	„ —.30
„ Kanapee	„ —.50

Demselben Aufschlage unterliegen alle Möbel, die in der Ausführung „lackiert" einen besonderen Preis haben, z. B.:

Sessel Nr. **120**, lackiert, mit polierten Bretteln (*K* **5.50** + *K* **—.20**)	*K* **5.70**
Sessel Nr. **121**, lackiert mit polierten Bretteln (*K* **4.50** + *K* **—.20**)	„ **4.70**

etc. etc. etc.

Verwendung der thermoplastischen Bretteln.

Möbel in	naturbuchen, hellmahagony, mahagony	erhalten lichte thermoplastische Brettel.
	dunkelmahagony, nußbraun, palisander, schwarzer Farbe	erhalten dunkle thermoplastische Brettel.
	eichen matt oder poliert	erhalten lichte thermoplastische Brettel.
	alteichen matt oder poliert, nußmatt aller Nuancen	erhalten dunkle thermoplastische Brettel.

Fächersitze werden stets in der Farbe des Gestelles geliefert, sofern keine besondere Vorschrift gegeben wird.

Intarsia (Branddessin).

Holzsitze oder -lehnen, auf deren Oberfläche mittelst erhitzter Platten Dessins eingebrannt sind, nennen wir „**Intarsia**"sitze, resp. -lehnen; dieselben sind **zweifarbig**, d. i. licht und nußbraun, u. zw. die Dessins hell und der Grund dunkel, oder umgekehrt (siehe Seite i)

Bei „**Flachintarsia**"fournieren bilden Grund und Dessin eine einzige Fläche. Intarsiafourniere mit erhaben ausgepreßten Dessins nennen wir „**Reliefintarsia**".

Ausführung:

Flachintarsiafourniere sind in der **normalen** Ausführung **lackiert**. **Polierte Flachintarsiafourniere werden nur auf Grund ausdrücklicher Bestellung effektuiert.**

Reliefintarsiafourniere werden stets nur **lackiert.**

Preise: Flachintarsia, lackiert (normal) oder **poliert** bedingt **keinen** Preisaufschlag und kosten demnach derlei Möbel denselben Preis wie Relief (einfarbig).

Möbel mit **Reliefintarsia**fournieren unterliegen folgenden **Aufschlägen gegenüber Relief** (**einfarbig**): für Sitz **oder** Lehne zu:

Sesseln und Stockerln	*K* —.30
Fauteuils	„ —.50
Kanapees, 111 Cm.	„ 1.—
„ 135 „	„ 2.—

I.
Perforierter Holzsitz

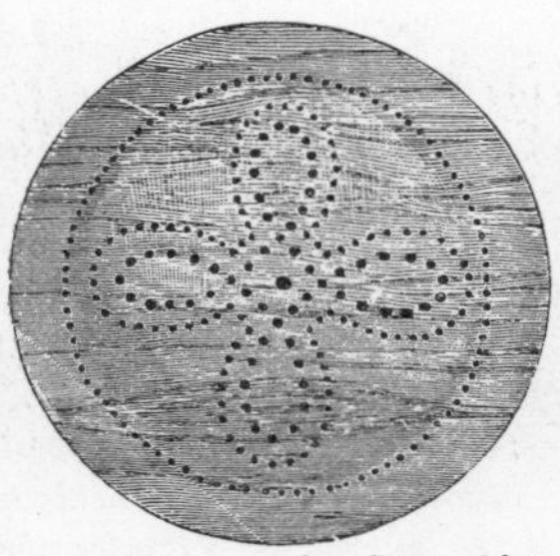

anbringlich bei runden Sitzen (ohne Preisunterschied gegenüber geflochten).

II.
Perforierter Holzsitz

anbringlich bei steigbügelförmigen Sitzen (ohne Preisunterschied gegenüber geflochten).

III.
Muschelsitz (Tiefpressung)

anbringlich bei allen Sitzformen (ohne Preisunterschied gegenüber geflochten). [Bei Bestellung Angabe erbeten, ob lackiert oder poliert.]

IV.
Netzdessin

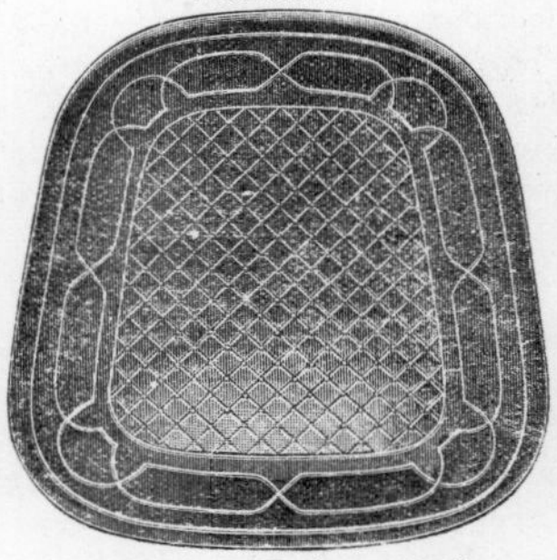

anbringlich bei den Sitzformen ⬭ 41 × 40 Cm. / ⬭ 45 × 43 „ (ohne Preisunterschied gegenüber geflochten).

VI.
Flechtmusterholzsitz

anbringlich bei allen Sitzformen (ohne Preisunterschied gegenüber geflochten).

VII.
Reliefsitz

wird ohne besondere Vorschrift nur bei Sitzmöbeln angewandt, bei denen der Sessel in der Normalausführung mindest *K* **8.**— kostet. (Ohne Preisunterschied gegenüber geflochten.)

VIII.
Reliefsitz

anbringlich bei allen Sitzformen (ohne Preisunterschied gegenüber geflochten).

IX.
Reliefsitz

für 111 Cm. lange Kanapees.
(Kanapees, 135 Cm. lang, können zwar auch Reliefsitze erhalten, doch sind diese nicht aus einem Stück).
[Ohne Preisunterschied gegenüber geflochten.]

XX.
Reliefsitz

anbringlich bei allen runden und eckigen Sitzen bis zu 48 × 48 Cm. (ohne Preisunterschied gegenüber geflochten).

XXI.
Wellendessin
Musterschutz.

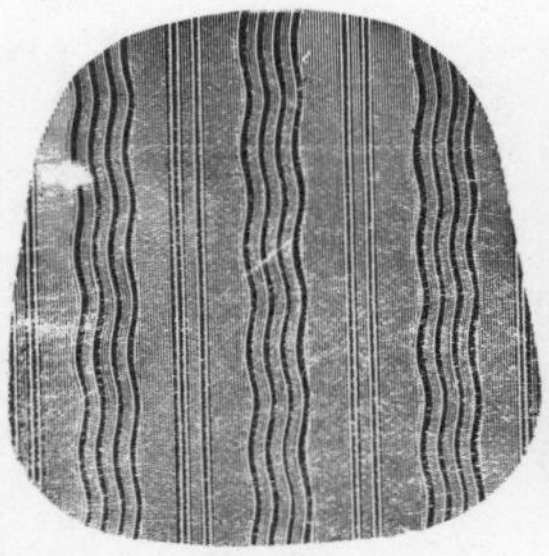

anbringlich bei allen Sitzformen (ohne Preisunterschied gegenüber geflochten).

XXII.
Triangeldessin
Musterschutz.

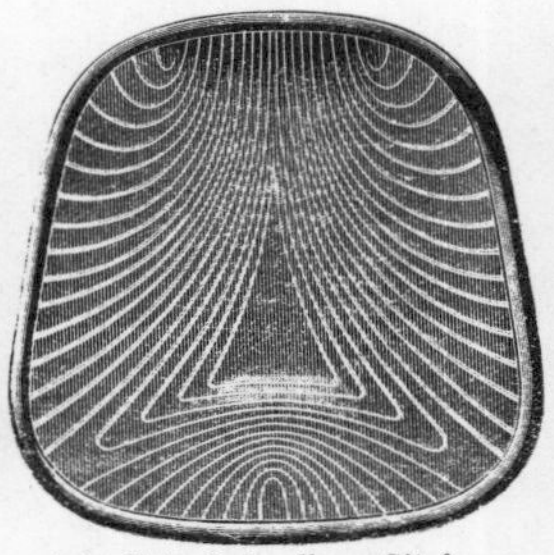

anbringlich bei allen Sitzformen (ohne Preisunterschied gegenüber geflochten).

Hiezu passende Lehndessins für alle Typen erhältlich.

X.
Relieflehne „*a*"

Siehe Nr. **53*a*, 54*a*, 56*a*.**

XI.
Relieflehne „*b*"

Preisaufschlag *K* **1.**— gegenüber der Normalausführung (siehe Nr. **53*b*, 54*b*, 56*b***).

XXII.
Relieflehne

speziell für Sessel Nr. **124½** (Seite 25) eingeführt: auch für Sessel Nr. **120** verwendbar.

Fächersitze siehe Seite 32. — Sitz von Sessel Nr. 125 siehe Seite 25.

GEBRÜDER THONET.

Fourniersitze „Intarsia“-Imitation (Branddessin in 2 Farben).

I.
Flachintarsiasitz

anbringlich bei allen runden Sitzen (ohne Preisunterschied gegenüber geflochten).

II.
Flachintarsiasitz mit Inschrift

mit auswechselbarem Mittelstück, anbringlich bei allen Sitzformen. Preis bezüglich der Inschrift wird fallweise festgesetzt.

III.
Flachintarsiasitz mit Inschrift

anbringlich bei Sitzmöbeln mit Trapezsitzen.

IV.
Flachintarsiasitz mit Inschrift

anbringlich bei großen Trapezsitzen.

Preis bezüglich der Inschrift wird fallweise festgesetzt.

VI.
Flachintarsiasitz (für Kindermöbel)

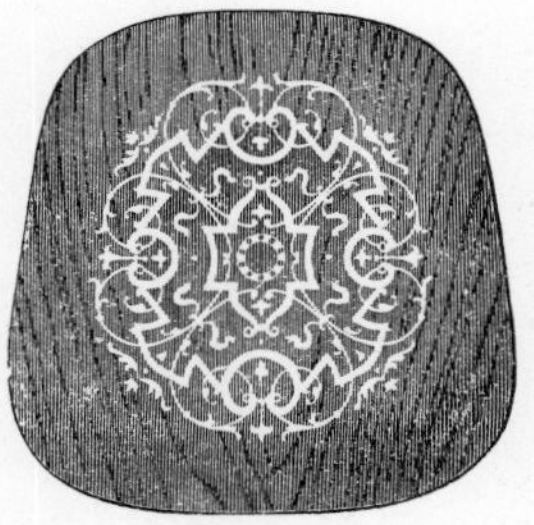

wird nur bei Kindermöbeln angewandt (ohne Preisunterschied gegenüber geflochten).

VII.
Flachintarsiasitz
mit auswechselbarem Mittelstück.

Wird ohne besondere Vorschrift nur bei Sitzmöbeln angewandt, bei denen der Sessel in normaler Ausführung mindest **K 8.—** kostet. Preis bezüglich des Dessins im Mittelstück wird fallweise festgesetzt.

Preise für Sitzinschriften

(ad Nr. II, III, IV und VII):

Sitzmöbel mit obigen Sitzformen können mit Flachintarsia-Brettelsitzen mit oder ohne Inschrift versehen werden. In die Sitze kann an der für die Inschrift reservierten Stelle durch Einschieben der hiezu nötigen Brandplatte eine beliebige Inschrift (Wappen, Monogramm etc.) eingebrannt werden, und stellt sich der Kostenpreis der hiezu nötigen Brandplatte, falls selbe nicht schon besteht, auf **K 10.—** bis **K 20.—** ohne Rücksicht auf den Umfang der Bestellung; außerdem erhöht sich der Stückpreis der Sessel für je eine Inschrift um je **K —.20** gegenüber der normalen Intarsiaausführung (ohne Inschrift).

Falls eine gewünschte Inschrift nicht in den Rahmen der bestehenden Intarsiaornamente hineinpaßt, so geht die Beschaffung der kompletten neuen Brandplatte auf Kosten des Bestellers unter Beibehaltung des Stückpreisaufschlages von **K —.20** auf Intarsia.

V.
Flachintarsialehne

anbringlich bei Sessel Nr. 57 und 57/14

XXVI.
Intarsiastrahlendessin
Musterschutz.

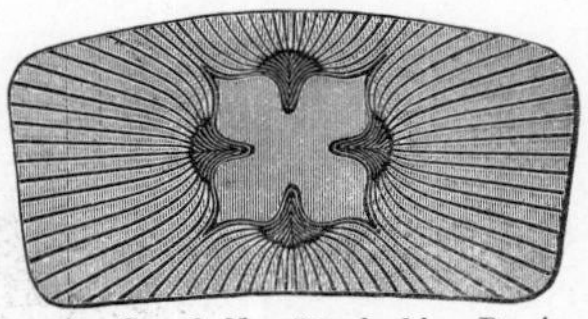

Lehne für Sessel Nr. 57, dunkles Dessin auf lichtem Grund.

XXVI.
Intarsiastrahlendessin
Musterschutz.

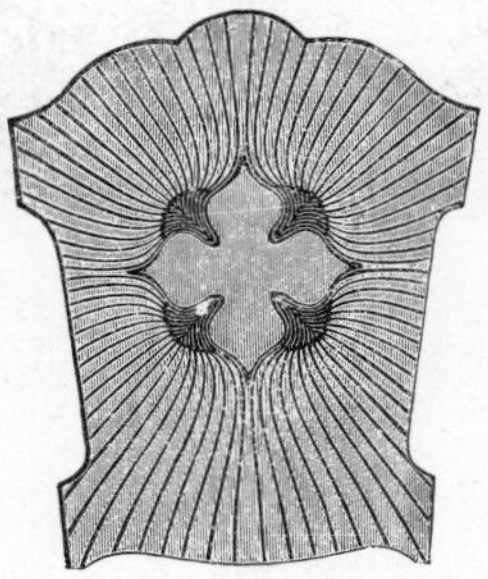

Lehne für Sessel Nr. 70, dunkles Dessin auf lichtem Grund.

XXVI.
Intarsiastrahlendessin
Musterschutz.

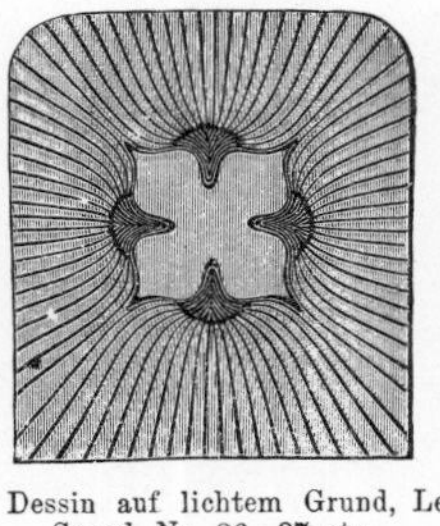

Dunkles Dessin auf lichtem Grund, Lehne für Sessel Nr. 36, 37 etc.

XXVI.
Intarsiastrahlendessin
Musterschutz.

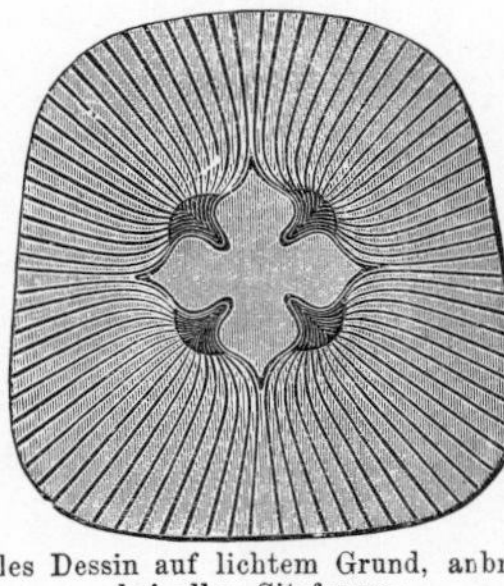

Dunkles Dessin auf lichtem Grund, anbringlich bei allen Sitzformen.

Mit obigen Intarsiastrahlendessins Nr. XXVI können **alle** Sitze und Lehnen adjustiert werden.

VIII.
Flachintarsia- und Reliefintarsiasitz

anbringlich bei allen Sitzformen (ohne Preisunterschied gegenüber geflochten).

IX.
Reliefintarsiasitz

anbringlich bei allen runden Sitzen, 42 Cm. Durchmesser.

X.
Flachintarsiadessin
dunkles Dessin auf lichtem Grund mit auswechselbarem Mittelstück.

Anbringlich bei allen Sitzformen.

XII.
Flachintarsiadessin
lichtes Dessin auf dunklem Grund

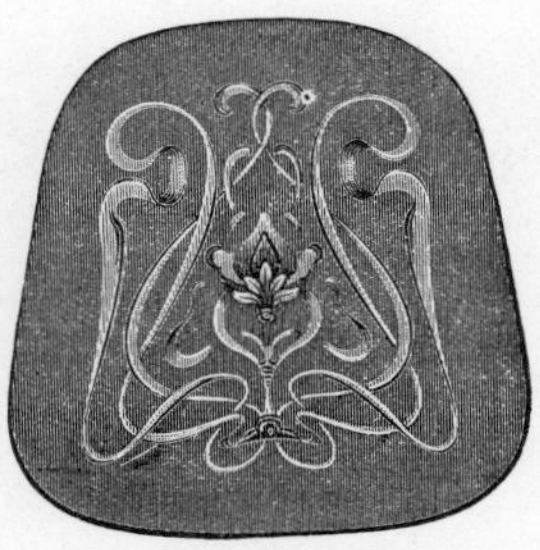

anbringlich bei allen Sitzformen (siehe Sessel Nr. 157, Seite 27).

XI.
Flachintarsiadessin
dunkles Dessin auf lichtem Grund

anbringlich bei allen Sitzformen (siehe Sessel Nr. 257, Seite 34).

XIII.
Flachintarsia „Diagonalsitz“
dunkles Dessin auf lichtem Grund

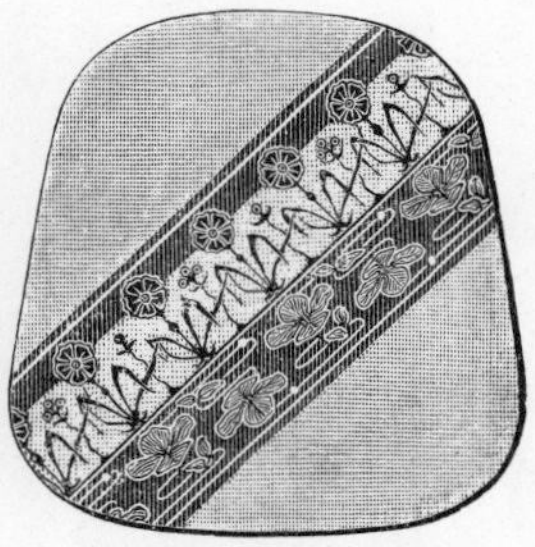

anbringlich bei allen Sitzformen (siehe Sessel Nr. 297, Seite 36).

Preise für Lehninschriften (oder Wappen) etc.

Sitzmöbel mit den auf Seite *g* ersichtlichen Lehnformen können mit Inschriften (Wappen, Dessins etc.) versehen werden, und gilt hiefür das Gleiche wie bei de Sitzinschriften gesagt (siehe vorliegende Seite links unten, unter: Preise für Sitzinschriften).

Fortlaufende Nummern in Intarsia auszuführen ist nicht möglich, da für jede verschiedene Zahl eine andere Brandplatte notwendig wäre.

GEBRÜDER THONET.

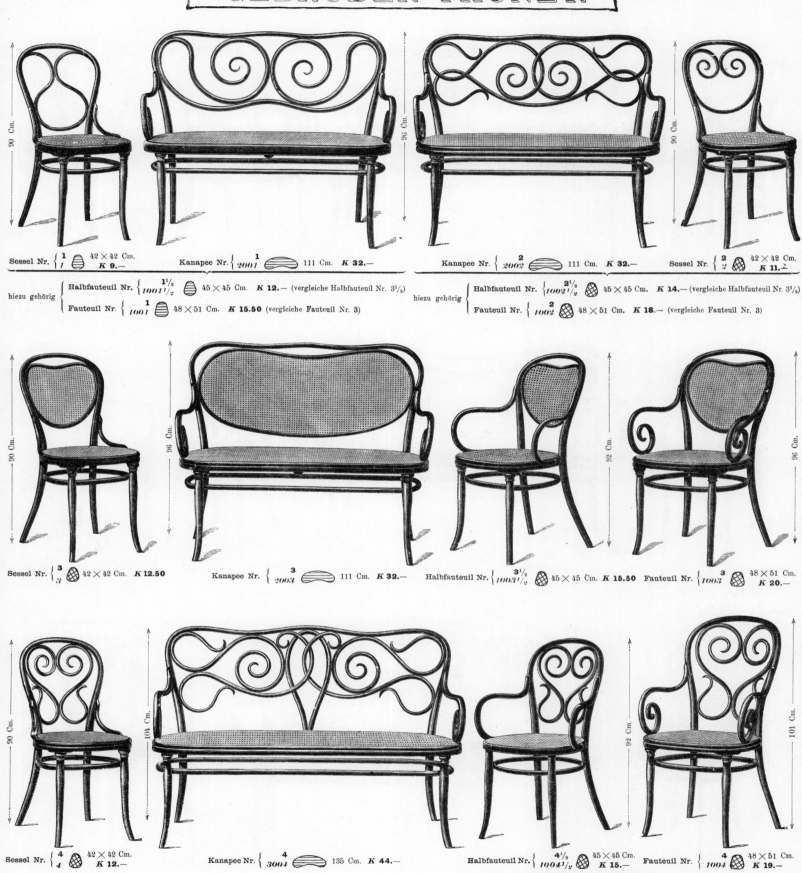

Sessel Nr. { 1 / *1* — 42 × 42 Cm. *K* **9.–**

Kanapee Nr. { 1 / *2001* — 111 Cm. *K* **32.–**

Kanapee Nr. { 2 / *2002* — 111 Cm. *K* **32.–**

Sessel Nr. { 2 / *2* — 42 × 42 Cm. *K* **11.–**

hiezu gehörig { **Halbfauteuil Nr.** { $1^1/_2$ / *$1001^1/_2$* — 45 × 45 Cm. *K* **12.–** (vergleiche Halbfauteuil Nr. $3^1/_2$)
Fauteuil Nr. { 1 / *1001* — 48 × 51 Cm. *K* **15.50** (vergleiche Fauteuil Nr. 3)

hiezu gehörig { **Halbfauteuil Nr.** { $2^1/_2$ / *$1002^1/_2$* — 45 × 45 Cm. *K* **14.–** (vergleiche Halbfauteuil Nr. $3^1/_2$)
Fauteuil Nr. { 2 / *1002* — 48 × 51 Cm. *K* **18.–** (vergleiche Fauteuil Nr. 3)

Sessel Nr. { 3 / *3* — 42 × 42 Cm. *K* **12.50**

Kanapee Nr. { 3 / *2003* — 111 Cm. *K* **32.–**

Halbfauteuil Nr. { $3^1/_2$ / *$1003^1/_2$* — 45 × 45 Cm. *K* **15.50**

Fauteuil Nr. { 3 / *1003* — 48 × 51 Cm. *K* **20.–**

Sessel Nr. { 4 / *4* — 42 × 42 Cm. *K* **12.–**

Kanapee Nr. { 4 / *3004* — 135 Cm. *K* **44.–**

Halbfauteuil Nr. { $4^1/_2$ / *$1004^1/_2$* — 45 × 45 Cm. *K* **15.–**

Halbfauteuil Nr. { $4^1/_2/18^1/_2$ / *$1004^1/_2a$* — 45 × 45 Cm. *K* **12.40**

Fauteuil Nr. { 4 / *1004* — 48 × 51 Cm. *K* **19.–**

GEBRÜDER THONET.

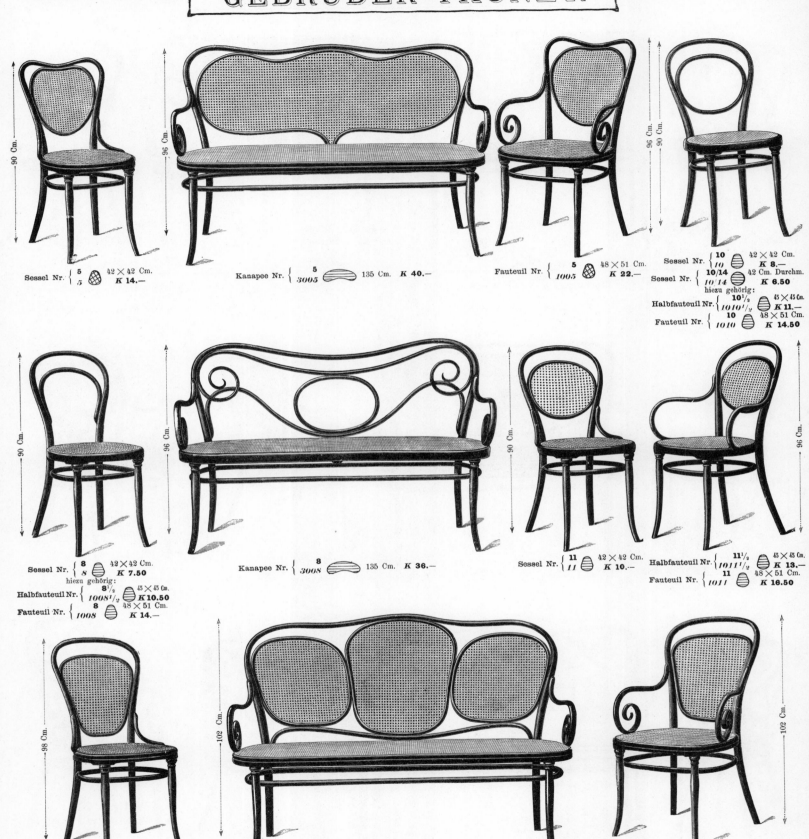

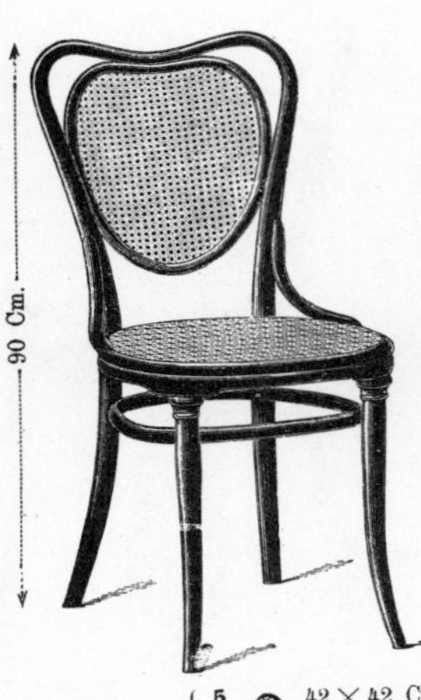

Sessel Nr. { 5 / *5* 42 × 42 Cm. **K 14.–**

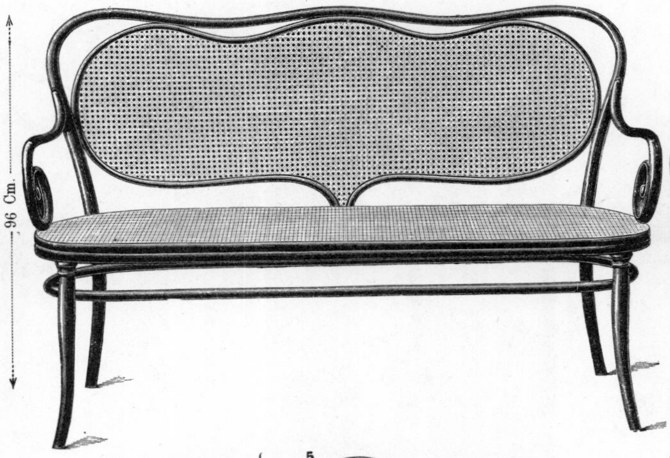

Kanapee Nr. { 5 / *3005* 135 Cm. **K 40.–**

Fauteuil Nr. { 5 / *1005* 48 × 51 Cm. **K 22.–**

Sessel Nr. { 10 / *10* 42 × 42 Cm. **K 8.–**

Sessel Nr. { 10/14 / *10/14* 42 Cm. Durchm. **K 6.50**

hiezu gehörig:

Halbfauteuil Nr. { 10½ / *1010½* 45 × 45 Cm. **K 11.–**

Fauteuil Nr. { 10 / *1010* 48 × 51 Cm. **K 14.50**

Sessel Nr. { 8 / *8* 42 × 42 Cm. **K 7.50**

hiezu gehörig:

Halbfauteuil Nr. { 8½ / *1008½* 45 × 45 Cm. **K 10.50**

Fauteuil Nr. { 8 / *1008* 48 × 51 Cm. **K 14.–**

Kanapee Nr. { 8 / *3008* 135 Cm. **K 36.–**

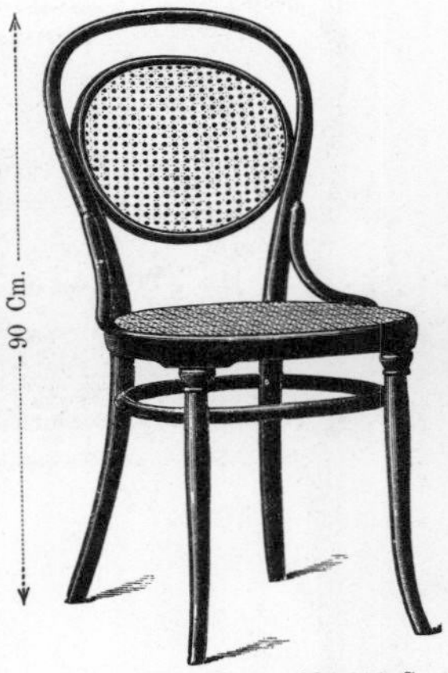

Sessel Nr. { 11 / *11* 42 × 42 Cm. **K 10.–**

Halbfauteuil Nr. { 11½ / *1011½* 45 × 45 Cm. **K 13.–**

Fauteuil Nr. { 11 / *1011* 48 × 51 Cm. **K 16.50**

Sessel Nr. { 12 / *12* 45 × 45 Cm. **K 15.–**

Kanapee Nr. { 12 / *3012* 150 Cm. **K 64.–**

Fauteuil Nr. { 12 / *1012* 52 × 55 Cm. **K 24.–**

Halbfauteuil Nr. { 12½ / *1012½* 45 × 45 Cm. **K 18.–**

GEBRÜDER THONET.

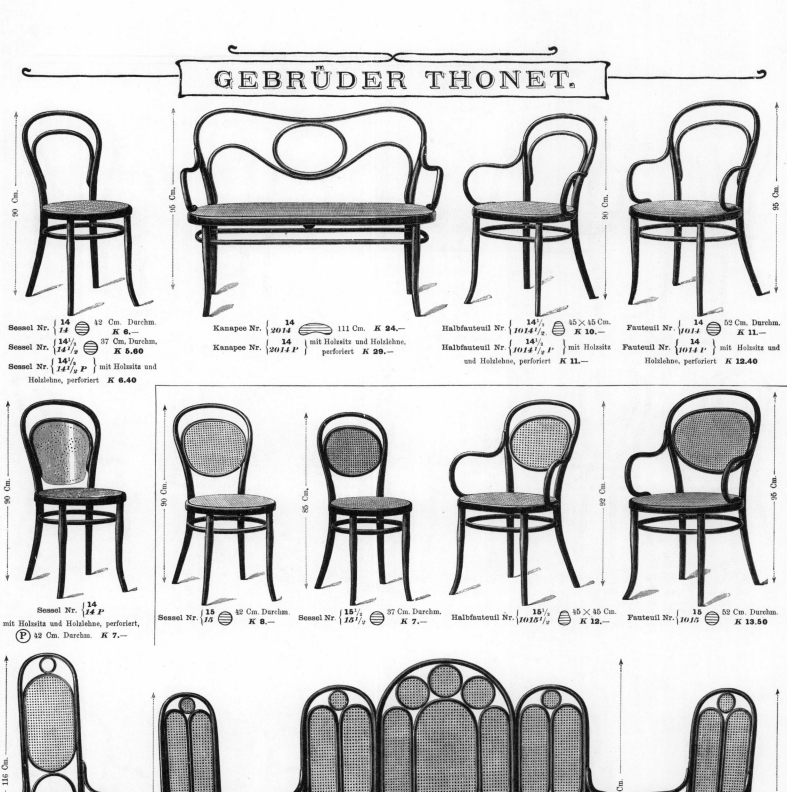

Sessel Nr. {14 / *14* 42 Cm. Durchm. **K 6.–**

Sessel Nr. {14½ / *14½* 37 Cm. Durchm. **K 5.60**

Sessel Nr. {14½ / *14½ P* } mit Holzsitz und Holzlehne, perforiert **K 6.40**

Kanapee Nr. {14 / *2014* 111 Cm. **K 24.–**

Kanapee Nr. {14 / *2014 P* } mit Holzsitz und Holzlehne, perforiert **K 29.–**

Halbfauteuil Nr. {14½ / *1014½* 45 × 45 Cm. **K 10.–**

Halbfauteuil Nr. {14½ / *1014½ P* } mit Holzsitz und Holzlehne, perforiert **K 11.–**

Fauteuil Nr. {14 / *1014* 52 Cm. Durchm. **K 11.–**

Fauteuil Nr. {14 / *1014 P* } mit Holzsitz und Holzlehne, perforiert **K 12.40**

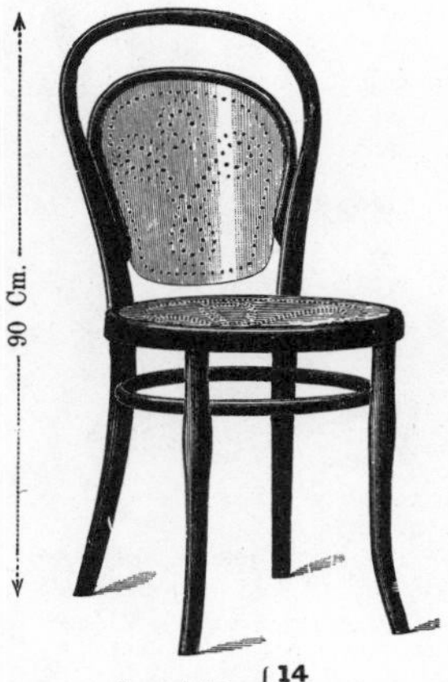

Sessel Nr. {14 / *14 P* mit Holzsitz und Holzlehne, perforiert, (P) 42 Cm. Durchm. **K 7.–**

Sessel Nr. {15 / *15* 42 Cm. Durchm. **K 8.–**

Sessel Nr. {15½ / *15½* 37 Cm. Durchm. **K 7.–**

Halbfauteuil Nr. {15½ / *1015½* 45 × 45 Cm. **K 12.–**

Fauteuil Nr. {15 / *1015* 52 Cm. Durchm. **K 13.50**

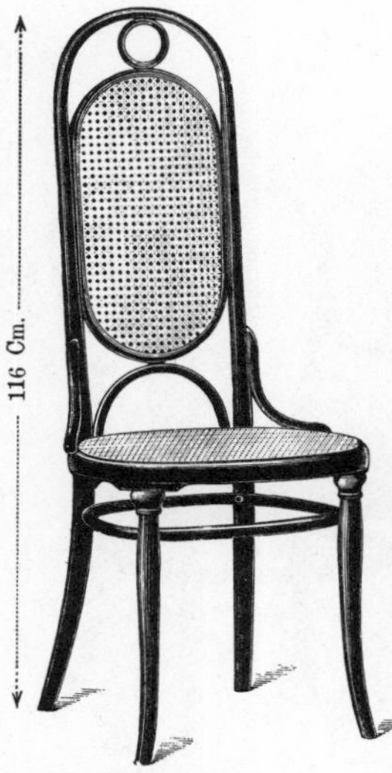

Sessel Nr. {17 / *17* 45 × 45 Cm. **K 13.–**

hiezu gehörig:

Fauteuil Nr. {17 / *1017* 47 × 47 Cm. **K 20.50**

Kanapee Nr {17 / *3017* 146 Cm. **K 58.–**

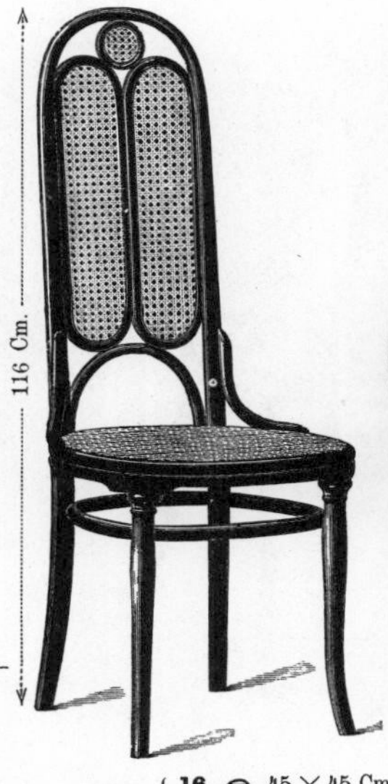

Sessel Nr. {16 / *16* 45 × 45 Cm. **K 18.–**

Kanapee Nr. {16 / *3016* 146 Cm. **K 76.–**

Fauteuil Nr. {16 / *1016* 47 × 47 Cm. **K 27.**

GEBRÜDER THONET.

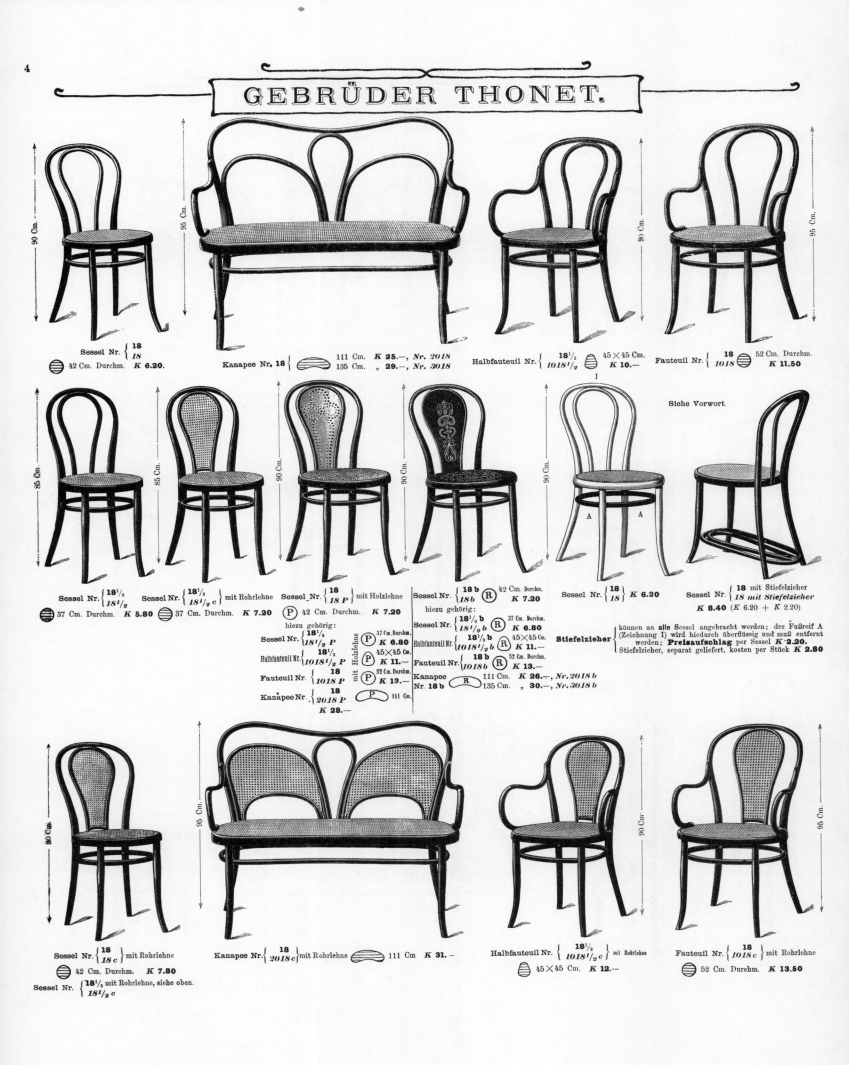

Sessel Nr. { 18 / *18*
42 Cm. Durchm. **K 6.20.**

Kanapee Nr. 18 { 111 Cm. **K 25.—**, *Nr. 2018* / 135 Cm. „ **29.—**, *Nr. 3018*

Halbfauteuil Nr. { 18½ / *1018½* 45×45 Cm. **K 10.—**

Fauteuil Nr. { 18 / *1018* 52 Cm. Durchm. **K 11.50**

Sessel Nr. { 18½ / *18½*
37 Cm. Durchm. **K 5.80**

Sessel Nr. { 18½ / *18½ c* } mit Rohrlehne
37 Cm. Durchm. **K 7.20**

Sessel Nr. { 18 / *18 P* } mit Holzlehne
(P) 42 Cm. Durchm. **K 7.20**

hiezu gehörig:

Sessel Nr. { 18½ / *18½ P* (P) 37 Cm. Durchm. **K 6.80**
Halbfauteuil Nr. { 18½ / *1018½ P* (P) 45×45 Cm. **K 11.—**
Fauteuil Nr. { 18 / *1018 P* (P) 52 Cm. Durchm. **K 13.—**
Kanapee Nr. { 18 / *2018 P* (P) 111 Cm. **K 28.—**
(mit Holzlehne)

Sessel Nr. { 18 b / *18 b* (R) 42 Cm. Durchm. **K 7.20**

hiezu gehörig:

Sessel Nr. { 18½ b / *18½ b* (R) 37 Cm. Durchm. **K 6.80**
Halbfauteuil Nr. { 18½ b / *1018½ b* (R) 45×45 Cm. **K 11.—**
Fauteuil Nr. { 18 b / *1018 b* (R) 52 Cm. Durchm. **K 13.—**
Kanapee Nr. 18 b (R) 111 Cm. **K 26.—**, *Nr. 2018 b* / 135 Cm. „ **30.—**, *Nr. 3018 b*

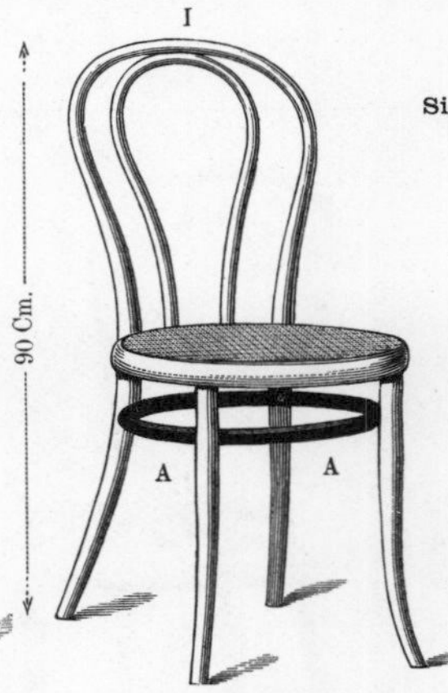

Sessel Nr. { 18 / *18* } **K 6.20**

Siehe Vorwort.

Sessel Nr. { 18 mit Stiefelzieher / *18 mit Stiefelzieher*
K 8.40 (*K* 6.20 + *K* 2.20)

Stiefelzieher { können an **alle** Sessel angebracht werden; der Fußreif A (Zeichnung I) wird hiedurch überflüssig und muß entfernt werden; **Preisaufschlag** per Sessel **K 2.20.** Stiefelzieher, separat geliefert, kosten per Stück **K 2.80**

Sessel Nr. { 18 / *18 c* } mit Rohrlehne
42 Cm. Durchm. **K 7.80**

Sessel Nr. { 18½ mit Rohrlehne, siehe oben. / *18½ c*

Kanapee Nr. { 18 / *2018 c* } mit Rohrlehne 111 Cm **K 31.-**

Halbfauteuil Nr. { 18½ / *1018½ c* } mit Rohrlehne
45×45 Cm. **K 12.—**

Fauteuil Nr. { 18 / *1018 c* } mit Rohrlehne
52 Cm. Durchm. **K 13.50**

GEBRÜDER THONET.

Direkte Verbindung von Sitz und Lehne.

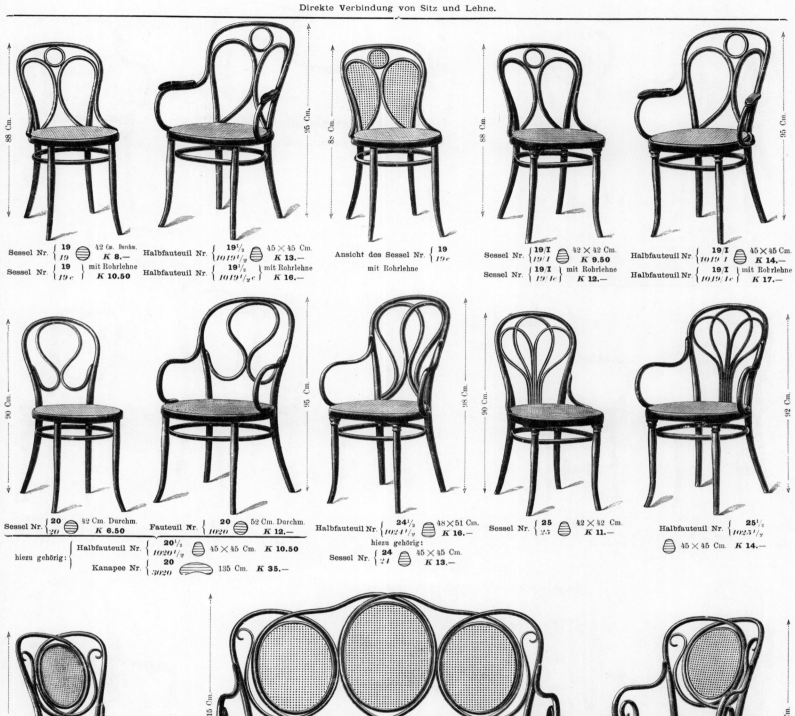

Sessel Nr. { 19 / *19* — 42 Cm. Durchm. **K 8.—**

Sessel Nr. { 19 / *19 c* } mit Rohrlehne **K 10.50**

Halbfauteuil Nr. { 19½ / *1019½* — 45 × 45 Cm. **K 13.—**

Halbfauteuil Nr. { 19½ / *1019½ c* } mit Rohrlehne **K 16.—**

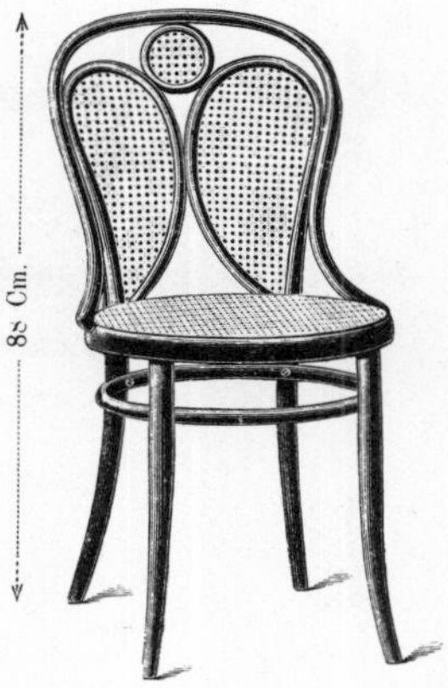

Ansicht des Sessel Nr. { 19 / *19 c* mit Rohrlehne

Sessel Nr. { 19/I / *19/I* — 42 × 42 Cm. **K 9.50**

Sessel Nr. { 19/I / *19/Ic* } mit Rohrlehne **K 12.—**

Halbfauteuil Nr. { 19/I / *1019/I* — 45 × 45 Cm. **K 14.—**

Halbfauteuil Nr. { 19/I / *1019/Ic* } mit Rohrlehne **K 17.—**

Sessel Nr. { 20 / *20* — 42 Cm. Durchm. **K 6.50**

Fauteuil Nr. { 20 / *1020* — 52 Cm. Durchm. **K 12.—**

hiezu gehörig: {
- Halbfauteuil Nr. { 20½ / *1020½* — 45 × 45 Cm. **K 10.50**
- Kanapee Nr. { 20 / *3020* — 135 Cm. **K 35.—**

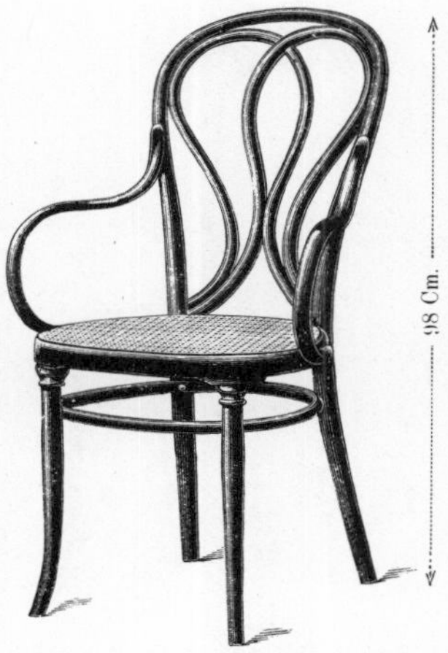

Halbfauteuil Nr. { 24½ / *1024½* — 48 × 51 Cm. **K 16.—**

hiezu gehörig:

Sessel Nr. { 24 / *24* — 45 × 45 Cm. **K 13.—**

Sessel Nr. { 25 / *25* — 42 × 42 Cm. **K 11.—**

Halbfauteuil Nr. { 25½ / *1025½* — 45 × 45 Cm. **K 14.—**

Sessel Nr. { 22 / *22* — 45 × 45 Cm. **K 20.—**

Kanapee Nr. { 22 / *3022* — 150 Cm. **K 80.—**

Fauteuil Nr. { 22 / *1022* — 52 × 55 Cm. **K 30.—**

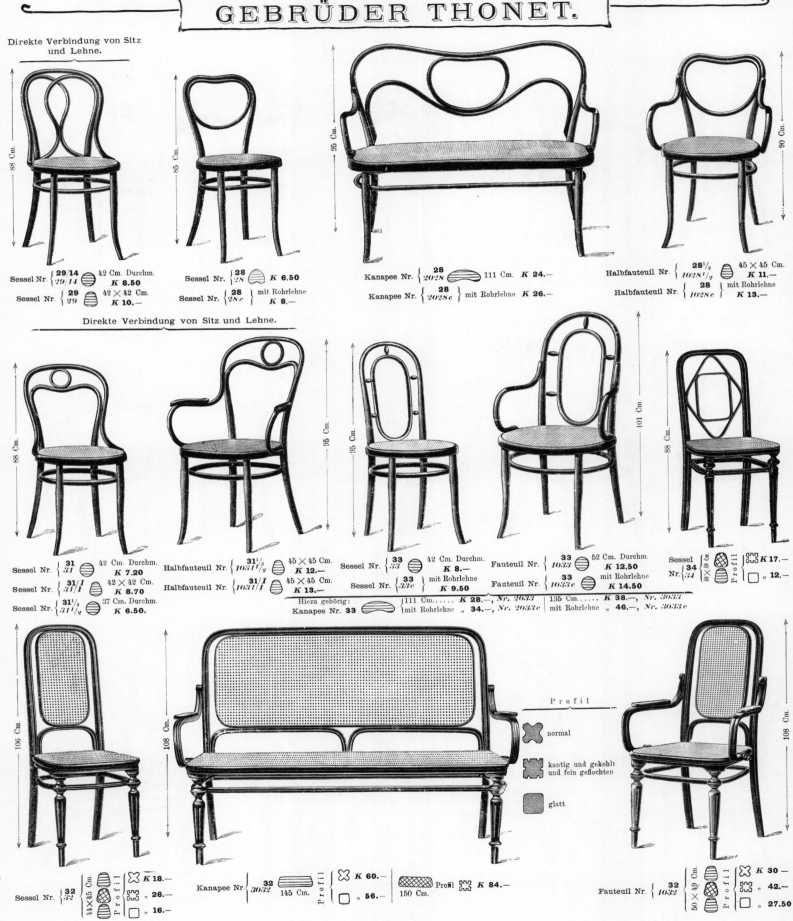

GEBRÜDER THONET.

Direkte Verbindung von Sitz und Lehne.

Sessel Nr. {**29/14** / *29/14* 42 Cm. Durchm. ***K* 8.50**

Sessel Nr. {**29** / *29* 42 × 42 Cm. ***K* 10.–**

Sessel Nr. {**28** / *28* ***K* 6.50**

Sessel Nr. {**28** / *28c*} mit Rohrlehne ***K* 8.–**

Kanapee Nr. {**28** / *2028* 111 Cm. ***K* 24.–**

Kanapee Nr. {**28** / *2028c*} mit Rohrlehne ***K* 26.–**

Halbfauteuil Nr. {**28½** / *1028½* 45 × 45 Cm. ***K* 11.–**

Halbfauteuil Nr. {**28** / *1028c*} mit Rohrlehne ***K* 13.–**

Direkte Verbindung von Sitz und Lehne.

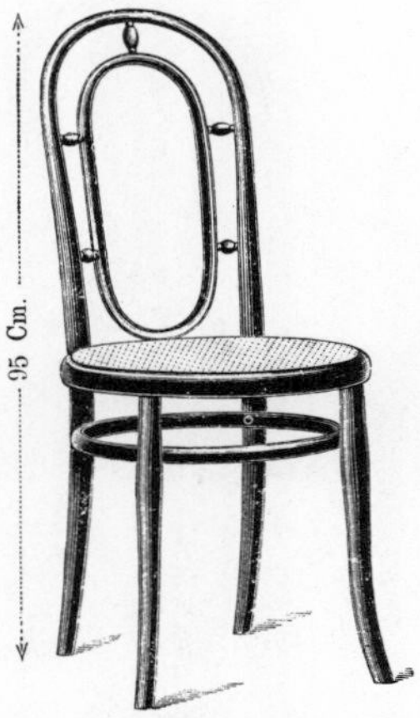

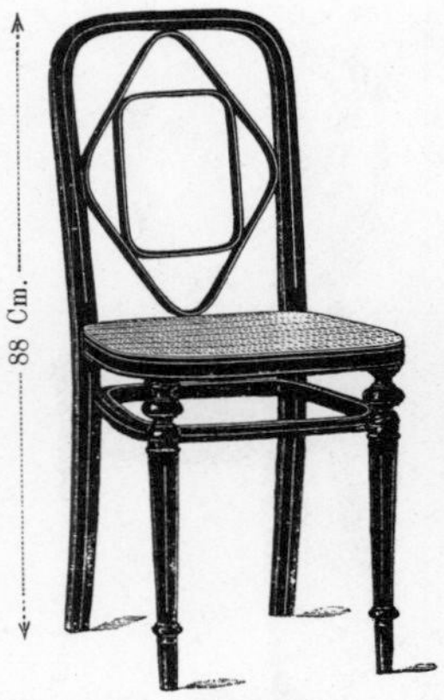

Sessel Nr. {**31** / *31* 42 Cm. Durchm. ***K* 7.20**

Sessel Nr. {**31/I** / *31/I* 42 × 42 Cm. ***K* 8.70**

Sessel Nr. {**31½** / *31½* 37 Cm. Durchm. ***K* 6.50.**

Halbfauteuil Nr. {**31½** / *1031½* 45 × 45 Cm. ***K* 12.–**

Halbfauteuil Nr. {**31/I** / *1031/I* 45 × 45 Cm. ***K* 13.–**

Sessel Nr. {**33** / *33* 42 Cm. Durchm. ***K* 8.–**

Sessel Nr. {**33** / *33c*} mit Rohrlehne ***K* 9.50**

Fauteuil Nr. {**33** / *1033* 52 Cm. Durchm. ***K* 12.50**

Fauteuil Nr. {**33** / *1033c* mit Rohrlehne ***K* 14.50**

Hiezu gehörig: Kanapee Nr. **33** {111 Cm. . . . . ***K* 28.–**, *Nr. 2033* | 135 Cm. . . . . ***K* 38.–**, *Nr. 3033*
mit Rohrlehne „ **34.–**, *Nr. 2033c* | mit Rohrlehne „ **46.–**, *Nr. 3033c*

Sessel Nr. {**34** / *34* 40 × 40 Cm. Profil ***K* 17.–** / „ **12.–**

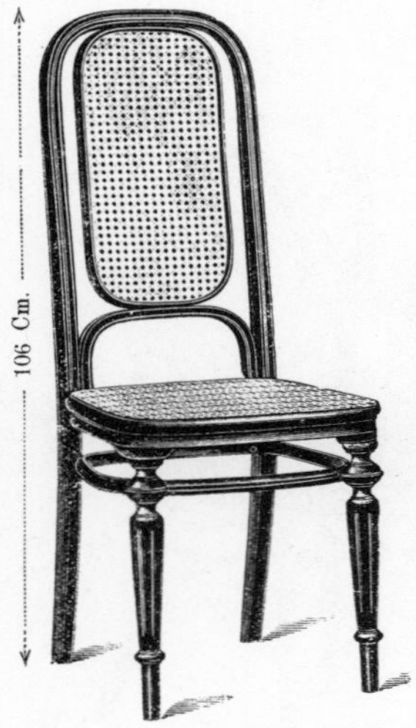

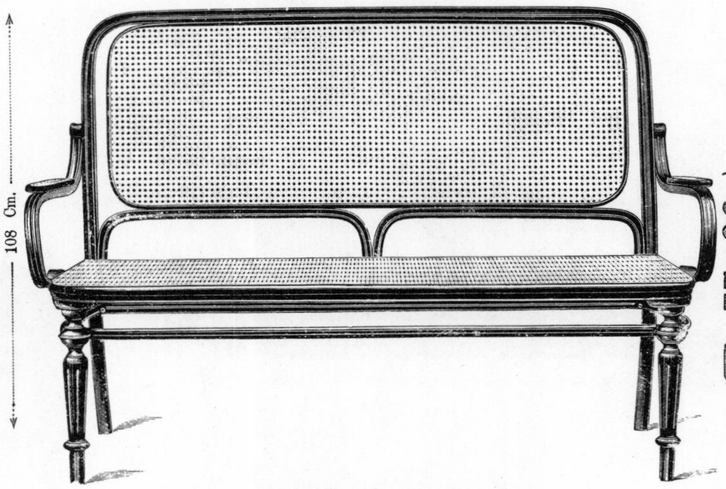

Profil

normal

kantig und gekehlt und fein geflochten

glatt

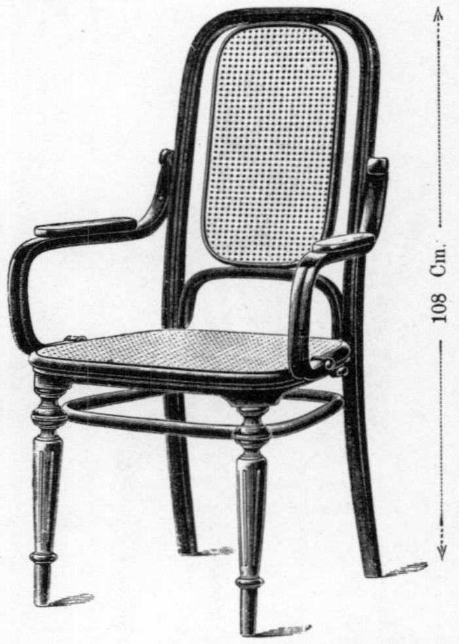

Sessel Nr. {**32** / *32* 44 × 45 Cm. Profil ***K* 18.–** / „ **26.–** / „ **16.–**

Kanapee Nr. {**32** / *3032* 145 Cm. Profil ***K* 60.–** / „ **56.–** | 150 Cm. Profil ***K* 84.–**

Fauteuil Nr. {**32** / *1032* 50 × 49 Cm. Profil ***K* 30 –** / „ **42.–** / „ **27.50**

GEBRÜDER THONET.

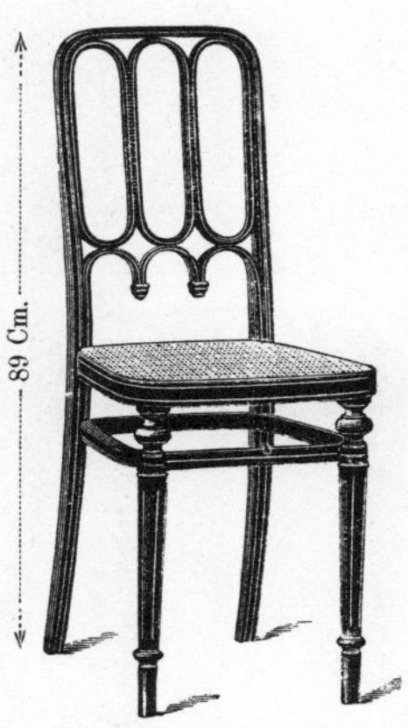

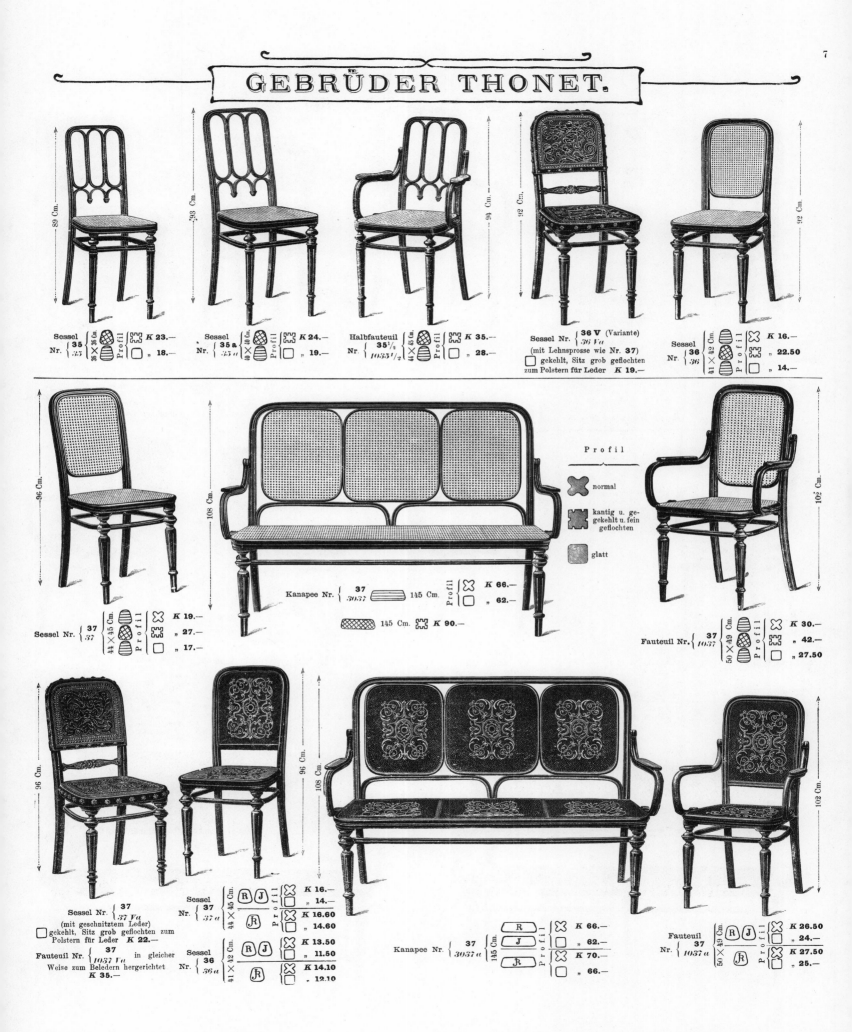

Sessel Nr. 35 / *35* — 36 × 36 Cm. — Profil: K 23.— ; „ 18.—

Sessel Nr. 35 a / *35 a* — 40 × 40 Cm. — Profil: K 24.— ; „ 19.—

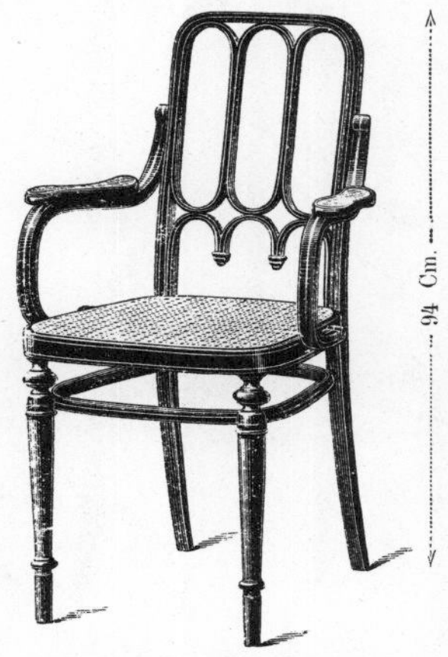

Halbfauteuil Nr. 35½ / *1035½* — 44 × 45 Cm. — Profil: K 35.— ; „ 28.—

Sessel Nr. **36 V** (Variante) / *36 Va*
(mit Lehnsprosse wie Nr. **37**)
gekehlt, Sitz grob geflochten zum Polstern für Leder *K* **19.—**

Sessel Nr. 36 / *36* — 41 × 42 Cm. — Profil: K 16.— ; „ 22.50 ; „ 14.—

Sessel Nr. 37 / *37* — 44 × 45 Cm. — Profil: K 19.— ; „ 27.— ; „ 17.—

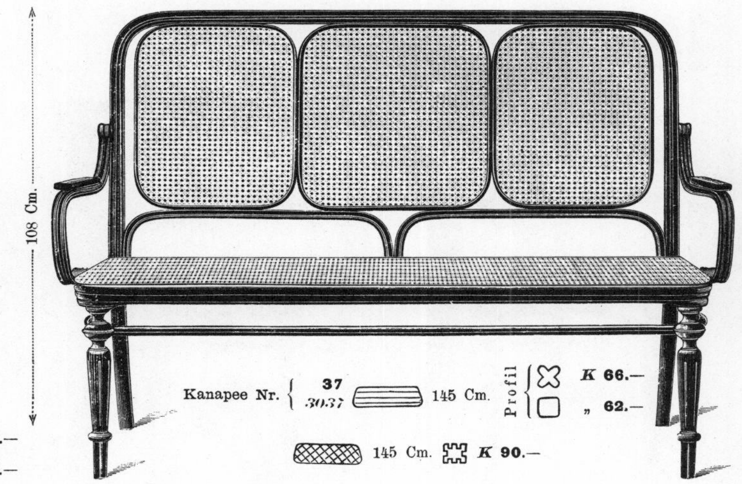

Kanapee Nr. 37 / *3037* — 145 Cm. — Profil: K 66.— ; „ 62.—

145 Cm. — K 90.—

Profil

normal

kantig u. gekehlt u. fein geflochten

glatt

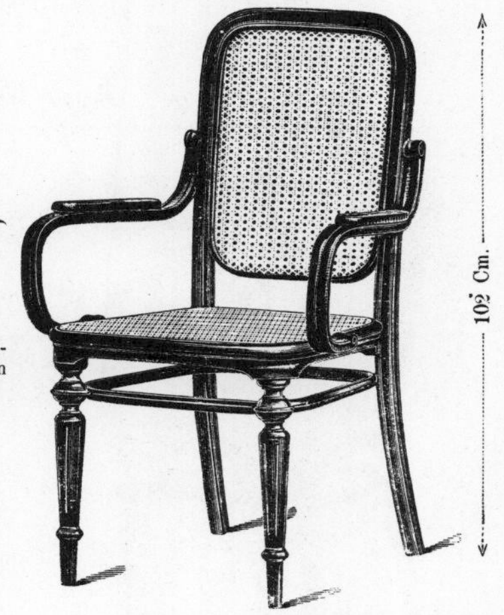

Fauteuil Nr. 37 / *1037* — 50 × 49 Cm. — Profil: K 30.— ; „ 42.— ; „ 27.50

Sessel Nr. 37 / *37 Va*
(mit geschnitztem Leder)
gekehlt, Sitz grob geflochten zum Polstern für Leder *K* **22.—**

Fauteuil Nr. 37 / *1037 Va* in gleicher Weise zum Beledern hergerichtet *K* **35.—**

Sessel Nr. 37 / *37 a* — 44 × 45 Cm. — R J, Profil: K 16.— ; „ 14.— — JR: K 16.60 ; „ 14.60

Sessel Nr. 36 / *36 a* — 41 × 42 Cm. — R J: K 13.50 ; „ 11.50 — JR: K 14.10 ; „ 12.10

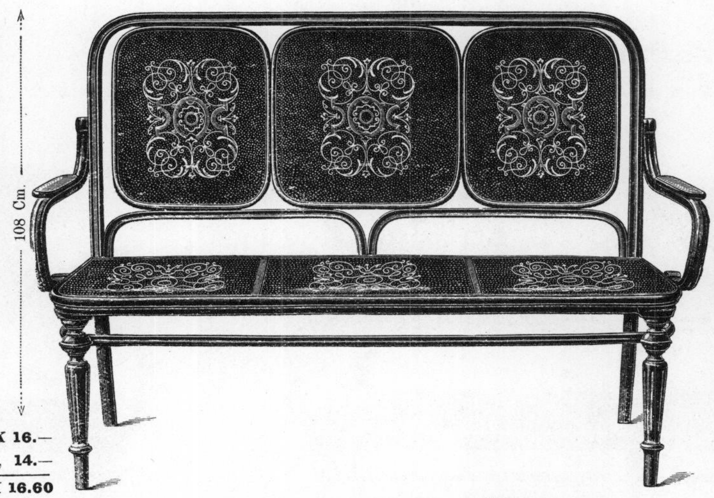

Kanapee Nr. 37 / *3037 a* — 145 Cm. — R, J, Profil: K 66.— ; „ 62.— — JR: K 70.— ; „ 66.—

Fauteuil Nr. 37 / *1037 a* — 50 × 49 Cm. — R J, Profil: K 26.50 ; „ 24.— — JR: K 27.50 ; „ 25.—

GEBRÜDER THONET.

Profil

normal

kantig und gekehlt und fein geflochten

glatt

Sessel Nr. { **41** / *41* } 41 × 42 Cm. Profil { *K* **13.50** / „ **17.—** / „ **11.50** }

Kanapee Nr. { 41 / *3041* } 150 Cm. Profil { *K* **50.—** / „ **64.—** / „ **46.—** }

Fauteuil Nr. { **41** / *1041* } 50 × 49 Cm. Profil { *K* **24.50** / „ **30.—** / „ **22.—** }

Sessel Nr. { **48** / *48* } zum Polstern 45 × 44 Cm. Profil { *K* **17.—** / „ **15.50** }

Sessel Nr. { **48** / *48 a* } gekehlt, Sitz grob vorgeflochten z. Polstern für Leder *K* **23.—**

Sessel Nr. { **48 V** / *48 V* } (Variante) zum Polstern 45 × 44 Cm.

Profil *K* **17.—** | Profil *K* **15.50**

Sessel Nr. { **48 V** / *48 Va* } gekehlt, Sitz grob vorgeflochten zum Polstern für Leder *K* **23.—**

Fauteuil Nr. { **48 V** / *1048 Va* } in gleicher Ausführung *K* **36.—**

Lehnbrett vorne zum Polstern, rückwärts poliert.

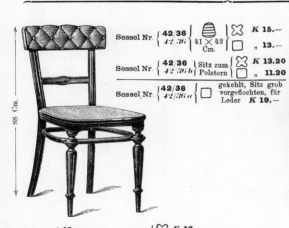

Sessel Nr. { **42/36** / *42/36* } 41 × 42 Cm. { *K* **15.—** / „ **13.—** }

Sessel Nr. { **42/36** / *42/36 b* } Sitz zum Polstern { *K* **13.20** / „ **11.20** }

Sessel Nr. { **42/36** / *42/36 a* } gekehlt, Sitz grob vorgeflochten, für Leder *K* **19.—**

Sessel Nr. { **42** / *42* } 44 × 45 Cm. Profil { *K* **17.—** / „ **15.—** }

Sessel Nr. { **42** / *42 b* } Sitz zum Polstern Profil { *K* **15.20** / „ **13.20** }

Sessel Nr. { **42** / *42 a* } gekehlt, Sitz grob vorgeflochten, für Leder *K* **21.—**

Fauteuil Nr. { **42** / *1042 b* } zum Polstern 50 × 49 Cm. { *K* **29.—** / „ **27.—** }

Fauteuil Nr. { **42** / *1042 a* } gekehlt, Sitz grob vorgeflochten zum Polstern für Leder *K* **34.—**

Halbfauteuil Nr. { **42½** / *1042½ b* } zum Polstern 44 × 45 Cm. { *K* **23.—** / „ **21.—** }

Nr. { **42½** / *1042½ a* } gekehlt, Sitz grob vorgeflochten zum Polstern für Leder *K* **27.—**

Fauteuil Nr. { **48** / *1048* } zum Polstern 49 × 50 Cm. Profil { *K* **29.—** / „ **27.—** }

Nr. { **48** / *1048 a* } gekehlt, Sitz grob vorgeflochten, für Leder „ **36.—**

Halbfauteuil Nr. { **48½** / *1048½* } zum Polstern 45 × 44 Cm. Profil { *K* **23.—** / „ **21.—** }

Nr. { **48½** / *1048½ a* } gekehlt, Sitz grob vorgefl. für Leder „ **29.—**

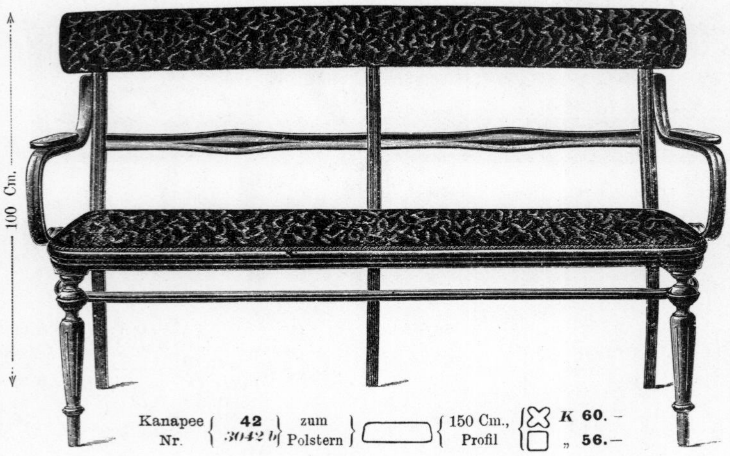

Kanapee Nr. { **42** / *3042 b* } zum Polstern { 150 Cm., Profil { *K* **60.—** / „ **56.—** }

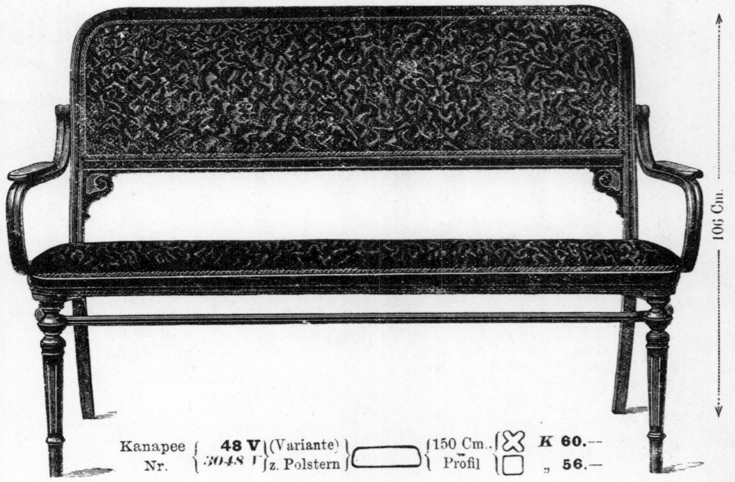

Kanapee Nr. { **48 V** / *3048 V* } (Variante) z. Polstern { 150 Cm. Profil { *K* **60.—** / „ **56.—** }

GEBRÜDER THONET.

Sessel Nr. { 43 / *43* — 41 × 42 Cm. *K* 14.—
Vergleiche Sessel Nr. 143.

Sessel Nr. { 43 / *43a* mit Holzlehne — 41 × 42 Cm. { (P) *K* 13.— / (R)(J) „ 13.50 / (JR) „ 14.10
Vergleiche Sessel Nr. 143.

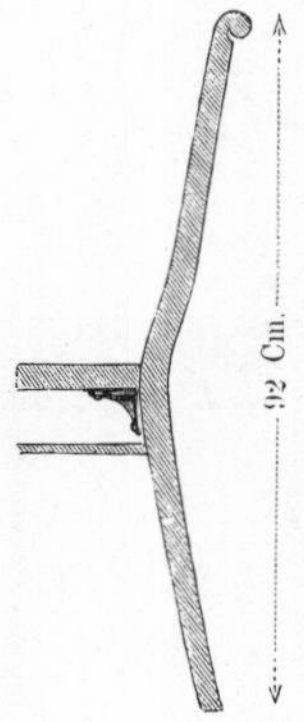

Lehnprofil
Nr. 43 u. 44

Sessel Nr. { 143 / *143* — 40 × 41 Cm. *K* 10.—

Sessel Nr. { 143 / *143a*
40 × 41 Cm. { (R)(J) *K* 10.— / (JR) „ 10.60

Sessel Nr. { 44 / *44* — 44 × 45 Cm. *K* 16.50

Kanapee Nr { 44 / *3044* — 145 Cm. *K* 62.—

Fauteuil Nr. { 44 / *1044* — 50 × 49 Cm. *K* 26.—

Sessel Nr. { 44 / *44a* mit Holzlehne — 44 × 45 Cm { (P) *K* 15.— / (R)(J) „ 15.50 / (JR) „ 16.10

Kanapee Nr. { 44 / *3044a* mit Holzlehne — 145 Cm. { P / R / J } *K* 62.— / JR „ 66.—

Fauteuil Nr. { 44 / *1044a* mit Holzlehne — 50 × 49 Cm. { (P) *K* 24.50 / (R)(J) „ 25.— / (JR) „ 26.—

GEBRÜDER THONET.

Sessel Nr. { **45** / *45* } 40 × 41 Cm. **K 7.50**

Sessel Nr. { **45/14** / *45/14* } 42 Cm. Durchm. **K 6.50**

Sessel Nr. { **45½** / *45½* } 37 Cm. Durchm. **K 6.10**

Sessel Nr. { **145** / *145* } siehe Seite 26 (Nr. 45½ mit Sitz von Nr. 14) 42 Cm. Durchm. **K 6.30**

Sessel Nr. { **146** / *146* } (Nr. 45½ mit Sitz von Nr. 56½) 39 × 36 Cm. **K 6.70**

Halbfauteuil Nr. { **45½** / *1045½* } 45 × 45 Cm. **K 10.50**

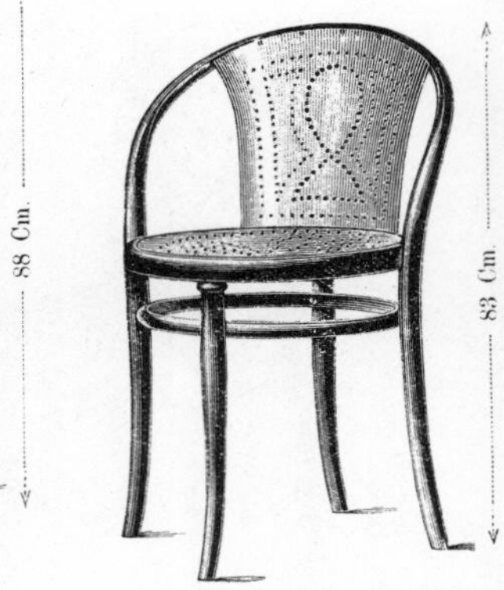

Sessel Nr. { **47** / *47* } (P) 42 Cm. Durchm. **K 7.—**

Sessel Nr. { **47** / *47 c* } mit Rohrsitz und Rohrlehne 42 Cm. Durchm. **K 9.—**

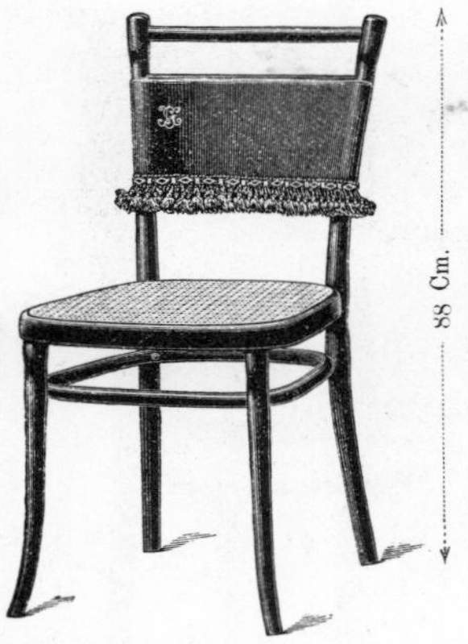

Sessel Nr. { **49** / *49* } Lehne für Lederbezug 46 × 43 Cm. **K 10.—**

Sessel Nr. { **49/56** / *49/56* } 41 × 40 Cm. **K 8.—**

Sessel Nr. { **50** / *50* } 41 × 40 Cm. **K 8.—**

Sessel Nr. { **50/14** / *50/14* } 42 Cm. Durchm. **K 7.40**

Fauteuil Nr. { **50** / *1050* } 46 × 43 Cm. **K 12.75**

hiezu gehörig: Kanapee Nr. **50** { 111 Cm. **K 26.—**, *Nr. 2050* / 135 Cm. „ **30.—**, *Nr. 3050* }

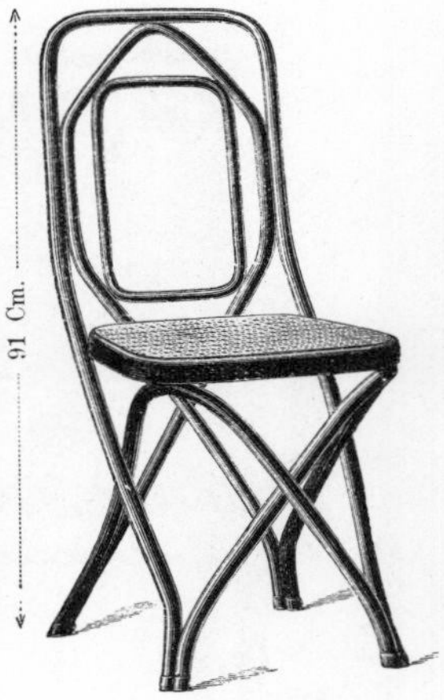

Sessel Nr. { **51** / *51* } 40 × 40 Cm. **K 14.50**

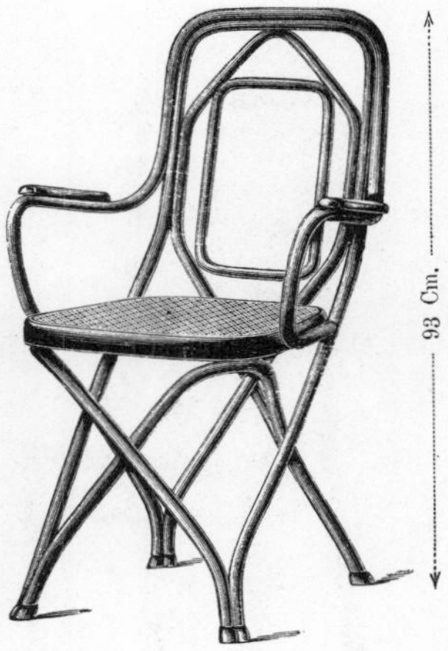

Fauteuil Nr. { **51** / *1051* } 40 × 40 Cm. **K 20.—**

Sessel Nr. { **52** / *52* } 42 Cm. Durchm. **K 6.—**

Sessel Nr. { **52½** / *52½* } 37 Cm. Durchm. **K 5.60**

hiezu gehörig: Halbfauteuil Nr. { **52½** / *1052½* } 45 × 45 Cm. **K 11.—**

Sessel Nr. { **53** / *53* } 42 Cm. Durchm. **K 6.20**

Sessel Nr. { **53 a** / *53 a P* } perforiert (P) 42 Cm. Durchm. **K 6.50**

Sessel Nr. { **53 a** / *53 a* } 42 Cm. Durchm. (R) (J) **K 6.80**, (JR) „ **7.40**

Sessel Nr. { **53 b** / *53 b* } Relief (R) 42 Cm. Durchm. **K 7.20**

GEBRÜDER THONET.

Sessel Nr. { 54 / *54* }
42 Cm. Durchm. ***K* 6.30**

Fauteuil Nr. { 54 / *1054* }
45 × 45 Cm. ***K* 11.50**

Sessel Nr. { **54 a** / *54 a P* } perforiert
(P) 42 Cm. Durchm. ***K* 6.60**

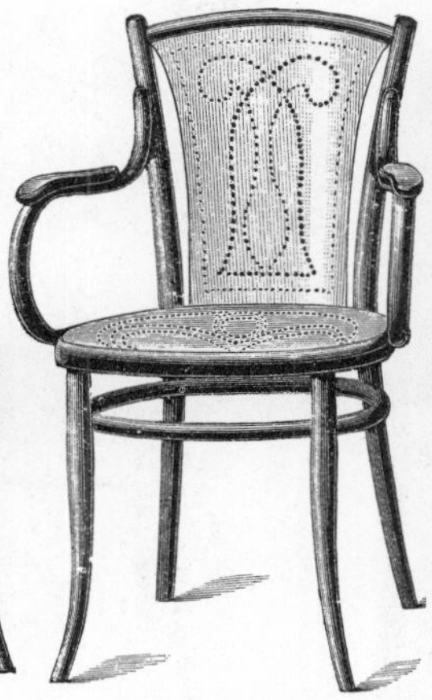

Fauteuil Nr. { **54 a** / *1054 a P* } perforiert
(P) 45 × 45 Cm. ***K* 12.—**

Sessel Nr. { **54a** / *54a* } 42 Cm. Durchm.
(R) (J) ***K* 6.90**
(Ɽ) „ **7.50**

Fauteuil Nr. { **54a** / *1054a* } 45 × 45 Cm.
(R) (J) ***K* 12.30**
(Ɽ) „ **13.30**

Lehne 92 Cm. hoch.

Kanapee Nr. **54** { 111 Cm. ***K* 25.—**, ***Nr.* *2054*** / 135 Cm. „ **29.—**, ***Nr.* *3054*** }

Lehne 92 Cm, hoch.

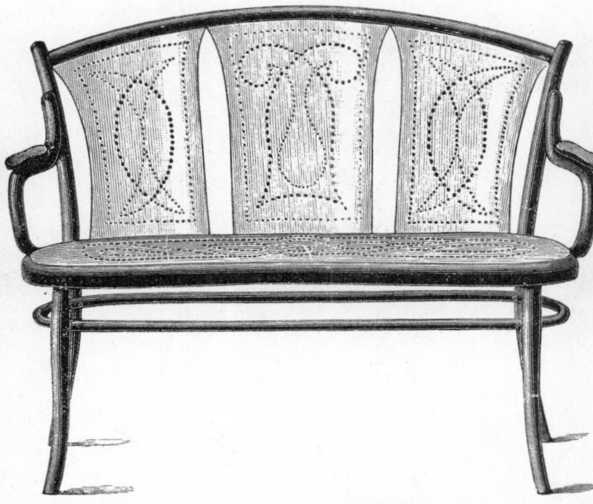

Kanapee Nr. **54 a**, perforiert (P) { 111 Cm. ***K* 25.—**, ***Nr.* *2054 a P*** / 135 Cm. „ **29.—**, ***Nr.* *3054 a P*** }

Lehne 92 Cm. hoch.

Kanapee Nr. **54 a** { (R) (J) { 111 Cm. ***K* 26.—**, ***Nr.* *2054 a*** / 135 Cm. „ **30.—**, ***Nr.* *3054 a*** } / (Ɽ) { 111 Cm. ***K* 29.—**, ***Nr.* *2054 a*** / 135 Cm. „ **34.—**, ***Nr.* *3054 a*** } }

Sessel Nr. { **54 b** / *54 b* } Relief
(R) 42 Cm. Durchm. ***K* 7.30**

Kanapee Nr. **54 b**, Relief (R) { 111 Cm. ***K* 28.—**, ***Nr.* *2054 b*** / 135 Cm. „ **33.—**, ***Nr.* *3054 b*** }

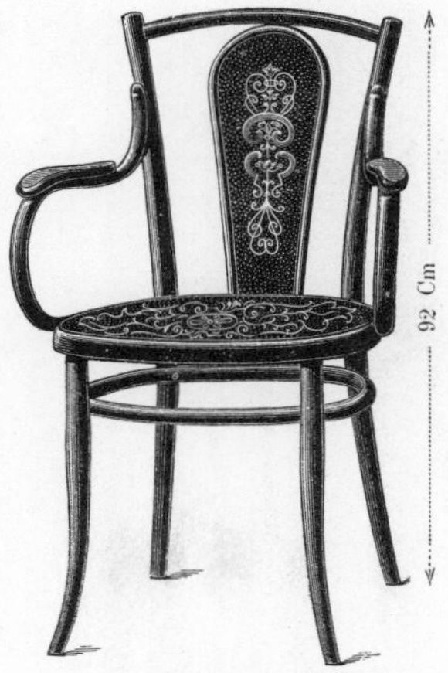

Fauteuil Nr. { **54 b** / *1054 b* }
(R) 45 × 45 Cm. ***K* 12.50**

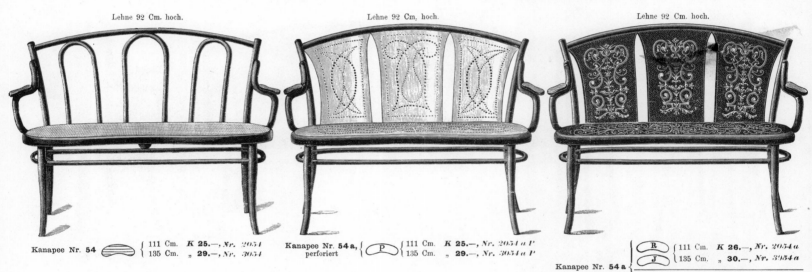

GEBRÜDER THONET.

Sessel Nr. { **56** / *56* 41 × 40 Cm. *K* **7.20**

Sessel Nr { **56/14** / *56/14* 42 Cm. Durchm. *K* **6.60**

Sessel Nr. { **56½** / *56½* 39 × 36 Cm. *K* **6.80**

Kanapee Nr. **56** { 111 Cm. *K* **27.–**, *Nr. 2056* / 135 Cm. „ **31.–**, *Nr. 3056*

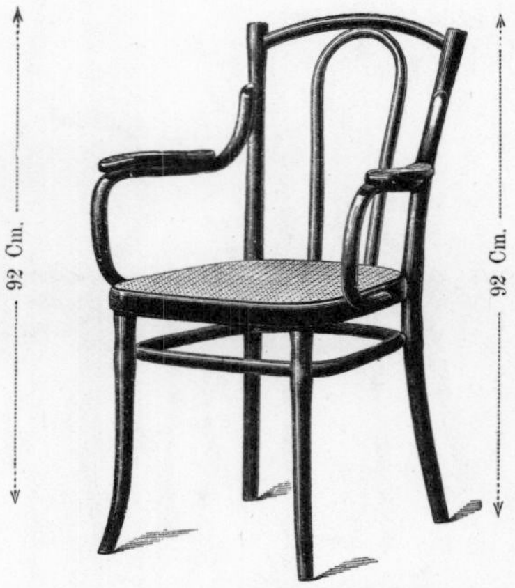

Fauteuil Nr. { **56** / *1056* 46 × 43 Cm. *K* **12.–**

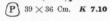

Sessel Nr. { **56** ***a***, perforiert / ***56 a P***

(P) 41 × 40 Cm. *K* **7.50**

Sessel Nr. { **56½** ***a***, perforiert / ***56½ a P***

(P) 39 × 36 Cm. *K* **7.10**

Kanapee Nr. **56** ***a***, perforiert (P) { 111 Cm. *K* **27.–**, *Nr. 2056 a P* / 135 Cm. „ **31.–**, *Nr. 3056 a P*

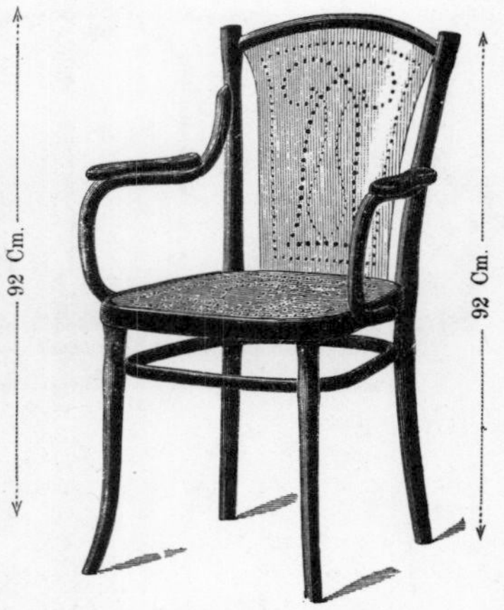

Fauteuil Nr. { **56** ***a***, perforiert / ***1056 a P***

(P) 46 × 43 Cm. *K* **12.50**

Sessel Nr. { **56** ***a*** / *56 a* { 41 × 40 Cm. (R) (J) *K* **7.80** / (Ɍ) „ **8.40**

Sessel Nr. { **56½** ***a*** / *56½ a* { 39 × 36 Cm. (R) (J) *K* **7.40** / (Ɍ) „ **8.–**

Kanapee Nr. **56** ***a*** { (R) (J) { 111 Cm. *K* **28.–**, *Nr. 2056 a* / 135 Cm. „ **32.–**, *Nr. 3056 a*; (Ɍ) { 111 Cm. *K* **31.–**, *Nr. 2056 a* / 135 Cm. „ **36.–**, *Nr. 3056 a*

Fauteuil Nr. { **56** ***a*** / *1056 a* { 46 × 43 Cm. (R) (J) *K* **12.80** / (Ɍ) „ **13.80**

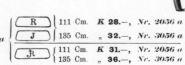

GEBRÜDER THONET.

Sessel Nr. {56 b / 56 c} mit Rohrlehne — 41 × 40 Cm. **K 8.60**

hiezu gehörig:

Sessel Nr. {56½ b / 56½ c} mit Rohrlehne — 39 × 36 Cm. **K 8.—**

Fauteuil Nr. {56 b / 1056 c} mit Rohrlehne — 45 × 43 Cm. **K 13.60**

Kanapee Nr. **56 b** mit Rohrlehne — {111 Cm. **K 33.—**, *Nr. 2056 c* / 135 Cm. **K 39.—**, *Nr. 3056 c*}

Sessel Nr. {56 b / 56 b} Relief

(R) 41 × 40 Cm. **K 8.20**

Sessel Nr. {56½ b / 56½ b} Relief

(R) 39 × 36 Cm. **K 7.80**

Kanapee Nr. **56 b**, Relief (R) {111 Cm. **K 30.—**, *Nr. 2056 b* / 135 Cm. „ **35.—**, *Nr. 3056 b*}

Fauteuil Nr. {56 b / 1056 b} Relief

(R) 46 × 43 Cm. **K 13.—**

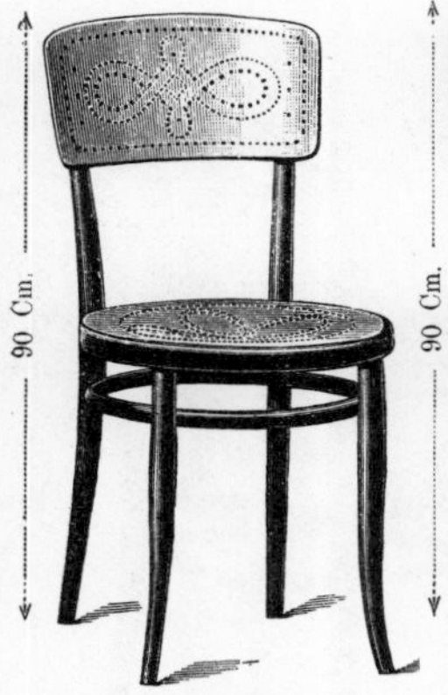

Sessel Nr. {**57/14**, perforiert / *57/14 P*}

(P) 42 Cm. Durchm. **K 5.80**

Sessel Nr. {**57**, perforiert / *57 P*}

(P) 41 × 40 Cm. **K 6.40**

Sessel Nr. {**57½** perforiert / *57½ P*}

(P) 39 × 36 Cm. **K 6.—**

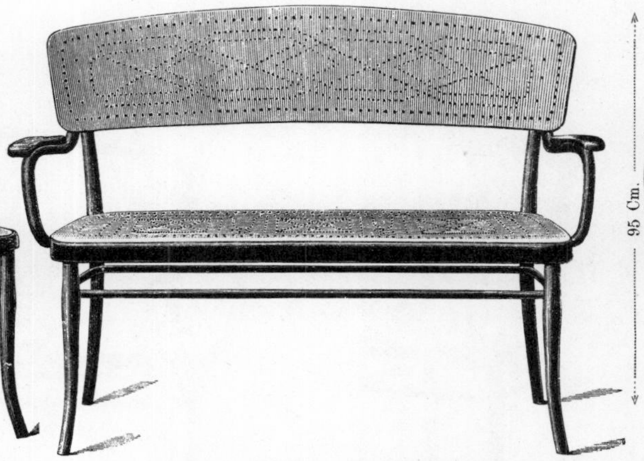

Kanapee Nr. **57**, perforiert (P) {111 Cm. **K 26.—**, *Nr. 2057 P* / 135 Cm. „ **30.—**, *Nr. 3057 P*}

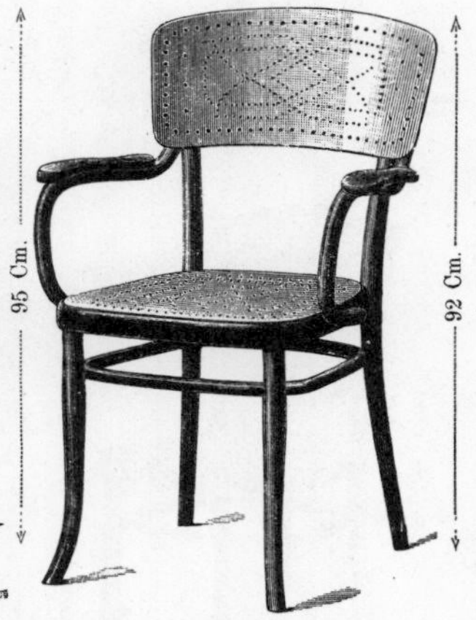

Fauteuil Nr {**57**, perforiert / *1057 P*}

(P) 46 × 43 Cm. **K 11.—**

Sessel Nr. {**57/14** / *57/14*}

42 Cm. Durchm. {(R)(J) **K 6.20** / (JR) „ **6.80**}

Sessel Nr. {**57** / *57*}

41 × 40 Cm. {(R)(J) **K 6.80** / (JR) „ **7.40**}

Sessel Nr. {**57½** / *57½*}

39 × 36 Cm. {(R)(J) **K 6.40** / (JR) „ **7.—**}

Kanapee Nr. **57** {(R) (J) {111 Cm. **K 27.—**, *Nr. 2057* / 135 Cm. „ **32.—**, *Nr. 3057*} / (JR) {111 Cm. **K 30.—**, *Nr. 2057* / 135 Cm. „ **36.—**, *Nr. 3057*}}

Fauteuil Nr. {**57** / *1057*}

46 × 43 Cm. {(R)(J) **K 11.50** / (JR) „ **12.50**}

GEBRÜDER THONET.

Siehe Vorwort!
Vergleiche Sessel Nr. 57, Seite 13.

Sessel Nr. { **57** mit Wappen perforiert / *57 P mit Wappen*
(P) 41 × 40 Cm. ***K* 6.60** (***K* 6.40** + ***K* –.20**)
Man empfiehlt einfache Konturen; komplizierte Dessins gehen auf Kosten der Deutlichkeit.

Sessel Nr. { **57** Relief mit Inschrift / *57 mit Inschrift*
(R) 41 × 40 Cm. ***K* 7.–** (***K* 6.80** + ***K* –.20**)
Die Inschrift kann nur an derselben Stelle, wie oben, angebracht werden.

Sessel Nr. { **57** / (*57*) } Flachintarsia mit Adler oder mit beliebigem Lehndessin im Mittelstück (statt des Adlers)
Flachintarsia (J) 41 × 40 Cm.
Preis ohne Mitteldessin ***K* 7.40** mit irgend einem schon bestehenden Mitteldessin ***K* –.20 mehr** = ***K* 7.60**
Die Anfertigung neuer Dessins geht auf Kosten der Besteller.

Sessel Nr. { **57** / *57* } Relief mit Folgenummer auf der Vorderseite der Lehne.
(R) 41 × 40 Cm. ***K* 7.10** (***K* 6.80** + ***K* –.30**)
Preis per Ziffer ***K* –.15.**
Es kostet somit eine 2ziffrige Zahl 2 × 15 = ***K* –.30.**

Sessel Nr. { **60** / *60* } 45 × 43 Cm. ***K* 12.–**

Fauteuil Nr. { **60** / *1060* } 51 × 48 Cm. ***K* 18.–**

Sessel Nr. { **61 P** / *61 P* } perforiert, mit elastischer Lehne.
(P) 41 × 40 Cm. ***K* 8.–**

Sessel Nr. { **61** / *61* } mit elastischer Lehne
(R) (J) 41 × 40 Cm. ***K* 8·40**
(JR) 41 × 40 Cm. ***K* 9.–**

Sessel Nr. { **59½** / *59½* } 39 × 36 Cm. ***K* 9.–**

Sessel Nr. { **59** / *59* } 41 × 40 Cm. ***K* 10.-**

Kanapee Nr. **59** { 111 Cm. ***K* 34.–**, *Nr. 2059* / 135 Cm. „ **40.–**, *Nr. 3059*

Fauteuil Nr. { **59** / *1059* } 46 × 43 Cm. ***K* 16.–**

Sessel Nr. { **62** / *62* } 41 × 40 Cm. ***K* 8.–**

Kanapee Nr. **62** { 111 Cm. ***K* 30.–**, *Nr. 2062* / 135 Cm. „ **36.–**, *Nr. 3062*

Fauteuil Nr. { **62** / *1062* } 46 × 43 Cm. ***K* 14.–**

GEBRÜDER THONET.

Lehnfüße gedrechselt und aus einem Stücke gebogen.

Sessel Nr. { **64/14** / *64/14* 42 Cm. Durchm. **K 8.–**

Sessel Nr. { **64** / *64* 41 × 40 Cm. **K 9.–**

Kanapee Nr. **64** { 111 Cm. **K 30.–**, ***Nr. 2064*** / 135 Cm. „ **35.–**, ***Nr. 3064***

Fauteuil Nr. { **64** / *1064* 46 × 43 Cm. **K 14.–**

Fauteuil Nr. { **64/14** / *1064/14* 48 Cm. Durchm. **K 13.–**

Sessel Nr. { **65** / *65* 41 × 40 Cm. **K 10.–**

Kanapee Nr. **65** { 111 Cm. **K 35.–**, *Nr. 2065* / 135 Cm. „ **40.–**, *Nr. 3065*

Fauteuil Nr. { **65** / *1065* 46 × 43 Cm. **K 16.–**

Sessel Nr. { **66½** / *66½* 39 × 36 Cm. **K 7.60**

Sessel Nr. { **66½/14½** / *66½a* 37 Cm. Durchm. **K 6.90**

(vergleiche Sessel **66/14** links unten)

Sessel Nr. { **66/14** / *66/14* 42 Cm. Durchm. **K 7.20**

Sessel Nr. { **66** / *66* 41 × 40 Cm. **K 8.–**

Kanapee Nr. **66** { 111 Cm. **K 29.–**, ***Nr. 2066*** / 135 Cm. „ **34.–**, ***Nr. 3066***

Fauteuil Nr. { **66** / *1066* 46 × 43 Cm. **K 13.–**

Fauteuil Nr. { **66/14** / *1066/14* 48 Cm. Durchm. **K 12.20**

GEBRÜDER THONET.

Sessel Nr. { 67 / *67* } 41 × 40 Cm. **K 12.—**

Kanapee Nr. **67** { 111 Cm. **K 46.—**, *Nr. 2067* / 135 Cm. „ **52.—**, *Nr. 3067* }

Kanapee Nr. **67**, glatt, Vorderfüße gebogen (siehe Sessel rechts) { 111 Cm. **K 38.—**, *Nr. 2067 a* / 135 Cm. „ **44.—**, *Nr. 3067 a* }

Fauteuil Nr. { **67** / *1067* } 46 × 43 Cm. **K 22.—**

Fauteuil Nr. { **67** / *1067 a* } { glatt, Vorderfüße gebogen (siehe Sessel rechts) } **K 18.—**

Sessel Nr. { **67** / *67 a* } glatt, Vorderfüße gebogen 41 × 40 Cm. **K 9.50**

Lehnfüße gedrechselt und aus einem Stücke gebogen.

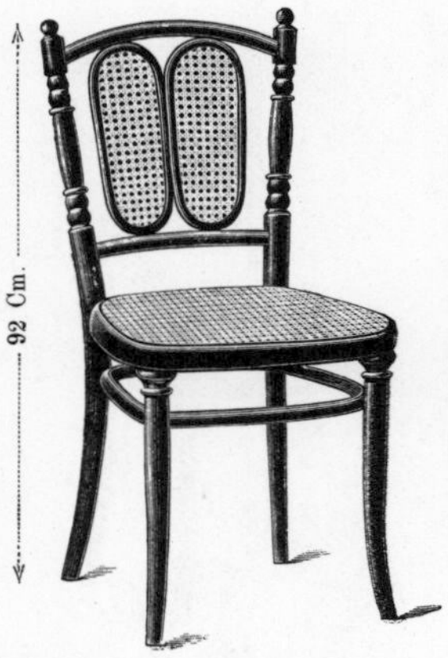

Sessel Nr. { **68** / *68 c* } mit Rohrlehne 41 × 40 Cm. **K 11.—**

Sessel Nr. { **68** / *68* } 41 × 40 Cm. **K 9.50**

Kanapee Nr. **68** { 111 Cm. **K 31.—**, *Nr. 2068* / 135 Cm. „ **36.—**, *Nr. 3068* }

Kanapee Nr. **68** { mit Rohrlehne } { 111 Cm. **K 35.—**, *Nr. 2068 c* / 135 Cm. „ **40.—** *Nr. 3068 c* }

Fauteuil Nr. { **68** / *1068* } 46 × 43 Cm. **K 14.50**

Fauteuil Nr. { **68** / *1068 c* } mit Rohrlehne **K 16.50**

Sessel Nr. { **69** / *69* } Relief

(R) 41 × 40 Cm. **K 7.50**

(JR) . . . . „ **9.10**

Sessel Nr. { **69**, Flachintarsia / *69 J* }

(J) 41 × 40 Cm. **K 7.50**

Sessel Nr. { **69½** / *69½* }

(R) (J) 39 × 36 Cm. **K 7.10**

Fauteuil Nr. { **69** / *1069* }

(R) (J) 46 × 43 Cm. **K 13.—**

(JR) . . . . „ **14.—**

Sessel Nr. { **69**, Flachintarsia mit Lehninschrift / *96 J Lehninschrift* }

(J) 41 × 40 Cm. **K 7.70**

siehe Vorwort (*K* 7.50 + *K* —.20)

GEBRÜDER THONET.

Sessel Nr. { 70 / *70*

41 × 40 Cm. { (R)(J) *K* 8.— / (R) „ 8.60

Sessel Nr. { 70½ / *70½*

(R)(J) *K* 7.60

(R) „ 8.20

Kanapee Nr. 70 { (R) { 111 Cm. *K* 34.—, *Nr. 2070* / (J) { 135 Cm. „ 40.—, *Nr. 3070* / (R) { 111 Cm. *K* 37.—, *Nr. 2070* / 135 Cm. „ 44.—, *Nr. 3070*

Fauteuil Nr. { 70 / *1070*

46 × 43 Cm. { (R)(J) *K* 13.— / (R) „ 14.

Sessel Nr. { 76 / *76* { 41 × 40 Cm. (R)(J) *K* 8.— / (R) „ 8.60

Sessel Nr. { 76½ / *76½* { 39 × 36 Cm. (R)(J) *K* 7.60 / (R) „ 8.20

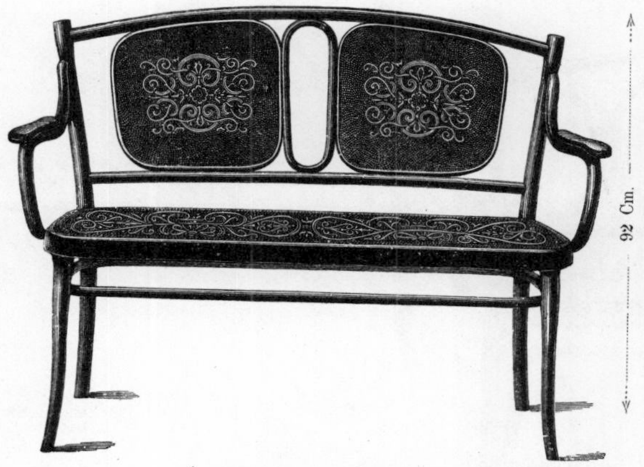

Kanapee Nr. 76 { (R) { 111 Cm. *K* 34.—, *Nr. 2076* / (J) { 135 Cm. „ 40.—, *Nr. 3076* / (R) { 111 Cm. *K* 37.—, *Nr. 2076* / 135 Cm. „ 44.—, *Nr. 3076*

Fauteuil Nr. { 76 / *1076* { 46 × 43 Cm. (R)(J) *K* 13.— / (R) „ 14.—

Lehnfüße gedrechselt und aus einem Stücke gebogen

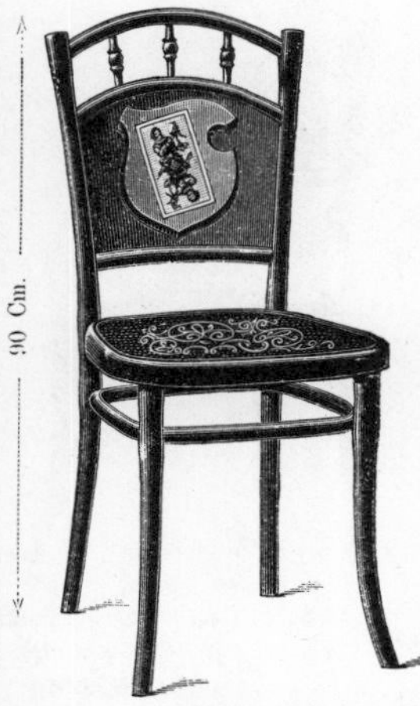

Sessel Nr. { 78 mit Tarockdessin / *78 mit Tarockdessin*

(J) 41 × 40 Cm. *K* 12.—

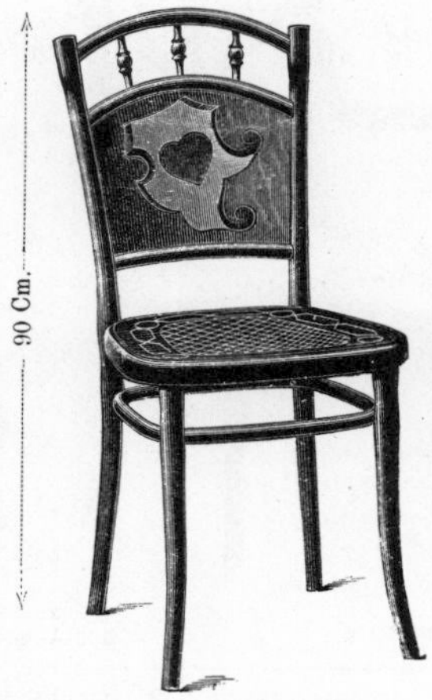

Sessel Nr. { 78 mit Assdessin / *78 mit Assdessin*

(N) 41 × 40 Cm. *K* 11.—

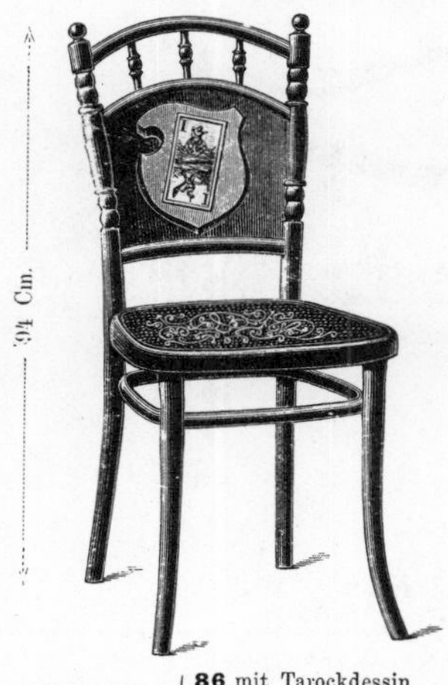

Sessel Nr. { 86 mit Tarockdessin / *86 mit Tarockdessin*

(J) 41 × 40 Cm. *K* 13.—

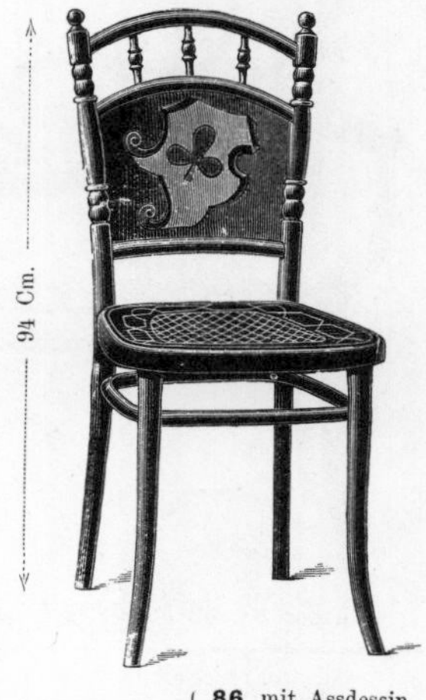

Sessel Nr. { 86 mit Assdessin / *86 mit Assdessin*

(N) 41 × 40 Cm. *K* 12.—

Sessel Nr. { 79 / *79*

41 × 40 Cm. *K* 7.50

GEBRÜDER THONET.

Lehnfüße gedrechselt und aus einem Stücke gebogen.

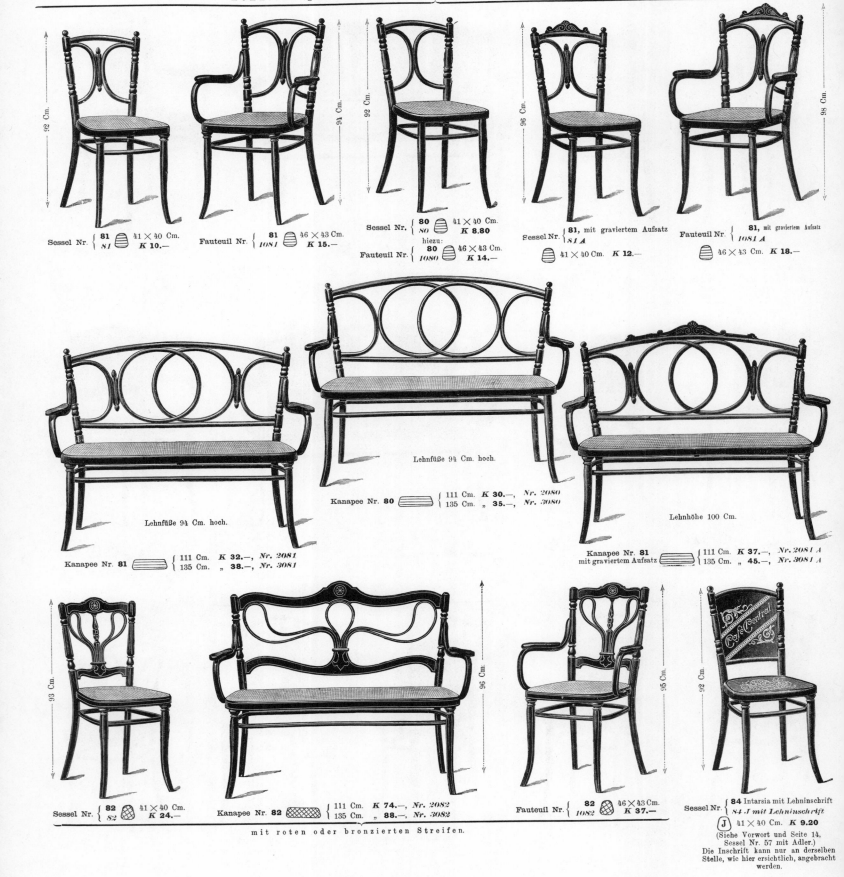

92 Cm.

Sessel Nr. { **81** / *81* 41 × 40 Cm. **K 10.—**

94 Cm.

Fauteuil Nr. { **81** / *1081* 46 × 43 Cm. **K 15.—**

92 Cm.

Sessel Nr. { **80** / *80* 41 × 40 Cm. **K 8.80**

hiezu:

Fauteuil Nr. { **80** / *1080* 46 × 43 Cm. **K 14.—**

96 Cm.

Sessel Nr. { **81**, mit graviertem Aufsatz / ***81 A***

41 × 40 Cm. **K 12.—**

98 Cm.

Fauteuil Nr. { **81**, mit graviertem Aufsatz / ***1081 A***

46 × 43 Cm. **K 18.—**

Lehnfüße 94 Cm. hoch.

Kanapee Nr. **81** { 111 Cm. **K 32.—**, *Nr. 2081* / 135 Cm. „ **38.—**, *Nr. 3081*

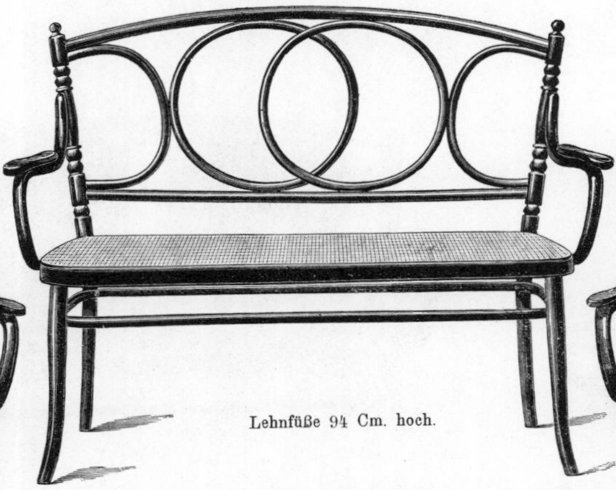

Lehnfüße 94 Cm. hoch.

Kanapee Nr. **80** { 111 Cm. **K 30.—**, *Nr. 2080* / 135 Cm. „ **35.—**, *Nr. 3080*

Lehnhöhe 100 Cm.

Kanapee Nr. **81** mit graviertem Aufsatz { 111 Cm. **K 37.—**, *Nr. 2081 A* / 135 Cm. „ **45.—**, *Nr. 3081 A*

93 Cm.

Sessel Nr. { **82** / *82* 41 × 40 Cm. **K 24.—**

96 Cm.

Kanapee Nr. **82** { 111 Cm. **K 74.—**, *Nr. 2082* / 135 Cm. „ **88.—**, *Nr. 3082*

95 Cm.

Fauteuil Nr. { **82** / *1082* 46 × 43 Cm. **K 37.—**

mit roten oder bronzierten Streifen.

92 Cm.

Sessel Nr. { **84** Intarsia mit Lehninschrift / ***84 J mit Lehninschrift***

(J) 41 × 40 Cm. **K 9.20**

(Siehe Vorwort und Seite 14, Sessel Nr. 57 mit Adler.)

Die Inschrift kann nur an derselben Stelle, wie hier ersichtlich, angebracht werden.

GEBRÜDER THONET.

Lehnfüße gedrechselt und aus einem Stücke gebogen.

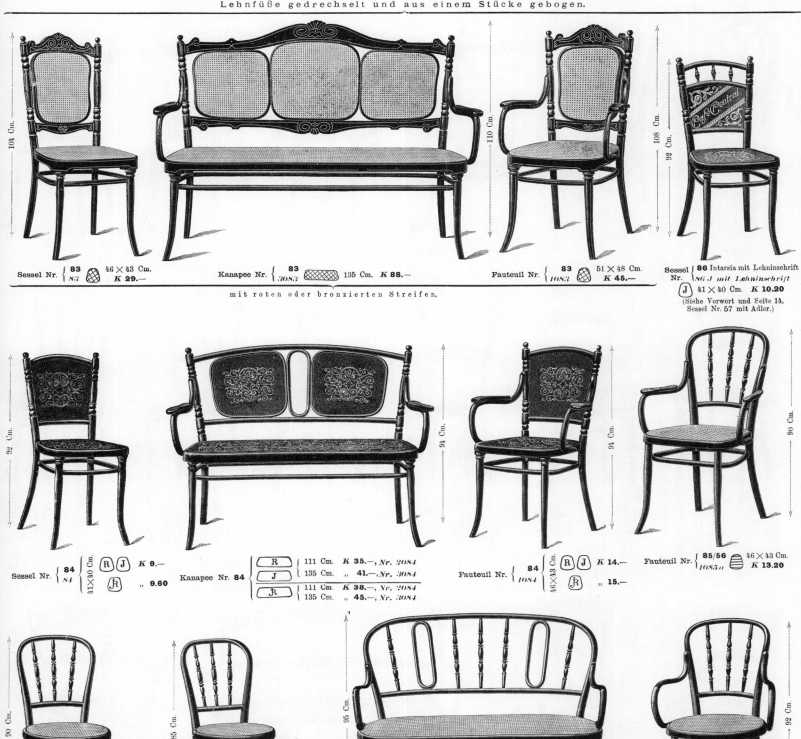

104 Cm.

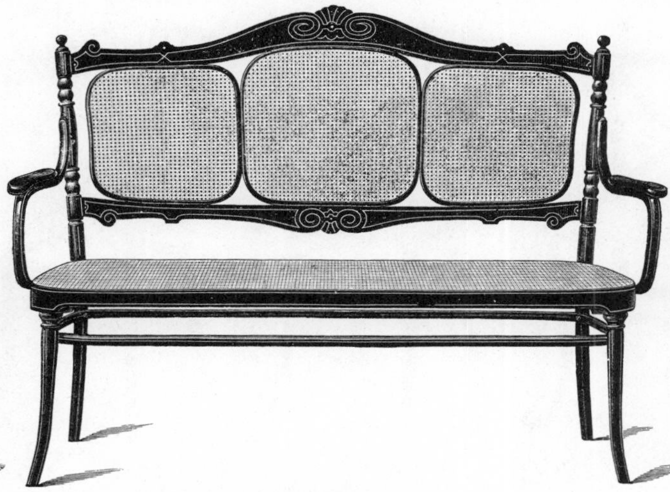

110 Cm.

108 Cm. 92 Cm.

Sessel Nr. { **83** / *83* 46 × 43 Cm. **K 29.—**

Kanapee Nr. { **83** / *3083* 135 Cm. **K 88.—**

Fauteuil Nr. { **83** / *1083* 51 × 48 Cm. **K 45.—**

mit roten oder bronzierten Streifen.

Sessel Nr. { **86** Intarsia mit Lehninschrift / *86 J mit Lehninschrift*
(J) 41 × 40 Cm. **K 10.20**
(Siehe Vorwort und Seite 14, Sessel Nr. 57 mit Adler.)

92 Cm.

94 Cm.

94 Cm.

90 Cm.

Sessel Nr. { **84** / *84* { 41×40 Cm. (R)(J) **K 9.—** / (JR) „ **9.60**

Kanapee Nr. **84** { (R) { 111 Cm. **K 35.—**, *Nr. 2084* / (J) 135 Cm. „ **41.—**, *Nr. 3084* / (JR) { 111 Cm. **K 38.—**, *Nr. 2084* / 135 Cm. „ **45.—**, *Nr. 3084*

Fauteuil Nr. { **84** / *1084* { 46×43 Cm. (R)(J) **K 14.—** / (JR) „ **15.—**

Fauteuil Nr. { **85/56** / *1085 a* 46 × 43 Cm. **K 13.20**

90 Cm.

85 Cm.

95 Cm.

92 Cm.

Sessel Nr. { **85** / *85* 42 Cm. Durchm. **K 6.70**

Sessel Nr. { **85/56** / *85/56* 41 × 40 Cm. **K 7.40**

Sessel Nr. { **85½** / *85½* 37 Cm. Durchm. **K 6.30**

Sessel Nr. { **85½/56½** / *85½ a* 39 × 36 Cm. **K 6.90**

Kanapee Nr. { **85** / *2085* 111 Cm. **K 28.—**

Fauteuil Nr. { **85** / *1085* 45 × 45 Cm. **K 11.50**

GEBRÜDER THONET.

Musterschutz.

Sessel Nr. { 90 / *90*

41 × 40 Cm. *K* **12.—**

Sessel Nr. { **90,** graviert / *90 g*

(+ 10%) = *K* **13.20,** siehe Vorwort

Sessel Nr. { **91** / *91*

41 × 40 Cm. *K* **9.50**

Sessel Nr. { **92** / *92*

42 Cm. Durchm. *K* **6.10**

Sessel Nr. { **92 c** / *92 c*

42 Cm. Durchm. *K* **6.20**

Sessel Nr. { **93** / *93*

42 Cm. Durchm. *K* **6.60**

Sessel Nr. { **94** / *94*

42 Cm. Durchm. *K* **6.70**

Nr. { **94/56** / *94/56* 41 × 40 Cm. *K* **7.40**

Sessel Nr. { **94½** / *94½*

37 Cm. Durchm. *K* **6.30**

Nr. { **94½/56½** / *94½ a* 39 × 36 Cm. *K* **6.90**

Sessel Nr. { **95** / *95*

42 Cm. Durchm. *K* **6.60**

Sessel Nr. { **95½** / *95½*

37 Cm. Durchm. *K* **6.20**

Sessel Nr { **98** / *98*

42 Cm. Durchm. *K* **6.20**

Sessel Nr. { **98 c** / *98 c*

42 Cm. Durchm. *K* **6.30**

Mit Reliefholzsitz und -lehne.

Sessel Nr. { **96** / *96*

(R) 41 × 40 Cm. *K* **6.50**

Sessel Nr. { **96/14** / *96/14* } Relief

(R) 42 Cm. Durchm. *K* **5.90**

Fauteuil Nr. { **96/14** / *1096/14* } Relief

(R) 48 Cm. Durchm. *K* **11.–**

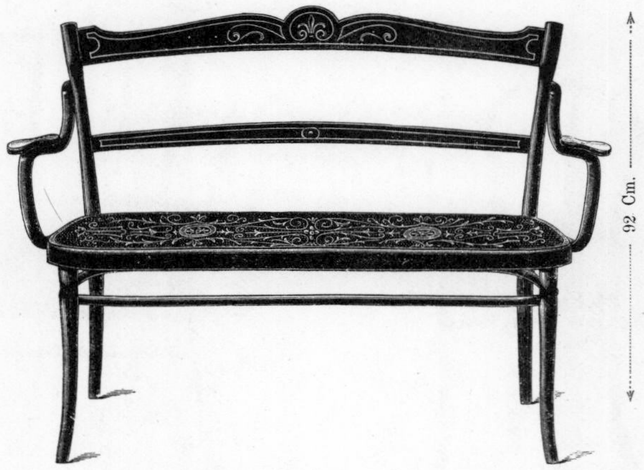

Kanapee Nr. { **96** / *2096* (R) 111 × 44 Cm. *K* **32.–**

Fauteuil Nr. { **96** / *1096* } Relief

(R) 46 × 43 Cm. *K* **12.–**

GEBRÜDER THONET.

Sessel Nr. { **97** / *97* } Flachintarsia, poliert
(P) 40 × 41 Cm. ***K* 6.50**

Sessel Nr. { **97/14** / *97/14* } Flachintarsia, poliert
(P) 42 Cm. Durchm. ***K* 5.90**

Sessel Nr. { **100½** / *100½* } Relief
(R) 37 Cm. Durchm. ***K* 5.60**

Sessel Nr. { **102** / *102* } 41 × 40 Cm. ***K* 7.70**
hiezu gehörig:
Fauteuil Nr. { **102** / *1102* } 46 × 43 Cm. ***K* 13.—**

Sessel Nr. { **104** / *104* } 41 × 40 Cm. ***K* 11.—**
hiezu gehörig:
Fauteuil Nr. { **104** / *1104* } 46 × 43 Cm. ***K* 21.—**
Kanapee Nr. **104**
{ 111 Cm. ***K* 44.—**, *Nr. 2104*
{ 135 Cm. „ **50.—**, *Nr. 3104*

Sessel Nr. { **103** / *103*
41 × 40 Cm. ***K* 8.—**

Sessel Nr. { **103½** / *103½*
39 × 36 Cm. ***K* 7.60**

Kanapee Nr. **103** { 111 Cm. ***K* 29.—**, *Nr. 2103*
{ 135 „ „ **35.—**, *Nr. 3103*

Fauteuil Nr. { **103** / *1103*
46 × 43 Cm. ***K* 13.—**

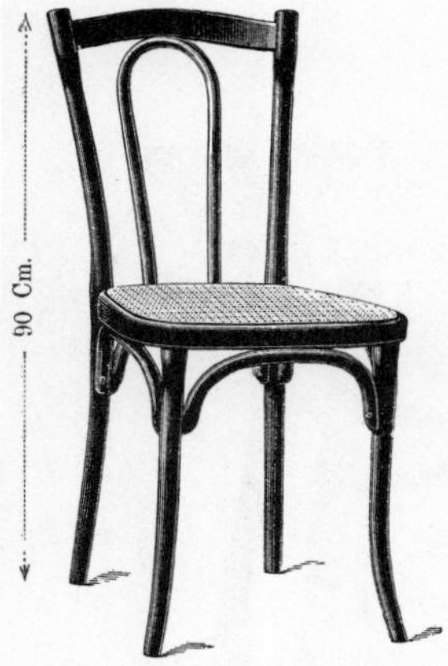

Sessel Nr. { **105**, mit Reifenbogen / *105* ∩
41 × 40 Cm. ***K* 8.—**

Sessel Nr. { **105**, mit trapezförmigem Fußreifen / *105 normal*
(wie Nr. **56**, Seite 12) ***K* 7.40**

Sessel Nr. { **106**, mit Reifenbogen / *106* ∩
41 × 40 Cm. ***K* 9.—**

Normal (d. i. mit Fußreifen, wie nebenstehender Sessel Nr. 107) } ***K* 8.40**
Nr. 106 normal

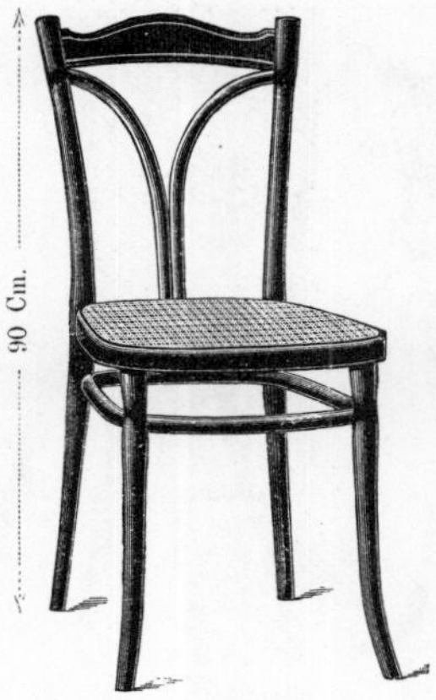

Sessel Nr. { **107** / *107*
41 × 40 Cm. ***K* 7.60**

Sessel Nr. { **108** / *108*
41 × 40 Cm. ***K* 8.—**

Sessel Nr. { **109** / *109*
45 × 43 Cm. Preise (ohne Leder). Zum Polstern ***K* 32.—**

Sessel Nr. { **109 a** / *109 a* — ***K* 33.—**

Sessel Nr. { **109 b** / *109 b* — ***K* 35.—**

GEBRÜDER THONET.

Mit Holzsitz und Holzlehne, perforiert.

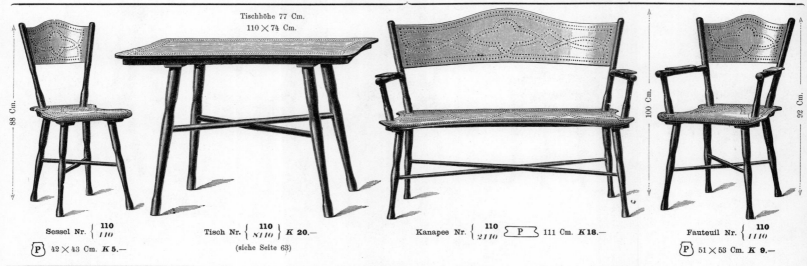

Sessel Nr. 110 / *110*

(P) 42 × 43 Cm. *K* 5.—

Tisch Nr. 110 / *8110* *K* 20.—

(siehe Seite 63)

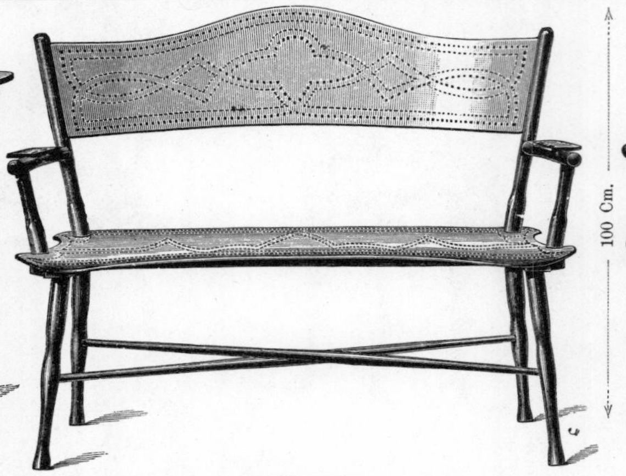

Kanapee Nr. 110 / *2110* (P) 111 Cm. *K* 18.—

Fauteuil Nr. 110 / *1110*

(P) 51 × 53 Cm. *K* 9.—

Mit Holzsitz und Holzlehne, polychrom (dreifarbig).

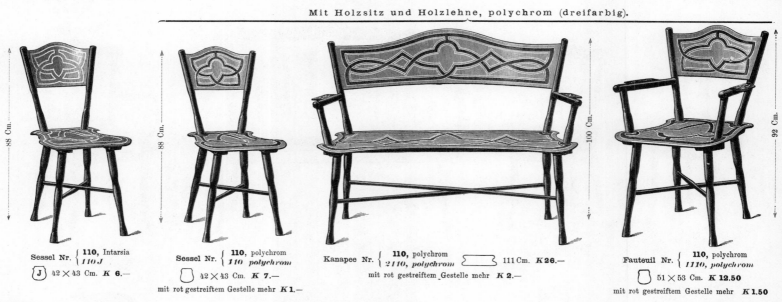

Sessel Nr. 110, Intarsia / *110 J*

(J) 42 × 43 Cm. *K* 6.—

Sessel Nr. 110, polychrom / *110 polychrom*

42 × 43 Cm. *K* 7.—

mit rot gestreiftem Gestelle mehr *K* 1.—

Kanapee Nr. 110, polychrom / *2110, polychrom* 111 Cm. *K* 26.—

mit rot gestreiftem Gestelle mehr *K* 2.—

Fauteuil Nr. 110, polychrom / *1110, polychrom*

51 × 53 Cm. *K* 12.50

mit rot gestreiftem Gestelle mehr *K* 1.50

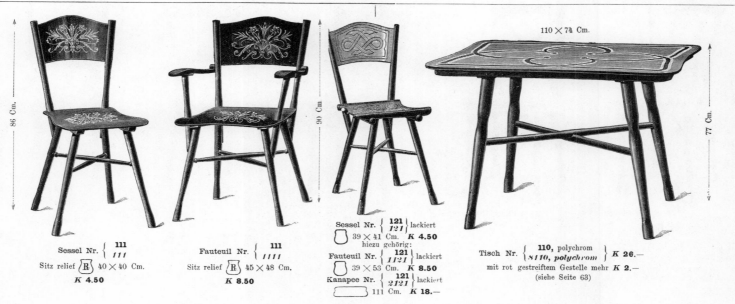

Sessel Nr. 111 / *111*

Sitz relief (R) 40 × 40 Cm.

K 4.50

Fauteuil Nr. 111 / *1111*

Sitz relief (R) 45 × 48 Cm.

K 8.50

Sessel Nr. 121 / *121* lackiert

39 × 41 Cm. *K* 4.50

hiezu gehörig:

Fauteuil Nr. 121 / *1121* lackiert

39 × 53 Cm. *K* 8.50

Kanapee Nr. 121 / *2121* lackiert

111 Cm. *K* 18.—

Tisch Nr. 110, polychrom / *8110, polychrom* *K* 26.—

mit rot gestreiftem Gestelle mehr *K* 2.—

(siehe Seite 63)

GEBRÜDER THONET.

Sessel Nr. { 114 mit Sprossen / 114 ✕

Ⓡ 39 ✕ 38 Cm.

lackiert *K* 5.— poliert *K* 5.50

Nr. 114 c ✕ mit geflochtenem Sitz

Preisaufschlag *K* —.20

Hiezu: Kanapee Nr. mit geraden Sprossen { 114 / 2114 ✕ { Ⓡ 111 Cm. { lackiert *K* 21.— / poliert „ 22.— | 135 Cm. *Nr. 3114* ✕ { lackiert *K* 25.— / poliert „ 26.—

Fauteuil Nr. { 114 mit geraden Sprossen / 1114 ✕

46 ✕ 45 Cm. { lackiert *K* 9.— / poliert „ 9.50

Sessel Nr. { 114 mit Fußreifen / 114 *a*

Ⓡ 39 ✕ 38 Cm.

lackiert *K* 5.30 poliert *K* 5.80

Nr. 114 a c mit geflochtenem Sitz

Preisaufschlag *K* —.20

hiezu Fauteuil Nr. { 114 / 1114 *a*

46 ✕ 45 Cm., mit Fußreifen

lackiert *K* 9.50 poliert *K* 10.—

Kanapee Nr. mit Fußreifen { 114 / 2114 *a* Ⓡ 111 Cm. { lackiert *K* 22.— / poliert „ 23.—

Kanapee Nr. { 114 / 3114 *a* Ⓡ 135 Cm. { lackiert *K* 26.— / poliert „ 27.—

Sessel Nr. { 118 mit Sprossen / 118 ✕

Ⓡ 39 ✕ 38 Cm.

lackiert *K* 5.20 poliert *K* 5.70

118 c ✕ mit geflochtenem Sitz

Preisaufschlag *K* —.20

Kanapee Nr. { 118 mit Sprossen / 2118 ✕ Ⓡ 111 ✕ 44 Cm.

lackiert *K* 22.— poliert *K* 23.—

Kanapee Nr. { 118 mit Sprossen / 3118 ✕ Ⓡ 135 Cm. { lackiert *K* 26.— / poliert „ 27.—

Fauteuil Nr. { 118 mit Sprossen / 1118 ✕

Ⓡ 46 ✕ 45 Cm.

lackiert *K* 9.50 poliert *K* 10.—

Fauteuil Nr. mit Fußreifen { 114 / 1114 *a* Ⓡ 46 ✕ 45 Cm.

lackiert *K* 9.50 poliert *K* 10.—

Sessel Nr. { 118 mit Fußreifen / 118 *a*

Ⓡ 39 ✕ 38 Cm.

lackiert *K* 5.50 poliert *K* 6.—

118 a c mit geflochtenem Sitz

Preisaufschlag *K* —.20

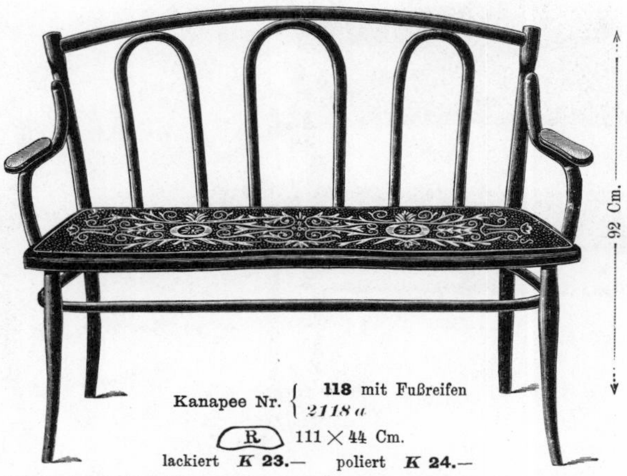

Kanapee Nr. { 118 mit Fußreifen / 2118 *a*

Ⓡ 111 ✕ 44 Cm.

lackiert *K* 23.— poliert *K* 24.—

Kanapee Nr. { 118 / 3118 *a* } mit Fußreifen Ⓡ 135 Cm. { lackiert *K* 27.— / poliert „ 28.—

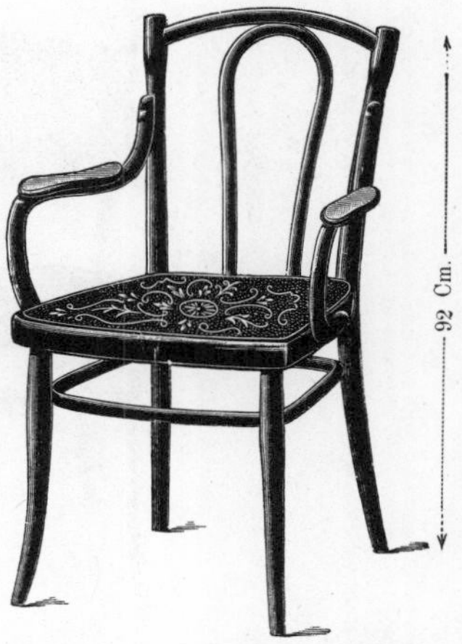

Fauteuil Nr. { 118 mit Fußreifen / 1118 *a*

Ⓡ 46 ✕ 45 Cm.

lackiert *K* 10.— poliert *K* 10.50

Sessel Nr. { 117 mit geraden Sprossen / 117 ✕

Ⓡ 39 ✕ 38 Cm. { lackiert *K* 5.20 / poliert „ 5.70

Nr. 117 c ✕ mit geflochtenem Sitz

Preisaufschlag *K* —.20

Sessel Nr. { 117 mit Fußreifen / 117 *a*

Ⓡ 39 ✕ 38 Cm. { lackiert *K* 5.50 / poliert „ 6.—

Nr. 117 a c mit geflochtenem Sitz

Preisaufschlag *K* —.20

GEBRÜDER THONET.

Sessel Nr. { **119,** mit geraden Sprossen / *119×*

(R) 39 × 38 Cm. { lackiert ***K* 5.40** / poliert „ **5.90**

Nr. 119c× { mit geflochtenem Sitz / Preisaufschlag ***K* –.20**

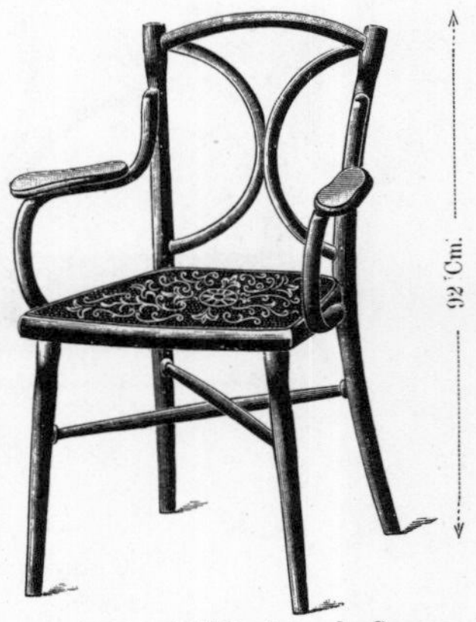

Fauteuil Nr. { **119,** mit geraden Sprossen / *1119×*

(R) 46 × 45 Cm. { lackiert ***K* 10.–** / poliert „ **10.50**

Sessel Nr. { **119,** mit Fußreifen / *119a*

(R) 39 × 38 Cm. { lackiert ***K* 5.70** / poliert „ **6.20**

Nr. 119ac { mit geflochtenem Sitz / Preisaufschlag ***K* –.20**

Fauteuil Nr. { **119,** mit Fußreifen / *1119a*

(R) 46 × 45 Cm. { lackiert ***K* 10.50** / poliert „ **11.–**

Sessel Nr. { **123** / *123*

Sitz ● 39 × 38 Cm. ***K* 7.–**

Dieser Sessel wird vielfach mit Naturlehnbrett zur Aufnahme von Handbrandmalerei genommen.

Mit Holzsitz und Holzlehne: **normal.**

Sessel Nr. { **120** normal / *120 normal*

● 39 × 38 Cm. { lackiert ***K* 5.50** / poliert „ **6.–**

Kanapee Nr. **120** normal ●

lackiert / *lackiert*	111 Cm.	***K* 23.–**,	*Nr. 2120 normal*
	135 Cm.	„ **27.–**,	*Nr. 3120 normal*
poliert / *poliert*	111 Cm.	***K* 24.–**,	*Nr. 2120 normal*
	135 Cm.	„ **28.–**,	*Nr. 3120 normal*

Fauteuil Nr. { **120** normal / *1120 normal*

● 46 × 45 Cm. { lackiert ***K* 10.–** / poliert „ **10.50**

Sessel Nr. { **120,** polychrom / *120, polychrom*

lackiert . . . . ***K* 7.50**
poliert . . . . „ **8.–**

hiezu gehörig:

Fauteuil Nr. { **120,** polychrom / *1120, polychrom* { lackiert ***K* 13.–** / poliert „ **13.50**

Kanapee Nr. 120

lackiert / *lackiert*	111 Cm.	***K* 30.–**,	*Nr. 2120, polychrom*
	135 Cm.	„ **34.–**,	*Nr. 3120, polychrom*
poliert / *poliert*	111 Cm.	***K* 31.–**,	*Nr. 2120, polychrom*
	135 Cm.	„ **35.–**,	*Nr. 3120, polychrom*

Sessel Nr. { **120** / *120*

lackiert / *lackiert*	39 × 38 Cm.	(R) (J)	***K* 5.50**
		(JR)	„ **6.–**
poliert / *poliert*	39 × 38 Cm.	(R) (J)	***K* 6.–**
		(R)	„ **6.60**

Kanapee Nr. 120

lackiert / *lackiert*	(R)	111 Cm.	***K* 23.–**,	*Nr. 2120*
	(J)	135 Cm.	„ **27.–**,	*Nr. 3120*
	(JR)	111 Cm.	***K* 26.–**,	*Nr. 2120*
		135 Cm.	„ **31.–**,	*Nr. 3120*
poliert / *poliert*	(R)	111 Cm.	***K* 24.–**,	*Nr. 2120*
	(J)	135 Cm.	„ **28.–**,	*Nr. 3120*
	(JR)	111 Cm.	***K* 27.–**,	*Nr. 2120*
		135 Cm.	„ **32.–**,	*Nr. 3120*

Fauteuil Nr. { **120** / *1120*

lackiert / *lackiert*	46 × 45 Cm.	(R) (J)	***K* 10.–**
		(JR)	„ **11.–**
poliert / *poliert*	46 × 45 Cm.	(R) (J)	***K* 10.50**
		(R)	„ **11.50**

Sessel Nr. { 124½ / 124½ } mit Reliefsitz und -lehne
(R) 37 Cm. Durchm. *K* **5.25**

Sessel Nr. { 124 / 124 } mit Reliefsitz und -lehne
(R) 42 Cm. Durchm. *K* **5.60**

Sessel Nr. { **125** / *125c* } mit Rohrsitz
Mustergeschützter Sitz 39 × 38 Cm., geflochten, Lehne mit Tiefpressung (normal) oder glatt (ohne Dessin) *)
poliert........................*K* **7.25**
Preisaufschlag für Lehnbrettel **graviert*****) *a* *K* **—.50**

*) **Sessel Nr. 125 mit Rohrsitz wird stets nur poliert,** und die Lehne mit Tiefpressung versehen geliefert, wenn nicht ausdrücklich **glatt** bestellt.
) Sessel Nr. **125 mit Holzsitz wird stets mit Tiefpressung geliefert, wenn nicht ausdrücklich **glatt** bestellt.
***) **Gravierte** Sessel zeigen die Linien des Dessins in der natur-lichten Farbe des rohen Holzes.
Tiefpressung zeigt die Linien des Dessins in der gleichen Farbe, wie jene des Lehnbrettels.

Ansicht des gepreßten und gravierten Sitzdessins des mustergeschützten Holzsitzes von Sessel Nr. **125.**

Sessel Nr. { **125** / *125* } mit Holzsitz
Mustergeschützter Sitz 39 × 38 Cm. (siehe Zeichnung), Sitz- und Lehnbrettel mit **Tiefpressung (normal)**, oder **glatt** (ohne Dessin) **)

Sessel Nr. { **126,** mit geraden Sprossen / *126*× }
39 × 38 Cm. { lackiert *K* **6.40** / poliert „ **7.20** }

Kanapee Nr. **126** mit geraden Sprossen
Nr. 2126× 111 Cm. { lackiert *K* **28.—** / poliert „ **30.—** }
Nr. 3126× 135 Cm. { lackiert *K* **32.—** / poliert „ **34.—** }

Fauteuil Nr. { **126,** mit geraden Sprossen / *1126*× }
46 × 45 Cm. { lackiert *K* **11.50** / poliert „ **12.50** }

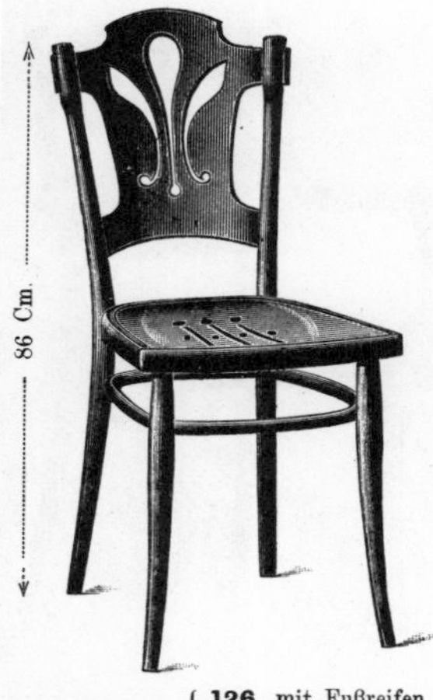

Sessel Nr. { **126,** mit Fußreifen / *126a* }
39 × 38 Cm. { lackiert *K* **6.70** / poliert „ **7.50** }

Kanapee Nr. **126** mit Fußreifen
Nr. 2126a 111 Cm. { lackiert *K* **29.—** / poliert „ **32.—** }
Nr. 3126a 135 Cm. { lackiert *K* **33.—** / poliert „ **35.—** }

Fauteuil Nr. { **126,** mit Fußreifen / *1126a* }
46 × 45 Cm. { lackiert *K* **12.—** / poliert „ **13.—** }

GEBRÜDER THONET.

Sessel Nr. { 128½ / *128½* } poliert
36 × 39 Cm.
K **11.50**

Sessel Nr. { 129½ / *129½* } poliert
36 × 39 Cm.
K **10.—**

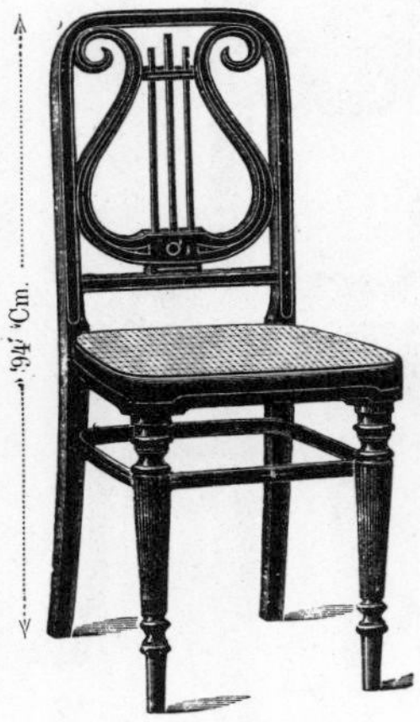

Sessel Nr. { 131 / *131* }
42 × 41 Cm. *K* **22.—**

Sessel Nr. { 134 / *134* }
42 × 41 Cm. *K* **20.—**

Sessel Nr. { 135 / *135* }
40 × 40 Cm. *K* **21.—**
bronziert *K* **24.—**

Sessel Nr. { 136 / *136* }
42 × 41 Cm. *K* **23.—**

Sessel Nr. { 137 / *137* }
45 × 44 Cm. *K* **26.—**

Fauteuil Nr. { 137 / *1137* }
50 × 49 Cm. *K* **40.—**

Musterschutz.
Sessel Nr. { 139 / *139* }
40 × 40 Cm. *K* **26.—**
bronziert *K* **30.—**

Sessel Nr. { 142½ / *142½* }
37 Cm. Durchm.
K **5.30**

Profil der Lehnsprossen.

Sessel Nr. { 145, mit Verbindungen / *145 V* }
42 Cm. Durchm. *K* **6.90**

Sessel Nr. { 148 / *148* }
40 × 41 Cm. *K* **10.—**

Kanapee Nr. { 148 / *2148* } 111 Cm. *K* **35.—**

Fauteuil Nr. { 148 / *1148* }
43 × 46 Cm. *K* **16.—**

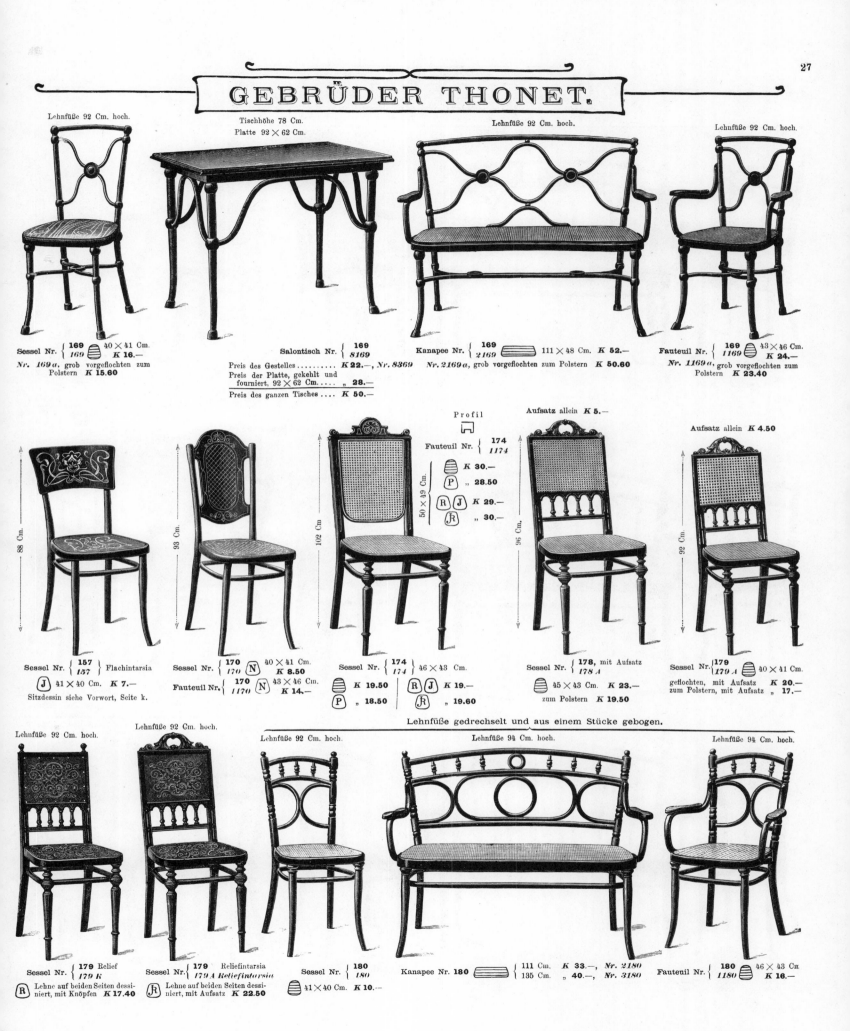

GEBRÜDER THONET.

Lehnfüße 92 Cm. hoch.

Sessel Nr. { **169** / *169* 40 × 41 Cm. **K 16.—**
Nr. 169 a, grob vorgeflochten zum Polstern **K 15.60**

Tischhöhe 78 Cm.
Platte 92 × 62 Cm.

Salontisch Nr. { **169** / *8169*
Preis des Gestelles .... **K 22.—**, *Nr. 8369*
Preis der Platte, gekehlt und fourniert, 92 × 62 Cm. .... „ **28.—**
Preis des ganzen Tisches .... **K 50.—**

Lehnfüße 92 Cm. hoch.

Kanapee Nr. { **169** / *2169* 111 × 48 Cm. **K 52.—**
Nr. 2169 a, grob vorgeflochten zum Polstern **K 50.60**

Lehnfüße 92 Cm. hoch.

Fauteuil Nr. { **169** / *1169* 43 × 46 Cm. **K 24.—**
Nr. 1169 a, grob vorgeflochten zum Polstern **K 23.40**

Sessel Nr. { **157** / *157* } Flachintarsia
(J) 41 × 40 Cm. **K 7.—**
Sitzdessin siehe Vorwort, Seite k.

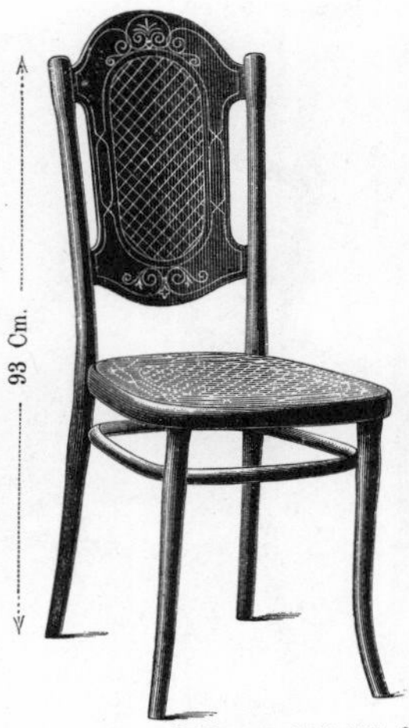

Sessel Nr. { **170** / *170* (N) 40 × 41 Cm. **K 8.50**
Fauteuil Nr. { **170** / *1170* (N) 43 × 46 Cm. **K 14.—**

Sessel Nr. { **174** / *174* } 46 × 43 Cm.
K 19.50
(P) „ **18.50**
(R) (J) **K 19.—**
(R) „ **19.60**

Profil

Fauteuil Nr. { **174** / *1174*
50 × 49 Cm.
K 30.—
(P) „ **28.50**
(R) (J) **K 29.—**
(R) „ **30.—**

Aufsatz allein **K 5.—**

Sessel Nr. { **178**, mit Aufsatz / *178 A*
45 × 43 Cm. **K 23.—**
zum Polstern **K 19.50**

Aufsatz allein **K 4.50**

Sessel Nr. { **179** / *179 A* 40 × 41 Cm.
geflochten, mit Aufsatz **K 20.—**
zum Polstern, mit Aufsatz „ **17.—**

Lehnfüße gedrechselt und aus einem Stücke gebogen.

Lehnfüße 92 Cm. hoch.

Sessel Nr. { **179** Relief / *179 R*
(R) Lehne auf beiden Seiten dessiniert, mit Knöpfen **K 17.40**

Lehnfüße 92 Cm. hoch.

Sessel Nr. { **179** Reliefintarsia / *179 A Reliefintarsia*
(R) Lehne auf beiden Seiten dessiniert, mit Aufsatz **K 22.50**

Lehnfüße 92 Cm. hoch.

Sessel Nr. { **180** / *180*
41 × 40 Cm. **K 10.—**

Lehnfüße 94 Cm. hoch.

Kanapee Nr. 180 { 111 Cm. **K 33.—**, *Nr. 2180* / 135 Cm. „ **40.—**, *Nr. 3180*

Lehnfüße 94 Cm. hoch.

Fauteuil Nr. { **180** / *1180* 46 × 43 Cm. **K 16.—**

GEBRÜDER THONET.

Lehnfüße gedrechselt und aus einem Stücke gebogen.

Lehnfüße 92 Cm. hoch.

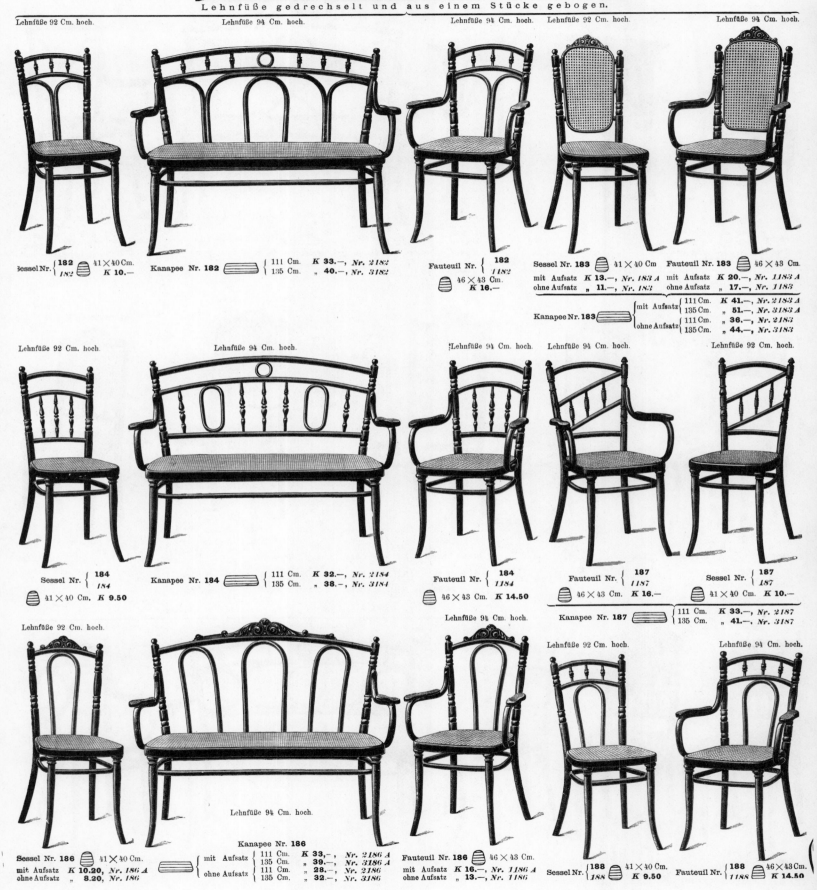

Sessel Nr. 182 / *182* — 41 × 40 Cm. K 10.—

Lehnfüße 94 Cm. hoch.

Kanapee Nr. 182 — 111 Cm. K 33.—, *Nr. 2182*; 135 Cm. „ 40.—, *Nr. 3182*

Lehnfüße 94 Cm. hoch.

Fauteuil Nr. 182 / *1182* — 46 × 43 Cm. K 16.—

Lehnfüße 92 Cm. hoch.

Sessel Nr. 183 — 41 × 40 Cm
mit Aufsatz K 13.—, *Nr. 183 A*
ohne Aufsatz „ 11.—, *Nr. 183*

Lehnfüße 94 Cm. hoch.

Fauteuil Nr. 183 — 46 × 43 Cm.
mit Aufsatz K 20.—, *Nr. 1183 A*
ohne Aufsatz „ 17.—, *Nr. 1183*

Kanapee Nr. 183
mit Aufsatz: 111 Cm. K 41.—, *Nr. 2183 A*; 135 Cm. „ 51.—, *Nr. 3183 A*
ohne Aufsatz: 111 Cm. „ 36.—, *Nr. 2183*; 135 Cm. „ 44.—, *Nr. 3183*

Lehnfüße 92 Cm. hoch.

Sessel Nr. 184 / *184* — 41 × 40 Cm. K 9.50

Lehnfüße 94 Cm. hoch.

Kanapee Nr. 184 — 111 Cm. K 32.—, *Nr. 2184*; 135 Cm. „ 38.—, *Nr. 3184*

Lehnfüße 94 Cm. hoch.

Fauteuil Nr. 184 / *1184* — 46 × 43 Cm. K 14.50

Lehnfüße 94 Cm. hoch.

Fauteuil Nr. 187 / *1187* — 46 × 43 Cm. K 16.—

Lehnfüße 92 Cm. hoch.

Sessel Nr. 187 / *187* — 41 × 40 Cm. K 10.—

Kanapee Nr. 187 — 111 Cm. K 33.—, *Nr. 2187*; 135 Cm. „ 41.—, *Nr. 3187*

Lehnfüße 92 Cm. hoch.

Sessel Nr. 186 — 41 × 40 Cm.
mit Aufsatz K 10.20, *Nr. 186 A*
ohne Aufsatz „ 8.20, *Nr. 186*

Lehnfüße 94 Cm. hoch.

Kanapee Nr. 186
mit Aufsatz: 111 Cm. K 33.—, *Nr. 2186 A*; 135 Cm. „ 39.—, *Nr. 3186 A*
ohne Aufsatz: 111 Cm. „ 28.—, *Nr. 2186*; 135 Cm. „ 32.—, *Nr. 3186*

Lehnfüße 94 Cm. hoch.

Fauteuil Nr. 186 — 46 × 43 Cm.
mit Aufsatz K 16.—, *Nr. 1186 A*
ohne Aufsatz „ 13.—, *Nr. 1186*

Lehnfüße 92 Cm. hoch.

Sessel Nr. 188 / *188* — 41 × 40 Cm. K 9.50

Lehnfüße 94 Cm. hoch.

Fauteuil Nr. 188 / *1188* — 46 × 43 Cm. K 14.50

GEBRÜDER THONET.

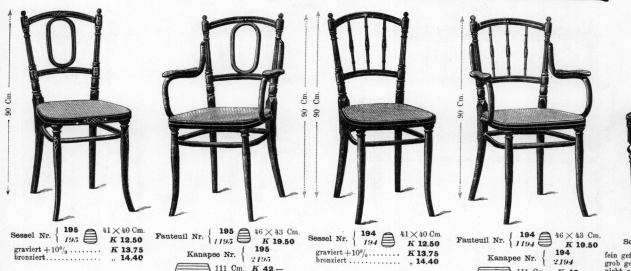

Sessel Nr. 195 / *195* — 41 × 40 Cm. **K 12.50**
graviert + 10% .... **K 13.75**
bronziert .... „ **14.40**

Fauteuil Nr. 195 / *1195* — 46 × 43 Cm. **K 19.50**
Kanapee Nr. 195 / *2195* — 111 Cm. **K 42.—**

Sessel Nr. 194 / *194* — 41 × 40 Cm. **K 12.50**
graviert + 10% .... **K 13.75**
bronziert .... „ **14.40**

Fauteuil Nr. 194 / *1194* — 46 × 43 Cm. **K 19.50**
Kanapee Nr. 194 / *2194* — 111 Cm. **K 42.—**

Sessel Nr. 199½ / *199½* — 41 × 42 Cm. **K 21.—**
fein geflochten .... **K 22.50**, *Nr. 199½ c*
grob geflochten zum Polstern „ **20.25**, *Nr. 199½ a*
nicht geflochten zum Polstern „ **19.25**, *Nr. 199½ b*

Sessel Nr. 199 / *199* — 44 × 44 Cm. **K 22.—**
fein geflochten .... **K 24.—**, *Nr. 199 c*
grob geflochten zum Polstern „ **21.50**, *Nr. 199 a*
nicht geflochten zum Polstern „ **20.—**, *Nr. 199 b*

Kanapee Nr. 199 / *2199* — 111 Cm. **K 74.—**
fein geflochten .... **K 79.—**, *Nr. 2199 c*
grob geflochten zum Polstern „ **72.50**, *Nr. 2199 a*
nicht ge flochten zum Polstern „ **70.—**, *Nr. 2199 b*

Halbfauteuil Nr. 199½ / *1199½* — 44 × 44 Cm. **K 29.—**
fein geflochten .... **K 31.—**, *Nr. 1199½ c*
grob geflochten zum Polstern „ **28.50**, *Nr. 1199½ a*
nicht geflochten zum Polstern „ **27.—**, *Nr. 1199½ b*

Fauteuil Nr. 199 / *1199* — 51 × 51 Cm. **K 36.—**
fein geflochten .... ℳ **39.—**, *Nr. 1199 c*
grob geflochten zum Polstern „ **35.—**, *Nr. 1199 a*
nicht geflochten zum Polstern „ **33.—**, *Nr. 1199 b*

Sessel Nr. 203 / *203* — 41 × 40 Cm. **K 12.—**
bronziert + 5% **K 12.60**

Kanapee Nr. 203 / *2203* — 111 Cm. **K 48.—**
bronziert + 5% **K 50.40**
Nr. 3203, 135 Cm. ...... **K 55.—**
bronziert + 5% **K 57.75**

Fauteuil Nr. 203 / *1203* — 45 × 43 Cm. **K 21.—**
bronziert + 5% **K 22.—**

Sessel Nr. 191 / *191* — 41 × 40 Cm.
graviert und bronziert **K 22.—**
hiezu gehörig:
Fauteuil Nr. 191 / *1191* — 45 × 43 Cm. bronziert **K 32.—**

GEBRÜDER THONET.

Sessel Nr. {204 / *204*} 41 × 40 Cm. *K* 13.—
bronziert *K* 13.65

Kanapee Nr. {204 / *2204*}

111 Cm...... *K* 50.—
bronziert + 5%........ „ 52.50
Nr. 3204. 135 Cm...... „ 58.—
bronziert + 5%........ „ 61.—

Fauteuil Nr. {204 / *1204*} 46 × 43 Cm. *K* 22.—
bronziert + 5% *K* 23.—

Musterschutz.
Sessel Nr. {205 / *205*} 41 × 40 Cm. *K* 13.—
hiezu gehörig:
Fauteuil Nr. {205 / *1205*} 46 × 43 Cm. *K* 22.—

Musterschutz.

Sessel Nr. {210 / *210*} lackiert
40 Cm. Durchm., massiver Holzsitz } *K* 5.50
Stockerl Nr. {210 / *4910*} *K* 4.—

Sessel Nr. {211 / *211*} massiver Holzsitz
41 × 41 Cm. *K* 9.50

Bank Nr. {211 / *2211*} 111 Cm., massiver Holzsitz *K* 28.—
dazu gehörig: Stockerl Nr. {211 / *4911*} *K* 6.—

Platte 105 × 70 Cm.

Tisch Nr. {211 / *8111*} *K* 32.—
(Für Bier- und Weinstuben.)

Möbel für Bauernzimmer.

Platte 100 × 75 Cm.

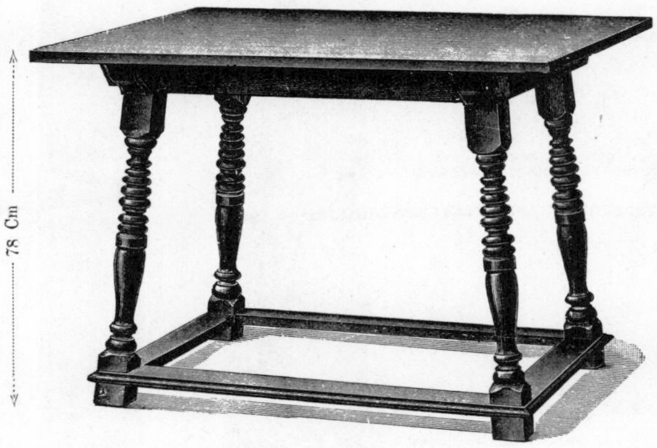

Bauerntisch Nr. {212 / *8112*} aus hartem Holz, mit weicher Platte,
Gestelle und Platte eichen geritzt und lackiert *K* 45.—

GEBRÜDER THONET.

Gestell A K 5.30

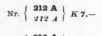

Nr. 212 A / *212 A* K 7.—
Nr. 213 A / *213 A* K 7.30
Nr. 214 A / *214 A* K 7.30
Nr. 215 A / *215 A* K 7.—

Lehne Nr. 212.

Lehne Nr. 213.

Lehne Nr. 214.

Lehne Nr. 215.

Bauernsessel: Vorstehende Lehntypen können mit den beiden Sitzen (Gestellen) A und B beliebig zusammengestellt werden; Sitz und Lehne sind aus weichem Holze, eichen geritzt, lackiert. Füße und Einschubleisten aus Buchenholz, eichen geritzt, lackiert.

Gestell B K 5.60

Nr. 212 B / *212 B* K 7.30
Nr. 213 B / *213 B* K 7.60
Nr. 214 B / *214 B* K 7.60
Nr. 215 B / *215 B* K 7.30

Lehne Nr. 212.

Lehne Nr. 213.

Lehne Nr. 214.

Lehne Nr. 215.

Bauernsessel: Vorstehende Lehntypen können mit den beiden Sitzen (Gestellen) A und B beliebig zusammengestellt werden; Sitz und Lehne sind aus weichem Holze, eichen geritzt, lackiert. Füße und Einschubleisten aus Buchenholz, eichen geritzt, lackiert.

M u s t e r s c h u t z.

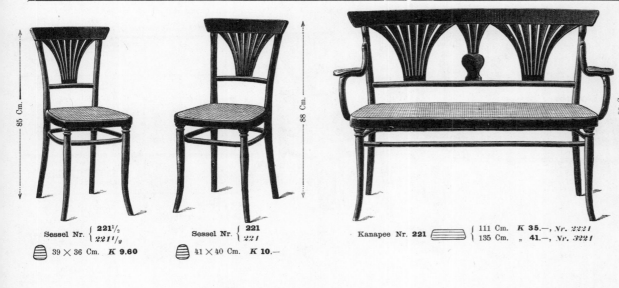

Sessel Nr. 221½ / *221½*

39 × 36 Cm. K 9.60

Sessel Nr. 221 / *221*

41 × 40 Cm. K 10.—

Kanapee Nr. 221
111 Cm. K 35.—, *Nr. 2221*
135 Cm. „ 41.—, *Nr. 3221*

Fauteuil Nr. 221 / *1221*

46 × 43 Cm. K 16.—

GEBRÜDER THONET.

Musterschutz.

Sessel Nr. { **221** / *221 F*

41 × 40 Cm.

mit durchbrochenem Holzsitz (Fächersitz), siehe Skizze rechts

***K* 10.50**

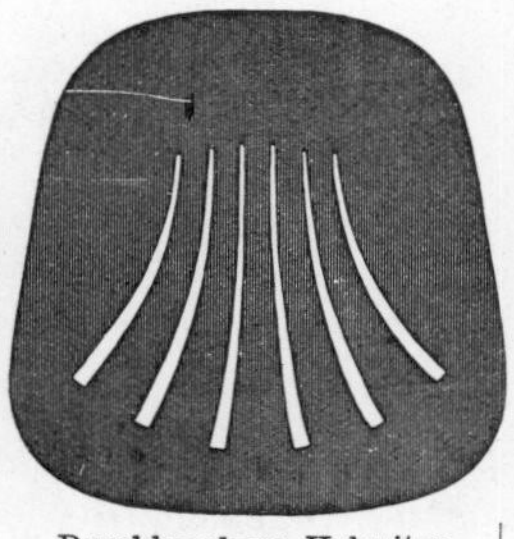

Durchbrochene Holzsitze (Fächersitze) *F*

können an alle Sitzmöbel angebracht werden.

Preisaufschläge für

Sesselsitz	*K* —.50
Fauteuilsitz	„ —.50
Kanapeesitz, 111 Cm..	„ 1.—
Kanapeesitz, 135 Cm..	„ 1.50

Preisaufschläge für gravieren und bronzieren siehe Text bei Skizze rechts. *)

Sessel Nr. { **221,** graviert (bronziert) / *221 a*   41 × 40 Cm.

Sitz geflochten:

graviert / *graviert* } .... ***K* 11.—**

bronziert / *bronziert* } ...... „ **11.50**

Mit Fächersitz *F*

graviert / *graviert* } .... ***K* 11.55**

bronziert / *bronziert* } ...... „ **12.—**

Prozentuelle Aufschläge siehe Vorwort. Für gravieren 10%, für bronzieren 15%

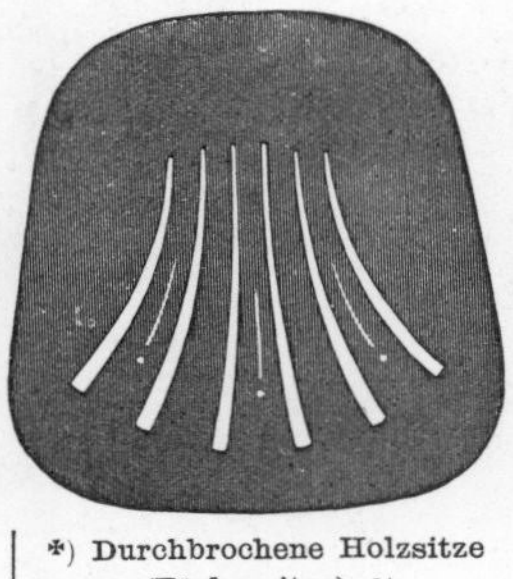

*) **Durchbrochene Holzsitze (Fächersitze)** *F*

graviert (bronziert) können an alle gravierten (bronzierten) Sitzmöbel angebracht werden.

Preisberechnung solcher Möbel:

gravierte Möbel, Aufschlag . . 10%
bronzierte Möbel, Aufschlag . 15%

auf den um den Preis für den Fächersitz vermehrten Stückpreis der Normalausführung, z. B. Sessel Nr. 221 mit Fächersitz bronziert (*K* 10.50 + 15%)

***K* 12.—**

Sessel Nr. { **221,** komplett bronziert / *221 c*

***K* 16.25**

Ansicht des modern gravierten [desgleichen auch des modern bronzierten durchbrochenen Holzsitzes (Fächersitzes)].

Sessel Nr. { **221** / *221 a*

graviert (*K* 10.— + 10%) ***K* 11.—**, *graviert*
bronziert („ 10.— + 15%) „ **11.50**, *bronziert*

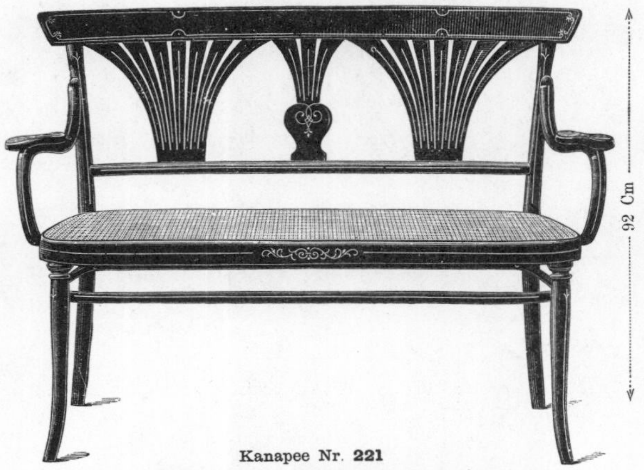

Kanapee Nr. **221**

graviert	111 Cm.	***K* 38.50**,	*Nr. 2221 a, graviert*
	135 Cm.	„ **45.—**,	*Nr. 3221 a, graviert*
bronziert	111 Cm.	„ **40.25**,	*Nr. 2221 a, bronziert*
	135 Cm.	„ **47.—**,	*Nr. 3221 a, bronziert*

Fauteuil Nr. { **221** / *1221 a*

graviert (*K* 16.— + 10%) ***K* 17.60**, *graviert*
bronziert („ 16.— + 15%) „ **18.40**, *bronziert*

Sessel Nr. 221 41 × 40 Cm.

modern graviert (à la Sezession)
***K* 13.50**, *Nr. 221 b, graviert*
modern bronziert (à la Sezession)
***K* 14.50**, *Nr. 221 b, bronziert*

*) bloß die Lehnschwinge modern graviert
***K* 11.—**, *Nr. 221 b* *)

**) bloß die Lehnschwinge modern bronziert
***K* 11.25**, *Nr. 221 b* **)

Sessel Nr. { **221** / *221 c*

Kanapee Nr. { **221** / *2221 c* / *3221 c*

Fauteuil Nr. { **221** / *1221*

Preise für Möbel mit moderner Gravierung und Bronzierung.

	Modern graviert — *graviert*	
	mit Rohrsitz	mit modern graviertem Fächersitz *)
Sessel Nr. **221**	*Nr. 221 b* *K* **13.50**	*Nr. 221 c* *K* **15.—**
Sessel Nr. **221½**	*Nr. 221½ b* *K* **13.—**	*Nr. 221½ c* *K* **14.50**
Fauteuil Nr. **221**	*Nr. 1221 b* *K* **20.50**	*Nr. 1221 c* *K* **22.—**
Kanapee Nr. **221** 111 Cm.	*Nr. 2221 b* *K* **41.—**	*Nr. 2221 c* *K* **44.—**
Kanapee Nr. **221** 135 Cm.	*Nr. 3221 b* *K* **47.—**	*Nr. 3221 c* *K* **51.—**

	Modern bronziert — *bronziert*	
	mit Rohrsitz	mit modern bronziertem Fächersitz **)
Sessel Nr. **221**	*Nr. 221 b* *K* **14.50**	*Nr. 221 c* *K* **16.25**
Sessel Nr. **221½**	*Nr. 221½ b* *K* **14.—**	*Nr. 221½ c* *K* **15.75**
Fauteuil Nr. **221**	*Nr. 1221 b* *K* **21.75**	*Nr. 1221 c* *K* **23.50**
Kanapee Nr. **221** 111 Cm.	*Nr. 2221 b* *K* **43.—**	*Nr. 2221 c* *K* **47.—**
Kanapee Nr. **221** 135 Cm.	*Nr. 3221 b* *K* **49.—**	*Nr. 3221 c* *K* **54.—**

*) Der Kürze halber bei Bestellungen zu bezeichnen mit **„komplett graviert".**
) Der Kürze halber bei Bestellungen zu bezeichnen mit **„komplett bronziert".

GEBRÜDER THONET.

Musterschutz.

Sessel Nr. { **222** / *222* } □ Profil

41 × 40 Cm. ***K* 13.50**

Kanapee Nr. **222**
□ Profil, einfarbig, gekehlt, Vorderfüße gedrechselt
{ 111 Cm. ***K* 48.–**, *Nr. 2222*
{ 135 Cm. „ **54.–**, *Nr. 3222*

Fauteuil Nr. { **222** / *1222*

46 × 43 Cm. ***K* 22.50**

Sessel Nr. { **225** / *225*

41 × 40 Cm. ***K* 16.–**

Musterschutz.

Sessel Nr. { **223** / *223*

41 × 40 Cm. ***K* 10.50**

Kanapee Nr. **223** { 111 Cm. ***K* 38.–**, *Nr. 2223*
{ 135 Cm. „ **45.–**, *Nr. 3223*

Fauteuil Nr. { **223** / *1223*

46 × 43 Cm. ***K* 17.–**

Sessel Nr. { **226** / *226* 41 × 40 Cm. ***K* 10.50**
hiezu gehörig: Fauteuil Nr. { **226** / *1226* 46 × 43 Cm. ***K* 17.–**
hiezu gehörig: Kanapee Nr. { **226** / *2226*
111 Cm. ***K* 37.–**

Lehnfüße gedrechselt und aus einem Stücke gebogen.

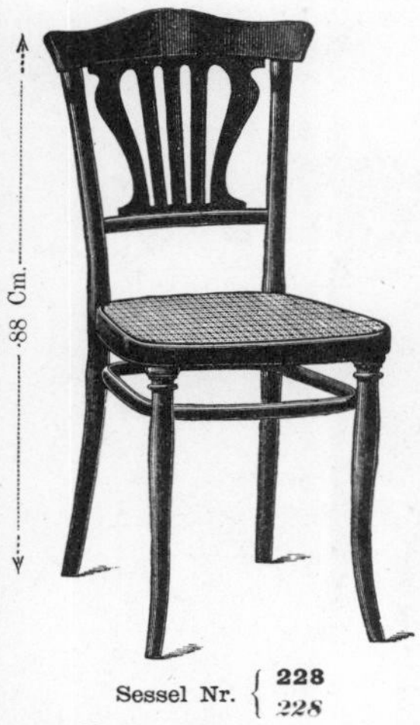

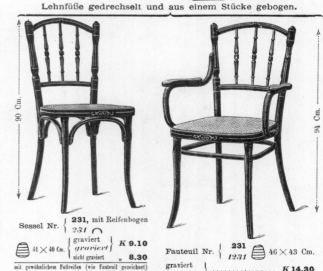

Sessel Nr. { **228** / *228*

41 × 40 Cm. ***K* 11.–**

Fauteuil Nr. { **228** / *1228*

46 × 43 Cm. ***K* 18.–**

Sessel Nr. { **230** / *230*

40 × 41 Cm. ***K* 8.50**

Sessel Nr. { **231**, mit Reifenbogen / *231* ∩

41 × 40 Cm. { graviert / *graviert* } ***K* 9.10**
nicht graviert „ **8.30**

mit gewöhnlichem Fußreifen (wie Fauteuil gezeichnet)
Nr. 231 normal
graviert .... ***K* 8.50**
nicht graviert .... „ **7.70**

Fauteuil Nr. { **231** / *1231* 46 × 43 Cm.

graviert / *graviert* } .... ***K* 14.30**
nicht graviert .... „ **13.–**

Kanapee Nr. { **231** / *2231* 111 Cm. { graviert / *graviert* } ..... ***K* 32.–**
nicht graviert ..... „ **29.–**

GEBRÜDER THONET.

Lehnfüße gedrechselt und aus einem Stücke gebogen.

Sessel Nr. { **232** / *232* } 42 Cm. Durchm.
nicht graviert..... *K* **7.—**
graviert / *graviert* } ...... „ **7.70**

Kanapee Nr. { **232** / *2232* } 111 Cm., nicht graviert *K* **27.—**

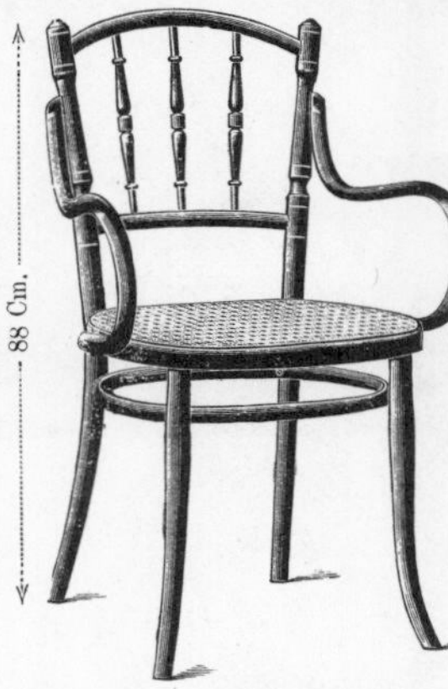

Fauteuil Nr. { **232** / *1232* } 45 × 45 Cm.
nicht graviert *K* **12.—**

Sessel Nr. **246** 42 × 42 Cm.

fein geflochten	*K* **20.—**,	*Nr. 246*
zum Polstern	„ **16.—**,	„ *246 b*
grob vorgeflochten, z. Polstern	„ **17.25**,	„ *246 a*
fein geflochten, **roh**	„ **18.—**,	„ *246 c*

Lehnfüße 92 Cm. hoch
Aufsatz *K* **2.—**

Sessel Nr. **233** 41 × 40 Cm.
graviert, mit Aufsatz
K **11.40**, *Nr. 233 A, graviert*
nicht graviert, ohne Aufsatz
K **8.50**, *Nr. 233*

Lehnfüße 94 Cm. hoch
Aufsatz 111 Cm. *K* **5.—**, 135 Cm. *K* **7.—**

Kanapee Nr. **233**

graviert, mit Aufsatz { 111 Cm. *K* **38.—**, *Nr. 2233 A, graviert* / 135 Cm. „ **45.50**, „ *3233 A, graviert* }
nicht graviert, ohne Aufsatz { 111 Cm. *K* **30.—**, *Nr. 2233* / 135 Cm. „ **35.—**, „ *3233* }

Lehnfüße 94 Cm. hoch
Aufsatz *K* **3.—**

Fauteuil Nr. **233** 46 × 43 Cm.
graviert, mit Aufsatz
K **18.40**, *Nr. 1233 A. graviert*
nicht graviert, ohne Aufsatz
K **14.—**, *Nr. 1233*

Lehnfüße 92 Cm. hoch

Sessel Nr. { **236** / *236* }
42 Cm. Durchm. *K* **8.—**

Lehnfüße 94 Cm. hoch

Fauteuil Nr. { **236** / *1236* }
45 × 45 Cm. *K* **13.50**

Kanapee Nr. **236** { 111 Cm. *K* **30.—**, *Nr. 2236* / 135 Cm. „ **38.—**, *Nr. 3236* }

Sessel Nr. { **257** / *257* } Flachintarsia, polirt
40 × 41 Cm. *K* **7.—**

Neues Flachintarsia
Dessin Nr. XI

dunkel auf lichtem Fond
(Sitz des Sessels Nr. 257).

Sessel Nr. { **257** / *257a* } **mit Handhabe**
40 × 41 Cm. *K* **7.20**

GEBRÜDER THONET.

Sessel Nr. { 265 / *265* 40 × 41 Cm. *K* 8.50

Sessel Nr. { 268 / *268* 40 × 40 Cm. *K* 15.–

Sessel Nr. { 269 / *269* 40 × 41 Cm. *K* 9.75

Sessel Nr. { 270 / *270* 40 × 40 Cm. *K* 14.50

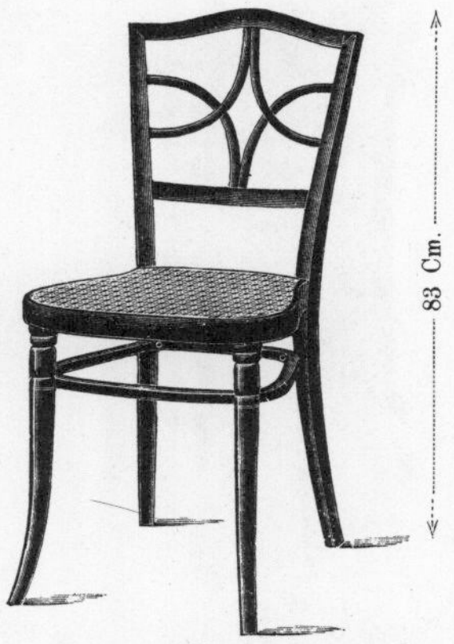

Sessel Nr. { 271 / *271* 40 × 40 Cm. *K* 12.50

Nr. 271 40 × 40 Cm. *K* 13.50

Sessel Nr. { 272 / *272*

bronziert und gepolstert

Preis ohne Polsterung:

Nr. 272g graviert *K* 13.20

Nr. 272gb bronziert „ 13.80

Sessel Nr. { 272 / *272* 40 × 40 Cm. *K* 12.–

Nr. 272a 40 × 40 Cm. *K* 13.–

mit Sitz Nr. 56 41 × 40 Cm. { *Nr. 272b* *K* 11.50 / *Nr. 272c* „ 12.50

Sessel Nr. 273 40 × 40 Cm.

normal (nicht graviert) *K* 20.–, *Nr. 273*

graviert . . . . „ 21.–, *Nr. 273g*

Sessel Nr. { 274 / *274* 40 × 40 Cm. *K* 21.–

Sessel Nr. { 275 / *275* 40 × 40 Cm. *K* 23.–

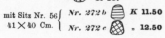

Sessel Nr. { 276 / *276*

40 × 40 Cm., zum Polstern

Lehne für Monogrammeinsatz hergerichtet *K* 16.50

Sessel Nr. { 277 / *277* 40 × 41 Cm.

Profil der Lehnfüße ○

K 10.50

Sessel Nr. { 278 / *278* 40 × 41 Cm.

Profil der Lehnfüße □ *K* 12.50

Sessel Nr. { 248 / *248* 36 × 39 Cm. Profil □

K 9.50

Fauteuil Nr. { 247 / *1247* 48 × 48 Cm. Profil ○

K 14.–

GEBRÜDER THONET.

Sessel Nr. {281 / 281} Profil ○
41 × 40 Cm. *K* 11.—

Sessel Nr. {283 / 283} Profil ○
41 × 40 Cm. *K* 11.—

Sessel Nr. {285 / 285} Profil ○
41 × 40 Cm. *K* 11.—

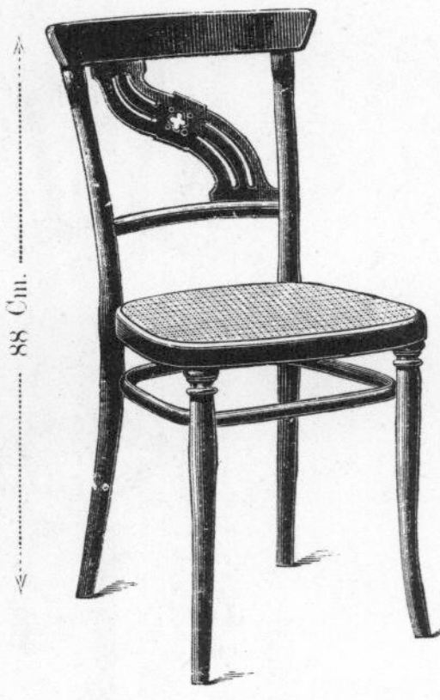

Sessel Nr. {287 / 287} Profil ○
41 × 40 Cm. *K* 11.—

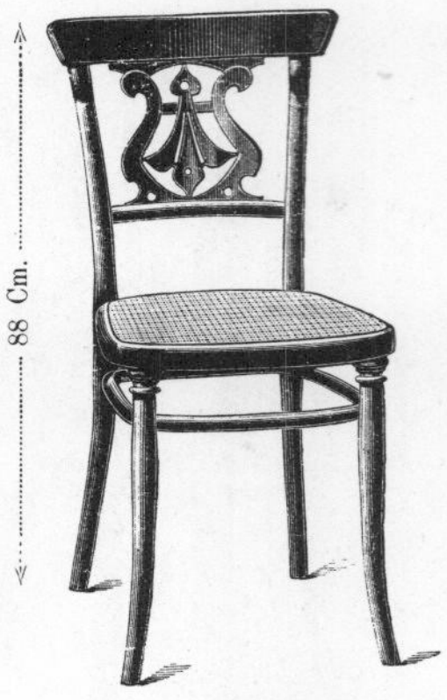

Sessel Nr. {289 / 289} Profil ○
41 × 40 Cm. *K* 11.—

Sessel Nr. {291 / 291} Profil ○
41 × 40 Cm. *K* 11.—

Die Sessel dieser Gruppe können zum gleichen Preise, wie geflochten, auf besonderen Wunsch auch mit glatten, undessinierten, polierten Holzsitzen in derselben Farbe, wie der Sessel zeigt, versehen werden. Bezüglich durchbrochener Holzsitze (Fächersitze) gilt das Gleiche, wie auf Seite 32 bei Sessel Nr. 221 gesagt.

Die gleichen Formen mit □ Profil (vergleiche Sessel Nr. 221, Seite 32, und Nr. 222, Seite 33) tragen die geraden Nummern {282, 282, {284, 284, {286, 286, {288, 288, {290, 290} und {292, 292} und haben den Einheitspreis von *K* 15.— per Stück.

Fauteuils:

Sowohl zu jedem Sessel der Gruppe Nr. **281—291**, als auch zu jedem Sessel der Gruppe Nr. **282—292** werden **Fauteuils** erzeugt, u. zw. kostet:

1 Fauteuil der Gruppe Nr. {**281— 291** / *1281—1291*} *K* **18.—**

1 Fauteuil der Gruppe Nr. {**282— 292** / *1282 1292*} *K* **24.—**

Sessel Nr. {293 / 293} 41 × 40 Cm.
K 11.—

Kanapee Nr. {293 / 2293} 111 Cm.
K 38.—

Fauteuil Nr. {293 / 1293} 46 × 43 Cm.
K 18.—
Nr. 1293 F mit Fächersitz, wie obige Zeichnung zeigt *K* 18.50

Sessel Nr. {295 / 295} 41 × 40 Cm.
K 10.50.
hiezu passend:
Fauteuil Nr. {295 / 1295} 46 × 43 Cm.
K 17.50
Kanapee Nr. {295 / 2295} 111 Cm.
K 37.—

Sessel Nr. {297 / 297} Flachintarsia
(J) 41 × 40 Cm. *K* 11.75

Sessel Nr. {298 / 298}
41 × 40 Cm. *K* 10.50

Fauteuil Nr. {298 / 1298}
46 × 43 Cm. *K* 17.50

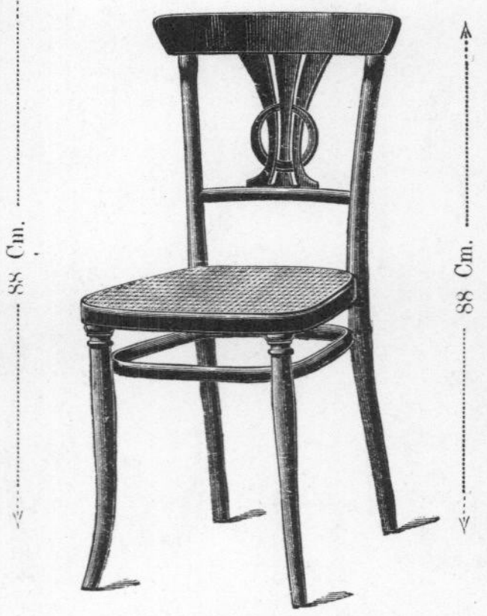

Sessel Nr. {299 / 299} 40 × 41 Cm. Profil ○
K 11.—

Sessel Nr. {300 / 300} 40 × 41 Cm. Profil □
K 15.—

GEBRÜDER THONET.

Sessel Nr. { **301** / *301* 39 × 39 Cm. **K 15.—**

fein geflochten ...... **K 16.—** *Nr. 301 a*

grob geflochten zum Polstern .. **K 14.50** *Nr. 301 b*

nicht geflochten zum Polstern .. **K 13.75** *Nr. 301 c*

Kanapee Nr. { **301** / *2301* 111 Cm. **K 52.—**

fein geflochten .... **K 57.—**, *Nr. 2301 a*

grob geflochten zum Polstern „ **50.50**, *Nr. 2301 b*

nicht geflochten zum Polstern „ **48.—**, *Nr. 2301 c*

Fauteuil Nr. { **301** / *1301* 45 × 45 Cm. **K 24.—**

Nr. 1301 a fein geflochten .... „ **25.50**

Nr. 1301 b grob geflochten zum Polstern .... „ **23.25**

Nr. 1301 c nicht geflochten zum Polstern .... „ **22.25**

Sessel Nr. { **308** / *308* 41 × 40 Cm. **K 18.—**

Sessel Nr. { **302** / *302* 40 × 40 Cm. **K 16.—**

Nr. 302 a fein geflochten **K 17.—**

Kanapee Nr. { **302** / *2302* 111 Cm. **K 56.—**

Nr. 2302 a fein geflochten **K 61.—**

Fauteuil Nr. { **302** / *1302* 45 × 45 Cm. **K 25.—**

Nr. 1302 a fein geflochten **K 26.50**

Sessel Nr. **302,** Polstermuster

Nr. 302 b grob geflochten zum Polstern **K 15.50**

Nr. 302 c nicht geflochten zum Polstern **K 14.75**

Fauteuil Nr. 302

Nr. 1302 b grob geflochten zum Polstern **K 24.25**

Nr. 1302 c nicht geflochten zum Polstern **K 23.25**

Kanapee Nr. 302

Nr. 2302 b grob geflochten zum Polstern **K 54.50**

Nr. 2302 c nicht geflochten zum Polstern **K 52.—**

Sessel Nr. { **303** / *303* 41 × 40 Cm. **K 12.50**

Kanapee Nr. { **303** / *2303* 111 Cm. **K 48.—**

Nr. 3303, 135 Cm. **K 56.—**

Fauteuil Nr. { **303** / *1303* 45 × 45 Cm. **K 21.—**

Sessel Nr. { **309** / *309* 40 × 41 Cm. **K 15.—**

GEBRÜDER THONET.

Sessel Nr. **311,** Sitz 42 × 43 Cm.
{ fein geflochten . . . . *K* **27.–**
{ *Nr. 311*
{ grob vorgeflochten z. Polstern „ **24.–**
{ *Nr. 311 a*
{ nicht geflochten, zum Polstern „ **23.–**
{ *Nr. 311 b*

Sessel Nr. { **316** / *316* } Gestelle zum Polstern
45 × 45 Cm. *K* **28.–**

Sessel Nr. **317**, Sitz 41·5 × 42 Cm.
{ *Nr. 317*
{ fein geflochten (normal) *K* **29.–**
{ *Nr. 317 a*
{ grob vorgeflochten zum Polstern „ **26.50**
(Siehe Seite 59, Salonsessel Nr. 12.)

Sessel Nr. { **321** / *321* } 42 Cm. Durchm. *K* **9.–**
Sessel Nr. { **321/56** / *321/56* } 41 × 40 Cm. *K* **9.75**

Sessel Nr. { **322** / *322* } 42 Cm. Durchm. *K* **8.75**
Sessel Nr. { **322/56** / *322/56* } 41 × 40 Cm. *K* **9.50**

Sessel Nr. { **326** / *326* }
42 Cm. Durchm. *K* **11.–**

Sessel Nr. { **328** / *328* } 44 × 41 Cm. *K* **16.50**

Kanapee Nr. { **328** / *2328* } 107 × 46 Cm. *K* **57.–**

Fauteuil Nr. { **328** / *1328* } 50 × 46 Cm. *K* **28.–**

Sessel Nr. { **324** / *324* } 41 × 42 Cm.
Profil { *K* **14.–** / „ **16.–** }

Sessel Nr. { **325** / *325* } 41 × 42 Cm.
Profil { *K* **14.25** / „ **16.25** }

Sessel Nr. { **336** / *336* } 40 × 41 Cm.
K **15.–**

Sessel Nr. { **342** / *342* } 46 × 43 Cm.

Mit Lehnfüßen Profil

Nr. 342 geflochten . . . . *K* **16.–**
Nr. 342 a grob vorgeflochten, zum Polstern . . . . „ **15.–**
Nr. 342 b nicht geflochten, zum Polstern . . . . „ **14.–**

Mit Lehnfüßen Profil

Nr. 341 geflochten . . . . *K* **15.–**
Nr. 341 a grob vorgeflochten, zum Polstern . . . . „ **14.–**
Nr. 341 b nicht geflochten, zum Polstern . . . . „ **13.–**

GEBRÜDER THONET.

Sessel Nr. {**346** / *346*} zum Polstern 48 × 35

Ohne Messing .... **K 25.—**
*) Mit Messingschuhen .... + „ **10.—**
*) Mit Messinglehnwinkeln ... + „ **6.—**
*) Mit Messingsprossensockeln + „ **8.—**
*) Aufschläge **brutto.**

Sessel Nr. {**361** / *361*}
41 × 41 Cm. **K 16.—**
Nr. 361 a grob vorgeflochten zum Polstern **K 15.60**

Kanapee Nr. {**361** / *2361*} 111 × 46 Cm. .... **K 56.—**
Nr. 2361 a grob vorgeflochten zum Polstern „ **54.60**

Fauteuil Nr. {**361** / *1361*} 46 × 48 Cm. **K 25.—**
Nr. 1361 a grob vorgeflochten zum Polstern **K 24.40**

Sessel Nr. {**372** / *372*} 40 × 41 Cm. **K 12.—**
Fauteuil Nr. {**372** / *1372*} 43 × 46 Cm. **K 20.—**

Sessel Nr. {**362** / *362*} mit Messingsprossen
41 × 41 Cm. **K 19.—**
Nr. 362 a grob vorgeflochten zum Polstern **K 17.60**
b mit Bronzesockeln Nettopreisaufschlag **K 3.50**

Kanapee Nr. {**362** / *2362*} mit Messingsprossen
111 × 46 Cm. .... **K 65.—**
Nr. 2362 a grob vorgeflochten zum Polstern „ **58.60**
b mit Bronzesockeln Nettopreisaufschlag .... „ **3.50**

Fauteuil Nr. {**362** / *1362*} mit Messingsprossen
46 × 48 Cm. **K 28.50**
Nr. 1362 a grob vorgeflochten zum Polstern **K 26.40**
b mit Bronzesockeln Nettopreisaufschlag **K 3.50**

Sessel Nr. {**374** / *374*} 41 × 41 Cm. **K 12.50**

Sessel Nr. {**375** / *375*} 40 × 41 Cm.
mit Messingsprossen in der Lehne **K 11.—**

Sessel Nr. {**381½** / *381½*} mit Sattelsitz
37 Cm. Durchm. **K 6.—**

Sessel Nr. {**386½** / *386½*} mit Sattelsitz
36 × 39 Cm. **K 7.—**

GEBRÜDER THONET.

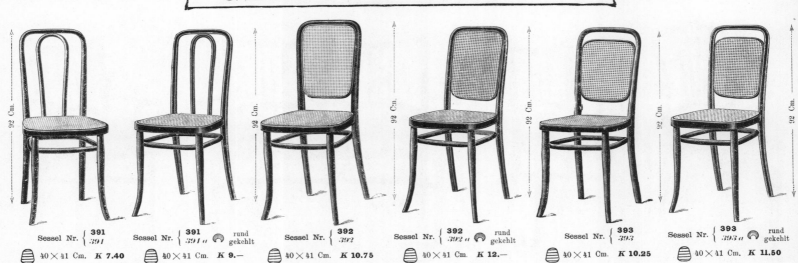

Sessel Nr. { **391** / *391* }

40 × 41 Cm. ***K* 7.40**

Sessel Nr. { **391** / *391 a* } rund gekehlt

40 × 41 Cm. ***K* 9.—**

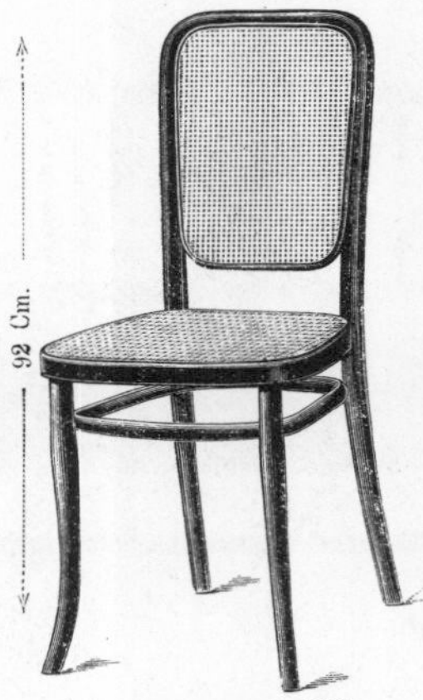

Sessel Nr. { **392** / *392* }

40 × 41 Cm. ***K* 10.75**

Sessel Nr. { **392** / *392 a* } rund gekehlt

40 × 41 Cm. ***K* 12.—**

Sessel Nr. { **393** / *393* }

40 × 41 Cm. ***K* 10.25**

Sessel Nr. { **393** / *393 a* } rund gekehlt

40 × 41 Cm. ***K* 11.50**

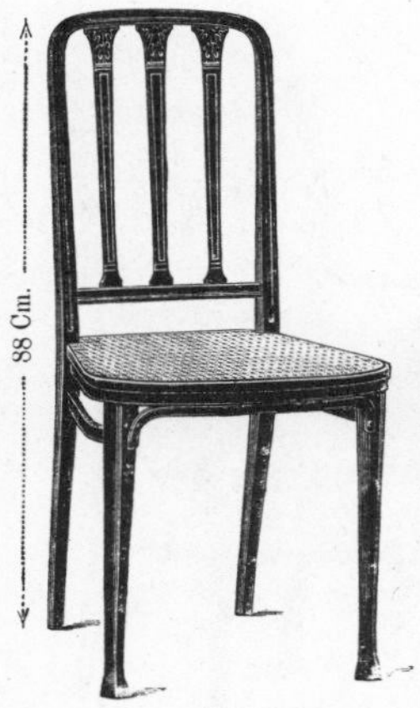

Sessel Nr. { **401** / *401* } Rücklehne hohl gebogen

45 × 45 Cm. ***K* 25.—**

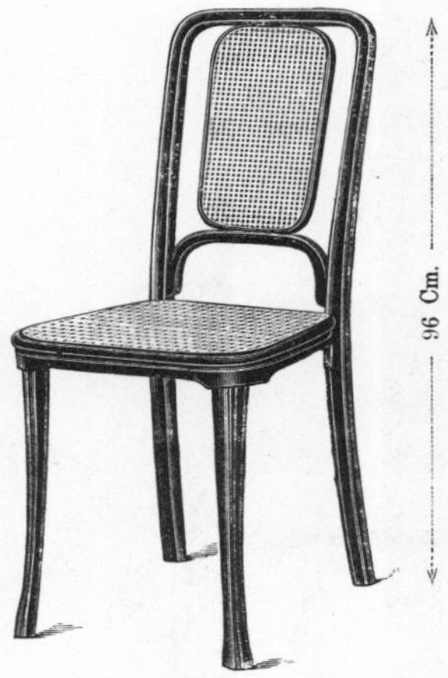

Sessel Nr. { **432** / *432* } Lehne hohl gebogen

43 × 45 Cm. / Profil ✕ } ***K* 17.—**

Sessel Nr. { **433** / *433 a* } rund gekehlt

Lehne hohl gebogen

41 × 42 Cm. ***K* 15.50**

Sessel Nr. { **436** / *436 a* } rund gekehlt

Lehne hohl gebogen

41 × 42 Cm. ***K* 16.—**

Sessel Nr. { **436** / *436* } Rücklehne hohl gebogen

41 × 42 Cm. / Profil □ } ***K* 15.—**

Profil ✕ **„ 17.—**

Sessel Nr. { **440** / *440 a* } rund gekehlt

Lehne hohl gebogen

41 × 42 Cm. ***K* 15.—**

Sessel Nr. { **440** / *440* } normal gekehlt

41 × 42 Cm. ***K* 16.50**

Nr. 440 c mit Rohrlehne ***K* 18.—**

Sessel Nr. { **441** / *441 a* } rund gekehl

Lehne hohl gebogen

41 × 40 Cm. ***K* 13.—**

Sessel Nr. { **441** / *441* } normal gekehlt

Lehne hohl gebogen

41 × 42 Cm. ***K* 14.50**

Sessel Nr. { **901** / *901* } Gestelle zum Polstern

42 × 42 Cm. ***K* 34.—**

GEBRÜDER THONET.

Laden- und Bureaumöbel.

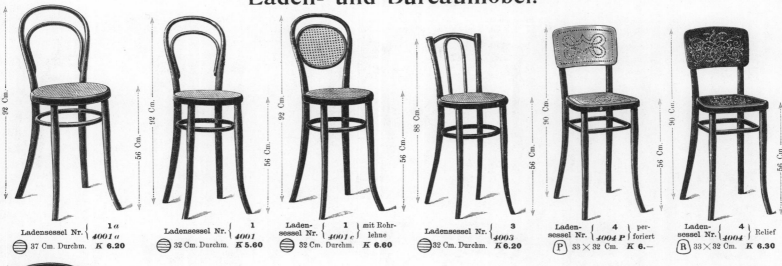

Ladensessel Nr. { **1** *a* / ***4001*** *a* }
37 Cm. Durchm. ***K*** **6.20**

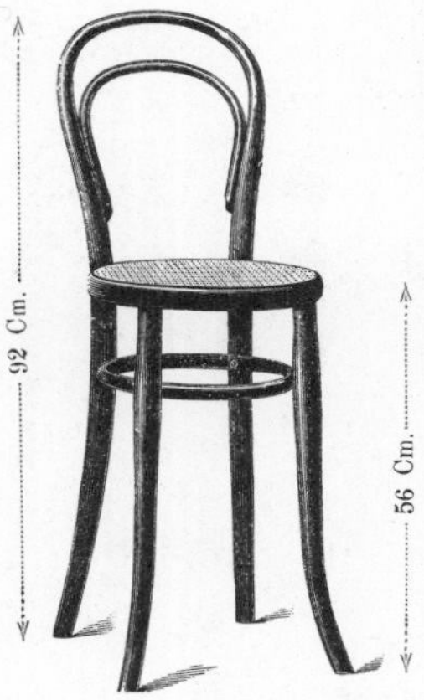

Ladensessel Nr. { **1** / ***4001*** }
32 Cm. Durchm. ***K*** **5.60**

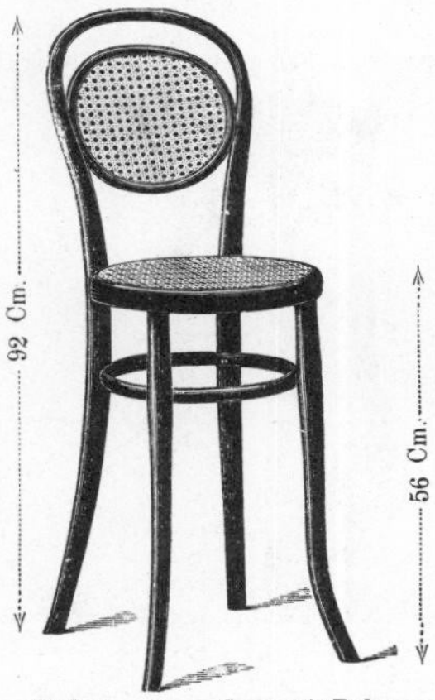

Laden-sessel Nr. { **1** / ***4001*** *c* } mit Rohrlehne
32 Cm. Durchm. ***K*** **6.60**

Ladensessel Nr. { **3** / ***4003*** }
32 Cm. Durchm. ***K*** **6.20**

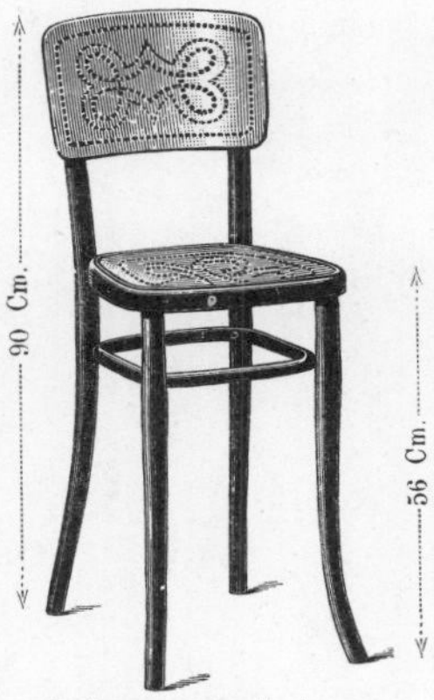

Laden-sessel Nr. { **4** / ***4004 P*** } perforiert
(P) 33 × 32 Cm. ***K*** **6.—**

Laden-sessel Nr. { **4** / ***4004*** } Relief
(R) 33 × 32 Cm. ***K*** **6.30**

Hoher Bureausessel Nr. { **10/14** / ***4210*** }
42 Cm. Durchm. ***K*** **9.—**

Bureausessel Nr. { **10/14** / ***4110*** }
42 Cm. Durchm. ***K*** **7.50**

Bureau-sessel Nr. { **18** / ***4118 V*** } mit Verbindungen
42 Cm. Durchm. ***K*** **7.80**

Bureaufauteuil Nr. { **18½** / ***4318½*** }
45 × 45 Cm. ***K*** **11.80**

Bureaufauteuil Nr. { **15½** / ***4315½*** }
45 × 45 Cm. ***K*** **13.80**

Bureau-sessel Nr. { **20** / ***4220 V*** } mit Verbindungen
42 Cm. Durchm. ***K*** **9.60**

Stockerl mit Lehne, 37 Cm. Durchm.
Nr. 4501 = 47 Cm. ***K*** **5.70**
Nr. 4511 = 55 Cm. „ **6.20**
Nr. 4521 = 75 Cm. „ **7.20**

Stockerl mit Fächerlehne, 37 Cm. Durchm.
Nr. 4531 = 47 Cm. ***K*** **8.—**
Nr. 4541 = 55 Cm. „ **8.50**
Nr. 4551 = 75 Cm. „ **9.50**

Stockerl Nr. **221**, 39 × 36 Cm.
Nr. 4561 = 47 Cm. ***K*** **9.—**
Nr. 4571 = 55 Cm. „ **9.50**
Nr. 4581 = 75 Cm. „ **10.50**

Bureaufauteuil Nr. { **221** / ***4321*** }
60 Cm. Sitzhöhe, 2 Reifen
45 × 45 Cm. ***K*** **18.50**

GEBRÜDER THONET.

Stockerl.

Bei Bestellung nach **alter** Art Angabe der Sitzhöhe, des Sitzdurchmessers, der Sitzbeschaffenheit (ob geflochten, Perforiert-Holzsitz, Reliefsitz, Flachintarsiasitz oder Reliefintarsiasitz), besonders bei Stockerln mit kleinen Sitzen (35 Cm. Durchmesser) unerläßlich notwendig. Bei Bestellung nach **neuer** Art genügt die Angabe der roten Ziffer.

35 Cm. Durchm.

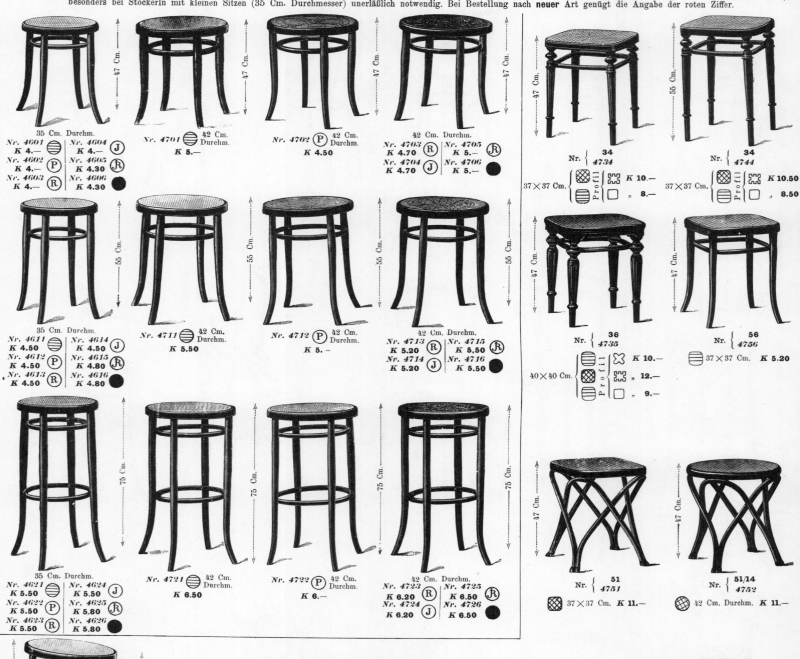

Nr. 4601 (≡) K 4.— | *Nr. 4604* K 4.— (J)
Nr. 4602 (P) K 4.— | *Nr. 4605* K 4.30 (JR)
Nr. 4603 (R) K 4.— | *Nr. 4606* K 4.30 ●

Nr. 4701 (≡) 42 Cm. Durchm.
K 5.—

Nr. 4702 (P) 42 Cm. Durchm.
K 4.50

42 Cm. Durchm.

Nr. 4703 K 4.70 (R) | *Nr. 4705* K 5.— (JR)
Nr. 4704 K 4.70 (J) | *Nr. 4706* K 5.— ●

Nr. { 34 / *4734*

37×37 Cm. { (⊞) (⊟) Profil { K 10.— / „ 8.—

Nr. { 34 / *4744*

37×37 Cm. { (⊞) (⊟) Profil { K 10.50 / „ 8.50

35 Cm. Durchm.

Nr. 4611 (≡) K 4.50 | *Nr. 4614* K 4.50 (J)
Nr. 4612 (P) K 4.50 | *Nr. 4615* K 4.80 (JR)
Nr. 4613 (R) K 4.50 | *Nr. 4616* K 4.80 ●

Nr. 4711 (≡) 42 Cm. Durchm.
K 5.50

Nr. 4712 (P) 42 Cm. Durchm.
K 5. –

42 Cm. Durchm.

Nr. 4713 K 5.20 (R) | *Nr. 4715* K 5.50 (JR)
Nr. 4714 K 5.20 (J) | *Nr. 4716* K 5.50 ●

Nr. { 36 / *4735*

40×40 Cm. { (⊟) (⊞) (⊟) Profil { K 10.— / „ 12.— / „ 9.—

Nr. { 56 / *4756*

(⊟) 37×37 Cm. K 5.20

35 Cm. Durchm.

Nr. 4621 (≡) K 5.50 | *Nr. 4624* K 5.50 (J)
Nr. 4622 (P) K 5.50 | *Nr. 4625* K 5.80 (JR)
Nr. 4623 (R) K 5.50 | *Nr. 4626* K 5.80 ●

Nr. 4721 (≡) 42 Cm. Durchm.
K 6.50

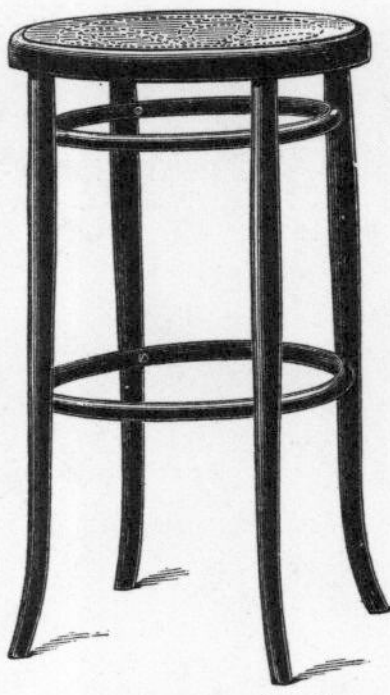

Nr. 4722 (P) 42 Cm. Durchm.
K 6.—

42 Cm. Durchm.

Nr. 4723 K 6.20 (R) | *Nr. 4725* K 6.50 (JR)
Nr. 4724 K 6.20 (J) | *Nr. 4726* K 6.50 ●

Nr. { 51 / *4751*

(⊞) 37×37 Cm. K 11.—

Nr. { 51/14 / *4752*

(⊞) 42 Cm. Durchm. K 11.—

Harmoniumstockerl, 42 Cm. Durchm.

Nr. 4801 K 6.— (≡) | *Nr. 4804* K 5.70 (J)
Nr. 4802 K 5.50 (P) | *Nr. 4805* K 6.— (JR)
Nr. 4803 K 5.70 (R) | *Nr. 4806* K 5.50 ●

Nr. { 110 / *4810* (P) 41×41 Cm.
K 3.50

Nr. 110, polychrom
Nr. 4810, polychrom 41×41 Cm.
K 5.—
mit rot gestreiftem Gestelle
mehr K 1.

Stockerl Nr. { 309 / *4809*
K 8.50

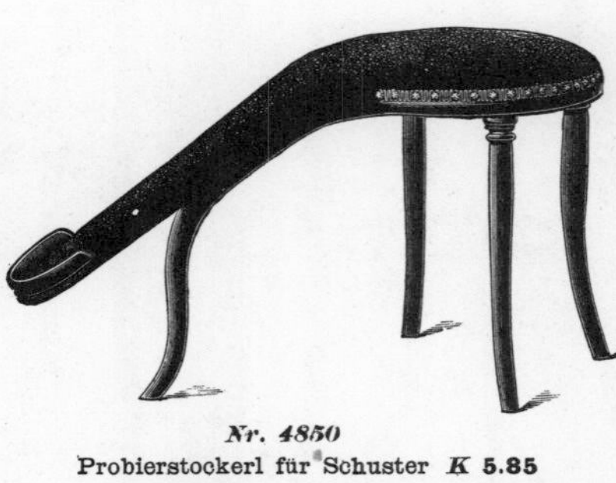

Nr. 4850
Probierstockerl für Schuster K 5.85
grob vorgeflochten, zum Polstern **K 6.75**

GEBRÜDER THONET.

Drehstockerl und Drehstühle.

Sitz geflochten, oder perforierter Holzsitz oder Reliefholzsitz.

Bei Bestellung nach alter Art Angabe der Nummer und Sitzhöhe erbeten. Bei Bestellung nach neuer Art genügt die Angabe der roten Ziffer.

Stellschraube: { Drehstockerl Nr. 1 und 2 können gegen Preisaufschlag von *K* **—.50** mit einer Stellschraube versehen werden, deren Anziehen den Sitz in der gewählten Höhenlage fixiert **(bei Bestellung speziell zu erwähnen).**

Die in Klammern angegebenen Höhenmaße deuten die niedrigste, respektive höchste zulässige Sitzhöhe an.

Nr. { 1 / *5001* } 37 Cm. Durchm. *K* **14.—**

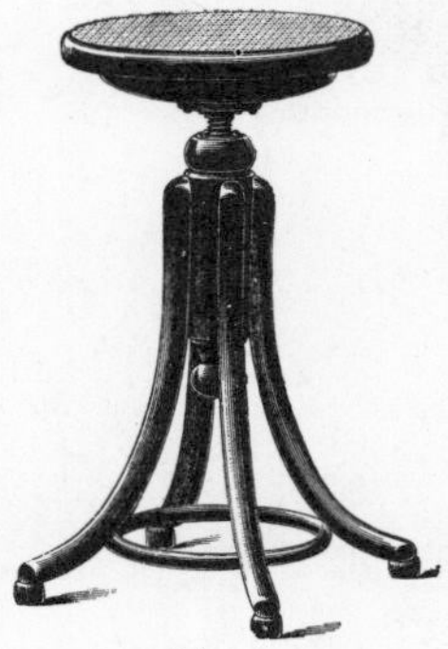

Nr. { 1 / *5011* } 70 Cm. hoch. 37 Cm. Durchm. *K* **16.—**

Nr. 5021, 95 Cm. hoch *K* **20.—**

Reitdrehstockerl Nr. { 1 / *5011 R* } 70 Cm. hoch *K* **16.—**

Nr. { 2 / *5002* } 37 Cm. Durchm. *K* **18.—**

Nr. { 3 / *5003* } mit verdeckter Schraube 37 Cm. Durchm. *K* **19.—**

Patent.

Patent.

Drehstockerl mit selbsttätig arretierender Schraube. Preisaufschlag *K* 4.—.

Durch die eigenartige Konstruktion der Schraube wird der Sitz infolge des Körpergewichtes in jeder Höhenlage fixiert. **Alle** Nummern von Drehstockerln können mit der selbsttätig arretierenden Patentschraube versehen werden, und heißen: **Nr. 1 = *Nr. 5051*, Nr. 2 = *Nr. 5052*, Nr. 3 = *Nr. 5053*;** d. h. die Nr. ist um 50 zu erhöhen.

Nr. { 1 / *5001 a* }

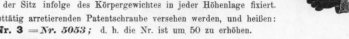

zum Polstern .... *K* **12.80**

" " .... " **36.—**

Nr. { 2 / *5002 a g* } zum Polstern grob vorgeflochten, geschnitzt

37 Cm. Durchm. *K* **31.—**

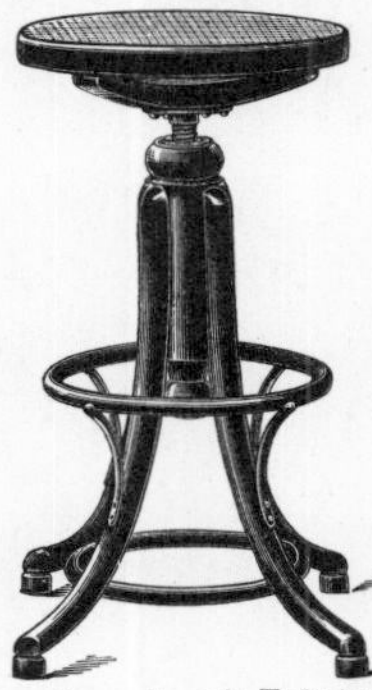

Nr. { 1, mit Fußtritt / *5011 F* }

37 Cm. Durchm. *K* **18.—** 70 Cm. hoch.

Drehstockerl Nr. { 36 / *5036* } Profil

37 Cm. Durchm. *K* **16.50**

Drehstockerl Nr. { 36 / *5086* }

mit selbstarretierender Schraube *K* **20.50**

Drehstockerl Nr. { 1 / *5101* } mit Rücklehne 37 Cm. Durchm. *K* **18.—**

Drehfauteuil Nr. { 1 / *5501* } 47 Cm. Durchm. *K* **24.—**

Drehschaukelsessel Nr. { 1 / *5801* } 42 Cm. Durchm. *K* **28.—**

Drehschaukelfauteuil Nr. { 1 / *5831* } 50 × 52 Cm. *K* **45.—**

Drehfauteuil Nr. { 1 / *5601* } 47 Cm. Durchm. *K* **26.—** 70 Cm. hoch

GEBRÜDER THONET.

☛ Die in Klammern angegebenen Höhenmaße deuten die niedrigste, respektive höchste zulässige Sitzhöhe an.

Drehfauteuil Nr. { 3 / *5503*

47 Cm. Durchm. *K* **26.–**

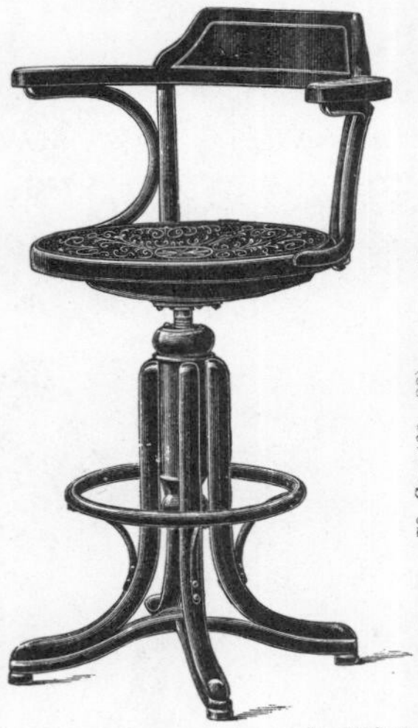

Drehfauteuil Nr. { 3, mit Fußtritt / *5603 F*

(R) 47 Cm. Durchm. *K* **30.–**

Großer Drehfauteuil Nr. { 1 / *5901*

50 × 52 Cm. *K* **35.–**

Schreibfauteuil Nr. 3, mit drehbarem Doppelsitz, Preis zum Polstern *K* **19.50**, *Nr. 5903*

N. B. Alle Schreibfauteuils mit rundem Sitz, 47 Cm. Durchmesser, können mit drehbarem Doppelsitz versehen werden. Preisaufschlag *K* **6.50**

Fauteuil Nr. 15, mit drehbarem Doppelsitz ◯ 48 Cm. Durchm., geflochten *K* **21.50**, *Nr. 5945* Sitz grob vorgeflochten, Lehne ungeflochten, zum Polstern *K* **19.75**, *Nr. 5945c*

Fußschemel.

Nr. { 1 / *5951* 34 × 26 Cm. *K* **3.50**

Nr. { 2 / *5952* 34 × 26 Cm. *K* **7.–**

Nr. { 3 / *5953* 34 × 26 Cm. *K* **5.50**

Nr. { 4 / *5954* 34 × 24 Cm. *K* **3.50**

Nr. { 37 / *5957* 34 × 24 Cm. *K* **4.50**

Schreibtischfauteuil Nr. { 1 / *6000*

(P) 52 × 52 Cm. *K* **16.–**

Nr. { 110 / *5960*

(P) 34 × 24 Cm. *K* **2.–**

Nr. { 110, polychrom / *5960, polychrom*

34 × 24 Cm. *K* **3.–**

mit rot gestreiftem Gestelle mehr *K* **–.50**

Schreibtischfauteuil Nr. { 1, geflochten / *6001*

52 × 52 Cm. *K* **19.–**

Schreibtischfauteuils.

☛ Zur Vermeidung von Verwechslungen mit den **Fauteuils** derselben Nummern beliebe man bei Bestellung ausdrücklich **Schreibtischfauteuil** Nr. . . . vorzuschreiben. ☚

Schreibtischfauteuil Nr. { 3 / *6003*

48 Cm. Durchm. *K* **13.–**

Ansicht des Ledersitzes von Schreibtischfauteuil Nr. { 3 / *6003 mit Leder*

(Außerdem existieren Sitz- u. Lehndessins in reicher Auswahl.)

Schreibtischfauteuil Nr. { 3 / *6003 mit Leder* *K* **50.–**

Ledergarnitur netto *K* **37.–**, Gestelle *K* **13.–**

Schreibtischfauteuil Nr. { 13 / *6013*

48 Cm. Durchm. *K* **14.–**

Schreibtischfauteuil Nr. { 23 / *6023*

48 Cm. Durchm. *K* **16.–**

GEBRÜDER THONET.

Schreibtischfauteuils.

Sitze geflochten, oder perforiert. Holzsitz oder Reliefholzsitz.

Schreibtischfauteuil Nr. { 4 / *6004* — 48 Cm. Durchm. **K 19.–**

Schreibtischfauteuil Nr. { 14 / *6014* — 48 Cm. Durchm. **K 20.–**

Schreibtischfauteuil Nr. { 24 / *6024* — 48 Cm. Durchm. **K 22.–**

Schreibtischfauteuil Nr. { 5 / *6005* — 48 Cm. Durchm. **K 18.–**

Schreibtischfauteuil Nr. { 15 / *6015* — 48 Cm. Durchm. **K 19.–**

Schreibtischfauteuil Nr. { 25 / *6025* — 48 Cm. Durchm. **K 21.–**

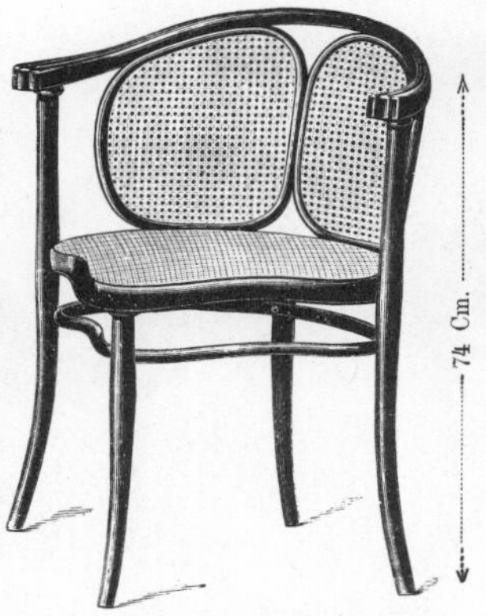

Kleiner Schreibtischfauteuil Nr. { 28 / *6028* — 37 Cm. Durchm. **K 9.–**

Schreibtischfauteuil Nr. { 2 / *6002* — 52 × 52 Cm. **K 21.–**

Schreibtischfauteuil Nr. { 53 / *6053* — 52 × 52 Cm. **K 15.50**

Schreibtischfauteuil Nr. { 103 / *6103* — mit Sattelsitz **K 15.–**

Schreibtischfauteuil Nr. { 9 / *6009* — (J) 48 Cm. Durchm., Sitz lackiert, Flachintarsia **K 8.50**

Diverse Fauteuils.

Nr. 6310, ohne Stoff
Klappfauteuil, das Gestelle zum Polstern **K 20.–**
Preis gepolstert, wie vorstehende Zeichnung, je nach der Qualität des gewählten Stoffes.

Nr. 6310, mit Rips
Klappfauteuil, mit grünem Rips überzogen (nicht gepolstert) **K 36.–**

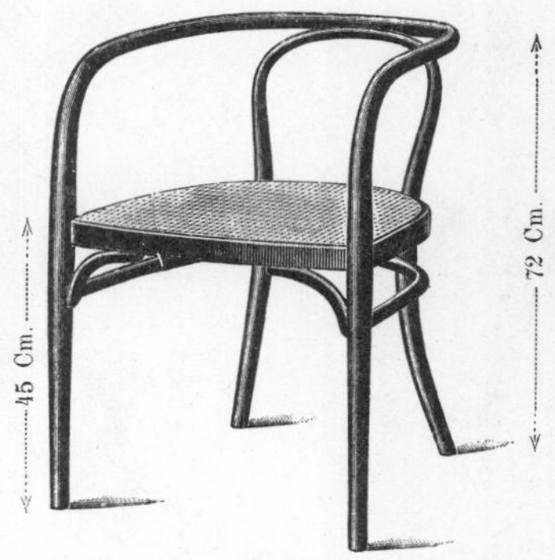

Fauteuil Nr. { **201** / ***6201*** — 49 × 45 Cm. **K 12.50**

Rauchfauteuil, perforiert, mit Sattelsitz

50 × 52 Cm. Profil { ○ **K 32.–**, ***Nr. 6301*** / □ „ **48.–**, ***Nr. 6302***

GEBRÜDER THONET.

Kaminsessel und -fauteuils.

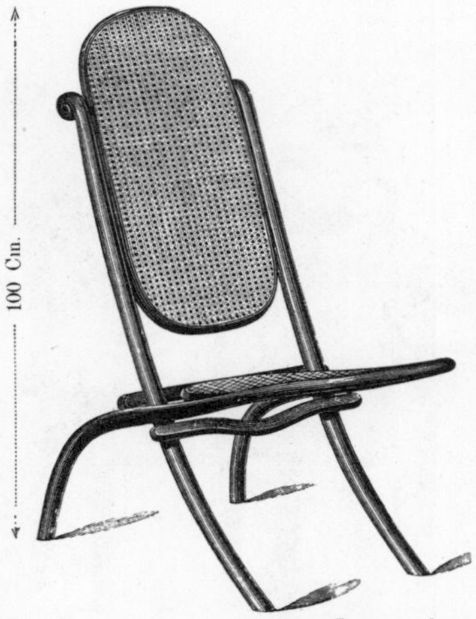

Kaminsessel Nr. 1/6311 zum Zusammenlegen **K 14.–**

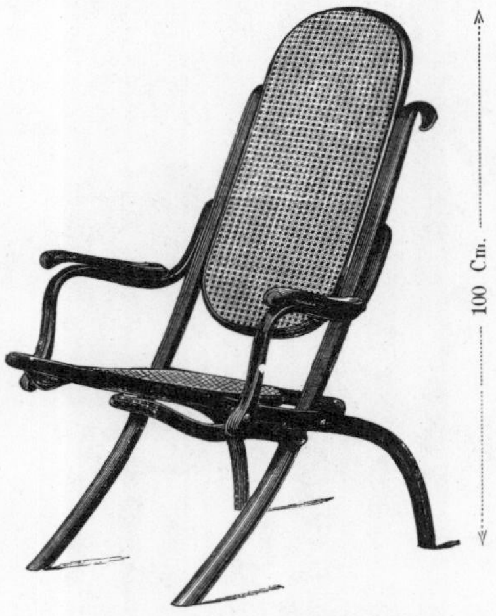

Kaminsessel Nr. 1/6321 mit Armlehnen **K 21.–**

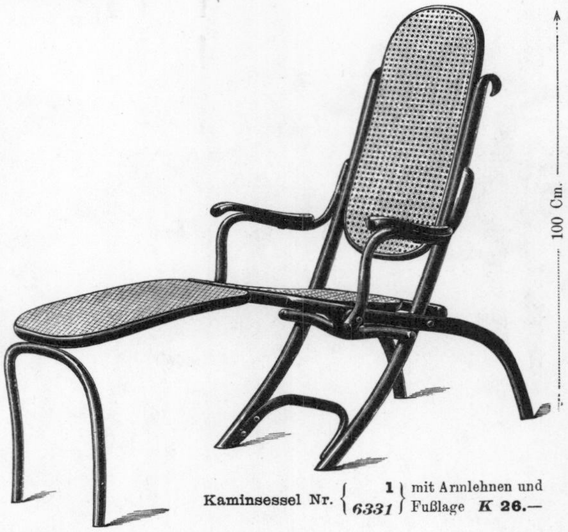

Kaminsessel Nr. 1/6331 mit Armlehnen und Fußlage **K 26.–**

Kaminfauteuil Nr. 1/6351 fest 50 × 50 Cm. **K 30.–**

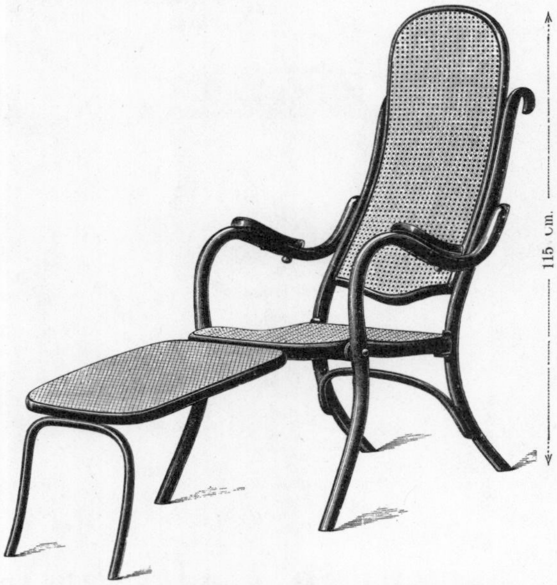

Kaminfauteuil Nr. 1/6371 zum Zusammenlegen 50 × 46 Cm. **K 44.–**
Nr. 6361 ohne Fußlage **K 38.–**

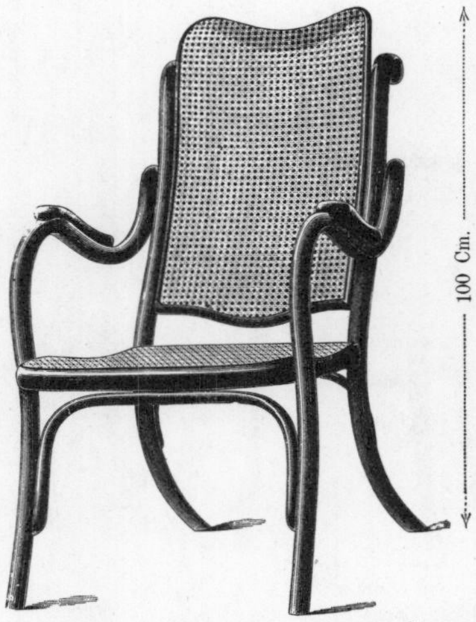

Kaminfauteuil Nr. 2/6352 50 × 50 Cm. **K 33.–**
Nr. 6362, wenn Lehne verstellbar **K 36.–**

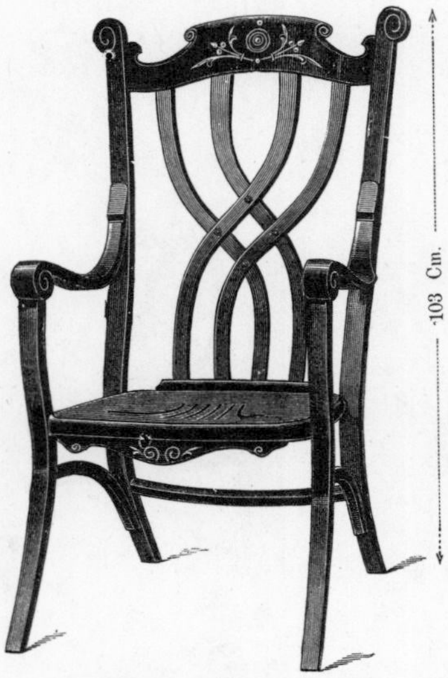

Kaminfauteuil Nr. 401/6401 50 × 48 Cm. **K 38.–**
Nr. 6401 F mit Fächersitz …… **K 38.50**
Nr. 6401 a mit vollem Holzsitz .. „ **38.–**

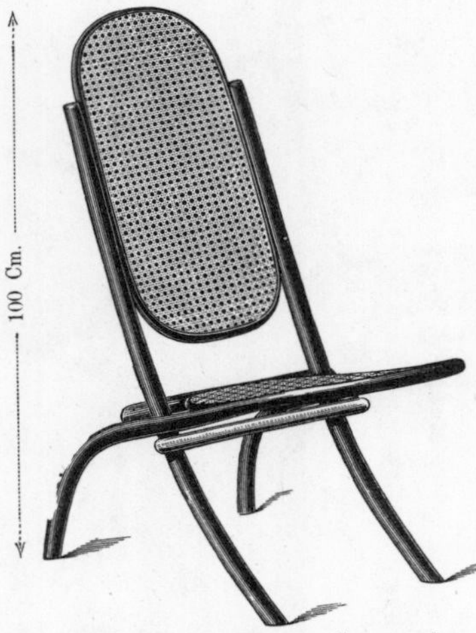

Kaminsessel Nr. 3/6313 zum Zusammenlegen **K 12.–**

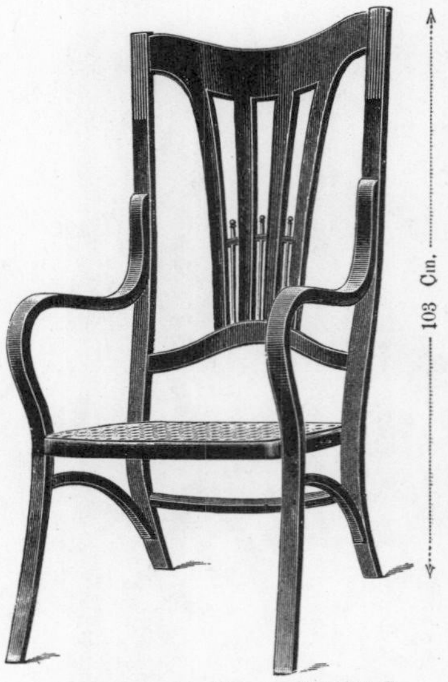

Kaminfauteuil Nr. 411/6411 50 × 48 Cm. **K 33.–**
Nr. 6411 F mit Fächersitz …… **K 33.50**
Nr. 6411 a mit vollem Sitz …… „ **33.–**

GEBRÜDER THONET.

Moderne Fauteuils.

Fauteuil Nr. **1001**
Nr. 6501 c { grob vorgefl., zum Polstern 52 × 48 Cm. **K 50.–**
Nr. 6501 ungeflochten, zum Polstern **K 48.–**

Fauteuil Nr. **1003**
Nr. 6503 c { grob vorgefl., zum Polstern 60 × 55 Cm. **K 60.–**
Nr. 6503 ungeflochten, zum Polstern **K 58.–**

Fauteuil Nr. **1004**
Nr. 6504 c { grob vorgefl., zum Polstern 53 × 50 Cm. **K 50.–**
Nr. 6504 ungeflochten, zum Polstern **K 48.–**

Fauteuil Nr. { **1002** / *6502* } Sattelsitz massiv
47 × 44 Cm. **K 70.–**

Fauteuil Nr. **1005**
Nr. 6505 c { grob vorgefl., zum Polstern 53 × 50 Cm. **K 55.–**
Nr. 6505 ungeflochten, zum Polstern **K 53.–**

Fauteuil Nr. { **1007** / *6507* } mit massivem Sattelsitz
53 × 48 Cm. **K 45.–**

Fauteuil Nr. **1008**
Nr. 6508 c { grob vorgefl., zum Polstern 53 × 50 Cm. **K 40.–**
Nr. 6508 ungeflochten, zum Polstern **K 38.–**

Fauteuil Nr. **1006**
Nr. 6506 c { grob vorgefl., zum Polstern 53 × 50 Cm. **K 55.–**
Nr. 6506 ungeflochten, zum Polstern **K 53.–**

Fauteuil Nr. **1009**
Nr. 6509 c. grob vorgeflochten, zum Polstern, ohne Bronzesockeln
53 × 50 Cm. **K 25.–**
Nr. 6509 ungeflochten, zum Polstern, ohne Bronzesockeln **K 23.–**
Bronzesockeln netto **K 10.–**, *b*

Fauteuil Nr. { **1010** / *6510* } normal mit Holzsitz
46 × 46 Cm. **K 30.–**
Nr. 6510 a zum Polstern **K 27.–**
Nr. 6510 c grob vorgeflochten, zum Polstern **K 29.–**
Messingsockeln netto **K 9.–**, *b*

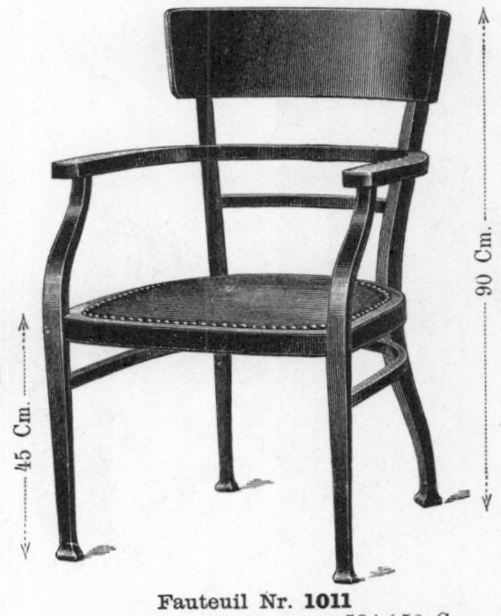

Fauteuil Nr. **1011**
Nr. 6511, zum Polstern 53 × 50 Cm. **K 28.–**
Nr. 6511 c grob vorgeflochten, zum Polstern **K 30.–**
Messingsockeln netto **K 7.–**, *b*

Fauteuil Nr. { **1012** / *6512* } mit Sattelsitz
47 × 44 Cm. **K 30.–**

GEBRÜDER THONET.

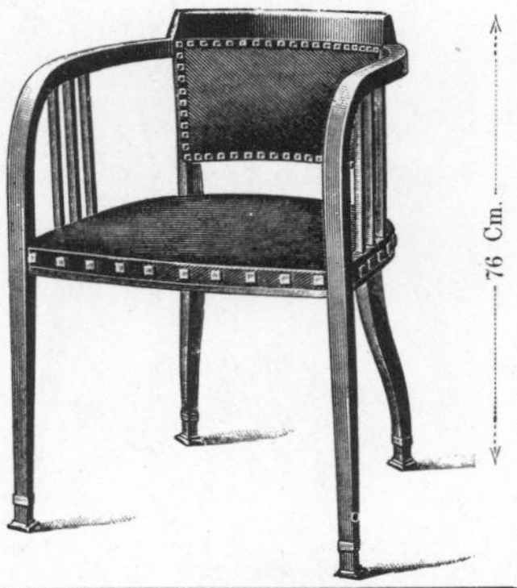

Fauteuil Nr. **1013,** Sitz 49 × 45 Cm.

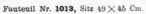

grob vorgeflochten, zum Polstern... **K 24.–,** *Nr. 6513 c*

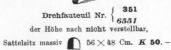

ungeflochten, zum Polstern........ „ **22.–,** *Nr. 6513*

fein geflochten.................... „ **28.–,** *Nr. 6513 a*

Bronzesockel.............netto + „ **10.–**

Drehfauteuil Nr. { **351** / *6551*

der Höhe nach **nicht** verstellbar,

Sattelsitz massiv 56 × 48 Cm. **K 50.–**

Drehschaukelfauteuil Nr. { **352** / *6552*

Sattelsitz massiv 56 × 48 Cm. **K 70.–**

Causeuses.

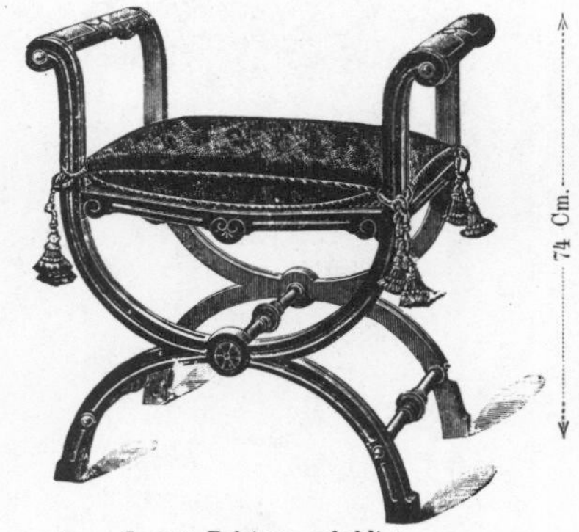

Nr. { **1**, zum Polstern, gekehlt / *6601* } **K 42.–**

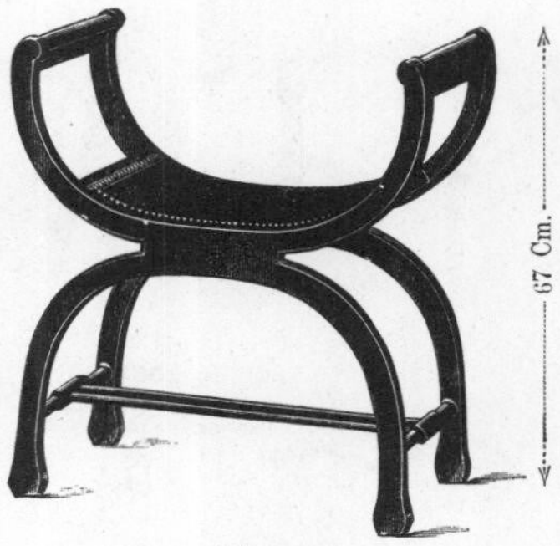

Nr. { **2**, zum Polstern / *6602* } **K 24.50**
geflochten *Nr. 6602 c* } **K 25.–**

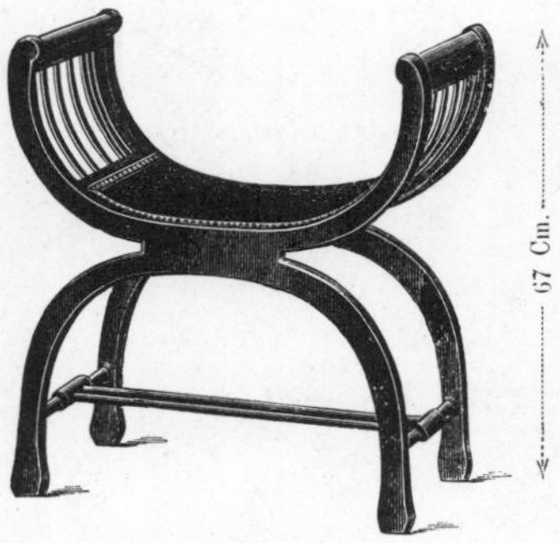

Nr. { **12**, zum Polstern / *6612* } **K 26.50**
geflochten *Nr. 6612 c* } **K 27.–**

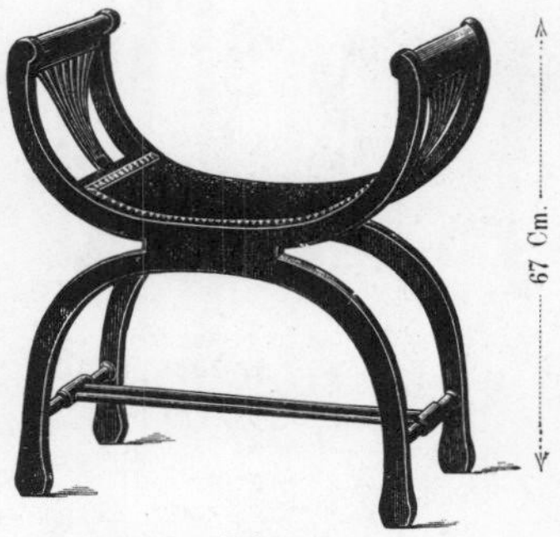

Nr. { **22**, zum Polstern / *6622* } **K 27.50**
geflochten *Nr. 6622 c* } **K 28.–**

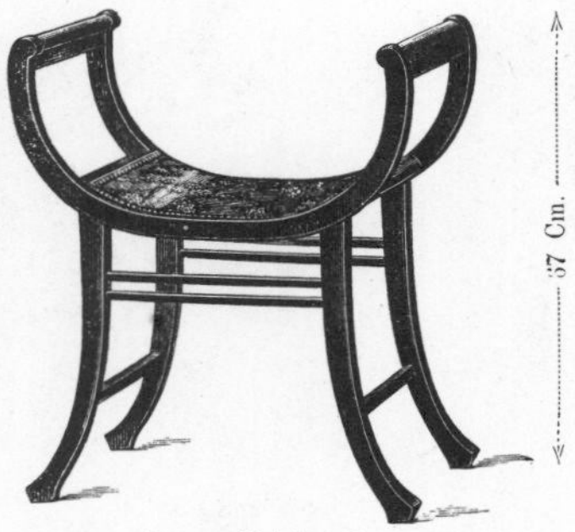

Nr. { **3**, zum Polstern / *6603* } **K 24.50**
geflochten *Nr. 6603 c* } **K 25.–**

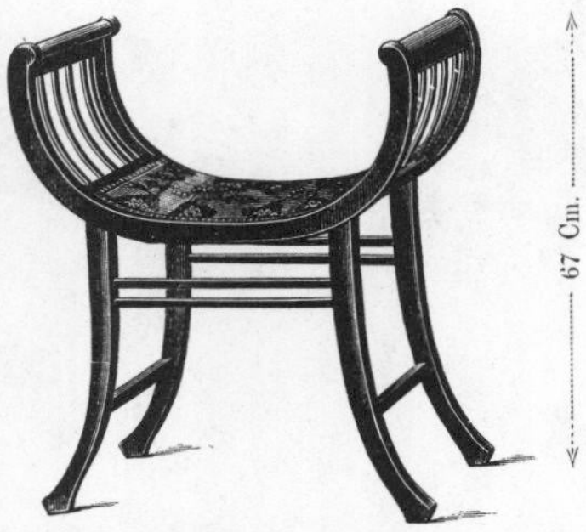

Nr. { **13**, zum Polstern / *6613* } **K 26.50**
geflochten *Nr. 6613 c* } **K 27.–**

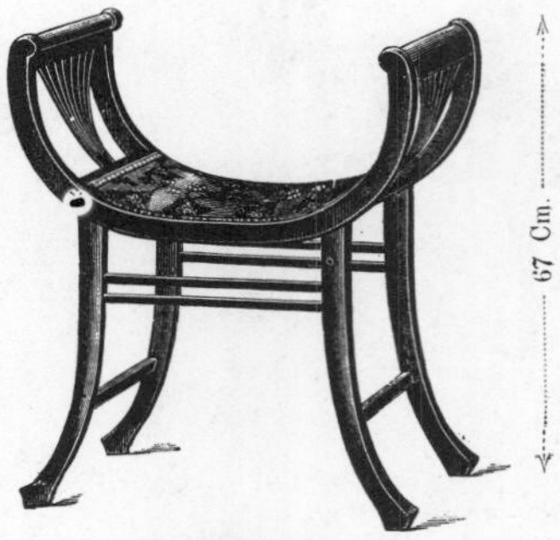

Nr. { **23**, zum Polstern / *6623* } **K 27.50**
geflochten *Nr. 6623 c* } **K 28.–**

GEBRÜDER THONET.

Kaffeehausbänke.

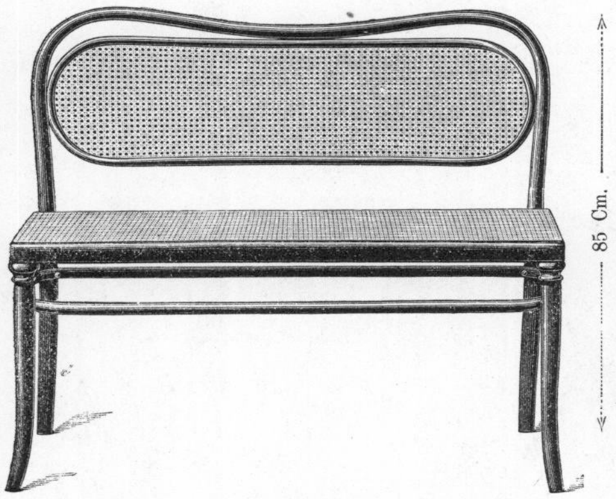

Nr. { 1/6702 } mit Rohrlehne, per Meter **K 24.—**

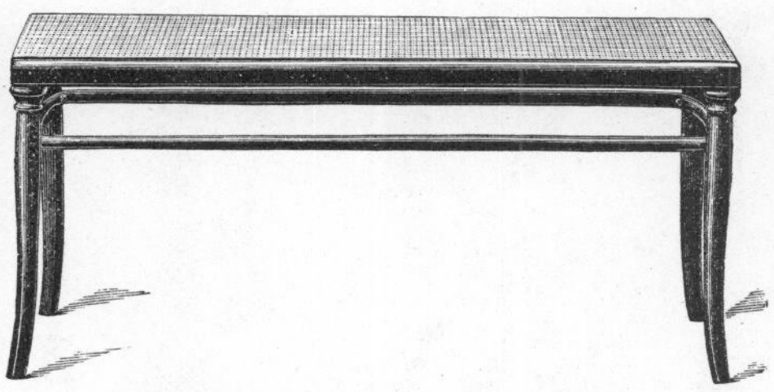

Nr. { 1/6701 } Preis per Meter **K 14.—**

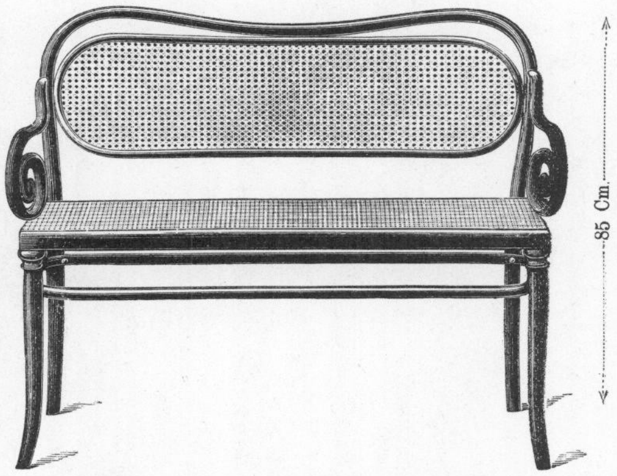

Nr. { 1/6703 } mit Rück- und Armlehne, per Meter **K 28.—**

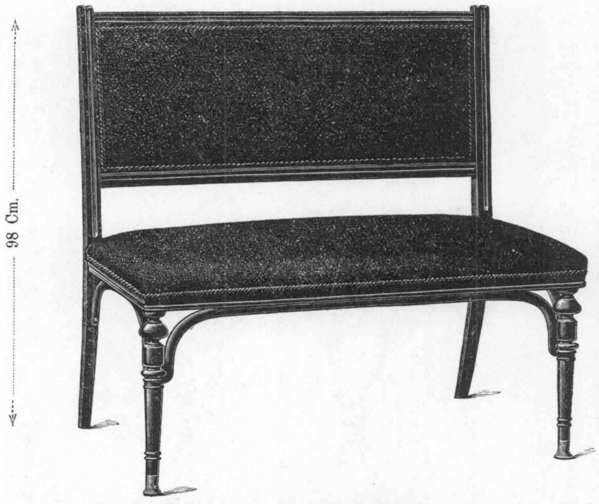

Nr. { 11/6711 } Kaffeehausbank, Preis per Meter, Sitz und Lehne zum Polstern } **K 23.—** grob vorgeflochen zum Polstern *Nr. 6711 a* } **K 28.—**

mit Messingsockeln *b* } Preisaufschlag **K 6.—** netto.

Kirchenmöbel.

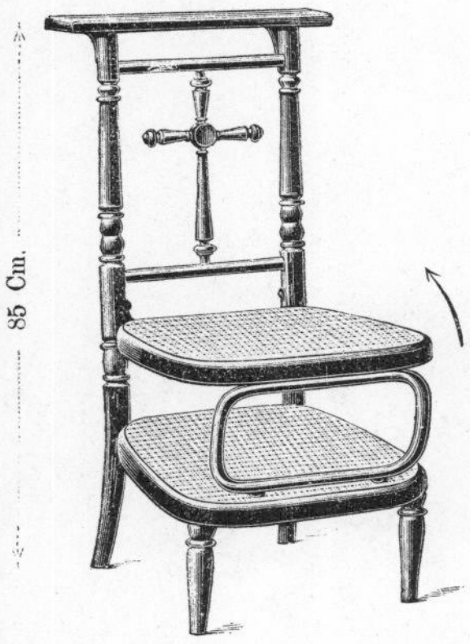

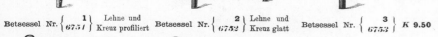

Betsessel Nr. { 1/6751 } Lehne und Kreuz profiliert

41 × 38 Cm. **K 16.—**

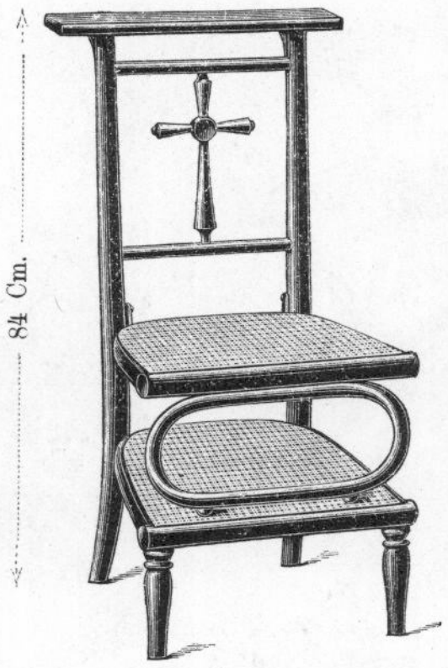

Betsessel Nr. { 2/6752 } Lehne und Kreuz glatt

39 × 37 Cm. **K 14.—**

Betsessel Nr. { 3/6753 } **K 9.50**

Betsessel (Gestelle zum Polstern) **K 36.—**
Preis für gepolstert, je nach der Qualität des gewählten Stoffes.
Nr. 6760

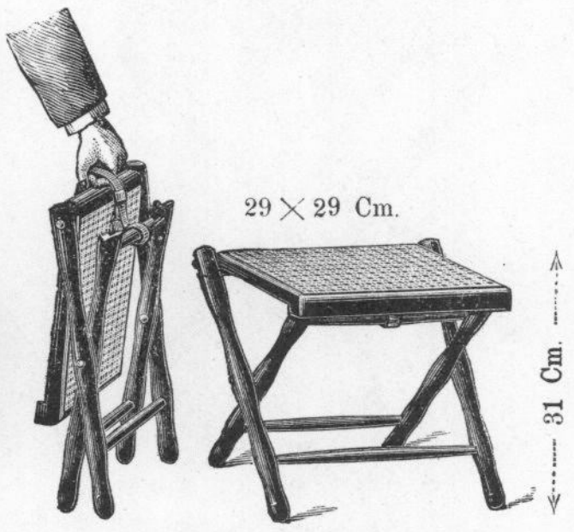

Kirchenstockerl, zusammenlegbar **K 4.30**
Nr. 6767

GEBRÜDER THONET.

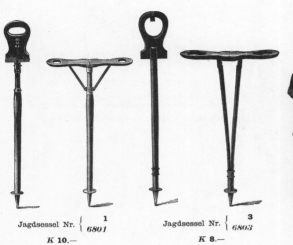

Stöcke.

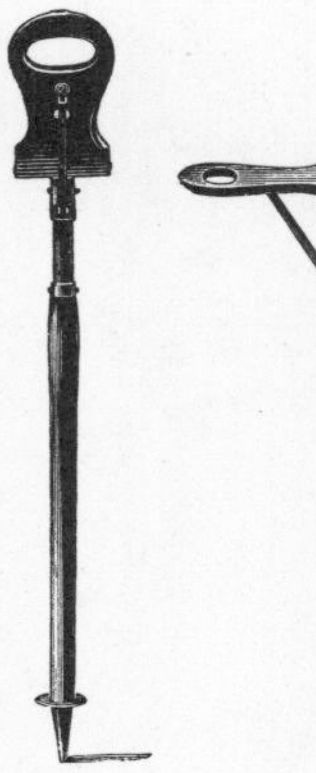

Jagdsessel Nr. { 1 / *6801*

K **10.—**

Jagdsessel Nr. { 3 / *6803*

K **8.—**

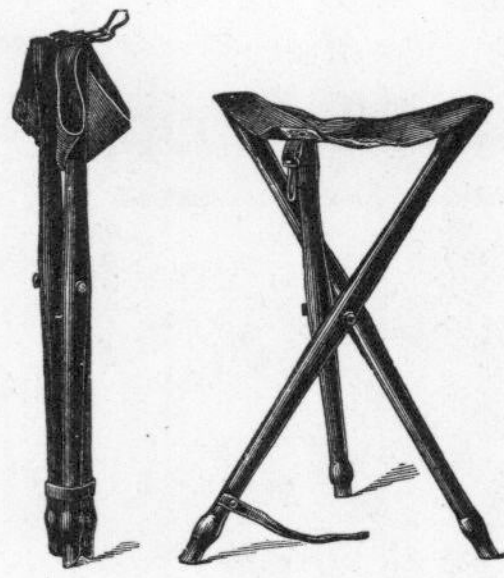

Jagdstockerl Nr. { ~ 2 / *6802*

zusammenlegbar...... *K* **7.—**

Jagdstockerl Nr. { 4 / *6804*

K **11.50**

Spazierstöcke
aus einem Stück gebogen, in verschiedenen Stärken, äußerst widerstandsfähig

	poliert	eichen, poliert oder matt	roh
	K	*K*	*K*
Nr. 1	**1.10**	**1.20**	**1.—**
Nr. 2	**1.10**	**1.20**	**1.—**

Nr. { 1 / *6811*

Nr. { 2 / *6812*

Stocksessel.

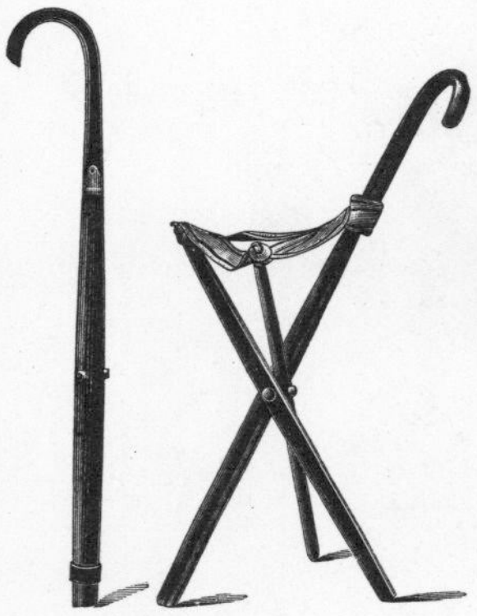

Stocksessel Nr. { 1 / *6821*

mit Gurtensitz *K* **8.—**

Stocksessel Nr. { 2 / *6822*

23 Cm. Durchm. *K* **10.—**

Damenstocksessel Nr. { 3 / *6823*

23 Cm. Durchm. *K* **8.—**

Stocksessel Nr. { 4 / *6824* } mit perforiertem Holzsitz

(P) 30 Cm. Durchm. *K* **4.50**

Feldsessel.

Lehnfüße 105 Cm. hoch

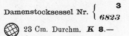

Feldsessel Nr. 4

ohne Stoff { roh... *K* **7.50**, *Nr. 6854*
ohne Stoff { poliert „ **8.50**, *Nr. 6874*
mit Stoff **mehr** ... „ **6.—**, *a*

Feldstockerl.

Feldstockerl Nr. 1

ohne Stoff { roh.... *K* **4.30**, *Nr. 6851*
ohne Stoff { poliert . „ **5.—**, *Nr. 6871*
mit Stoff **mehr**... „ **2.—**, *a*

Feldstockerl Nr. 2, gedrechselt

ohne Stoff { roh... *K* **2.60**, *Nr. 6852*
ohne Stoff { lackiert „ **3.30**, *Nr. 6862*
ohne Stoff { poliert. „ **3.80**, *Nr. 6872*
mit Stoff **mehr** .. „ **2.—**, *a*

Feldstockerl Nr. 3

ohne Stoff { roh... *K* **5.80**, *Nr. 6853*
ohne Stoff { poliert. „ **6.50**, *Nr. 6873*
mit Stoff **mehr** .. „ **2.—**, *a*

Schiffstockerl Nr. 2

ohne Stoff { roh... *K* **3.—**, *Nr. 6855*
ohne Stoff { lackiert „ **3.50**, *Nr. 6865*
ohne Stoff { poliert. „ **4.—**, *Nr. 6875*
mit Stoff **mehr** .. „ **2.—**, *a*

35 × 35 Cm.

Feldstockerl Nr. { 6 / *6856*

mit geflochtenem Sitz *K* **5.—**

Kopfstützen für Barbierfauteuils.

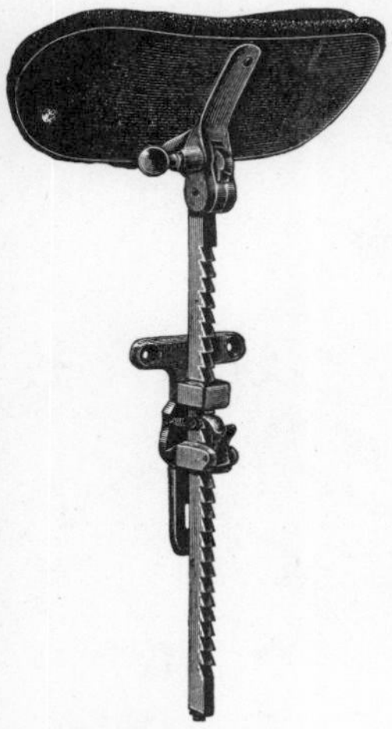

Kopfstütze Nr. 2, der Höhe nach verstellbar, netto *K* **8.—**

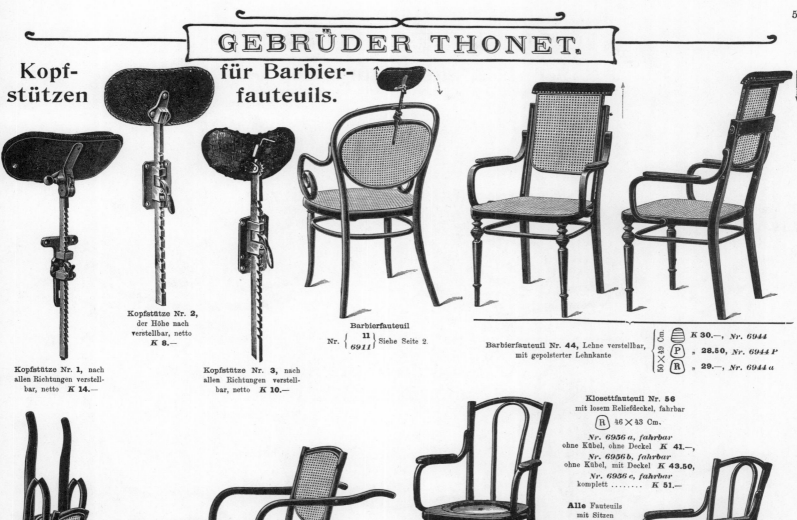

Kopfstütze Nr. 1, nach allen Richtungen verstellbar, netto *K* **14.—**

Kopfstütze Nr. 3, nach allen Richtungen verstellbar, netto *K* **10.—**

Barbierfauteuil

Nr. { **11** / *6911* } Siehe Seite 2.

Barbierfauteuil Nr. 44, Lehne verstellbar, mit gepolsterter Lehnkante

50 × 49 Cm. { (gerippt) *K* **30.—**, *Nr. 6944* / (P) „ **28.50**, *Nr. 6944 P* / (R) „ **29.—**, *Nr. 6944 a* }

Krankentragstuhl { zusammenlegbar / *Nr. 6991* } (gerippt) 46 × 43 Cm. *K* **27.—**

Klosettfauteuil Nr. 56
mit Kübel, geruchlos verschließbar
(glatt) 46 × 43 Cm. *K* **23.50**

ohne Kübel .... *K* **16.—**, *Nr. 6956 a*
mit losem Reliefdeckel mehr „ **18.50**, *Nr. 6956 b*
komplett .... „ **26.—**, *Nr. 6956 c*

Klosettfauteuil Nr. 56
mit losem Reliefdeckel, fahrbar
(R) 46 × 43 Cm.

Nr. 6956 a, fahrbar
ohne Kübel, ohne Deckel *K* **41.—**,
Nr. 6956 b, fahrbar
ohne Kübel, mit Deckel *K* **43.50**,
Nr. 6956 c, fahrbar
komplett .... *K* **51.—**

Alle Fauteuils mit Sitzen (glatt) 46 × 43 Cm. können mit Klosettvorrichtung (Kübel und Deckel) versehen werden.

Preisaufschläge:
Sitz, für Kübel vorbereitet *K* **4.—**
Reliefdeckel *K* **2.50**,
Kübel, geruchlos verschließbar *K* **7.50**

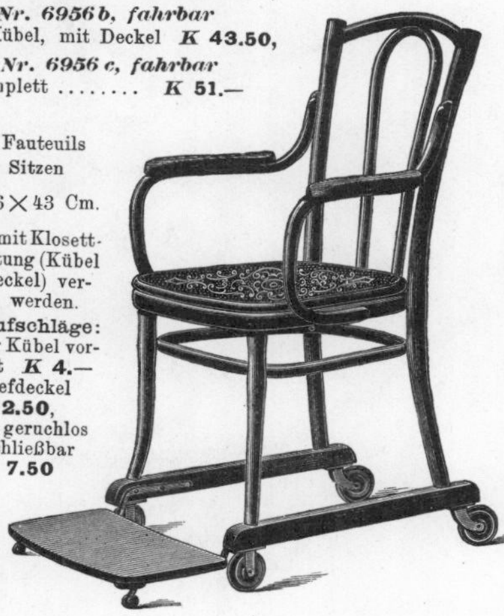

Bidetschale (Becken) **netto** *K* **6.50**

Bidetdeckel *K* **1.50**

Bidet Nr. { **1** / *6901* } mit Deckel, ohne Schale *K* **5.50**

Bidet Nr. { **2** / *6902* } mit Deckel, ohne Schale *K* **6.50**

Bidet Nr. { **4** / *6904* } zusammenlegbar, ohne Schale, ohne Deckel *K* **7.—**

Bidet Nr. { **5** / *6905* } (Reisebidet), kleiner wie **Nr. 4,** für Gummischale, ohne Deckel *K* **7.—**

76–108 Cm.

Bidet Nr. { **3** / *6903* } (mit abhebbarer Tischplatte), ohne Schale *K* **12.—**
(gleichzeitig als Tischchen 60 × 40 Cm. oder Bank, Kofferständer etc. verwendbar)

100 × 50 Cm.

Vom Bette aus leicht zu handhaben.

Krankentisch mit der Höhe nach verstellbarer Platte (Platte lackiert) *K* **60.—**, *Nr. 6950*

GEBRÜDER THONET.

Schaukelfauteuilaufsätze, „a“

anbringlich an den meisten unserer Schaukelfauteuils.

Graviert.

Preis per Stück *K* **3.–**

Siehe Vorwort:
Aufsätze zu Fauteuils.

Geschnitzt.

Preis per Stück *K* **3.–**

Schaukelfauteuil-Fußstützen.

Gurtenfußtritt „*C*“ *K* **6.–**
anwendbar bei allen größeren Schaukelfauteuils mit Armlehnen.

Drehbar.

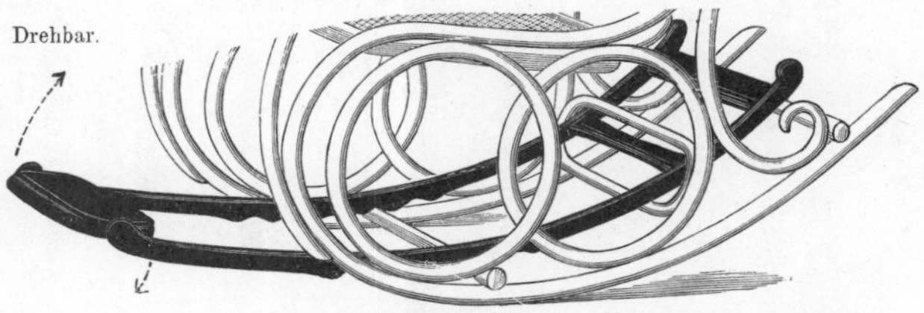

Schaukelfußlage „**A**“ „*A*“ *K* **8.–**
anwendbar bei Schaukelfauteuils Nr. **1, 4, 14, 4/14, 21, 24, 44, 64, 6, 6** *a* und **22.**

Schaukelfußlage „**B**“ „*B*“ *K* **6.–**
anwendbar bei Schaukelfauteuils Nr. **1, 4, 14, 4/14, 21, 24, 44, 64, 6, 6** *a* und **22.**

Schaukelfauteuils.

Sitzhöhe: gemessen bei horizontaler Lage des Sitzes.
Lehnhöhe: gemessen vom Sitze ab.

Sitzhöhe 43 Cm.
Lehnhöhe 87 Cm.

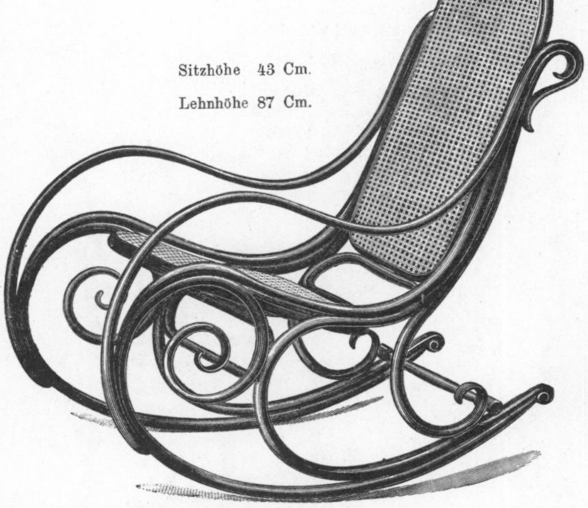

Nr. { **1** / *7001* 50 × 50 Cm., ohne Fußtritt *K* **44.–**
Nr. { **1** mit Fußtritt mit Gurten *K* **50.–** / *7001 C*

Sitzhöhe 41 Cm.
Lehnhöhe 77 Cm.

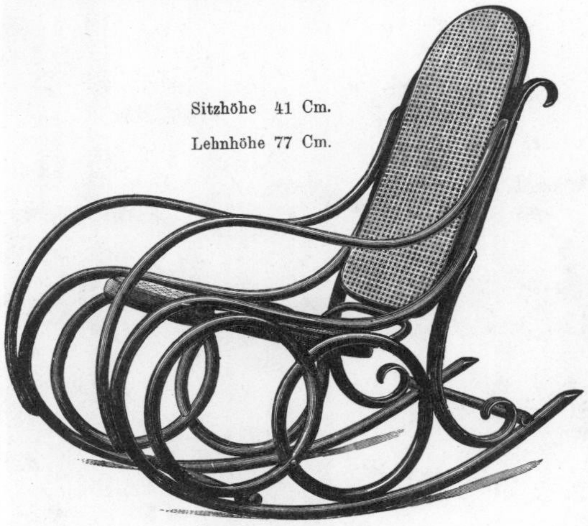

Nr. { **4** / *7004* 48 × 48 Cm. *K* **36.–**

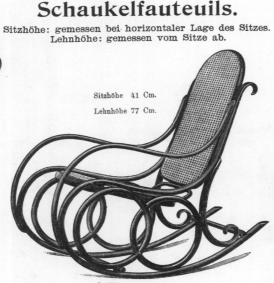

Sitzhöhe 41 Cm.
Lehnhöhe 83 Cm.

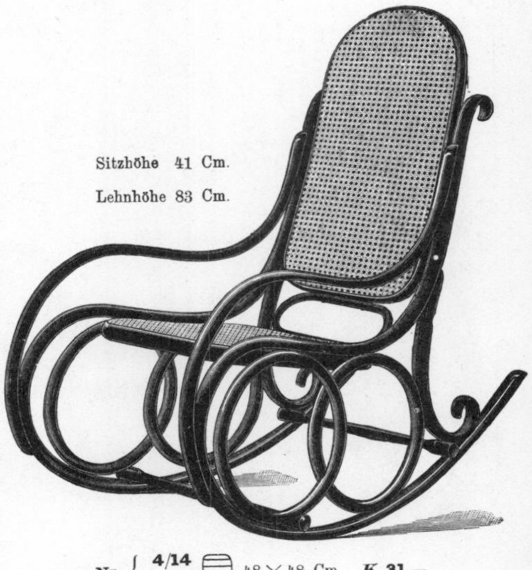

Nr. { **4/14** / *7027* 48 × 48 Cm. *K* **31.–**

Sitzhöhe 41 Cm.
Lehnhöhe 77 Cm.

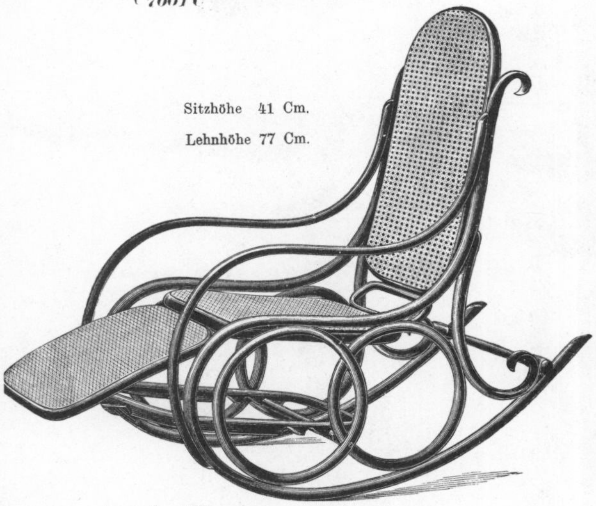

Nr. { **4** / *7004 D* 48 × 48 Cm., mit Rohrfußlage *K* **45.–**

Sitzhöhe 36 Cm.
Lehnhöhe 60 Cm.

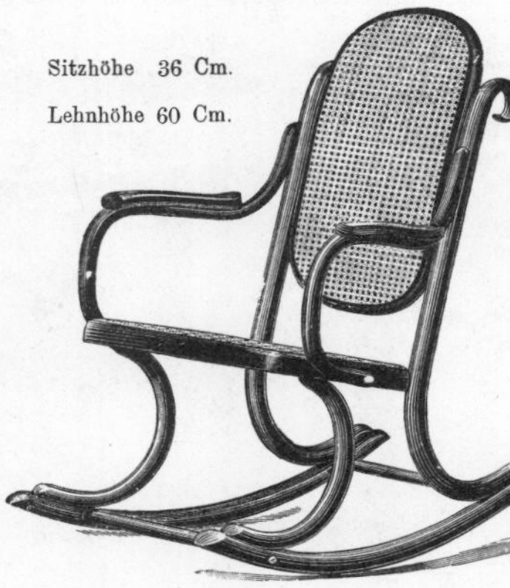

Nr. { **7** / *7007* 45 × 44 Cm. *K* **18.–**

Sitzhöhe 41 Cm.
Lehnhöhe 77 Cm.

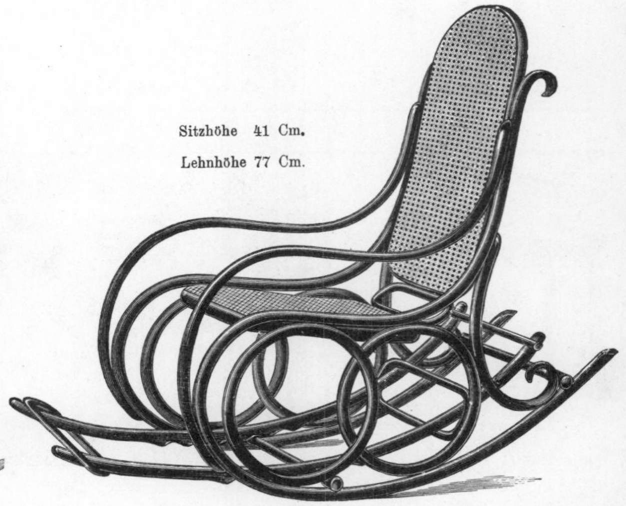

Nr. { **4** / *7004 B* 48 × 48 Cm., mit verschiebbarer Fußlage „**B**“ *K* **42.–**

GEBRÜDER THONET.

Schaukelfauteuils.

Sitzhöhe: gemessen bei horizontaler Lage des Sitzes.
Lehnhöhe: gemessen vom Sitz ab.

Sitzhöhe 41 Cm.
Lehnhöhe 77 Cm.

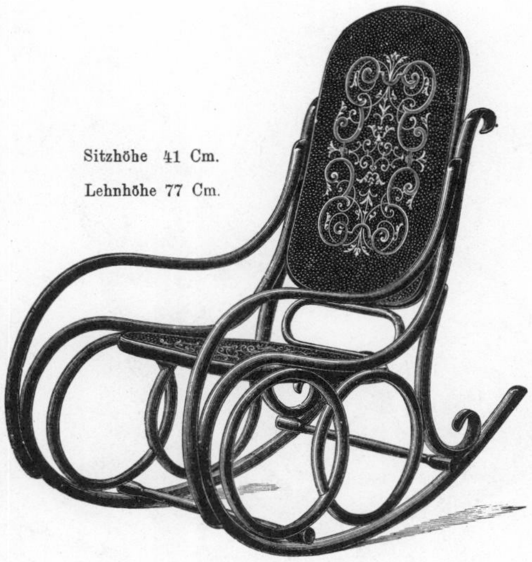

Nr. { **4,** / *7004 R* } Relief (R) 48 × 48 Cm. ***K* 36.—**

Sitzhöhe 39 Cm.
Lehnhöhe 72 Cm.

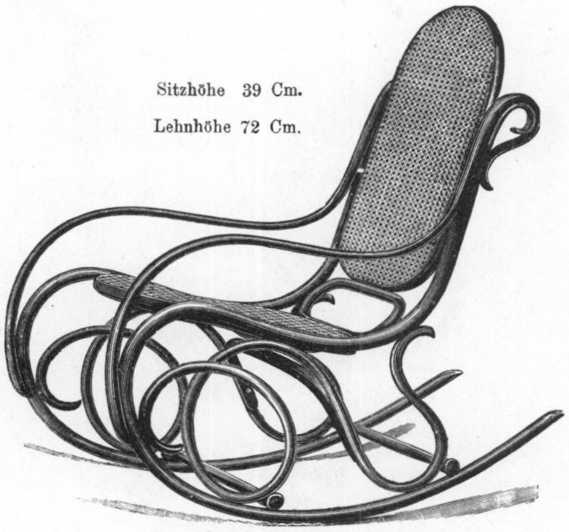

Nr. { **6** / *7006* } 45 × 45 Cm. ***K* 32.—**

Sitzhöhe 39 Cm.
Lehnhöhe 72 Cm.

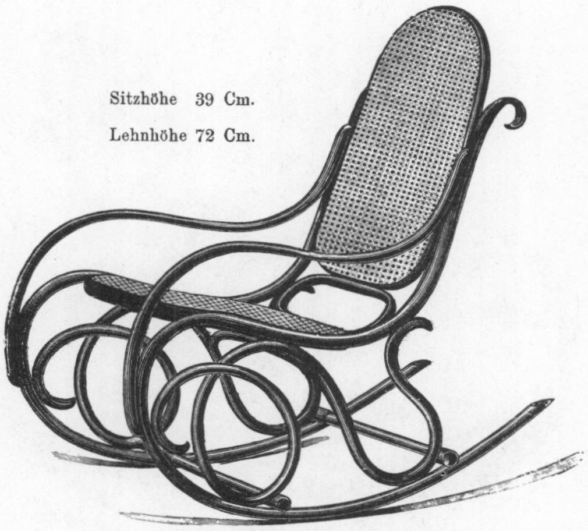

Nr. { **6 *a*** / *7006 a* } 45 × 45 Cm. ***K* 28.—**
Größe gleich Schaukel Nr. 6, jedoch mit stärkerem Geflecht.

Sitzhöhe 36 Cm.
Lehnhöhe 62 Cm.

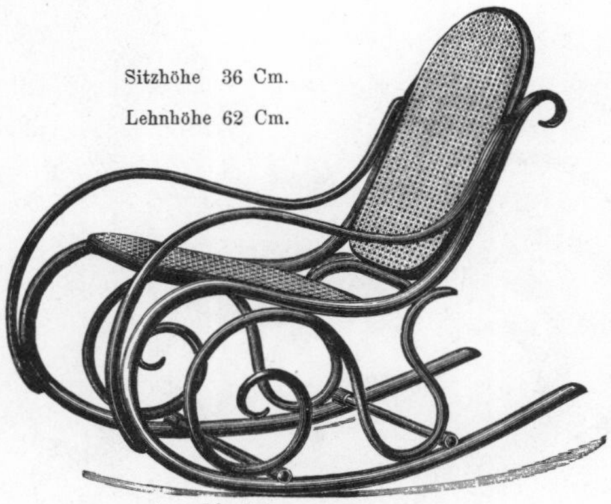

Nr. { **10** / *7010* } 42 × 42 Cm. ***K* 20.—**

Sitzhöhe 36 Cm.
Lehnhöhe 74 Cm.

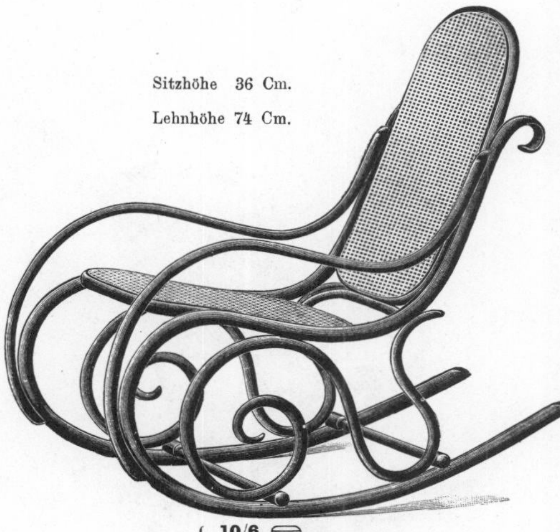

Nr. { **10/6** / *7028* } 45 × 45 Cm.
(Nr. 10 mit Lehne von Nr. 6) ***K* 23.—**

Sitzhöhe 36 Cm.
Lehnhöhe 74 Cm.

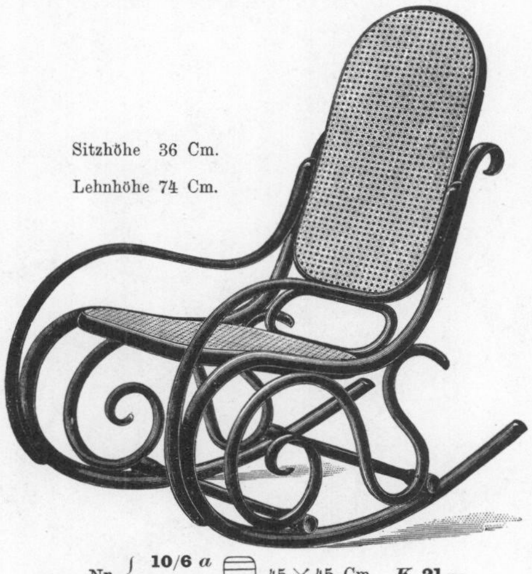

Nr. { **10/6 *a*** / *7029* } 45 × 45 Cm. ***K* 21.—**
Größe gleich Schaukelstuhl Nr. 10/6, jedoch mit stärkerem Geflecht.

Sitzhöhe 40 Cm.
Lehnhöhe 76 Cm.

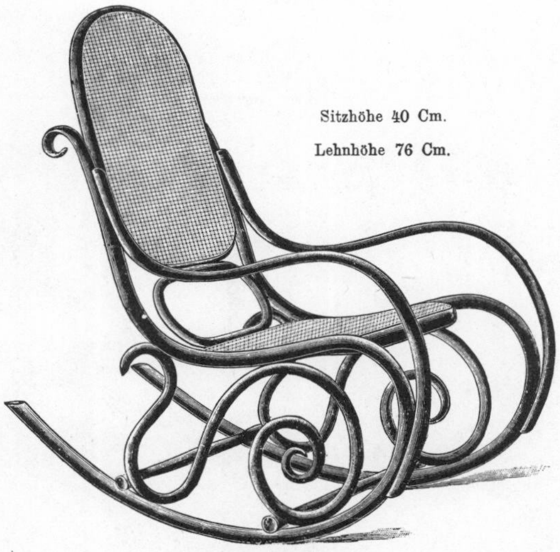

Schaukelfauteuil Nr. { **10/26** / *7025* } 45 × 45 Cm. ***K* 25.—**
Größe gleich Schaukelfauteuil Nr. 26, Form gleich Schaukelfauteuil Nr. 10.

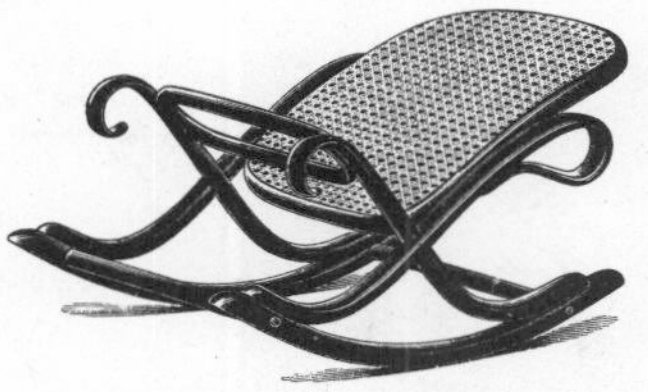

Faulenzer *K* 9.50, ***Nr. 7002***
Als Fußlage zu verwenden.

Sitzhöhe 40 Cm.
Lehnhöhe 76 Cm.

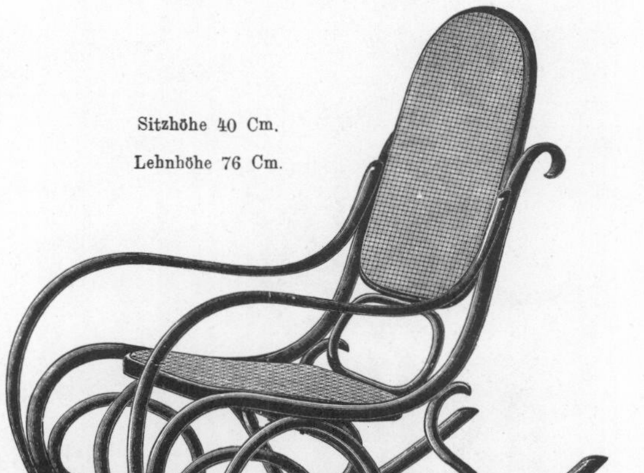

Schaukelfauteuil Nr. { **26** / *7026* } 45 × 45 Cm. ***K* 28.—**

GEBRÜDER THONET.

Schaukelfauteuils.

Sitzhöhe: gemessen bei horizontaler Lage des Sitzes. — Lehnhöhe: gemessen vom Sitze ab.

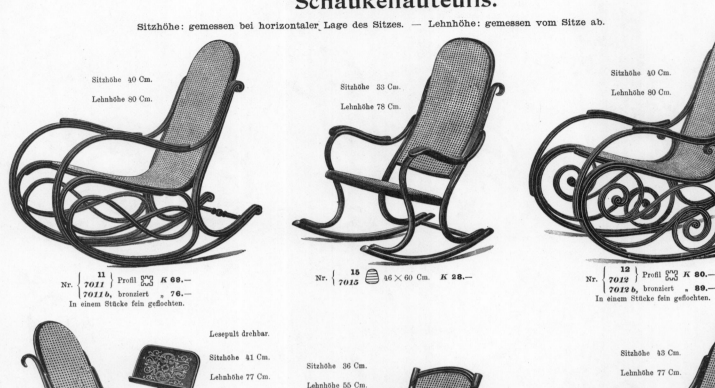

Sitzhöhe 40 Cm.

Lehnhöhe 80 Cm.

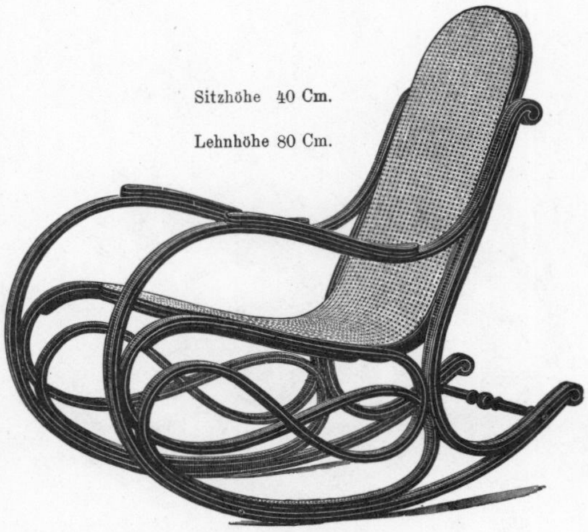

Nr. { 11 / *7011* } Profil *K* 68.—
7011 b, bronziert „ 76.—
In einem Stücke fein geflochten.

Sitzhöhe 33 Cm.

Lehnhöhe 78 Cm.

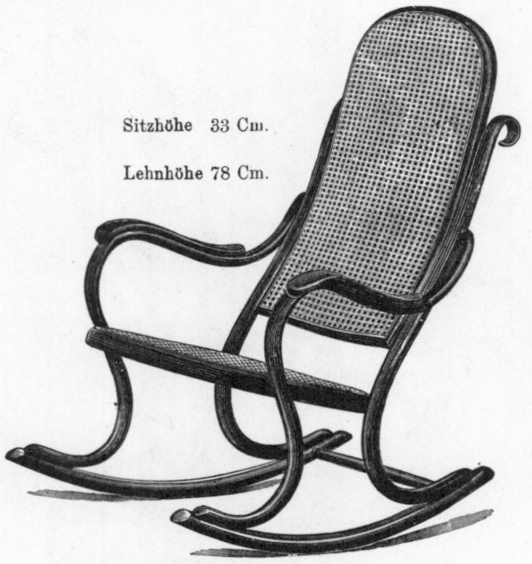

Nr. { 15 / *7015* 46 × 60 Cm. *K* 28.—

Sitzhöhe 40 Cm.

Lehnhöhe 80 Cm.

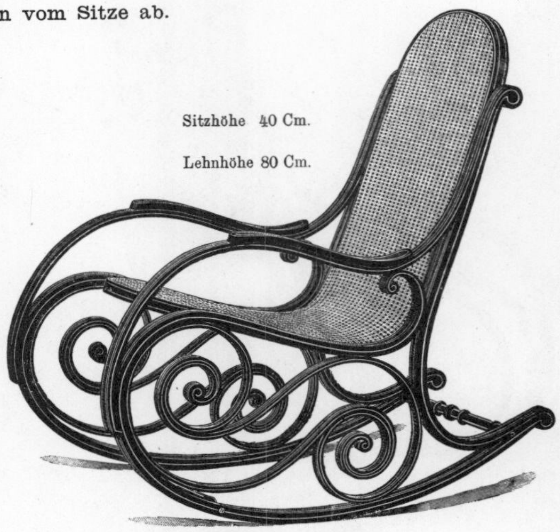

Nr. { 12 / *7012* } Profil *K* 80.—
7012 b, bronziert „ 89.—
In einem Stücke fein geflochten.

Lesepult drehbar.

Sitzhöhe 41 Cm.

Lehnhöhe 77 Cm.

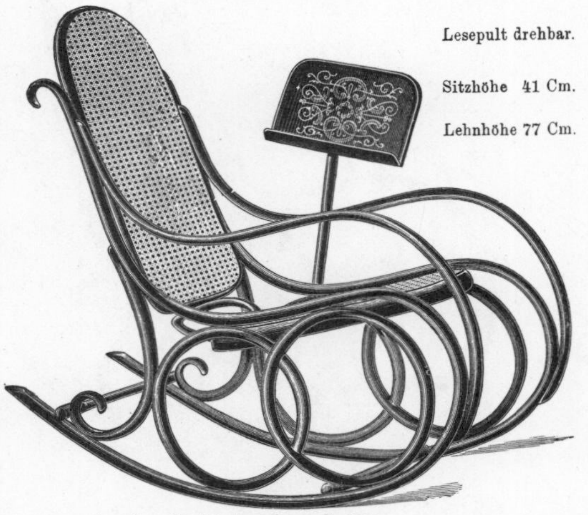

Nr. { 4, mit undessiniertem Lesepult / *7004*, mit Pult 48 × 48 Cm. *K* 39.50
(mit Lesepult, Intarsia, wie Zeichnung *K* 40.—)

Sitzhöhe 36 Cm.

Lehnhöhe 55 Cm.

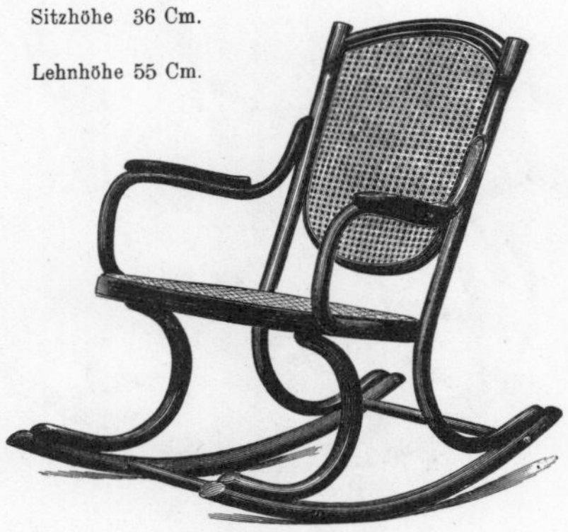

Nr. { 17 / *7017* 45 × 47 Cm. *K* 22.—

Sitzhöhe 43 Cm.

Lehnhöhe 77 Cm.

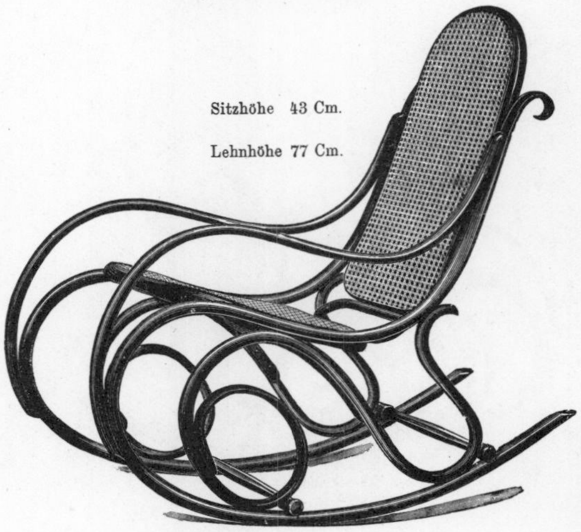

Nr. { 14 / *7014* 48 × 48 Cm. *K* 30.—
Größe gleich Schaukel Nr. 4, jedoch mit stärkerem Geflecht.

Während bei Benützung aller bisherigen Formen von Schaukelstühlen allfällige Unebenheiten des Bodens, auf dem sie stehen, sich fühlbar machen, ist die Funktion der Schaukelfauteuils nach vorstehenden Modellen von der Beschaffenheit des Bodens vollständig unabhängig.

Sitzhöhe 36 Cm.

Lehnhöhe 55 Cm.

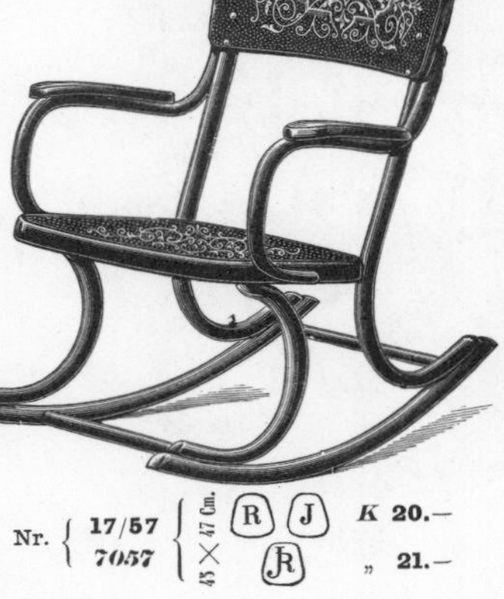

Nr. { 17/57 / *7057* 45 × 47 Cm. R J *K* 20.—
R „ 21.—

Sitzhöhe 35 Cm.

Lehnhöhe 52 Cm.

Nr. { 18 / *7018* mit Spiralfedern } 45 × 43 Cm. *K* 32.—

Sitzhöhe 35 Cm.

Lehnhöhe 52 Cm.

Nr. { 57/18 / *7157* mit Spiralfedern } 46 × 63 Cm. R J *K* 30.—
R „ 31.—

Sitzhöhe 35 Cm.

Lehnhöhe 52 Cm.

Nr. { 221/18 / *7121* 46 × 43 Cm. *K* 33.—

GEBRÜDER THONET.

Schaukelfauteuils.

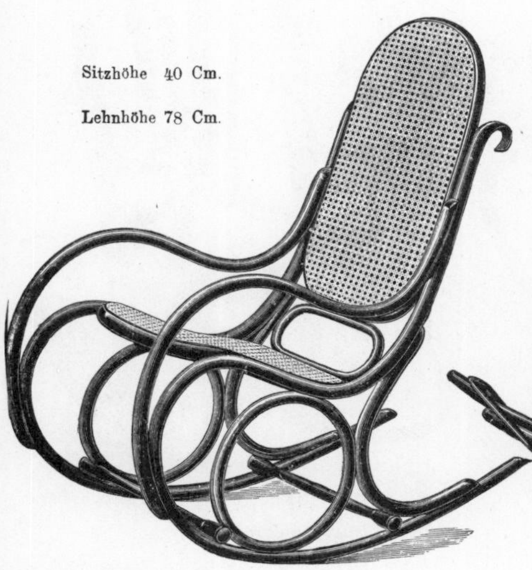

Sitzhöhe 40 Cm.
Lehnhöhe 78 Cm.

Nr. {22 / *7022*} 44 × 43 Cm. ***K* 26.—**

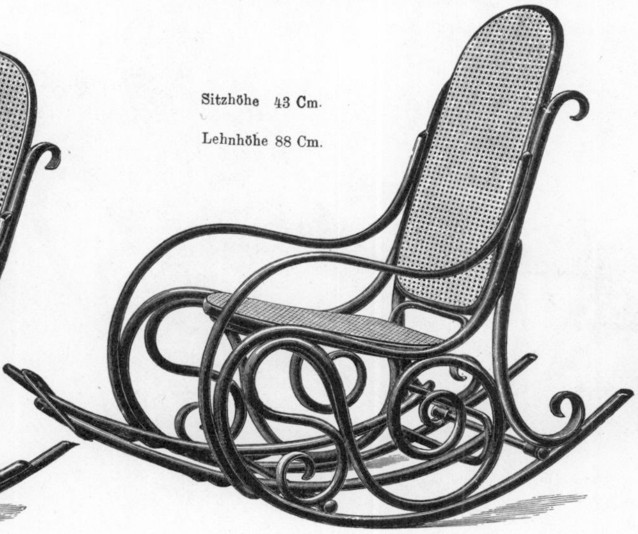

Sitzhöhe 43 Cm.
Lehnhöhe 88 Cm.

Nr. {21 / *7021 B*} mit verschiebbarer Fußlage „*B*" 50 × 50 Cm. ***K* 44.—**
ohne Fußlage *Nr. 7021* } ***K* 38.—**

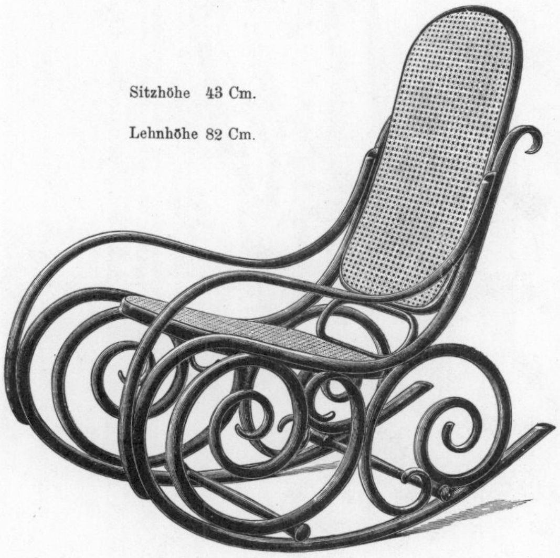

Sitzhöhe 43 Cm.
Lehnhöhe 82 Cm.

Nr. {24 / *7024*} 50 × 50 Cm. ***K* 35.—**

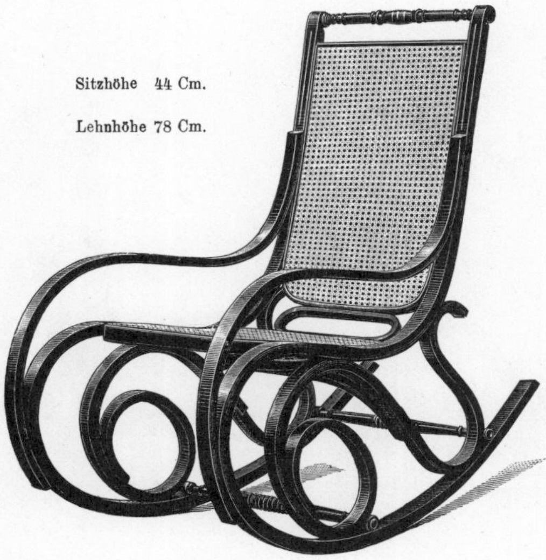

Sitzhöhe 44 Cm.
Lehnhöhe 78 Cm.

Nr. {44 / *7044*} 48 × 48 Cm. ***K* 48.—**

Sitzhöhe 39 Cm.
Lehnhöhe 62 Cm.

Nr. {62 / *7062*} 47 × 45 Cm. ***K* 25.—**

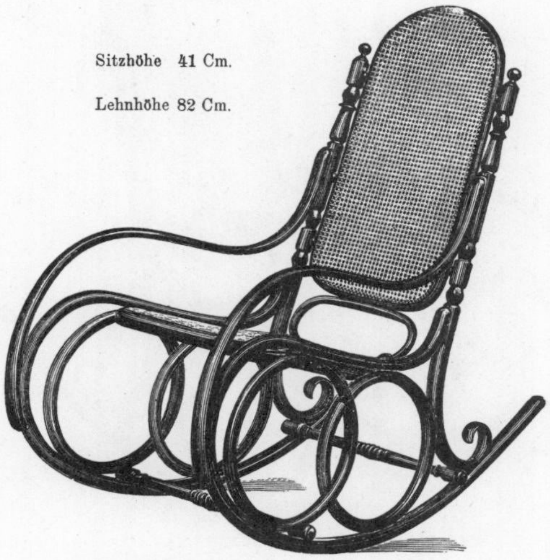

Sitzhöhe 41 Cm.
Lehnhöhe 82 Cm.

Nr. {64 / *7064*} 48 × 48 Cm. ***K* 38.—**

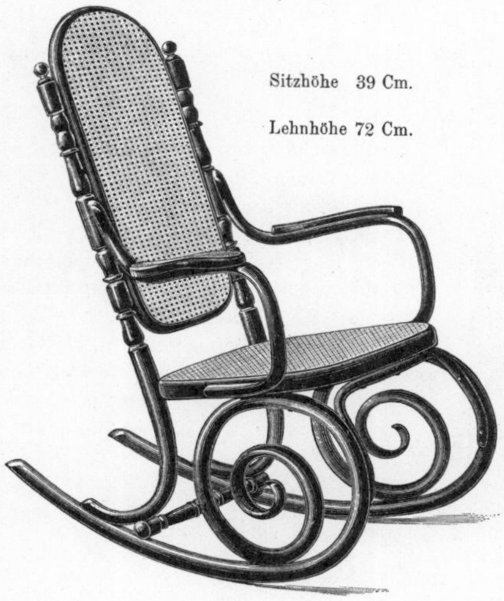

Sitzhöhe 39 Cm.
Lehnhöhe 72 Cm.

Nr. {67 / *7067*} 45 × 47 Cm. ***K* 27.—**

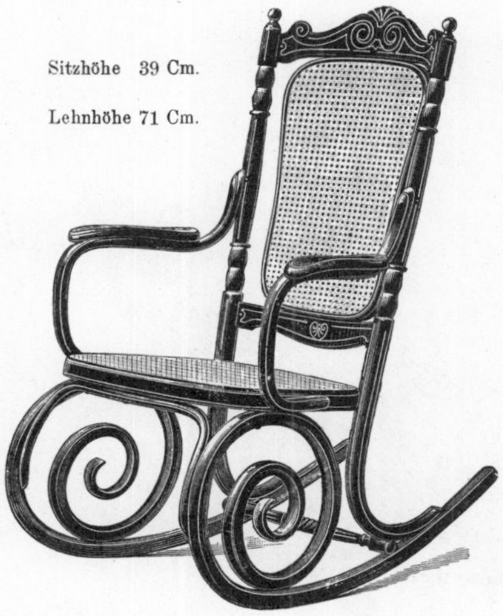

Sitzhöhe 39 Cm.
Lehnhöhe 71 Cm.

Nr. {83 / *7083*} 45 × 47 Cm. ***K* 54.—**

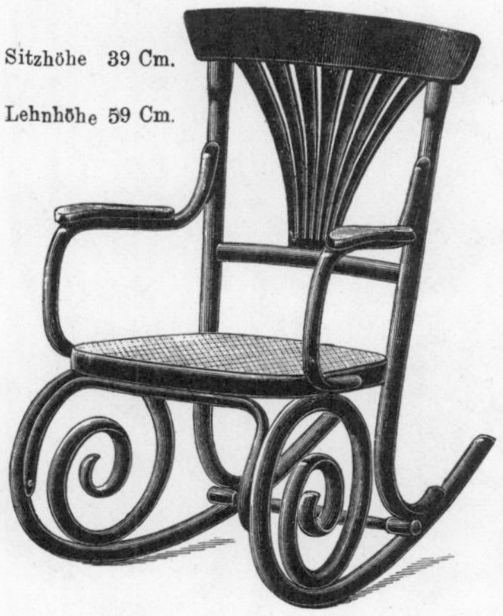

Sitzhöhe 39 Cm.
Lehnhöhe 59 Cm.

Nr. {221 / *7221*} 46 × 43 Cm. ***K* 27.—**

GEBRÜDER THONET.

Schaukelfauteuils.

Sitzhöhe: gemessen bei horizontaler Lage des Sitzes.

Lehnhöhe: gemessen vom Sitz ab.

Sitzhöhe 38 Cm.

Lehnhöhe 74 Cm.

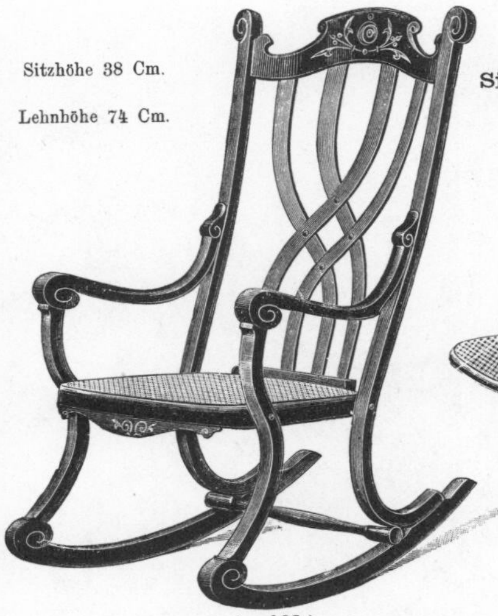

Schaukelfauteuil Nr. { **401** / *7401* } mit Kerbschnitt

48 × 48 Cm. ***K* 40.—**

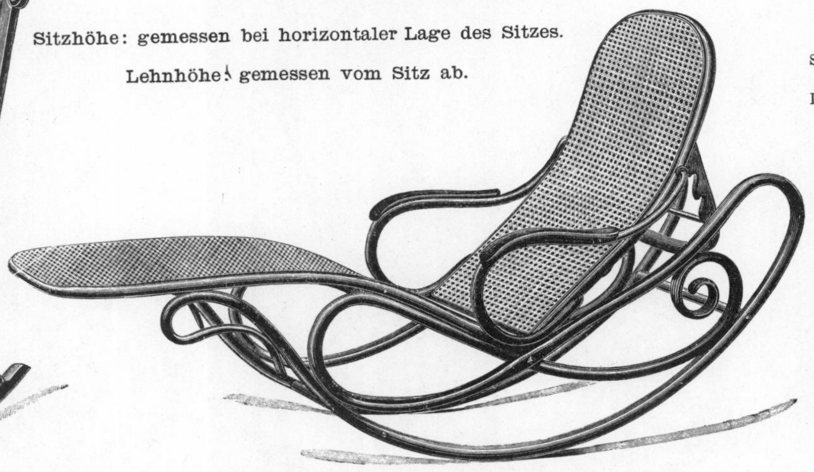

Schaukelsofa *Nr* *7500* 110 × 53 Cm. ***K* 54.—**

Sitzhöhe 38 Cm.

Lehnhöhe 74 Cm.

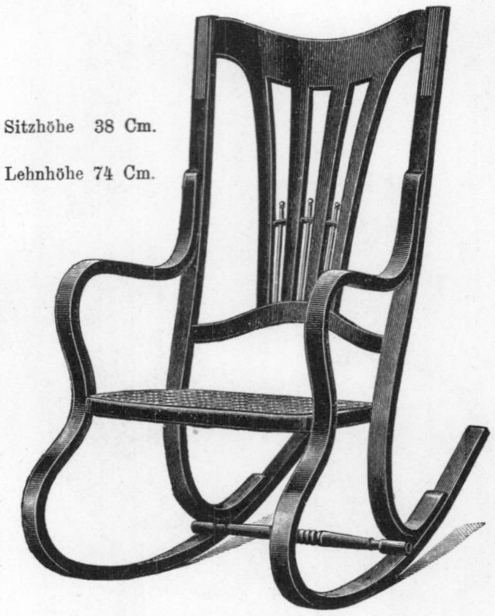

Schaukelfauteuil Nr. { **411** / *7411* } mit Messingstäben

48 × 45 Cm. ***K* 35.—**

Sitzhöhe 41 Cm.

Lehnhöhe 90 Cm.

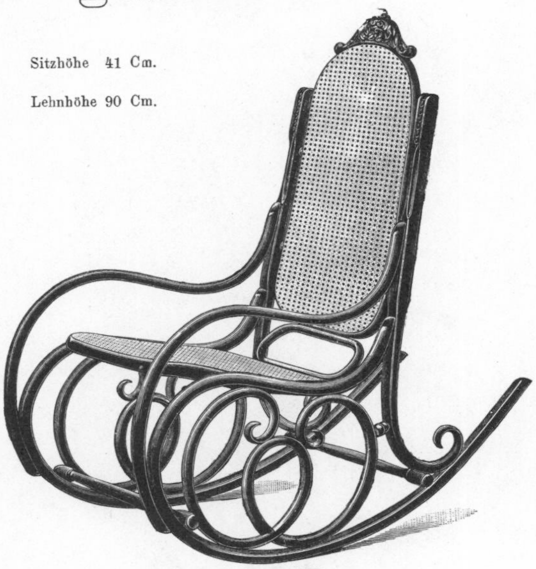

Schaukelfauteuil Nr. 243 50 × 50 Cm.

Nr. 7243 ohne Aufsatz .... ***K* 38.—**

Nr. 7243 a, mit Aufsatz .... „ **40.80**

Sitzhöhe 41 Cm.

Lehnhöhe 90 Cm.

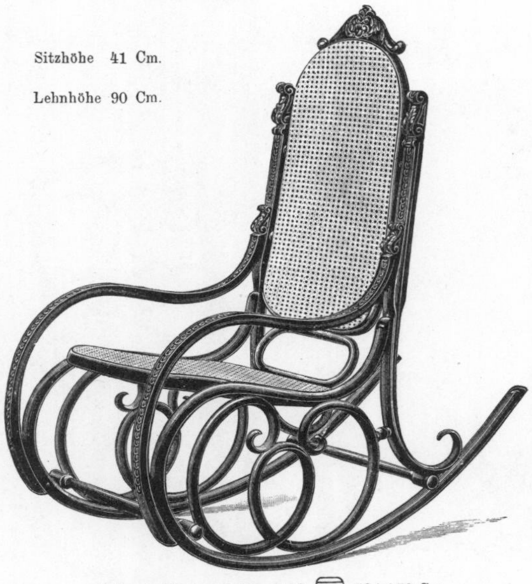

Schaukelfauteuil Nr. 244 50 × 50 Cm.

Nr. 7244, ohne Aufsatz .... ***K* 48.—**

Nr. 7244 a, mit Aufsatz .... „ **50.80**

Schabracke zum Überhängen (Schaukeldecke).

Aufschlag, fein geflochten ***K* 8.—**

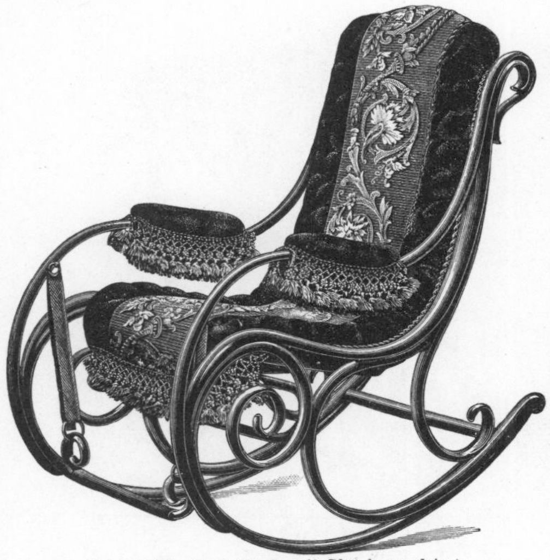

Schaukelfauteuil Nr 1, mit Plüsch gepolstert.

Schaukelfauteuil Nr. 18, mit Schabracke.

a)

a) **Vorrichtung zum Einhängen der Schabracke.**

Alle Gattungen von Schaukelfauteuils können gepolstert werden. Die Polsterung wird entweder **fest** auf das Flechtrohr angebracht oder durch **Überhängen** von sogenannten Schabracken (**Schaukeldecken**) erzielt; letztere sind insoferne praktisch, als sie jederzeit vom Gestelle des Schaukefauteuils losgetrennt, also separat gereinigt und aufbewanrt werden können. Der Preis für Polsterung ist je nach der Auswahl der Stoffe verschieden und somit Sache persönlicher Übereinkunft. Schabracken liefern wir von ***K* 30.—** aufwärts.

GEBRÜDER THONET.

Salonsessel Nr. { 1 / 7501 } *K* **17.—**
geflochten *Nr. 7501 c* } *K* **22.—**

Salonkanapee Nr. { 1 / 7701 } zum Polstern *K* **36.—**
geflochten *Nr. 7701 c* } *K* **50.—**

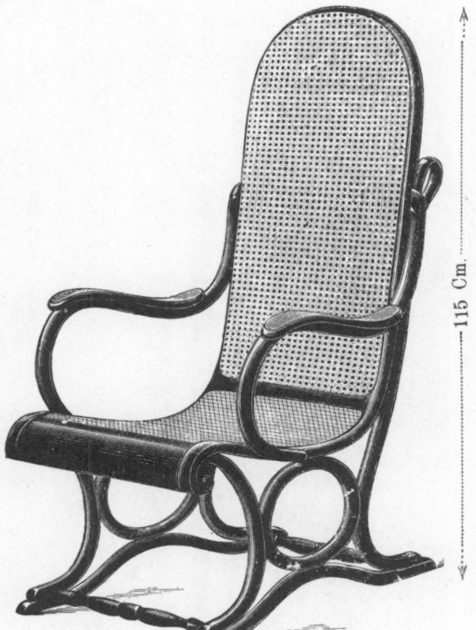

Salonfauteuil Nr. { **1,** geflochten / *7601 c* } *K* **32.—**
zum Polstern *Nr. 7601* } *K* **24.—**

Salonsessel Nr. **2**
Nr. 7502, gekehlt .... *K* **31.—**
Nr. 7502 b, gekehlt und bronziert „ **34.50**

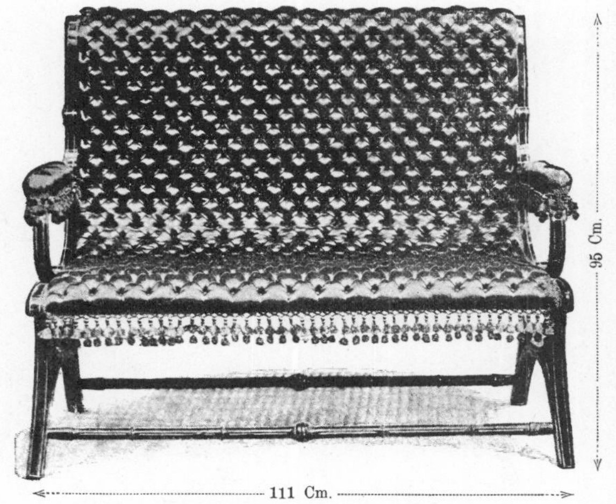

Salonkanapee Nr. **2,** zum Polstern
Nr. 7702, gekehlt .... *K* **50.—**
Nr. 7702 b, gekehlt und bronziert....... „ **54.50**

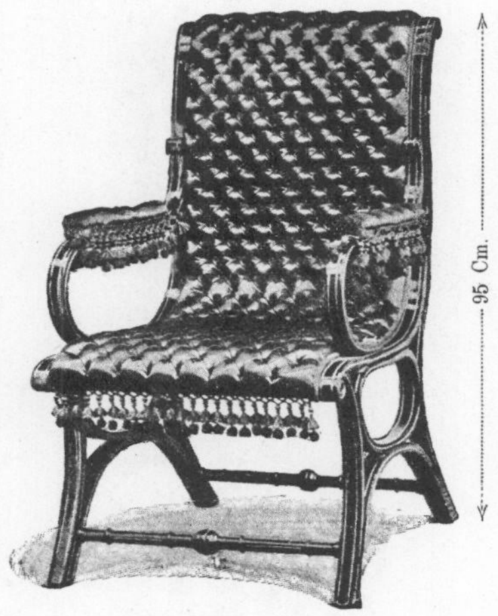

Salonfauteuil Nr. **2**
Nr. 7602, gekehlt .... *K* **40.—**
Nr. 7602 b, gekehlt und bronziert „ **44.50**

Salonsessel Nr. { 1 / 7501 } Polstermuster

Morrisfauteuil Nr. { 1 / 7610 }
Preis des Gestelles *K* **70.—**

Salonfauteuil Nr. { 1 / 7601 } Polstermuster.

GEBRÜDER THONET.

Salonmöbel.

Die Preise verstehen sich für die Gestelle zum Polstern.

Salonsessel Nr. 5
Nr. 7505, gekehlt .... K 24.—
Nr. 7505 b, gekehlt und bronziert ..... „ 28.50

Salonkanapee Nr. 5, zum Polstern
Nr. 7705, gekehlt .... K 60.—
Nr. 7705 b gekehlt und bronziert ..... „ 68.50

Salonstockerl Nr. 5, zum Polstern
Nr. 7905, gekehlt .... K 14.—
Nr. 7905 b, gekehlt und bronziert ...... „ 16.50

Salonsessel Nr. { 5 / 7505 } Polstermuster.

Salontisch Nr. 15
Nr. 8015, gekehlt .... K 94.—
Nr. 8015 b, gekehlt und bronziert .... „ 100.50

Salonfauteuil Nr. 5, Polstermuster.
Preise zum Polstern { gekehlt .... K 42.— , *Nr. 7605*
gekehlt und bronziert „ 50.50, *Nr. 7605 b* }

Salonsessel Nr. 9
ohne Bronzestreifen ... . K 14.— , *Nr. 7509*
mit Bronzestreifen .... „ 16.25, *Nr. 7509 b*

Salonkanapee Nr. 9
ohne Bronzestreifen .... K 50.— , *Nr. 7709*
mit Bronzestreifen .... „ 57.50, *Nr. 7709 b*

Salonfauteuil Nr. 9
ohne Bronzestreifen .... K 28.— , *Nr. 7609*
mit Bronzestreifen .... „ 32.25, *Nr. 7609b*

GEBRÜDER THONET.

Salonmöbel.

Die Preise verstehen sich für die Gestelle zum Polstern.

Salonsessel Nr. 6

gekehlt .... *K* **26.—**, *Nr. 7506*
gekehlt und bronziert. „ **29.—**, *Nr. 7506 b*

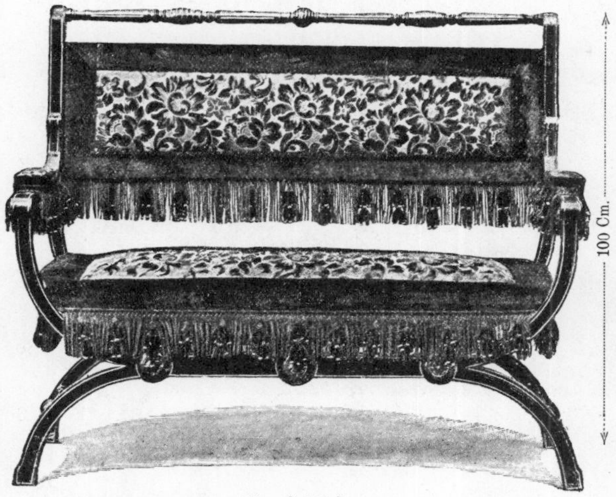

Salonkanapee Nr. 6, zum Polstern

gekehlt { 111 Cm. *K* **54.—**, *Nr. 7706* — 140 Cm. „ **68.—**, *Nr. 7806*
gekehlt und bronziert { 111 Cm. *K* **60.50**, *Nr. 7706 b* — 140 Cm. „ **75.—**, *Nr. 7806 b*

Salonstockerl Nr. 6, zum Polstern

gekehlt .... *K* **13.—**, *Nr. 7906*
gekehlt und bronziert . „ **15.—**, *Nr. 7906 b*

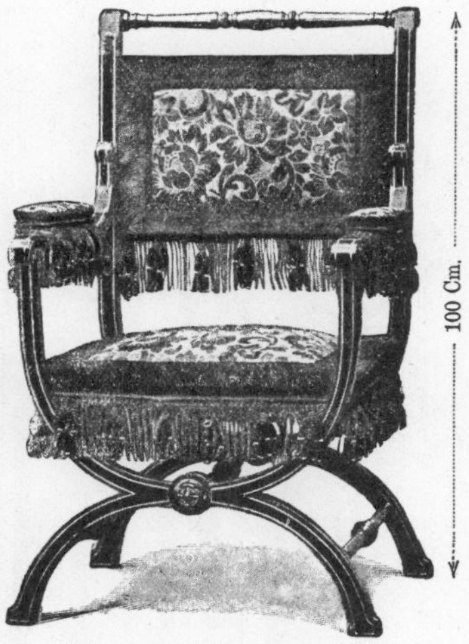

Salonfauteuil Nr. 6, zum Polstern

gekehlt .... *K* **40.—**, *Nr. 7606*
gekehlt und bronziert „ **44.50**, *Nr. 7606 b*

Luther-Fauteuil

Preis je nach der Qualität des Leders.

Preis des Gestelles { gekehlt........... *K* **64.—**, *Nr. 7651*
gekehlt und bronziert „ **71.—**, *Nr. 7651 b*

Salontisch Nr. 16

gekehlt................ *K* **74.—**, *Nr. 8016*
gekehlt und bronziert . .. „ **77.50**, *Nr. 8016 b*

Luther-Fauteuil, zum Polstern

gekehlt........... *K* **64.—**, *Nr. 7651*
gekehlt und bronziert „ **71.—**, *Nr. 7651 b*

Salonfauteuil Nr. 12, 50 × 52 Cm.

grob vorgeflochten, zum Polstern *K* **37.—**, *Nr. 7612 a*
nicht geflochten, zum Polstern . . „ **35.—**, *Nr. 7612*

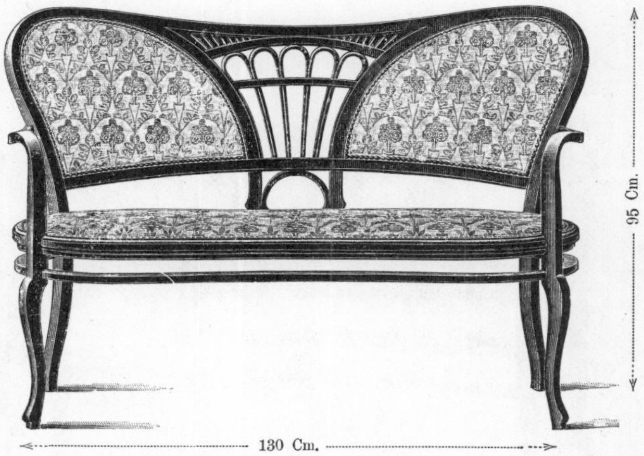

Salonkanapee Nr. 12

grob vorgeflochten, zum Polstern *K* **85.—**, *Nr. 7712 a*
nicht geflochten, zum Polstern. „ **80.—**, *Nr. 7712*

Salonsessel Nr. 12 (Sessel Nr. 317) Sitz $41\frac{1}{2} \times 42$ Cm.

ungeflochten zum Polstern...... *K* **25.50**, *Nr. 7512*
grob vorgeflochten zum Polstern . . „ **26.50**, *Nr. 7512 a*
geflochten .... „ **27.50**, *Nr. 7512 b*
fein geflochten .... „ **29.—**, *Nr. 7512 c*

GEBRÜDER THONET.

Salonmöbel.

Die Preise verstehen sich für die Gestelle zum Polstern.

Salonfauteuil Nr. { 13 / *7613* — 54 × 51 Cm. *K* **55.—**

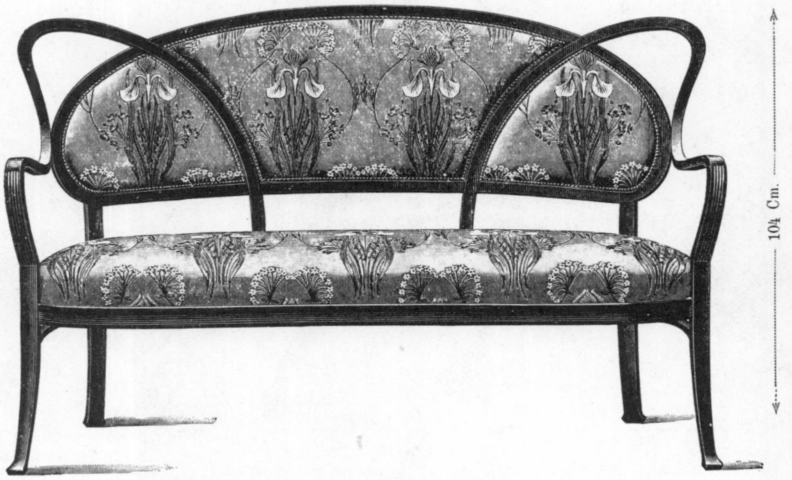

Salonkanapee Nr. { 13 / *7813* — 150 Cm. *K* **80.—**

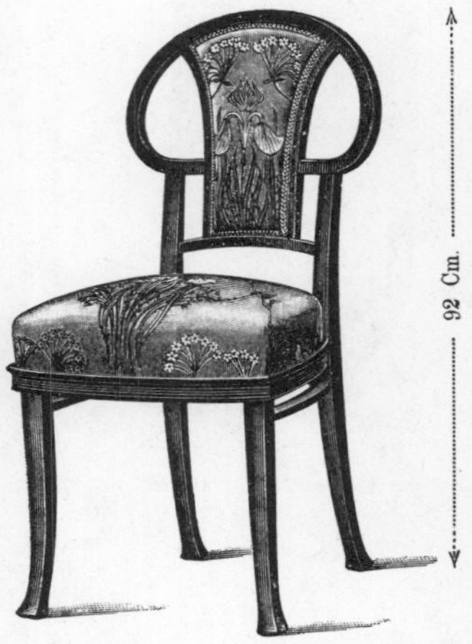

Salonsessel Nr. { 13 / *7513* — 44 × 45 Cm. *K* **23.—**

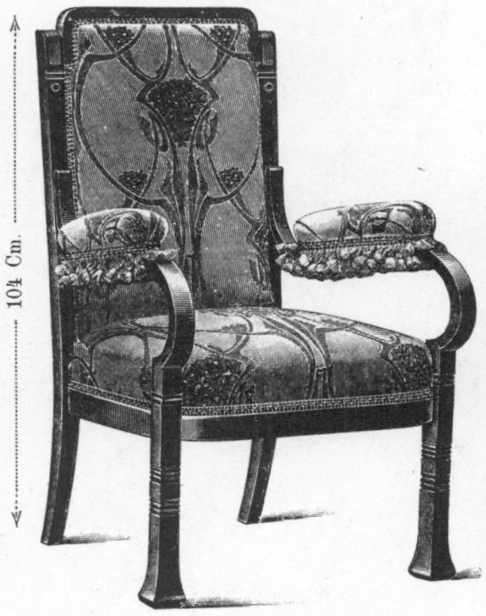

Salonfauteuil Nr. { 14 / *7614* — 57 × 54 Cm. *K* **35.—**

Salonkanapee Nr. { 14 / *7814* — 160 Cm. *K* **50.—**

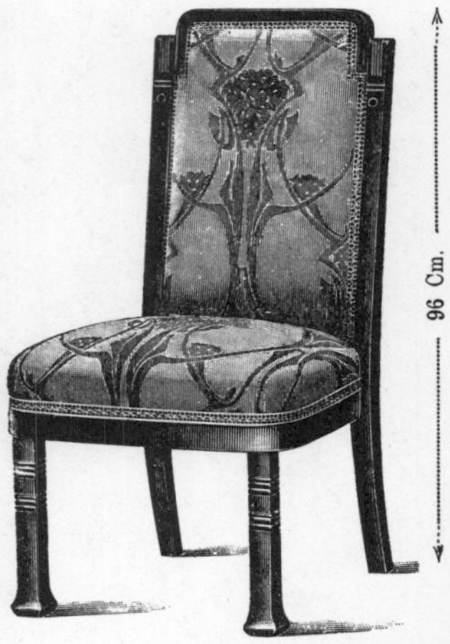

Salonsessel Nr. { 14 / *7514* — 50 × 50 Cm. *K* **24.—**

Salonfauteuil Nr. { 315 / *7615* — 53 × 53 Cm. *K* **60.—**

Salonkanapee Nr. { 315 / *7715* — 94 × 46 Cm. *K* **100.—**

Salonstockerl Nr. { 901 / *7915* — 37 × 37 Cm. *K* **26.—**

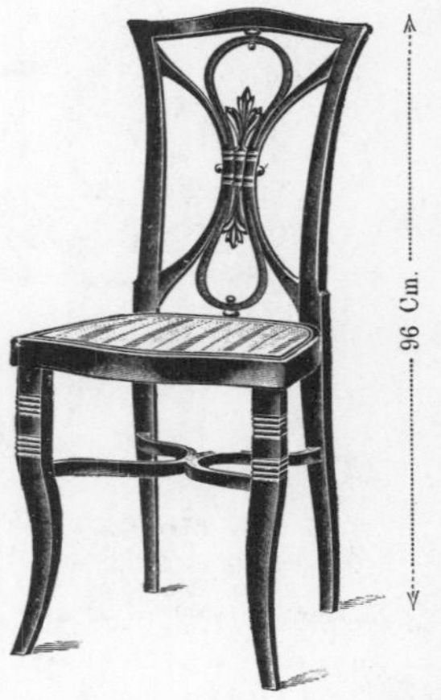

Salonsessel Nr. { 315 / *7515* — 41 × 41 Cm *K* **30.—**

GEBRÜDER THONET.

Salontische.

82 × 57 Cm. — 78 Cm.

Nr. { 1 / *8001* } **K 56.–** (Palisander **K 59.–**)

hievon Tischfuß Nr. 1 { ohne Zarge **K 28.–**, *Nr. 8401* / mit Zarge „ **32.–**, *Nr. 8201* }

130 × 91 Cm.

Nr. { 2 / *8002* } (Nr. 3 mit ovaler Platte 113 × 84 Cm.) **K 58.–** (Palisander **K 62.–**)

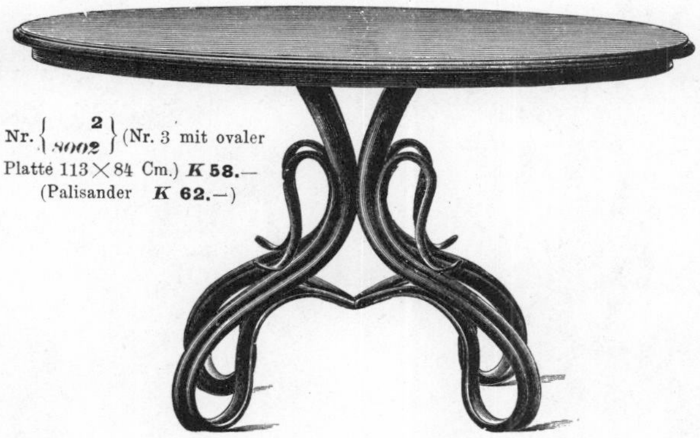

Nr. { 3 / *8003* } **K 60.–** (Palisander **K 65.–**)

hievon Tischfuß Nr. 3 { ohne Zarge **K 28.–**, *Nr. 8403* / mit Zarge „ **32.–**, *Nr. 8203* }

114 × 82 Cm. — 78 Cm.

Nr. { 4 / *8004* } **K 80.–** (Palisander **K 84.–**)

hievon **Tischfuß Nr. 4** { ohne Zarge **K 40.–**, *Nr. 8404* / mit Zarge „ **46.–**, *Nr. 8204* }

130 × 88 Cm. — 78 Cm.

Nr. { 5 / *8005* } **K 88.–** (Palisander **K 93.–**)

hievon **Tischfuß Nr. 5** { ohne Zarge **K 44.–**, *Nr. 8405* / mit Zarge „ **50.–**, *Nr. 8205* }

130 × 88 Cm.

Nr. { 6 / *8006* } **K 94.–** (Palisander **K 99.–**)

hievon **Tischfuß Nr. 6** { ohne Zarge **K 50.–**, *Nr. 8406* / mit Zarge „ **56.–**, *Nr. 8206* }

105 × 78 Cm.

Nr. { 8 / *8008* } **K 46.–** (Palisander **K 50.–**)

hievon **Tischfuß Nr. 8** { ohne Zarge **K 16.–**, *Nr. 8408* / mit Zarge „ **20.–**, *Nr. 8208* }

○ 55 Cm. Durchm.

Nr. { 11 / *8011* }

mit flacher Plattenkante, glattes Gestell **K 29.–**

m. gekehlter Plattenkante, gekehltes Gestell **K 38.–**, *Nr. 8011 c*

hievon Tischfuß Nr. 11, siehe Seite 66

glatt { ohne Zarge **K 15.–**, *Nr. 8411* / mit Zarge „ **18.–**, *Nr. 8211* }

gekehlt { ohne Zarge **K 18.–**, *Nr. 8411 c* / mit Zarge „ **21.50**, *Nr. 8211 c* }

○ 68 Cm. Durchm. — 78 Cm.

Nr. { **11 *a*** / *8011 a* }

mit flacher Plattenkante **K 25.50**

hievon **Tischfuß Nr. 11 *a***, siehe Seite 66

ohne Zarge .... **K 12.–**, *Nr. 8411 a*

mit Zarge .... „ **15.–**, *Nr. 8211 a*

105 × 55 Cm. — 78 Cm.

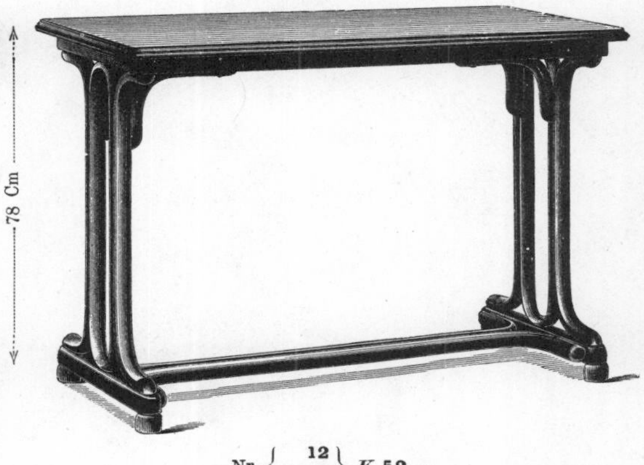

Nr. { 12 / *8012* } **K 52.–** (Palisander **K 56.–**)

hievon **Tischfuß Nr. 12**, siehe Seite 66 } mit Zarge **K 24.–**, *Nr. 8212*

80 × 50 Cm. — 78 Cm.

Nr. { **12 *a*** / *8012 a* }

mit gekehlter Plattenkante . **K 34.–**, *Nr. 8012 c*

mit flacher Plattenkante ... „ **31.–**, *Nr. 8012 a*

hievon **Tischfuß Nr. 12 *a***, siehe Seite 66 } mit Zarge **K 21.–**, *Nr. 8212 a*

Salontische.

82 × 61 Cm.

Nr. { 21 / *8021* } *K* 56.—
(Palisander *K* 59.—)

hievon Tischfuß Nr. 21 { ohne Zarge .... *K* 28.—, *Nr. 8421*
mit geschweifter Zarge 76 × 45 Cm. } .. „ 32.—, *Nr. 8221*

82 × 61 Cm.

Nr. { 22 / *8022* } *K* 82.—
(Palisander *K* 85.—)

hievon Tischfuß Nr. 22 { ohne Zarge .... *K* 54.—, *Nr. 8422*
mit geschweifter Zarge 76 × 45 Cm. } .. „ 58.—, *Nr. 8222*

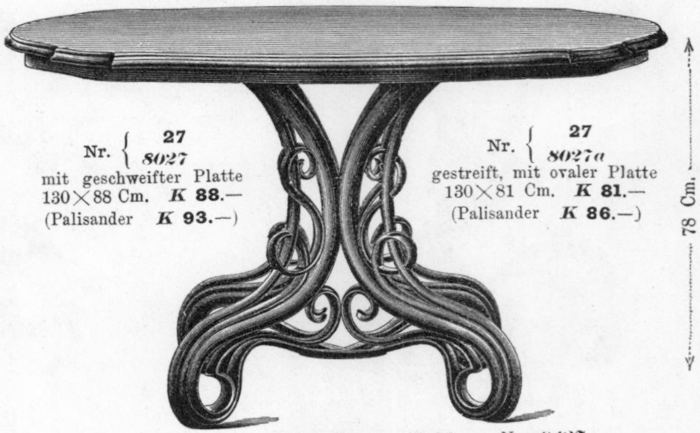

Nr. { 27 / *8027* } mit geschweifter Platte 130 × 88 Cm. *K* 88.—
(Palisander *K* 93.—)

Nr. { 27 / *8027a* } gestreift, mit ovaler Platte 130 × 81 Cm. *K* 81.—
(Palisander *K* 86.—)

hievon Tischfuß Nr. 27 } .... { ohne Zarge. *K* 44.—, *Nr. 8427*
mit Zarge. „ 50.—, *Nr. 8227*
gestreift { ohne Zarge. „ 46.—, *Nr. 8427a*
mit Zarge. „ 52.50, *Nr. 8227a*

102 × 62 Cm.

Nr. 32 *K* 74.—
(Palisander *K* 78.—)

hievon Tischfuß Nr. 32 { ohne Zarge .... *K* 38.—, *Nr. 8432*
mit Zarge .... „ 46.—, *Nr. 8232*

Platte rund, 80 Cm. Durchm.

Nr. 36 *K* 50.—
(Palisander *K* 53.—)

hievon Tischfuß Nr. 36 { ohne Zarge .... *K* 26.—, *Nr. 8436*
mit runder Zarge, 72 Cm. Durchm. } ..... „ 30.—, *Nr. 8236*

Oval 105 × 78 Cm. oder ○ 85 Cm. Durchm.

Nr. 56 *K* 50.—
(Palisander *K* 54.—)

hievon Tischfuß Nr. 56 { ohne Zarge .... *K* 20.—, *Nr. 8456*
mit Zarge .... „ 24.—, *Nr. 8256*

105 × 78 Cm.

Nr. { 64 / *8064* } *K* 72.—
(Palisander *K* 76.—)

hievon Tischfuß Nr. 64 { ohne Zarge .... *K* 34.—, *Nr. 8464*
mit Zarge .... „ 42.—, *Nr. 8264*

Platte rund, 80 Cm. Durchm.

Nr. { 65 / *8065* } *K* 46.—
(Palisander *K* 49.—)

hievon Tischfuß Nr. 65 { ohne Zarge............ *K* 22.—, *Nr. 8465*
mit runder Zarge, 72 Cm. Durchm. } .... „ 26.—, *Nr. 8265*

100 × 75 Cm.

Nr. { 80 / *8280* } Preis des Tischgestelles (ohne Platte) { poliert *K* 24.— / roh „ 18.—
Preis der Platte *K* 28.—

Kompletter Tisch Nr. { 80 / *8080* } mit gekehlter Plattenkante *K* 52.—

GEBRÜDER THONET.

Tische.

Tischhöhe 77 Cm.
110 × 74 Cm.

Nr. { **110** / ***8110*** } ***K*** **20.–**
(Siehe Seite 22.)

Tischhöhe 78 Cm.
100 × 75 Cm.

Tischgestelle Nr. **119** (ohne Platte)
poliert ***K*** **16.–**, ***Nr. 8319***
lackiert „ **14.–**, ***Nr. 8319a***
roh „ **12.–**, ***Nr. 8319b***

Tischplatte aus weichem Holze { lackiert ***K*** **7.50** / roh „ **6.50** }

Tischhöhe 78 Cm.
100 × 75 Cm.

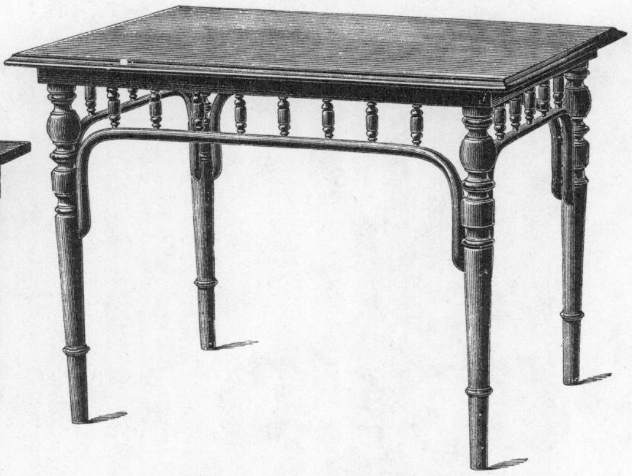

Nr. { **180** / ***8380*** } Preis des Tischgestelles (ohne Platte)
poliert ***K*** **32.–**
roh „ **24.–**
Preis der **Platte** ***K*** **28.–**
Kompletter Tisch Nr. { **180** / ***8180*** } mit gekehlter Plattenkante
K **60.–**

110 × 74 Cm.

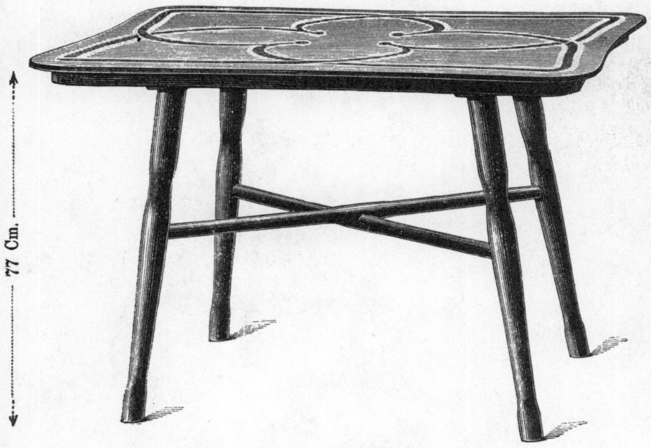

Nr. { **110**, polychrom (3farbig) / ***8110, polychrom*** } ***K*** **26.–**
mit rot gestreiftem Gestelle mehr ***K*** **2.–**
(Siehe Seite 22.)

92 × 62 Cm.

Nr. { **221** / ***8121*** } ***K*** **52.–**
Tischgestelle samt Zarge............ ***K*** **24.–**, ***Nr. 8321***
Gekehlte und fournierte **Platte** hiezu .. „ **28.–**

92 × 62 Cm.

Nr. { **222** / ***8122*** } ***K*** **56.–**
Tischgestell samt Zarge, 84 × 54 Cm. ***K*** **28.–**, ***Nr. 8322***
Gekehlte und fournierte **Platte** hiezu.. „ **28.–**

100 × 75 Cm.

Nr. 346
mit Messingsockel ***K*** **92.–**, ***Nr. 8146a***
ohne Messingsockel „ **74.–**, ***Nr. 8146***

90 × 60 Cm.

Damenschreibtisch Nr. 2, mit 2 Schubladen, Platte zum Überziehen ***K*** **125.–**, ***Nr. 8162***

100 × 60 Cm.

Nr. 905 .... ***K*** **90.–**, ***Nr. 8105***
hievon { Tischgestelle ... „ **62.–**, ***Nr. 8305*** / gekehlte Platte . „ **28.–** }

GEBRÜDER THONET.

Trumeautische.

82 × 38 Cm.

75 Cm.

Nr. { 1 / *8601* } *K* **38.–**
(Palisander *K* **40.–**)

hievon Trumeau-tischfuß Nr. 1 { ohne Zarge *K* **21.–**, *Nr. 8801* / mit Zarge „ **24.–**, *Nr. 8701* }

130 × 47 Cm.

75 Cm.

Nr. { 3 / *8603* } *K* **43.–**
(Palisander *K* **46.–**)

hievon Trumeau-tischfuß Nr. 3 { ohne Zarge *K* **21.–**, *Nr. 8803* / mit Zarge „ **24.–**, *Nr. 8703* }

114 × 47 Cm.

75 Cm.

Nr. { 4 / *8604* } *K* **54.–**
(Palisander *K* **57.–**)

hievon Trumeau-tischfuß Nr. 4 { ohne Zarge *K* **30.–**, *Nr. 8804* / mit Zarge „ **34.–**, *Nr. 8704* }

114 × 47 Cm.

75 Cm.

Nr. { 5 / *8605* } *K* **57.–**
(Palisander *K* **60.–**)

hievon Trumeau-tischfuß Nr. 5 { ohne Zarge *K* **33.–**, *Nr. 8805* / mit Zarge „ **37.–**, *Nr. 8705* }

114 × 47 Cm.

75 Cm.

Nr. { 6 / *8606* } *K* **62.–**
(Palisander *K* **65.–**)

hievon Trumeau-tischfuß Nr. 6 { ohne Zarge *K* **38.–**, *Nr. 8806* / mit Zarge „ **42.–**, *Nr. 8706* }

62 Cm.

75 Cm.

Ecktisch Nr. { **4** / ***8604 E*** }

Alle Trumeautische können ohne Preisveränderung als **Ecktische** geliefert werden (und erhalten zur roten Nummer den Zusatz „*E*“).

114 × 43 Cm.

75 Cm.

Nr. { 8 / *8608* } *K* **30.–**
(Palisander *K* **32.–**)

hievon Trumeautischfuß Nr. 8 { ohne Zarge........ *K* **12.–**, *Nr. 8808* / mit Zarge........ „ **14.–**, *Nr. 8708* }

Platte 82 × 38 Cm., geschweift.

75 Cm.

Nr. { 21 / *8621* } *K* **38.–**
(Palisander *K* **40.–**)

hievon Trumeautischfuß Nr. 21 { ohne Zarge........ *K* **21.–**, *Nr. 8821* / mit geschweifter Zarge 75 × 34 Cm. ... „ **24.–**, *Nr. 8721* }

Platte 82 × 38 Cm., geschweift.

75 Cm.

Nr. { 22 / *8622* } *K* **60.–**
(Palisander *K* **62.–**)

hievon Trumeautischfuß Nr. 22 { ohne Zarge........ *K* **43.–**, *Nr. 8822* / mit geschweifter Zarge 75 × 34 Cm. ... „ **46.–**, *Nr. 8722* }

GEBRÜDER THONET.

Trumeautische.

Nr. 27 / 8627 geschweifte Platte 130 × 47 Cm. *K* **57.–**
(Palisander *K* **60.–**)

Nr. 27 / 8627a gestreift, halbovale Platte 114 × 47 Cm. *K* **56.–**
(Palisander *K* **59.–**)

hievon **Trumeautischfuß Nr. 27**

ohne Zarge .... *K* **33.–**, *Nr. 8827*
mit Zarge .... „ **37.–**, *Nr. 8727*
gestreift { ohne Zarge .... „ **34.50**, *Nr. 8827a*
gestreift { mit Zarge .... „ **39.–**, *Nr. 8727a*

Nr. 36 / 8636
mit Platte ▭ 90 × 39 Cm. *K* **43.–**
(Palisander *K* **45.–**)
mit Platte, oval 106 × 38 Cm. *K* **44.–**
(Palisander *K* **46.–**)

hievon **Trumeautischfuß Nr. 36**

ohne Zarge .... *K* **20.–**, *Nr. 8836*
mit ▭ Zarge 82 × 35 Cm. „ **27.–**, *Nr. 8736*
mit ovaler Zarge 100 × 35 Cm. .. „ **27.–**, *Nr. 8736, oval*

Nr. 32 / 8632 *K* **73.–**
(Palisander *K* **75.–**)

hievon **Trumeautischfuß Nr. 32**

ohne Zarge .... *K* **38.–**, *Nr. 8832*
mit ▭ Zarge 94 × 34 Cm. .... „ **45.–**, *Nr. 8732*

106 × 38 Cm.

Nr. 56 / 8656 *K* **34.–**
(Palisander *K* **36.–**)

hievon **Trumeautischfuß Nr. 56**

ohne Zarge .... *K* **15.–**, *Nr. 8856*
mit Zarge .... „ **18.–**, *Nr. 8756*

Platte oval, 106 × 38 Cm.

Nr. 65 / 8665 *K* **38.–**
(Palisander *K* **40.–**)

hievon **Trumeautischfuß Nr. 65**

ohne Zarge .... *K* **18.–**, *Nr. 8865*
mit ovaler Zarge 100 × 35 Cm. „ **21.–**, *Nr. 8765*

Platte oval, 106 × 38 Cm.

Nr. 64 / 8664 *K* **58.–**
(Palisander *K* **60.–**)

hievon **Trumeautischfuß Nr. 64**

ohne Zarge .... *K* **34.–**, *Nr. 8864*
mit ovaler Zarge 96 × 33 Cm. .... „ **41.–**, *Nr. 8764*

40 × 82 Cm.

Dunkerque Nr. 1 / 3901 mit gedrechselten Füßen *K* **48.–**

Preis ohne Glas, ohne Marmorplatte.

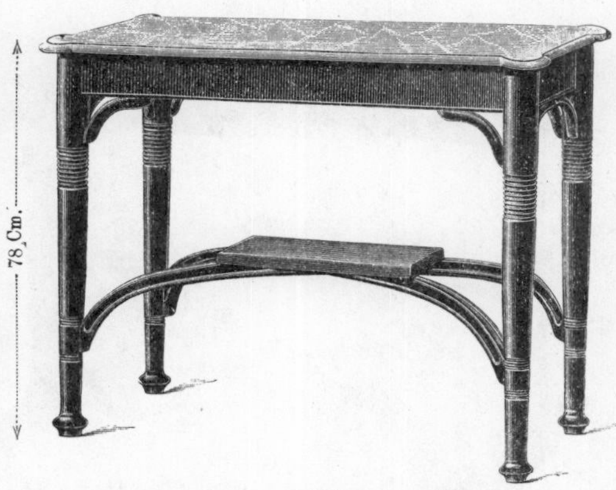

Tischgestelle Nr. 276 / 8976 für Marmorplatte.

Preise ohne Platte:

für runde Platte, 90 Cm. Durchm. .... *K* **30.–**, *Nr. 8976*
für ▭ Platte { 70 × 50 Cm. .... „ **31.–**, *Nr. 8976a*
für ▭ Platte { 80 × 60 Cm. .... „ **33.–**, *Nr. 8976b*
für ▭ Platte { 100 × 70 Cm. .... „ **35.–**, *Nr. 8976c*

40 × 82 Cm.

Dunkerque Nr. 2 / 8902 mit glatten Füßen *K* **46.–**

Preis ohne Glas, ohne Marmorplatte.

GEBRÜDER THONET.

Tischgestelle für Marmorplatten.

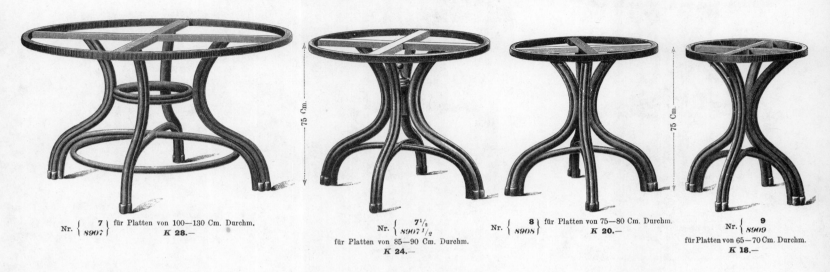

Nr. 7 / 8907 für Platten von 100—130 Cm. Durchm.
K **28.—**

Nr. 7½ / 8907½
für Platten von 85—90 Cm. Durchm.
K **24.—**

Nr. 8 / 8908 für Platten von 75—80 Cm. Durchm.
K **20.—**

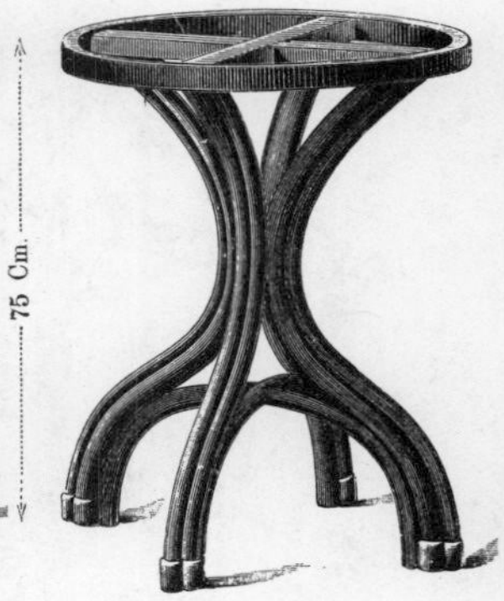

Nr. 9 / 8909
für Platten von 65—70 Cm. Durchm.
K **18.—**

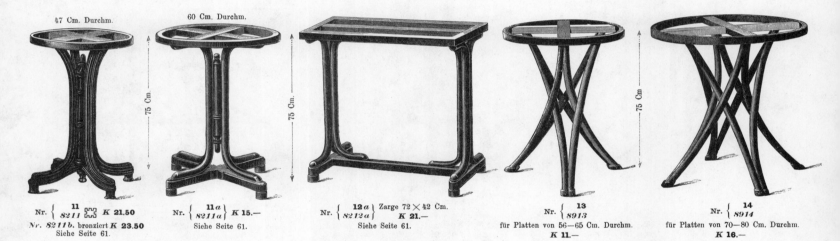

47 Cm. Durchm.

Nr. 11 / 8211 *K* **21.50**
Nr. 8211 b. bronziert *K* **23.50**
Siehe Seite 61.

60 Cm. Durchm.

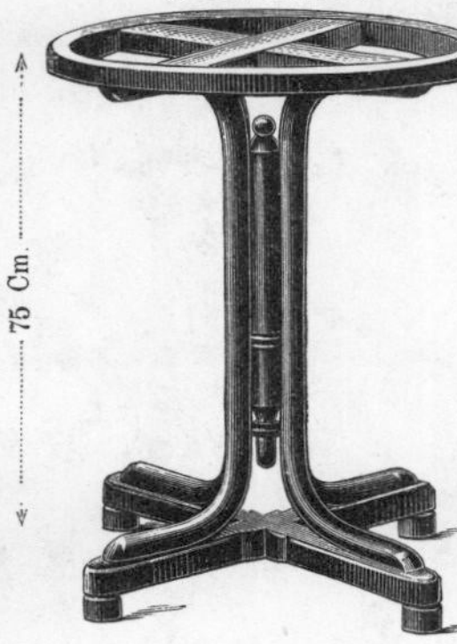

Nr. 11 *a* / 8211 *a* *K* **15.—**
Siehe Seite 61.

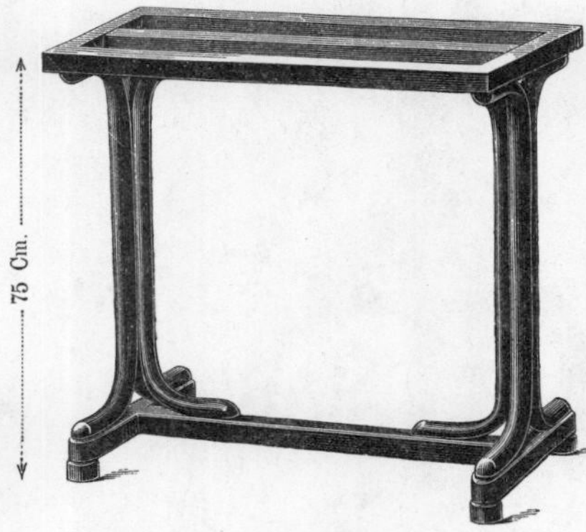

Nr. 12 *a* / 8212 *a* Zarge 72 × 42 Cm.
K **21.—**
Siehe Seite 61.

Nr. 13 / 8913
für Platten von 56—65 Cm. Durchm.
K **11.—**

Nr. 14 / 8914
für Platten von 70—80 Cm. Durchm.
K **16.—**

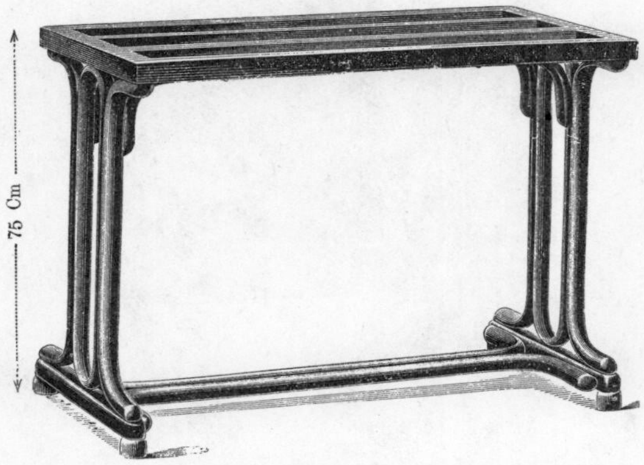

Nr. 12 / 8212 Zarge 100 × 52 Cm. *K* **24.—**
Siehe Seite 6

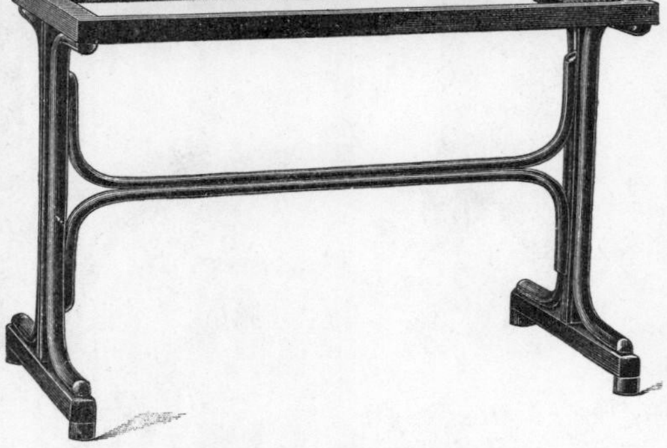

Nr. 18 / 8918 Zarge 108 × 45 Cm. *K* **16.—**

70 × 55 Cm.

Nr. **20**, für Platten von 100 × 60 Cm.
ohne Messing *Nr. 8920* *K* **22.—** mit Messingsteg *Nr. 8920 a* *K* **29.—**
mit Messingsteg und Fußkappe *Nr. 8920 b* *K* **43.—**

GEBRÜDER THONET.

Auszugtische.

Nr. { 1 / *9001*

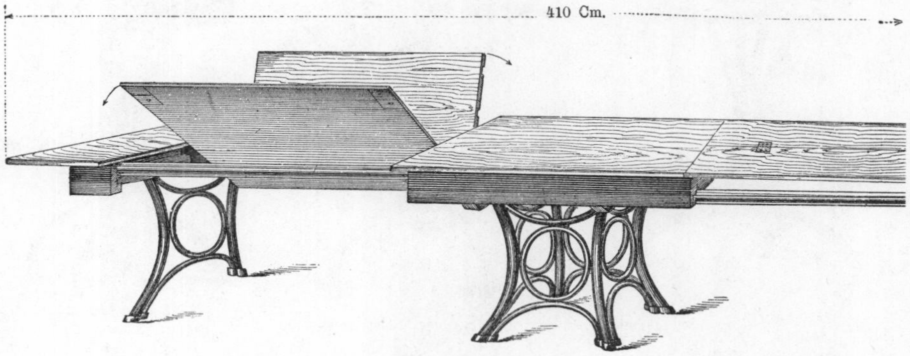

Auszugtisch Nr. { 1 / *9001* } *K* **160.**—

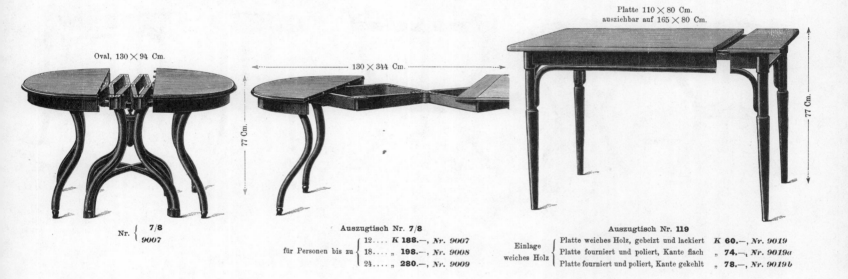

Oval, 130 × 94 Cm.

Nr. { 7/8 / *9007*

Auszugtisch Nr. 7/8

für Personen bis zu { 12.... *K* **188.**—, *Nr. 9007*
18.... „ **198.**—, *Nr. 9008*
24.... „ **280.**—, *Nr. 9009*

Platte 110 × 80 Cm.
ausziehbar auf 165 × 80 Cm.

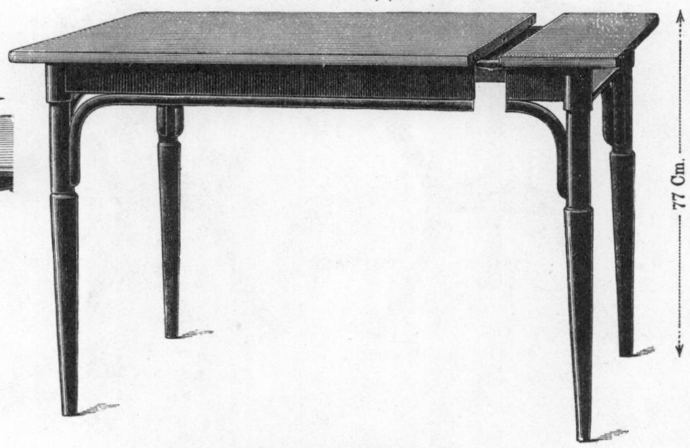

Auszugtisch Nr. 119

Einlage weiches Holz { Platte weiches Holz, gebeizt und lackiert *K* **60.**—, *Nr. 9019*
Platte fourniert und poliert, Kante flach „ **74.**—, *Nr. 9019a*
Platte fourniert und poliert, Kante gekehlt „ **78.**—, *Nr. 9019b*

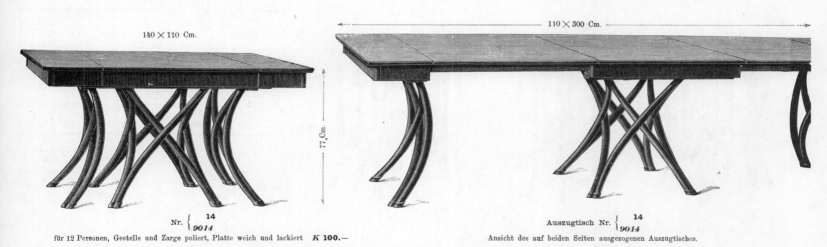

140 × 110 Cm.

Nr. { 14 / *9014*

für 12 Personen, Gestelle und Zarge poliert, Platte weich und lackiert *K* **100.**—

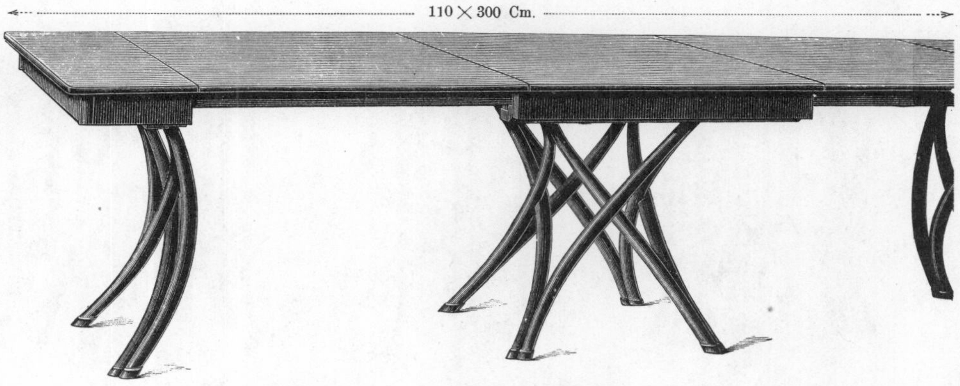

Auszugtisch Nr. { 14 / *9014*

Ansicht des auf beiden Seiten ausgezogenen Auszugtisches.

Die Einlagebretter sind unterhalb der Mitteltischplatte eingeschoben und werden, nachdem die Seitenteile ausgezogen worden, zwischen der Mittel- und Endplatte aufgelegt.

GEBRÜDER THONET.

Aufwartetische.

Nr. { 1 / 9101 } Platte poliert oder mit Ledertuch überzogen *K* **10.–**

Nr. { 2 / 9102 } mit abnehmbarem Rand *K* **12.–**

Nr. { 3 / 9103 } mit Schachbrett, ohne Schublade *K* **14.–**
mit Schublade *K* **17.–**

Nr. { 6 / 9106 } Platte poliert oder mit Ledertuch überzogen *K* **10.–**

Nr. { 16 / 9116 } polierte Platte mit Handhaben *K* **13.20**

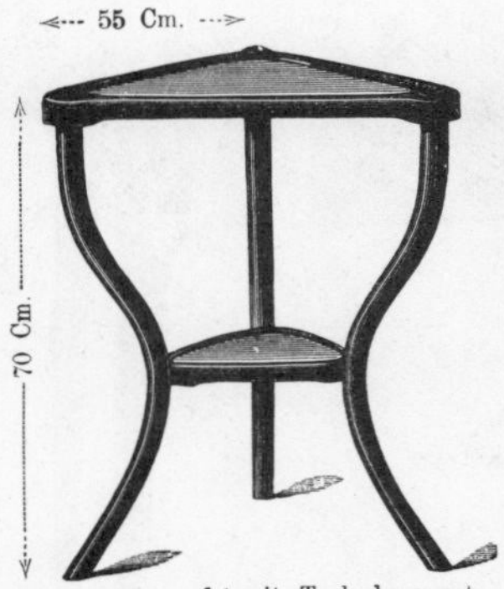

Nr. { 4 / 9104 } mit Tuch bespannt *K* **15.–**

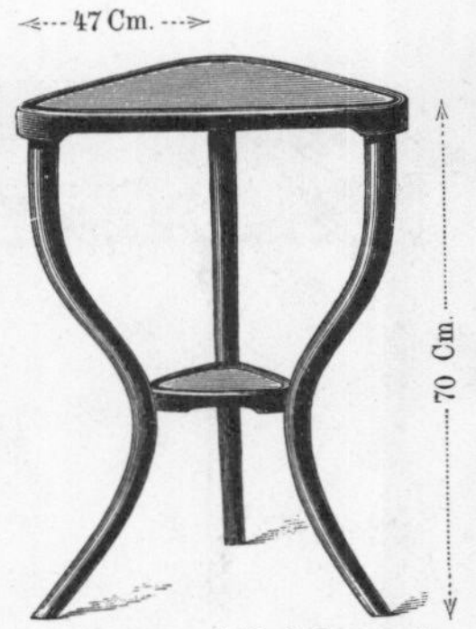

Nr. { 7 / 9107 } mit Tuch bespannt *K* **12.–**

Nr. { 8 / 9108 } Platten zum Überziehen *K* **14.–**
Platten mit Ledertuch. *K* **16.50**
Platten mit Tuch..... „ **18.–**

Nr. { 9 / 9109 } Platten mit Ledertuch überzogen *K* **9.–**

Nr. **221**
mit polierter Platte *K* **18.–**, *Nr. 9171*
Platte zum Überziehen oder für Majolikaplatte........... *K* **18.50**, *Nr. 9117a*
mit Majolikaplatte mehr *K* **8.50** netto
mit grünem Tuche mehr „ **2.–** brutto

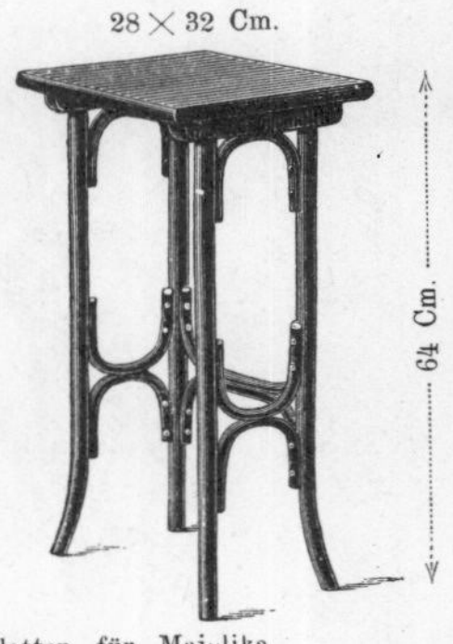

Aufwartetisch Nr. 10
vierteilig

{ alle 4 Platten für Majolika vorbereitet.... *Nr. 9110b* *K* **36.50**
alle 4 Platten zum Überziehen ... *Nr. 9110a* „ **34.–**
alle 4 Platten poliert, massiv *Nr. 9110* „ **32.–** }

mit einer Majolikaplatte, Preisaufschlag *K* **9.–**

Größe und Preise der einzelnen Tischchen zum Einzelngebrauche, mit 4 Fußverbindungen ausgestattet.

Größe wenn mit glatten Platten oder mit Rahmen für Tuch	Mit polierter Platte	Mit poliertem Rand für Tuch	Mit olivgrünem Tuch	Mit olivgrünem Tuch	Mit rotem Tuch in allen Nuancen
	K	*K*	*K*	*K*	*K*
Nr. 9110 I Größe I 52 × 37 Cm.	☛ **10.50**	**11.–**	**13.20**	**13.60**	**14.–**
Nr. 9110 II Größe II 44 × 34 Cm.	☛ **10.–**	**10.50**	**12.40**	**12.70**	**13.–**
Nr. 9110 III Größe III 38 × 32 Cm.	☛ **9.50**	**10.–**	**11.60**	**11.80**	**12.–**
Nr. 9110 IV Größe IV 31 × 29 Cm.	☛ **9.–**	**9.50**	**10.80**	**10.90**	**11.–**

Größe wenn für oder mit Majolikaplatte	Für Majolikaplatte vorbereitet	Mit Majolikaplatte montiert: Tischchen	Majolikaplatte netto	Zusammen
	K	*K*	*K*	*K*
Nr. 9110 I Größe I 57 × 41 Cm.	☛ **11.50**	**12.–**	**9.–**	**21.–**
Nr. 9110/II Größe II 51 × 36 Cm.	☛ **11.–**	**11.50**	**6.–**	**17.50**
Nr. 9110/III Größe III 44 × 32 Cm.	☛ **10.50**	**11.–**	**4.50**	**15.50**
Nr. 9110 IV Größe IV 38 × 28 Cm.	☛ **10.–**	**10.50**	**2.75**	**13.25**

GEBRÜDER THONET.

Aufwartetische.

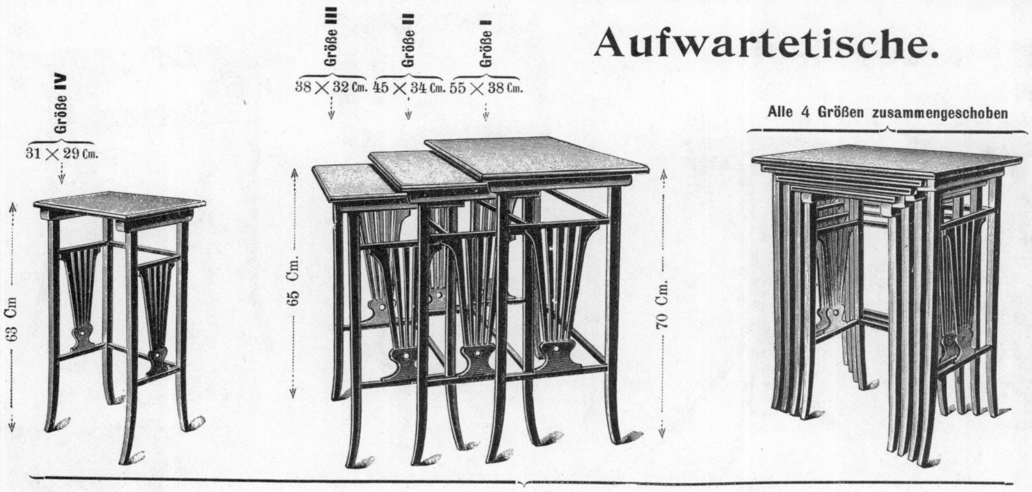

Aufwartetisch Nr. { 21 } alle 4 Platten massiv, poliert *K* **62.—**

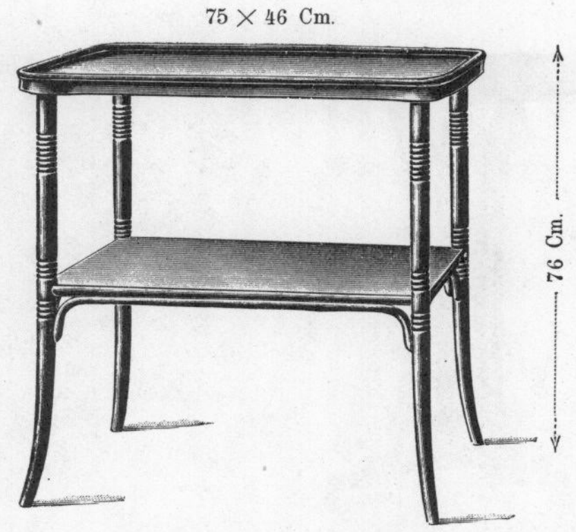

Aufwartetisch Nr. { 32
K **25.—**

Aufwartetische von genau gleicher Konstruktion wie obiger (Nr. 21), nur Seiteneinsätze laut Skizze:

Nr. { 22
K **68.—**

Nr. { 23
K **68.—**

Nr. { 24
K **69.—**

Nr. { 25
K **73.—**

Nr. { 26
K **73.—**

Einzelne Tische, alle 4 Platten massiv, poliert, mit 4 Fußverbindungen:

Größe I. Platte 55 × 38 Cm., Höhe 70 Cm.	**Nr. 21** *K* **18.—**, *Nr. 9121/I*	**Nr. 22** *K* **19.50**, *Nr. 9122/I*	**Nr. 23** *K* **19.50**, *Nr. 9123/I*	**Nr. 24** *K* **20.—**, *Nr. 9124/I*
Größe II. Platte 45 × 34 Cm., Höhe 67 Cm.	**Nr. 21** „ **17.—**, *Nr. 9121/II*	**Nr. 22** „ **18.50**, *Nr. 9122/II*	**Nr. 23** „ **18.50**, *Nr. 9123/II*	**Nr. 24** „ **19.—**, *Nr. 9124/II*
Größe III. Platte 38 × 32 Cm., Höhe 65 Cm.	**Nr. 21** „ **16.—**, *Nr. 9121/III*	**Nr. 22** „ **17.50**, *Nr. 9122/III*	**Nr. 23** „ **17.50**, *Nr. 9123/III*	**Nr. 24** „ **18.—**, *Nr. 9124/III*
Größe IV. Platte 31 × 29 Cm., Höhe 63 Cm.	**Nr. 21** „ **15.—**, *Nr. 9121/IV*	**Nr. 22** „ **16.50**, *Nr. 9122/IV*	**Nr. 23** „ **16.50**, *Nr. 9123/IV*	**Nr. 24** „ **17.—**, *Nr. 9124/IV*
Größe I. Platte 55 × 38 Cm., Höhe 70 Cm.	**Nr. 25** *K* **21.—**, *Nr. 9125/I*	**Nr. 26** *K* **21.—**, *Nr. 9126/I*		
Größe II. Platte 45 × 34 Cm., Höhe 67 Cm.	**Nr. 25** „ **20.—**, *Nr. 9125/II*	**Nr. 26** „ **20.—**, *Nr. 9126/II*		
Größe III. Platte 38 × 32 Cm., Höhe 65 Cm.	**Nr. 25** „ **19.—**, *Nr. 9125/III*	**Nr. 26** „ **19.—**, *Nr. 9126/III*		
Größe IV. Platte 31 × 29 Cm., Höhe 63 Cm.	**Nr. 25** „ **18.—**, *Nr. 9125/IV*	**Nr. 26** „ **18.—**, *Nr. 9126/IV*		

Preisanschläge für Tische für und mit Majolikaplatten oder Tuchbespannung siehe Aufwartetisch Nr. 10, Seite 68.

Serviertassen.

Aufwartetisch Nr. { **31** / *9131*
Platte 72 × 46 Cm. *K* **30.—**

Oval 60 × 40 Cm.

Serviertasse Nr. { 1 } *K* **8.50**

Serviertasse Nr. { **2** / *9192*
hufeisenförmig *K* **12.—**

Aufwartetisch Nr. { 10
mit Seitenteilen und Glasplatten.

Preise:

Tisch komplett . . .	*K* **100.—**, *Nr. 9115c*
Preis des Gestelles, alle 6 Platten für Glas vorbereitet, samt Beschläge	„ **60.—**, *Nr. 9115*
Preis der Glasplatten	„ **40.—**,
Preis des Gestelles, bloß die oberste und die Seitenplatten für Glas vorbereitet, samt Beschläge	„ **57.—**, *Nr. 9115b*

Diverse Tische.

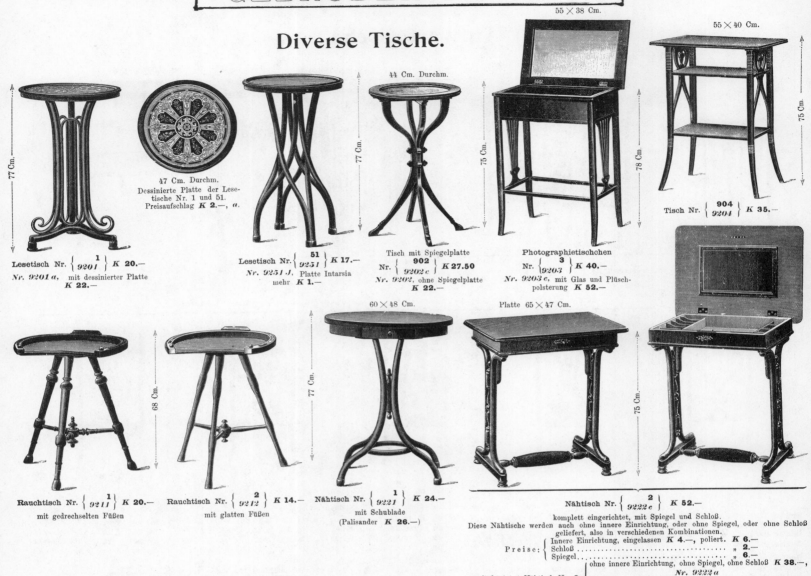

77 Cm.

Lesetisch Nr. { **1** / *9201* } *K* **20.—**

Nr. 9201 a, mit dessinierter Platte *K* **22.—**

47 Cm. Durchm.
Dessinierte Platte der Lesetische Nr. 1 und 51.
Preisaufschlag *K* **2.—**, *a.*

77 Cm.

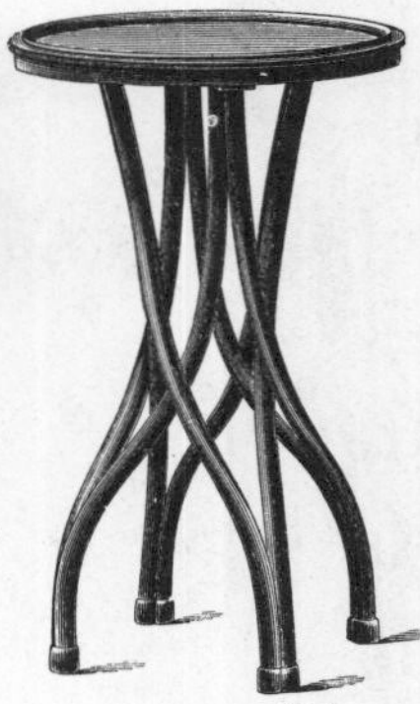

Lesetisch Nr. { **51** / *9251* } *K* **17.—**

Nr. 9251 J, Platte Intarsia mehr *K* **1.—**

44 Cm. Durchm.

75 Cm.

Tisch mit Spiegelplatte
Nr. { **902** / *9202 c* } *K* **27.50**

Nr. 9202, ohne Spiegelplatte *K* **22.—**

55 × 38 Cm.

78 Cm.

Photographietischchen
Nr. { **3** / *9203* } *K* **40.—**

Nr. 9203 c, mit Glas und Plüschpolsterung *K* **52.—**

55 × 40 Cm.

75 Cm.

Tisch Nr. { **904** / *9204* } *K* **35.—**

68 Cm.

Rauchtisch Nr. { **1** / *9211* } *K* **20.—**

mit gedrechselten Füßen

Rauchtisch Nr. { **2** / *9212* } *K* **14.—**

mit glatten Füßen

60 × 48 Cm.

77 Cm.

Nähtisch Nr. { **1** / *9221* } *K* **24.—**

mit Schublade
(Palisander *K* **26.—**)

Platte 65 × 47 Cm.

75 Cm.

Nähtisch Nr. { **2** / *9222 c* } *K* **52.—**

komplett eingerichtet, mit Spiegel und Schloß.
Diese Nähtische werden auch ohne innere Einrichtung, oder ohne Spiegel, oder ohne Schloß geliefert, also in verschiedenen Kombinationen.

Preise: { Innere Einrichtung, eingelassen *K* **4.—**, poliert. *K* **6.—**
Schloß .... „ **2.—**
Spiegel.. „ **6.—** }

somit kostet 1 Nähtisch Nr. **2** { ohne innere Einrichtung, ohne Spiegel, ohne Schloß *K* **38.—**, *Nr. 9222 a*
mit innerer Einrichtung (poliert), ohne Spiegel, mit Schloß *K* **46.—**, *Nr. 9222 b*. }

Spieltische.

77 Cm.

Spieltisch Nr. { **13** / *9313* } *K* **16.—**

mit weicher Platte,
Nr. 9313a, mit Platte fourniert und poliert

100 × 100 Cm.

78 Cm.

Spieltisch Nr. { **3** / *9303* } *K* **60.—**

Platte zum Zusammenlegen, drehbar, mit Tuch bespannt

76 Cm.

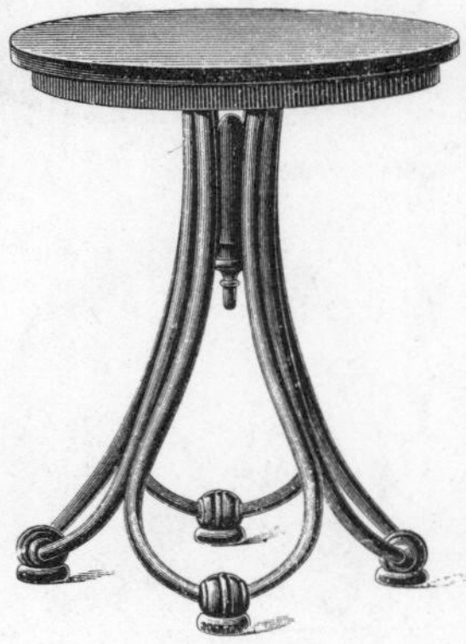

Spieltisch Nr. **4**,

Nr. 9304, ○ .....60 Cm. *K* **24.—**
Nr. 9304 a, ○ .....85 „ „ **28.—**
Nr. 9304 b, □ 75 × 85 „ „ **30.—**

○ 80 Cm. Durchm.

76 Cm.

Spieltisch Nr. **14**

Nr. 9314, mit weicher Platte, matt ..... *K* **22.—**
Nr. 9[illegible] mit fournierter und polierter Platte „ **28.—**

GEBRÜDER THONET.

Spieltische.

Die Spieltische Nr. **5, 7** und **8** werden zum gleichen Preise entweder mit Laden oder mit Tassen geliefert.

82 × 82 Cm.

Spieltisch Nr. { **7** / *9307* } mit Tuch bespannt, nicht zerlegbar ***K* 38.–**

65 × 65 Cm.

Spieltisch Nr. 8

	mit Laden oder Tassen	ohne Laden oder Tassen
Platten zum Überziehen...	***K* 20.–** *Nr. 9308a*	***K* 16.–** *Nr. 9318a*
Platten mit Tuch oder poliert	***K* 26.–** *Nr. 9308*	***K* 22.–** *Nr. 9318*

86 × 86 Cm.

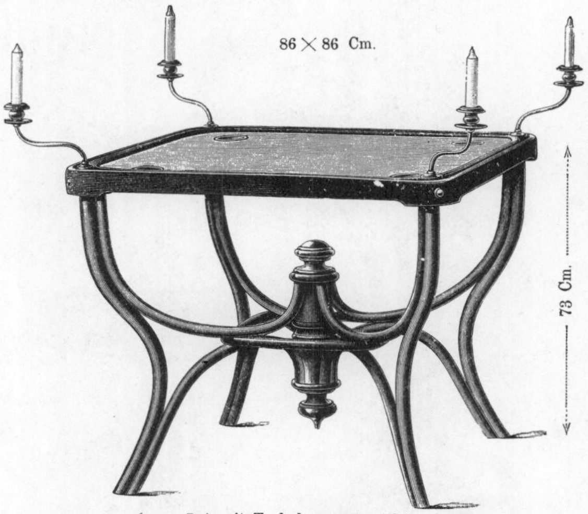

Spieltisch Nr. { **5** / *9305* } mit Tuch bespannt, nicht zerlegbar. Preis ohne Leuchter ***K* 44.–**

Spieltisch Nr. 10, mit Wendeplatte und Schubladen

Platte { einerseits poliert, anderseits Schachdessin ***K* 62.–**, *Nr. 9310 a*
einerseits poliert, anderseits grünes Tuch „ **65.–**, *Nr. 9310 b*
einerseits Schachdessin, anderseits grünes Tuch „ **67.–**, *Nr. 9310 c* }

Spieltisch Nr. 221 mit Wendeplatte

einerseits poliert, anderseits mit Schach ...... ***K* 52.–**, *Nr. 9321 a*
einerseits poliert, anderseits mit grünem Tuche „ **54.–**, *Nr. 9321 b*
einerseits mit Schach, anderseits mit grünem Tuche „ **56.–**, *Nr. 9321 c*

(Siehe Möbel Nr. **221**, Seite 31.)

Platte 82 × 82 Cm.

Spieltisch Nr. **222** mit Wendeplatte

einerseits poliert, anderseits mit Schach .... ***K* 56.–**, *Nr. 9322 a*
einerseits poliert, anderseits mit grünem Tuche „ **58.–**, *Nr. 9322 b*
einerseits mit Schach, anderseits mit grünem Tuche „ **60.–**, *Nr. 9322 c*

(Siehe Seite 33.)

Platte □ 70 × 70 Cm. oder ○ 72 Cm. Durchm. aus weichem Holz, lackiert.

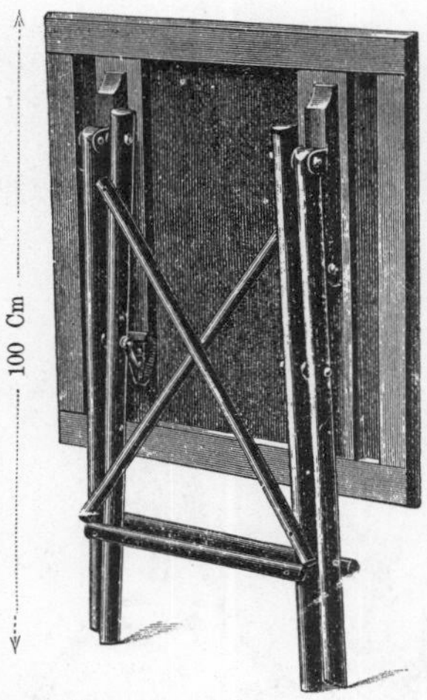

Klapptisch Nr. 161, mit zusammenlegbarem polierten Fuße ***K* 18.–**, *Nr. 9361*

Klapptisch Nr. 150, mit bambusartigem Gestelle, sonst genau wie Nr. 161 ***K* 19.–**, *Nr. 9351*

Spieltisch Nr. 11, mit Wendeplatte

Platte { einerseits poliert, anderseits Schachdessin ... ***K* 46.–**, *Nr. 9311 a*
einerseits poliert, anderseits grünes Tuch ... „ **48.–**, *Nr. 9311 b*
einerseits Schachdessin, anderseits grünes Tuch „ **50.–**, *Nr. 9311 c* }

GEBRÜDER THONET.

Blumentische und -ständer.

Blumentisch Nr. 3 / 9403
○ 60 Cm. Durchm., dreifüßig
K 34.—

Blumentisch Nr. 1 / 9401
○ 60 Cm. Durchm. *K* 30.—

Blumentisch Nr. 2
○ 60 Cm. Durchm. *K* 24.—, *Nr. 9402*
oval, 55 × 60 Cm. „ 25.—, *Nr. 9412*

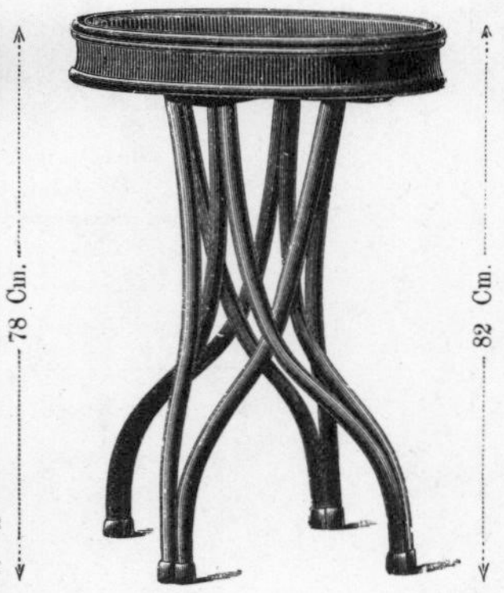

Blumentisch Nr. 51 / 9451
○ 54 Cm. Durchm. *K* 24.—

Blumentisch Nr. 3 / 9412
oval, 55 × 65 Cm., vierfüßig *K* 40.—

Blumentisch Nr. 4
○ 60 Cm. Durchm. *K* 28.—, *Nr. 9404*
oval, 55 × 60 Cm. „ 29.—, *Nr. 9414*

Blumentisch Nr. 34 / 9434
○ 45 Cm. Durchm.
K 56.—

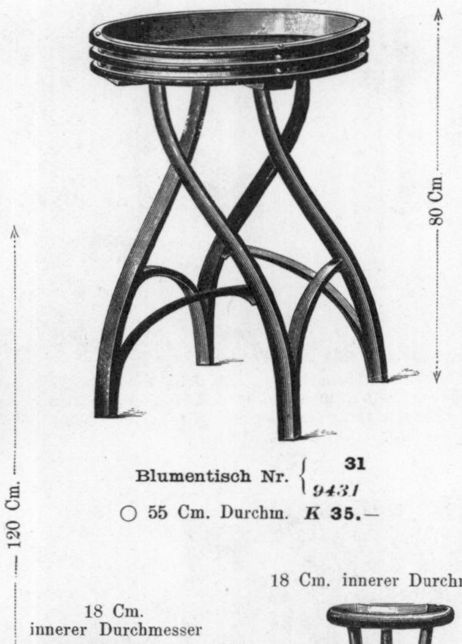

Blumentisch Nr. 31 / 9431
○ 55 Cm. Durchm. *K* 35.—

Blumentisch Nr. 35 / 9435
○ 60 Cm. Durchm. *K* 64.—

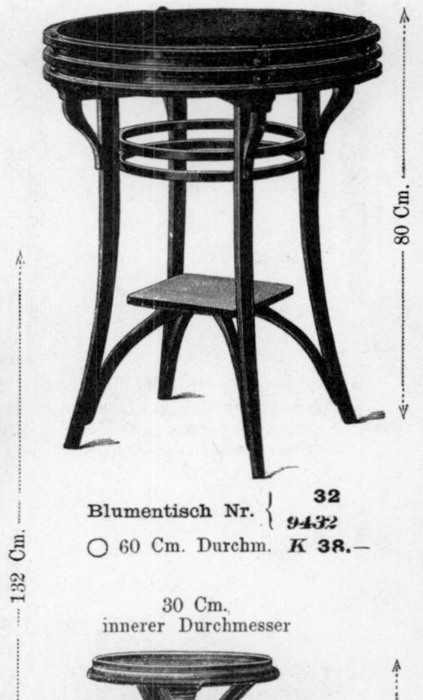

Blumentisch Nr. 32 / 9432
○ 60 Cm. Durchm. *K* 38.—

18 Cm.
innerer Durchmesser

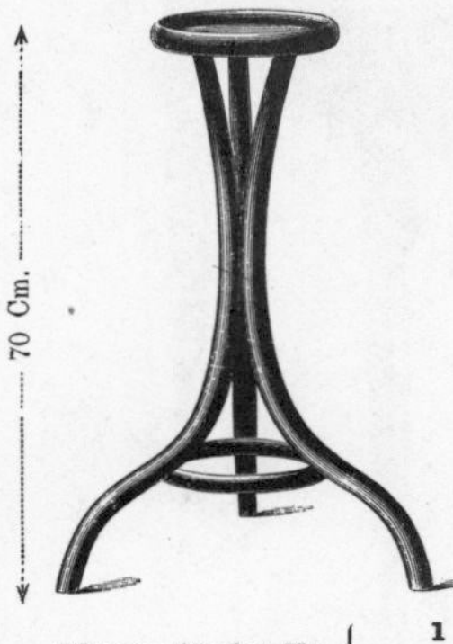

Blumenständer Nr. 1 / 9501
K 6.50

18 Cm.
innerer Durchmesser

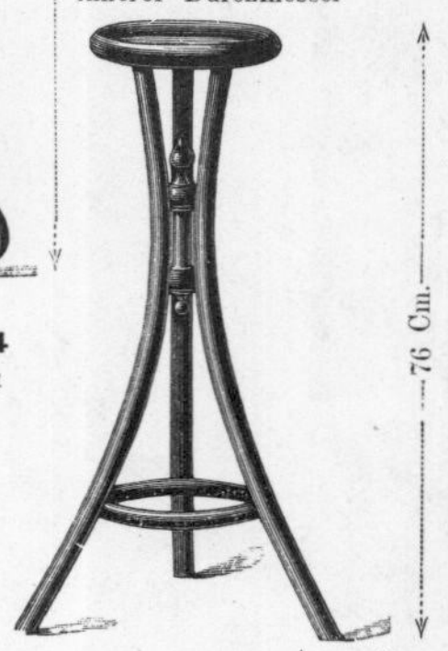

Blumenständer Nr. 2 / 9502
K 5.50

18 Cm. innerer Durchmesser

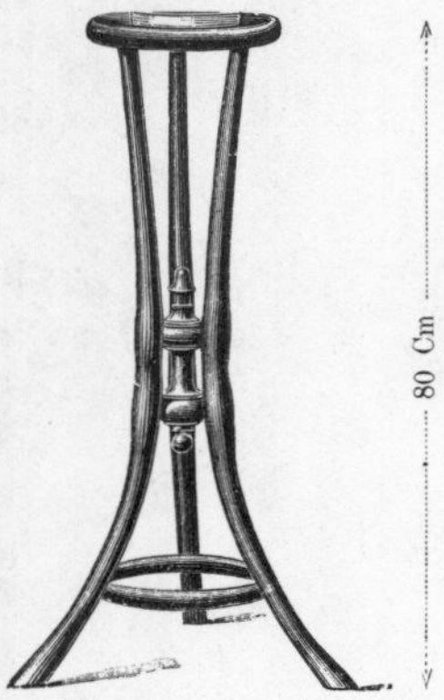

Blumenständer Nr. 3 / 9503
K 6.50

30 Cm.
innerer Durchmesser

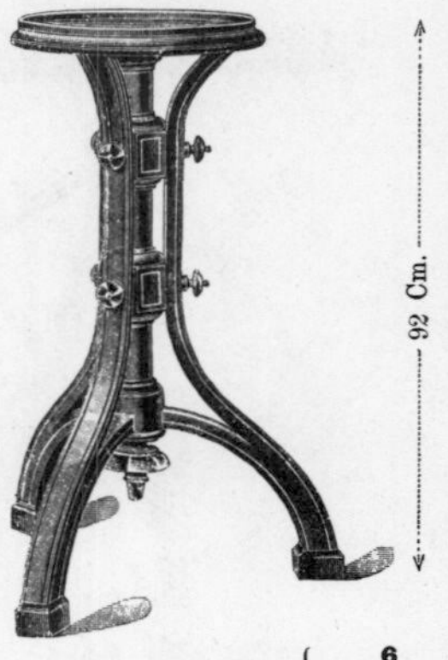

Blumenständer Nr. 6 / 9506
Profil ⌘ *K* 30.—

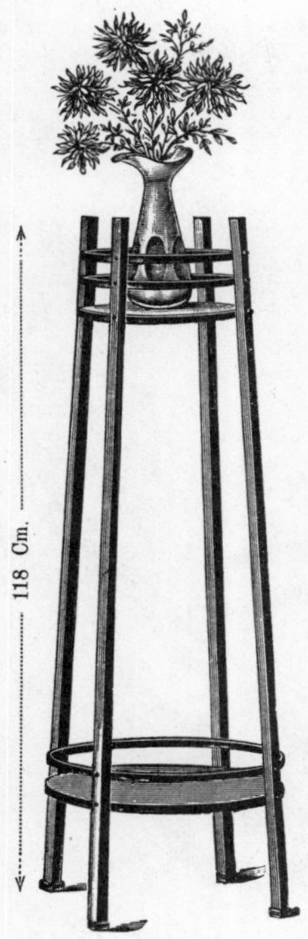

Blumenständer Nr. { 31 / *9531*

K 15.–

Blumenständer Nr. { 33 / *9533*

K 18.–

Handarbeitsständer *Nr. 9611*

Preis des Gestelles (nicht montiert)

K 9.50

19 Cm. innerer Durchmesser.

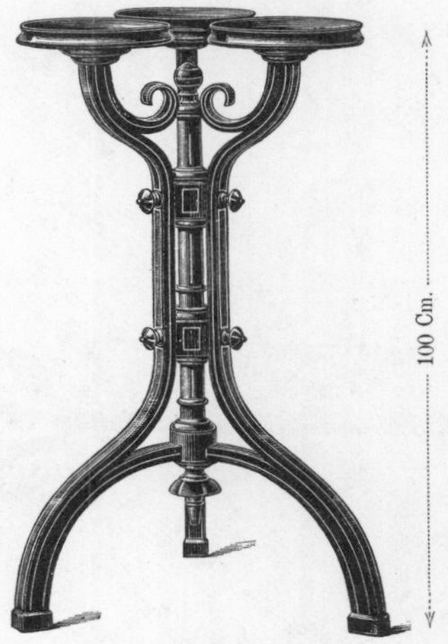

Blumenständer Nr. 5

⊞ .... **K 36.–**, *Nr. 9505a*

⊞ bronziert . „ **40.–**, *Nr. 9505b*

Profil ○ ..... „ **30.–**, *Nr. 9505*

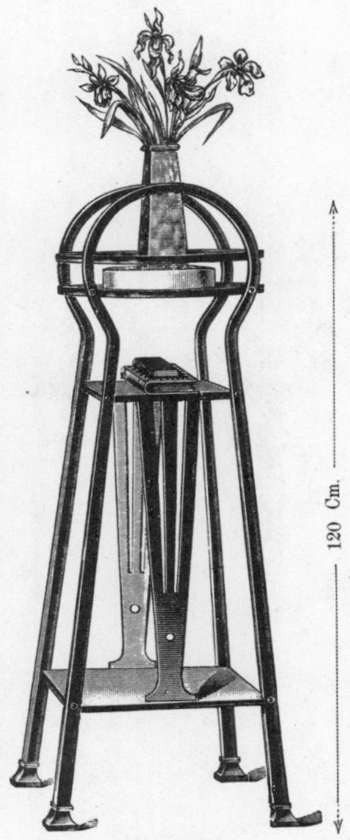

Blumenständer Nr. { 32 / *9532*

mit massivem Holzsockel für die oberste Platte

mit Metallschuhen **K 35.–**

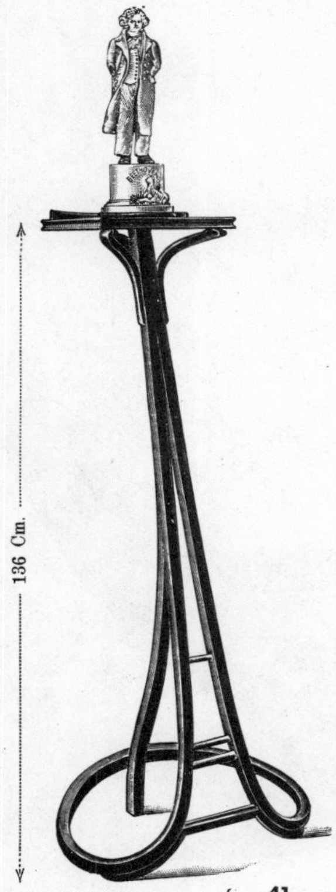

Ständer Nr. { 41 / *9641*

mit Messingstäben

K 45.–

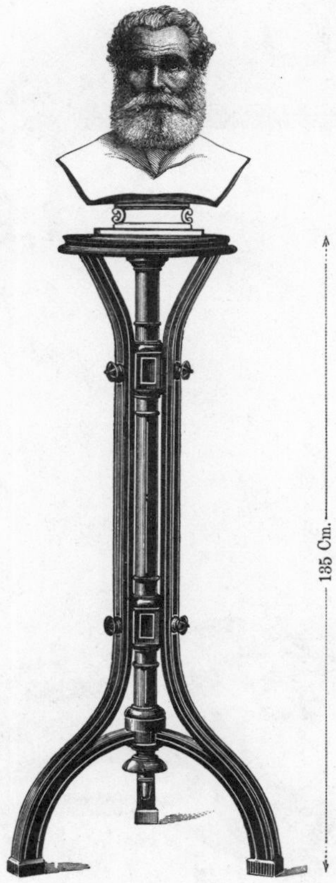

Büstenständer

Profil □ .... **K 25.–**, *Nr. 9601*

Profil ⊞ .... „ **31.–**, *Nr. 9602*

Profil ⊞ bronziert „ **35.–**, *Nr. 9603*

Ständer Nr. { 42 / *9642*

K 60.–

Blumenständer Nr. 4

9 armig .... **K 80.–**, *Nr. 9504*

9 armig, bronziert ..... „ **90.–**, *Nr. 9504b*

Schlafsofas.

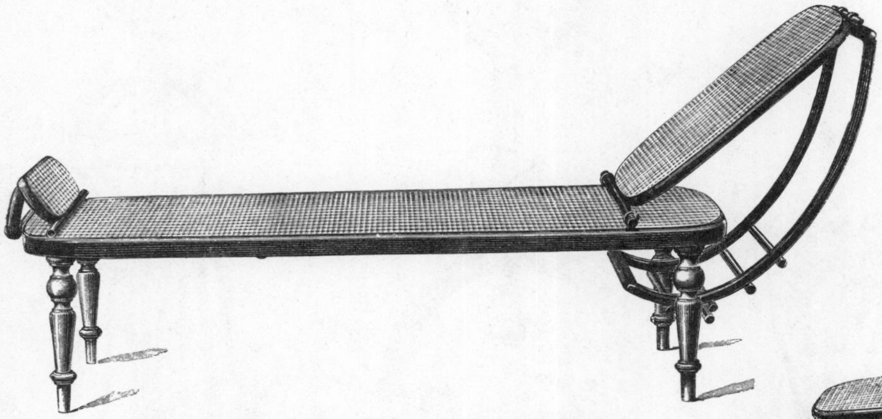

Schlafsofa Nr. { 1 / *9701* 163 × 64 Cm. *K* **50.–**

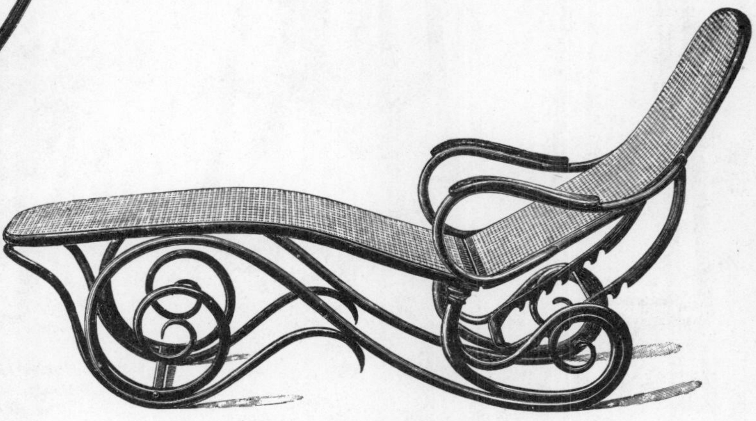

Schlafsofa Nr. { 2 / *9702* 110 × 53 Cm. *K* **58.–**

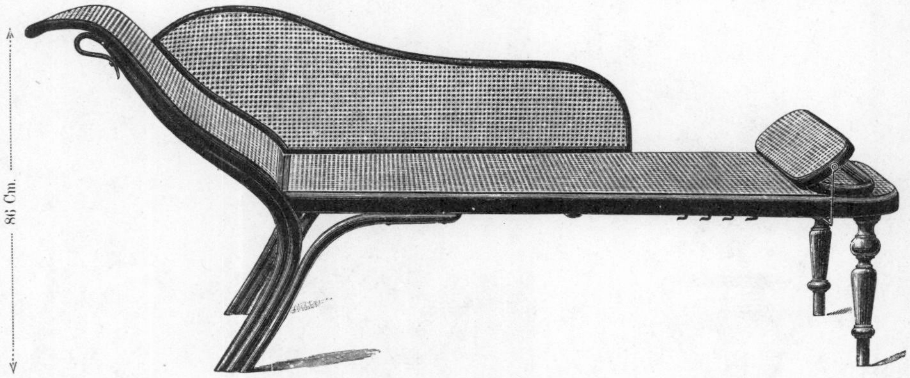

Schlafsofa Nr. { 3 / *9703* 146 × 64 Cm. *K* **60.–**

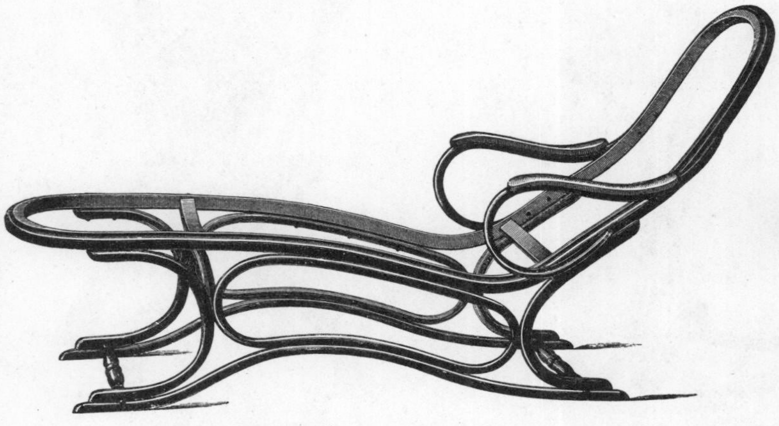

Schlafsofa Nr. { 4 / *9704* 120 × 53 Cm. *K* **34.–**
geflochten *K* **44.–**, *Nr. 9704 c* (Siehe Seite 57.)

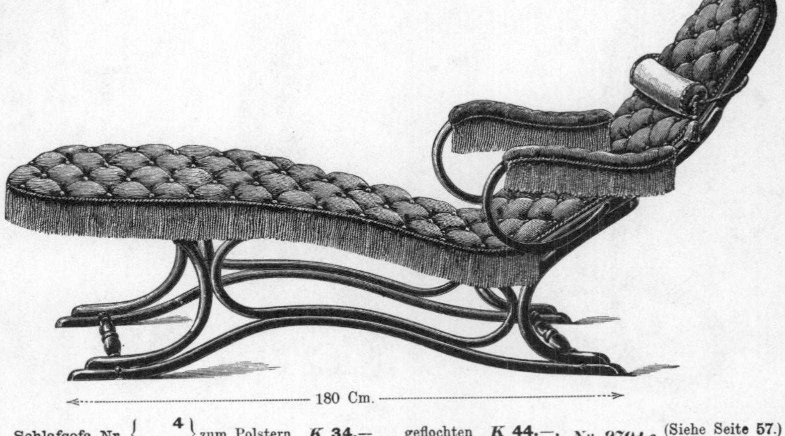

Schlafsofa Nr. { 4 / *9704* } zum Polstern *K* **34.–** geflochten *K* **44.–**, *Nr. 9704 c* (Siehe Seite 57.)

GEBRÜDER THONET.

Schlafzimmermöbel.

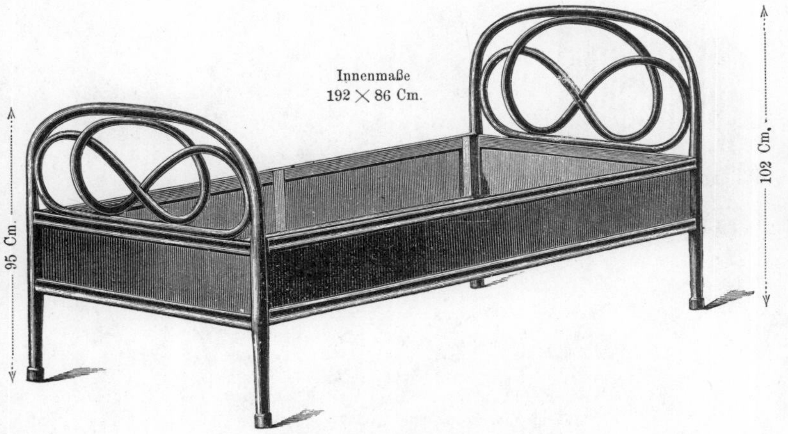

Bett Nr. 2/9712 mit Holzboden *K* **66.—**

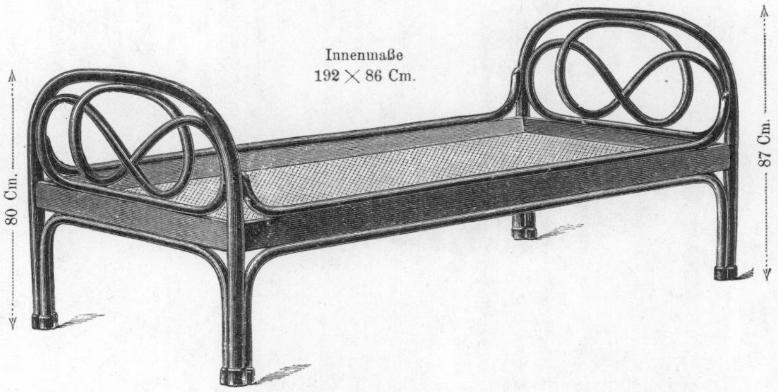

Bett Nr. 2/9722 mit Rohrboden *K* **72.—**

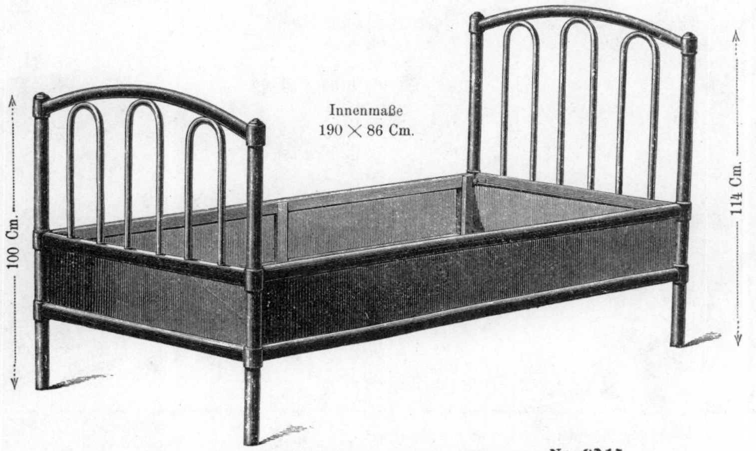

Bett Nr. 5 { mit Holzboden .... *K* **64.–**, *Nr. 9715*
mit Rohrboden .... „ **80.–**, *Nr. 9725*

Bett Nr. 6 { mit Holzboden .... *K* **80.–**, *Nr. 9716*
mit Rohrboden .... „ **96.–**, *Nr. 9726*

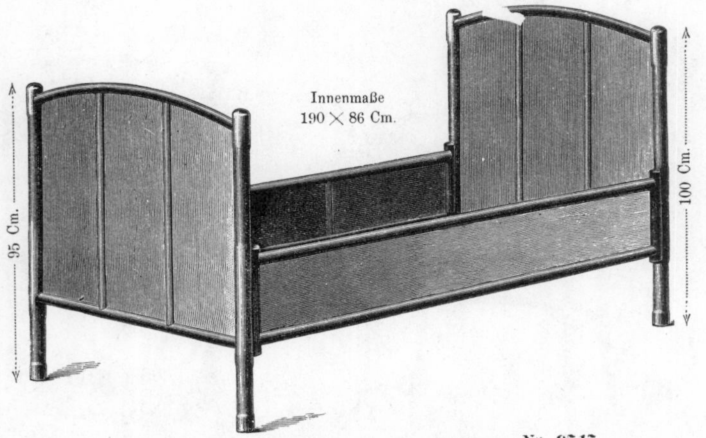

Bett Nr. 7 { mit Holzboden .... *K* **52.–**, *Nr. 9717*
mit Rohrboden .... „ **68.–**, *Nr. 9727*

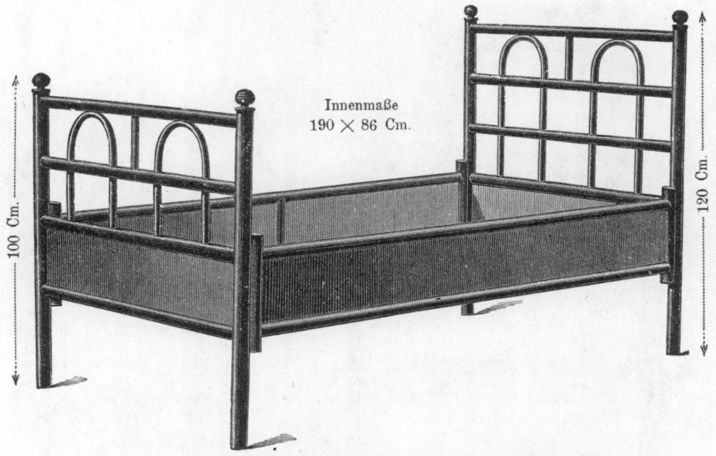

Bett Nr. 161 { mit Holzboden .... *K* **56.–**, *Nr. 9761*
mit Rohrboden .... „ **72.–**, *Nr. 9771*

GEBRÜDER THONET.

Schlafzimmermöbel.

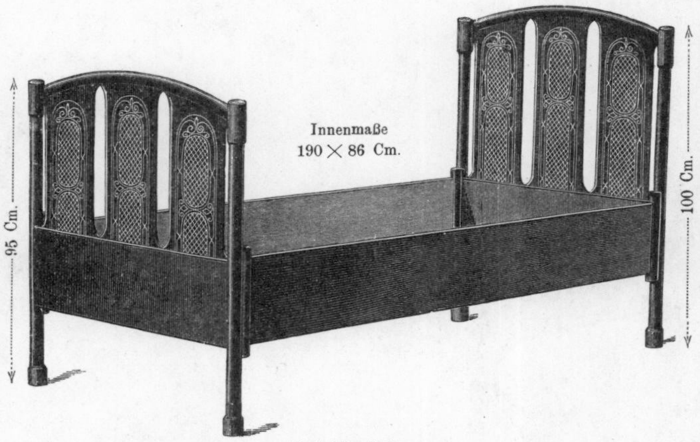

Bett Nr. 170
mit Holzboden.................. **K 48.—**, *Nr. 9770*
mit Rohrboden.................. „ **64.—**, *Nr. 9780*

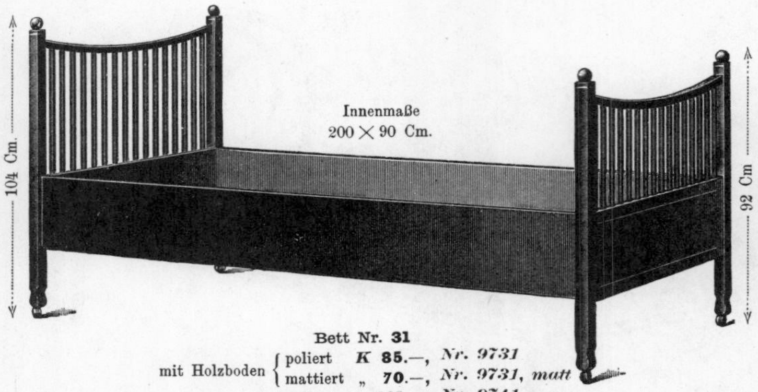

Bett Nr. 31
mit Holzboden { poliert **K 85.—**, *Nr. 9731*
mit Holzboden { mattiert „ **70.—**, *Nr. 9731, matt*
mit Rohrboden { poliert „ **101.—**, *Nr. 9741*
mit Rohrboden { mattiert „ **86.—**, *Nr. 9741, matt*
Aufschlag für Messingrollen **K 7.—** brutto.

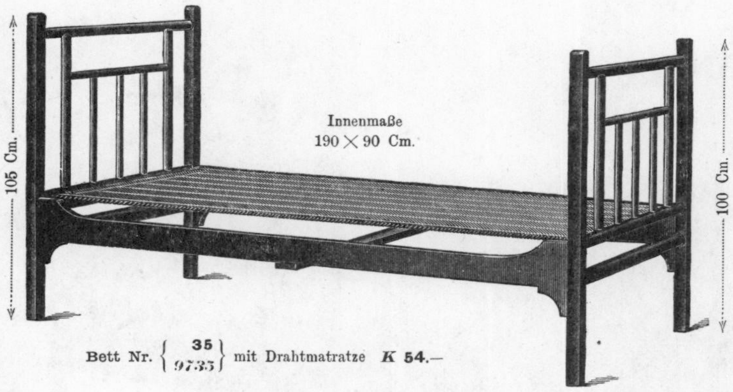

Bett Nr. { **35** / *9735* } mit Drahtmatratze **K 54.—**

Bettgardinenhalter
Nr. 9832 **K 5.50**

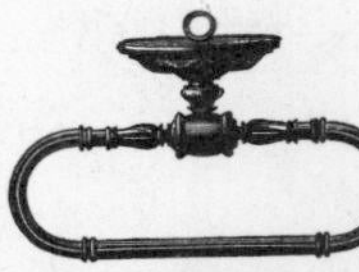

Bettgardinenhalter
gestreift
Nr. 9832, gestreift **K 5.90**
bronziert
Nr. 9832, bronziert **K 6.50**

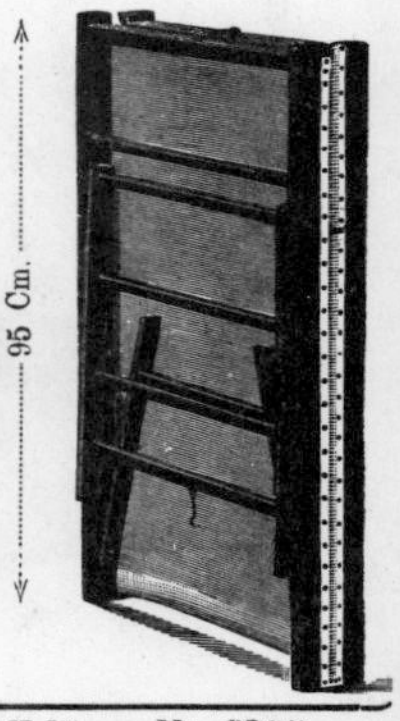

Feldbett Nr. 1 zum Zusammenlegen, mit Stoff überzogen { roh.............. **K 15.—**, *Nr. 9798*
{ lackiert.......... „ **16.—**, *Nr. 9799*

Toilettetisch Nr. 64, mit Marmorplatte und Spiegelaufsatz
Preis ohne Platte, ohne Spiegelglas **K 36.—**, *Nr. 9864*
Preis ohne Platte, mit Spiegelglas „ **44.—**, *Nr. 9864 a*

Betthimmel
Nr. 9831 A **K 15.—**
Nr. 9831, ohne Aufsatz
K 9.—

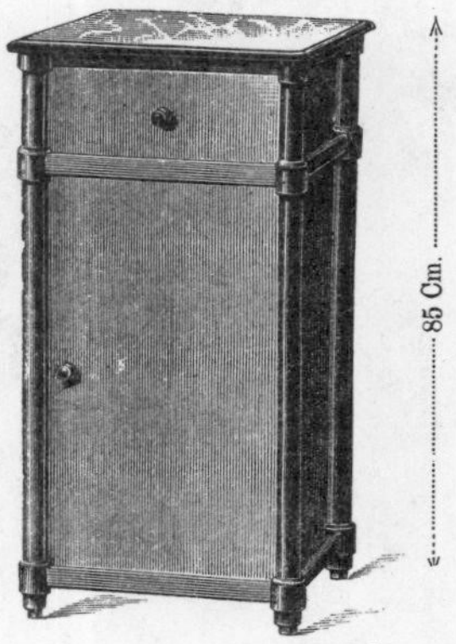

Nachtkästchen Nr. { **1** / *9801*
Preis ohne Marmorplatte
K 32.—

Toilettetischchen Nr. 10, mit Schublade und Spiegelaufsatz
mit Glas **K 31.—**, *Nr. 9860 a*
ohne Glas „ **26.—**, *Nr. 9860*

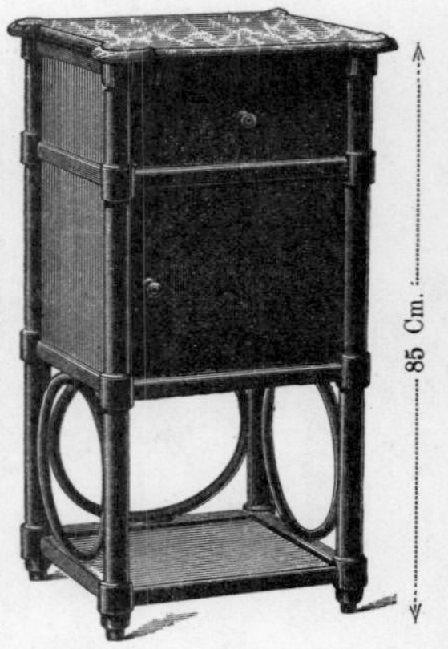

Nachtkästchen Nr. { **2** / *9802*
Preis ohne Marmorplatte
K 32.—

GEBRÜDER THONET.

Toilettespiegel Nr. { 3 / 9853 a } K 23.—
Nr. 9853, ohne Glas K 18.—

Ankleidespiegel Nr. 9951, ohne Glas K 110.—
Nr. 9952, Rahmen ohne Glas K 48.—

Pfeilerspiegel Nr. 31

ohne Glas:
- Nr. 9931, ohne Rückwand K 76.—
- Nr. 9931 c, mit Rückwand K 80.—
- Nr. 9932, Rahmen allein K 45.—
- Nr. 9933, Unterteil allein K 35.—

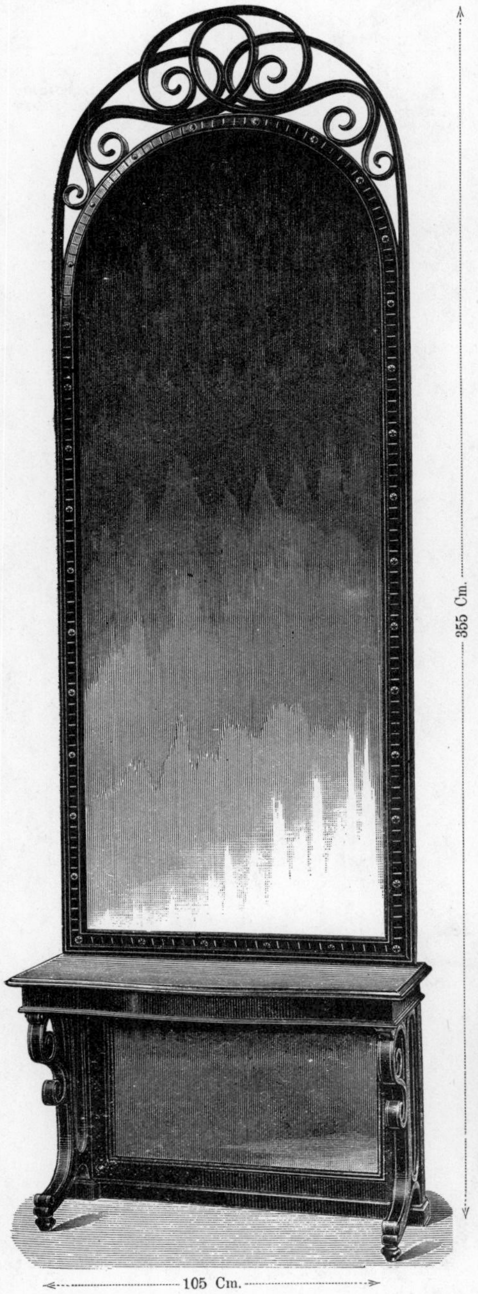

Pfeilerspiegel Nr. 9901, gekehlt. Preis ohne Glas K 180.—

Rahmen für Spiegel und Bilder, Preis ohne Glas,
ohne Aufsatz 60 × 76 Cm. Nr. 9961 K 20.—
mit Aufsatz Nr. 9961 A K 68.—

Rahmen für Spiegel und Bilder, Preis ohne Glas
80 × 96 Cm. Nr. 9962 K 24.—

Toilette-spiegel Nr. { 2 / 9852 a } mit Glas K 46.—
ohne Glas Nr. 9852 K 38.—

Toilette-spiegel Nr. { 1 / 9851 a } mit Glas K 56.—
ohne Glas Nr. 9851 K 48.—

GEBRÜDER THONET.

Waschtische und -ständer.

85 Cm.

Waschtischgestelle Nr. 1

ohne Marmor .... *K* **30.–**, *Nr. 10001*
mit Schubladen, ohne Marmor .... „ **50.–**, *Nr. 10011*
dazu Spiegelaufsatz, ohne Spiegelglas, **mehr** „ **13.–**, *a*

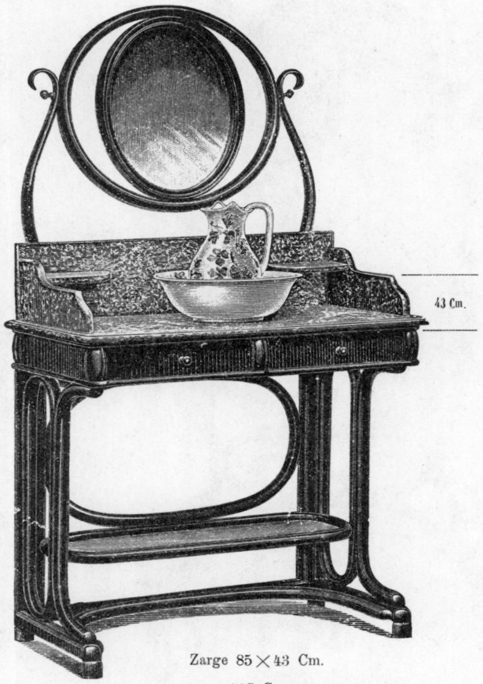

Zarge 85 × 43 Cm.

85 Cm.

Waschtischgestelle (ohne Marmorplatte) mit Schubladen und Spiegelaufsatz, ohne Spiegelglas

Nr. **1** *K* **63.–**, *Nr. 10021*
Nr. **2** „ **65.–**, *Nr. 10022*
Nr. **2 a** für 2 Service *K* **70.–**, *Nr. 10022 a*

Mit Schubladen, ohne Spiegelaufsatz

Nr. **1** *K* **50.–**, *Nr. 10011*
Nr. **2** „ **52.–**, *Nr. 10012*

Spiegelglas zu Waschtischen und -ständern *K* **8.–**

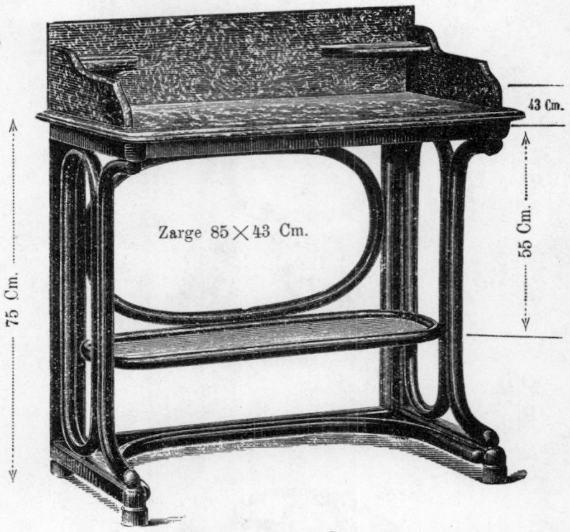

85 Cm.

Waschtischgestelle Nr. 2

ohne Marmor .... *K* **32.–**, *Nr. 10002*
mit Schubladen, ohne Marmor .... „ **52.–**, *Nr. 10012*
dazu Spiegelaufsatz, ohne Glas, **mehr** ... „ **13.–**, *a*

Waschständer Nr. 1

ohne Blech, ohne Garnitur *Nr. 10051* } *K* **6.–**
mit Blech, ohne Garnitur *Nr. 10051 a* } „ **14.–**

Waschständer Nr. 2

ohne Garnitur *K* **9.–**, *Nr. 10052*

Waschständer Nr. 3

ohne Spiegelglas *K* **16.–**, *Nr. 10053*
Preis des Glases *K* **8.–**

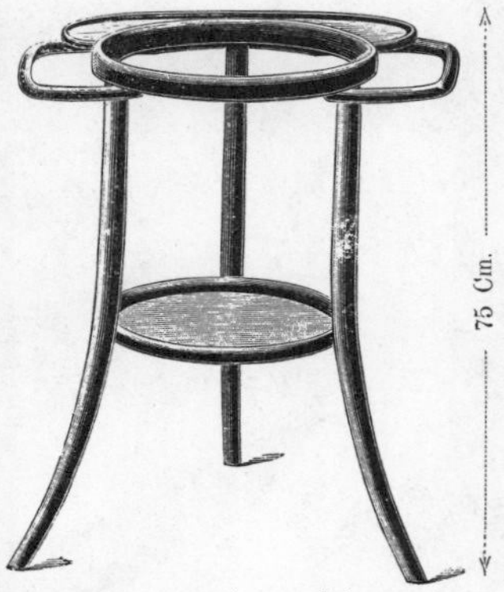

Waschständer Nr. { **4** *10054* } *K* **8.–**

Karnissen.

Karnisse Nr. { 2 / *10152* } verstellbar von 140—180 Cm., mit gebogenem Aufsatz *K* **14.—**

Karnisse Nr. { 1 / *10151* } (Nr. 2 ohne Aufsatz) *K* **8.—**

Karnisse Nr. { 3 / *10153* } verstellbar von 140—180 Cm., mit geschnitztem Aufsatz *K* **14.—**

Die Karnissen Nr. { 1, 2 u. 3 / *10151, 10152 u. 10153* } eignen sich für jede Fensterbreite.

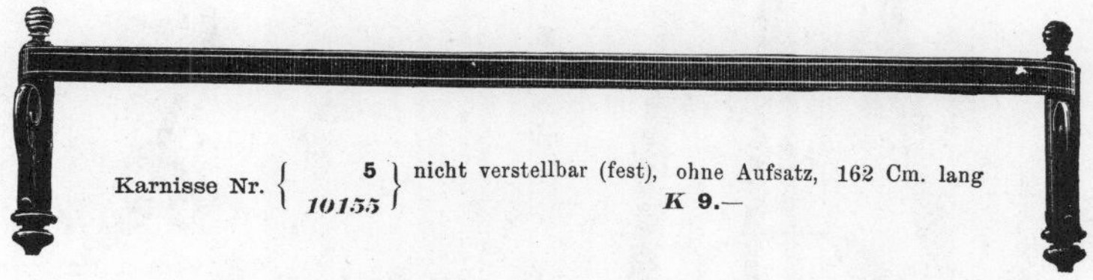

Karnisse Nr. { 5 / *10155* } nicht verstellbar (fest), ohne Aufsatz, 162 Cm. lang *K* **9.—**

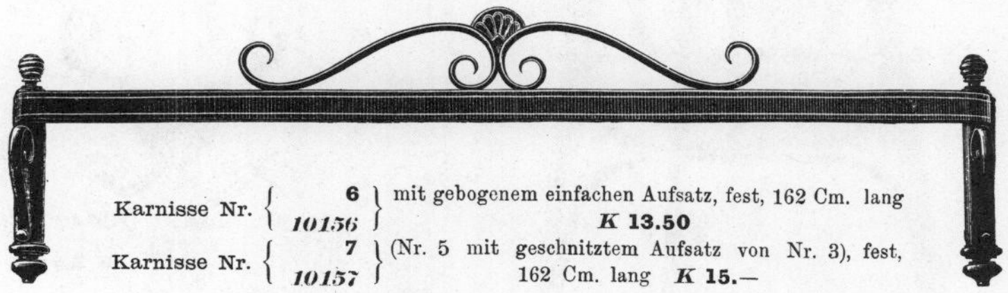

Karnisse Nr. { 6 / *10156* } mit gebogenem einfachen Aufsatz, fest, 162 Cm. lang *K* **13.50**

Karnisse Nr. { 7 / *10157* } (Nr. 5 mit geschnitztem Aufsatz von Nr. 3), fest, 162 Cm. lang *K* **15.—**

Handtuchgestelle.

Nr. { 1 / *10101* } *K* **5.50**

Nr. { 2 / *10102* } *K* **6.—**

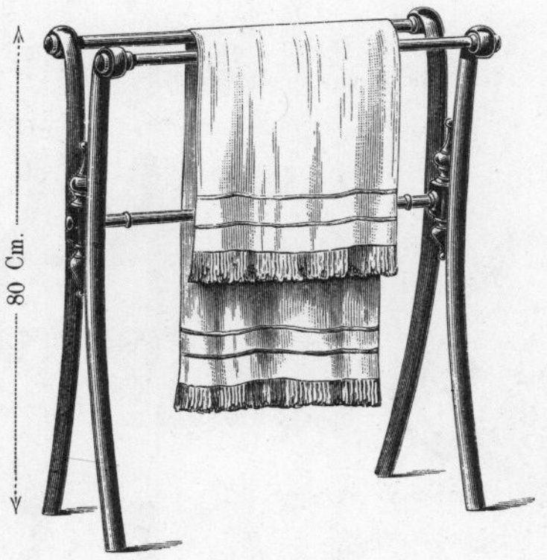

Nr. { 3 / *10103* } *K* **9.—**

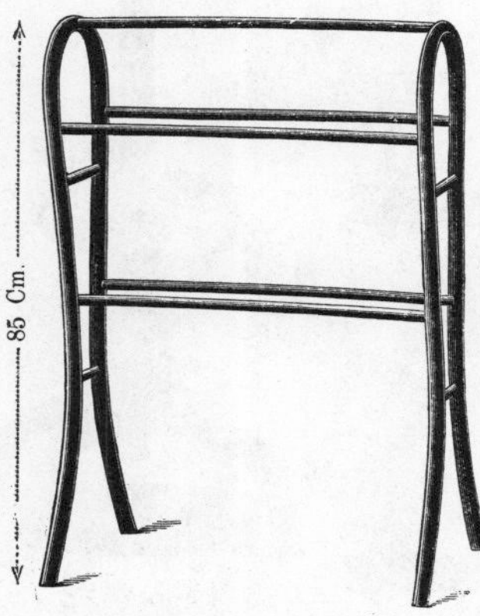

Handtuchgestell Nr. { 4 / *10104* } *K* **5.50**

Nr. { 5 / *10105* } *K* **3.—**

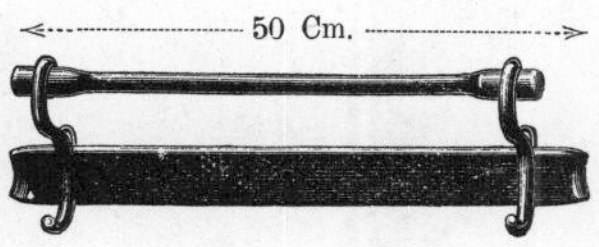

Nr. { 6 / *10106* } *K* **4.—**

Nr. { 7 / *10107* } *K* **3.—**

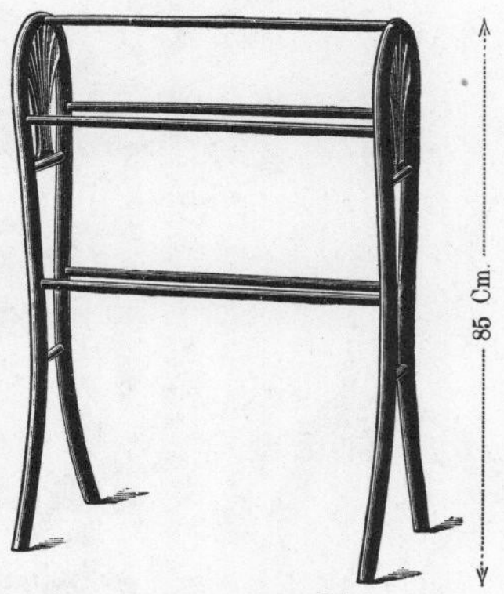

Handtuchgestell Nr. { 24 / *10124* } *K* **8.—**

GEBRÜDER THONET.

Die Haken der Kleiderstöcke Nr. 1, 3 und 4, der Trumeaukleiderstöcke Nr. 1, der Wandkleiderstöcke Nr. 1, 3, 4 und 5, der Kleiderrechen Nr. 1 und der montierten Kleiderhaken Nr. 2 können gegen Preisaufschlag von *K* —.10 per Kugel mit Kugeln versehen werden.

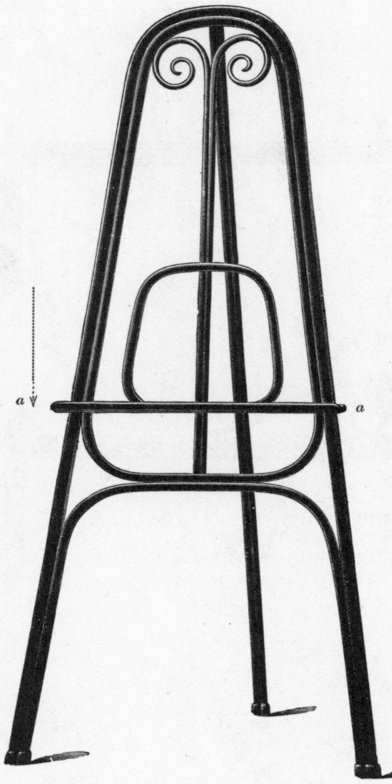

Malerstaffelei Nr. { 1 / *10171* } *K* 36.—

Tragleiste *a* der Höhe nach verschiebbar.

Montierter Kleiderhaken Nr. { 1 / *11001* }
K 2.30

Doppelt montierter Kleiderhaken
Nr. { 1 / *11011* } *K* 3.50

Dreifach montierter Kleiderhaken
Nr. { 1 / *11021* } *K* 4.70

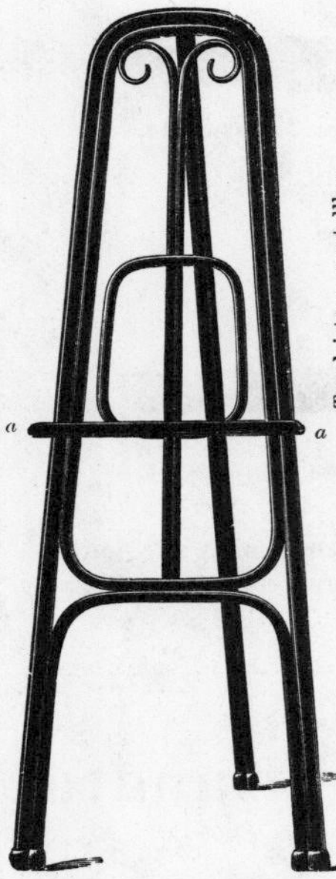

Malerstaffelei
Nr. { 2 / *10172* } *K* 32.—

Montierter Kleiderhaken
Nr. { 2 / *11002* } *K* 1.50

Doppelt montierter Kleiderhaken
Nr. { 2 / *11012* } *K* 2.60

Dreifach montierter Kleiderhaken
Nr. { 2 / *11022* } *K* 3.70

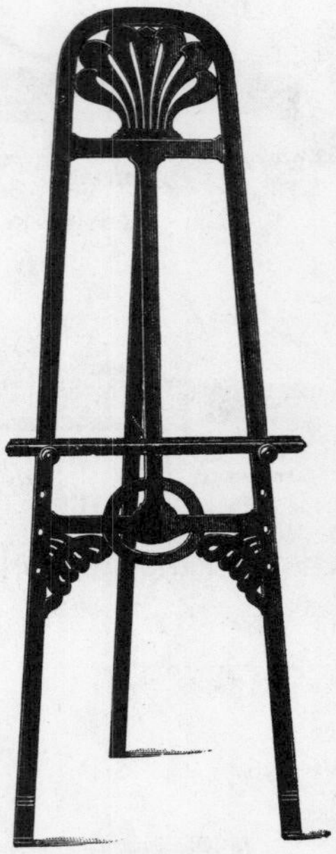

Malerstaffelei
Nr. { 4 / *10174* } *K* 40.—

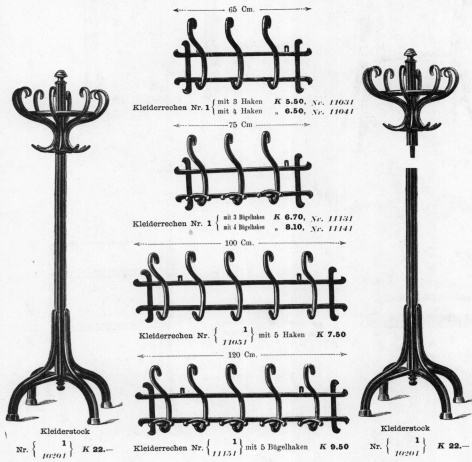

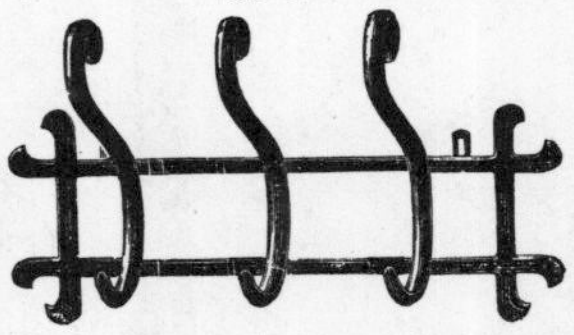

Kleiderrechen Nr. 1 { mit 3 Haken *K* 5.50, *Nr. 11031* / mit 4 Haken „ 6.50, *Nr. 11041* }

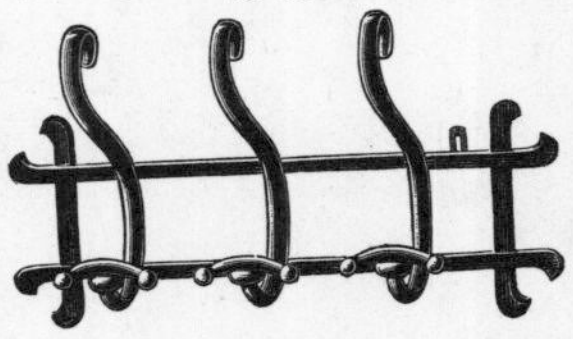

Kleiderrechen Nr. 1 { mit 3 Bügelhaken *K* 6.70, *Nr. 11131* / mit 4 Bügelhaken „ 8.10, *Nr. 11141* }

Kleiderrechen Nr. { 1 / *11051* } mit 5 Haken *K* 7.50

Kleiderrechen Nr. { 1 / *11151* } mit 5 Bügelhaken *K* 9.50

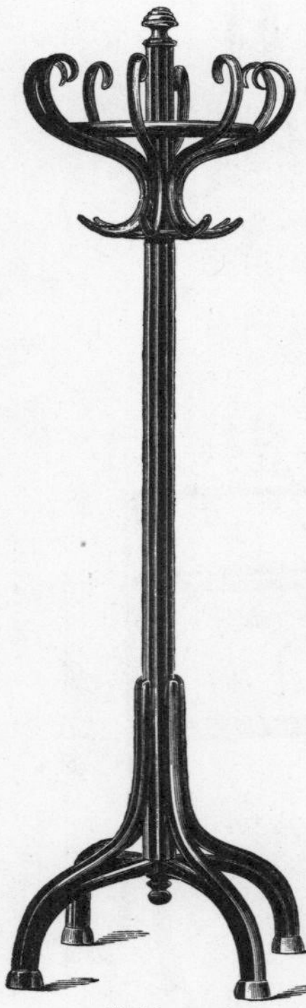

Kleiderstock
Nr. { 1 / *10201* } *K* 22.—

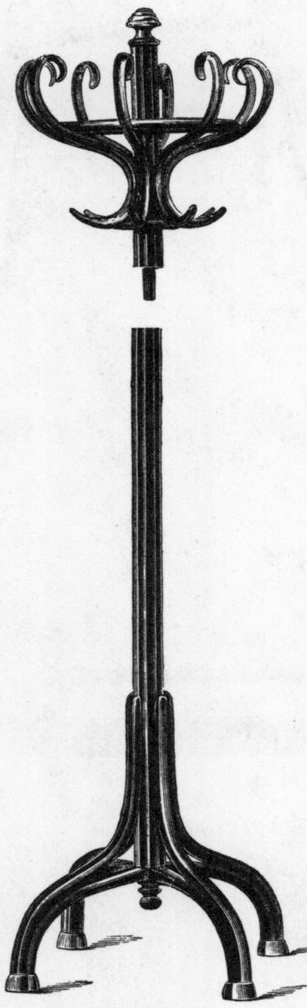

Kleiderstock
Nr. { 1 / *10201* } *K* 22.—

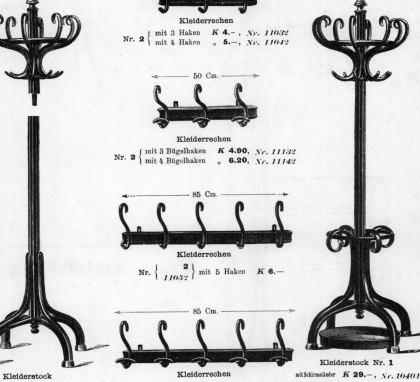

Kleiderrechen
Nr. 2 { mit 3 Haken *K* 4.—, *Nr. 11032* / mit 4 Haken „ 5.—, *Nr. 11042* }

Kleiderrechen
Nr. 2 { mit 3 Bügelhaken *K* 4.90, *Nr. 11132* / mit 4 Bügelhaken „ 6.20, *Nr. 11142* }

Kleiderrechen
Nr. { 2 / *11052* } mit 5 Haken *K* 6.—

Kleiderrechen
Nr. { 2 / *11152* } mit 5 Bügelhaken *K* 7.50

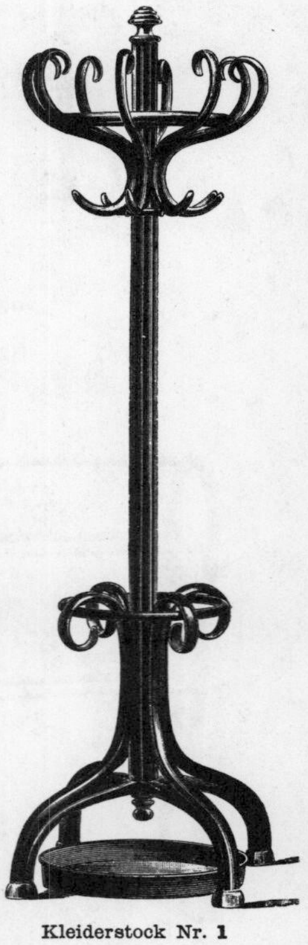

Kleiderstock Nr. 1
mit Schirmständer *K* 29.—, *Nr. 10401*
mit Schirmständer ohne Blechtasse „ 25.—, *Nr. 10301*

GEBRÜDER THONET.

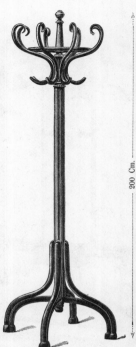

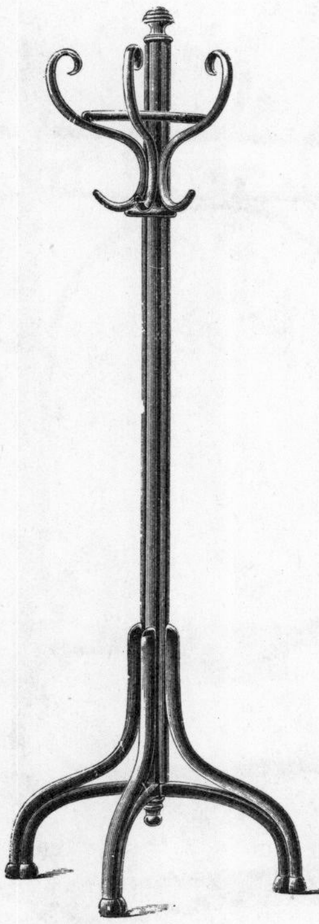

200 Cm.

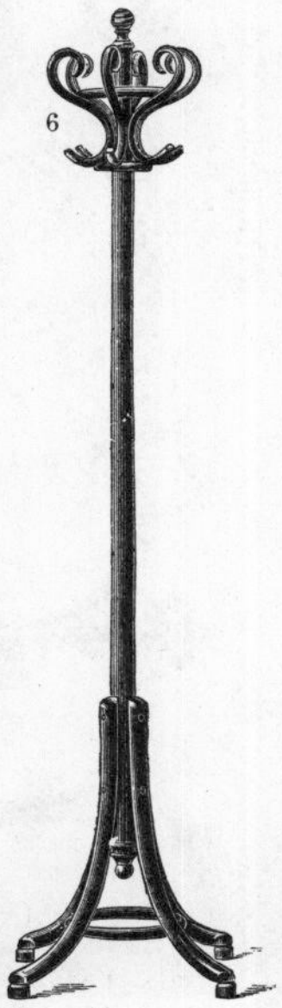

6

180 Cm.

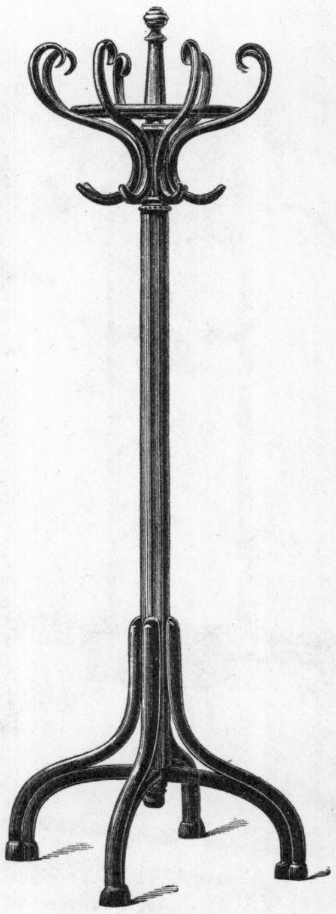

200 Cm.

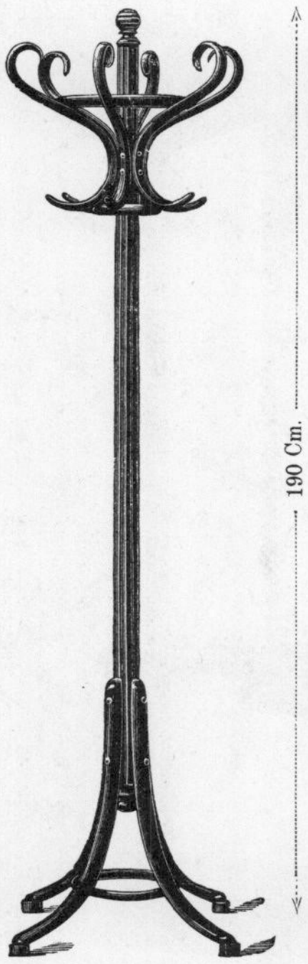

190 Cm.

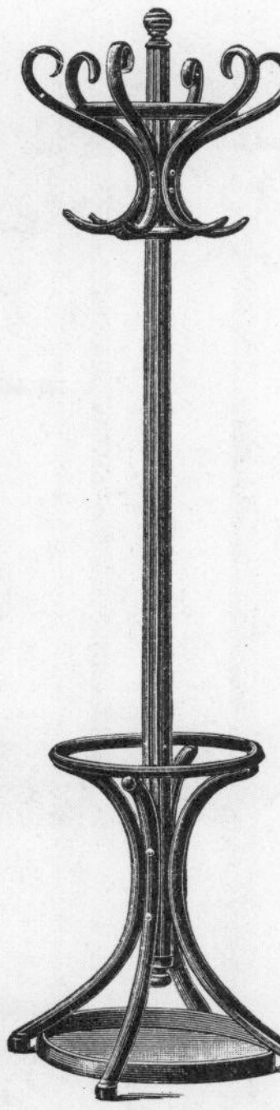

Trumeaukleiderstock Nr. } 1 / *10501*

K **16.–**

Trumeaukleiderstock Nr. 1
mit Schirmständer *K* **22.–**, *Nr. 10701*
mit Schirmständer ohne Blechtasse . . . . . . „ **18.–**, *Nr. 10601*

Kleiderstock Nr. } **2** / *10202*

K **12.–**

Kleiderstock Nr. 3
mit drehbarer Krone *K* **25.–**, *Nr. 10203*
mit Schirmständer und Blechtasse } „ **32.–**, *Nr. 10403*
mit Schirmständer ohne Blechtasse } „ **28.–**, *Nr. 10303*

Kleiderstock Nr. } **4** / *10204*

K **14.–**

Kleiderstock Nr. 4
mit Schirmständer und Blechtasse
K **18.–**, *Nr. 10404*
ohne Blechtasse
K **15.–**, *Nr. 10304*

195 Cm.

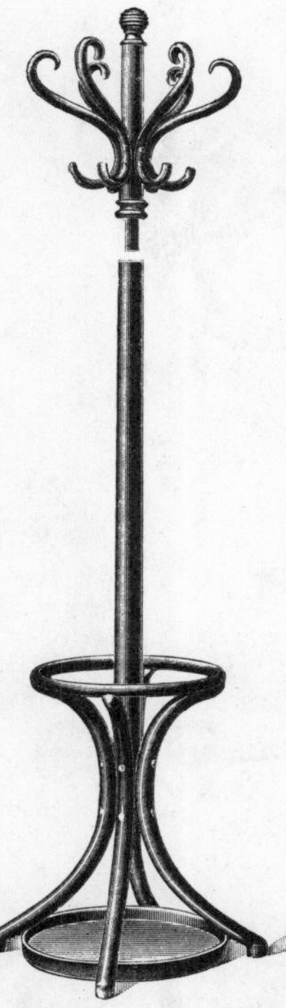

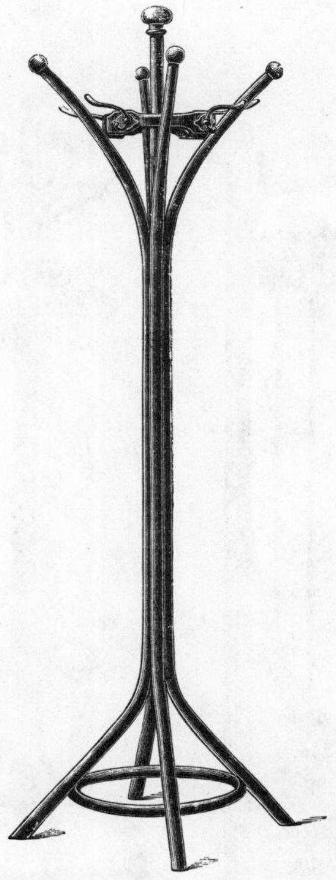

190 Cm.

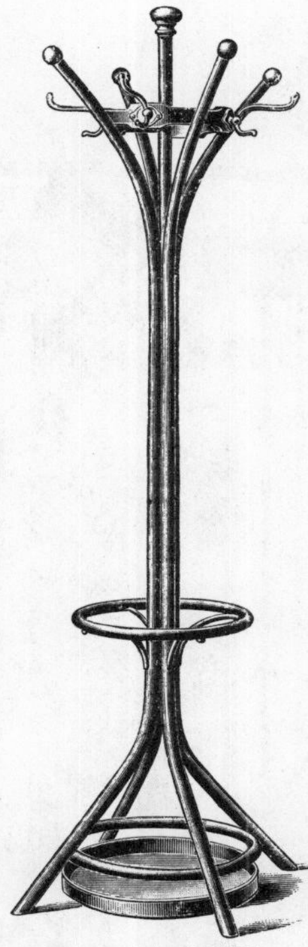

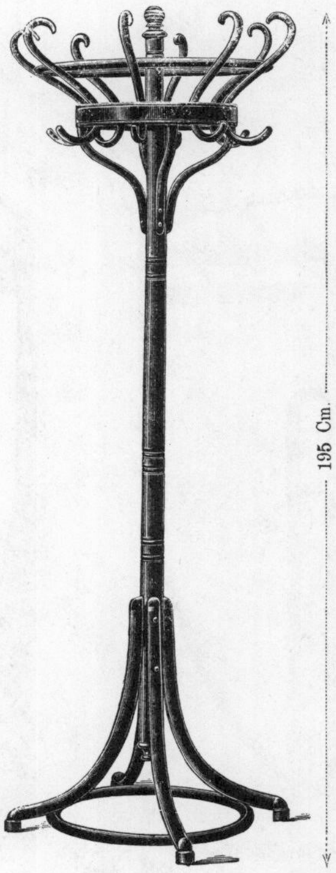

195 Cm.

Kleiderstock Nr. 6, mit Schirmständer
ohne Tasse . . . *K* **13.50**, *Nr. 10306*
mit Tasse . . . . „ **16.50**, *Nr. 10406*

Kleiderstock Nr. { **6** / *10206*
ohne Schirmständer *K* **12.50**

Kleiderstock Nr. 21 mit vernickelten Eisenhaken . *K* **17.–**, *Nr. 10221 a*
ohne Haken. „ **13.50**, *Nr. 10221*

Kleiderstock Nr. 21, mit Schirmständer
ohne Tasse { mit vernickelten Eisenhaken } *K* **19.–**, *Nr. 10321 a*
ohne Tasse { ohne Haken . . „ **15.50**, *Nr. 10321*
mit Tasse { mit vernickelten Eisenhaken } „ **22.–**, *Nr. 10421 a*
mit Tasse { ohne Haken . . „ **18.50**, *Nr. 10421*

Kleiderstock Nr. { **11** / *10211 a*

ohne Schirmständer				mit Schirmständer			Blechtasse allein brutto
		b	*c*	*Nr. 10311 a*	mit Holzhaken		
Nr. 10211 a mit 8 Holzhaken	*Nr. 10211* ohne Haken	mit 8 vernickelten Eisenhaken netto Preisaufschlag *)	mit 8 Messinghaken netto Preisaufschlag *)	mit Messinghaken und Messingschirmständer ohne Tasse netto Preisaufschlag *)	*Nr. 10311* ohne Tasse	*Nr. 10411* mit Tasse	
K **22.–**	*K* **14.–** *)	*K* **9.–**	*K* **16.–**	*K* **25.–**	*K* **23.–**	*K* **26.–**	*K* **3.–**

*) Die Aufschläge verstehen sich auf den Grundpreis *K* **14.–**

GEBRÜDER THONET.

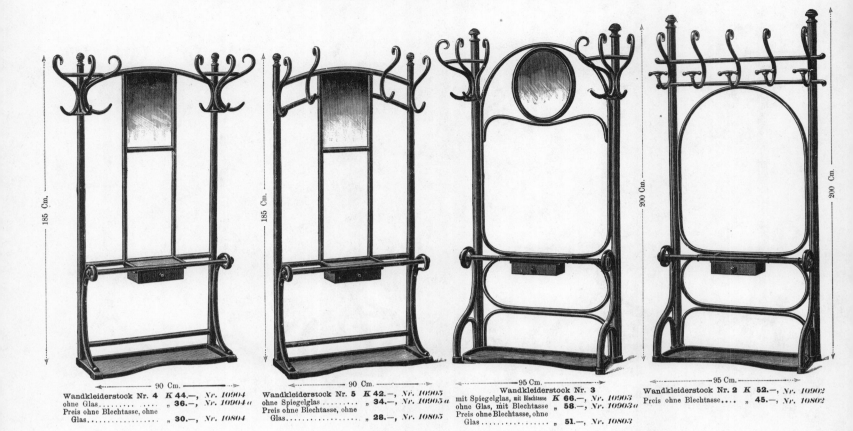

Wandkleiderstock Nr. 4 *K* **44.—**, *Nr. 10904*
ohne Glas .... „ **36.—**, *Nr. 10904 a*
Preis ohne Blechtasse, ohne
Glas .... „ **30.—**, *Nr. 10804*

Wandkleiderstock Nr. 5 *K* **42.—**, *Nr. 10905*
ohne Spiegelglas .... „ **34.—**, *Nr. 10905 a*
Preis ohne Blechtasse, ohne
Glas .... „ **28.—**, *Nr. 10805*

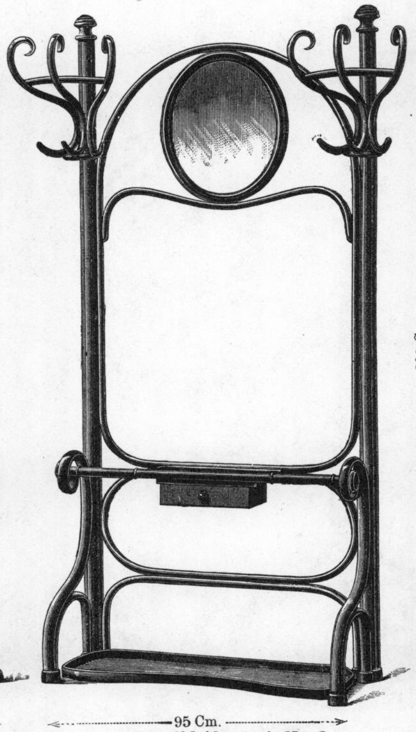

Wandkleiderstock Nr. 3
mit Spiegelglas, mit Blechtasse *K* **66.—**, *Nr. 10903*
ohne Glas, mit Blechtasse „ **58.—**, *Nr. 10903 a*
Preis ohne Blechtasse, ohne
Glas .... „ **51.—**, *Nr. 10803*

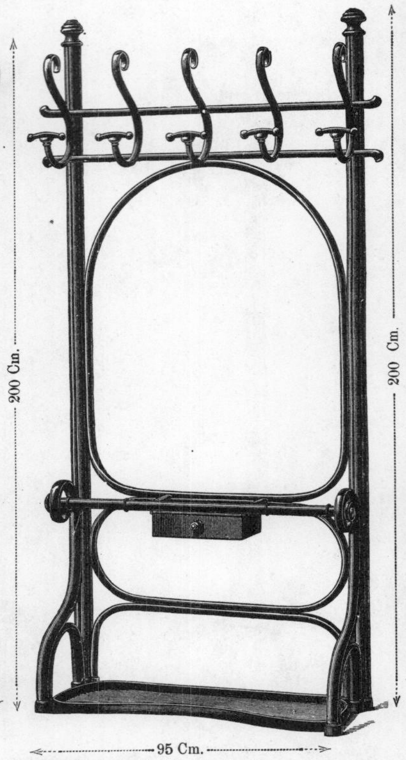

Wandkleiderstock Nr. 2 *K* **52.—**, *Nr. 10902*
Preis ohne Blechtasse.... „ **45.—**, *Nr. 10802*

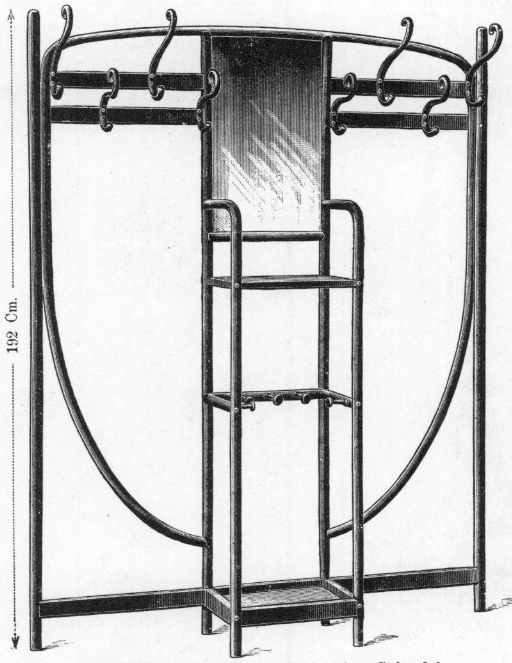

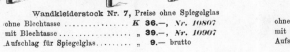

Wandkleiderstock Nr. 7, Preise ohne Spiegelglas
ohne Blechtasse .... *K* **36.—**, *Nr. 10807*
mit Blechtasse .... „ **39.—**, *Nr. 10907*
Aufschlag für Spiegelglas .... „ **9.—** brutto

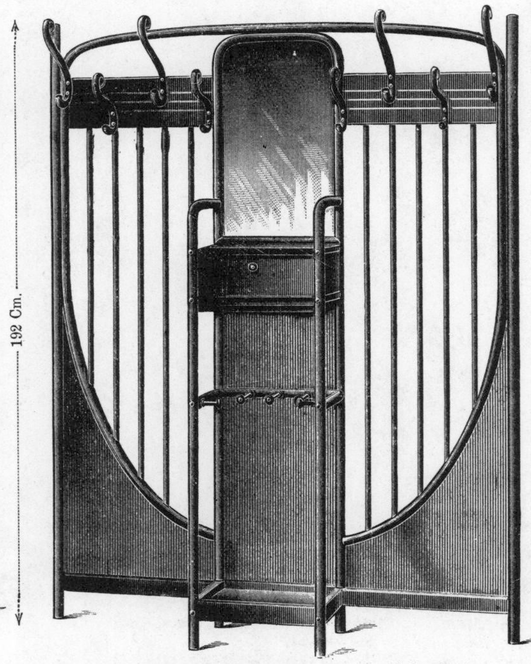

Wandkleiderstock Nr. 6, Preise ohne Spiegelglas
ohne Blechtasse .... *K* **55.—**, *Nr. 10806*
mit Blechtasse .... „ **58.—**, *Nr. 10906*
Aufschlag für Spiegelglas .... „ **9.—** brutto

Wandkleiderstock Nr. 1
mit Spiegelglas, mit Blechtasse .... *K* **64.—**, *Nr. 10901*
ohne Glas, mit Blechtasse .... „ **56.—**, *Nr. 10901 a*
Preis ohne Blechtasse, ohne Glas ... „ **48.—**, *Nr. 10801*

GEBRÜDER THONET.

Diverses.

80 Cm.

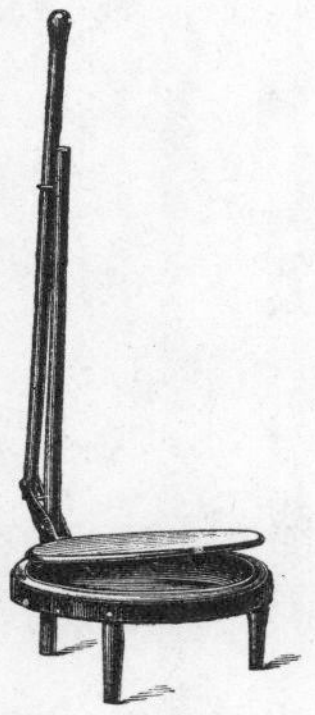

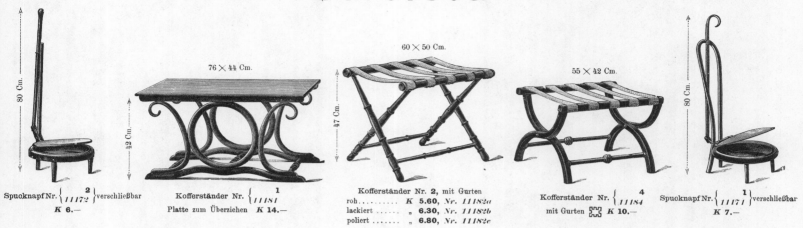

Spucknapf Nr. 2 / *11172* verschließbar
***K* 6.—**

76 × 44 Cm.

42 Cm.

Kofferständer Nr. 1 / *11181*
Platte zum Überziehen ***K* 14.—**

60 × 50 Cm.

47 Cm.

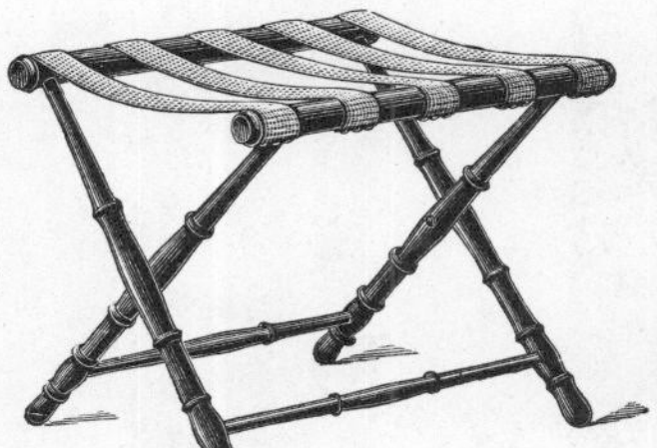

Kofferständer Nr. 2, mit Gurten
roh.......... *K* **5.60,** *Nr. 11182a*
lackiert ...... „ **6.30,** *Nr. 11182b*
poliert .... „ **6.80,** *Nr. 11182c*

55 × 42 Cm.

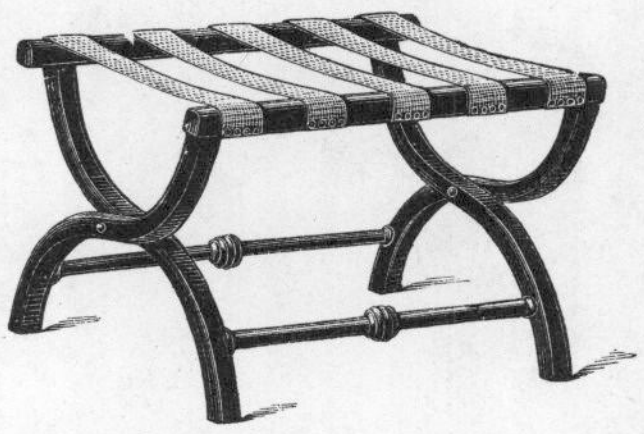

Kofferständer Nr. 4 / *11184*
mit Gurten ***K* 10.—**

80 Cm.

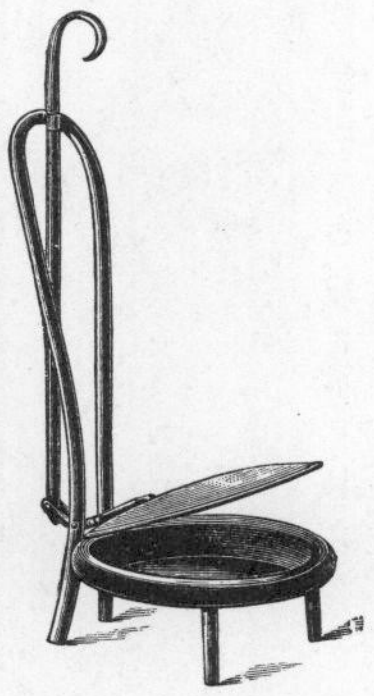

Spucknapf Nr. 1 / *11171* verschließbar
***K* 7.—**

62 × 45 Cm.

45 Cm.

Holzkorb Nr. 2 / *11192* ***K* 28.—**

62 × 50 Cm.

35 Cm.

Holzkorb Nr. 1 / *11191* ***K* 24.—**

145 Cm.

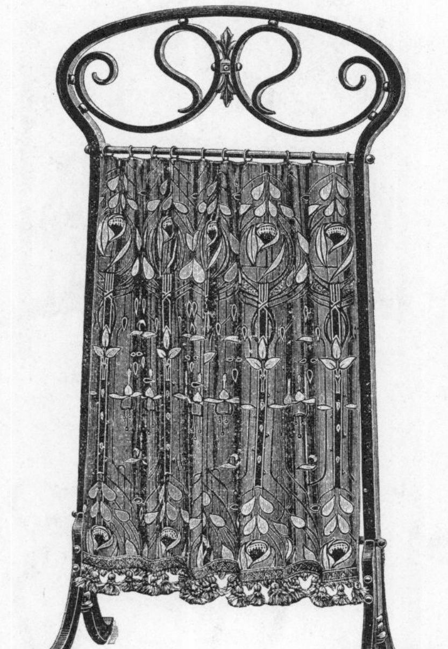

Ofenschirm Nr. 32 / *11232*
mit Holzstangen, Holzknöpfen und Messingringen
Preis, ohne Stoff *K* 35.—

mit Messingstangen / mit Messingknöpfen / mit Messingringen — *Nr. 11242* Preisaufschlag **netto *K* 5.—**

Geschützt.

130 Cm.

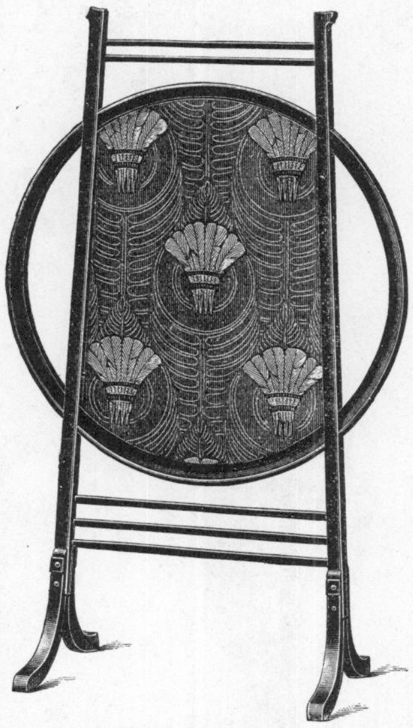

Ofenschirm Nr. 31 / *11231* (bloß das Gestelle) ***K* 25.—**

65 Cm.

140 Cm.

Ofenschirm Nr. 6 / *11206*
● Querschnitt des Gestelles.
Preis des Gestelles ***K* 20.—**

Ofenschirm Nr. 7 / *11207*
(ist Nr. 6 mit □ kantigem Gestelle).
Preis des Gestelles ***K* 25.—**

GEBRÜDER THONET.

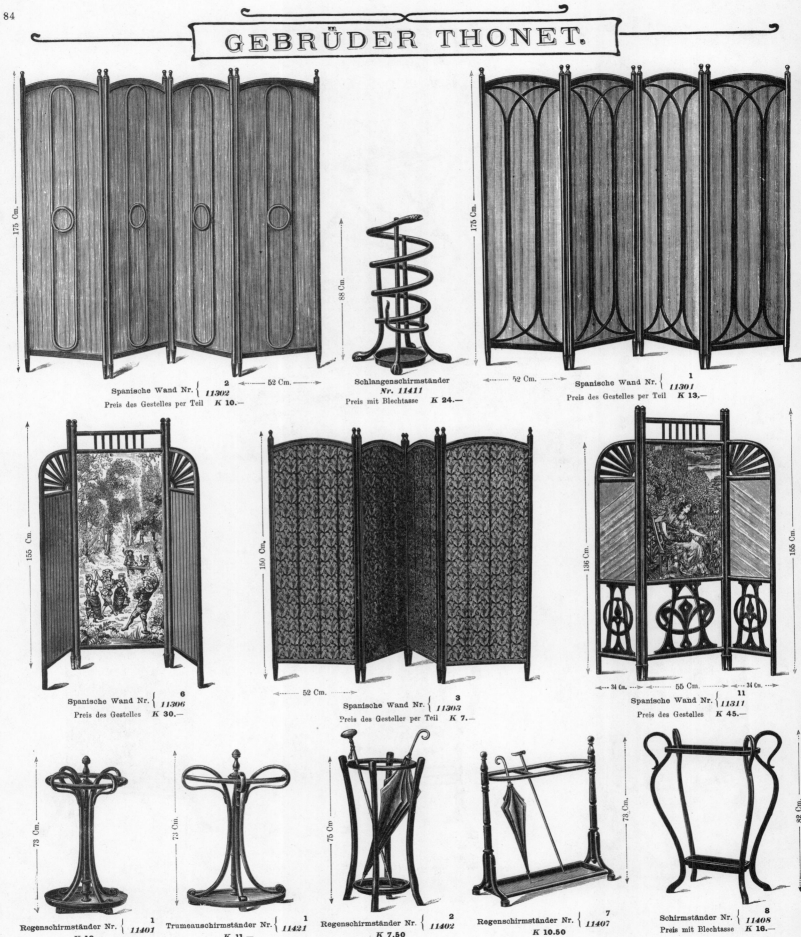

Spanische Wand Nr. { 2 / *11302*
Preis des Gestelles per Teil **K 10.–**

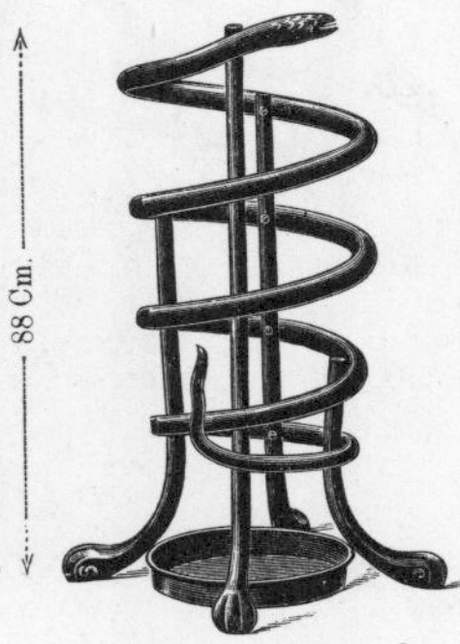

Schlangenschirmständer
Nr. 11411
Preis mit Blechtasse **K 24.–**

Spanische Wand Nr. { 1 / *11301*
Preis des Gestelles per Teil **K 13.–**

Spanische Wand Nr. { 6 / *11306*
Preis des Gestelles **K 30.–**

Spanische Wand Nr. { 3 / *11303*
Preis des Gestelles per Teil **K 7.–**

Spanische Wand Nr. { 11 / *11311*
Preis des Gestelles **K 45.–**

Regenschirmständer Nr. { 1 / *11401*
K 13.–

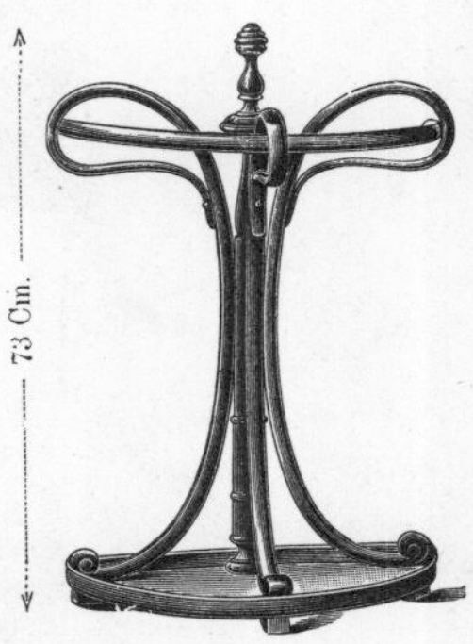

Trumeauschirmständer Nr. { 1 / *11421*
K 11.–

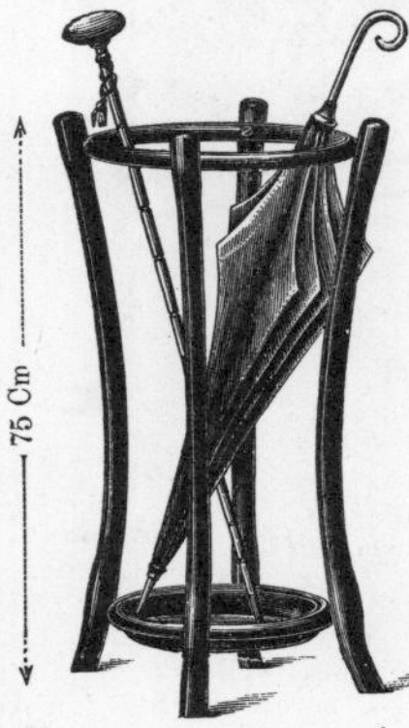

Regenschirmständer Nr. { 2 / *11402*
K 7.50

Regenschirmständer Nr. { 7 / *11407*
K 10.50

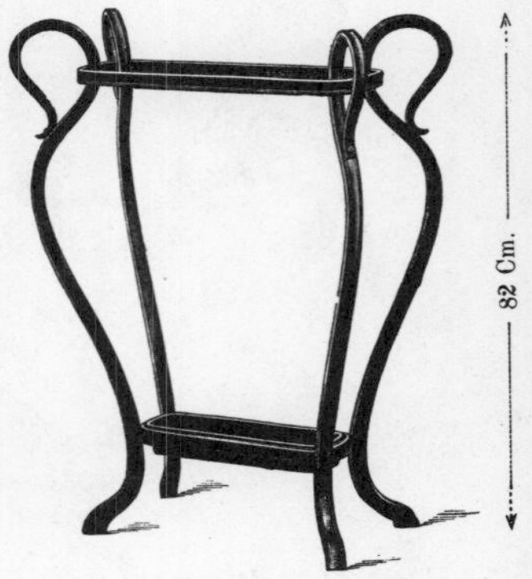

Schirmständer Nr. { 8 / *11408*
Preis mit Blechtasse **K 16.–**

GEBRÜDER THONET.

Zur Nachricht!

Die Preise der Wandschirmständer verstehen sich ohne Blechtasse, ohne Schirmhaltermechanik.

Preise der Zutaten:

Blechtasse, gestrichen netto **K 2.—**, *a*

Blechtasse, lackiert netto **K 3.—**, *b*

Tasse aus Gußeisen netto **K 1.50**, *c*

Schirmhaltermechanik, 6 teilig, fein Nickel netto per Stück **K 8.30**, *d*

Wandschirmständer Nr. 3
bloß das Holzgestelle *Nr. 11453* } **K 7.40**

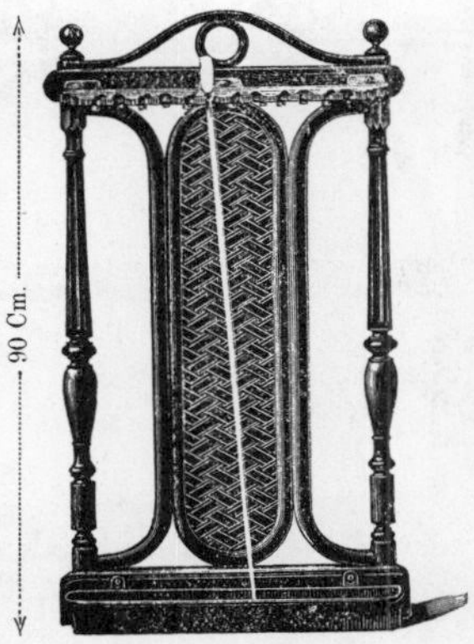

Wandschirmständer Nr. 4
bloß das Holzgestelle, ohne Füllung
K 11.40, *Nr. 11454*
mit Falz und Stab für Füllung
K 11.60, *Nr. 11464*
mit Flechtmusterfüllung
K 12.80, *Nr. 11474*

Wandschirmständer Nr. 5
bloß das Holzgestelle, ohne Füllung
K 9.20, *Nr. 11455*
mit Falz und Stab für Füllung
K 9.40, *Nr. 11465*
mit Flechtmusterfüllung
K 10.80, *Nr. 11475*

Wandschirmständer Nr. { 6 / *11456*
ohne Tasse **K 8.60**

Ecketagere Nr. { 11 / *11511*
K 16.—

Etagere Nr. { 12 / *11512*
K 23.—

Zeitungshalter, *Nr. 11501*
K 24.—

Etagere Nr. { 13 / *11513*
K 26.—

Etagere Nr. { 14 / *11514*
K 32.—

Etagere Nr. 31
mit Galerie **K 50.—**, *Nr. 11631a*
ohne Galerie „ **46.—**, *Nr. 11631*

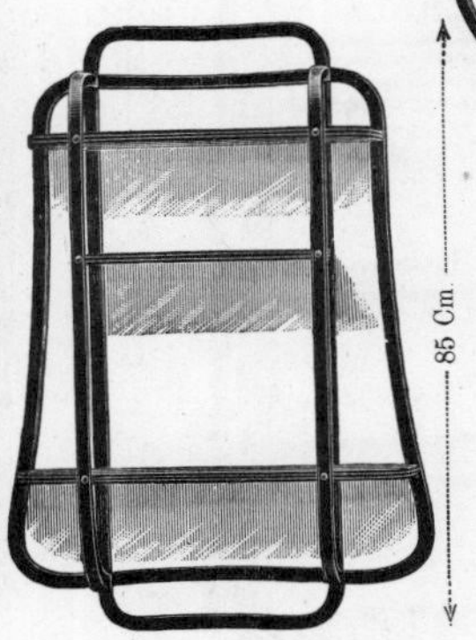

Wandetagere Nr. { 51 / *11551*
K 26.—

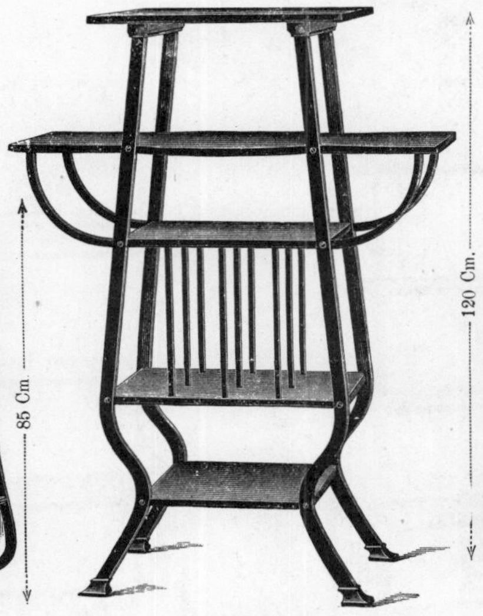

Etagere Nr. 32
mit Holzsockeln **K 50.—**, *Nr. 11632*
mit Bronzesockeln, Nettopreisaufschlag
K 6.—, *Nr. 11632a*
mit Messingstäben, Nettopreisaufschlag
K 5.—, *Nr. 11632b*

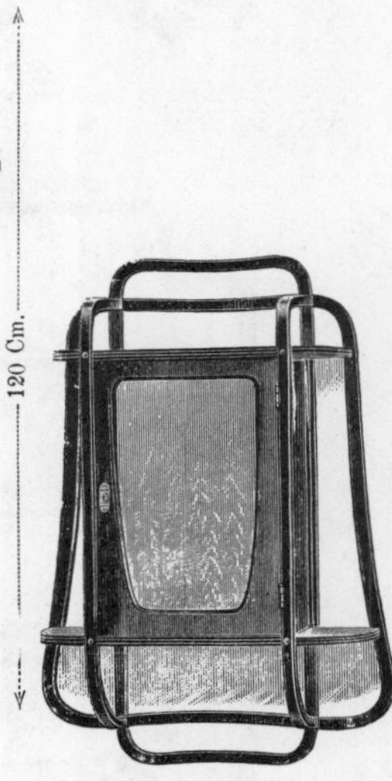

Wandetagere Nr. { 52 / *11552*
K 44.—

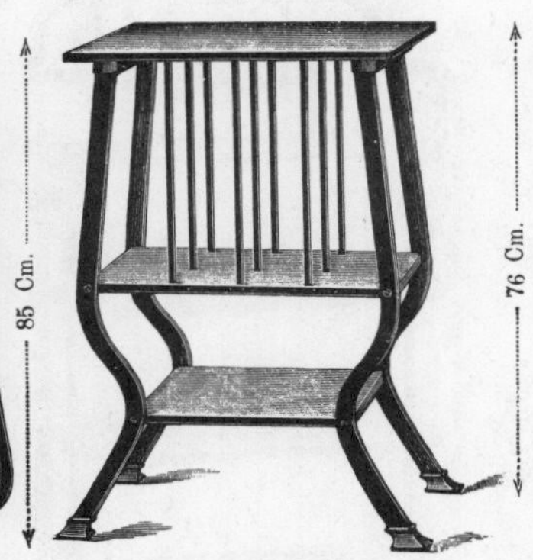

Etagere Nr. 34
mit Holzsockeln **K 30.—**, *Nr. 11634*
mit Messingsockeln, Nettopreisaufschlag,
K 6.—, *Nr. 11634a*
mit Messingstäben, Nettopreisaufschlag
K 5.—, *Nr. 11634b*

GEBRÜDER THONET.

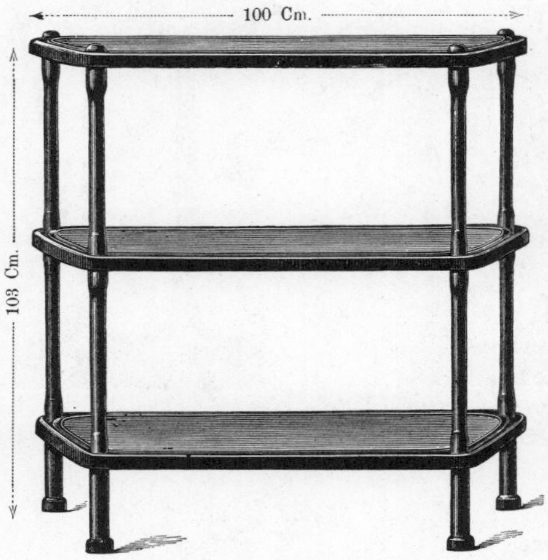

Etagere Nr. { 1 / 11601 } mit Tuch bespannt *K* **44.–**

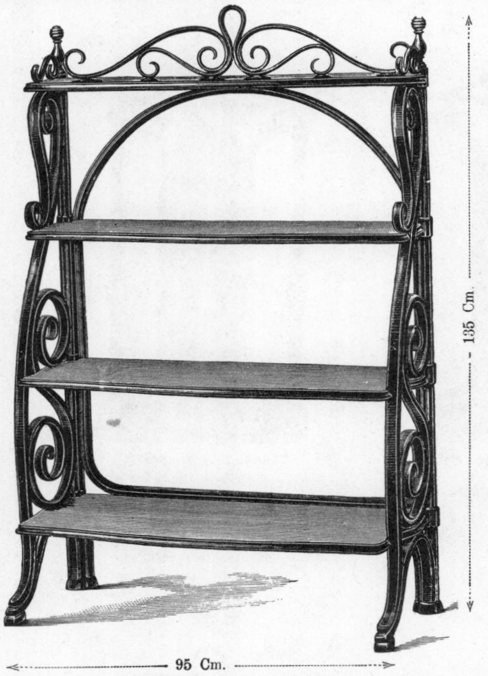

Etagere Nr. 2 { Profil ○ . . . . *K* **56.–**, *Nr. 11602*
Profil ○ gekehlt . . . . „ **61.50**, *Nr. 11602 a*
Profil ○ gekehlt und bronziert „ **69.–**, *Nr. 11602 b*

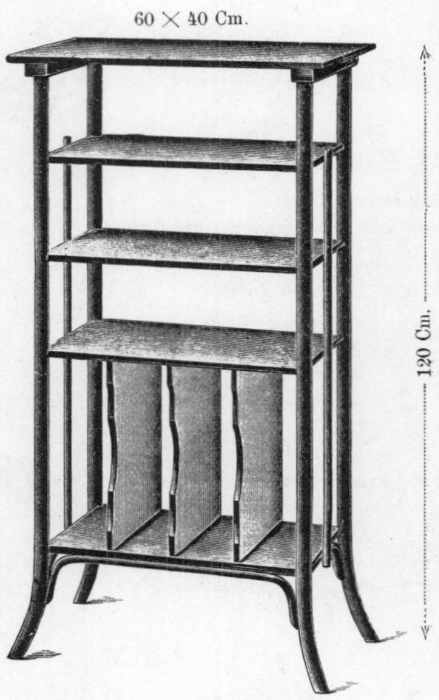

Notenetagere Nr. { 2 / 11612 } *K* **36.–**

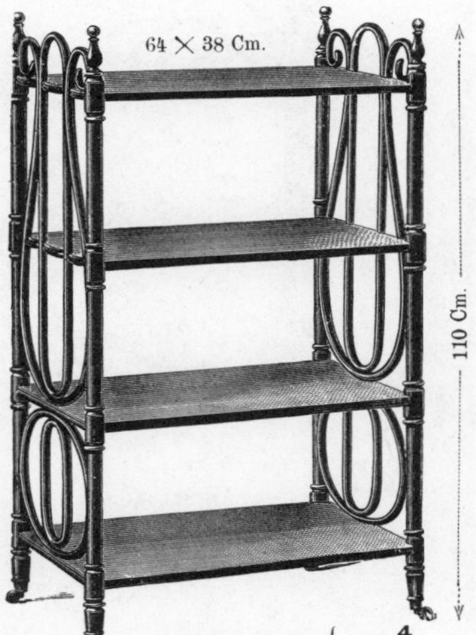

Notenetagere Nr. { 4 / 11604 }
K **40.–**

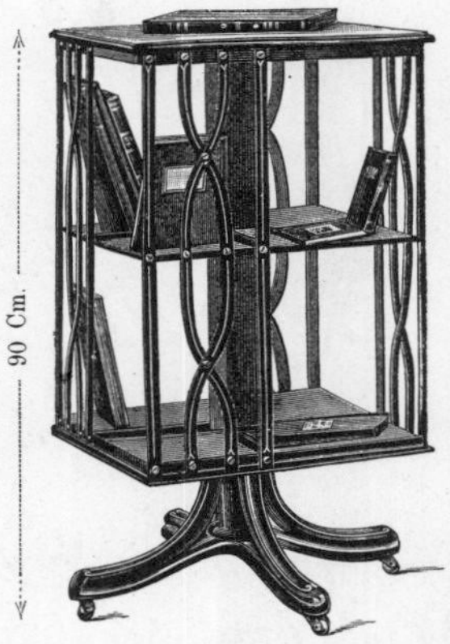

Drehbares Büchergestelle *K* **45.–**
Nr. 11651

Notentischchen *K* **22.–**
Nr. 11611

Notenetagere Nr. { 5 / 11605 } *K* **32.–**

Etagere Nr. { 41 / 11641 } *K* **45.–**

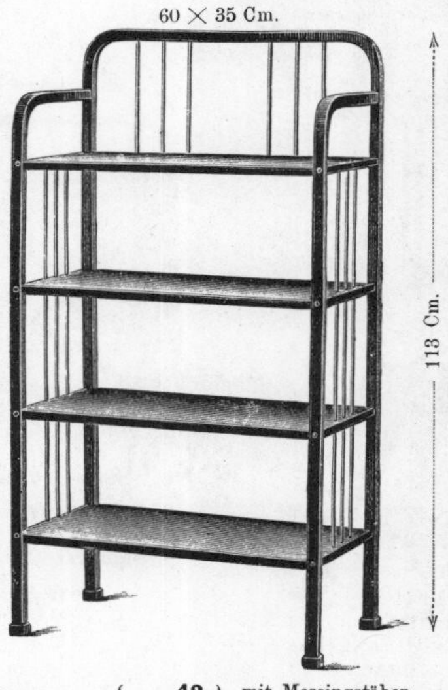

Etagere Nr. { 42 / 11642 } mit Messingstäben *K* **45.–**

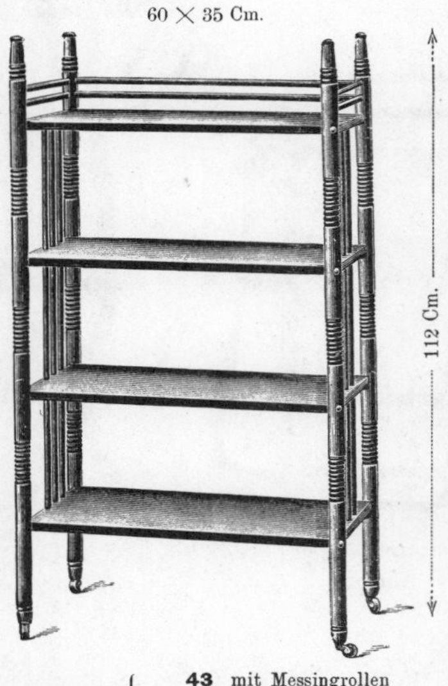

Etagere Nr. { 43 / 11643 } mit Messingrollen *K* **35.–**

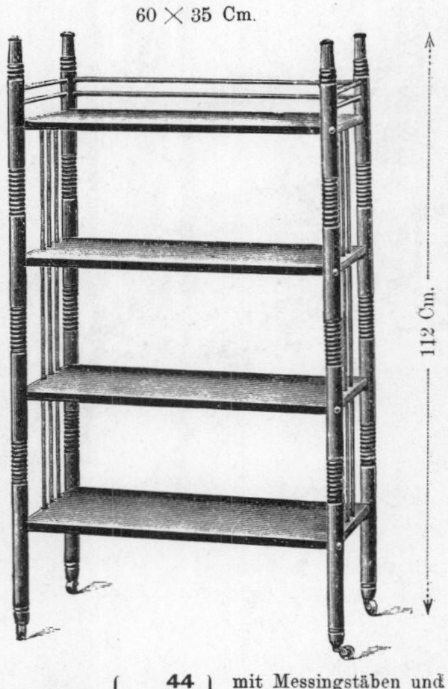

Etagere Nr. { 44 / 11644 } mit Messingstäben und Messingvasen *K* **50.–**

GEBRÜDER THONET.

Sitzmöbel für Musikzimmer (Harmoniumstockerl siehe Seite 42).

Klaviersessel Nr. { 28 / *11728*
K 8.—
(*K* 7.— + *K* 1.—)

Vorderansicht. Rückansicht.

Drehstockerl Nr. { 2 / *11702* } mit Lehne mit Mozartdessin und Lyra *K* 24.—

Die Rückseite der Lehne zeigt die gleiche Zeichnung.

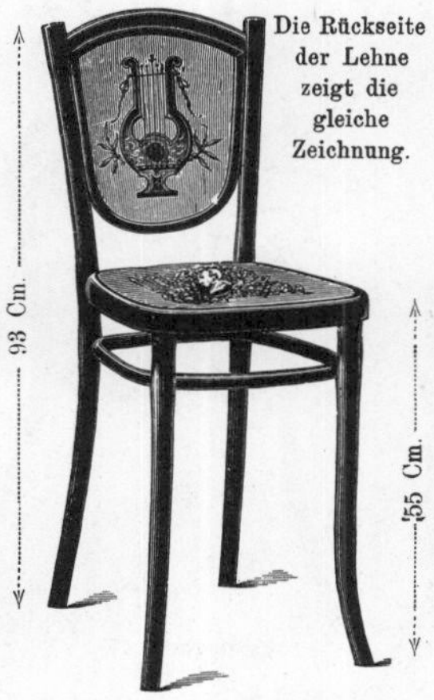

Klaviersessel Nr. { 59½ / *11759*
K 12.50
(*K* 9.50 [*K* 1.— × 3])

Klaviersessel Nr. { 66½ / *11766*
K 9.—
(*K* 8.— + *K* 1.—)

Wagner-Dessin.

Zeichnung für Sitze und Lehnen.

Dessinierte Fourniersitze und -lehnen.

Durch ein eigenartiges Verfahren können wir jedes durch Anwendung von Buchdruckerschwärze oder Farben reproduzierte Bild auf die Fourniersitze und -lehnen unserer Möbel übertragen und berechnen wir für schon bestehende Zeichnungen (Richard Wagner, Mozart, Lyra etc.) bloß einen durch die Manipulation bedingten Preisaufschlag von *K* 1.— per Dessin.
Bei speziell gewünschten Themen erhöht sich der Preis um den Anschaffungspreis der Lithographie (oder des Holzschnittes etc.), also des Originals.
Auf diese Weise verzierte Möbel wurden bisher vorwiegend für **Musikzimmer** geliefert.

Notenständer Nr. { 1 / *11801* } *K* 19.—

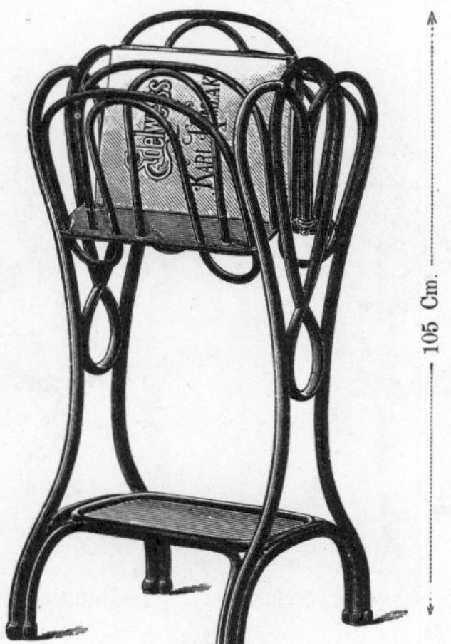

Notenständer Nr. { 2 / *11802* } hoch *K* 28.—

Notenständer Nr. { 34 / *11834*
Profil □ *K* 23.—

Notenständer Nr. { 33 / *11833*
Profil ○ *K* 14.—

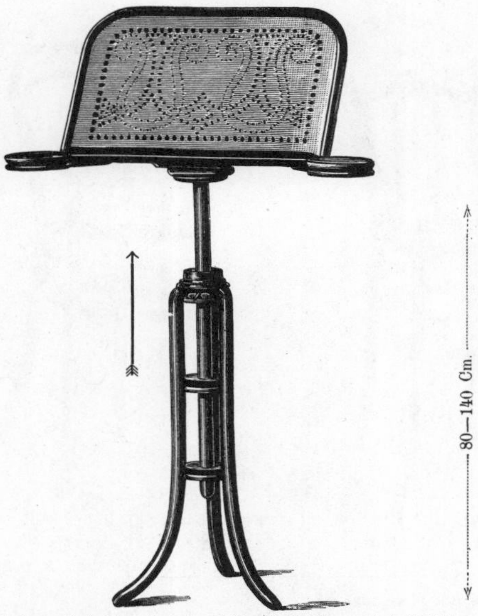

Notenpult (mit perforierter Füllung) *K* **20.—**, *Nr. 11851*
Der Höhe nach verstellbar.

Notenpult, Intarsia *K* **20.—**, *Nr. 11861*
Notenpult, doppelt, Intarsia *K* **28.—**, *Nr. 11862*

Notenpult, doppelt (mit perforierter Füllung) *K* **28.—**, *Nr. 11852*
Der Höhe nach verstellbar.

GEBRÜDER THONET.

Kindermöbel.

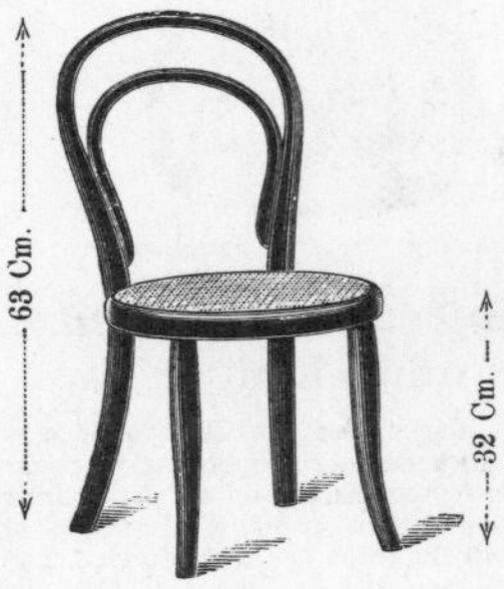

Kindersessel Nr. 1 *12001*

32 Cm. Durchm. *K* 4.—

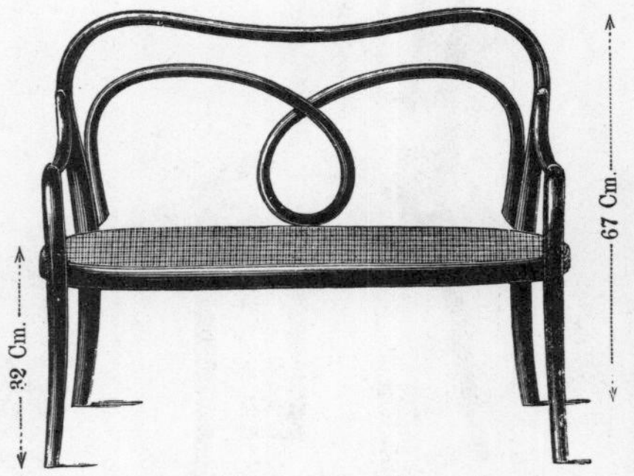

Kinderkanapee Nr. 1 *12021*

80 Cm. *K* 12.—

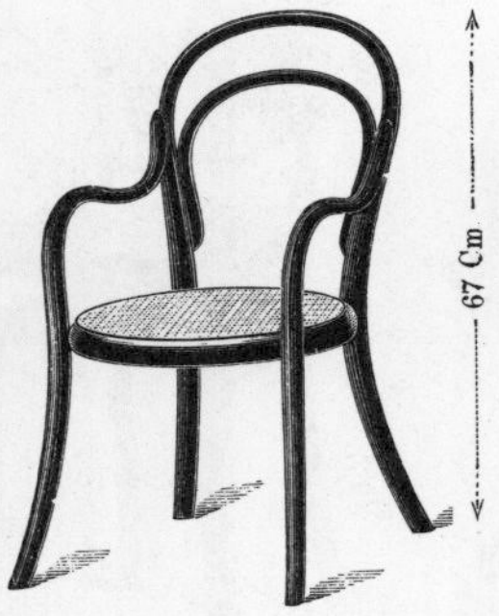

Kinderfauteuil Nr. 1 *12011*

35 Cm. Durchm. *K* 6.—

Kinderfauteuil Nr. 1, mit Tablette *12011 T*

35 Cm. Durchm. *K* 8.50

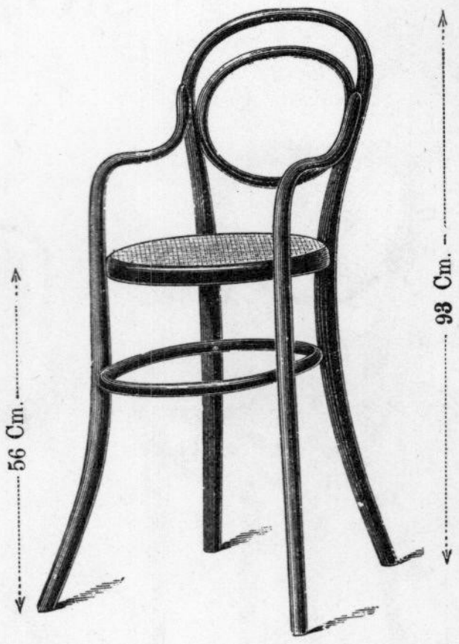

Hoher Kinderfauteuil Nr. 1 *12031*

35 Cm. Durchm. *K* 8.—

Kindersessel Nr. 1, mit Rohrlehne *12051*

32 Cm. Durchm. *K* 5.50

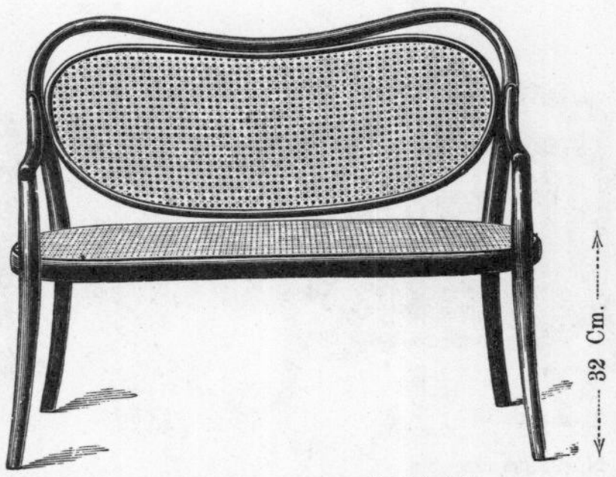

Kinderkanapee Nr. 1, mit Rohrlehne *12071*

80 Cm. *K* 15.—

Kinderfauteuil Nr. 1, mit Rohrlehne *12061*

35 Cm. Durchm. *K* 7.50

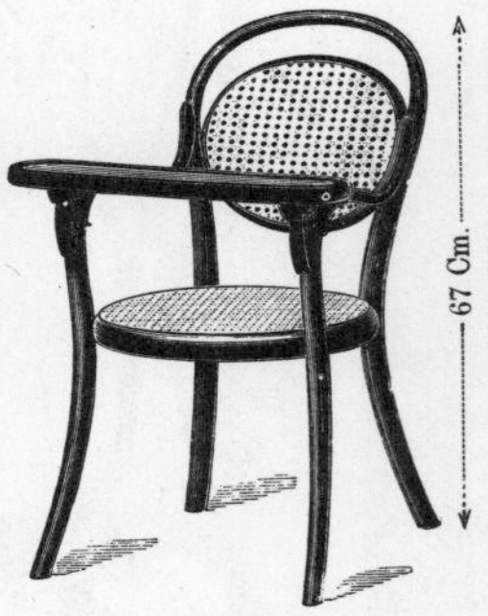

Kinderfauteuil Nr. 1, mit Rohrlehne und Tablette *12061 T*

35 Cm. Durchm. *K* 10.—

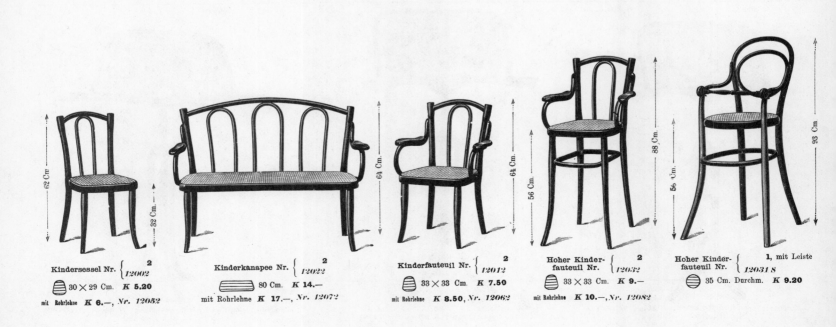

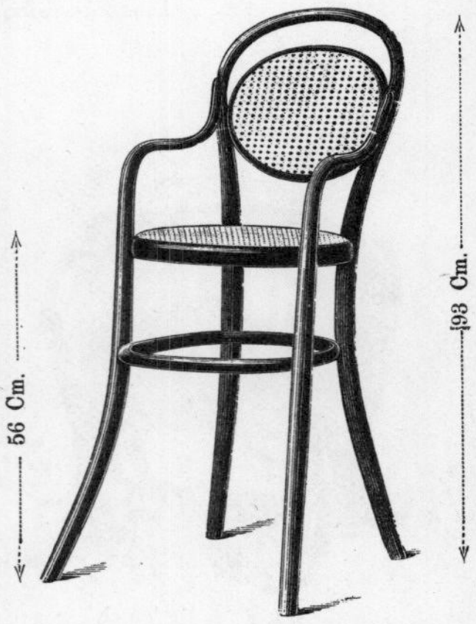

Hoher Kinderfauteuil Nr. 1, mit Rohrlehne *12081*

35 Cm. Durchm. *K* 9.—

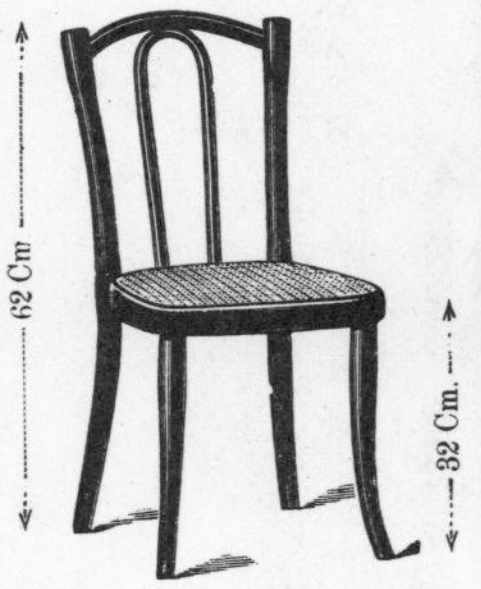

Kindersessel Nr. 2 *12002*

30 × 29 Cm. *K* 5.20

mit Rohrlehne *K* 6.—, *Nr.* 12052

Kinderkanapee Nr. 2 *12022*

80 Cm. *K* 14.—

mit Rohrlehne *K* 17.—, *Nr.* 12072

Kinderfauteuil Nr. 2 *12012*

33 × 33 Cm. *K* 7.50

mit Rohrlehne *K* 8.50, *Nr.* 12062

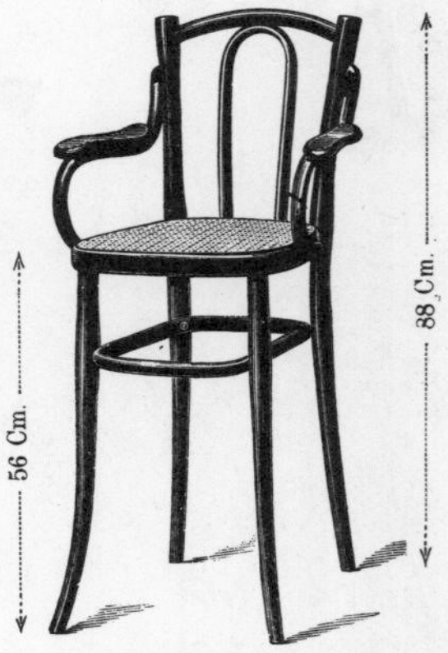

Hoher Kinderfauteuil Nr. 2 *12032*

33 × 33 Cm. *K* 9.—

mit Rohrlehne *K* 10.—, *Nr.* 12082

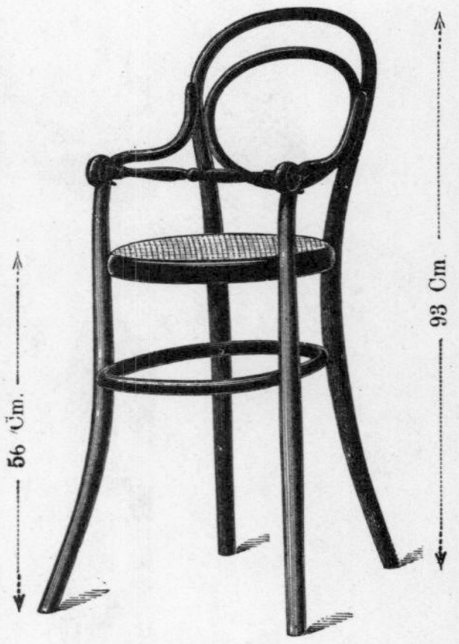

Hoher Kinderfauteuil Nr. 1, mit Leiste *12031 S*

35 Cm. Durchm. *K* 9.20

Kindermöbel.

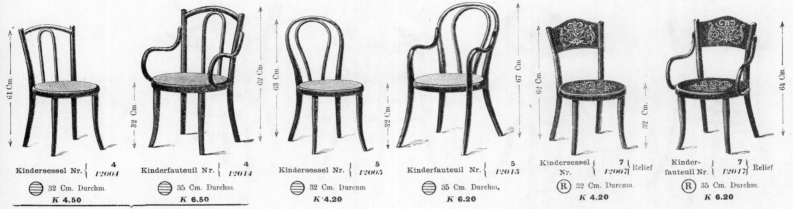

Kindersessel Nr. { 4 / *12004*

32 Cm. Durchm.

K 4.50

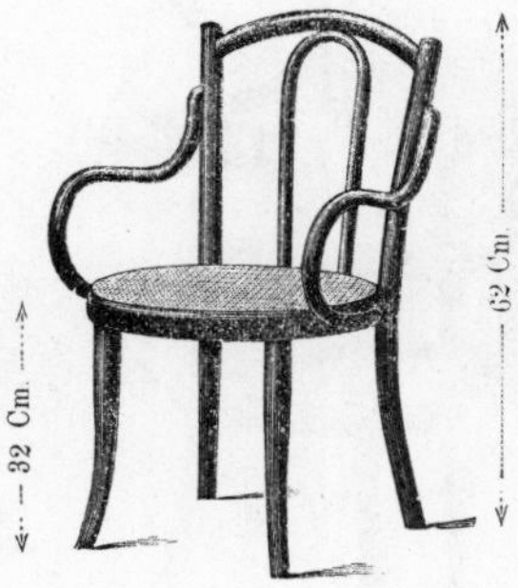

Kinderfauteuil Nr. { 4 / *12014*

35 Cm. Durchm.

K 6.50

Kinderkanapee Nr. { 4 / *12024* 80 Cm. **K 12.50**

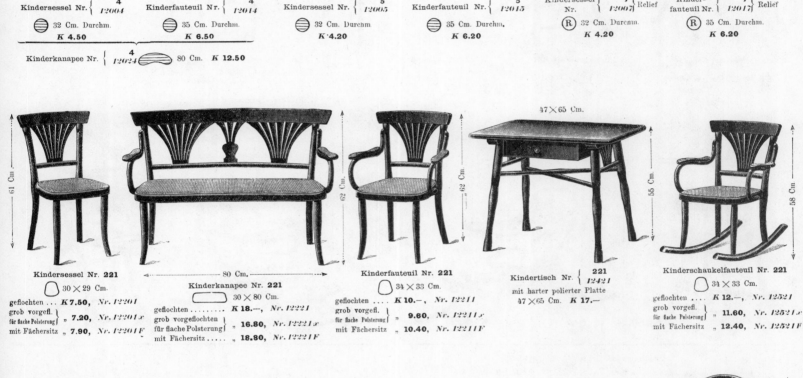

Kindersessel Nr. { 5 / *12005*

32 Cm. Durchm

K 4.20

Kinderfauteuil Nr. { 5 / *12015*

35 Cm. Durchm.

K 6.20

Kindersessel Nr. { 7 / *12007* } Relief

(R) 32 Cm. Durchm.

K 4.20

Kinder-fauteuil Nr. { 7 / *12017* } Relief

(R) 35 Cm. Durchm.

K 6.20

Kindersessel Nr. 221

30 × 29 Cm.

geflochten ... **K 7.50**, *Nr. 12201*
grob vorgefl. für flache Polsterung } „ **7.20**, *Nr. 12201 x*
mit Fächersitz „ **7.90**, *Nr. 12201 F*

Kinderkanapee Nr. 221

30 × 80 Cm.

geflochten .... **K 18.—**, *Nr. 12221*
grob vorgeflochten für flache Polsterung } „ **16.80**, *Nr. 12221 x*
mit Fächersitz ..... „ **18.80**, *Nr. 12221 F*

Kinderfauteuil Nr. 221

34 × 33 Cm.

geflochten .... **K 10.—**, *Nr. 12211*
grob vorgefl. für flache Polsterung } „ **9.60**, *Nr. 12211 x*
mit Fächersitz „ **10.40**, *Nr. 12211 F*

47 × 65 Cm.

Kindertisch Nr. { 221 / *12421*

mit harter polierter Platte
47 × 65 Cm. **K 17.—**

Kinderschaukelfauteuil Nr. 221

34 × 33 Cm.

geflochten .... **K 12.—**, *Nr. 12521*
grob vorgefl. für flache Polsterung } „ **11.60**, *Nr. 12521 x*
mit Fächersitz „ **12.40**, *Nr. 12521 F*

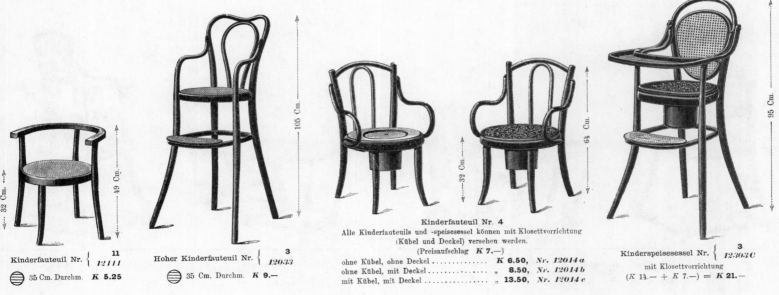

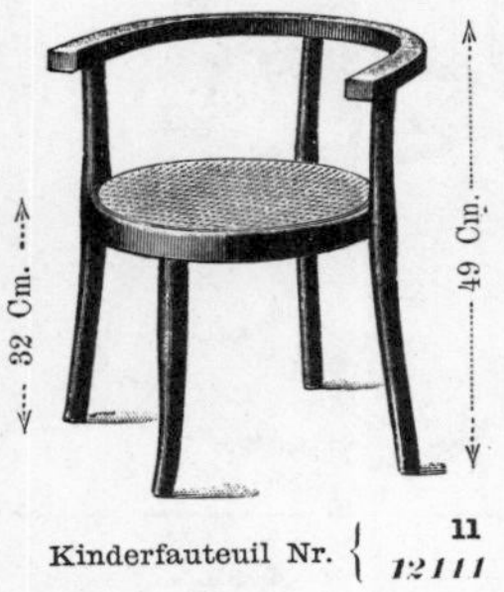

Kinderfauteuil Nr. { 11 / *12111*

35 Cm. Durchm. **K 5.25**

Hoher Kinderfauteuil Nr. { 3 / *12033*

35 Cm. Durchm. **K 9.—**

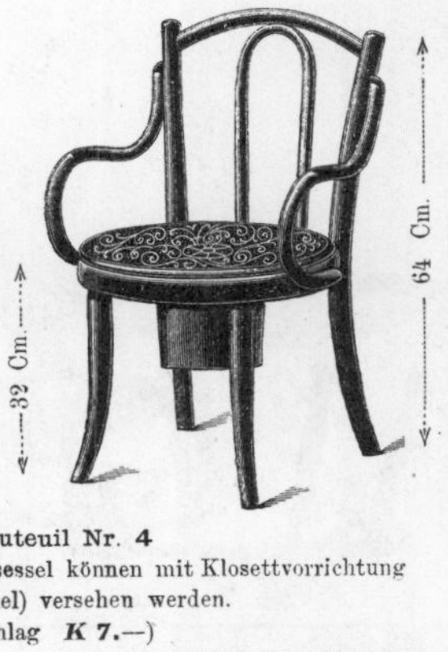

Kinderfauteuil Nr. 4

Alle Kinderfauteuils und -speisesessel können mit Klosettvorrichtung (Kübel und Deckel) versehen werden.
(Preisaufschlag **K 7.—**)

ohne Kübel, ohne Deckel .... **K 6.50**, *Nr. 12014 a*
ohne Kübel, mit Deckel .... „ **8.50**, *Nr. 12014 b*
mit Kübel, mit Deckel .... „ **13.50**, *Nr. 12014 c*

Kinderspeisesessel Nr. { 3 / *12303 C*

mit Klosettvorrichtung
(*K* 14.— + *K* 7.—) = **K 21.—**

GEBRÜDER THONET.

Kindermöbel.

Kinderspeisesessel Nr. { 1 / *12301*

33 × 33 Cm. **K 12.–**

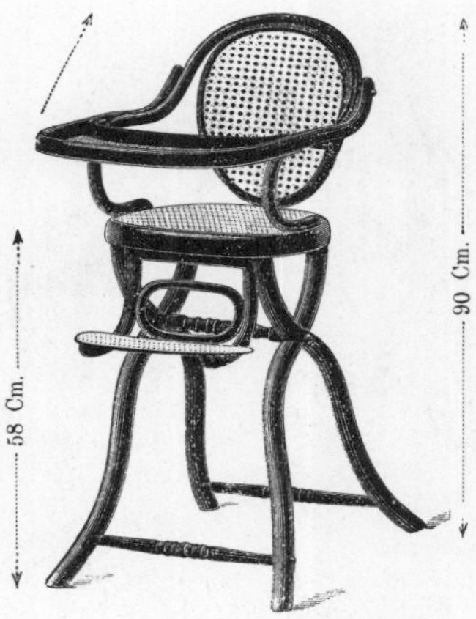

Kinderspeisesessel Nr. { 2 / *12302*

33 × 33 Cm. **K 22.–**

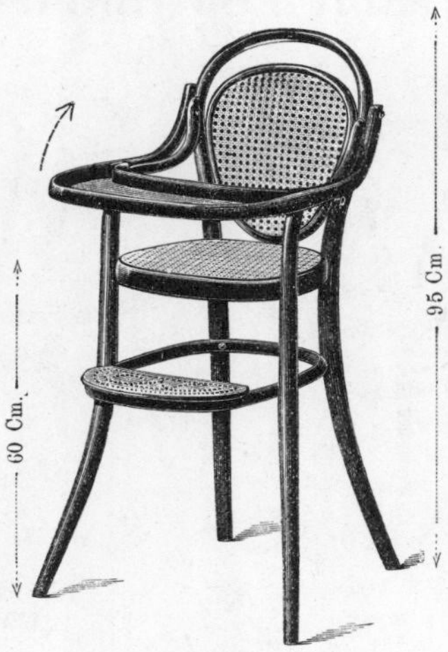

Kinderspeisesessel Nr. { 3 / *12303*

33 × 33 Cm. **K 14.–**

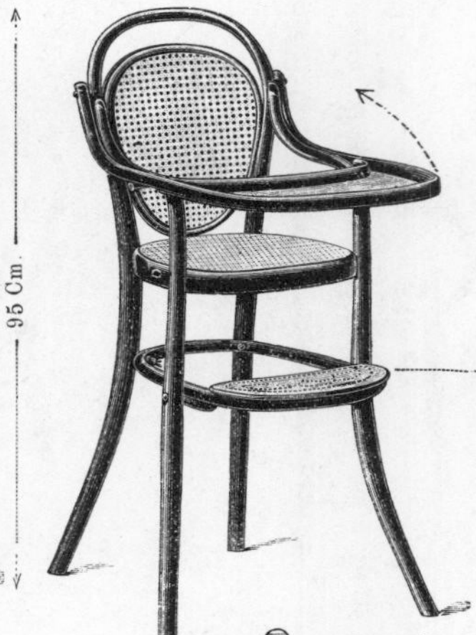

Fußreif, verstellbar, zu Kinderspeisesessel Nr. **1** und **3** und hohen Kinderfauteuils

mit Flügelschrauben **K 2.50** } Preisaufschlag
mit Ringschrauben „ **1.–** }

33 × 33 Cm.

Kinderspeisesessel Nr. { 3 / *12303 H*

mit verstellbarem Fußreif (mit Flügelschrauben) (*K* 14.– + *K* 2.50) = **K 16.50**

Kinderspeisesessel Nr. { 5 / *12305*

ist genau obiger Kinderspeisesessel Nr. **3**, mit festem Fußreif, nur wird die Tablette (anstatt mit Federvorrichtung) beiderseits mit Haken und Ring befestigt.

Preis des Kinderspeisesessels Nr. { 5 / *12305* mit festem Fußreif **K 13.–**

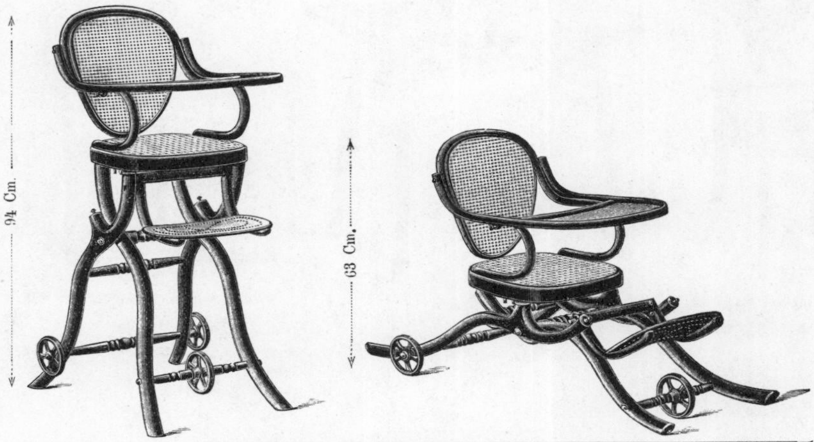

Kinderrollsessel Nr. **5** 33 × 34 Cm.

Nr. 12355, normal .... **K 30.–**
Nr. 12355 a, Räder mit Kautschuk überzogen „ **35.–**

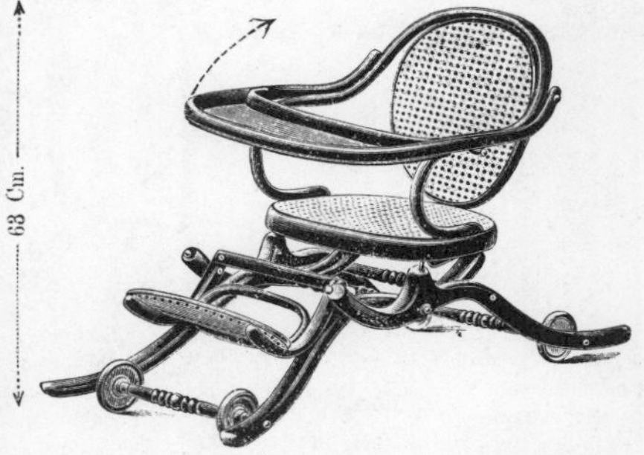

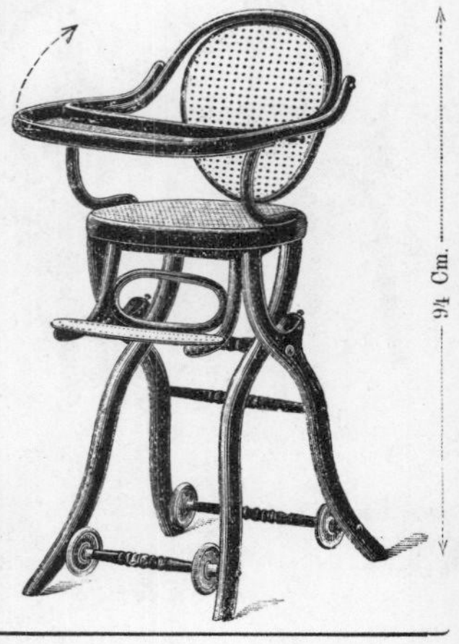

Kinderrollsessel Nr. { 1 / *12351* 33 × 33 Cm. **K 34.–**

Nr. 12351 a, Räder mit Kautschuk überzogen .... „ **36.–**

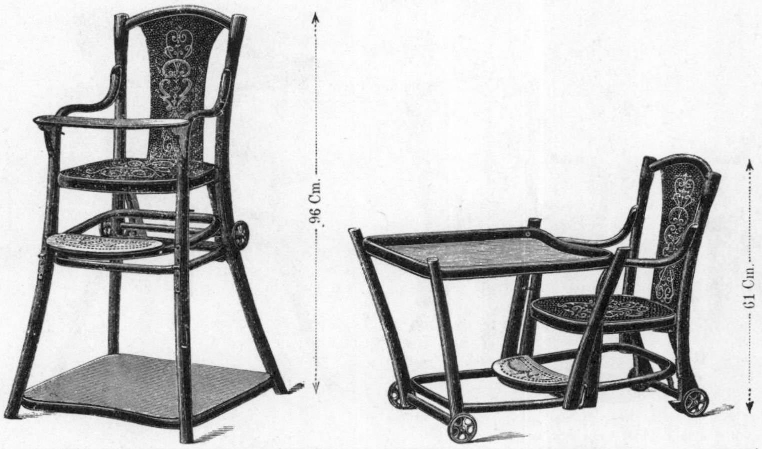

Kinderrollsessel Nr. { 3 / *12353*

Räder mit Kautschuk überzogen, Relief (R) 33 × 34 Cm. **K 28.–**

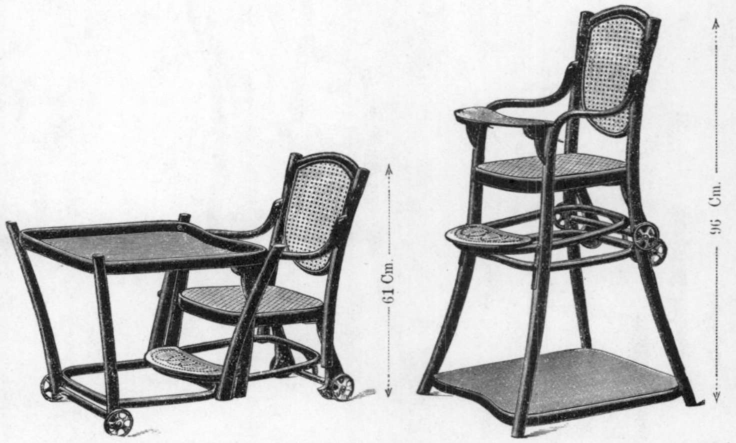

Kinderrollsessel Nr. { 4 / *12354* } Räder mit Kautschuk überzogen **K 30.–**

GEBRÜDER THONET.

Kindermöbel.

○ 60 Cm. Durchm.

55 Cm.

Kindertisch Nr. { 1 / 12401

K 12.—

○ 56 Cm. Durchm.

55 Cm.

Kindertisch Nr. { 2 / 12402

K 13.—

50 × 50 Cm.

55 Cm. 50 Cm.

Kindertisch Nr. { 3 / 12403

lackiert *K* 6.—

47 × 65 Cm.

55 Cm.

Kindertisch Nr. { 4 / 12404

mit Schublade, lackierte Platte

K 9.50

47 × 65 Cm.

55 Cm.

Kindertisch Nr. { 5 / 12405

mit Schublade, Platte poliert

K 16.—

41 × 46 Cm.

45 Cm.

Kindertischbank Nr. { 1 / 12601 } *K* 18.—

44 × 46 Cm.

25 Cm.

Doppel-Kindertischbank Nr. { 1 / 12611 } *K* 28.—

57 Cm.

Kinderwaschständer
mit Spiegelaufsatz und Glas
K 17.—, *Nr. 12652c*
ohne Glas *K* 13.—, *Nr. 12652a*

Nr. 12651
Kinderwaschständer
Preis (ohne Garnitur)
K 8.—

41 × 46 Cm.

45 Cm.

Kindertischbank Nr. { 2 / 12602 } *K* 15.—

44 × 46 Cm.

57 Cm.

Doppel-Kindertischbank Nr. { 2 / 12612 } *K* 24.—

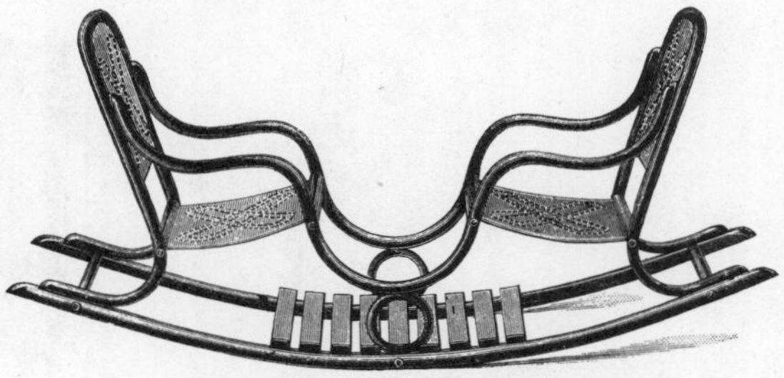

57 Cm.

Doppel-Kinderschaukel *Nr. 12500* *K* 20.—

Sitzhöhe genommen bei horizontal gestelltem Sitze, Lehnhöhe vom Sitze ab.

Sitzhöhe 25 Cm., Lehnhöhe 43 Cm.

Kinderschaukel-fauteuil Nr. { 1 / 12551

33 × 33 Cm. *K* 12.—

Sitzhöhe 30 Cm., Lehnhöhe 33 Cm.

Kinderschaukelfauteuil Nr. 2

33 × 33 Cm. *K* 9.50, *Nr. 12502*

mit Rohrlehne „ 10.50, *Nr. 12552*

Sitzhöhe 34½ Cm., Lehnhöhe 40 Cm.

Kinderschaukelfauteuil Nr. 56

39 × 36 Cm. *K* 11.50, *Nr. 12506*

mit Rohrlehne „ 12.70, *Nr. 12556*

Sitzhöhe 34 Cm., Lehnhöhe 40 Cm.

Kinderschaukel-fauteuil Nr. { 59 / 12559

39 × 36 Cm. *K* 14.—

29 × 29 Cm.

25 Cm.

Nr. 6767
Kinderfeldstockerl mit geflochtenem Sitz (zusammenlegbar) *K* 4.30

(Siehe Seite 49.)

GEBRÜDER THONET.

Kinderbetten.

Innenmaße 158 × 68 Cm.

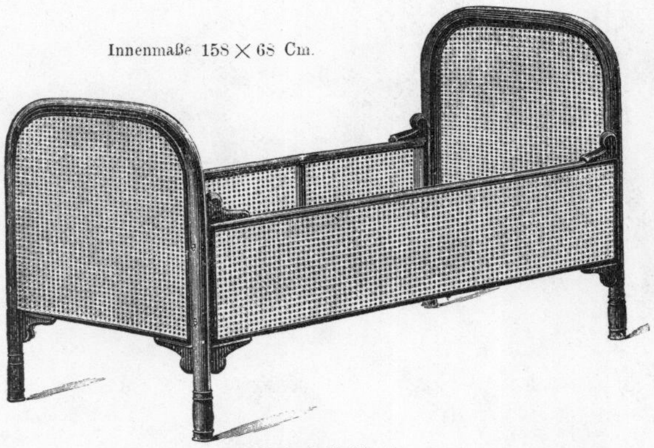

Kinderbett Nr. 1
mit Holzboden .... *K* **58.—**,*Nr. 12701*
mit geflochtenem Einsatz.......... „ **68.—**,*Nr. 12711*

Innenmaße 142 × 68 Cm.

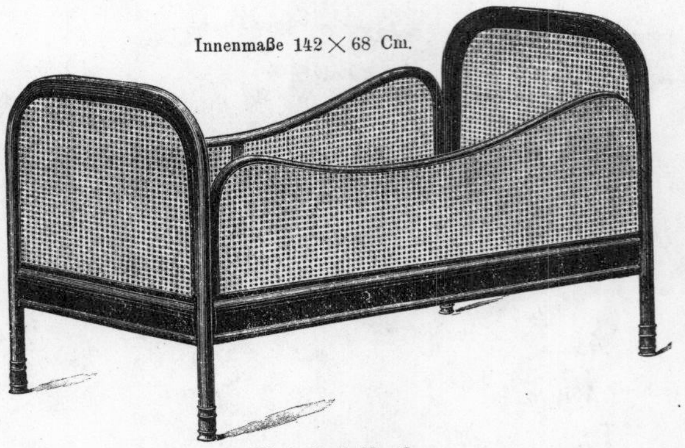

Kinderbett Nr. 2
mit Holzboden .... *K* **70.—**,*Nr. 12702*
mit geflochtenem Einsatz.......... „ **78.—**,*Nr. 12712*

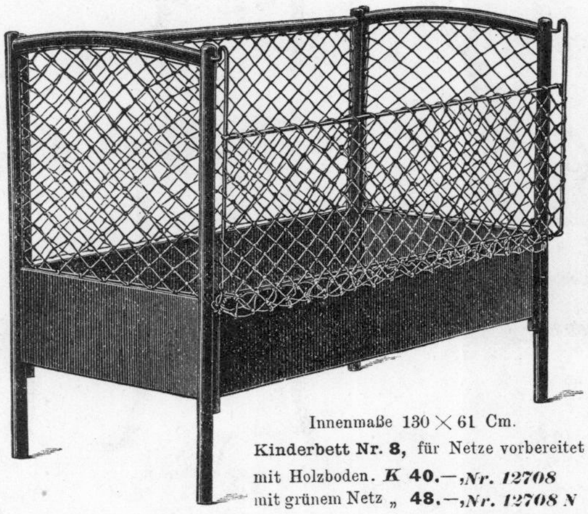

Innenmaße 130 × 61 Cm.
Kinderbett Nr. 8, für Netze vorbereitet
mit Holzboden. *K* **40.—**,*Nr. 12708*
mit grünem Netz „ **48.—**,*Nr. 12708 N*

Innenmaße 130 × 61 Cm.

Kinderbett Nr. 5
für Netze vorbereitet
mit Holzboden .... *K* **48.—**, *Nr. 12705*
mit grünem Netz auf einer Seite. „ **58.—**, *Nr. 12705 N*
mit grünem Netz auf beiden Seiten „ **68.—**, *Nr. 12705 NN*

Kinderbett Nr. 3
mit Holzboden... *K* **54.—**, *Nr. 12703*
mit Rohrboden... „ **62.—**, *Nr. 12713*
mit Bogen für Vorhang **mehr** *K* **2.—**,*B*
mit Seitenaufsätzen, wovon einer beweglich ist, **mehr**. „ **20.—**,*A*

Innenmaße 130 × 61 Cm.

Innenmaße 130 × 61 Cm.

Kinderbett Nr. 5
mit Holzboden, mit Netz und einer Schublade *K* **84.—**, *Nr. 12725*
mit Rohrboden, mit Netz und einer Schublade „ **92.—**, *Nr. 12735*

Ansicht eines montierten Kinderbettes Nr. 5.
Preise des Gestelles:
mit Holzboden *K* **48.—**, *Nr. 12705*
mit Rohrboden „ **56.—**, *Nr. 12715*
Bogen für Vorhang *K* **2.—**, *B*
mit Seitenaufsätzen, von denen einer beweglich ist, **mehr**. „ **20.—**, *A*

Innenmaße 130 × 61 Cm.

GEBRÜDER THONET.

Kindermöbel.

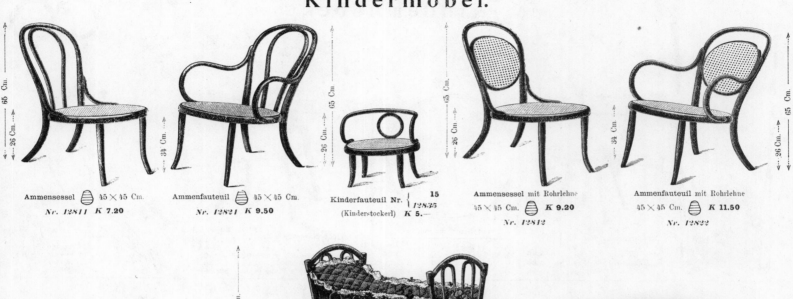

Ammensessel 45 × 45 Cm.
Nr. 12811 **K 7.20**

Ammenfauteuil 45 × 45 Cm.
Nr. 12821 **K 9.50**

Kinderfauteuil Nr. 15 / *12835*
(Kinderstockerl) **K 5.—**

Ammensessel mit Rohrlehne
45 × 45 Cm. **K 9.20**
Nr. 12812

Ammenfauteuil mit Rohrlehne
45 × 45 Cm. **K 11.50**
Nr. 12822

Kinderklosettfauteuil Nr. 16 / *12836*
Preis samt Kübel **K 6.50**

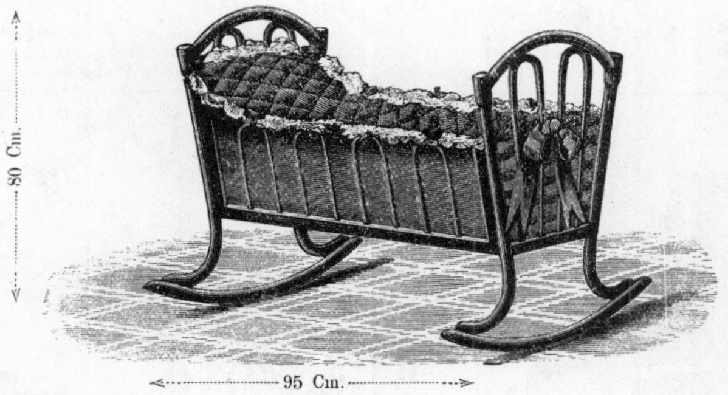

Kinderwiege Nr. 3 / *12803*
Preis des Gestelles (zum Polstern) **K 24.—**

Kindergehschule Nr. 2 / *12852*
mit Spielbrett **K 14.50**

Stange allein
K 2.—

Kinderwiege Nr. 1 / *12801*
Preis des Gestelles (zum Polstern) **K 70.—**

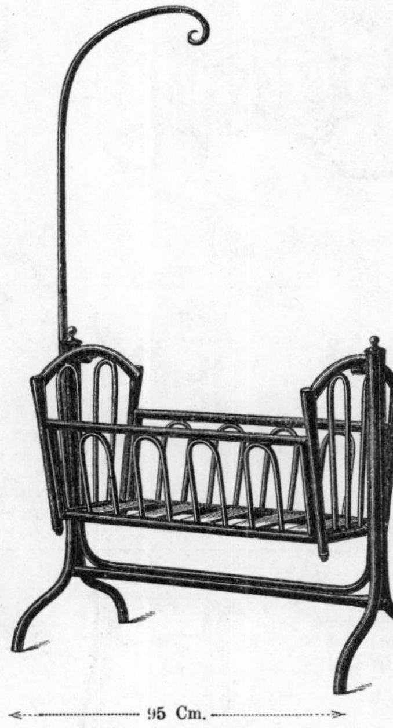

Kinderwiege Nr. 4 / *12804* **K 36.—**

Stange allein
K 2.—

Kinderwiege Nr. 2 / *12802*
Preis des Gestelles (zum Polstern) **K 48.—**

Kindermöbel.

Kinder-
hängeschaukel
Preis ohne Stricke
K 6.50,
Nr. 12861
Preis „komplett“
K 14.–,
Nr. 12861c

60 Cm.

Kindergartensessel Nr. { 4 / *12874* }

roh . . . . *K* **2.20**
mit Ölanstrich, eichenartig „ **2.80**
„ „ birkenartig „ **3.10**

Spielreifen samt Schläger

35, 45, 55, 65 Cm. Durchm. *K* **1.–**
75, 85 Cm. Durchm. . . . . . . „ **1.20**
Nr. 12890

47 × 55 Cm.

50 Cm.

Kindergartentisch Nr. { 4 / *12884* } mit Lattenplatte

roh . . . . *K* **4.50**
mit Ölanstrich, eichenartig . . . . „ **6.–**
mit Ölanstrich, birkenartig . . . . „ **6.25**
mit massiver Platte je *K* **–.50** mehr!

Turnringe
Nr. 12891, 19 Cm. Durchm. *K* **1.–**
Nr. 12892, 21 Cm. Durchm. „ **1.–**
per Stück

Puppenmöbel.

Schaukelfauteuil
Nr. { 1 / *12931* } *K* **3.50**

Kanapee
Nr. { 1 / *12921* } *K* **4.–**

Stange allein
K **–.50**

Ansicht einer montierten Wiege.

Puppenwiege
Nr. { 1 / *12951* } *K* **14.50**

Tisch
Nr. { 1 / *12941* } *K* **3.–**

Fauteuil
Nr. { 1 / *12911* } *K* **2.50**

Waschständer
Nr. { 1 / *12961* } *K* **4.–**
(Preis ohne Lavoir)

Schaukelfauteuil
Nr. { 2 / *12932* } *K* **5.50**

Kanapee
Nr. { 2 / *12922* } *K* **6.–**

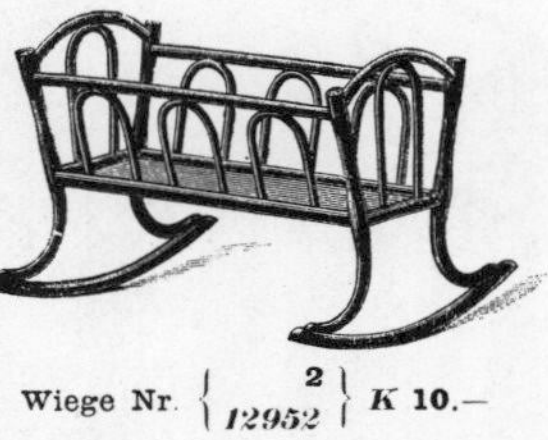

Wiege Nr. { 2 / *12952* } *K* **10.–**

Tisch
Nr. { 2 / *12942* } *K* **5.–**

Fauteuil
Nr. { 2 / *12912* } *K* **4.–**

Speisesessel
Nr. { 2 / *12972* } *K* **6.50**

Bambus-
imitation,
Gestelle
zum
Überziehen

Sessel Nr. 3 *K* **4.–**, *Nr. 12903*
überzogen *K* **4.50**, *Nr. 12903c*

Bambus-
imitation,
Gestelle
zum
Überziehen

Kanapee Nr. 3 *K* **6.–**, *Nr. 12923*
überzogen *K* **7.–**, *Nr. 12923c*

Bambus-
imitation,
Gestelle
zum
Überziehen

Tisch Nr. 3 *K* **4.–**, *Nr. 12943*
überzogen *K* **5.–**, *Nr. 12943c*

Bambus-
imitation,
Gestelle
zum
Überziehen

Fauteuil Nr. 3 *K* **4.50**, *Nr. 12913*
überzogen *K* **5.–**, *Nr. 12913c*

Schaukelfauteuil Nr. 3
K **5.50**, *Nr. 12933*
überzogen *K* **6.–**, *Nr. 12933c*

Bambus-
imitation,
Gestelle
zum
Überziehen

Sessel Nr. 4 *K* **2.–**, *Nr. 12904*
überzogen *K* **2.50**, *Nr. 12904c*

Bambus-
imitation,
Gestelle
zum
Überziehen

Kanapee Nr. 4 *K* **3.50**, *Nr. 12924*
überzogen *K* **4.50**, *Nr. 12924c*

Bambus-
imitation,
Gestelle
zum
Überziehen

Tisch Nr. 4 *K* **2.50**, *Nr. 12944*
überzogen *K* **3.50**, *Nr. 12944c*

Bambus-
imitation,
Gestelle
zum
Überziehen

Fauteuil Nr. 4 *K* **2.50**, *Nr. 12914*
überzogen *K* **3.–**, *Nr. 12914c*

Schaukelfauteuil Nr. 4
K **3.50**, *Nr. 12934*
überzogen *K* **4.–**, *Nr. 12934c*

GEBRÜDER THONET.

Bambus- oder Pfefferrohr-Imitation.

Sessel Nr. **150** 43 × 36 Cm.

zum Überziehen	K 7.50,	*Nr. 13150*
geflochten.	„ 10.50,	*Nr. 13150 c*
grob vorgeflochten, zum Überziehen .	„ 9.—,	*Nr. 13150 a*
mit japan. Matte überzogen	„ 11.—,	*Nr. 13150 b*

Kanapee Nr. **150** 95 Cm.

zum Überziehen...............	K 16.—,	*Nr. 13350*
geflochten	„ 23.—,	*Nr. 13350 c*
grob vorgeflochten, zum Überziehen	„ 20.—,	*Nr. 13350 a*
mit japan. Matte überzogen	„ 25.—,	*Nr. 13350 b*

Stockerl Nr. **150** 36 × 36 Cm.

zum Überziehen.......	K 5.50,	*Nr. 13450*
geflochten	„ 9.—,	*Nr. 13450 c*
grob vorgeflochten, zum Überziehen	„ 7.—,	*Nr. 13450 a*
mit japan. Matte überzogen	„ 9.—,	*Nr. 13450 b*

Fauteuil Nr. **150** 50 × 42 Cm.

zum Überziehen.......	K 12.—,	*Nr. 13250*
geflochten............	„ 15.50,	*Nr. 13250 c*
grob vorgeflochten, zum Überziehen	„ 14.—,	*Nr. 13250 a*
mit japan. Matte überzogen	„ 16.50,	*Nr. 13250 b*

35 × 25 Cm.

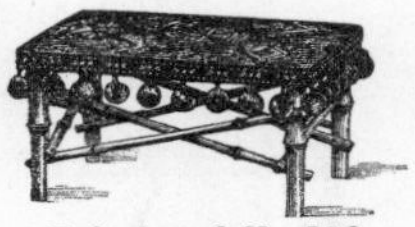

Fußschemel Nr. **150**

zum Überziehen	K 4.—,	*Nr. 13550*
geflochten...	„ 6.—,	*Nr. 13550 c*

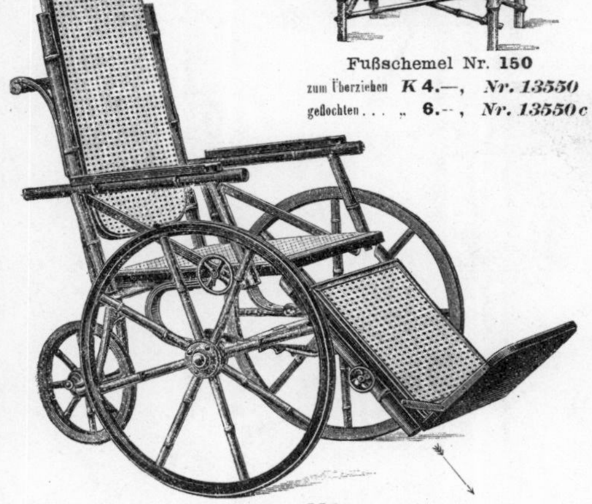

Rollwagen Nr. { **150** / *13000* } **K 190.—**

Rücklehne und Fußteil verstellbar und letzteres auch verschiebbar zum Verlängern.

65 × 65 Cm.

Tisch Nr. **150**

zum Überziehen.........	K 14.—,	*Nr. 13650*
mit japan. Matte überzogen	„ 20.—,	*Nr. 13650 b*
mit polierter und fournierter Platte ...	„ 27.—,	*Nr. 13650 d*

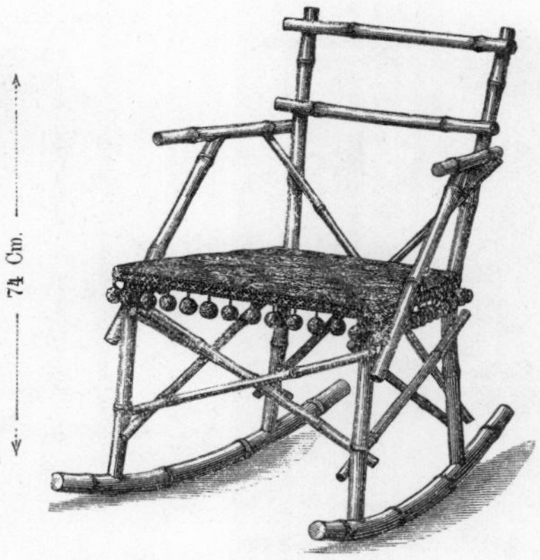

Schaukelfauteuil Nr. **150** 50 × 42 Cm.

zum Überziehen	K 15.—,	*Nr. 13750*
geflochten	„ 18.50,	*Nr. 13750 c*
grob vorgeflochten, zum Überziehen .	„ 17.—,	*Nr. 13750 a*
mit japan. Matte überzogen	„ 19.50,	*Nr. 13750 b*

Stummer Diener Nr. { **150** / *13006* }

K 6.—

Sessel Nr. **151** 43 × 36 Cm.

zum Überziehen.......	K 9.50,	*Nr. 13151*
geflochten	„ 12.50,	*Nr. 13151 c*
grob vorgeflochten, zum Überziehen .	„ 11.—,	*Nr. 13151 a*
mit japan. Matte überzogen	„ 13.—,	*Nr. 13151 b*

Stockerl Nr. **151** 36 × 36 Cm.

zum Überziehen.......	K 6.50,	*Nr. 13451*
geflochten	„ 10.—,	*Nr. 13451 c*
grob vorgeflochten, zum Überziehen.	„ 8.—,	*Nr. 13451 a*
mit japan. Matte überzogen	„ 10.—,	*Nr. 13451 b*

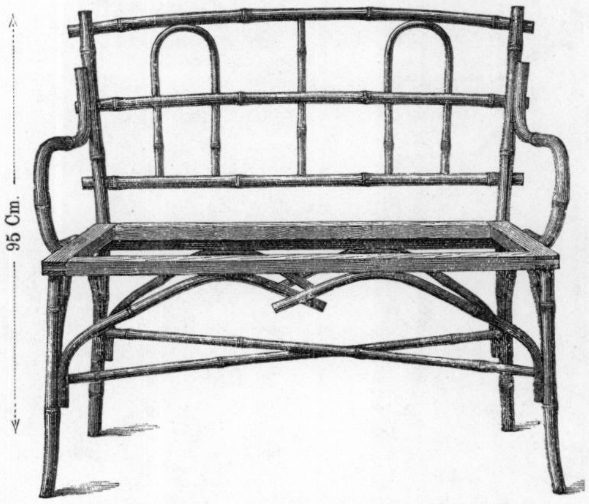

Kanapee Nr. **151** 95 Cm.

zum Überziehen..........	K 22.—,	*Nr. 13351*
geflochten	„ 29.—,	*Nr. 13351 c*
grob vorgeflochten, zum Überziehen ...	„ 26.—,	*Nr. 13351 a*
mit japan. Matte überzogen	„ 31.—,	*Nr. 13351 b*

Fauteuil Nr. **151** 50 × 42 Cm.

zum Überziehen..........	K 15.50,	*Nr. 13251*
geflochten	„ 19.—,	*Nr. 13251 c*
grob vorgeflochten, zum Überziehen ...	„ 17.50,	*Nr. 13251 a*
mit japan. Matte überzogen	„ 20.—,	*Nr. 13251 b*

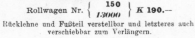

GEBRÜDER THONET.

Bambus- oder Pfefferrohr-Imitation.

Tisch Nr. **151**
zum Überziehen . . . . **K 16.50,** *Nr. 13651*
mit polierter u. fournierter Platte „ **29.50,** *Nr. 13651 d*
mit japan. Matte überzogen . . . „ **22.50,** *Nr. 13652 b*

Sessel Nr. { **152** / *13152* } zum Polstern
40 × 36 Cm. **K 10.–**

Kanapee Nr. { **152** / *13352* } zum Polstern
111 Cm. **K 23.–**

Fauteuil Nr. { **152** / *13252* } zum Polstern
56 × 48 Cm. **K 16.–**

Rahmen Nr. { **150 b** / *13012* } in beliebiger Größe
Preis per Meter Umfang **K 4.80,** die 4 Ecken mehr **K 1.60**

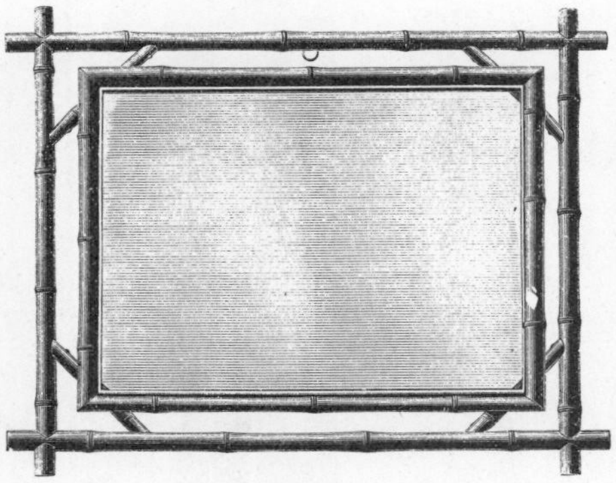

Rahmen Nr. { **150 a** / *13011* } in beliebiger Größe
Preis per Meter Umfang **K 4.–,** die 4 Ecken mehr **K 2.40**

Etagere Nr. { **150** / *13021* } **K 30.–**

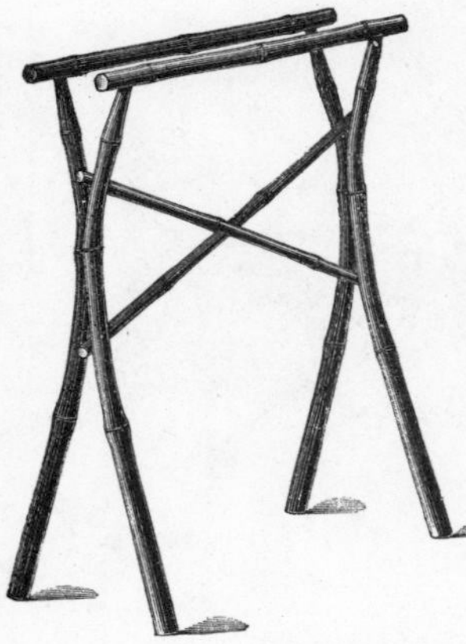

Handtuchgestelle Nr. { **151** / *13031* } **K 7.–**

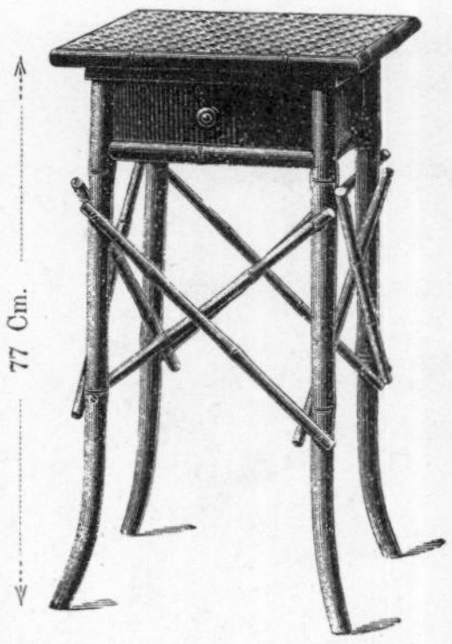

Nachttisch Nr. { **150** / *13040* }
Platte zum Überziehen mit Stoff
K 17.50

Nr. 13040 b
Platte mit japan. Matte überzogen
K 21.–

Nr. 13040 d
Platte poliert **K 21.–**

Nachtkästchen Nr. **151**
Preis ohne Marmorplatte
mit Aufsatz . **K 45.–,** *Nr. 13141 A*
ohne Aufsatz „ **40.–,** *Nr. 13141*

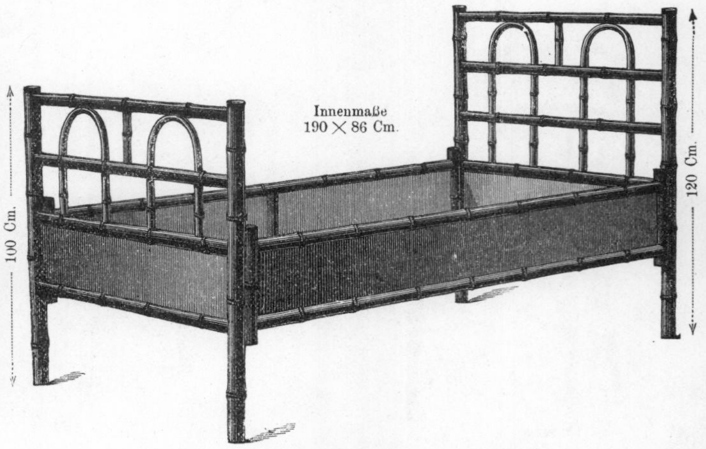

Bett Nr. **151**
mit Holzboden . . . **K 66.–,** *Nr. 13051*
mit Rohrboden . . „ **82.–,** *Nr. 13061*

GEBRÜDER THONET.

Bambus- oder Pfefferrohr-Imitation.

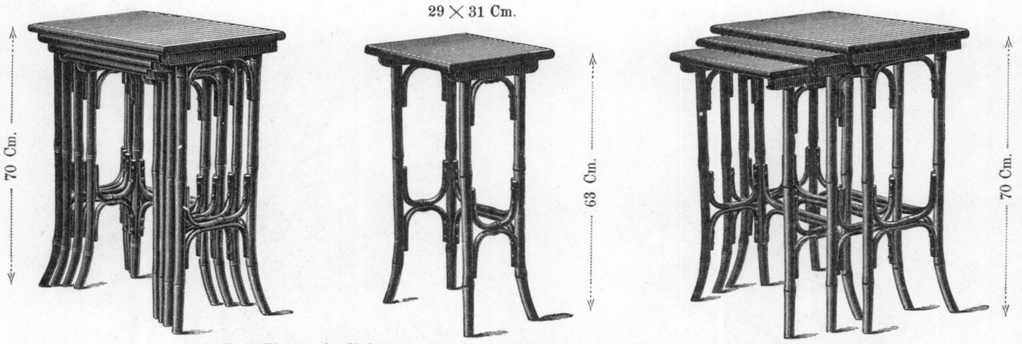

Aufwartetisch Nr. **151**, 4 teilig { alle 4 Platten für Majolika vorbereitet ***K* 42.50**, *Nr. 13071 b*
Platten zum Überziehen .... „ **40.–**, *Nr. 13071 a*
Platten poliert, massiv .... „ **38.–**, *Nr. 13071*

mit einer Majolikaplatte
Preisaufschlag ***K* 9.–**

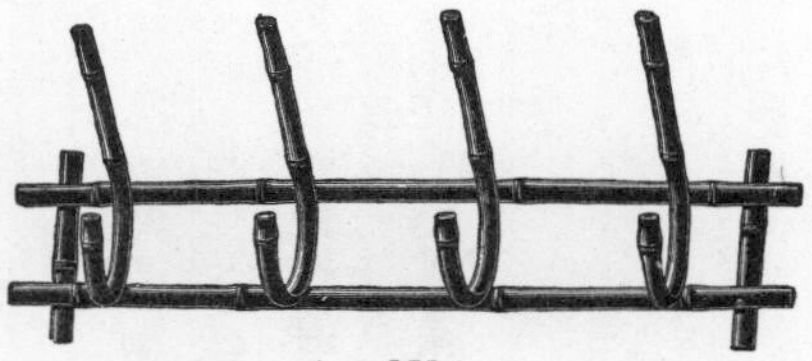

Kleiderrechen Nr. { **151** / *13004* } mit 4 Haken ***K* 6.–**

Serviertasse Nr. **150**

Rahmen für Platten von
50 × 32 Cm. ***K* 5.–**, *Nr. 13805*
56 × 36 Cm. „ **6.–**, *Nr. 13806*

Rahmen mit polierter oder eichen lackierter **Platte**
50 × 32 Cm. ***K* 5.50**, *Nr. 13807*
56 × 36 Cm. „ **6.50**, *Nr. 13808*

Majolikaplatten in allen Farben und Dessins besorgen wir zum Selbstkostenpreise von ***K* 9.–** bis ***K* 12.–**

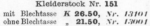

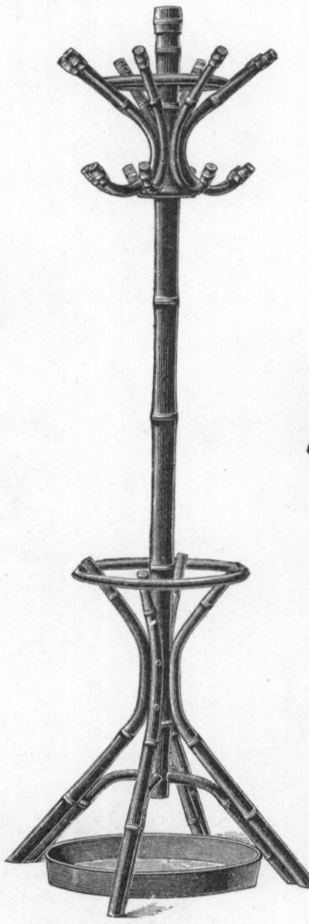

Kleiderstock Nr. **151**
mit Blechtasse ***K* 26.50**, *Nr. 13101*
ohne Blechtasse „ **21.50**, *Nr. 13001*

Waschtischgestelle Nr. **151**
ohne Marmorplatte, ohne Garnitur ***K* 20.–**, *Nr. 13801*
mit beiderseitigem Handtuchhalter „ **21.–**, *Nr. 13801 a*
mit Schubladen, ohne Spiegelaufsatz „ **32.–**, *Nr. 13811*
Spiegelaufsatz, ohne Glas .... „ **8.–**, *A*
Spiegelglas 60 × 35 Cm. .... „ **17.–**, *B*

Waschtisch Nr. **151**
mit Schubladen und Spiegelaufsatz,
ohne Glas, ohne Marmor .... ***K* 40.–**, *Nr. 13821*
Spiegelglas 60 × 35 Cm. .... „ **17.–**, *B*
Spiegelaufsatz, ohne Glas .... „ **8.–**, *A*

Theetisch.

Theetisch		Platte roh	Platte poliert oder eichen lackiert
a) Platte fest	50 × 32 Cm.	*Nr. 13831 a* ***K* 20.–**	*Nr. 13831 b* ***K* 21.–**
	56 × 36 Cm.	*Nr. 13832 a* ***K* 21.50**	*Nr. 13832 b* ***K* 22.50**
b) Platte abnehmbar	50 × 32 Cm.	*Nr. 13833 a* ***K* 22.–**	*Nr. 13833 b* ***K* 23.–**
	56 × 36 Cm.	*Nr. 13834 a* ***K* 23.50**	*Nr. 13834 b* ***K* 24.50**

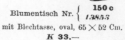

Blumentisch Nr. { **150 c** / *13853* }
mit Blechtasse, oval, 65 × 52 Cm.
***K* 33.–**

Aufwartetisch Nr. { **150** / *13070* }
Platte zum Überziehen mit Stoff ***K* 10.50**, *Nr. 13070*
Platte m. japan. Matte überzogen „ **14.–**, *Nr. 13070 b*
Platte poliert .... „ **14.–**, *Nr. 13070 d*

GEBRÜDER THONET.

Bambus- oder Pfefferrohr-Imitation.

Blumentisch Nr. { 150 *a* / *13851* } mit Blechtasse
○ 50 Cm. Durchm. *K* **22.50**

Blumentisch Nr. { 150 *b* / *13852* } mit Blechtasse
⬡ 30 Cm. *K* **27.--**

Blumenständer Nr. { 150 / *13854* } *K* **7.—**

Spanische Wand Nr. { 151 *b* / *13862* } Preis des Gestelles per Teil *K* **15.50**

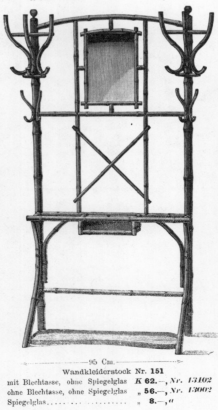

Wandkleiderstock Nr. 151
mit Blechtasse, ohne Spiegelglas *K* **62.—**, *Nr. 13102*
ohne Blechtasse, ohne Spiegelglas „ **56.—**, *Nr. 13002*
Spiegelglas.......................... „ **8.—**, *a*

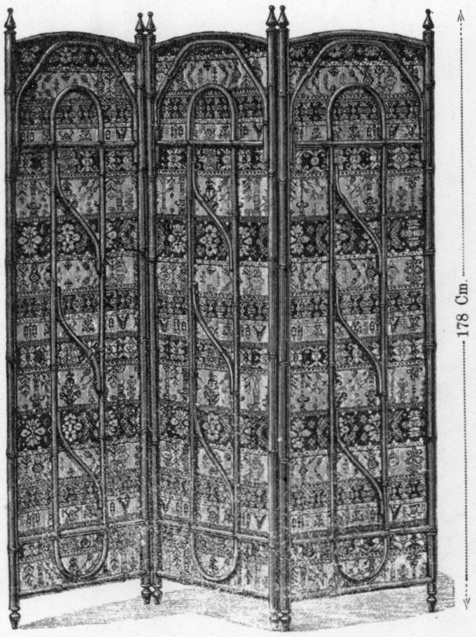

Spanische Wand Nr. { 151 *a* / *13861* } Preis des Gestelles per Teil *K* **13.50**

GEBRÜDER THONET.

Bambus- oder Pfefferrohr-Imitation.

105 × 45 Cm.

Kasten Nr. 153, für Kleider

ohne Aufsatz, ohne Schublade...	**K 130.—,**	*Nr. 13953*
ohne Aufsatz, mit Schublade ...	„ **150.—,**	*Nr. 13953c*
Aufsatz	„ **10.—,**	*A*
für Wäsche oder 1/3 für Wäsche, 2/3 für Kleider.........**mehr**	„ **6.—,**	*W*

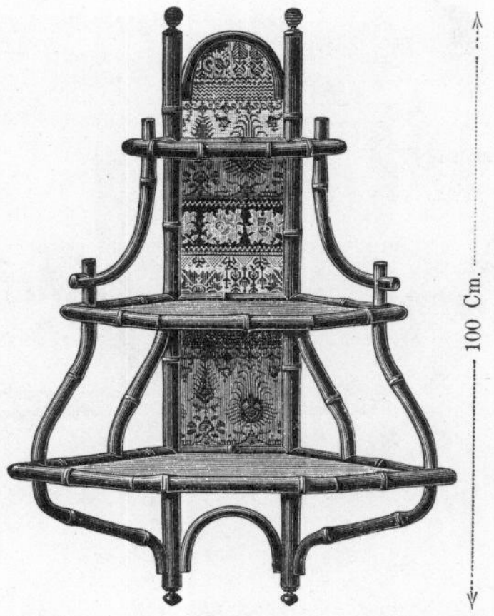

Ecketagere Nr. { **151** / *13025* } zum Überziehen **K 29.—**

105 × 45 Cm.

Kasten Nr. { **150** / *13950* } für Kleider

ohne Schublade	**K 116.—,**	*Nr. 13950*
mit Schublade	„ **136.—,**	*Nr. 13950c*
für Wäsche oder 1/3 für Wäsche 2/3 für Kleider.........**mehr**	„ **6.—,**	*W*

Platte 82 × 47 Cm.

Toilettetisch Nr. **150**

mit Schublade und Spiegelaufsatz, ohne Glas

Platte zum Überziehen	**K 36.50,**	*Nr. 13822*
Platte mit japan. Matte überzogen	„ **41.50,**	*Nr. 13822b*
Platte poliert.................	„ **46.50,**	*Nr. 13822d*
Spiegelglas..................	„ **4.—,**	*a*
Spiegelaufsatz samt Rahmen ohne Glas	„ **10.50,**	*A*

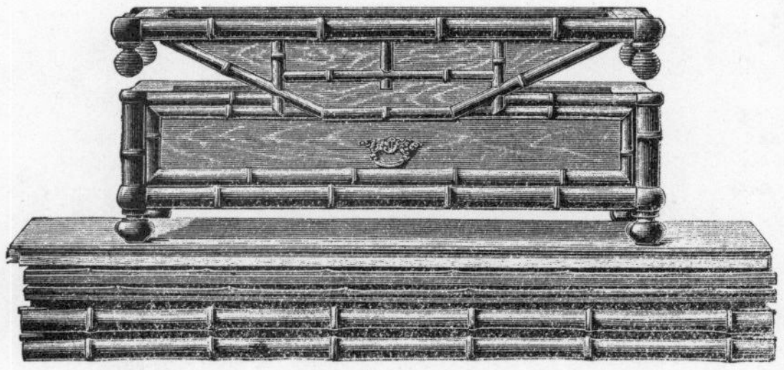

Ansicht des zerlegten Kastens.

Ansicht des zerlegten Kastens.

Karnisse Nr. { **151** / *13901* } nicht verstellbar (fest) 175 Cm. **K 23.—**

74 × 44 Cm.

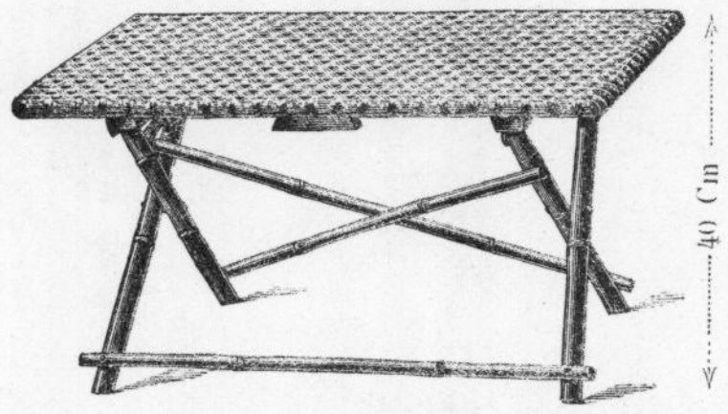

Kofferständer Nr. { **150** / *13970* } Platte zum Überziehen **K 8.—**

GEBRÜDER THONET.

Gartenmöbel.

(Maßstab 1 : 12.)

Gartensessel Nr. { 1/14001

(zum Zusammenlegen und mit hohl gebogener Rücklehne)

roh .... *K* 4.—
mit Ölanstrich, eichenartig .... „ 5.—

Gartenkanapee Nr. { 1/14201

(nicht zusammenlegbar)

roh .... *K* 13.50
mit Ölanstrich, eichenartig ..... „ 16.50

Gartenfauteuil Nr. { 1/14101

(nicht zusammenlegbar), mit hohl gebogener Rücklehne

roh .... *K* 8.—
mit Ölanstrich, eichenartig .. „ 9.50

Gartentisch Nr. { 1/14501

(zum Zusammenlegen)

roh .... *K* 18.—
mit Ölanstrich, eichenartig .... „ 22.—

Gartenaufwarttisch Nr. { 1/14601

(nicht zusammenlegbar)

roh .... *K* 4.—
mit Ölanstrich, eichenartig .. „ 6.—
mit Ölanstrich, birkenartig .... „ 6.50

Gartenfußschemel Nr. { 1/14401

(nicht zusammenlegbar)

roh .... *K* 2.—
mit Ölanstrich, eichenartig .... „ 2.40

Gartenstockerl Nr. { 1/14301

(zusammenlegbar)

roh .... *K* 3.—
mit Ölanstrich, eichenartig ... „ 3.70

Gartentisch Nr. { 3/14503

Platte ○ 95 Cm. Durchm. (Querschnitt des Gestelles ● zusammenlegbar)

roh .... *K* 15.—
mit Ölanstrich, eichenartig .... „ 19.—

Gartentisch Nr. { 8/14508

roh .... *K* 12.—
mit Ölanstrich, eichenartig .... „ 16.—
Platte massiv ○ 95 Cm Durchm.
oder Lattenplatte ▭ 80 × 110 Cm.

Gartenschaukelfauteuil Nr. { 4/14701

roh .... *K* 10.—
mit Ölanstrich, eichenartig .... „ 13.—
mit Ölanstrich, birkenartig ... „ 14.—

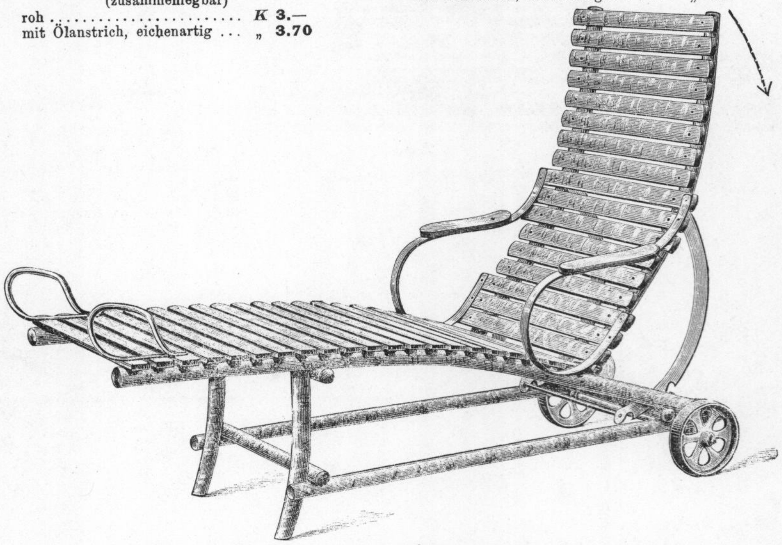

Gartenfahrsofa Nr. { 4/14804 } mit verstellbarem Lehnteil

roh .... *K* 40.—
mit Ölanstrich, eichenartig .... „ 47.—
mit Ölanstrich, birkenartig .... „ 50.—

GEBRÜDER THONET.

Patent-Gartenmöbel Nr. 4, 4a und 4b (nicht zusammenlegbar).

(Maßstab 1 : 12.)

Gartenfußschemel Nr. { 4 / *14404*

roh .... *K* **1.—**
mit Ölanstrich, eichenartig . „ **1.50**
mit Ölanstrich, birkenartig . „ **1.80**

Gartensessel Nr. { 4 / *14004*

roh .... *K* **3.20**
mit Ölanstrich, eichenartig ... „ **4.20**
mit Ölanstrich, birkenartig ... „ **4.70**

Gartenstockerl Nr. { 4 / *14304*

roh .... *K* **2.—**
mit Ölanstrich, eichenartig . „ **2.70**
mit Ölanstrich, birkenartig . „ **3.—**

Garten- (Aufwart-)tisch Nr. { $4^1/_2$ / *14604*

mit Lattenplatte 78 × 54 Cm., oder ○ 62 Cm. Durchm.

roh .... *K* **8.—**
mit Ölanstrich, eichenartig .... „ **11.—**
mit Ölanstrich, birkenartig .... „ **12.—**

Gartentisch Nr. { 4 / *14504* } mit Lattenplatte 110 × 78 Cm.

roh .... *K* **11.—**
mit Ölanstrich, eichenartig ...... „ **15.—**
mit Ölanstrich, birkenartig .... „ **16.50**

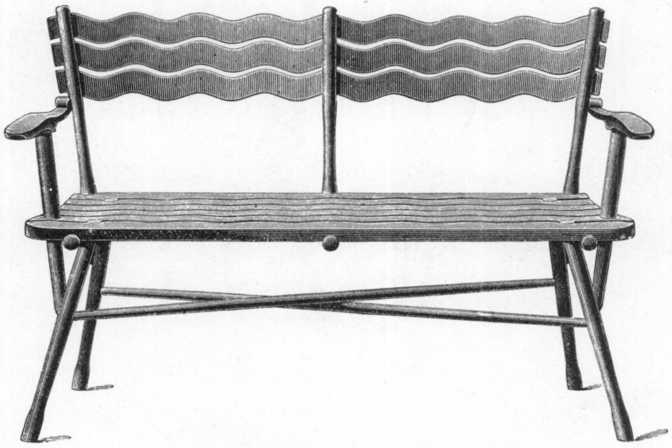

Gartensessel Nr. { *4a* / *14004 a*

roh .... *K* **4.80**
eichenartig oder einfarbig (weiß, blau, grün etc., ausgenommen rot) gestrichen .... „ **6.—**
birkenartig oder rot gestrichen ..... „ **6.50**

Gartenkanapee Nr. { *4a* / *14204 a*

roh .... *K* **18.—**
eichenartig oder einfarbig (weiß, blau, grün etc., ausgenommen rot) gestrichen. „ **22.—**
birkenartig oder rot gestrichen .... „ **24.—**

Gartenfauteuil Nr. { *4a* / *14104 a*

roh .... *K* **10.—**
eichenartig oder einfarbig (weiß, blau, grün etc., ausgenommen rot) gestrichen .... „ **12.—**
birkenartig oder rot gestrichen ..... „ **13.—**

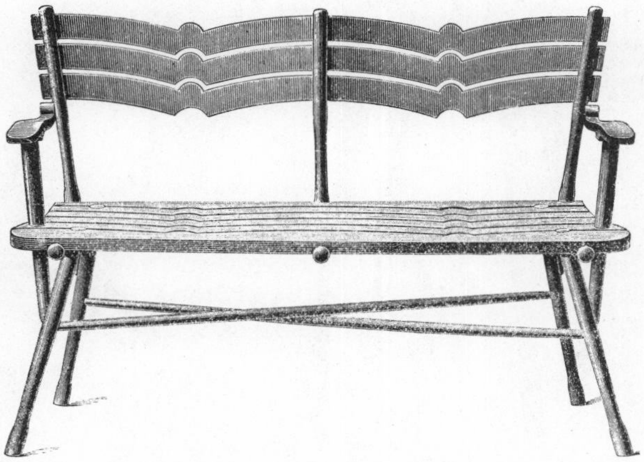

Gartensessel Nr. { *4b* / *14004 b*

roh .... *K* **4.80**
eichenartig oder einfarbig (weiß, blau, grün etc., ausgenommen rot) gestrichen .... „ **6.—**
birkenartig oder rot gestrichen ..... „ **6.50**

Gartenkanapee Nr. { *4b* / *14204 b*

roh .... *K* **18.—**
eichenartig oder einfarbig (weiß, blau, grün etc., ausgenommen rot) gestrichen . „ **22.—**
birkenartig oder rot gestrichen .... „ **24.—**

Gartenfauteuil Nr. { *4b* / *14104 b*

roh .... *K* **10.—**
eichenartig oder einfarbig (weiß, blau, grün etc., ausgenommen rot) gestrichen .... „ **12.—**
birkenartig oder rot gestrichen ..... „ **13.—**

☞ Gartentisch*) Nr. *14514* {
roh .... *K* **13.—**
eichenartig oder einfarbig (weiß, blau, grün etc., ausgenommen rot) gestrichen .... „ **17.—**
birkenartig oder rot gestrichen .... „ **18.50**

*) Zu den beiden Garnituren *4a* und *4b* wird der gleiche Gartentisch genommen; es ist dies ein Gartentisch Nr. 4 mit voller (ganzer) Platte (anstatt der Lattenplatte).

GEBRÜDER THONET.

Gartenmöbel.

(Maßstab 1 : 12.)

Gartensessel Nr. { 8 / *14008*

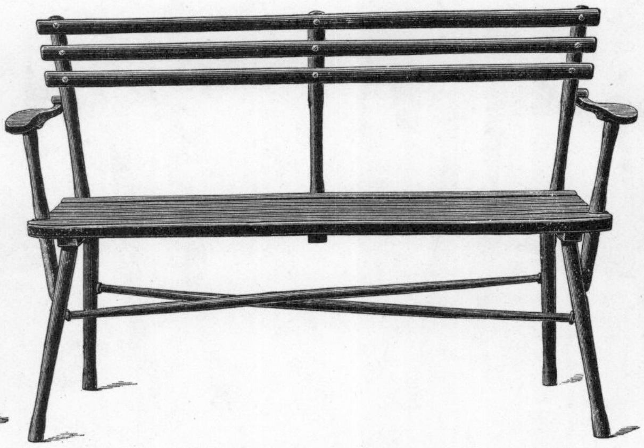

Gartenkanapee Nr. { 8 / *14208*

Gartenfauteuil Nr. { 8 / *14108*

Preise.

Nr. 8	roh	eichenartig oder einfarbig (weiß, blau etc., ausgenommen rot) gestrichen	birkenartig oder rot gestrichen
	K	*K*	*K*
Gartensessel *Nr. 14008*	3.50	4.50	5.—
Gartenfauteuil *Nr. 14108*	6.50	8.—	9.—
Gartenkanapee *Nr. 14208*	12.—	15.—	17.—

Gartensessel Nr. { 10 / *14010*
mit hohl gebogener Rücklehne

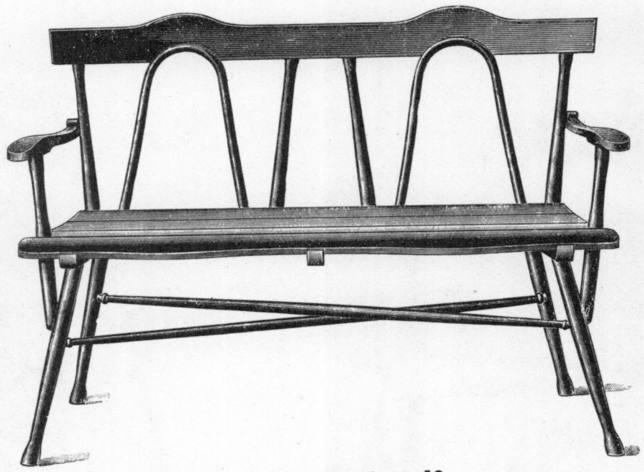

Gartenkanapee Nr. { 10 / *14210*

Gartenfauteuil Nr. { 10 / *14110*
mit hohl gebogener Rücklehne

Preise.

Nr. 10	roh	sowohl Gestell, als auch Sitz- und Lehnleisten **gleichfarbig** gestrichen		Gestelle in anderer Farbe gestrichen, als die Sitz- und Lehnleisten	
		eichenartig oder einfarbig (weiß, blau etc., ausgenommen rot) gestrichen	birkenartig oder rot gestrichen	eichenartig oder einfarbig (weiß, blau etc., ausgenommen rot) gestrichen	birkenartig oder rot gestrichen
	K	*K*	*K*	*K*	*K*
Gartensessel *Nr. 14010*	4.50	5.50	6.—	6.—	6.50
Gartenfauteuil *Nr. 14110*	9.50	11.—	12.—	12.—	13.—
Gartenkanapee *Nr. 14210*	17.—	20.50	22.—	22.—	23.50

Gartenklappsessel
Nr. { 11 / *14011*
(zusammengelegt)

Gartenklappsessel Nr. { 11 / *14011*
zum Zusammenlegen

roh . . . . *K* 4.50
mit Ölanstrich, eichenartig . . „ 6.—
mit Ölanstrich, birkenartig . . „ 6.50

Platte ○, 95 Cm. Durchm.

Gartentisch Nr. { 5 / *14505*

roh . . . . *K* 14.—
mit Schellackanstrich, einfarbig, zur Verwendung in gedeckten Räumen . . . . „ 17.—
mit Ölanstrich, eichenartig . . . . „ 18.—

Nicht zusammenlegbar.

Gartenklappsessel Nr. { 12 / *14012*
mit Fußlage (als Schutz gegen Bodenfeuchte), zum Zusammenlegen

roh . . . . *K* 7.—
mit Ölanstrich, eichenartig . . . . „ 9.—
mit Ölanstrich, birkenartig . . . . „ 9.50

Gartenklappsessel
Nr. { 12 / *14012*
mit Fußlage (zusammengelegt)

Garnitur „A".

43 × 37 Cm. oberer Rahmen (Blattrahmen)

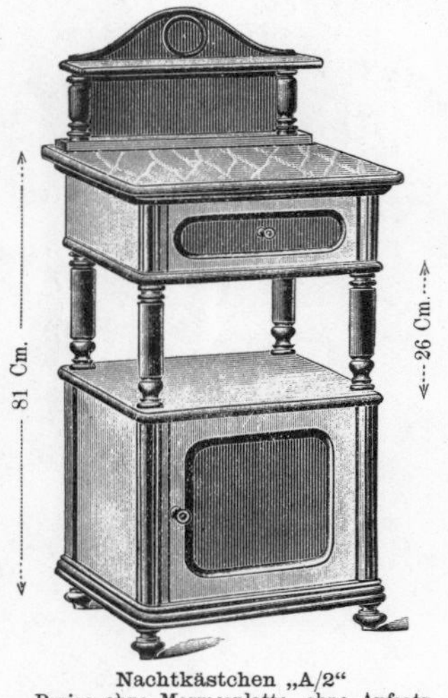

Nachtkästchen „A/2"
Preise ohne Marmorplatte, ohne Aufsatz
nußmatt .... *K* **33.–**
nußmatt Intarsia .... „ **34.–**
poliert .... „ **39.–**
poliert Intarsia........... „ **40.–**
Aufsatz, nußmatt *K* **4.–**, poliert *K* **5.–**

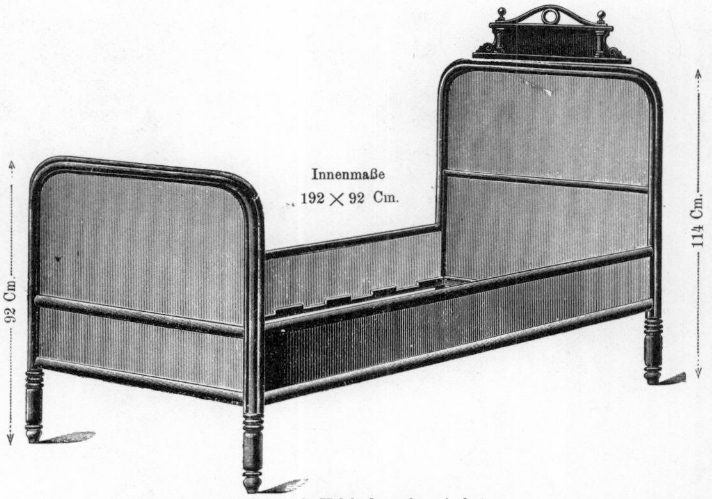

Bett „A" mit Holzboden, ohne Aufsatz
nußmatt......... *K* **54.–** | poliert .... *K* **66.–**
nußmatt Intarsia . „ **60.–** | poliert Intarsia... „ **72.–**
mit Rohrboden ....mehr *K* **16.–**

Bettaufsatz
nußmatt......... *K* **6.–** | poliert........... *K* **8.–**
nußmatt Intarsia .. „ **7.–** | poliert Intarsia .... „ **9.–**

43 × 37 Cm. oberer Rahmen (Blattrahmen)

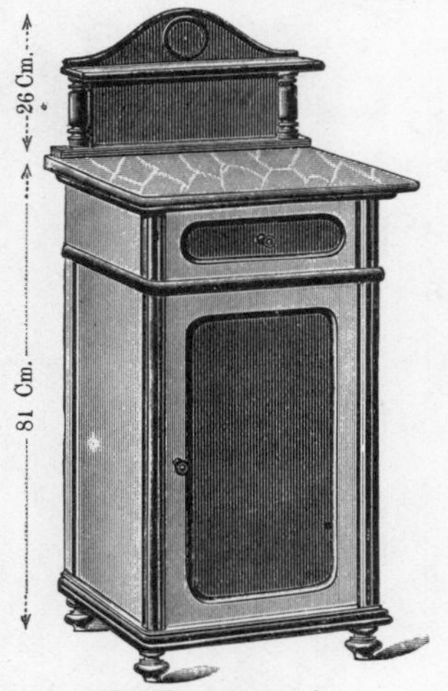

Nachtkästchen „A/1"
Preise ohne Marmorplatte, ohne Aufsatz
nußmatt .... *K* **29.–**
nußmatt Intarsia .... „ **30.–**
poliert.................... „ **34.–**
poliert Intarsia .... „ **35.–**
Aufsatz, nußmatt *K* **4.–**, poliert *K* **5.–**

Kasten „A" für Kleider, ohne Schublade
nußmatt ...... *K* **106.–** | poliert .... *K* **118.–**
nußmatt Intarsia „ **112.–** | poliert Intarsia. „ **124.–**

mit Schublade
nußmatt ...... *K* **120.–** | poliert....... *K* **134.–**
nußmatt Intarsia „ **126.–** | „ Intarsia. „ **140.–**
für Wäsche oder 1/3 für Wäsche, 2/3 für Kleider mehr *K* **6.–**

Zusammenstellung der Aufschläge für Innenfournierung.

Kastengarnituren	Eiche		Nuß Mahagoni		Eiche		Nuß Mahagoni	
	fourniert							
	mattiert				poliert			
	K	*h*	*K*	*h*	*K*	*h*	*K*	*h*
Kleiderkästen ohne Schublade für Kleider........	**20**	—	**27**	—	**40**	—	**47**	—
Kleiderkästen mit Schublade für Kleider........	**22**	—	**30**	—	**42**	—	**50**	—
Kleiderkästen ohne Schublade zum legen, ebenso für Kasten „D"........	**30**	—	**42**	—	**60**	—	**72**	—
Kleiderkästen mit Schublade zum legen........	**32**	—	**45**	—	**63**	—	**75**	—
Waschkästen............	**12**	—	**16**	—	**22**	—	**26**	—
Nachtkästen, geschlossen..	**6**	—	**8**	—	**11**	—	**13**	—
Nachtkästen, halboffen....	**4**	—	**5**	—	**8**	—	**9**	—
Toilette- oder Schreibtisch „D"...........	**17**	—	**22**	—	**27**	—	**32**	—

Waschkasten „A"
Preise ohne Spiegelaufsatz, ohne Marmorplatte
nußmatt .... *K* **70.–**
nußmatt Intarsia .... „ **72.–**
poliert .... „ **77.–**
poliert Intarsia .... „ **79.–**

Spiegelaufsatz ohne Glas
nußmatt .... *K* **12.–**
poliert .... „ **14.–**

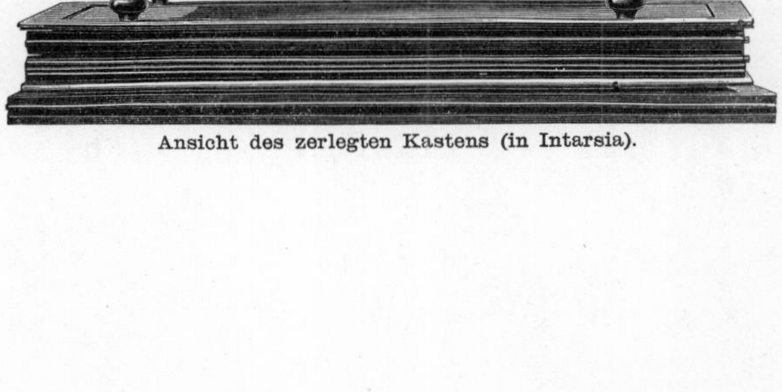

Ansicht des zerlegten Kastens (in Intarsia).

GEBRÜDER THONET.

Garnitur „C"

helleichen Gestelle mit alteichen Füllung.

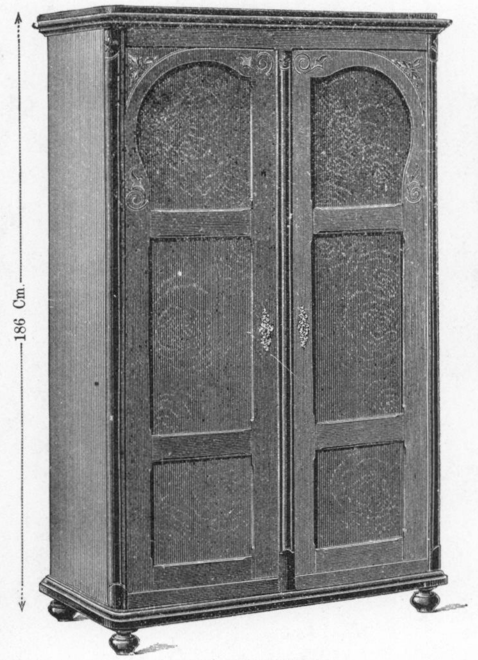

110 × 52 Cm.
Kasten „C"

für Kleider .... K 114.—
für Wäsche, oder 1/3 für Wäsche, 2/3 für Kleider, mehr „ 6.—

Bett „C"
mit Holzboden .... K 80.—
mit Rohrboden .... „ 96.—

Platte 46 × 40 Cm.
43 × 39 Cm. oberer Rahmen.

Nachtkästchen „C"
Preis ohne Marmorplatte K 40.—

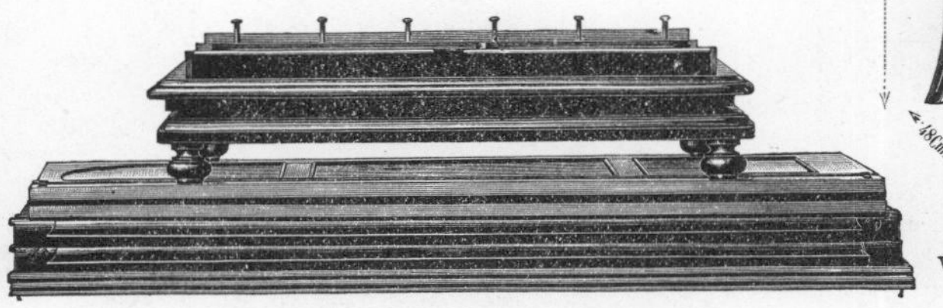

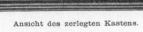

Ansicht des zerlegten Kastens.

100 Cm.

Waschtisch „C", Preis ohne Marmorplatte, ohne Garnitur
K 50.—

108 Cm. oberer Rahmen
104 Cm.

Waschkasten „C", Preis ohne Marmorplatte, ohne Garnitur
K 70.—

Tischhöhe 78 Cm.
108 × 73 Cm.

Tisch „C" K 76.—

Schreibtischhöhe 78 Cm.
130 × 82 Cm.

Schreibtisch „C"
Gestelle lichteichen,
Füllungen alteichen
K 200.—

120 Cm.

Tischhöhe 78 Cm.
100 × 57 Cm.

Tisch „C/1",
Gestelle lichteichen,
Zargenfüllungen alteichen
K 58.—

Aufschläge für Innenfournierung siehe Seite 103.

GEBRÜDER THONET.

Garnitur „D“.

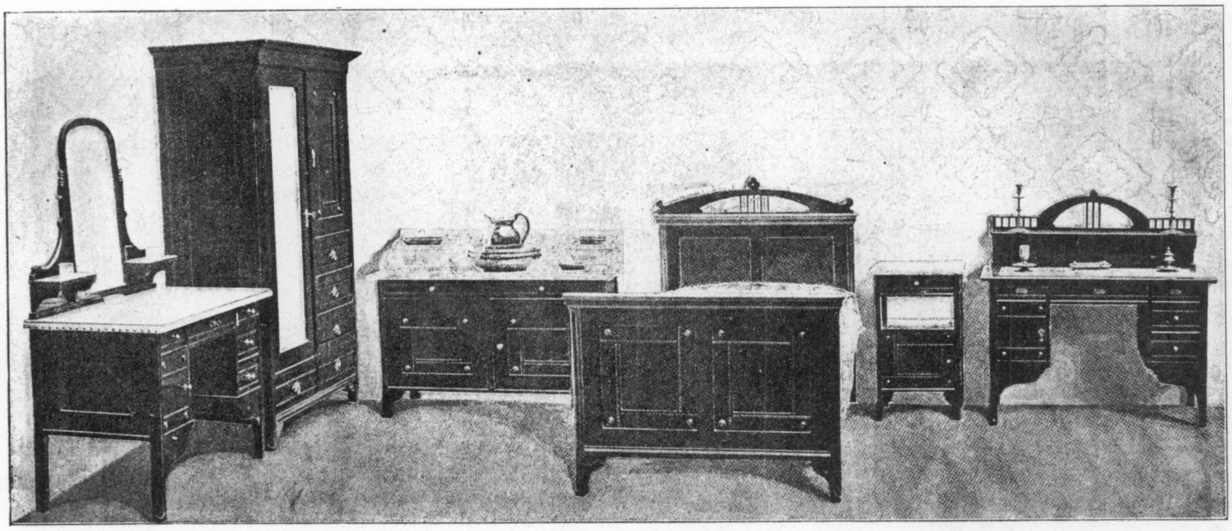

*) **) ***) ✤) ✤✤) ✤✤✤)

*) **Toilettetisch „D“,**	109 Cm. breit,	54 Cm. tief,	160 Cm. hoch,	rohe Platte 115 × 58 Cm., Preis mit Aufsatz (ohne Tuch, ohne Glas)	*K* **185.–**
) **Kasten „D“,	120 Cm. breit,	52 Cm. tief,	193 Cm. hoch,	Preis mit Laden (ohne Spiegel)	„ **250.–**
***) **Waschkasten „D“,**	115 Cm. breit,	54 Cm. tief,	76 Cm. hoch,	Preis ohne Marmorplatte	„ **90.–**
✤) **Bett „D“,**	108 Cm. breit,	207 Cm. lang,		mit Holzboden, innere Lichte 200 × 100 Cm.	„ **125.–**
✤✤) **Nachtkasten „D“,**	42 Cm. breit,	37 Cm. tief,	78 Cm. hoch,	Preis ohne Marmorplatte	„ **48.–**
✤✤✤) **Schreibtisch „D“,**	109 Cm. breit,	54 Cm. tief,	$\frac{78}{121}$ Cm. hoch,	Platte 115 × 58 Cm., Preis ohne Tuch, mit Aufsatz	„ **200.–**

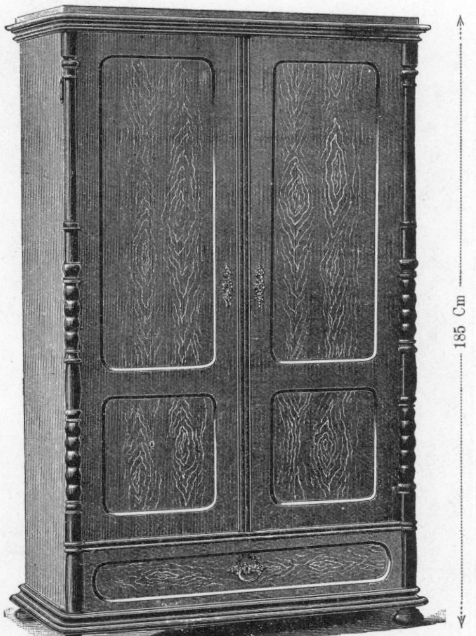

105 × 45 Cm.

Kasten Nr. 64

zerlegbar wie Kasten Nr. **150**, siehe Seite 99, passend zu allen Sitzmöbeln mit gedrechselten Lehnfüßen.

Preise:

für Kleider { mit Schublade, matt *K* **130.–**; poliert *K* **146.–**
ohne Schublade, matt „ **112.–**; poliert „ **126.–**

für Wäsche oder { $^1/_3$ für Wäsche, $^2/_3$ für Kleider } **mehr** *K* **6.–**

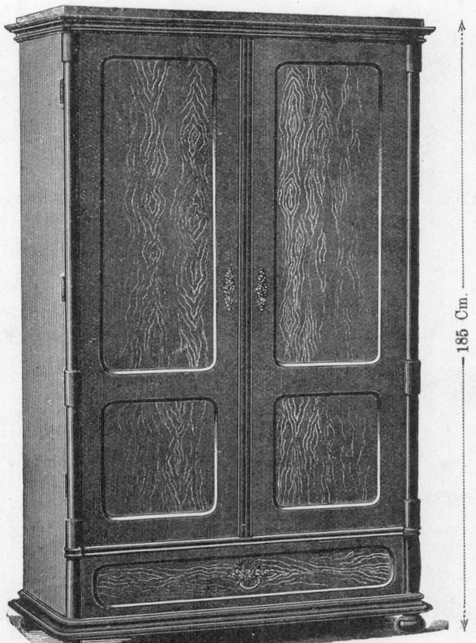

105 × 45 Cm.

Kasten „B“

zerlegbar wie Kasten Nr. **150**, siehe Seite 99, passend zu allen Sitzmöbeln mit Lehntype Nr. **56**.

Preise:

für Kleider { mit Schublade, matt *K* **120.–**; poliert *K* **134.–**
ohne Schublade, matt „ **102.–**; poliert „ **114.–**

für Wäsche oder { $^1/_3$ für Wäsche, $^2/_3$ für Kleider } **mehr** *K* **6.–**

☛ **Aufschläge für Innenfournierung siehe Seite 103.** ☚

GEBRÜDER THONET.

Garnitur Nr. 221.

106 × 52 Cm.
Waschkasten Nr. **221, graviert** und **bronziert** (normal)
Preise (ohne Marmorplatte, ohne Spiegelglas)
mit Spiegelaufsatz .... *K* **123.–**
ohne Spiegelaufsatz .... „ **95.–**

44 × 37 Cm.
Nachtkasten Nr. 221
graviert und **bronziert** (normal)
Preis (ohne Marmorplatte) *K* **43.–**
ungraviert, unbronziert | Preis ohne Marmorplatte | *K* **42.–**

Bett Nr. **221,** ungraviert und unbronziert, für Kastenmatratze
ohne Dekorationsaufsatz .... *K* **152.–**
mit Dekorationsaufsatz .... „ **166.–**

graviert und **bronziert** (normal)
ohne Dekorationsaufsatz .... *K* **156.–**
mit Dekorationsaufsatz .... „ **170.–**

Waschkasten Nr. **221,** ungraviert, unbronziert
(Preise ohne Marmorplatte, ohne Spiegelglas)
mit Spiegelaufsatz und Dekorationsaufsatz *K* **134.–**
mit Spiegelaufsatz ohne Dekorationsaufsatz „ **120.–**
ohne Spiegelaufsatz .... „ **93.–**

115 × 53 Cm.
Kasten Nr. 221, graviert und **bronziert** (normal),
eine Türfüllung für Spiegel

Preise (ohne Spiegelglas):
für Kleider .... *K* **158.–**
1/3 für Wäsche, 2/3 für Kleider .... „ **164.–**

Preisaufschläge:
für Schublade .... *K* **38.–**
für Dekorationsaufsatz .... „ **18.–**

Kasten Nr. 221, ungraviert, unbronziert,
eine Türfüllung für Spiegel

Preise ohne Spiegelglas, für Kleider:
mit Dekorationsaufsatz, ohne Schublade *K* **170.–**
mit Dekorationsaufsatz, mit Schublade „ **208.–**
ohne Dekorationsaufsatz, ohne Schublade „ **152.–**
ohne Dekorationsaufsatz, mit Schublade „ **190.–**
zum Legen, oder **2/3 für Kleider, 1/3 für Wäsche,** Preisaufschlag „ **6.–**

☛ **Aufschläge für Innenfournierung siehe Seite 103.** ☚

GEBRÜDER THONET.

Garnitur „F“ in „gedämpft-buchen“ gewachst.

Preisaufschläge für Innenfournierung siehe Seite 103.

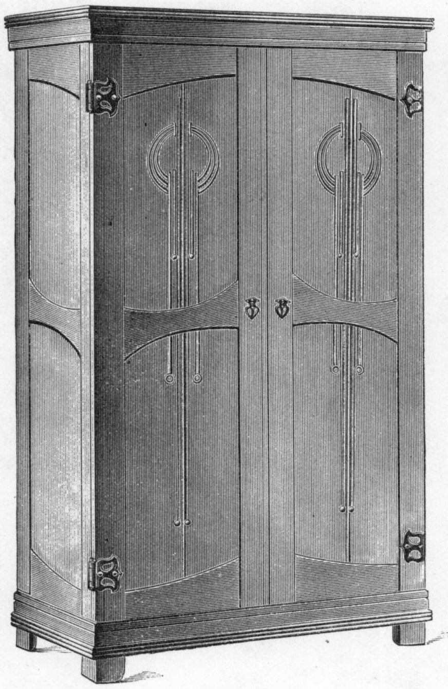

Kasten „F“ ohne Aufsatz .... *K* **135.–**
für Wäsche, oder für Wäsche und Kleider....... „ **141.–**

Nachtkasten „F“ ohne Aufsatz.
Preis ohne Marmorplatte *K* **50.–**

Bett „F“ mit Holzboden
Preis mit Aufsatz .... *K* **70.–**
mit Rohrboden .... **mehr** „ **16.–**

Waschkasten „F“, Preis ohne Marmorplatte.... *K* **100.–**

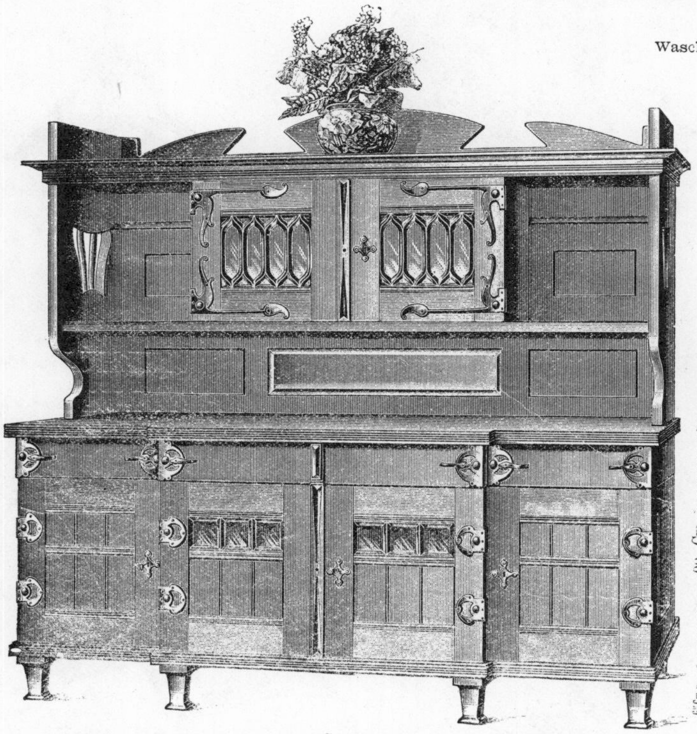

Büfett der Speisezimmergarnitur „E“ mit facettierten Glasfüllungen in Messingfassung und mit glanzpolierten Messingbeschlägen, innen eichen fourniert und mattiert
poliert .... *K* **1125.–** } *)
mattiert .... „ **1075.–**

Platte 125 × 51 Cm.
104 Cm.

Servicekasten der Speisezimmergarnitur „E“ mit facettierten Glasfüllungen in Messingfassung und mit glanzpolierten Messingbeschlägen, innen eichen fourniert und mattiert
poliert .... *K* **360.–** } *)
mattiert .... „ **340.–**

Geschirrkasten der Speisezimmergarnitur „E“ mit facettierten Glasfüllungen in Messingfassung und mit glanzpolierten Messingbeschlägen, innen eichen fourniert und mattiert
poliert .... *K* **575.–** } *)
mattiert .... „ **550.–**

*) Die gleichen Preise gelten für die Ausführung aus Nuß-, Mahagony-, Echteichen- und Echtrustenholz.

GEBRÜDER THONET.

Möbel Nr. 500, patentiert, aus weichem Holze, mit Lackanstrich in beliebiger Farbe, besonders für Landhäuser geeignet.

Sessel Nr. 500
41 × 40 Cm.
K **6.–**

Divan Nr. 500 160 × 70 Cm.
Preis des Gestelles zum Polstern *K* **28.–**

Rahmen Nr. 500, für Bilder und Spiegel
per Meter Umfang *K* **5.–**

110 × 78 Cm.

Tisch Nr. 500 *K* **14.–**

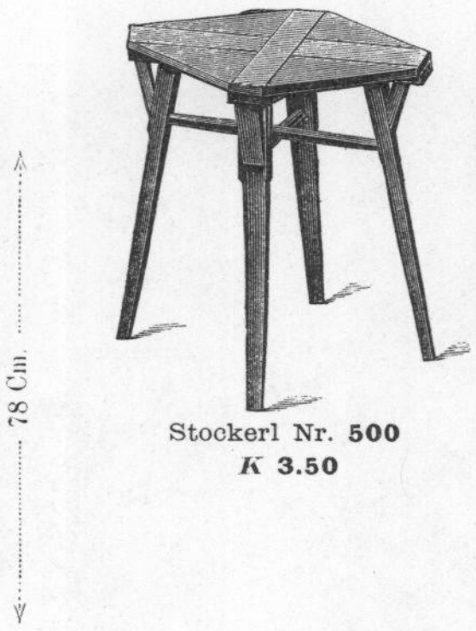

Stockerl Nr. 500
K **3.50**

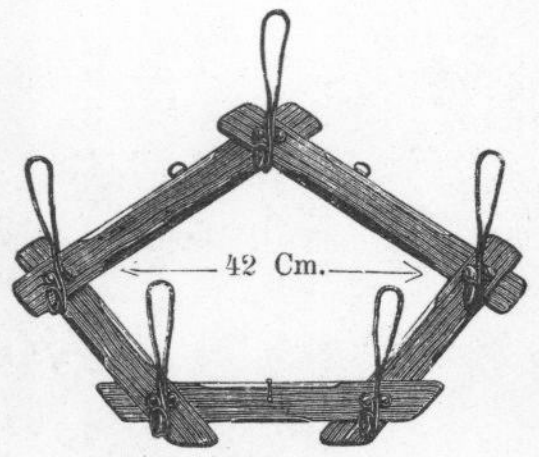

Kleiderrechen Nr. 500
K **4.50**

Uhrgestelle Nr. 500
K **5.–**

Stiefelzieher Nr. 500
K **1.50**

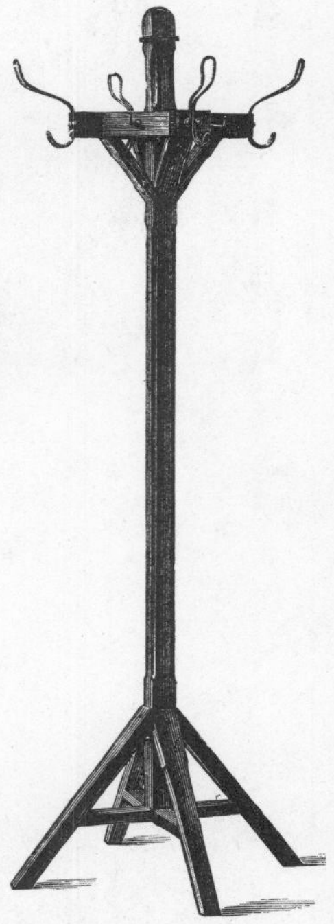

Kleiderstock Nr. 500 *K* **16.–**

Bett Nr. 500, Preis mit Holzboden *K* **48.–**

Spucknapf Nr. 500
Preis des Gestelles ohne Schale
K **2.75**
Zinkschale netto . . . *K* **–.50**
Messingschale netto „ **1.80**

100 × 50 Cm.
Kasten Nr. 500
für Kleider . . . . *K* **58.–**
für Wäsche, oder 1/3 für Wäsche, 2/3 für Kleider **mehr** „ **6.–**

100 × 50 Cm.
Waschkasten Nr. 500
ohne Marmorplatte . . . . *K* **38.–**
mit marmorartig gestrichener Holzplatte „ **45.–**

45 × 38 Cm.

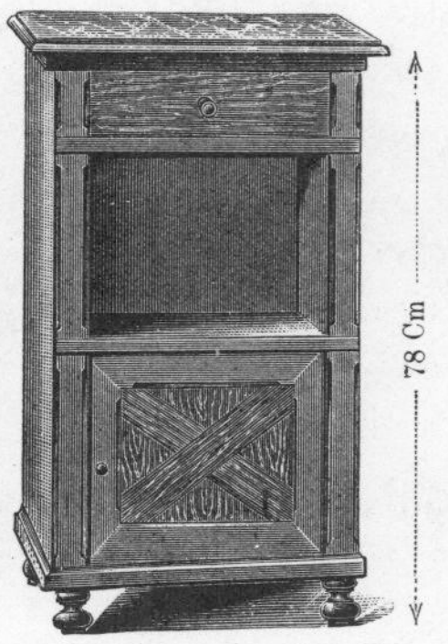

Nachtkästchen Nr. 500
mit lackierter Holzplatte *K* **21.–**
mit marmorartig gestrichener Holzplatte „ **21.50**

Kofferständer Nr. 500 mit Gurten
K **7.–**

GEBRÜDER THONET.

Garnitur Nr. 501

(wird nur eichen-imitiert und mattiert ausgeführt).

45 × 40 Cm.

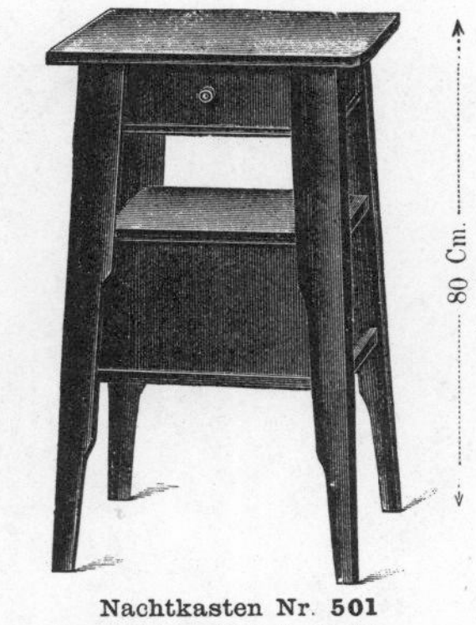

Nachtkasten Nr. 501
(aus weichem Holze) *K* **20.**—

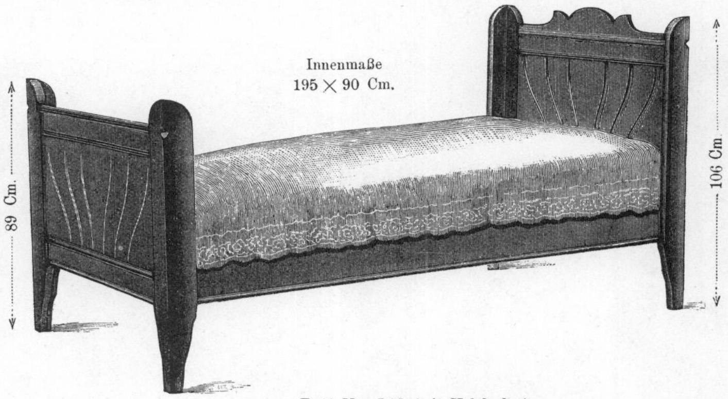

Bett Nr. **501** (mit Holzboden)
(aus weichem Holze) *K* **47.**—

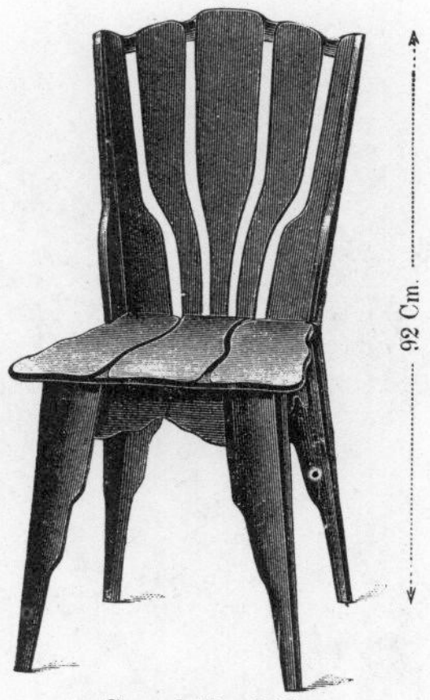

Sessel Nr. 501
Sitz 42 × 41 Cm.
(aus Buchenholz) *K* **16.**—

Kanapee Nr. 501, Sitz 112 × 45 Cm.
(aus Buchenholz) *K* **35.**—

110 × 75 Cm.

Tisch Nr. 501
Gestelle (aus Buchenholz), mit Schublade . *K* **30.**—
dazu Platte 110 × 75 Cm., weich, roh . . . . „ **7.50**
dazu Platte 110 × 75 Cm., weich, lackiert „ **8.50**

42 × 42 Cm.

Stockerl Nr. 501
(aus Buchenholz) *K* **7.50**

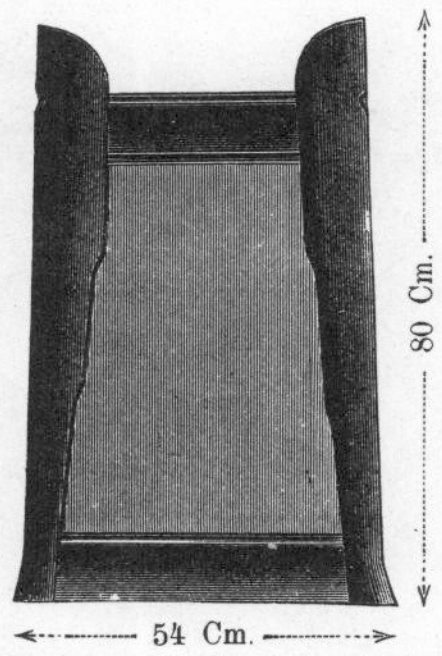

Spiegelrahmen zum Toilettetisch (Preis ohne Glas)
(aus Buchenholz) . . . . *K* **5.**—
Spiegelglas hiezu netto . . . . „ **10.**—

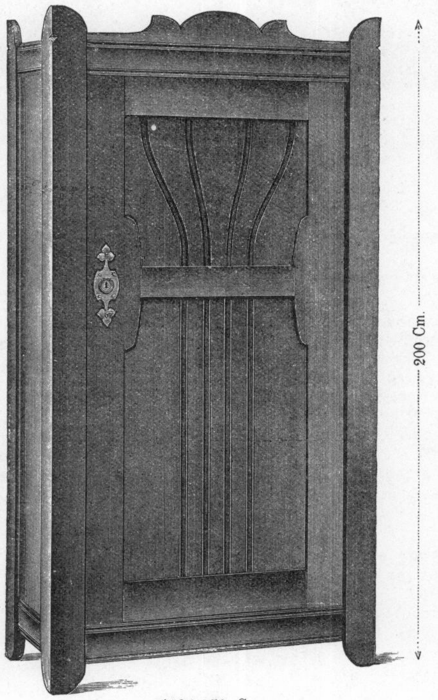

100 × 50 Cm.
Kasten Nr. 501
(aus weichem Holze), ohne Schublade
für Kleider mit einem Fach . . *K* **90.**—
für Wäsche mit vier Fächern . „ **98.**—

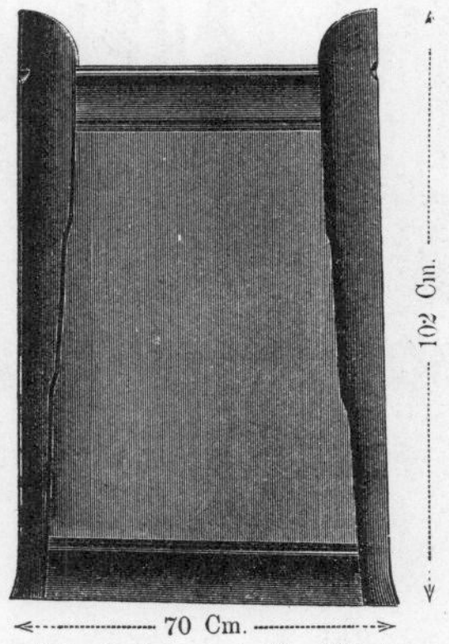

Spiegelrahmen zum Waschtisch
(aus Buchenholz), Preis ohne Glas . . . . *K* **6.25**
Spiegelglas hiezu netto . . . . „ **15.**—

60 × 55 Cm.

Toilettetisch Nr. 501
(oder kleiner Waschtisch für 1 Lavoir) (aus Buchenholz,
Platte aus weichem Holze) *K* **19.**—

100 × 60 Cm.

Waschtisch Nr. 501 für 2 Personen
Gestelle ohne Platte (aus Buchenholz), mit Schublade . . *K* **32.**—
dazu Platte aus weichem Holz, roh . . . . „ **6.**—
dazu Platte aus weichem Holz, eichen-imitiert, lackiert . . „ **7.**—

GEBRÜDER THONET.

DEUTSCHES VOLKSTHEATER IN WIEN.

Erstes Theater der Welt, welches mit **gebogenen** Klappfauteuils eingerichtet wurde (siehe Seite b).

Erbaut von Fellner & Helmer.

Eingerichtet mit Theaterfauteuils aus massiv gebogenem Holze von **GEBRÜDER THONET in WIEN.**

Folgende öffentlichen Gebäude wurden bisher von uns mit gebogenen Klappmöbeln eingerichtet:

AGRAM: Hrvatska opera.
AMSTERDAM: Paleis voor Volksvlyt.
BERLIN: Metropoltheater — Theater „Unter den Linden" — Passage-theater.
BERN: Stadttheater.
BUDAPEST: Delegationsgebäude — Lustspieltheater — Kiraly szinház — Symp. Großloge.
BUENOS-AIRES: Theater Doria.
BRESLAU: Liebich's Etablissement.
CAIRO: Khedive-Theater.
CALCUTTA: Theater Royal.
CHRISTIANIA: Turnvereinssaal.
DASIC (Böhmen): Stadttheater.
DEBRECZIN: Varosi szinház.
ESSEN a/R.: Stadtgarten-Theatersaal.
FRANKFURT a/M.: 1 Hörsaal der Akademie für soziale u. Handelswissenschaften — Orpheum — Hippodrom.
GALATZ: Aristo de Popa posdol.
GÖDING (Mähren): Rathaus.
GRASSE (Alpes Maritimes): Théâtre Municipal.
GRAZ: Theater am Franzensplatz — Stadttheater — Grazer Orpheum.
HAIPHONG: Stadttheater.
HAMBURG: Neues Operettentheater — Verbandshaus des Deutschnationalen Handelsgehilfenverbandes.
HELSINGFORS: Stadttheater — Finlands National Theater.
HONFLEUR: Théâtre à Honfleur.
KARLOCZA: Serb. Kirchen-Kongreß.
KARLSBAD: Kolosseum — Variététheater.
KECSKEMET: Varosi szinház.
KIEW: Stadttheater — Theater Solowzow — Zirkus Krutikow.
KISCHINEW: Stadt-Duma.
LEIPZIG: Zentraltheater.
LEYDEN: Stadttheater.
LONDON: Barrom furness.
LUGOS: Varosi szinház.
MAKO: Varosi szinház.
MANNHEIM: Apollotheater.
METZ: Stadttheater.
MOSKAU: Kaiserl. Klein. Theater — Kaiserl. Konservatorium.
MÜLHAUSEN i/Elsass: Stadttheater.
MÜNCHEN: Neues Münchener Volkstheater — Deutsches Theater — Münchener Schauspielhaus.
NACHYTSCHEWAN a/D.: Stadttheater.
NAGYVARAD: Varosi szinház.
NÜRNBERG: Apollotheater.
ODESSA: Theater Sibirjakow — Russ. Theater A. J. Dalinow.
ORAVICZA: Varosi szinház.
OROSHAZA: Varosi szinház.
PARIS: Billard-Palace — Académie de Médecine.
PETERSBURG: Theater Nemetti.
REICHENHALL: Kurhaus.
SAIGON: Grand Theater.
SALZBURG: Stadttheater.
St. PÖLTEN: Stadttheater.
SZABADKA: Varosi szinház.
SZEKESFEHÉRVAR: Varosi szinház.
TEMESVAR: Varosi szinház.
TIFLIS: Gerichtssaal — Banktheater.
UJ-VIDEK: Rathaus — Serb. Kirchengemeinde.
VILLACH: Stadttheater.
WIEN: Deutsches Volkstheater 1888 — Mustertheater in der Musik- und Theaterausstellung 1892 — Kaiser Franz Josef-Jubiläums-Stadttheater — Carltheater — Theater Venedig in Wien — Großer Musikvereinssaal — Musiksaal Ehrbar — Sitzungssaal des Niederösterr. Gewerbevereins — Vortragssaal der k. k. Gesellschaft der Ärzte — Akademie der Wissenschaften — Etablissement Ronacher — K. k. Blindeninstitut — Niederösterr. Landes - Irrenanstalt — Bäcker-Innungshaus.
Wr. NEUSTADT: Sparkassa — Stadttheater.
ZÜRICH: Theater.

etc. etc. etc.

GEBRÜDER THONET.

Theatermöbel.

Nr. 1

Nr. 1

Nr. 3

Nr. 3 *a* (Galerietype).

Sitz: Relief ohne Federn, ohne Gewichte.

Lehne: 120 Cm. hoch, mit massivem Lehnbrett, vorne zum Polstern, und mit darüber befindlicher Barrierestange.

Preise in Reihen à mindest 4 Sitzen:

per Fauteuil ohne Armlehnen { *Nr. 15203* *K* 11.50

per Fauteuil mit Armlehnen { *Nr. 15703* *K* 13.—

Einzelne Fauteuils ohne Armlehnen ....mehr „ 2.20

Einzelne Fauteuils mit Armlehnen ....mehr „ 3.20

Nr. 3 *a*

Preise per Fauteuil (in Bänken à 4—5 Fauteuils) in Kronen		Nr. 1
		K
Sitz und Lehne zum Polstern	*Nr. 15001*	16.—
Sitz und Lehne zum Polstern, Sitz grob geflochten	*Nr. 15101*	17.80
Sitz und Lehne zum Polstern, Sitz grob geflochten, mit Federn und Gewichten	*Nr. 15201*	19.—
Sitz zum Polstern, grob vorgeflochten, mit Federn und Gewichten, Lehne Relief	*Nr. 15301*	22.50
Sitz zum Polstern, grob vorgeflochten, mit Federn und Gewichten, Holzlehne (Flechtmuster), **vorne** zum Überziehen	*Nr. 15401*	22.—
Mit Rohrsitz (mit Federn) und Rohrlehne	*Nr. 15501*	21.—
Mit Rohrsitz (mit Federn) und Holzlehne (Flechtmuster), **vorne** zum Überziehen	*Nr. 15601*	20.—
Mit Reliefsitz (mit Federn) und Holzlehne (Flechtmuster), **vorne** zum Überziehen	*Nr. 15701*	18.50
Mit Reliefsitz (mit Federn) und Reliefiehne	*Nr. 15801*	19.—
Einzelne Fauteuils, geflochten, mehr *K* 3.—, zum Polstern mehr *K* 3.50.		

Preise per Fauteuil (in Bänken à 4—5 Fauteuils) in Kronen	ohne	mit
	Armlehnen	
	K	*K*
Sitz und Lehne zum Polstern .... *Nr. 15003*	14.—	{ *Nr. 15503* 15.50
Sitz Relief (mit Federn), Lehne zum Polstern .... *Nr. 15103*	15.50	{ *Nr. 15603* 17.—
Einzelne Fauteuils mehr ..	2.30	3.20

Holzleiste als Fußtritt (an die Lehnfüße in beliebiger Höhe vom Boden angeschraubt), Preisaufschlag per Fauteuil ***K* —.30.**

Für poliertes Lehnbrett Aufschlag per Fauteuil ***K* —.50.**

Preisänderungen:

Ohne Fußbacken (zum direkten Aufschrauben an Boden und Stufe), per Fauteuil ....**weniger** *K* **—.50**

Für ein Flechtmusterbrett in die Lehne als (20 Cm.) Rückenschutz, per Fauteuil **mehr** „ **1.50**

Gewichte zu selbsttätigem Aufklappen des Sitzes per Fauteuil..... .... **mehr** „ **1.20**

Leiste als Fußstütze per Fauteuil ...**mehr** „ **—.30**

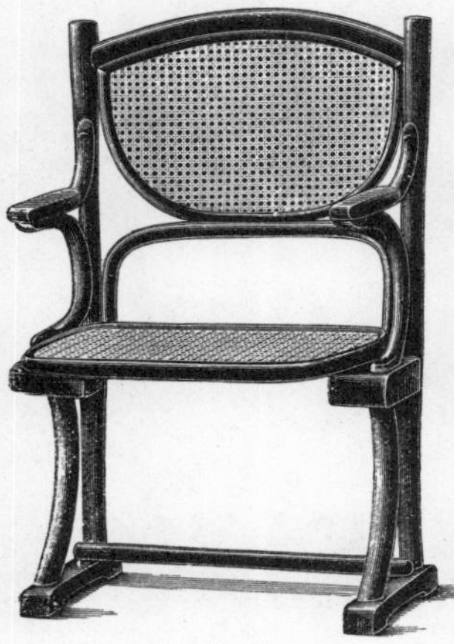

Nr. 2

Nr. 2

Type: Deutsches Volkstheater in Wien.

Nr. 2 *a*

Nr. 2 *a*

Nr. 2 *a*

Preise per Fauteuil (in Bänken à 4—5 Fauteuils) in Kronen		Nr. 2
		K
Sitz und Lehne zum Polstern	*Nr. 15002*	20.—
Sitz und Lehne zum Polstern, Sitz grob vorgeflochten, mit Federn und Gewichten	*Nr. 15102*	23.—
Sitz zum Polstern, grob vorgeflochten, mit Federn und Gewichten, Holzlehne (Flechtmuster), **vorne** mit Stoff zum Überziehen................	*Nr. 15202*	24.—
Mit Rohrsitz und Rohrlehne, mit Federn	*Nr. 15302*	24.—
Mit Rohrsitz, mit Federn und Holzlehne (Flechtmuster), **vorne** mit Stoff zum Überziehen	*Nr. 15402*	24.—
Mit Reliefsitz, mit Federn und Reliefiehne	*Nr. 15502*	23.—
Einzelne Fauteuils { **geflochten**	**mehr**	3.—
zum Polstern	**mehr**	3.50

Preise per Fauteuil (in Bänken à 4—5 Fauteuils) in Kronen		Nr. 2 *a*
		K
Sitz und Lehne zum Polstern	*Nr. 15002 a*	19.—
Sitz und Lehne zum Polstern, Sitz grob vorgeflochten, mit Federn und Gewichten	*Nr. 15102 a*	22.—
Sitz zum Polstern, grob vorgeflochten, mit Federn und Gewichten, Holzlehne (Flechtmuster), **vorne** mit Stoff zum Überziehen	*Nr. 15202 a*	23.—
Mit Rohrsitz und Rohrlehne, mit Federn	*Nr. 15302 a*	23.—
Mit Rohrsitz, mit Federn und Holzlehne (Flechtmuster), **vorne** mit Stoff zum Überziehen	*Nr. 15402 a*	23.—
Mit Reliefsitz, mit Federn und Holzlehne (Flechtmuster), **vorne** mit Stoff zum Überziehen	*Nr. 15502 a*	21.50
Mit Reliefsitz, mit Federn und Reliefiehne	*Nr. 15602 a*	22.—
Einzelne Fauteuils { **geflochten**	**mehr**	3.—
zum Polstern	**mehr**	3.50

GEBRÜDER THONET.

Theatermöbel.

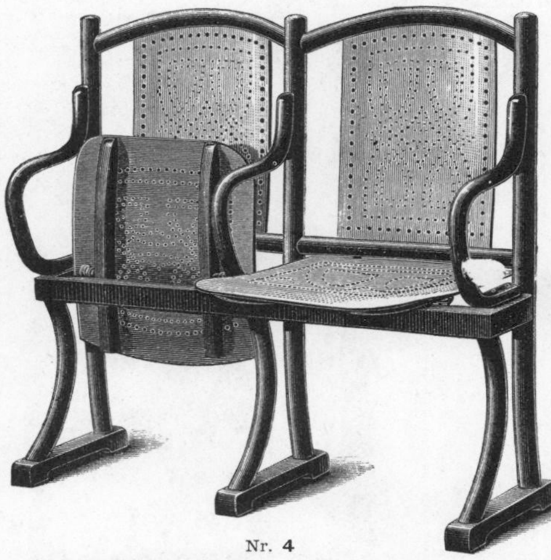

Nr. 4

Preise per Fauteuil in (Bänken à 4—5 Fauteuils) in Kronen	ohne Armlehnen	mit Armlehnen
Perforierter Holzsitz (mit Federn) und perforierte Holzlehne... *Nr. 15004*	K 16.—	Nr. 15504 K 17.50
Einzelne Fauteuils ...mehr	„ 2.—	„ 2.90
Holzleiste als Fußtritt (an die Lehnfüße in beliebiger Höhe vom Boden angeschraubt) Preisaufschlag per Fauteuil K —.30		

Nr. 5

Preise per Fauteuil (in Bänken à 4—5 Fauteuils) in Kronen	ohne Armlehnen	mit Armlehnen
Sitz Relief, mit Federn, Lehne zum Polstern — Gestelle poliert, *Nr. 15005*	K 13.—	Nr. 15505 K 14.50
Sitz Relief, mit Federn, Lehne zum Polstern — Gestelle nußmatt, *Nr. 15105*	„ 12.—	Nr. 15605 K 13.50
Einzelne Fauteuils ...mehr	„ 2.—	„ 2.90
Aufschlag für Leiste (als Fußtritt) per Fauteuil K —.30		
Aufschlag für Lehnbrett poliert per Fauteuil K —.50		

Theaterfauteuil Nr. **5 a**

Sitz und Lehne Relief, Lehnfüße gebogen, ohne Federn, ohne Gewichte.

Preise in Reihen à mindest 4 Sitzen:

per Fauteuil ohne Armlehnen *Nr. 15205* **K 11.—**

per Fauteuil mit Armlehnen *Nr. 15705* **K 12.50**

Einzelne Fauteuils ohne Armlehnen **mehr** .... „ **2.—**

Einzelne Fauteuils mit Armlehnen **mehr** .... „ **2.90**

Preisänderungen: ebenso wie bei Nr. **3 a,** doch kommt der Entfall der Fußbacken hierbei **nicht** in Betracht.

Nr.

Type: Musikvereinssaal in Wien.

Preis per Fauteuil in (Bänken à 4—5 Fauteuils) in Kronen	K
Sitz geflochten (mit Federn), Lehne Intarsia, glatt *Nr. 15006*	21.50
Einzelne Fauteuils mehr	3.—

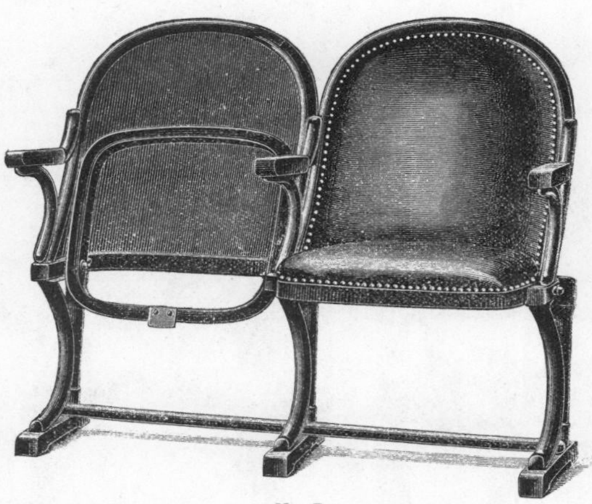

Nr. 7

Preis per Fauteuil in (Bänken à 4—5 Fauteuils) in Kronen	K
Sitz (mit Federn und Gewichten) und Lehne zum Polstern........................ *Nr. 15007*	20.—
Einzelne Fauteuils ....mehr	3.—

Nr. 8

Preise per Fauteuil (in Bänken à 4—5 Fauteuils) in Kronen		
Sitz und Lehne zum Polstern, Sitz mit Falz und Federn.	Lehne mit weichem Brett gefüllt	K 28.— , *Nr. 15008*
Sitz grob geflochten, zum Polstern..............	Lehne mit weichem Brett gefüllt	„ 29.80, *Nr. 15108*
Sitz geflochten	Lehne mit weichem Brett gefüllt	„ 31.— , *Nr. 15208*
Eisengewicht........mehr		K 1.20
Einzelne Fauteuils...mehr		„ 4.—

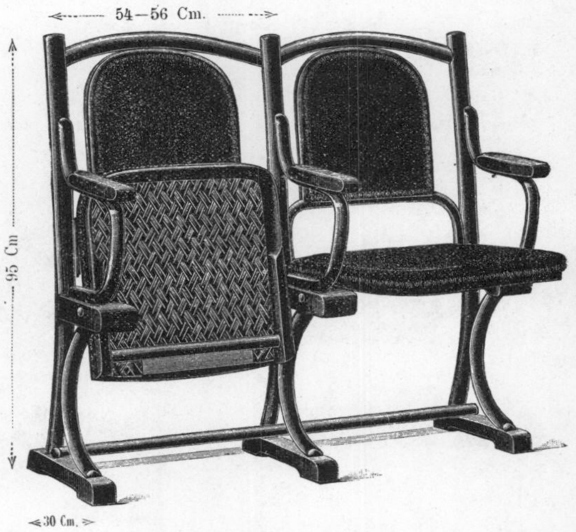

Theaterfauteuil Nr. **9**

Sitz mit Flechtmusterfournierbrett belegt, zum Überpolstern, auf Drehbolzen ohne Gewicht, geräuschlos auf Gummi klappend, Lehne und Armplatten zum Polstern.

Preis per Fauteuil in Bänken à mindest 4 Sitzen *Nr. 15009* K **15.—**
Preis per Fauteuil einzeln .... „ **18.—**

Zuschläge:

Für in den Lehneinsatz eingeschobenes Flechtmusterfournierbrett für vorne zu überpolstern, wodurch sich die Polsterungskosten erheblich vermindern, **per Fauteuil + K 1.—.**

Für Gewicht zum selbsttätigen Aufklappen des Sitzes **per Sitz + K 1.50.**

Für polierte Armplatten (statt jener zum Polstern)
per Fauteuil in Bänken.... + K **—.25**
per Fauteuil einzeln..... .+ „ **—.40**

Huthaken

aus Messing zum Preise von K **—.20** per Stück werden (an kurzen Riemen hängend) mittelst Schrauben an der Rückseite der Fauteuils befestigt. (Muster gratis.)

Tischchen

für Biergläser, Operngläser etc. K **—.80** können an der Rückseite zwischen je zwei Fauteuils angeschraubt werden.

Form: Kreisausschnitt von 15 Cm. Halbmesserlänge.

GEBRÜDER THONET.

Theatermöbel.

Theaterfauteuil Nr. 10

Sitz und Lehne Relief, mit Armlehnen ohne Armplatten, Sitz ohne Gewicht auf Drehbolzen geräuschlos auf Gummi klappend.

Nr. 15010, Preis per Fauteuil in Bänken à mindest 4 Sitzen **K 15.—**
Preis per Fauteuil einzeln .... „ **18.—**

Zuschläge:

Für Gewicht zum selbsttätigen Aufklappen des Sitzes **per Sitz mehr K 1.20.**

Für polierte Armplatten auf den Armlehnen
per Fauteuil in Bänken .... mehr K **—.60**
per Fauteuil einzeln .... mehr „ **1.—**

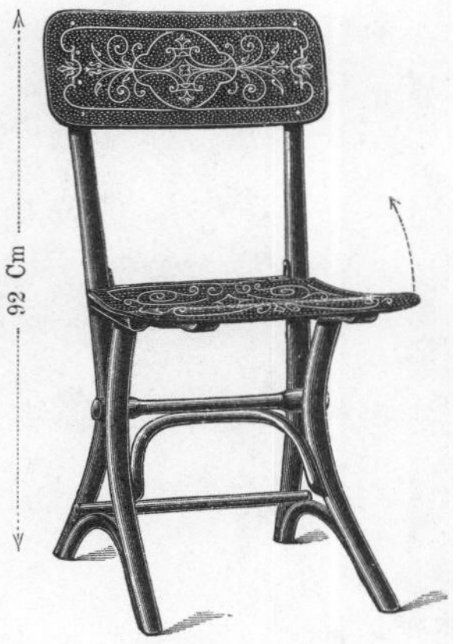

Theaterklappsessel

Nr. { 2 / *16002* } K 10.—
mit Reliefsitz und -lehne

Theaterfauteuil Nr. 11
(Reliefsitz und einfache Fächerlehne)
in Bänken à mindest 4 Sitzen

Nr. 15011, Preis per Sitz .... K **18.—**
Nr. 15111, mit Sattelsitz, Preisaufschlag .. „ **1.—**
Aufschlag für Gewichte .... „ **1.20**
Aufschlag für polierte Armbacken .. „ **—.50**
Aufschlag für einzelne Fauteuils ... „ **3.—**

Theaterfauteuil Nr. 12
in Bänken à mindest 4 Sitzen

Nr. 15012, Sitz u. Lehne z. Polstern, Sitz m. Federn ohne Gewicht, per Sitz K **22.—**
Nr. 15112. Aufschlag für Sitz grob vorgeflochten .... „ **1.80**
Aufschlag für Gewichte.......... „ **1.20**
Aufschlag für Flechtmusterlehnbrettel, vorne z. Polstern, rückwärts lackiert „ **1.—**
Aufschlag für einzelne Fauteuils ... „ **4.—**

Logensessel Nr. { **50** / ***16050*** }
Preis (zum Polstern) **K 6.30**

Logensessel Nr. { **66½** / ***16066*** }
Preis (zum Polstern) **K 6.70**

Sessel Nr. 103

normale Ausführung.. K **8.—**
mit eingravierter Folgenummer......... „ **—.60**
und mit Eisenstützen. „ **—.40**
} K **9.—**

Konzertsessel Nr. { **103** / ***16103*** } K **9.—**

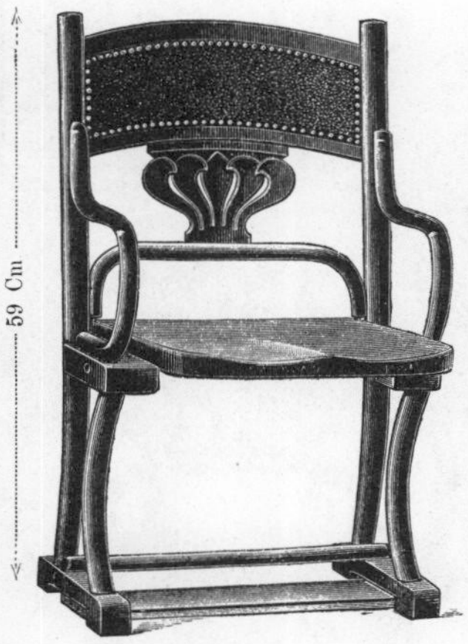

Theaterfauteuil Nr. **14**

Für Theaterlogen.

Logenstockerl *Nr. 16003*
Sitz ▽ Preis (zum Polstern)
K 4.50

Preise per Fauteuil (in Bänken à 4—5 Fauteuils):

normal (mit Sattelsitz, ohne Polstereinsatzbrett)...	*Nr. 15014*	K	**20.—**
mit Sitz und Lehne zum Polstern..................	*Nr. 15114*	„	**18.50**
mit Sitz zum Polstern, grob vorgeflochten..........	*Nr. 15214*	„	**20.30**
Aufschläge auf normal: für Polstereinsatzbrett in der Lehne.		„	**1.—**
für Sitz geflochten (statt Sattelsitz).		„	**1.50**
für Sitz Relief (statt Sattelsitz)		„	**—.—**
für Sitz und Lehne geflochten......		„	**3.—**
für Armbacken zum Polstern, roh...		„	**—.30**
für Armbacken poliert.............		„	**—.50**
für Eisengewicht bei normal		„	**1.20**
für Eisengewicht bei Sitz zum Polstern		„	**1.50**
für Federncharniere		„	**3.25**

Einzelne Fauteuils mehr K 3.—

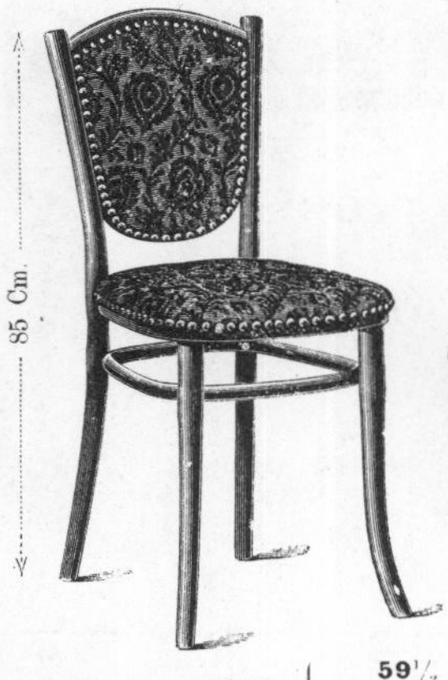

Logensessel Nr. { **59½** / ***16059*** }
Preis (zum Polstern) K **7.—**

Ansicht einer Sitzreihe, befestigt durch Einschieben einer Stange durch die Eisenstützen.
(Eisenstützen verbinden Sitz und Lehne unterhalb des Sitzes.)

Anbringung von Reihen- und Sitznummern.

Reihennummern werden an den Eckfauteuils der Seitengänge und des Mittelganges angebracht, und zwar an dem äußersten Ecklehnfuße des Fauteuils durch Aufschrauben von Metallplatten, welche entweder schräg oder horizontal befestigt werden. Je nach der Größe dieser Platten, dem Metalle, aus welchem sie verfertigt sind, und je nachdem, ob die Schrift und die Nummer in die Platte eingraviert, oder mit der Platte en relief gegossen werden, ist der Preis verschieden, und zwar von K —.**60** bis K **1.60** netto per Platte.

Sitznummern werden in die Lehnen gepolsterter Fauteuils gewöhnlich eingestickt; sonst aber können sie auch, und zwar durch Anschrauben von Metallplatten in der Mitte der Lehnbögen der Fauteuils zum Preise von K —.**40** bis K **1.20** netto per Platte angebracht werden.

Reflektanten steht eine reiche Musterkollektion zur Verfügung.

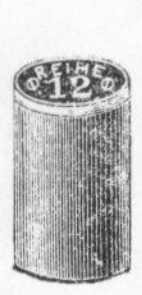

GEBRÜDER THONET.

Theatermöbel.

Nr. 1

Nr. 1

Nr. 3

Nr. 3 *a*
(Galerietype).

Sitz: Relief ohne Federn, ohne Gewichte.
Lehne: 120 Cm. hoch, mit massivem Lehnbrett, vorne zum Polstern, und mit darüber befindlicher Barrierestange.

Preise in Reihen à mindest 4 Sitzen:

per Fauteuil ohne Armlehnen { *Nr. 15203* *K* **11.50**

per Fauteuil mit Armlehnen { *Nr 15703* *K* **13.—**

Einzelne Fauteuils ohne Armlehnen ....mehr „ **2.20**

Einzelne Fauteuils mit Armlehnen ....mehr **3.20**

Nr. 3 *a*

Preise per Fauteuil (in Bänken à 4—5 Fauteuils) in Kronen		Nr. 1
		K
Sitz und Lehne zum Polstern	*Nr. 15001*	16.—
Sitz und Lehne zum Polstern, Sitz grob geflochten	*Nr. 15101*	17.80
Sitz und Lehne zum Polstern, Sitz grob geflochten, mit Federn und Gewichten	*Nr. 15201*	19.—
Sitz zum Polstern, grob vorgeflochten, mit Federn und Gewichten, Lehne Relief	*Nr. 15301*	22.50
Sitz zum Polstern, grob vorgeflochten, mit Federn und Gewichten, Holzlehne (Flechtmuster), **vorne** zum Überziehen	*Nr. 15401*	22.—
Mit Rohrsitz (mit Federn) und Rohrlehne	*Nr. 15501*	21.—
Mit Rohrsitz (mit Federn) und Holzlehne (Flechtmuster), **vorne** zum Überziehen	*Nr. 15601*	20.—
Mit Reliefsitz (mit Federn) und Holzlehne (Flechtmuster), **vorne** zum Überziehen	*Nr. 15701*	18.50
Mit Reliefsitz (mit Federn) und Relieflehne	*Nr. 15801*	19.—
Einzelne Fauteuils, geflochten, mehr *K* 3.—, zum Polstern mehr *K* 3.50.		

Preise per Fauteuil (in Bänken à 4—5 Fauteuils) in Kronen	ohne Armlehnen	mit Armlehnen
	K	*K*
Sitz und Lehne zum Polstern .... *Nr. 15003*	14.—	{ *Nr. 15503* 15.50
Sitz Relief (mit Federn), Lehne zum Polstern .... *Nr. 15103*	15.50	{ *Nr. 15603* 17.—
Einzelne Fauteuils mehr ..	2.30	3.20

Holzleiste als Fußtritt (an die Lehnfüße in beliebiger Höhe vom Boden angeschraubt), Preisaufschlag per Fauteuil *K* —.30.

Für poliertes Lehnbrett Aufschlag per Fauteuil *K* —.50.

Preisänderungen:

Ohne Fußbacken (zum direkten Aufschrauben an Boden und Stufe), per Fauteuil..................... ....weniger *K* —.50

Für ein Flechtmusterbrett in die Lehne als (20 Cm.) Rückenschutz, per Fauteuil mehr „ 1.50

Gewichte zu selbsttätigem Aufklappen des Sitzes per Fauteuil.... .... mehr „ 1.20

Leiste als Fußstütze per Fauteuil ...mehr „ —.30

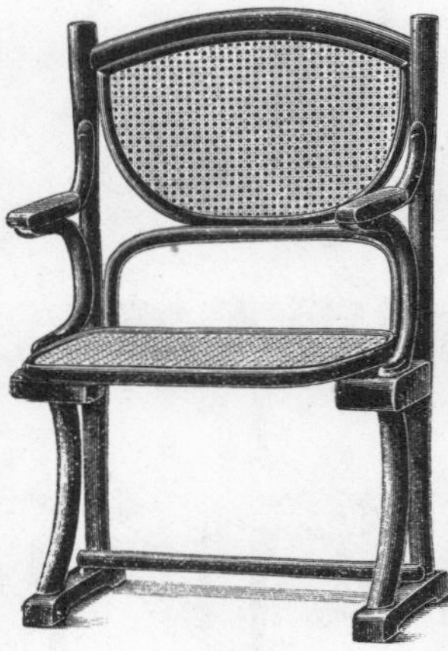

Nr. 2

Nr. 2

Type: Deutsches Volkstheater in Wien.

Nr. 2 *a*

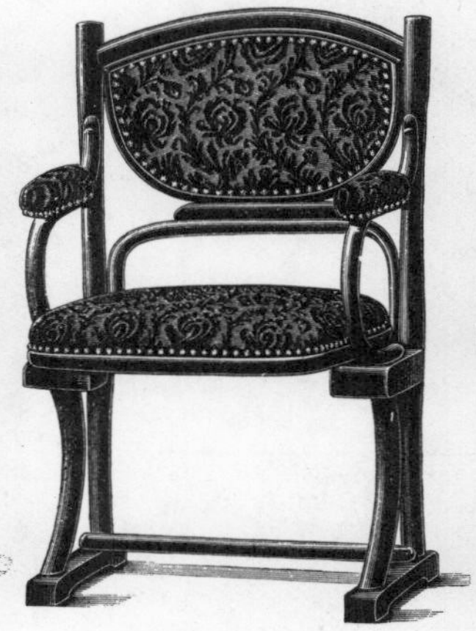

Nr. 2 *a*

Nr. 2 *a*

Preise per Fauteuil (in Bänken à 4—5 Fauteuils) in Kronen		Nr. 2
		K
Sitz und Lehne zum Polstern	*Nr. 15002*	20.—
Sitz und Lehne zum Polstern, Sitz grob vorgeflochten, mit Federn und Gewichten	*Nr. 15102*	23.—
Sitz zum Polstern, grob vorgeflochten, mit Federn und Gewichten, Holzlehne (Flechtmuster), **vorne** mit Stoff zum Überziehen	*Nr. 15202*	24.—
Mit Rohrsitz und Rohrlehne, mit Federn	*Nr. 15302*	24.—
Mit Rohrsitz, mit Federn und Holzlehne (Flechtmuster), **vorne** mit Stoff zum Überziehen	*Nr. 15402*	24.—
Mit Reliefsitz, mit Federn und Relieflehne	*Nr. 15502*	23.—
Einzelne Fauteuils { **geflochten**	mehr	3.—
Einzelne Fauteuils { **zum Polstern**	mehr	3.50

Preise per Fauteuil (in Bänken à 4—5 Fauteuils) in Kronen		Nr. 2 *a*
		K
Sitz und Lehne zum Polstern	*Nr. 15002 a*	19.—
Sitz und Lehne zum Polstern, Sitz grob vorgeflochten, mit Federn und Gewichten	*Nr. 15102 a*	22.—
Sitz zum Polstern, grob vorgeflochten, mit Federn und Gewichten, Holzlehne (Flechtmuster), **vorne** mit Stoff zum Überziehen	*Nr. 15202 a*	23.—
Mit Rohrsitz und Rohrlehne, mit Federn	*Nr. 15302 a*	23.—
Mit Rohrsitz, mit Federn und Holzlehne (Flechtmuster), **vorne** mit Stoff zum Überziehen	*Nr. 15402 a*	23.—
Mit Reliefsitz, mit Federn und Holzlehne (Flechtmuster), **vorne** mit Stoff zum Überziehen	*Nr. 15502 a*	21.50
Mit Reliefsitz, mit Federn und Relieflehne	*Nr. 15602 a*	22.—
Einzelne Fauteuils { **geflochten**	mehr	3.—
Einzelne Fauteuils { **zum Polstern**	mehr	3.50

GEBRÜDER THONET.

Fauteuil Nr. { 57 / *1057 S* } mit Intarsia-Dessin XXVI
J 46 × 43 Cm. **K 12.—**

Kanapee Nr. 57 mit Intarsia-Dessin XXVI
J { 111 Cm. **K 28.—**, *Nr. 2057 S*
{ 135 „ „ **33.—**, *Nr. 3057 S*

Sessel Nr. { 57 / *57 S* } mit Intarsia-Dessin XXVI
J 41 × 40 Cm. **K 7.—**

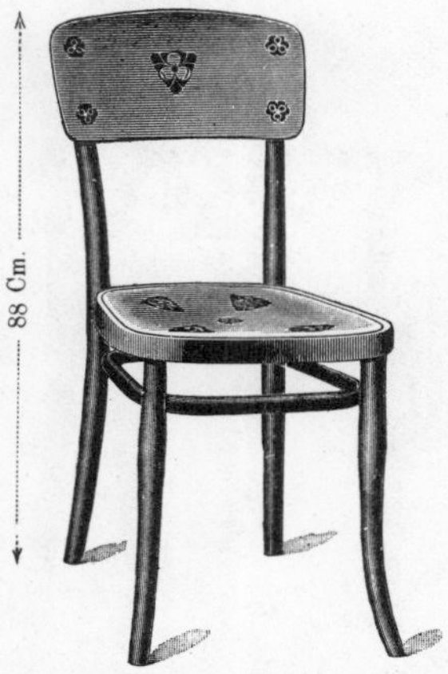

Sessel Nr. { 57 / *57 a* } mit Intarsia-Dessin XXVII
J 41 × 40 Cm. **K 6.80**

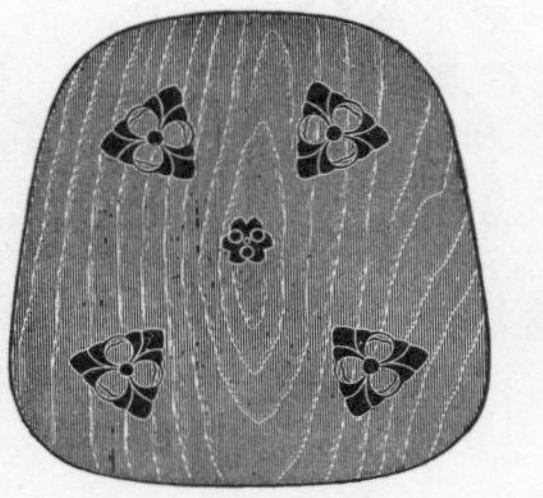

Ansicht des Flachintarsia-Sitzdessins Nr. XXVII, dunkel auf hellem Grund. Anwendbar bei allen Sitzformen, ohne Preisaufschlag gegenüber geflochtenen. Die Dessins können nach Belieben gruppiert werden.

Sessel Nr. { 170 / *170 a* } mit Intarsia-Dessin XXVIII
J 41 × 40 Cm. **K 8.50**

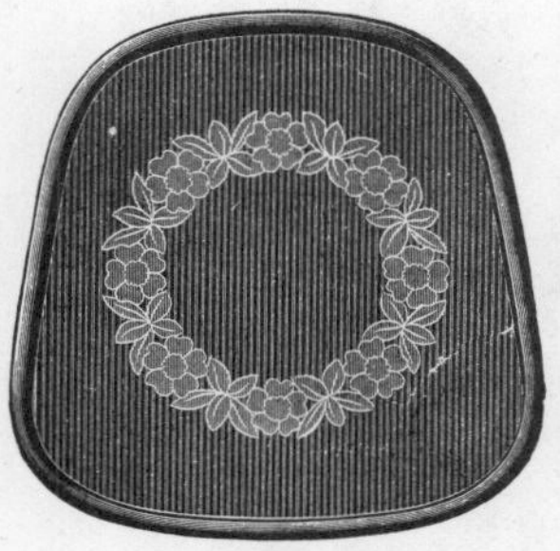

Ansicht des Flachintarsia - Sitzdessins Nr. XXVIII. Anwendbar bei allen Sitzformen, ohne Preisaufschlag gegenüber geflochtenen.

Sessel Nr. { 105 / *105*
41 × 40 Cm. **K 7.40**

Kanapee Nr. 105 { 111 Cm. **K 28.—**, *Nr. 2105*
{ 135 „ „ **32.—**, *Nr. 3105*

Fauteuil Nr. { 105 / *1105*
46 × 43 Cm. **K 12.50**

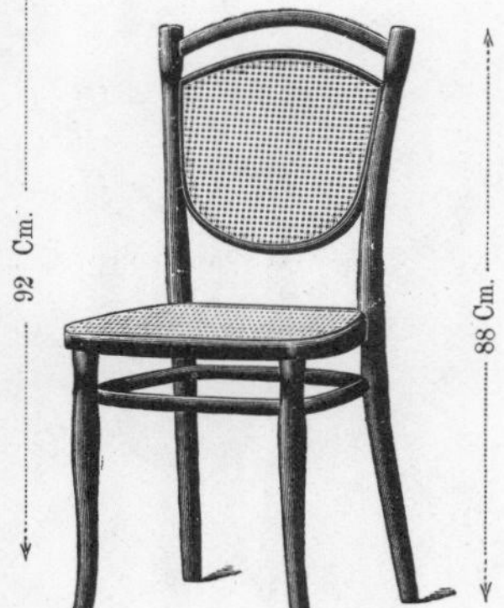

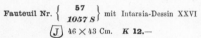

Sessel Nr. { 89 / *89*
41 × 40 Cm. **K 10.—**

GEBRÜDER THONET.

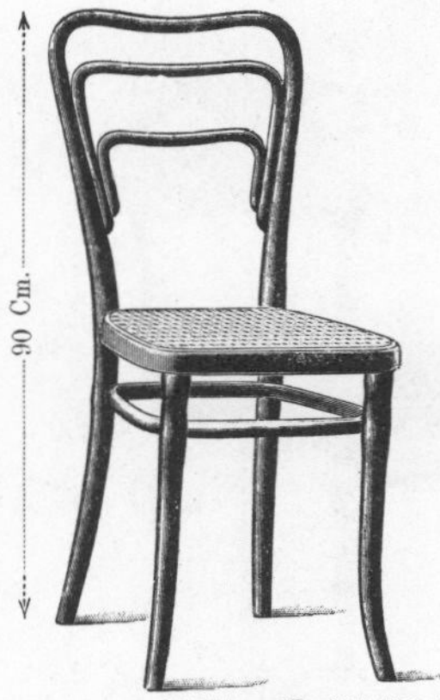

Sessel Nr. { 144½ / *144½* } 39 × 36 Cm. **K 8.—**

Sessel Nr. { 144 / *144* } 41 × 40 Cm. **K 8.40**

Sessel Nr. { 196 / *196* } (P) 42 Cm. Durchm. **K 6.50**

Sessel Nr. { 196 geflochten / *196a* } 42 Cm. } **K 7.50**

Sessel Nr. { 197/114 / *197/114* } (P) 39 × 38 Cm. **K 6.70**

Sessel Nr. { 197/114 geflochten / *197/114 a* } **K 7.50**

Sessel Nr. { 259 / *259* } 41 × 40 Cm. **K 10.50**

Sessel Nr. { 304 / *304* } 40 × 40 Cm. **K 16.—**

Sessel Nr. { 307 / *307* } 41 × 41 Cm. **K 22.—**

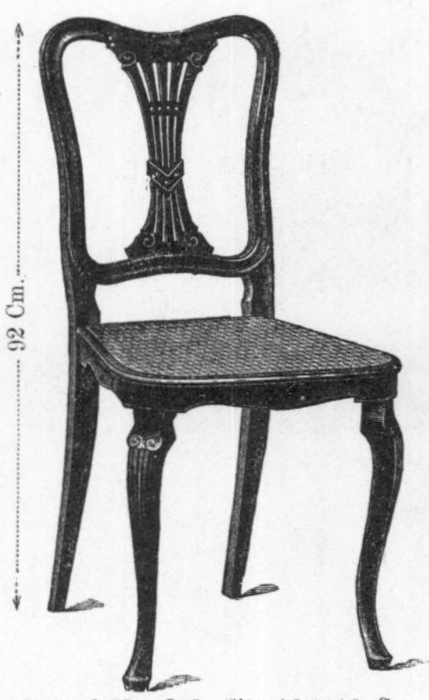

Sessel Nr. **311,** Sitz 42 × 43 Cm.

fein geflochten	*Nr. 311*	K 27.—
grob vorgefl. z. Polstern	*Nr. 311a*	„ 24.—
nicht geflocht. z. Polst.	*Nr. 311b*	„ 23.—

Kanapee Nr. **311,** Sitz 111 Cm.

fein geflochten	*Nr. 2311*	K 100.—
grob vorgeflochten z. Polstern	*Nr. 2311a*	„ 94.—
nicht geflochten z. Polstern	*Nr. 2311b*	„ 90.—

Fauteuil Nr. **311,** Sitz 50 × 49 Cm.

fein geflochten	*Nr. 1311*	K 45.—
grob vorgefl. z. Polstern . .	*Nr. 1311a*	„ 41.50
nicht geflochten z. Polstern	*Nr. 1311b*	„ 40.—

Sessel Nr. { 312 / *312* } 43 × 42 Cm. **K 32.—**

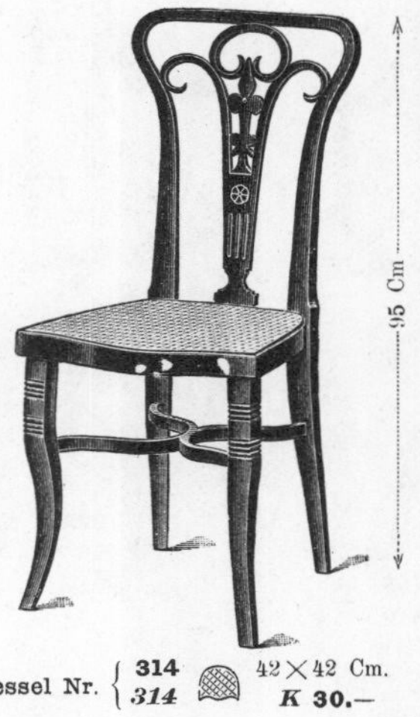

Sessel Nr. { 314 / *314* } 42 × 42 Cm. **K 30.—**

Sessel Nr. { 367 / *367* } 41 × 40 Cm. **K 8.75**

Sessel Nr. { 368 / *368* } 41 × 40 Cm. **K 12.—**

GEBRÜDER THONET.

90 Cm.

Sessel Nr. { 376 / *376*

41 × 40 Cm. *K* 11.–

90 Cm.

Fauteuil Nr. { 377 / *1377* 46 × 43 Cm. *K* 17.–

Sessel Nr. { 377 / *377*

41 × 40 Cm. *K* 11.25

90 Cm.

Fauteuil Nr. { 378 / *1378* 46 × 43 Cm. *K* 17.–

Sessel Nr. { 378 / *378*

41 × 40 Cm. *K* 11.25

90 Cm.

Fauteuil Nr. { 379 / *1379* 46 × 43 Cm. *K* 17.–

Sessel Nr. { 379 / *379*

41 × 40 Cm. *K* 11.25

96 Cm.

Fauteuil Nr. { 391 / *1391*

46 × 43 Cm. *K* 13.–

Sessel Nr. 391 siehe Hauptmusterbuch, Seite 40.

96 Cm.

Fauteuil Nr. { 392 / *1392*

46 × 43 Cm. *K* 18.50

Sessel Nr. 392 siehe Hauptmusterbuch, Seite 40.

98 Cm.

Sessel Nr. { 405 / *405* } für Lederbezug

ohne Metallbeschläge . . . . *K* 15.–
mit Messingbeschlägen Nettoaufschlag . . . . . „ 8.–
„ vernickelten Messingbeschlägen Nettoaufschlag . . . . „ 9.–

95 Cm.

Sessel Nr. { 406 / *406*

41 × 40 Cm. *K* 23.–

92 Cm.

Sessel Nr. { 408 / *408*

41 × 42 Cm. *K* 25.–

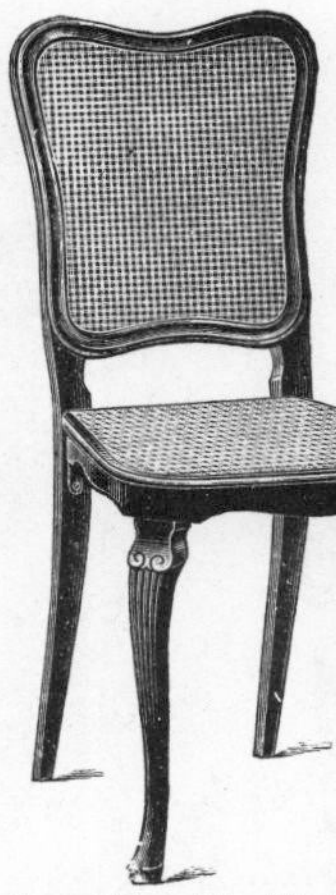

92 Cm.

Sessel Nr. **411**, Sitz 43 × 42 Cm.

{ fein geflochten . . . . / ***Nr. 411*** } *K* 28.–
{ grob vorgeflochten zum Polstern . . . . / ***Nr. 411a*** } „ 22.–

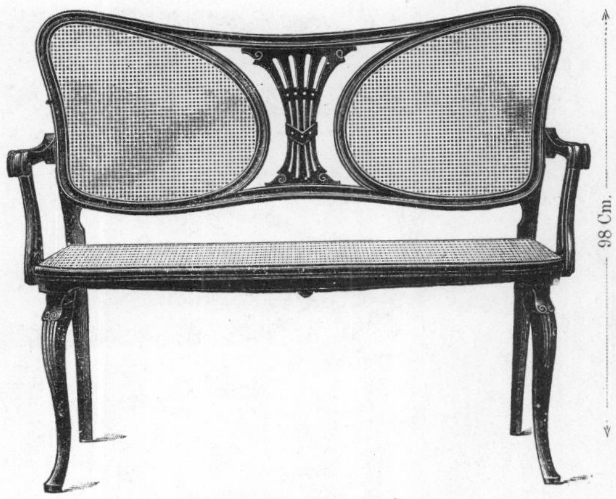

98 Cm.

Kanapee Nr. 411, 111 Cm.

{ fein geflochten . . . . / ***Nr. 2411*** } *K* 100.–
{ grob vorgeflochten zum Polstern . / ***Nr. 2411a*** } „ 84.–

98 Cm.

Fauteuil Nr. **411**, Sitz 50 × 49 Cm.

{ fein geflochten . . . . . . / ***Nr. 1411*** } *K* 47.
{ grob vorgeflochten zum Polstern . . . . / ***Nr. 1411a*** } „ 39.50

GEBRÜDER THONET.

Sessel, Sitz 42 × 42 Cm.

{ Nr. 423 .... / *Nr. 423* } K 19.–

{ Nr. 423 fein geflochten .... / *Nr. 423a* } „ 21.–

{ Nr. 423 grob gefl. z. Polstern, Lehne ungefl. / *Nr. 423c* } „ 18.60

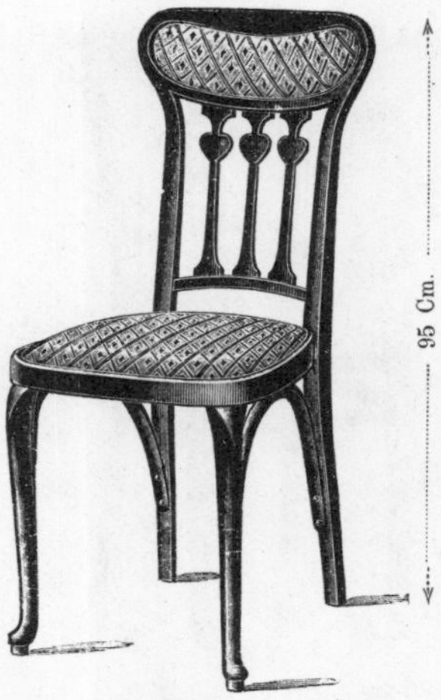

Sessel Nr. { 423 / *423* } gepolstertes Modell

Sessel Nr. 434 41 × 40 Cm.

Profil { K 19.– *Nr. 434* / „ 17.– „ *434b* / „ 17.50 „ *434a* }

Sessel Nr. { 438 / *438* } 41 × 42 Cm. K 19.50

Sessel, Sitz 43 × 41 Cm.

{ Nr. 451 .... / *Nr. 451* } K 17.50

{ Nr. 451 fein gefl. / *Nr. 451a* } „ 19.50

Sessel, Sitz 43 × 41 Cm.

{ Nr. 452 .... / *Nr. 452* } K 18.50

{ Nr. 452 fein gefl. / *Nr. 452a* } „ 20.50

{ Nr. 452 mit Messingsprossen .. / *Nr. 452b* } K 19.50

Sessel Nr. { 456 / *456* } 43 × 41 Cm. K 22.50

Sessel Nr. { 459 / *459* } 43 × 41 Cm. K 19.50

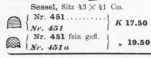

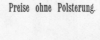

Sitze aus einem Stück gebogen, vorne mit scharfen Ecken.

Preise ohne Polsterung.

Preise ohne Polsterung.

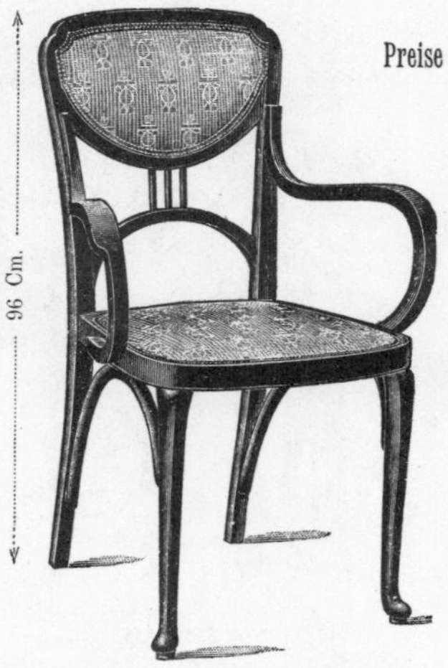

Fauteuil Nr. { 461 / *1461 normal* } 47 × 47 Cm. K 27.–

mit poliertem Rücklehnbrettel *Nr. 1461a* K 28.–

Kanapee Nr. { 461 / *2461 normal* } 111 Cm. K 52.–

mit poliertem Rücklehnbrettel *Nr. 2461a* K 56.–

Sessel Nr. { 461 / *461 normal* } 41 × 41 Cm. K 17.–

mit poliertem Rücklehnbrettel *Nr. 461a* K 17.50

GEBRÜDER THONET.

Sessel Nr. { 471 / *471* — 43 × 41 Cm. *K* **17.50**

Nr. { 471 fein geflochten / *471 a* } *K* **19.50**

Sessel Nr. { 472 / *472* — 43 × 41 Cm. *K* **15.–**

Lehne zum Polstern, Sitz grob vorgeflochten zum Polstern.

Sessel Nr. { 481 / *481* — 41 × 41 Cm. *K* **18.–**

Sessel Nr. { 491 / *491* — 41 × 41 Cm., geflochten *K* **14.–**

Preise ohne Polsterung.

Fauteuil Nr. { 492 / *1492 normal*

47 × 47 Cm. *K* **24.–**

mit poliertem Rücklehnbrettel *K* **25.–**

Nr. 1492 a

Preise ohne Polsterung.

Kanapee Nr. { 492 / *2492 normal* — 111 Cm. *K* **48.–**

mit poliertem Rücklehnbrettel *Nr. 2492 a* *K* **52.–**

Preise ohne Polsterung.

Sessel Nr. { 492 / *492 normal*

41 × 41 Cm. *K* **14.–**

mit poliertem Rücklehnbrettel *K* **14.50**

Nr. 492 a

Sessel Nr. { 493 / *493* — 41 × 41 Cm. *K* **16.–**

Fauteuil Nr. { 511 / *1511* — J — 53 × 46 Cm.

mit Holzsitz **normal** *K* **34.–**

Nr. { 511 fein geflochten / *1511 a* } *K* **36.–**

Kanapee Nr. { 511 / *2511* — J — 107 × 46 Cm.

mit Holzsitz **normal** *K* **70.–**

Nr. { 511 fein geflochten / *2511 a* } *K* **75.–**

Sessel Nr. { 511 / *511* — J — 42 × 42 Cm.

mit Holzsitz **normal** *K* **24.–**

Nr. { 511 fein geflochten / *511 a* } *K* **25.–**

Sessel Nr. { 902 / *902* — 42 × 42 Cm. *K* **36.–**

GEBRÜDER THONET.

Sessel Nr. { **522** / *522* (R) 41 × 40 Cm. **K 8.75**

Sessel Nr. { **526** / *526* (R) 41 × 40 Cm. **K 8.50**

Sessel Nr. { **521** / *521* 41 × 40 Cm. **K 9.50**

Sessel Nr. { **531** / *531/27* (L) 41 × 40 Cm.
mit Fußverbindung Nr. **27** laut Zeichnung
K 8.75

normal mit Fußreif *Nr. 531* } **K 8.35**

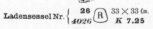

Ladensessel Nr. { **26** / *4026* (R) 33 × 33 Cm. **K 7.25**

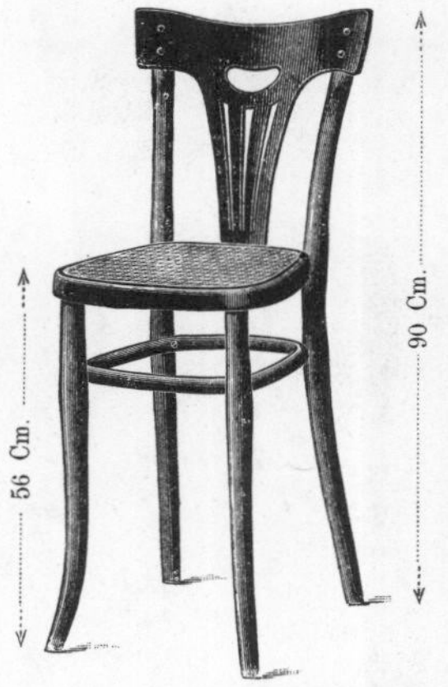

Ladensessel Nr. { **27** / *4027* 33×33 Cm. **K 8 25**

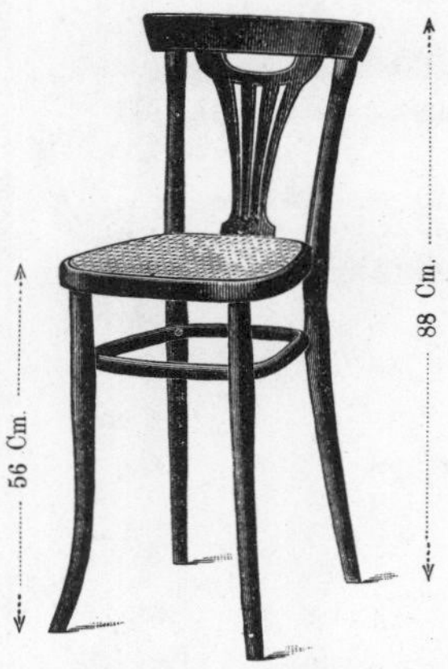

Ladensessel Nr. { **14** / *4014* 33×33 Cm. **K 8.25**

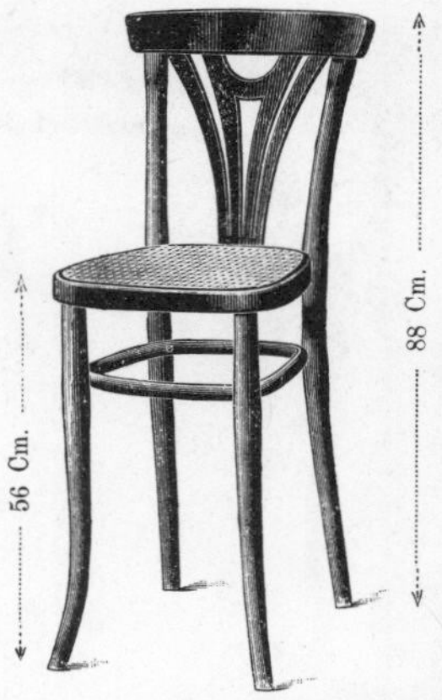

Ladensessel Nr. { **15** / *4015* 33×33 Cm. **K 8.25**

Bureausessel Nr. { **57** / *4257 V*
mit Verbindungen, 2 Reifen und Eisenstützen unter dem zweiten Reifen
K 10.60
Speziell beliebt für Telephonzentralen.

Nr. 12 Nr. 11 Nr. 14 Nr. 13

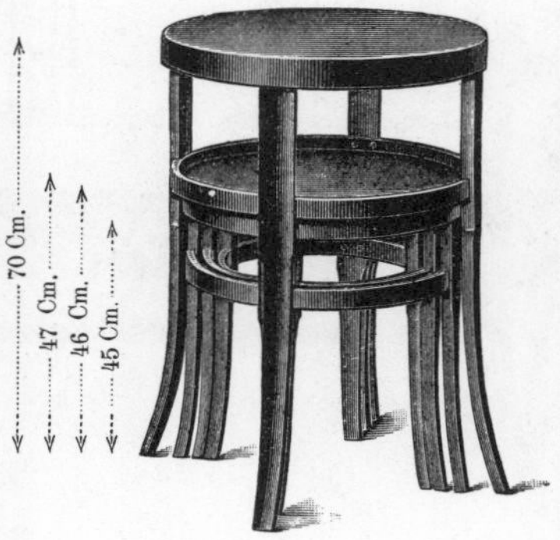

Stockerlmagazin Nr. { **15** / *4815* } **K 30.–**

Preise der einzelnen Stockerl:

Nr. { **11** / *4811* 32 Cm. **K 6.50** | Nr. { **12** / *4812* 37 Cm. **K 6.50** | Nr. { **13** / *4813* 42 Cm. **K 7.–** | Nr. { **14** / *4814* 47 Cm. **K 10.–**

Harmonium-Drehstockerl Nr. { **1** / *5221*
37 Cm. Durchm. **K 18.50**
Sitz sowohl der Höhe, als auch der Schräge nach verstellbar.

Schiffsfauteuil Nr. **5203**

48 Cm. Durchm. ***K* 25.—**

Drehfauteuil Nr. { **23** / ***5523***

47 Cm. Durchm. ***K* 29.—**

Kleiner Schreibfauteuil Nr. { **29** / ***6029***

42 Cm. Durchm. ***K* 9.50**

Schreibfauteuil für Hörsäle Nr. { **33** / ***6133***

48 × 45 Cm. ***K* 16.—**

Schreibfauteuil Nr. { **141** / ***6141***

49 × 52 Cm. ***K* 19.—**

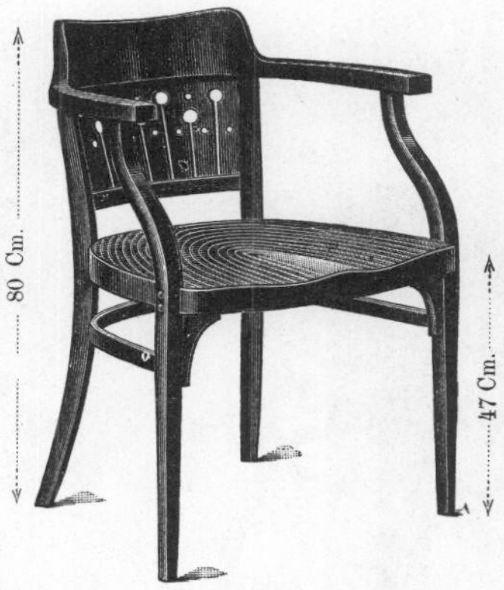

Schreibfauteuil Nr. { **142** / ***6142***

49 × 52 Cm. ***K* 23.—**

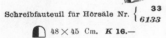

mit mattiertem Schichten-Sattelsitz

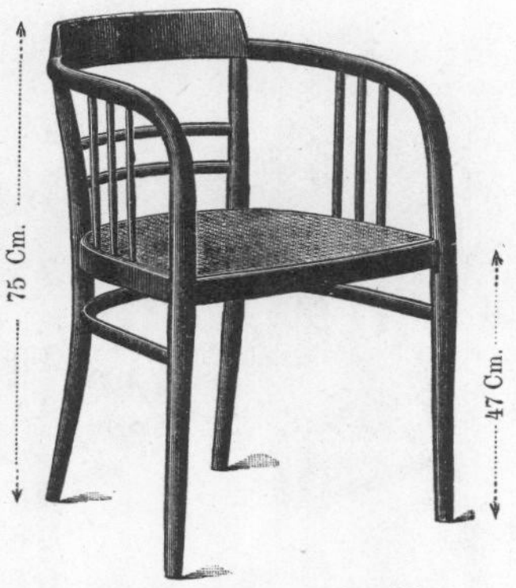

Schreibfauteuil Nr. { **93** / ***6093***

50 × 47 Cm. ***K* 16.—**

Fauteuil ***Nr. 6541*** zum Polstern

Profil ◯ Sitz 65 × 74 Cm. ***K* 24.—**

Kamin-Fauteuil Nr. 3, Sitz 48 × 49 Cm.

geflochten ***K* 35.—**, ***Nr. 6403***

zum Polstern „ **26.—**, „ ***6403b***

Fauteuil ***Nr. 6542*** zum Polstern

Profil ☐ Sitz 65 × 74 Cm. ***K* 40.—**

GEBRÜDER THONET.

Netto-Aufschlag für Bronzesockel per Möbelstück netto *K* 7.—

Fauteuil, Sitz 50 × 47 Cm.

K 27.—, *Nr. 6514*
„ 29.—, *Nr. 6514c*
„ 33.—, *Nr. 6514a*
mit Reifbogen

Kanapee, Sitz 115 × 50 Cm.

K 67.—, *Nr. 6214*
„ 71.—, *Nr. 6214c*
„ 81.—, *Nr. 6214a*
mit Reifbogen

K 62.—, *Nr. 6214*
„ 66.—, *Nr. 6214c*
„ 76.—, *Nr. 6214a*
mit Fußreif

Fauteuil Nr. 6514, Sitz 49 × 45 Cm.

K 23.—, *Nr. 6514*
„ 25.—, *Nr. 6514c*
„ 29.—, *Nr. 6514a*
mit Fußreif

Fauteuil, Sitz 52 × 48 Cm.

Nr. **6515** / *Nr. 6515* **normal** — *K* **28.—**
Nr. **6515** ungeflocht. z. Polstern / *Nr. 6515* — „ **25.—**
Nr. **6515** grob vorgefl. z. Polst. / *Nr. 6515c* — „ **27.—**
Nr. **6515** fein geflochten / *Nr. 6515a* — „ **31.—**

Doppelfauteuil

zum Polstern .... *K* **48.—**, *Nr. 6546*
grob geflochten zum Polstern .... „ **52.—**, *Nr. 6546c*
fein geflochten .... „ **60.—**, *Nr. 6546a*
Aufschlag für Bronzesockel .... „ **12.25**, *b* netto

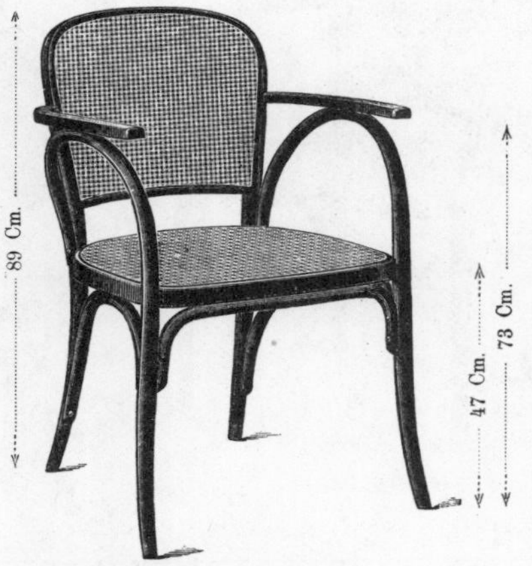

Fauteuil, Sitz 53 × 49 Cm.

geflochten .... *K* **21.—**, *Nr. 6582*
zum Polstern, Sitz grob geflochten .. „ **16.—**, *Nr. 6582a*
zum Polstern, ungeflochten .... „ **14.—**, *Nr. 6582b*

Fauteuil, Sitz 53 × 49 Cm.

geflochten .... *K* **14.—**, *Nr. 6583*
zum Polstern, Sitz grob geflochten ... „ **13.—**, *Nr. 6583a*
zum Polstern, ungeflochten ..... „ **11.—**, *Nr. 6583b*

Barbierfauteuil *Nr. 6945* 55 × 50 Cm. *K* **58.—**

Barbierfauteuil *Nr. 6946* 55 × 50 Cm. *K* **48.—**

GEBRÜDER THONET.

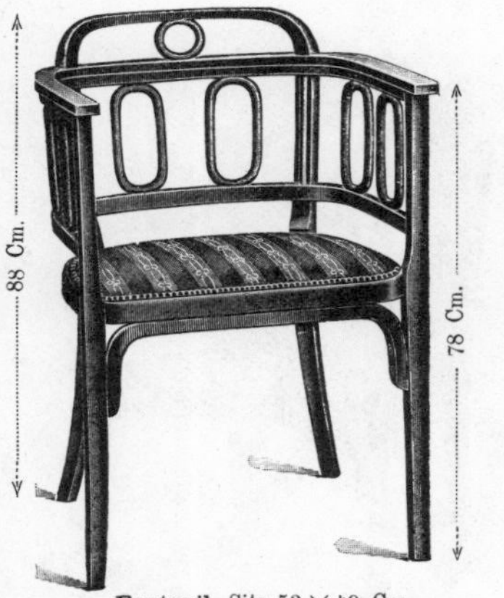

Fauteuil, Sitz 53 × 49 Cm.

	geflochten (normal)	K 27.50	*Nr. 6573*
	grob vorgeflochten, z. Polstern	„ 26.50	*Nr. 6573a*
	nicht geflochten, zum Polstern	„ 24.50	*Nr. 6573b*
ohne Aufsatz	geflochten (normal)	K 25.—	*Nr. 6572*
ohne Aufsatz	grob vorgeflochten, z. Polstern	„ 24.—	*Nr. 6572a*
ohne Aufsatz	nicht geflochten, z. Polstern	„ 22.—	*Nr. 6572b*

Kanapee, Sitz 103 × 45 Cm.

	geflochten (normal)	K 40.50	*Nr. 6273*
	grob vorgeflochten, zum Polstern	„ 38.50	*Nr. 6273a*
	nicht geflochten, zum Polstern	„ 34.50	*Nr. 6273b*
ohne Aufsatz	geflochten (normal)	K 37.—	*Nr. 6272*
ohne Aufsatz	grob vorgeflochten, zum Polstern	„ 35.—	*Nr. 6272a*
ohne Aufsatz	nicht geflochten, zum Polstern	„ 31.—	*Nr. 6272b*

Schaukelfauteuil, Sitz 53 × 49 Cm.

	geflochten (normal)	K 31.50	*Nr. 7473*
	grob vorgeflochten, z. Polstern	„ 30.50	*Nr. 7473a*
	nicht geflochten, zum Polstern	„ 28.50	*Nr. 7473b*
ohne Aufsatz	geflochten (normal)	K 29.—	*Nr. 7472*
ohne Aufsatz	grob vorgeflochten, z. Polstern	„ 28.—	*Nr. 7472a*
ohne Aufsatz	nicht geflochten, z. Polstern	„ 26.—	*Nr. 7472b*

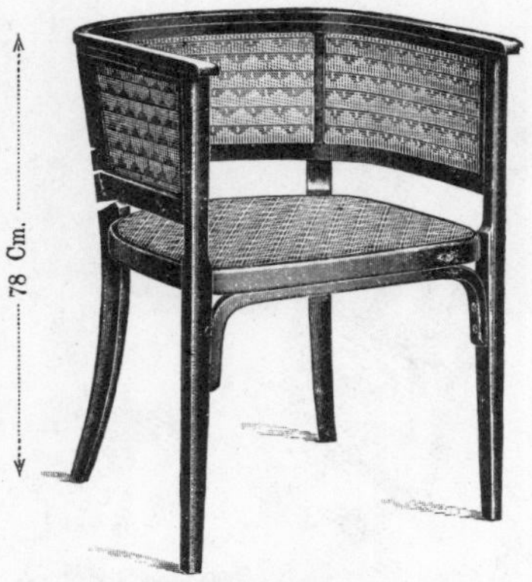

Fauteuil, Sitz 53 × 49 Cm.

	geflochten (normal)	K 28.50	*Nr. 6575*
	Sitz grob geflochten, z. Polstern	„ 21.—	*Nr. 6575a*
	nicht geflochten, zum Polstern	„ 19.—	*Nr. 6575b*
Mit Aufsatz wie bei Nr. 6573	geflochten (normal)	K 31.—	*Nr. 6576*
Mit Aufsatz wie bei Nr. 6573	Sitz grob vorgeflochten, zum Polstern	„ 23.50	*Nr. 6576a*
Mit Aufsatz wie bei Nr. 6573	nicht geflochten, zum Polstern	„ 21.50	*Nr. 6576b*

Kanapee, Sitz 103 × 45 Cm.

	geflochten (normal)	K 40.—	*Nr. 6275*
	Sitz grob vorgeflochten, zum Polstern	„ 30.—	*Nr. 6275a*
	nicht geflochten, zum Polstern	„ 26.—	*Nr. 6275b*
Mit Aufsatz wie bei Nr. 6273	geflochten (normal)	K 43.50	*Nr. 6276*
Mit Aufsatz wie bei Nr. 6273	Sitz grob vorgeflochten, zum Polstern	„ 33.50	*Nr. 6276a*
Mit Aufsatz wie bei Nr. 6273	nicht geflochten, zum Polstern	„ 29.50	*Nr. 6276b*

Schaukelfauteuil, Sitz 53 × 49 Cm.

	geflochten (normal)	K 32.50	*Nr. 7475*
	Sitz grob vorgeflochten, zum Polstern	„ 25.—	*Nr. 7475a*
	nicht geflochten, zum Polstern	„ 23.—	*Nr. 7475b*
Mit Aufsatz wie bei Nr. 7473	geflochten (normal)	K 35.—	*Nr. 7476*
Mit Aufsatz wie bei Nr. 7473	Sitz grob vorgeflochten, zum Polstern	„ 27.50	*Nr. 7476a*
Mit Aufsatz wie bei Nr. 7473	nicht geflochten, zum Polstern	„ 25.50	*Nr. 7476b*

Fauteuil, Sitz 53 × 49 Cm.

geflochten (normal)	K 30.—	*Nr. 6578*
Sitz grob vorgeflochten, zum Polstern	„ 25.—	*Nr. 6578a*
ungeflochten, zum Polstern	„ 23.—	*Nr. 6578b*

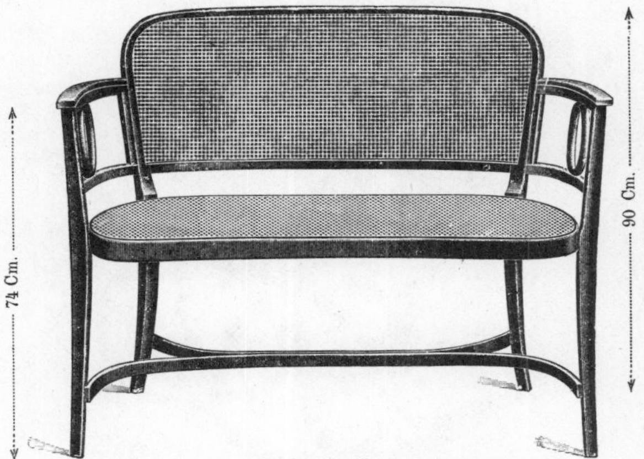

Kanapee, Sitz 103 × 45 Cm.

geflochten (normal)	K 43.—	*Nr. 6278*
Sitz grob vorgeflochten, zum Polstern	„ 34.—	*Nr. 6278a*
ungeflochten, zum Polstern	„ 30.—	*Nr. 6278b*

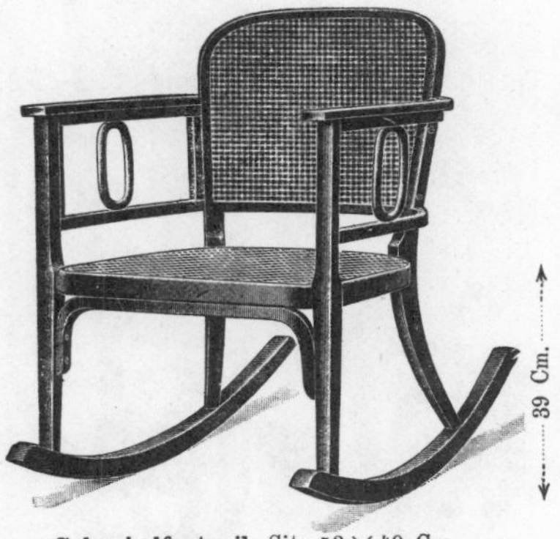

Schaukelfauteuil, Sitz 53 × 49 Cm.

geflochten (normal)	K 34.—	*Nr. 7478*
Sitz grob vorgeflochten, z. Polstern	„ 29.—	*Nr. 7478a*
ungeflochten, zum Polstern	„ 27.—	*Nr. 7478b*

GEBRÜDER THONET.

Fauteuil, Sitz 49 × 46 Cm.

geflochten (normal) .... *K* **33.50,** *Nr. 6587*

Sitz grob vorgeflochten, zum Polstern „ **29.50,** *Nr. 6587a*

nicht geflochten, zum Polstern „ **27.50,** *Nr. 6587 b*

Kanapee, Sitz 104 × 46 Cm.

geflochten (normal) .... *K* **50.—,** *Nr. 6287*

Sitz grob vorgeflochten, zum Polstern... „ **39.50,** *Nr. 6287a*

nicht geflochten, zum Polstern......... „ **35.—,** *Nr. 6287 b*

Schaukelfauteuil, Sitz 49 × 46 Cm.

geflochten (normal) .... *K* **37.—,** *Nr. 7487*

Sitz grob vorgeflochten, zum Polstern „ **33.—,** *Nr. 7487a*

nicht geflochten, zum Polstern „ **31.—,** *Nr. 7487 b*

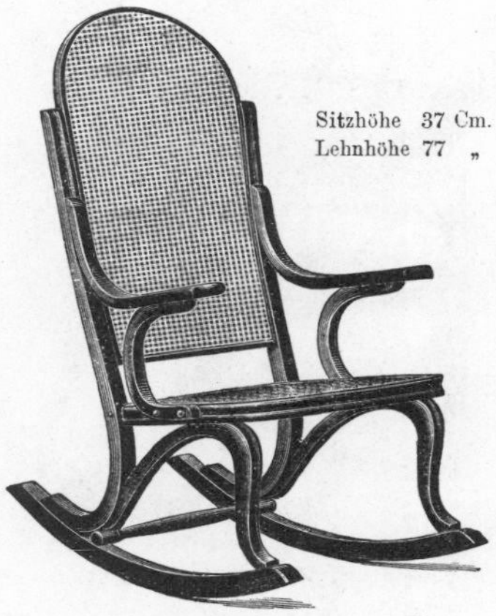

Sitzhöhe 37 Cm.
Lehnhöhe 77 „

Schaukelfauteuil, Sitz 49 × 50 Cm.

fein geflochten (normal) .... *K* **37.—,** *Nr. 7407*

nicht geflochten, zum Polstern ...... „ **28.—,** *Nr. 7407 b*

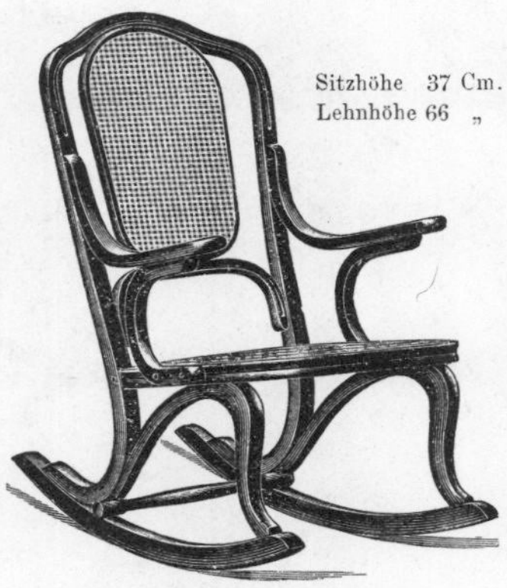

Sitzhöhe 37 Cm.
Lehnhöhe 66 „

Schaukelfauteuil, Sitz 49 × 50 Cm.

fein geflochten (normal) .... *K* **38.—,** *Nr. 7465*

nicht geflochten, zum Polstern...... „ **32.—,** *Nr. 7465 b*

Sitzhöhe 37 Cm.
Lehnhöhe 67 „

Schaukelfauteuil, Sitz 49 × 50 Cm.

fein geflochten (normal) .... *K* **28.—,** *Nr. 7469*

nicht geflochten, zum Polstern .... „ **24.50,** *Nr. 7469 b*

Sitzhöhe 39 Cm.
Lehnhöhe 59 „

Schaukelfauteuil Nr. { **223** / *7223* } 43 × 45 Cm. *K* **28.—**

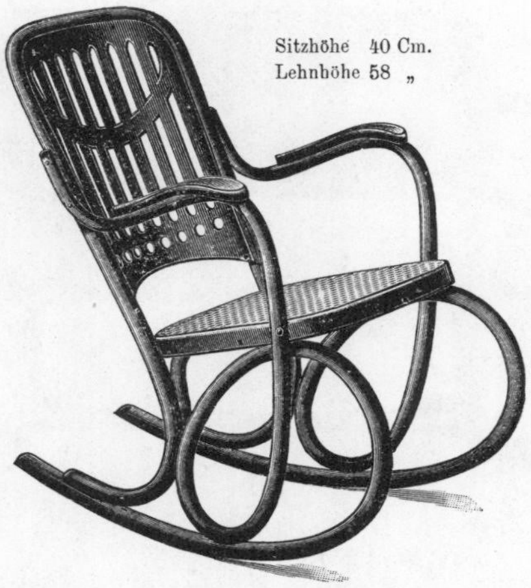

Sitzhöhe 40 Cm.
Lehnhöhe 58 „

Schaukelfauteuil Nr. { **71** / *7071* } 45 × 47 Cm. *K* **26.—**

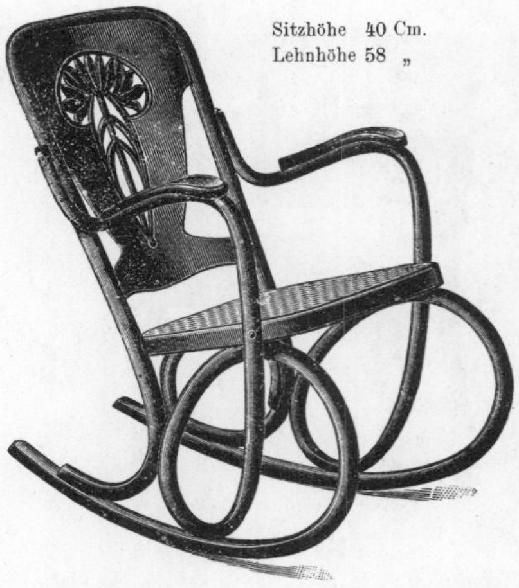

Sitzhöhe 40 Cm.
Lehnhöhe 58 „

Schaukelfauteuil Nr. { **72** / *7072* } 45 × 47 Cm. *K* **27.—**

GEBRÜDER THONET.

100 × 75 Cm. Platte.

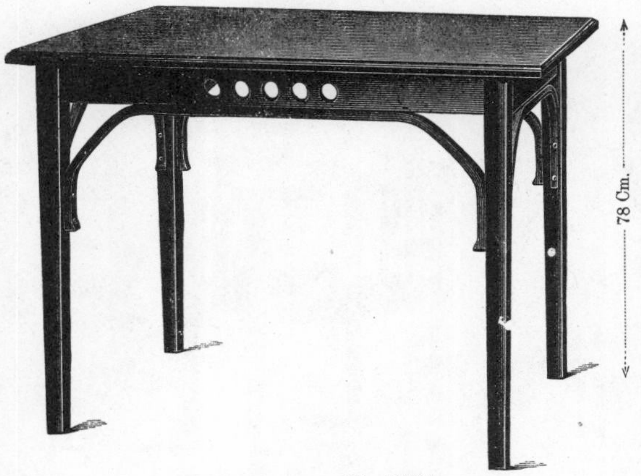

Tisch *M* **58.**—, ***Nr. 8141***
Nr. 8341 Tischgestell samt Zarge... *K* **30.**—
Gekehlte und furnierte Platte hiezu.... „ **28.**—
(Passend zur Garnitur Nr. 511, siehe Seite 119.)

92 × 62 Cm. Platte.

Tisch *M* **54.**—, ***Nr. 8123***
Nr. 8323 Tischgestell samt Zarge... *K* **26.**—
Gekehlte und furnierte Platte hiezu... „ **28.**—

72 Cm. Durchm.

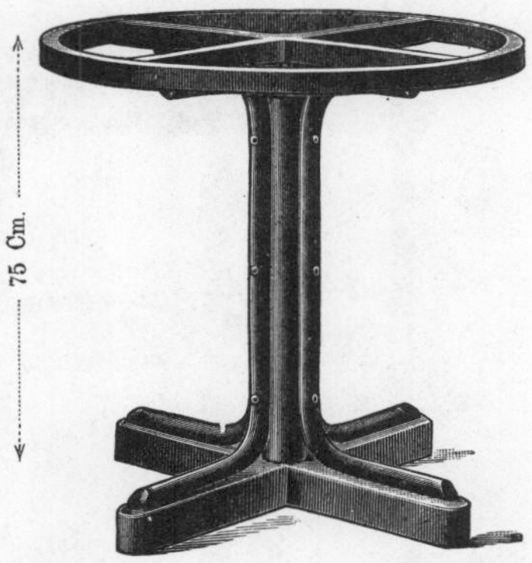

Tischgestelle für Platten von 80 Cm. Durchm.
mit Zarge.......... *K* **17.**—, ***Nr. 8239***
ohne „ .... „ **14.**—, ***Nr. 8439***

72 Cm. Durchm.

Tischgestelle für Platten von 80 Cm. Durchm.
mit Zarge.......... *K* **16.**—, ***Nr. 8210***
ohne „ .... „ **12.**—, ***Nr. 8410***

72 Cm. Durchm.

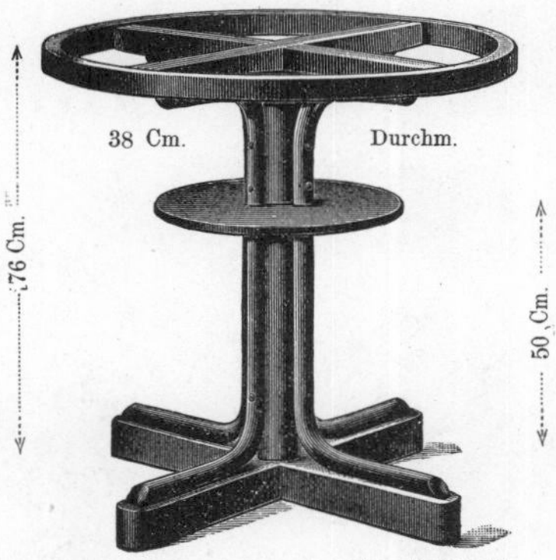

Tischgestelle mit Fachplatte für Platten von 80 Cm. Durchm.
mit Zarge.... .... *K* **19.**—, ***Nr. 8249***
ohne „ .... „ **16.**—, ***Nr. 8449***

160 × 110 Cm. ausgezogen 460 × 110 Cm.

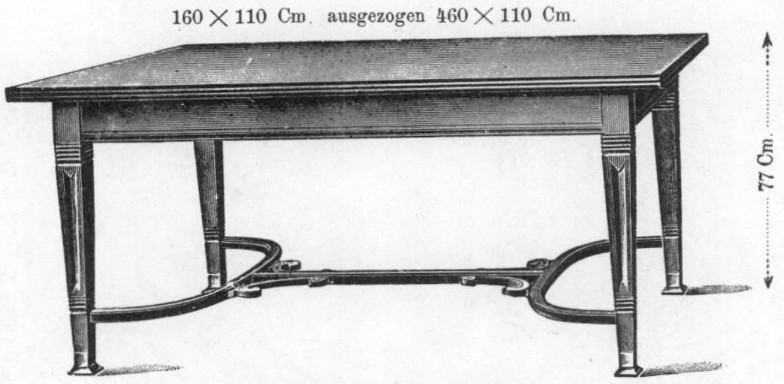

Auszugtisch Nr. 346
ohne Messingsockel............ *K* **300.**—
mit „ .... „ **318.**—
Nr. 9046

○ 51 Cm. Durchm.

Aufwartetisch Nr. 41 *K* **10.**—, ***Nr. 9141***

○ 51 Cm. Durchm.

Aufwartetisch Nr. 42 *K* **15.**—, ***Nr. 9142***

○ 51 Cm. Durchm.

Aufwartetisch Nr. 43 *K* **11.**—, ***Nr. 9143***

51 Cm. Durchm.

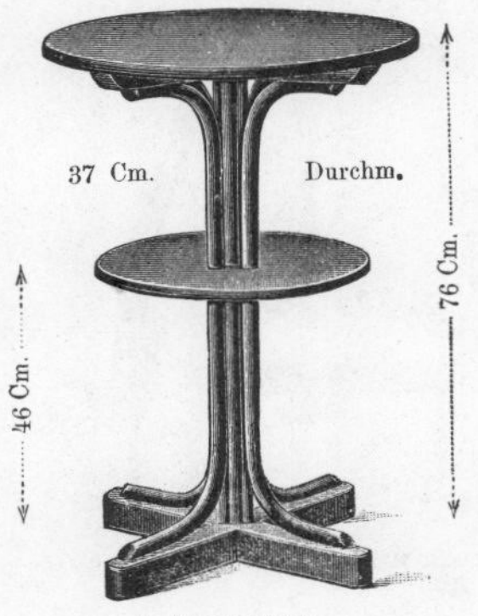

Aufwartetisch
Nr. **49** mit Doppelplatte...... *K* **13.**—, ***Nr. 9149***
„ **39** ohne untere Fachplatte „ **11.**—, ***Nr. 9139***

GEBRÜDER THONET.

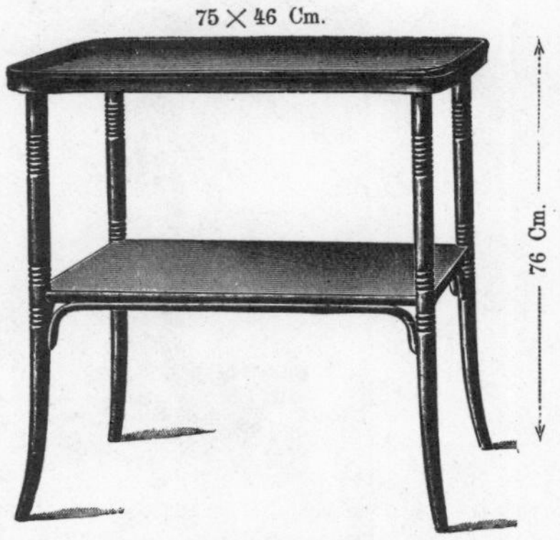

Aufwartetisch Nr. { **32** / *9132* } *K* **25.—**

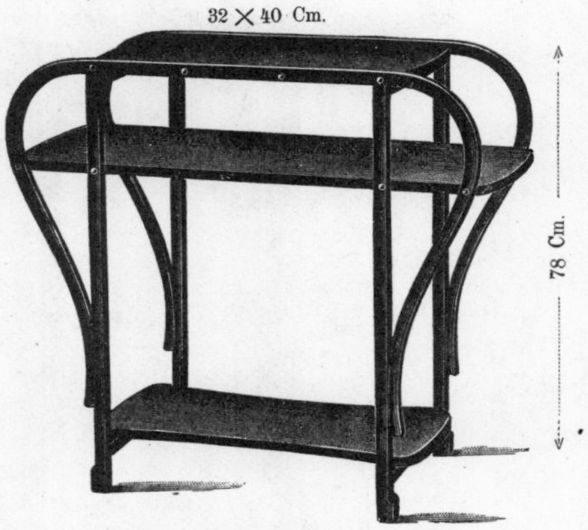

Teetisch Nr. { **31** / *9231* } *K* **35.—**

Tischchen Nr. { **205** / *9205* } *K* **23.–**

Blumenständer Nr. { **37** / *9537* } *K* **16.—**

Blumenständer Nr. { **38** / *9538* } *K* **22.—**

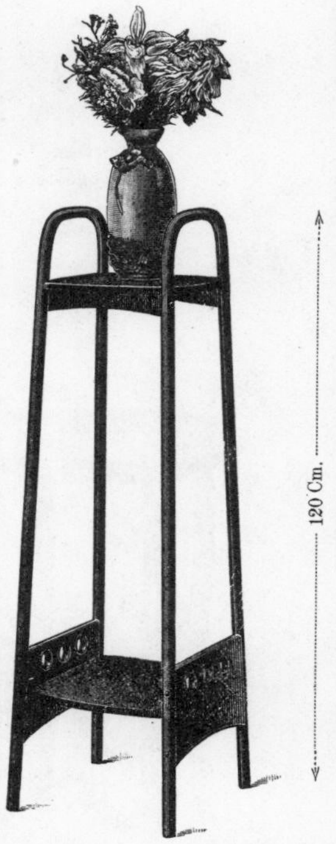

Blumenständer Nr. { **21** / *9521* } *K* **15.–**

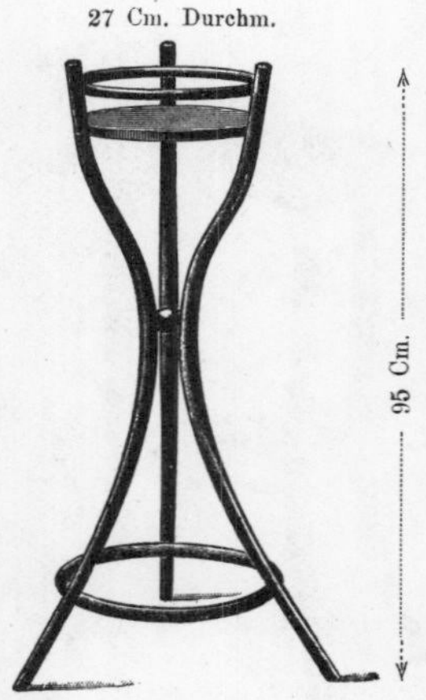

Blumenständer Nr. { **13** / *9513* } *K* **6.50**

GEBRÜDER THONET.

Hängeetagère Nr. 57 / *11.557* *K* **9.—**

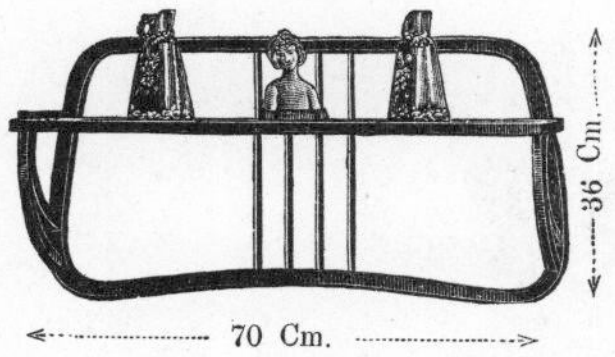

Hängeetagère Nr. 55 / *11.555* mit Messingstäben *K* **17.—**

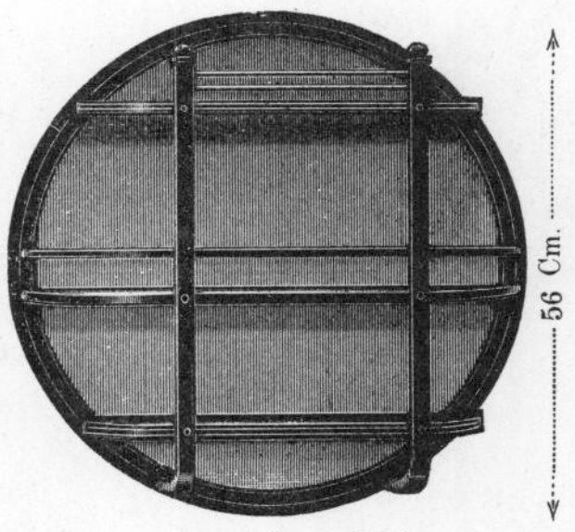

Hängeetagère Nr. 53 / *11.553* *K* **22.—**

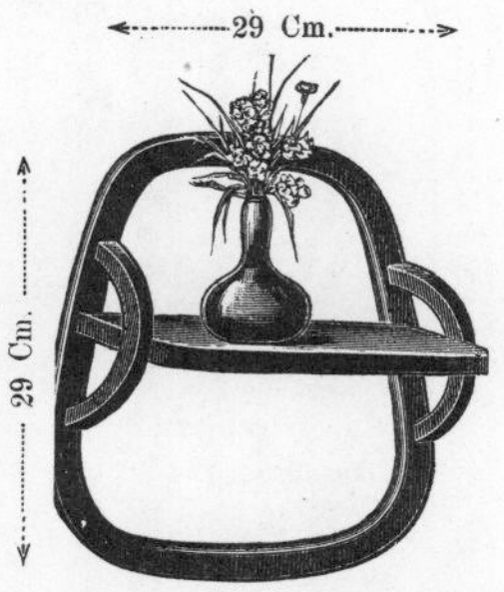

Hängeetagère Nr. 56 / *11.556* *K* **8.—**

Spanische Wand Nr. 22 / *11.322* *K* **40.—**

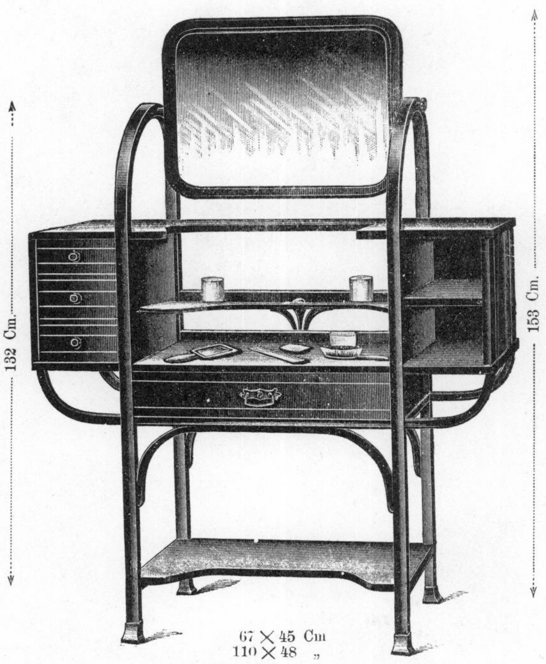

67 × 45 Cm
110 × 48 „

Toilette Nr. 5 / *20.745* ohne Glas

poliert (normal).................... *K* **220.—**
mattiert............................ „ **200.—**
mit 4 Messingsockel mehr netto.... „ **10.—**

Spanische Wand Nr. 32 / *11.332* *K* **50.—**

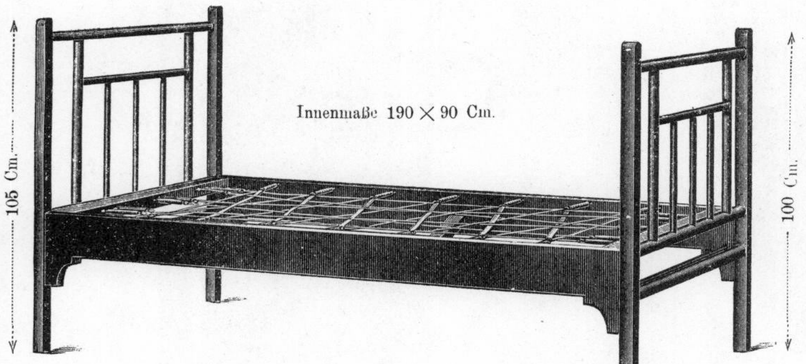

Bett Nr. 35 / *9735* mit Drahtmatratze *K* **58.—**

Divan Nr. **D**, 170 × 70 Cm., *Nr. 20.330*

zum Polstern { poliert (normal)................ *K* **50.—**
mattiert........................ „ **45.—**

GEBRÜDER THONET.

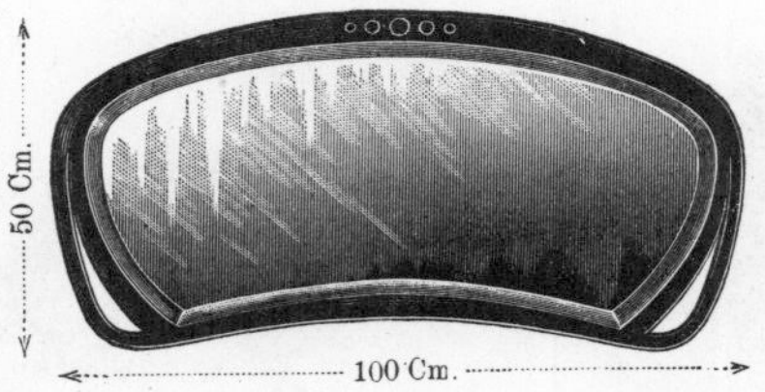

Spiegelrahmen Nr. { 71 / *9971* } Preis ohne Glas
ohne Rückwand .... *K* **15.—**
mit „ .... „ **17.50**
Nr. 72 / *Nr. 9972* } 200×100 Cm., mit Rückwand *K* **80.—**

Spiegelrahmen Nr. { 70 / *9970* } *K* **7.—**
Preis ohne Glas

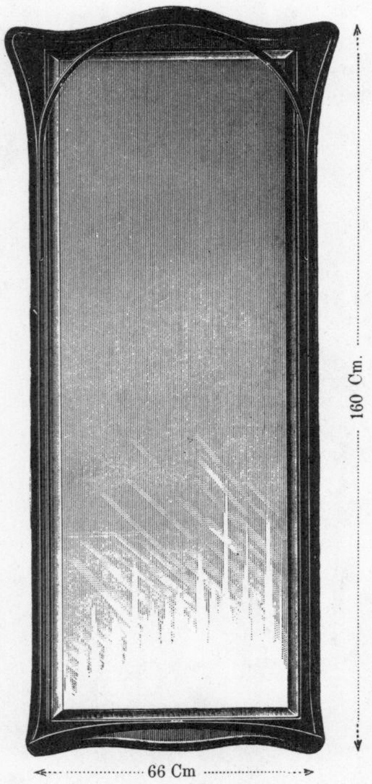

Spiegelrahmen Nr. { 95 / *9995*
mit Rückwand *K* **50.—**
Preis ohne Glas

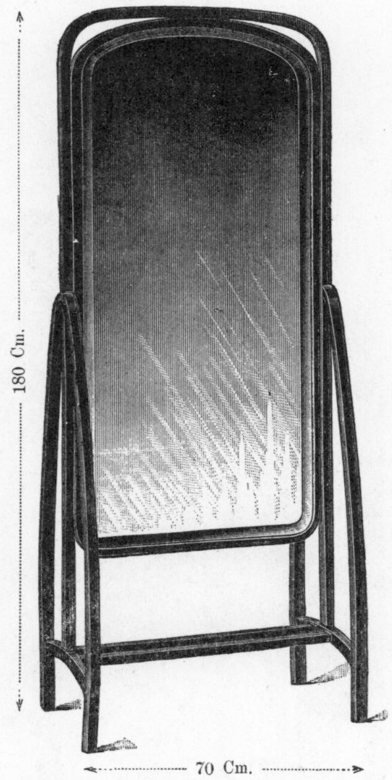

Ankleidespiegel (fest) Nr. { 3 / *9953*
ohne Glas .... *K* **50.—**, *Nr. 9953*
Rahmen allein (ohne Glas) „ **32.—**, „ *9993*

Ankleidespiegel (drehbar) Nr. { 4 / *9954*
ohne Glas .... *K* **75.—**, *Nr. 9954*
Rahmen allein (ohne Glas) „ **32.—**, „ *9994*

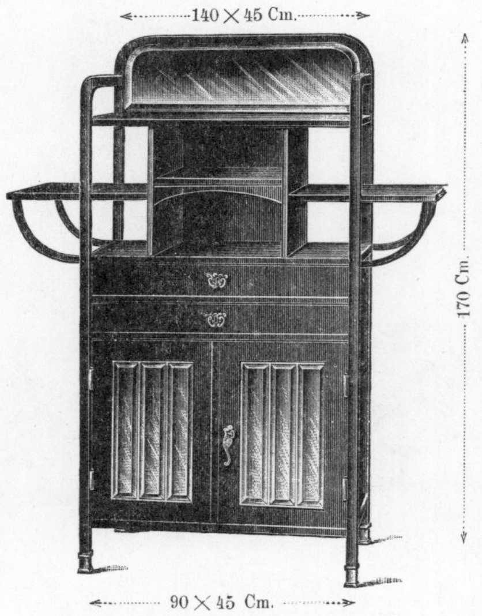

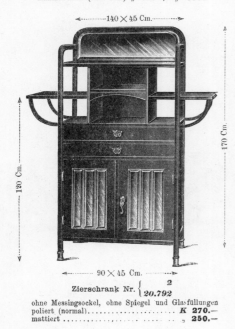

Zierschrank Nr. { 2 / *20.792*
ohne Messingsockel, ohne Spiegel und Glasfüllungen
poliert (normal) .... *K* **270.—**
mattiert .... „ **250.—**

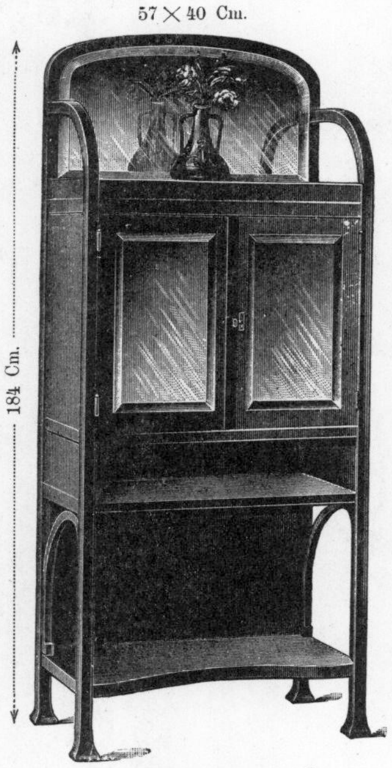

Zierschrank Nr. { 3 / *20.793*
ohne Spiegel und Glasfüllungen
poliert (normal) .... *K* **240.—**
mattiert .... „ **220.—**

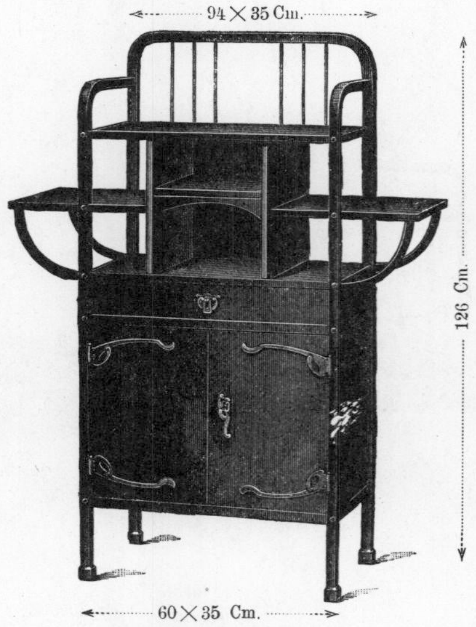

Zierschrank Nr. { 1 / *20.791*
poliert (normal) .... *K* **190.—**
mattiert .... „ **175.—**

GEBRÜDER THONET.

50 Cm.

Kleiderrechen mit 3 Haken Nr. { **35** / ***11.035*** } ***K* 3.50**

mit 4 Haken Nr. { **45** / ***11.045*** } ***K* 4.30**

90 Cm.

Kleiderrechen mit 5 Haken Nr. { **55** / ***11.055*** } ***K* 5.10**

Aufschläge für Kugeln pro Haken ***K* —.10**

50 Cm.

Kleiderrechen mit 3 Bügelhaken Nr. { **135** / ***11.135*** } ***K* 4.—**

mit 4 Bügelhaken Nr. { **145** / ***11.145*** } ***K* 5.—**

90 Cm.

Kleiderrechen mit 5 Bügelhaken Nr. { **155** / ***11.155*** } ***K* 6.—**

50 Cm.

Kleiderrechen mit 3 Haken Nr. { **36** / ***11.036*** } ***K* 3.70**

mit 4 Haken Nr. { **46** / ***11.046*** } ***K* 4.60**

50 Cm.

Kleiderrechen Nr. { **136** / ***11.136*** } ***K* 4.20**

mit 4 Bügelhaken Nr. { **146** / ***11.146*** } ***K* 5.30**

90 Cm.

Kleiderrechen Nr. { **156** / ***11.156*** } ***K* 6.40**

90 Cm.

Kleiderrechen mit 5 Haken und Kugeln Nr. { **56** / ***11.056 K*** } ***K* 6.—**

ohne „ „ { **56** / ***11.056*** } ***K* 5.50**

50 Cm.

Kleiderrechen mit 3 Haken Nr. { **34** / ***11.034*** } ***K* 4.50**

mit 4 Haken Nr. { **44** / ***11.044*** } ***K* 5.75**

90 Cm.

Kleiderrechen mit 5 Haken Nr. { **54** / ***11.054*** } ***K* 7.—**

95 Cm.

Kleiderrechen Nr. { **78** / ***11.078*** } ***K* 10.50**

normal mit 5 Haken inkl. der seitlichen Stützhaken Nr. { **58** / ***11.058*** } ***K* 8.—**

(für jeden Haken mehr ***K* 1.25**)

45 Cm.

Kofferständer Nr. { **6** / ***11.186*** } 70 × 50 Cm. ***K* 10.—**

44 Cm.

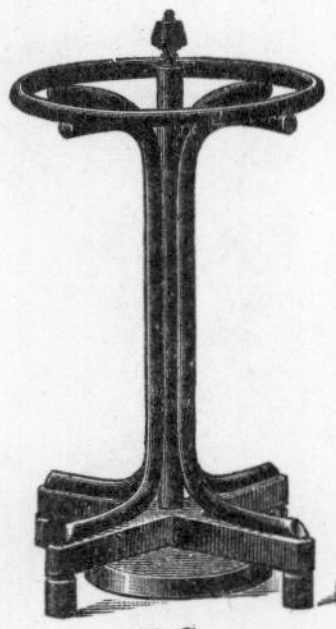

78 Cm.

44 Cm.

Schirmständer mit Blechtasse

Nr. { **39** / ***11.439*** } ***K* 8.—**

200 Cm.

Kleiderstock Nr. 7 } ***K* 22.—**, ***Nr. 10.207***

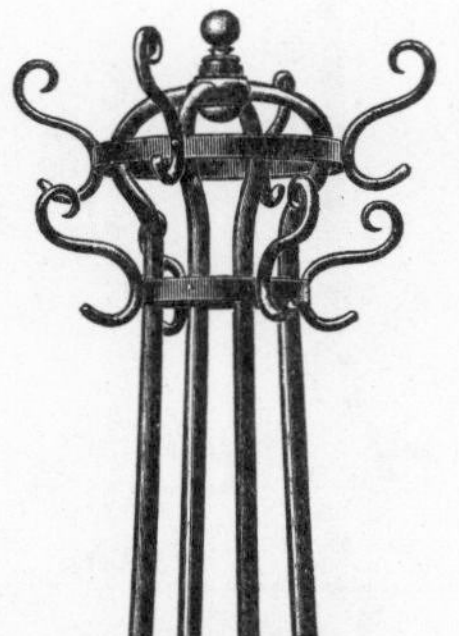

190 Cm.

Kleiderstock Nr. 15 { mit Blechtasse ***K* 32.—**, ***Nr. 10.415*** / ohne „ **28.—**, ***Nr. 10.315***

189 Cm.

85 Cm.

Wandkleiderstock Nr. 8, Preise ohne Spiegelglas

ohne Blechtasse .... ***K* 30.—**, ***Nr. 10.808***

mit „ .... „ **33.—**, ***Nr. 10.908***

Aufschlag für Spiegelglas ... „ **9.—**, ***a***

80—140 Cm.

Notenpult Nr. { **3** / ***11.863*** }

mit einfachen Leuchtern ...... ***K* 24.—**

mit Messingleuchtern + netto „ **2.50**

GEBRÜDER THONET.

Kinderfauteuil Nr. { 115 / *12.115*
K 5.50

Kinderfauteuil Nr. { 111 / *12.111*
⊜ 35 Cm. **K 5.25**

○ 60 Cm. Durchm.

Kindertisch Nr. { 39 / *12.439* } **K 12.–**
Mit massiver politierter Buchenplatte.

40 × 47 Cm.

Kindertisch Nr. { 11 / *12.411* } **K 9.50**

Kinder-Morrisfauteuil Nr. { 3 / *12.193*
Nr. 12.193 ⊜ 34 × 31 Cm. **K 20.–**
zum Polstern ***Nr. 12.193b*** ◯ 34 × 31 Cm. **K 15.50**

Kinderkanapee **K 14.–**
Nr. { 7 / *12.027* (R) 80 Cm.

Kinder-Morrisfauteuil Nr. { 4 / *12.194* } **K 12.–**
⊜ 34 × 34 Cm.

Kinderrollsessel mit Leitstange Nr. { 6 / *12.356* } **K 32.–**

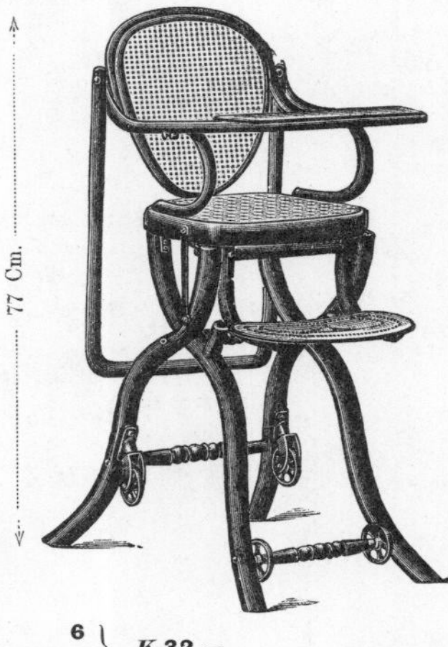

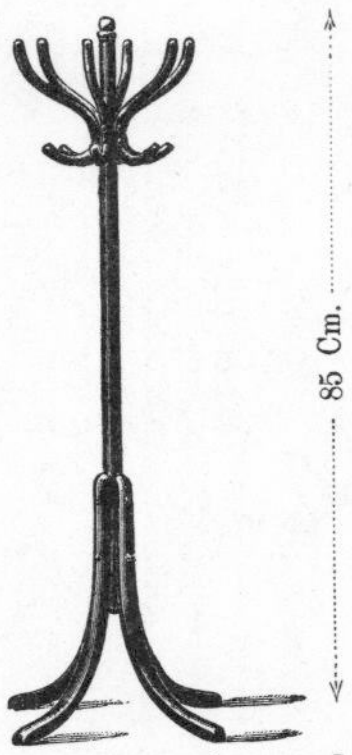

Puppenkleiderstock Nr. { 1 / *12.981* } **K 5.50**

Puppenwiege Nr. { 5 / *12.955* } **K 14.–**

Kindersessel nach Angabe von Professor Epstein

zur Behandlung und Verhütung von Rückgratsverkrümmungen oder schlechter Haltung für rachitische und muskelschwache Kinder von 1 bis 3 Jahren.

Der Kindersessel ist nicht nur ein sehr brauchbarer Behelf für orthopädische Zwecke, für Kinderspitäler, Kleinkinderbewahranstalten, Krippen u. s. w., sondern auch ein nützliches Einrichtungsstück für die private Kinderstube.

Dieser nach Angabe von Herrn Professor Epstein von uns erzeugte Kindersessel ist in allen unseren Verkaufshäusern erhältlich. Derselbe ist mustergeschützt und trägt nebst unserer Fabriksmarke

THONET, WIEN

und dem Brande: Thonet (beides im Innern des Sitzrahmens) noch auf dem vorderen Rande des Sitzbrettes das Metalltäfelchen: Kindersessel, nach Angabe von Professor Epstein.

Wir erzeugen den Sessel in zwei Größen: Nr. 1 und Nr. 2. Größe Nr. 1 wird in der Regel für Kinder im Alter von 1 bis 3 Jahren verwendbar sein. Für besonders große Kinder im 3. Lebensjahre oder für ältere Kinder kann Größe Nr. 2 notwendig werden.

Nr. **1** **K 14.–** Nr. **2** **K 16.50**

Gartensessel Nr. { 15 / *14.015*

roh .... *K* 4.—
mit Ölanstrich, in beliebiger Farbe .... „ 5.50

Gartensessel Nr. { 16 / *14.016*

roh .... *K* 4.25
mit Ölanstrich, in beliebiger Farbe .... „ 5.75

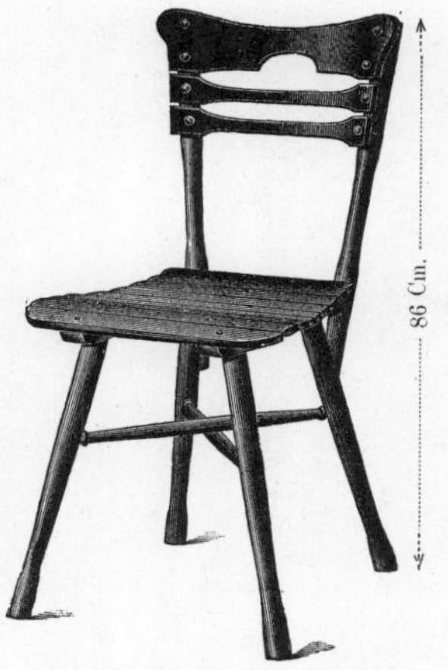

Gartensessel Nr. { 17 / *14.017*

roh .... *K* 4.10
mit Ölanstrich, in beliebiger Farbe .... „ 5.60

Gartensessel Nr. { 65 / *14.065*

roh .... *K* 4.50
mit Ölanstrich, in beliebiger Farbe ..... „ 6.—

Die oben angeführten drei Gartensessel Nr. 15, 16 und 17 können mit einem **rundgebogenen Lattensitz** (Causeusensitz), wie nebenstehende Zeichnungen der Gartensessel Nr. 65 und 67 (d. i. Nr. 15 bezw. 17 mit Causeusensitz) zeigen, erzeugt werden.

Preisaufschlag für diesen

Causeusensitz

K —.50.

Die Nummern für die Ausführung **mit Causeusensitz** werden in folgender Weise gebildet:

Nr. 15 mit Causeusensitz heißt Nr. 65
„ 16 „ „ „ „ 66
„ 17 „ „ „ „ 67

somit Nummern-Erhöhung um 50 gegenüber der Nummer mit flachem Sitze.

Gartensessel Nr. { 67 / *14.067*

roh .... *K* 4.60
mit Ölanstrich, eichenartig in beliebiger Farbe .... „ 6.10

Gartensessel Nr. { 8½ / *14.008½*

roh .... *K* 3.25
mit Ölanstrich, in beliebiger Farbe .... „ 4.50

Gartensessel Nr. { 3½ / *14.003½*

roh .... *K* 3.85
mit Ölanstrich, in beliebiger Farbe .... „ 5.10

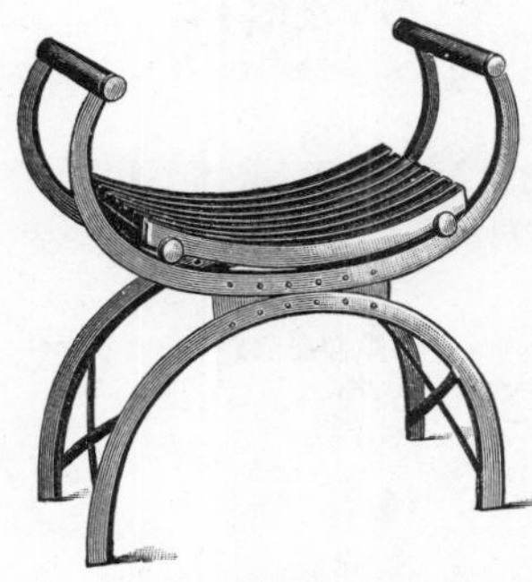

Garten-Causeuse Nr. 1

roh .... *K* 10.—
mit Ölanstrich, in beliebiger Farbe .... „ 12.50

Garten-Causeuse Nr. 4 mit Holzfüßen

roh .... *K* 7.
mit Ölanstrich, in beliebiger Farbe .... „ 9.50

Inhaltsverzeichnis:

Schutzmarke:

Sämtliche in unseren Fabriken erzeugten Möbel werden mit der nachstehend ersichtlich gemachten **Schutzmarke** und außerdem mit einem Stempel **„THONET“** im Innern des Sitzes versehen; **nur so bezeichnete Möbel** können als **unser Fabrikat** angesehen werden.

THONET
WIEN.
Mit gesetzlichem Schutze gegen Nachahmung.

Bei Bestellungen bittet man anzugeben:

entweder: a) den Namen des Artikels **genau** nach der in diesem Musterbuche angewandten Bezeichnung;
b) die Nummer des Artikels;

oder: die im Katalog für jeden Artikel in Rotdruck eingestellte Erkennungsziffer (neue Nummer), deren Angabe die oben sub *a*) und *b*) festgesetzten Bezeichnungen entbehrlich macht;

c) die Farbe, sowie ob lackiert, oder poliert, oder matt;
d) bei **Sitzmöbeln**: ob geflochten, oder mit perforierten oder Reliefsitzen, resp. -lehnen; ferner bei Intarsiamöbeln: ob Flachintarsia oder Reliefintarsia;
e) bei **Sesseln**: ob selbe Fuß**reifen**, oder Fuß**sprossen**, oder Reifenbögen etc., ob Verbindungen, oder Eisen**stützen**, oder Eisen**winkel** etc. tragen sollen;

(c–e: sofern hiefür keine Bezeichnung in der rotgedruckten Numerierung vorgesehen ist;)

f) den Preis des Artikels.

Die in diesem Musterbuche angewandten Preise verstehen sich in

Kronenwährung.

Zwecks Bestellung wende man sich gefälligst an eines unserer folgenden Verkaufshäuser:

Budapest
Waitznergasse 12.

Prag
Obstgasse.

Brünn
Thonethof.

Wien
I., Stephansplatz.

Graz
Herrengasse.

Berlin
S. W. Leipzigerstrasse 89.

Hamburg
Alter Wall 30.

Frankfurt a. M.
Kaiserstrasse 53.

Cöln a. Rh.
Hohenzollernring 30.

München
Neuhauserstrasse 7.

Amsterdam
Kalverstraat 66/68.

Brüssel
Place de Brouckère 1.

Antwerpen
Place de la Comédia 2³.

London
W. 43 Oxfordstreet.

Paris
15 Boul. Poissonnière.

Marseille
53, Rue St. Ferréol.

Madrid
10 Plaza del Angel.

Mailand
Piazza del duomo.

Neapel
Strada di Chiaja 191/192.

New-York
860 Broadway.

St. Petersburg
Newski-Prospect.

Moskau
Schmiedebrücke.

Odessa
Rue Deribas.

Warschau
Marschallstrasse 141.

Druck von R. v. Waldheim in Wien.

II. Supplementheft

zum

Gebrüder Thonet'schen Hauptkatalog

vom 1. Oktober 1904.

Berichtigungen von Preisen im Hauptkataloge und Supplementhefte.

(Siehe auch die Umschlagseite des Supplementheftes vom September 1905.)

Seite	Gegenstand	Unrichtiger Katalogpreis	Richtiger Preis
		K	*K*
Vorwort f u. 114	Fußverbindung Nr. 22. Preisaufschläge: Sessel mit Sitzform	—.70	—.80
	" " "	60	—.80
	Fauteuil " " oder ...	1.—	1.20
	Kanapee	1.50	1.70
8	*Nr. 41,* Sessel Nr. 41 gekehlt und fein geflochten	17. –	18.—
63	" *8319.* Tischgestell Nr. 119, poliert	16.—	14.—
63	" *8319a,* " " 119, lackiert	14.—	12.—
63	" *8319b.* " " 119, roh	12.—	11.—
63	Tischplatte Nr. 119, aus weichem Holz, lackiert	7.50	9.50
63	" " 119, " " " roh	6.50	9.—
63	*Nr. 8162.* Damenschreibtisch Nr. 2	125.—	100.—
70	" *9222a,* Nähtisch Nr. 2, ohne Inneneinrichtung, ohne Spiegel, ohne Schloß	38.—	57.—
70	*9222b,* Nähtisch Nr. 2, mit Inneneinrichtung, ohne Spiegel, mit Schloß	46.—	65.—
70	*Nr. 9222c.* Nähtisch Nr. 2, mit Inneneinrichtung, mit Spiegel, mit Schloß	52.—	70.—
76	" *9864,* Toilettetisch Nr. 64, ohne Platte, ohne Spiegel	36.—	42.—
76	" *9864a,* " " 64, " " mit "	44.—	50.—
76	" *9860a.* Toilettetischchen Nr. 10, mit Spiegel	31.—	35.—
76	" *9860.* " " 10, ohne "	26.—	30.—
82	" *10.807,* Wandkleiderstock Nr. 7, ohne Blechtasse	36.—	39.—
82	" *10.907.* " " 7, mit "	39.—	42.—
82	" *10.806,* " " 6, ohne "	55.—	63.—
82	" *10.906,* " " 6, mit "	58.—	66.—
83	" *11.184,* Kofferständer Nr. 4, mit Gurten, glatt	—.—	10.—
	gekehlt	10.—	11.—
86	" *11.611,* Notentischchen	22.—	27.—
119	" *511.* Sessel Nr. 511, mit Holzsitz	23.—	24.—

Das **Langolgeflecht** (siehe Supplementheft Seite 114) wird von nun ab nur über spezielle Vorschrift und gegen entsprechenden Preisaufschlag in Anwendung gebracht. Der Sessel Nr. 531 (Seite 120) und die Schaukelfauteuils Nr. 71 und 72 (Seite 124) werden daher **normal** nicht mehr mit Langolgeflecht, sondern mit **gewöhnlichem** Geflechte versehen.

Neue Gartenmöbelpreise siehe Seite 153.

Juni 1907.

Neue Gartenmöbelpreise siehe Seite 153.

Zur Nachricht!

Vorliegendes Supplementheft ist der **zweite** Nachtrag zum Hauptkataloge vom 1. Oktober 1904 und schliesst in der Seitenzahl dem im September 1905 herausgegebenen ersten Supplementhefte an.

Neue Holzsitz-Dessins.

XXIII.
Reliefsitz.

Anbringlich bei allen Sitzformen
(ohne Preisunterschied gegenüber geflochten).

XXIII durchbrochen.
Reliefsitz.

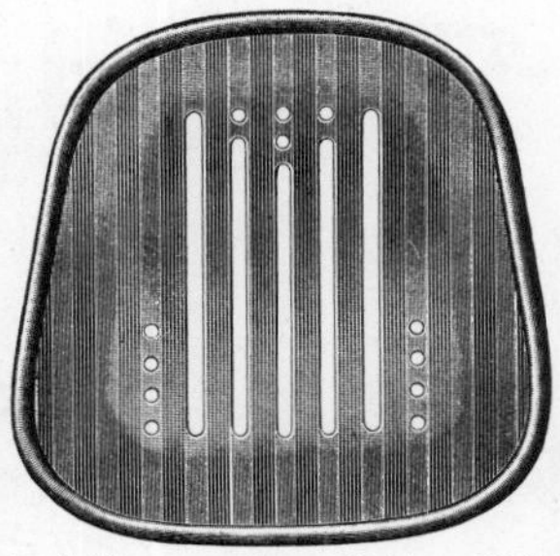

Preisaufschlag gegenüber geflochten *K* **0.50.**

Nr. 641.

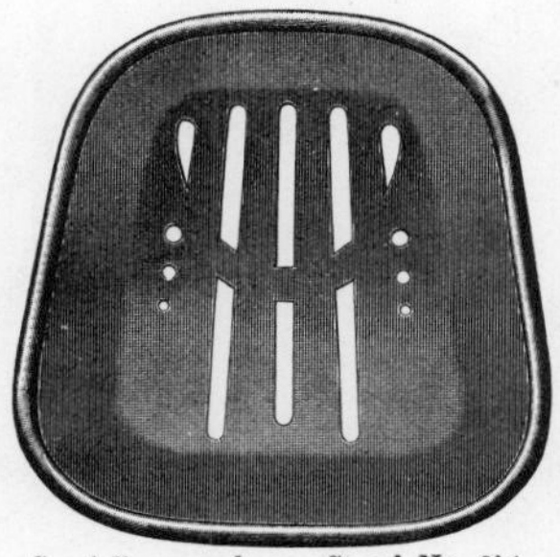

Speziell passend zum Sessel Nr. 641
(siehe Seite 139).
Preisaufschlag gegenüber geflochten *K* **0.50.**

XIV.
Flachintarsiasitz.

Anbringlich bei allen Sitzformen
(ohne Preisunterschied gegenüber geflochten).

Nr. **342.**
Intarsiadessin.

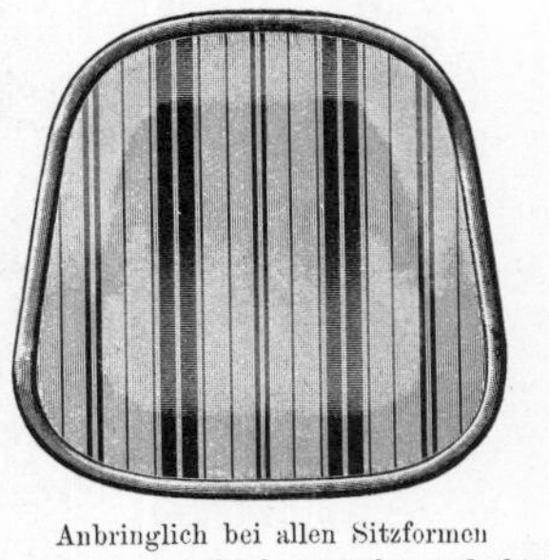

Anbringlich bei allen Sitzformen
(ohne Preisunterschied gegenüber geflochten).
Besonders zu empfehlen für Sessel im Biedermeier-Stil.

XXII rund.
Triangeldessin.

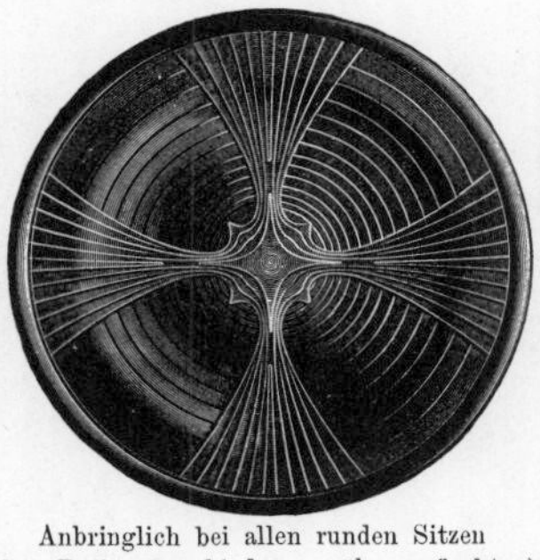

Anbringlich bei allen runden Sitzen
(ohne Preisunterschied gegenüber geflochten).

Viereck-Geflecht.

Anwendbar bei allen Sitzformen.

Preisaufschläge gegenüber dem gewöhnlichen Geflechte	bei Sesselsitz	Nr. **56**	*K* **0.40**
	„ Fauteuilsitz	„ **56**	„ **0.50**
	„ Kanapeesitz	„ **56**	„ **1.50**

Andere Sitzformen zu entsprechenden Preisaufschlägen.

GEBRÜDER THONET.

Sessel Nr. 57 mit Wellendessin ***Nr. 57 W***
Sitz 41 × 40 Cm. ***K* 6.80**

Kanapee Nr. 57 mit Wellendessin
111 Cm. lang ***K* 27.—** ***Nr. 2057 W***
135 „ „ „ **32.—** „ ***3057 W***

Fauteuil Nr. 57 mit Wellendessin
Sitz 46 × 43 Cm. ***K* 11.50**
Nr. 1057 W

Sessel Nr. 159 40 × 41 Cm.
Nr. 159 ***K* 11.—**

Sessel Nr. 160 40 × 41 Cm.
Nr. 160 ***K* 11.—**

Sessel Nr. 206 40 × 41 Cm.
Nr. 206 ***K* 7.60**

Sessel Nr. 305 45 × 45 Cm.
Nr. 305 ***K* 18.50**

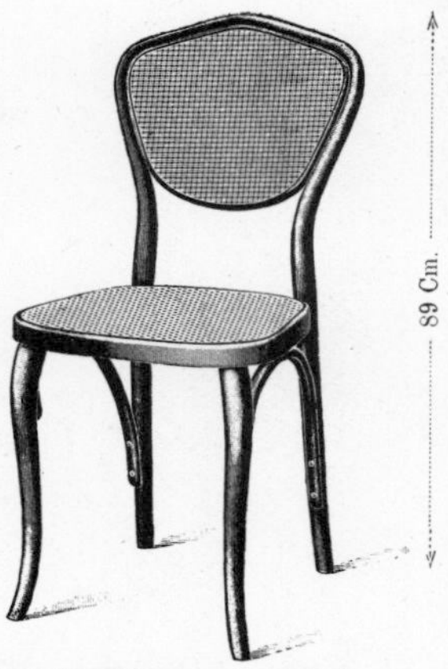

Sessel Nr. 331 40 × 41 Cm.
Nr. 331 ***K* 12.40**

Sessel Nr. 344 mit Fußverbindung Nr. 27
Nr. 344/27 43 × 45 Cm. ***K* 12.50**
Sessel Nr. 344 mit Fußreif (normal) ***K* 11.75**
Nr. 344

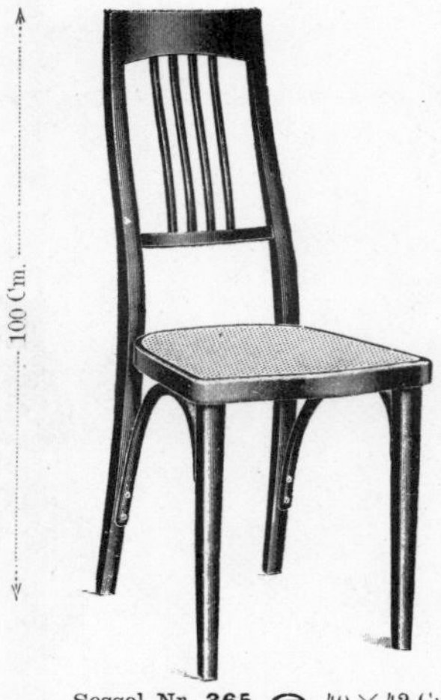

Sessel Nr. 365 40 × 42 Cm.
Nr. 365 ***K* 16.—**

Sessel Nr. 366 41 × 40 Cm.
Nr. 366 ***K* 15.—**

GEBRÜDER THONET.

Sessel Nr. **437** mit Triangeldessin

Nr. 437 R 46 × 43 Cm. **K 17.–**

Kanapee Nr. **437** mit Triangeldessin

Nr. 3437 R 150 Cm. lang **K 66.–**

Fauteuil Nr. **437** mit Triangeldessin

Nr. 1437 R 41 × 48 Cm. **K 27.50**

Sessel Nr. **478** 40 × 42 Cm.

Nr. 478 **K 18.50**

Sessel Nr. **486** 40 × 42 Cm.

Nr. 486 **K 15.50**

Sessel Nr. **490** 40 × 42 Cm. **K 18.–**

Nr. 490

Sessel Nr. **495** 40 × 41 Cm.

zum Polstern **K 16.–**

Nr. 495

Sessel Nr. **531** mit Fußverbindung Nr. 27

Nr. 531/27 41 × 40 Cm. **K 8.75**

Sessel Nr. **531** mit Fußreif (normal)

Nr. 331 **K 8.35**

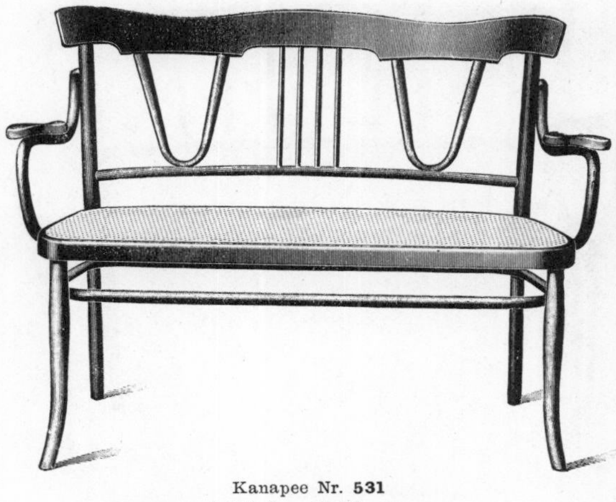

Kanapee Nr. **531**

111 Cm. **K 34.–** *Nr. 2531*
135 „ „ **40.–** „ *3531*

Fauteuil Nr. **531** 46 × 43 Cm.

Nr. 1531 **K 14.25**

GEBRÜDER THONET.

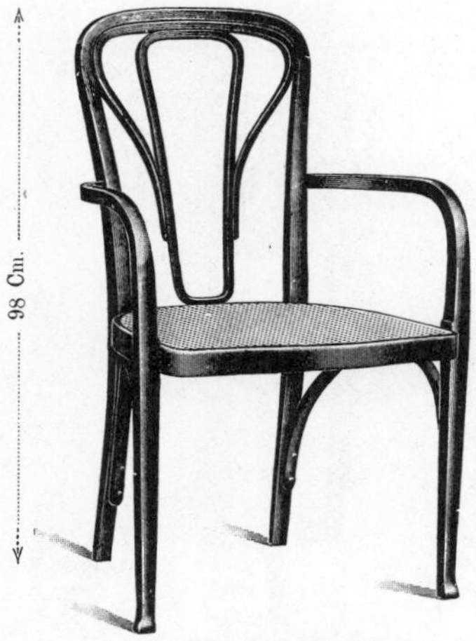

Fauteuil Nr. 476 52 × 48 Cm.
Nr. 1476 **K 27.—**

Kanapee Nr. 476 115 × 50 Cm.
Nr. 2476 **K 60.—**

Sessel Nr. 476 40 × 42 Cm.
Nr. 476 **K 16.—**

Sessel Nr. 492 Variante, Sitz 41 × 41 Cm.
grob vorgeflochten, zum Polstern **K 14.40**
Nr. 492 Va
nicht geflochten, zum Polstern **K 13.80**
Nr. 492 Vb

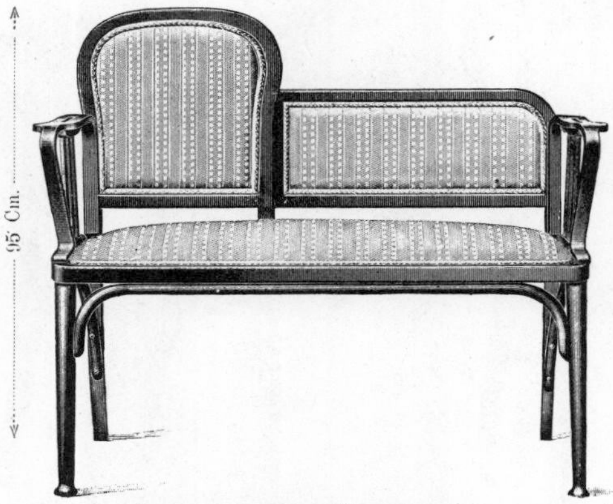

Kanapee Nr. 6292, Sitz 104 × 46 Cm.
grob vorgeflochten, zum Polstern **K 48.—** ***Nr. 6292 a***
nicht geflochten, zum Polstern „ **44.—** „ ***6292 b***

Fauteuil Nr. 6592, Sitz 54 × 46 Cm.
grob vorgeflochten, zum Polstern **K 32.—**
Nr. 6592 a
nicht geflochten, zum Polstern **K 30.—**
Nr. 6592 b

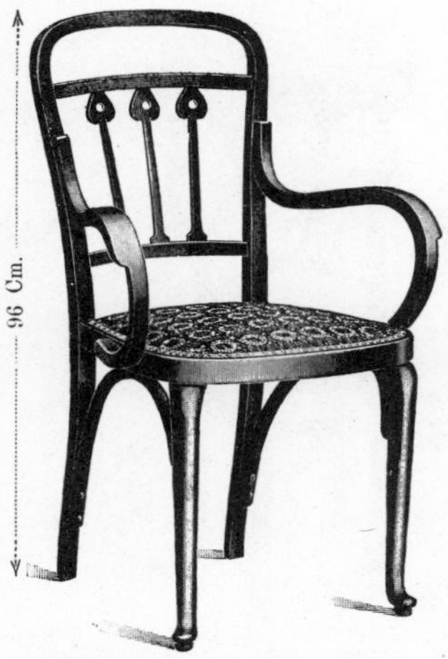

Fauteuil Nr. 493, Sitz 47 × 47 Cm.
geflochten (normal) **K 26.—**
Nr. 1493 normal
grob vorgeflochten zum Polstern **K 25.35**
Nr. 1493 a

Kanapee Nr. 493, Sitz 111 Cm.
geflochten (normal) .... **K 52.—** ***Nr. 2493 normal***
grob vorgeflochten zum Polstern „ **50.70** „ ***2493 a***

Sessel Nr. 493, Sitz 41 × 41 Cm.
geflochten (normal) **K 16.—**
Nr. 493 normal
grob vorgeflochten, zum Polstern **K 15.60**
Nr. 493 a

GEBRÜDER THONET.

Sessel Nr. **506** 43 × 42 Cm.

mit Holzsitz (Normalausführung) *K* **20.—**
fein geflochten . . . . „ **21.—**
ungeflochten, zum Polstern . . . . . „ **18.—**

Sessel Nr. **507** 42 × 40 Cm.

mit Holzsitz (Normalausführung) *K* **17.50**
fein geflochten . . . . „ **18.50**
ungeflochten, zum Polstern . . . . „ **15.50**

Sessel Nr. **508** 42 × 40 Cm.

mit Holzsitz (Normalausführung) *K* **18.—**
fein geflochten . . . . „ **19.—**
ungeflochten zum Polstern . . . . . „ **16.—**

Sessel Nr. **512** 42 × 42 Cm.

mit Holzsitz (Normalausführung) *K* **23.—**
fein geflochten . . . . „ **24.—**

Sessel Nr. **516** 40 × 42 Cm.
Nr. 516 *K* **14.—**

Sessel Nr. **542** 40 × 41 Cm.
Nr. 542 *K* **14.—**

Sessel Nr. **551** 40 × 41 Cm.
Nr. 551 *K* **11.50**

Sessel Nr. **564** 42 × 40 Cm.

mit Holzsitz (Normalausführung) *K* **18.—**
fein geflochten . . . . „ **19.—**
ungeflochten, zum Polstern . . . . . „ **16.—**

Sessel Nr. **565** 42 × 40 Cm.

mit Holzsitz (Normalausführung) *K* **17.—**
fein geflochten . . . . „ **18.—**
ungeflochten, zum Polstern . . . . „ **15.—**

Sessel Nr. **573** 40 × 42 Cm.
Nr. 573 *K* **14.50**

Sessel Nr. **575** 40 × 42 Cm.
Nr. 575 *K* **16.—**

Sessel Nr. **578** 40 × 42 Cm.
Nr. 578 *K* **16.50**

GEBRÜDER THONET.

Sessel Nr. **601** 44 × 45 Cm.
Nr. 601 **K 29.—**

Sessel Nr. **602** 44 × 45 Cm.
Nr. 602 **K 30.—**

Sessel Nr. **603** 44 × 45 Cm.
Nr. 603 **K 38.—**

Sessel Nr. **604** 44 × 45 Cm.
zum Polstern **K 57.—**
Nr. 604

Sessel Nr. **606** 44 × 45 Cm.
Nr. 606 **K 32.—**

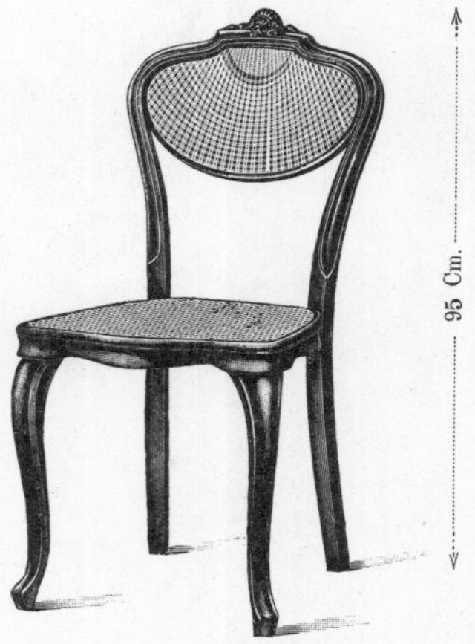

Sessel Nr. **607** 44 × 45 Cm.
Nr. 607 **K 37.—**

Sessel Nr. **608** 44 × 45 Cm.
Nr. 608 **K 32.—**

Sessel Nr. **609** 44 × 45 Cm.
Nr. 609 **K 37.—**

Sessel Nr. **621** 40 × 41 Cm.
Nr. 621 **K 7.70**

Sessel Nr. **622** 40 × 41 Cm.
Nr. 622 **K 7.50**

Sessel Nr. **623** 40 × 41 Cm.
Nr. 623 **K 9.50**

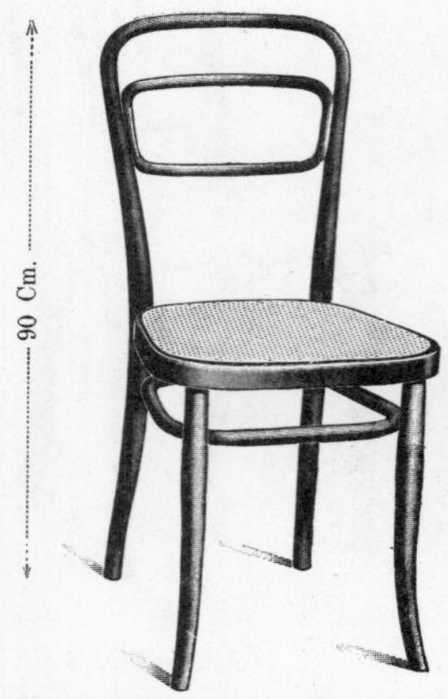

Sessel Nr. **626** 40 × 41 Cm.
Nr. 626 **K 7.75**

Sessel Nr. **631** 40 × 41 Cm.
Nr. 631 **K 10.—**

Sessel Nr. **632** 40 × 41 Cm.
Nr. 632 **K 10.—**

Sessel Nr. **635** 40 × 41 Cm.
Nr. 635 **K 11.50**

Sessel Nr. **651** (R) 39 × 38 Cm.
Nr. 651 **K 5.75**

Sessel Nr. **641** 40 × 41 Cm.
Nr. 641 **K 10.25**

Sessel Nr. **642** 40 × 41 Cm.
Nr. 642 **K 10.25**

Sessel Nr. **663** 40 × 42 Cm.
Nr. 663 **K 16.50**

Sessel Nr. **664** 40 × 42 Cm.
Nr. 664 **K 17.—**

Sessel Nr. **661** 40 × 42 Cm.
Nr. 661 **K 18.–**

Fauteuil Nr. **661** 46 × 46 Cm.
Nr. 1661 **K 28.—**

Sessel Nr. **662** 40 × 42 Cm.
Nr. 662 **K 17.—**

Fauteuil Nr. **662** 46 × 46 Cm.
Nr. 1662 **K 27.—**

GEBRÜDER THONET.

Sessel Nr. **665** 40×42 Cm.
Nr. 665 **K 15.50**

Sessel Nr. **673** 40×42 Cm.
Nr. 673 **K 17.50**

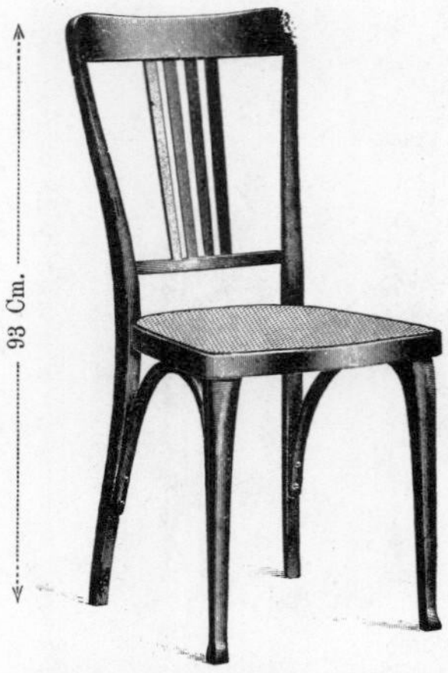

Sessel Nr. **675** 40×42 Cm.
Nr. 675 **K 16.50**

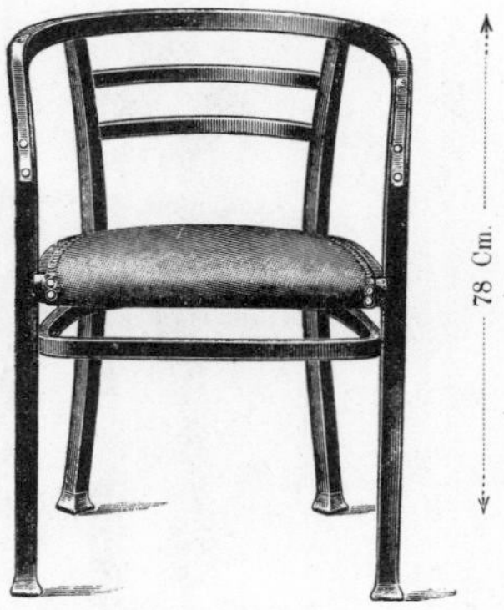

Fauteuil Nr. **6516** 48×49 Cm.
zum Polstern, grob vorgeflochten (normal) **K 22.—** *Nr. 6516 a*
fein geflochten........................ „ **26.—** „ *6516*
mit Aluminiumbeschlag plus netto **K 12.—** *b*

Schreibfauteuil Nr. **81** 50×50 Cm.
mit rechteckigem Geflecht (normal) **K 15.—**
Nr. 6081

Schreibfauteuil Nr. **8** 42 Cm. Durchmesser
Nr. 6008 **K 7.50**

Schiffsfauteuil Nr. **7** **K 42.50**
Nr. 5207

Stockerl Nr. **43** 37×37 Cm.
Nr. 4743 **K 12.50**

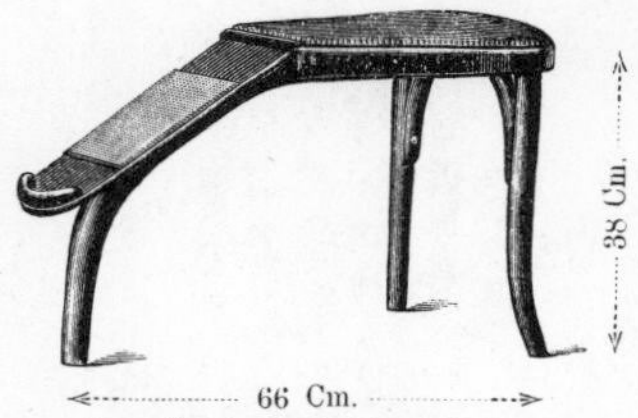

Probierstockerl Nr. 4851
mit weichem Sitzbrett zum Polstern und
einer Gummiplatte am Fußtritt
K 8.50
Nr. 4851

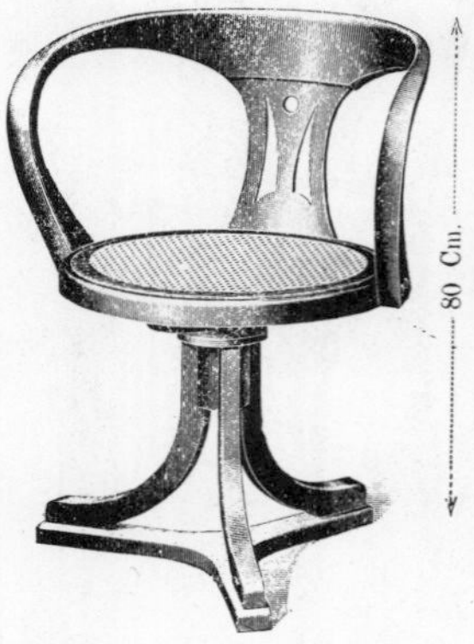

Schiffsfauteuil Nr. **8** **K 40.50**
Nr. 5208

GEBRÜDER THONET.

Sitzhöhe 41 Cm.
Lehnhöhe 87 Cm.

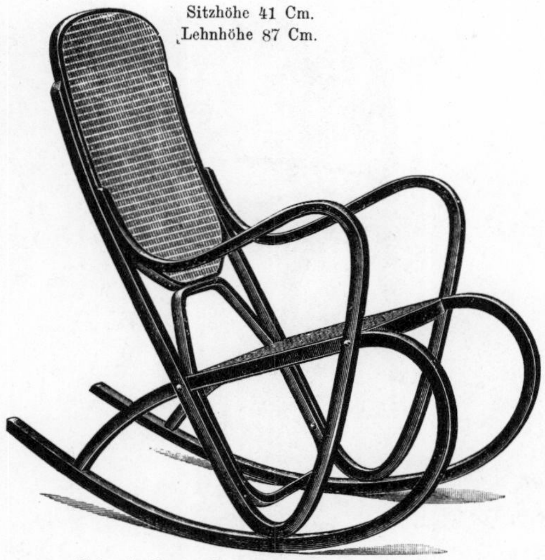

Schaukelfauteuil Nr. 92 50 × 45 Cm.
Nr. 7092 ***K* 45.—**

Schaukelfauteuil Nr. 91 (wie Nr. 92 nur mit ○ Profil) ***K* 33.—**
Nr. 7091

Sitzhöhe 36 Cm.
Lehnhöhe
vom Sitz 45 Cm.

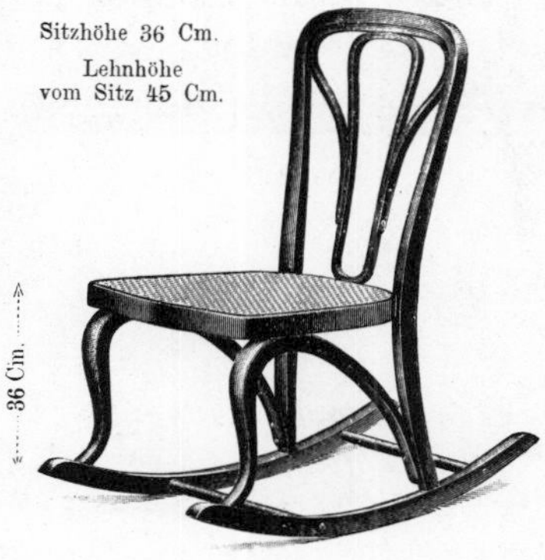

Schaukelsessel *Nr. 18476* 40 × 42 Cm.
***K* 21.—**

Sitzhöhe 44 Cm., Lehnhöhe vom Sitz 68 Cm.

Schaukelfauteuil Nr. 511 50 × 49 Cm.
Nr. 7211

mit Holzsitz (Normalausführung) .... ***K* 45.—**
fein geflochten .... **„ 47.—**

Kanapee Nr. 6283, Sitz 103 × 45 Cm.

geflochten	***K* 24.—**	***Nr. 6283***
zum Polstern, Sitz grob vorgeflochten ..	**„ 22.—**	***„ 6283a***
zum Polstern, ungeflochten	**„ 18.—**	***„ 6283b***

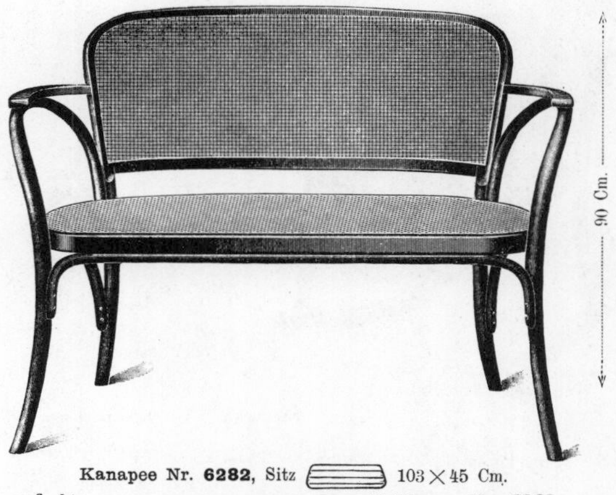

Kanapee Nr. 6282, Sitz 103 × 45 Cm.

geflochten	***K* 35.—**	***Nr. 6282***
zum Polstern, Sitz grob vorgeflochten	**„ 26.—**	***„ 6282a***
zum Polstern, ungeflochten	**„ 22.—**	***„ 6282b***

Kanapee, Sitz 112 × 50 Cm., geflochten ***K* 32.—**
Nr. 6293

Ohne Polsterung.
Schlafsofa Nr. 8 150 × 60 Cm.
60 Cm.
180 Cm.
zum Polstern .... ***K* 40.—**
Nr. 9708

GEBRÜDER THONET.

Schaukelfauteuil, Sitz 53 × 49 Cm.

geflochten (normal) ...... *K* **33.—** *Nr. 7481*
Sitz grob vorgeflochten ... „ **23.—** „ *7481 a*
ungeflochten, zum Polstern „ **21.—** „ *7481 b*

Kanapee, Sitz 103 × 45 Cm.

geflochten (normal) .... *K* **46.—** *Nr. 6281*
Sitz grob vorgeflochten, zum Polstern ...... „ **32.—** „ *6281 a*
ungeflochten, zum Polstern .... „ **28.—** „ *6281 b*

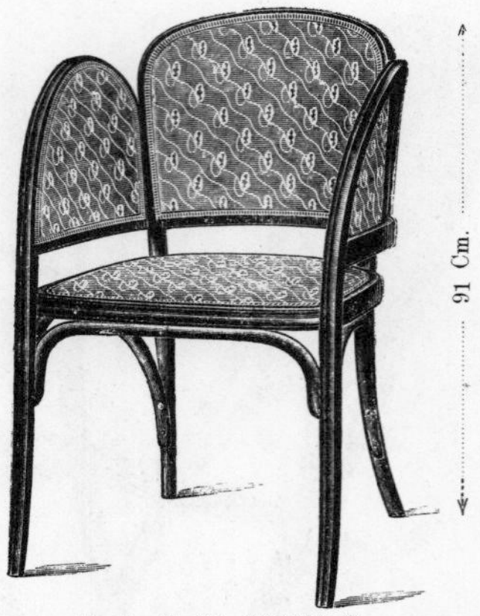

Fauteuil, Sitz 53 × 49 Cm.

geflochten (normal) ...... *K* **30.—** *Nr. 6581*
Sitz grob vorgeflochten, zum Polstern. „ **20.—** „ *6581 a*
ungeflochten, zum Polstern „ **18.—** „ *6581 b*

Schaukelfauteuil, Sitz 49 × 46 Cm.

geflochten (normal) ...... *K* **38.—** *Nr. 7485*
grob vorgeflochten, z. Polstern „ **38.50** „ *7485 a*
nicht geflochten, z. Polstern „ **26.50** „ *7485 b*

Kanapee, Sitz 103 × 45 Cm.

geflochten (normal) .... *K* **52.—** *Nr. 6285*
grob vorgeflochten, zum Polstern .... „ **36.50** „ *6285 a*
nicht geflochten, zum Polstern .... „ **32.—** „ *6285 b*

Fauteuil, Sitz 49 × 46 Cm.

geflochten (normal) ...... *K* **36.—** *Nr. 6585*
grob vorgeflochten, z. Polstern „ **26.50** „ *6585 a*
nicht geflochten, z. Polstern „ **24.50** „ *6585 b*

Fauteuil Nr. 6517 50 × 47 Cm.

nicht geflochten, zum Polstern .... *K* **25.—** *Nr. 6517*
Sitz grob vorgeflochten, zum Polstern .... „ **27.—** „ *6517 a*

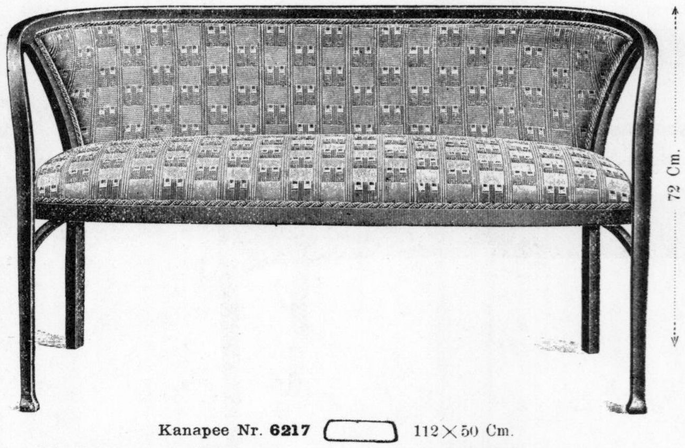

Kanapee Nr. 6217 112 × 50 Cm.

nicht geflochten, zum Polstern...................... *K* **65.—** *Nr. 6217*
Sitz grob vorgeflochten, zum Polstern .... „ **69.—** „ *6217 a*

GEBRÜDER THONET.

Morrisfauteuil, Sitz 48 × 41 Cm.

geflochten . . . . **K 45.—** *Nr. 6393*
zum Polstern, Sitz grob vorgeflochten . . . „ **38.—** „ *6393 a*
„ „ ungeflochten . . . . „ **36.—** „ *6393 b*

○ 66 Cm. Durchm.

Tisch Nr. 132 *K* **38.—** *Nr. 8132*
Tischgestell (ohne Platte) *K* **28.** *Nr. 8332*

Morrisfauteuil, Sitz 48 × 51 Cm.

geflochten . . . . **K 50.—** *Nr. 6392*
zum Polstern, Sitz grob vorgeflochten . . . „ **43.—** „ *6392 a*
„ „ ungeflochten . . . . „ **41.—** „ *6392 b*

○ 65 Cm. Dm.

Tisch Nr. 134
Obere Platte für Glas oder Marmor (normal) *K* **40.—** *Nr. 8134*
Mit voller furnierter Platte *K* **52.—**

□ 50 × 50 Cm.

Tisch Nr. 40
Mit Messingsockel . . . *K* **55.—** *Nr. 8040*
Tischgestell (ohne Platte) „ **48.—** „ *8240*

○ 58 Cm. Dm.

Tisch Nr. 42 *K* **46.—**
Nr. 8042

Platte 100 × 75 Cm.

Tisch Nr. 70 *Nr. 8070*

Tischgestell (ohne Platte) *Nr. 8270* { poliert . . . . *K* **12.—** / lackiert . . . . „ **10.—** / roh . . . . „ **9.—**
Tischplatte aus Furnierbretteln { lackiert . . . . „ **10.50** / roh . . . . „ **10.—**

○ 70 Cm. Dm.

Tisch Nr. 170 mit Steg *Nr. 8170 T*

Tischgestell, ohne Platte und ohne Steg *Nr. 8370* { poliert . . . . . *K* **13.—** / lackiert . . . . „ **11.—** / roh . . . . „ **10.—**
Aufschlag für den Steg *K* **4.—** *T*
Tischplatte, aus Furnierbretteln { lackiert . . . . *K* **8.50** / roh . . . . „ **8.—**

Platte 95 × 65 Cm.

Tisch Nr. 71 gestreift *Nr. 8071 a*

Tischgestell (ohne Platte) *Nr. 8271* { poliert . . . . *K* **11.50** / lackiert . . . . „ **10.—** / roh . . . . „ **9.—**
Aufschlag für gestreift *K* **3 —** *a*
Tischplatte, aus Furnierbretteln { lackiert . . . . *K* **9.50** / roh . . . . „ **9.—**
Aufschlag für gestreift *K* **1.—** *a*

Platte oval 63×51 Cm.

Tischchen Nr. **206** *K* **24.**—
Nr. 9206

Platte oval 63×51 Cm.

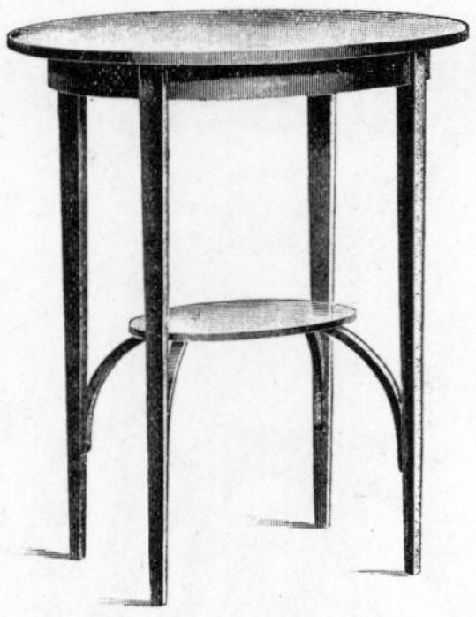

Tischchen Nr. **207** *K* **25.**—
Nr. 9207

Platte oval 63×51 Cm.

Tischchen Nr. **208** *K* **26.**—
Nr. 9208

55×40 Cm.

Aufwartetisch Nr. **29** *K* **23.**—
Nr. 9129

Platte 73×40 Cm.

Teetisch Nr. **32** *K* **48.**—
Nr. 9232

Tischchen Nr. **261** *K* **75.**—
Nr. 9261

Platte { geschlossen 100×50 Cm.
offen..... 100×100 Cm.

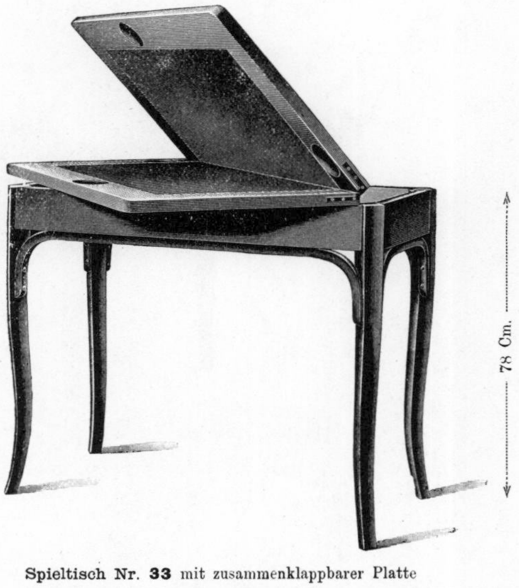

Spieltisch Nr. **33** mit zusammenklappbarer Platte
Nr. 9333
Platte mit Tuch .... *K* **100.**—

75×46 Cm.

Aufwartetisch Nr. **33** *K* **25.**—
Nr. 9133

Blumenkrippe Nr. 1 mit Blecheinsatz ***K* 18.—**

Nr. 9581

Blumenständer Nr. 34 ***K* 14.—**

Nr. 9534

Blumenkrippe Nr. 2 mit Blecheinsatz ***K* 25.—**

Nr. 9582

Ständer Nr. **40** ***K* 50.—**

Nr. 9640

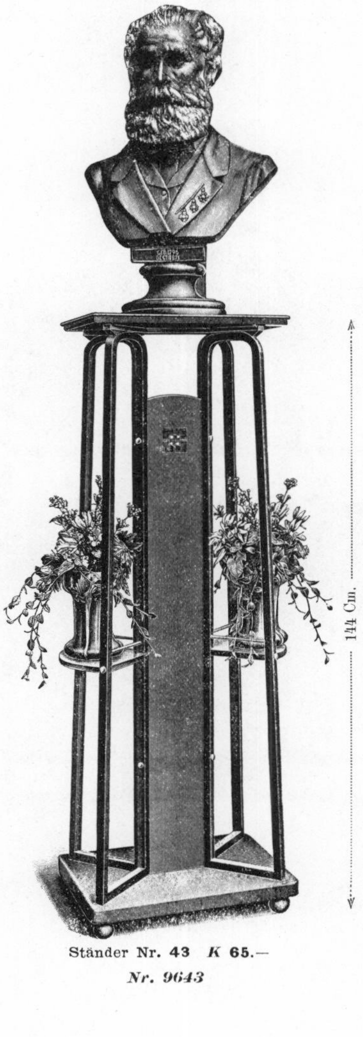

Ständer Nr. **43** ***K* 65.—**

Nr. 9643

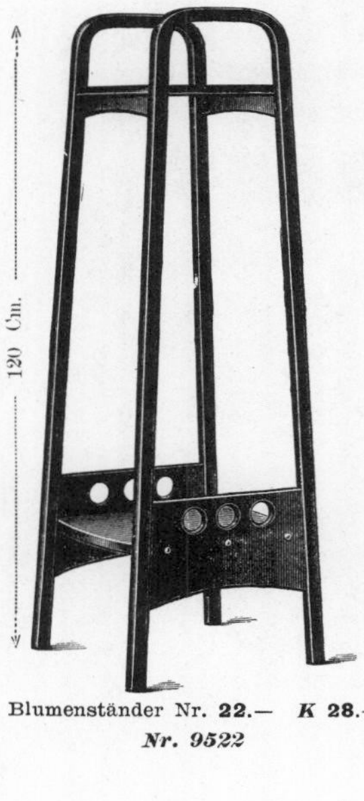

Blumenständer Nr. **22.—** ***K* 28.—**

Nr. 9522

GEBRÜDER THONET.

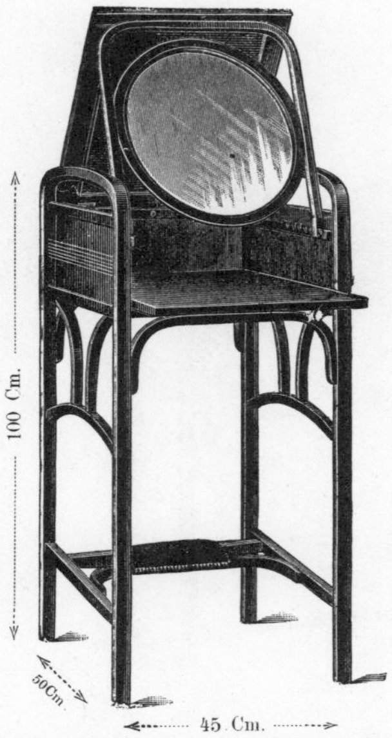

Kleine Toilette Nr. **20.743** mit aufklappbarer Platte, ohne Spiegel, mit poliertem Steg, ohne Polsterung, poliert *K* **95.—**, matt *K* **85.—**

Nr. 20.743

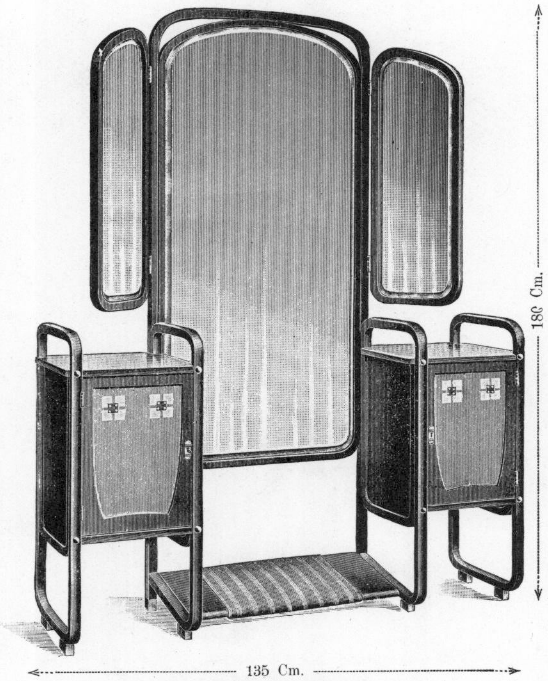

Damentoilette Nr. **20.748**
ohne Glas und ohne Montierung des Fußbrettes *K* **250.—**

Nr. 20.748

Kleine Toilette, geschlossen

Nr. 20.743

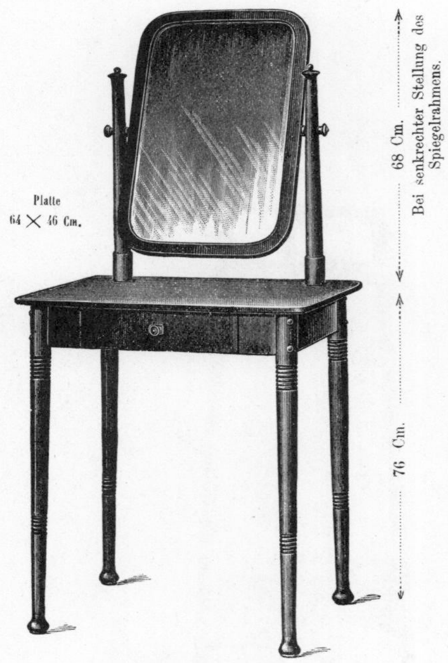

Toilettetisch Nr. **70**
ohne Glas *K* **30.—**

Nr. 9870

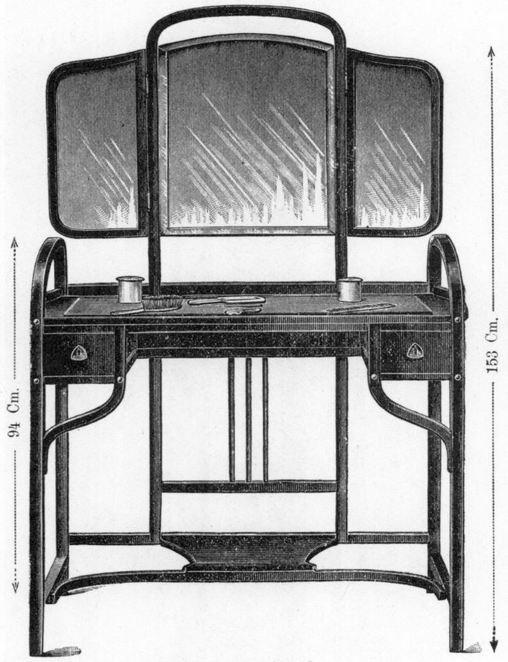

Platte 101 × 51 Cm.

Dreiteilige Toilette Nr. **20.746,** ohne Spiegelgläser, Platte für Glas und unter diesem für Stoff; unter der Platte mit einem Schuber für Tuchbespannung

poliert . . .	*K* **180.—**
matt	„ **165.—**

Nr. 20.746

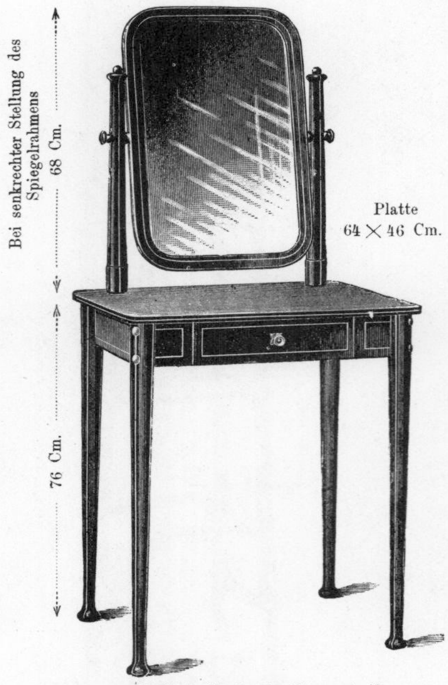

Toilettetisch Nr. **71,** gestreift
Platte 64 × 46 Cm.
ohne Glas *K* **33.50**
ohne Glas, nicht gestreift (Normalausführung) *K* **29.50**

Nr. 9871

GEBRÜDER THONET.

Lichtmaße 76 × 61 Cm.

Spiegelrahmen Nr. 63
ohne Rückwand und ohne Glas ***K* 14.—**
Nr. 9963

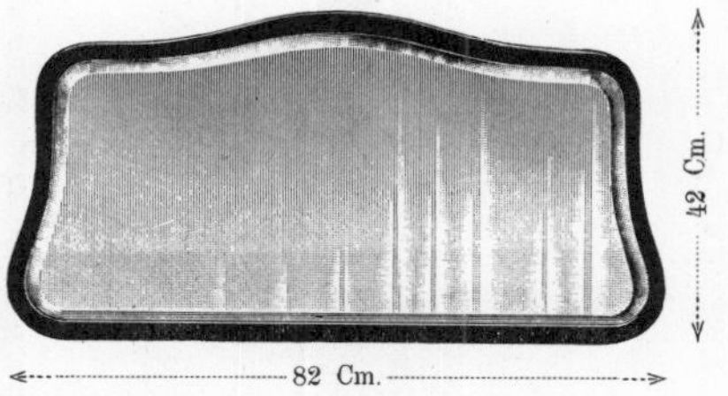

Spiegelrahmen Nr. 73 ***Nr. 9973***
mit Rückwand, ohne Glas ***K* 11.—**
ohne „ „ „ „ **8.—**

Lichtmaße 76 × 61 Cm.

Spiegelrahmen Nr. 64
mit Rückwand und mit Aufsatz ***K* 30.—**
Nr. 9964 A

Standuhr Nr. 1
ohne Gehwerk, ohne Glas ***K* 120.—**
Nr. 11.901
Gehwerk netto ***K* 85.—**

Pfeilerspiegel Nr. 34
mit Rückwand und Blechtasse, ohne Glas ***K* 160.—**
Nr. 9934

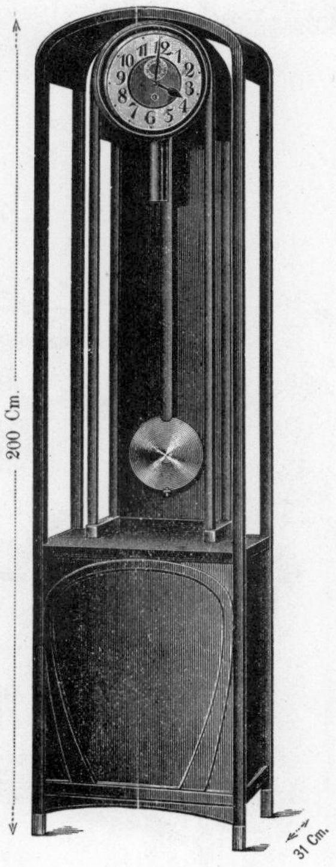

Standuhr Nr. 2
ohne Gehwerk, ohne Glas ***K* 115.—**
Nr. 11.902
Gehwerk netto ***K* 85.—**

GEBRÜDER THONET.

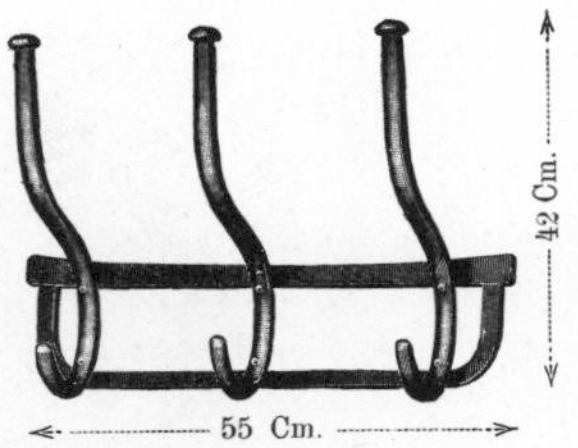

Kleiderrechen Nr. 7 mit 3 Haken *K* 5.—
Nr 11.037

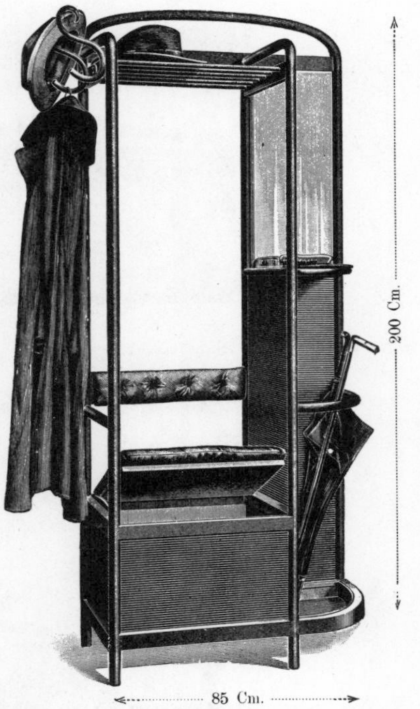

Wandkleiderstock Nr. 9
ohne Tasse, ohne Glas *K* 57.— *Nr. 10.809*
mit „ „ - „ 60.— „ *10.909*
Spiegelglas brutto „ 9.— *a*

Montierter Kleiderhaken Nr. 4 *K* 2.—
Nr. 11.004

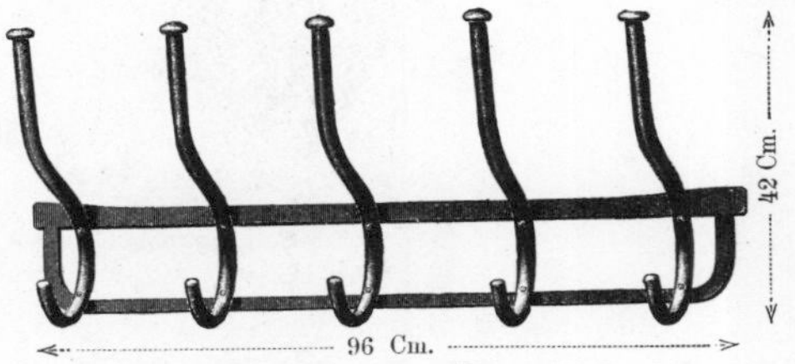

Kleiderrechen Nr. 7 mit 5 Haken *K* 7.—
Nr. 11.057

Doppelt montierter Kleiderhaken Nr. 14 *K* 3.—
Nr. 11.014

Innenmaße
190 × 90 Cm.

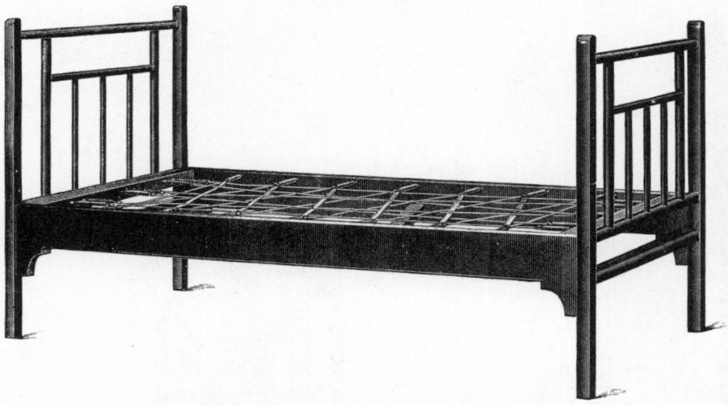

Bett Nr. 35 mit neuer Drahtmatratze *K* 58.—
Nr. 9735

76 × 45 Cm.

Kofferständer Nr. 7 *K* 14.50
Nr. 11.187

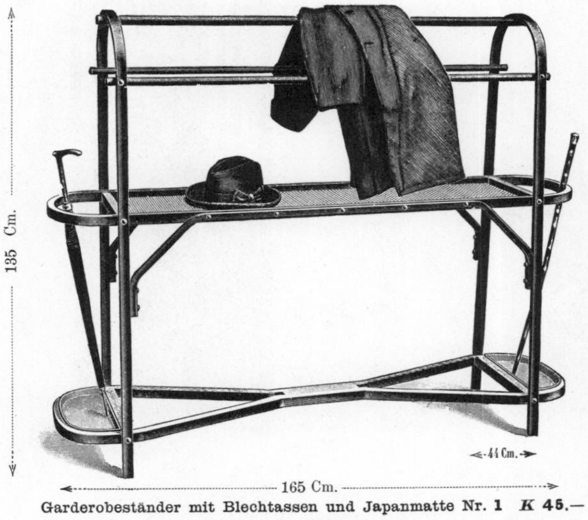

Garderobeständer mit Blechtassen und Japanmatte Nr. 1 *K* 45.—
Nr. 11.951

Waschständer Nr. 6
ohne Garnitur, ohne Glas *K* 17.—
Nr. 10.056

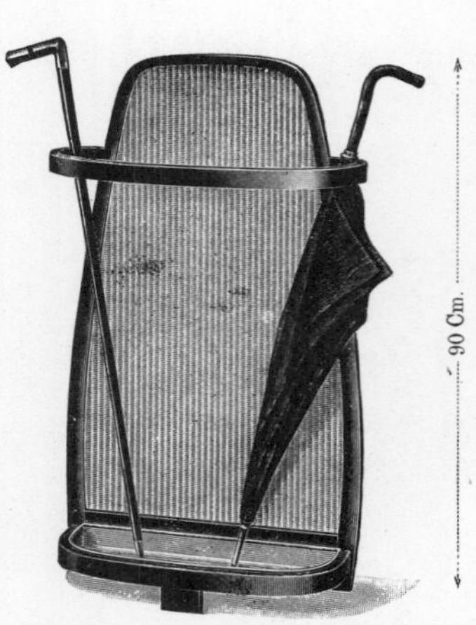

Wandschirmständer mit Japanmatte Nr. 9
ohne Blechtasse *K* 12.— *Nr. 11.459*
Blechtasse netto „ 2.—

Hänge-Etagère Nr. **59** *K* **9.**—
Nr. 11.559

Etagère Nr. **61** *K* **75.**—
Nr. 11.661

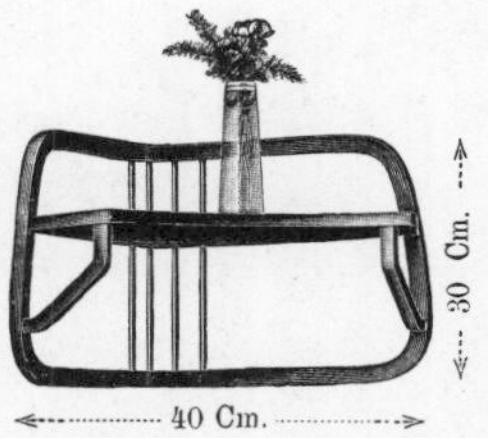

Hänge-Etagère Nr. **58** *K* **20.**—
Nr. 11.558

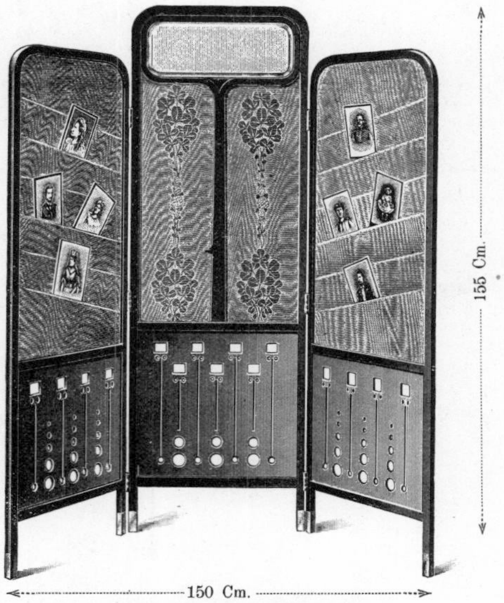

Spanische Wand Nr. 23
Preis des Gestelles dreiteilig (normal) ***K* 75.**— ***Nr. 11.323***
Aufschlag für einen Mittelteil mehr ***K* 35.**—

Spanische Wand Nr. 24
Preis des Gestelles, zweiteilig (normal) ***K* 50.**— ***Nr. 11.324***
Aufschlag für jeden weiteren Teil ***K* 30.**—

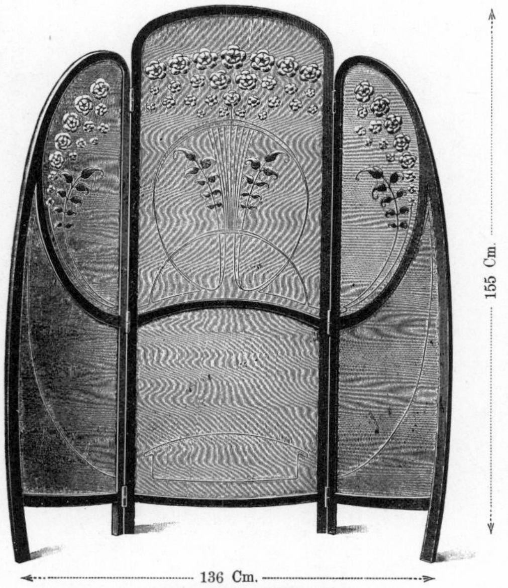

Spanische Wand Nr. 33
Preis des Gestelles ***K* 80.**— ***Nr. 11.333***

Drehbares Büchergestell Nr. 3 *K* **70.**—
Nr. 11.653

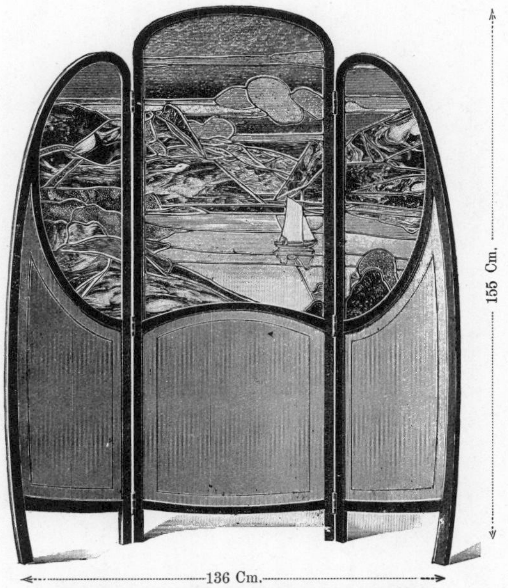

Spanische Wand mit Holzfüllungen (mit eingelegter Holzader) Nr. 34
Preis des Gestelles ***K* 120.**— ***Nr. 11.334***

Spanische Wand Nr. 42
Preis des Gestelles, zweiteilig (normal)............. K **54.–** *Nr. 11.342*
Aufschlag für jeden weiteren Teil................. „ **30.–**

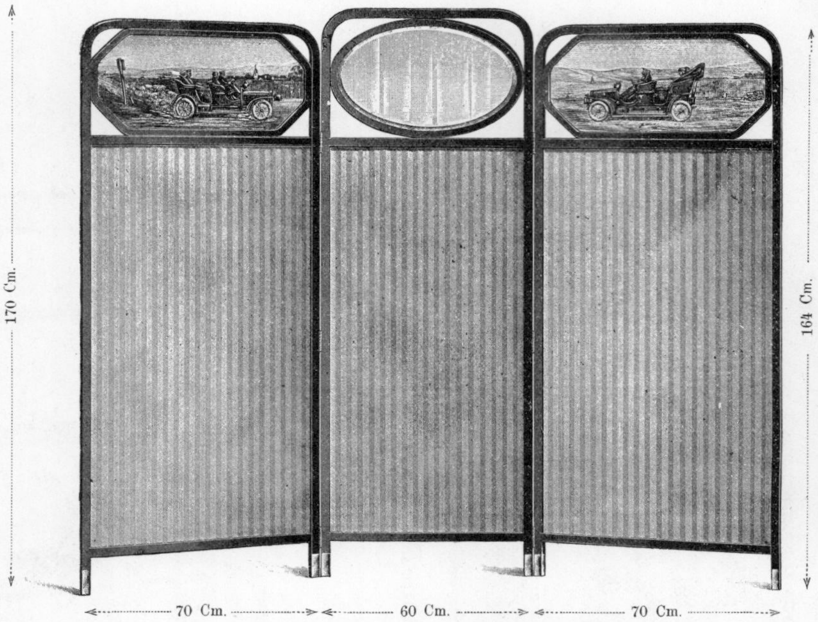

Spanische Wand Nr. 43
Preis des Gestelles, dreiteilig (normal)............. K **86.–** *Nr. 11.343*
Aufschlag für jeden weiteren Teil................. „ **30.–**

Wiege Nr. 5 K 40.–
Nr. 12.805

GEBRÜDER THONET.

Mustergeschützte Gartenmöbel

(Maßstab 1 : 12).

Gartenfauteuil Nr. 15 *Nr. 14.115*
roh .... K 7.25
mit Ölanstrich in beliebiger Farbe... „ 9.75
mit Causeusensitz (Nr. 65) + ... „ 1.—

Gartenkanapee Nr. 15 *Nr. 14.215*
roh .... K 13.—
mit Ölanstrich in beliebiger Farbe .... „ 18.—

Gartensessel Nr. 15 *Nr. 14.015*
roh .... K 4.—
mit Ölanstrich in beliebiger Farbe.. „ 5.50
mit Causeusensitz (Nr. 65) + ... „ —.50

Gartenfauteuil Nr. 16 *Nr. 14.116*
roh .... K 7.50
mit Ölanstrich in beliebiger Farbe.. „ 10.—
mit Causeusensitz (Nr. 66) + ... „ 1.—

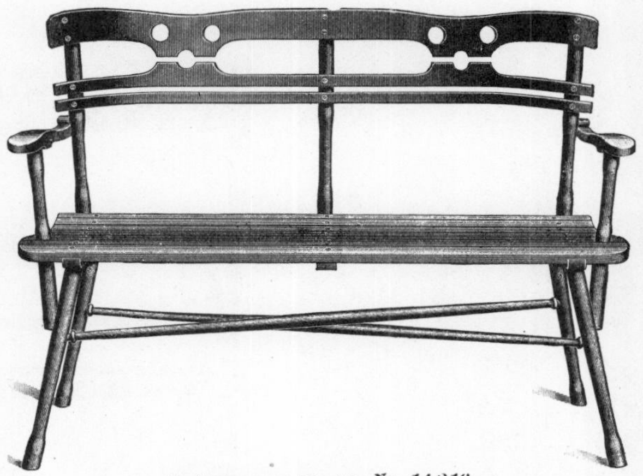

Gartenkanapee Nr. 16 *Nr. 14.216*
roh .... K 14.—
mit Ölanstrich in beliebiger Farbe .... „ 19.—

Gartensessel Nr. 16 *Nr. 14.016*
roh .... K 4.25
mit Ölanstrich in beliebiger Farbe.. „ 5.75
mit Causeusensitz (Nr. 66) + ... „ —.50

Maßstab (1 : 12).

Gartenfauteuil Nr. 17 *Nr. 14.117*
roh .... K 7.50
mit Ölanstrich in beliebiger Farbe .. „ 10.—
mit Causeusensitz (Nr. 67) + ... „ 1.—

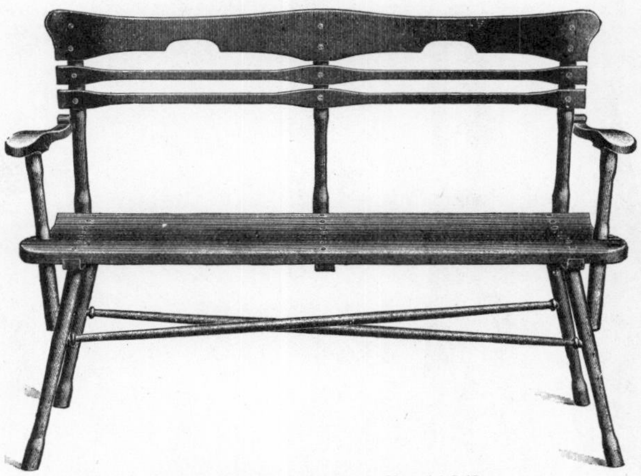

Gartenkanapee Nr. 17 *Nr. 14.217*
roh................................ K 14.—
mit Ölanstrich in beliebiger Farbe .... „ 19.—

Gartensessel Nr. 17 *Nr. 14.017*
roh .... K 4.10
mit Ölanstrich in beliebiger Farbe . „ 5.60
mit Causeusensitz (Nr. 67) + ... „ —.50

Gartensessel und -Fauteuils Nr. 15, 16 und 17 können mit einem **rund gebogenen Lattensitze** (Causeusensitz), wie nebenstehende Zeichnungen des Gartensessels Nr. 65 und Gartenfauteuils Nr. 66 (d. i. Nr. 15 bezw. 16 mit Causeusensitz) zeigen, erzeugt werden.

Preisaufschlag für diesen **Causeusensitz**:

beim Gartensessel .... *K* **—.50**

„ Gartenfauteuil .... „ **1.—**

Die Nummern für die Ausführung **mit Causeusensitz** werden in folgender Weise gebildet:

Nr. 15 mit Causeusensitz heißt Nr. 65

„ 16 „ „ „ „ 66

„ 17 „ „ „ „ 67

somit Nummern-Erhöhung um 50 gegenüber der Nummer mit flachem Sitze.

Gartenfauteuil Nr. 66 *Nr. 14.166*

roh .... *K* **8.50**

mit Ölanstrich in beliebiger Farbe .... „ **11.—**

Gartensessel Nr. 65 *Nr. 14.065*

roh .... *K* **4.50**

mit Ölanstrich in beliebiger Farbe .... „ **6.—**

Gartenklappsessel Nr. 13

(mit beweglichen Rücklehnleisten)

roh .... *K* **3.50**

lackiert .... „ **4.—**

mit Ölanstrich in belieb. Farbe „ **4.50**

Gartenklappbank Nr. 13 (mit beweglichen Rücklehnleisten)

roh .... *K* **10.—**

lackiert .... „ **13.—**

mit Ölanstrich in beliebiger Farbe .... „ **14.50**

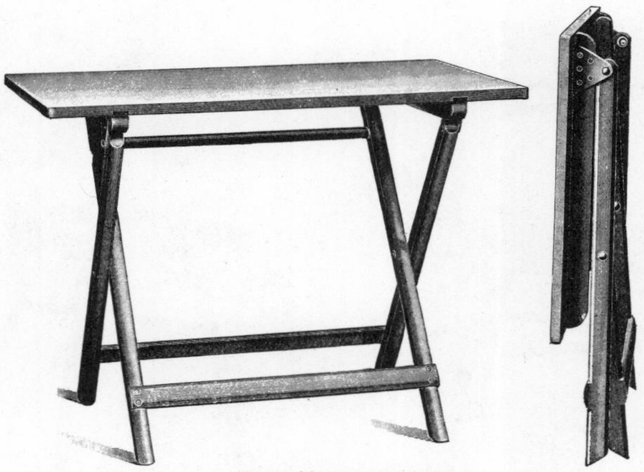

Gartenklapptisch Nr. 13

mit massiver Platte 65 × 100 Cm.

roh .... *K* **14.—**

lackiert .... „ **15.50**

mit Ölanstrich in beliebiger Farbe .... „ **17.—**

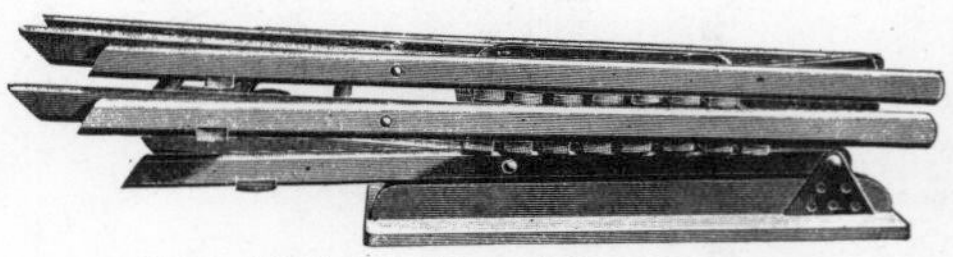

Obige Abbildung zeigt zwei Sessel, eine Bank und einen Tisch im zusammengeklappten Zustande übereinander gelegt. Diese vier Stücke nehmen den minimalen Raum von 108 Cm. Breite, 114 Cm. Länge und 24 Cm. Höhe ein.

Muster geschützt.

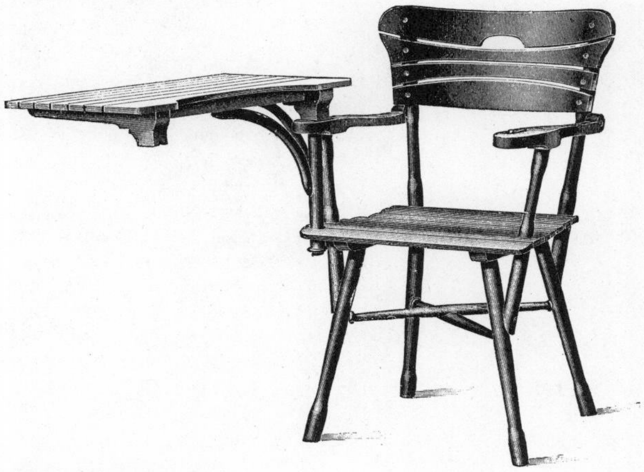

Gartenfauteuil Nr. 18 mit Tablette
roh .... *K* **12.—**
mit Ölanstrich in beliebiger Farbe .... „ **15.50**

Gartenfauteuil Nr. 18 ohne Tablette
roh .... *K* **8.50**
mit Ölanstrich in beliebiger Farbe .... „ **11.—**

Auch die Gartenfauteuils Nr. 15—17 respektive 65—67 (siehe Seite 151) können mit Tablette geliefert werden:

Preisaufschlag für die Tablette:
roh .... *K* **3.50**
mit Ölanstrich in beliebiger Farbe .... „ **4.50**

Neue Gartenmöbel-Preise!

Die im Hauptmusterbuche Seite 94, 100—102 und im Supplementhefte Seite 131 notierten Gartenmöbel-Preise wurden abgeändert und haben nunmehr die nachstehend angeführten Preise Giltigkeit.

	roh	mit Ölanstrich in **beliebiger** Farbe
Seite 100:	*K*	*K*
Gartensessel Nr. 1	4.—	5.50
Gartenkanapee Nr. 1	13.50	18.50
Gartenfauteuil Nr. 1	8.—	10.50
Gartentisch Nr. 1	18.—	23.—
Gartenaufwarttisch Nr. 1	4.—	6.50
Gartenfußschemel Nr. 1	2.—	2.75
Gartenstockerl Nr. 1	3.—	4.—
Gartentisch Nr. 3	15.—	20.—
Gartentisch Nr. 8	12.—	17.—
Gartenschaukel Nr. 4	10.—	14.—
Gartenfahrsofa Nr. 4	40.—	50.—
Seite 101:		
Gartensessel Nr. 4	3.20	4.70
Gartenfußschemel Nr. 4	1.—	1.75
Gartenstockerl Nr. 4	2.—	3.—
Gartentisch Nr. 4½	8.—	12.—
Gartentisch Nr. 4	11.—	16.—
Gartensessel Nr. 4 *a*	4.80	6.30
Gartenkanapee Nr. 4 *a*	18.—	23.—
Gartenfauteuil Nr. 4 *a*	10.—	12.50
Gartensessel Nr. 4 *b*	4.80	6.30
Gartenkanapee Nr. 4 *b*	18.—	23.—
Gartenfauteuil Nr. 4 *b*	10.—	12.50
Gartentisch Nr. 4 mit voller Platte	13.—	18.—

	roh	mit Ölanstrich in **beliebiger** Farbe
Seite 102:	*K*	*K*
Gartensessel Nr. 8	3.50	5.—
Gartenkanapee Nr. 8	12.—	17.—
Gartenfauteuil Nr. 8	6.50	9.—
Gartensessel Nr. 10	4.50	6.—
Gartenfauteuil Nr. 10	9.50	12.—
Gartenkanapee Nr. 10	17.—	22.—
Gartenklappsessel Nr. 11	4.50	6.50
Gartenklappsessel Nr. 12	7.—	9.50
Gartentisch Nr. 5	14.—	19.—
Seite 131:		
Gartensessel Nr. 16	4.25	5.75
Gartensessel Nr. 15	4.—	5.50
Gartensessel Nr. 17	7.50	10.—
Gartensessel Nr. 65	4.50	6.—
Gartensessel Nr. 67	4.60	6.10
Gartensessel Nr. 8½	3.25	4.50
Gartensessel Nr. 3½	3.85	5.10
Garten-Causeuse Nr. 1	10.—	12.50
Garten-Causeuse Nr. 4	7.—	9.50
Seite 94:		
Kindergartensessel Nr. 4	2.25	3.—
Kindergartentisch Nr. 4	4.50	6.50

GEBRÜDER THONET.

Inhaltsverzeichnis.

Schutzmarke:

Sämtliche in unseren Fabriken erzeugten Möbel werden mit der nachstehend ersichtlich gemachten **Schutzmarke** und außerdem mit einem Stempel **„THONET“** im Innern des Sitzes versehen; **nur so bezeichnete Möbel** können als **unser Fabrikat** angesehen werden.

THONET WIEN.

Mit gesetzlichem Schutze gegen Nachahmung.

Bei Bestellungen bittet man anzugeben:

entweder: *a)* den Namen des Artikels **genau** nach der in diesem Musterbuche angewandten Bezeichnung;
b) die Nummer des Artikels;

oder: die im Katalog für jeden Artikel in Rotdruck eingestellte Erkennungsziffer (neue Nummer), deren Angabe die oben sub *a)* und *b)* festgesetzten Bezeichnungen entbehrlich macht;

c) die Farbe, sowie ob lackiert, oder poliert, oder matt;
d) bei **Sitzmöbeln:** ob geflochten, oder mit perforierten oder Reliefsitzen, resp. -lehnen; ferner bei Intarsiamöbeln: ob Flachintarsia oder Reliefintarsia;
e) bei **Sesseln:** ob selbe Fuß**reifen**, oder Fuß**sprossen**, oder Reifenbögen etc., ob Verbindungen, oder Eisen**stützen**, oder Eisen**winkel** etc. tragen sollen;
f) den Preis des Artikels.

(zu *c)* bis *e)*: sofern hiefür keine Bezeichnung in der rotgedruckten Numerierung vorgesehen ist;)

Die in diesem Musterbuche angewandten Preise verstehen sich in

Kronenwährung.

Zwecks Bestellung wende man sich gefälligst an eines unserer folgenden Verkaufshäuser:

Budapest Waitznergasse 12.
Prag Obstgasse.
Brünn Thonethof.
Wien I., Stephansplatz.
Graz Herrengasse.
Berlin S. W. Leipzigerstrasse 89.
Hamburg Alter Wall 30.
Frankfurt a. M. Kaiserstrasse 53.
Cöln a. Rh. Hohenzollernring 30.
München Prannerstrasse 5.
Amsterdam Kalverstraat 66/68.
Brüssel Place de Brouckère 1.
Antwerpen Place de la Comédia 2[3].
London W. 43 Oxfordstreet.
Paris 15 Boul. Poissonnière.
Marseille 53, Rue St. Ferréol.
Madrid 10 Plaza del Angel.
Mailand Piazza del duomo.
Neapel Strada di Chiaja 191/192.
New-York 860 Broadway.
St. Petersburg Newski-Prospect.
Moskau Schmiedebrücke.
Odessa Rue Deribas.
Warschau Marschallstrasse 141.

3388